U0522938

走向语言学之后
当代形而上学的重建

第 一 卷

对西方形而上学的检讨

邓晓芒 著

商务印书馆
创于1897 The Commercial Press

图书在版编目(CIP)数据

走向语言学之后:当代形而上学的重建.第一卷,对西方形而上学的检讨/邓晓芒著.—北京:商务印书馆,2024
ISBN 978-7-100-23243-2

Ⅰ.①走… Ⅱ.①邓… Ⅲ.①语言哲学—研究②形而上学—研究 Ⅳ.①H0 ②B081.1

中国国家版本馆 CIP 数据核字(2023)第 234512 号

权利保留,侵权必究。

走向语言学之后
——当代形而上学的重建
(第一卷 对西方形而上学的检讨)
邓晓芒 著

商 务 印 书 馆 出 版
(北京王府井大街 36 号 邮政编码 100710)
商 务 印 书 馆 发 行
北京市十月印刷有限公司印刷
ISBN 978-7-100-23243-2

2024 年 1 月第 1 版　　开本 880×1230　1/32
2024 年 1 月北京第 1 次印刷　　印张 21½
定价 98.00 元

目 录

导　论 *1*
　一、当代形而上学的现状 *1*
　二、对西方形而上学起源的回顾 *13*
　三、区分中西形而上学是重建形而上学的前提 *23*
　四、"语言学之后"——重建形而上学的契机 *42*

第一卷　对西方形而上学的检讨
——以中国为参照

第一章　亚里士多德：对形而上学的片面定向 *57*
　第一节　柏拉图对亚里士多德形而上学的影响 *58*
　第二节　形而上学的存在论层次 *64*
　第三节　形而上学的语言学层次 *76*

第二章　亚里士多德以后到17世纪的形而上学 *87*
　第一节　希腊化时期和中世纪的形而上学 *87*
　第二节　笛卡尔：形而上学的沉思 *93*

第三节　斯宾诺莎的自因和莱布尼茨的单子论 104
一、斯宾诺莎的自因 105
二、莱布尼茨的单子论 110

第三章　康德：西方形而上学的复兴 114
第一节　康德对自然形而上学的重建 116
第二节　康德对道德形而上学的创立 137
第三节　康德形而上学的得失 167

第四章　黑格尔：西方形而上学的完成 177
第一节　《精神现象学》：通往形而上学之途 178
一、感性确定性的存在与时间 180
二、感性确定性从"意谓"到"共相" 192
三、感性确定性和语言 203
四、知觉、知性和自我意识 213
五、理性 220
六、绝对认知 223

第二节　作为形而上学的《逻辑学》 230
一、为什么要将"存在"作为《逻辑学》的开端？ 233
二、黑格尔"存在"概念的双重含义及矛盾进展 240
三、作为中介环节的本质论 253
四、作为本真的存在论的概念论 274

第三节　马克思对黑格尔形而上学的批判及其启示 286

一、青年马克思对黑格尔辩证法的批判 287
二、马克思批判黑格尔的三个角度 293
三、对马克思的黑格尔哲学批判的再反思 306
四、小结：黑格尔哲学对重建形而上学的意义 334

第五章　海德格尔解构西方形而上学之路 342

第一节　准备出发 343
一、对心理学的排除 349
二、对神学的排除 352

第二节　起点 356
一、对莱布尼茨的阐发 356
二、《形而上学是什么？》 363
三、《论根据的本质》 373

第三节　转向 392
一、《论真理的本质》 392
二、《柏拉图的真理学说》 400
三、《论 Φύσις 的本质和概念》 406

第四节　定形而无定形 434
一、《形而上学是什么？》"后记" 434
二、《关于人道主义的书信》 442

第五节　原理和方法 494
一、《形而上学是什么？》"导言" 494
二、《面向存在问题》 517

三、《黑格尔与希腊人》.. *541*
四、《康德的存在论题》.. *573*
第六节　余论 606
一、海德格尔与黑格尔的"争辩" 606
二、海德格尔眼中的哲学人类学 634
三、海德格尔诗化的语言哲学 644

第一卷　总结 665

参考文献 669

导　论

一、当代形而上学的现状

卡尔维诺在其小说《寒冬夜行人》中，对自己的写作进行了这样的反思：

> 我想自我消解，替我的每一本书都创造出另一个自我、另一种声音、另一个名称来，让自我在毁灭中再生。我的目的是在书中描绘出一个模糊的世界，这个世界没有中心，也没有自我。[……]要不是我，我会写得多好！如果在白纸和从来没有人写过、有形而又无形的语词、语句和故事的迷障之间没有我的个性这堵墙在阻碍……如果只有一只手，一只被砍下来的手握管写作……可是，又有谁会来驱

使这只手呢？无名的大众？时代精神？集体无意识？我不得而知……①

哈贝马斯把这种意图描述为"想去除一切主体性，而成为无个性的书写力量的渴望"，并将它与德里达的理论关联起来，认为这种理论表现为"对神秘失踪的续篇的探求"，其终极目的是"永远不可能实现"的，因此所有的努力都只不过是自欺欺人，是"参与谋划伪经"，而这恰恰就是一切文学的"真理"。②

这的确是后现代西方精神状态的生动写照。不论在哲学中还是在文学中，人们已经杀死了一切值得追求的对象，却还在假装追求着某种"不得而知"的东西，谋划着某种明知其为假的东西，为的是能够继续"作追求状"。然而，如果德里达真的像哈贝马斯所描述的那样，那他还不失为一个（哪怕是自欺欺人的）形而上学家，而哈贝马斯看上去比德里达更实在，他似乎还相信理性的权威（至少是"交往理性"的权威），但其实更加无标准，更是一个彻底的后现代主义者。③因为他的交往理性即使能够达成所谓的"共识"（何况在很多情况下很难达到，比如在不同

---

① 转引自哈贝马斯：《后形而上学思想》，曹卫东等译，译林出版社2001年，第232页。
② 参看上书，第232—233页。卡尔维诺如果读到庄子的寓言，恐怕会深感相见恨晚。《庄子》又称《南华经》，用哈贝马斯的眼光看，不就是一部"伪经"吗？但在中国人眼里，这就是一部"真经"。
③ 哈贝马斯自认为是在"坚持一种带有怀疑色彩，但并不悲观失望的理性概念"（同上书，"前言"）。

文化的冲突中），顶多也只是暂时的妥协，甚至是韬晦之计，终归还是由非理性的东西所决定。①无怪乎哈贝马斯在评点了当代一系列的试图反叛、重建或更新形而上学的"后形而上学思想"（Nachmetaphysisches Denken）之后，对他自己是否也属于这一思想阵营始终不置一词。倒是德里达终生以反形而上学的形象出现，到头来却被人们讽刺性地称为"一位地地道道的形而上学家"。②

不过，哈贝马斯透露出的一个观点是值得认真对待的，这就是：当代风靡一时的反形而上学思潮背后的根源，实际上是西方传统"主体性"（Subjektivität）的衰落和消亡。纵观西方两千多年的哲学史和思想史，我们可以看出，不论是否明确意识到，主体性意识正是或明或暗地在后面推动西方哲学思维不断向前的内在动力，也是西方实体主义传统的真正根源。当黑格尔宣称"一切问题的关键在于：不仅把真实的东西统握和表述为**实体**，而且同样统握和表述为**主体**"③时，他实际上讲的只是亚里士多德早已

---

① 王树人先生指出："哈贝马斯的交往理性超越观是极其软弱无力的，不管借用语用学在'生活世界'中建立起怎样的互动的沟通和理解，却沟通和理解不出一种有如'上帝'一样崇高的价值观念，以至哈贝马斯也不得不与宗教妥协。"这代表着西方思想家"在填补形而上学精神失落所留下的价值真空时所陷入的束手无策的心态"。（王树人：《西方形而上学的当代命运》，《学术月刊》2002年第10期）

② 参看张都爱：《德里达与逻各斯中心主义》，《北京行政学院学报》2012年第2期，第118页。当然，对此也有不同的看法，有人就认为德里达并不反形而上学，他自己也多次声明他不是要解构形而上学，详后。

③ 参看黑格尔：《精神现象学》（句读本），邓晓芒译，人民出版社2017年，第10页。本书加黑字体部分为所引文献加着重号或加黑部分。

提出的一个原则，即所谓"实体"（οὐσία），"就其最真正的、第一性的、最确切的意义而言，乃是那不可以用来述说一个主体、又不存在于一个主体里面的东西，例如某一个别的人或某匹马"。①也就是说，第一实体只能是某种个别的东西、"这一个"（τόδε τί），即只能做主词（ὑποκείμενον，又译"主体"）而不能做宾词去描述其他主词（主体）的东西。因此在亚里士多德那里，实体的意思就是个别主体（主词），是独立存在的"这一个"，我把它描述为"一切命题和命题中一切其他成分赖以生根、得以获得'存在'意义的基础"。②它后面所隐含的正是独立个人的主体意识，而不仅仅是一般的个别事物。③

可见，福柯（Michel Foucault）断言作为"人"的"主体"的概念只是19世纪以来近两百年才提出来的，因此按照他的"知

---

① 亚里士多德：《范畴篇》，载北京大学哲学系外国哲学史教研室编译：《古希腊罗马哲学》，商务印书馆1982年，第309页。
② 参看拙文：《亚里士多德形而上学体系初探》，《哲学门》第1卷第2册（2000年）；收入《西方哲学探赜——邓晓芒自选集》，上海文艺出版社2014年，第87页。
③ 海德格尔区分了"主体性"（Subjektität）和"主观性"（Subjektivität）。前者意为"基体、基底"，即亚里士多德的ὑποκείμενον；后者指近代以来立于"自我"之上的人的主体，即与客体或客观性相对的主体或主观性。（参看海德格尔：《林中路》[修订本]，孙周兴译，上海译文出版社2008年，第205页注①）但毕竟近代的主体性（主观性）来自古代的基底（主体），这不是没有原因的（见该书，第249页）。从语言和语法的角度即主词和宾词的角度来看这个问题可能更清楚：主词既是基底，又是主体；宾词既是属性，又是客体。

识考古学",也注定要在 20 世纪末走向衰亡,①这是不符合事实的。②他的"知识考古学"是建立在极其表面的词语范式("知识型")之上的,并没有深入西方文化精神的内部。③但他由这一错误前提所推出的结论却是对当代现实的真实写照,即随着"主体性的死亡",不但"上帝死了"(尼采),而且"人死了",建立在人的理性之上的一切科学、知识、伦理和信仰全都已经死去,失掉了活力;人类学和人本主义的哲学也从根基上遭到了摧毁。我们面对的是一个沉寂、空虚、断裂、散乱、非理性、非辩证的后

---

① 参看福柯:《词与物》,莫伟民译,上海三联书店 2001 年,第 12—13、402、404 页。莫伟民在"译者引语"中说:"《词与物》的主旨之一就是批判福柯所深恶痛极的 200 多年的近现代西方哲学的主要理论形态——即人类学主体主义。福柯始终怀疑和敌视那个至高无上的、起构造和奠基作用的、无所不在的主体。"
② 海德格尔在谈到笛卡尔和黑格尔的主体性时说:"主体乃是被转移到意识中的根据(ὑποκείμενον),即真实在场者,就是在传统语言中十分含糊地被叫作'实体'的那个东西。"(海德格尔:《面向思的事情》,陈小文、孙周兴译,商务印书馆 1996 年,第 64 页)显然这种理解把两千多年前的亚里士多德也包括在内了,但他并没有说这种理解是错的,而是作为公认的前提。
③ 晚期福柯在深入研究了古希腊罗马哲学之后,观点有了 180 度的反转。1978 年,福柯开始建立他的"经验、感觉和主体之哲学";在 20 世纪 80 年代的法兰西学院系列讲座中,特别是 1984 年出版的《性史》第二卷(《快感的享用》)和第三卷(《自我关怀》)中,他的思想发生了"重大改变",放弃了"规训"概念和精神病的例子,代之以"生命权力",提出了一个"主体性形式的谱系",以求"通过一种自我关怀实践的伦理美学,建构实证的和历史的伦理主体",还宣称"并不是权力,而是主体构成了我所有研究的总论题"。(参看李佩纹:《直言真实的美学生存》,华中科技大学 2019 年博士论文[已通过答辩],打印稿第 14、26、28 页)

现代状况。^①在这样一个思想界群龙无首的时代，西方传承了两千多年的哲学形而上学已经分崩离析，一大批"解构主义"的英雄成了当代的学术明星。这令我们回想起两百多年前伟大的哲人康德曾发出过的悲叹：

> 曾经有一个时候，形而上学被称为一切科学的**女王**，并且，如果把愿望当作实际的话，那么她由于其对象的突出的重要性，倒是值得这一称号。今天，时代的时髦风气导致她明显地遭到完全的鄙视，这位受到驱赶和遗弃的老妇像**赫卡柏**一样抱怨：modo maxima rerum, tot generis natisque potens—nunc trahor exul, inops — Ovid. Metam.［不久前我还是万人之上，以我众多的女婿和孩子而当上女王——到如今我失去了祖国，孤苦伶仃被流放他乡。——奥维德：《变形记》］^②

不同的是，康德将那个时代的时髦称作"游牧民族"，认为他们导致了"无政府主义"，使得"在科学中占统治的是厌倦和彻底的**冷淡态度**，是混沌和黑夜之母，但毕竟也有这些科学临近改

---

① 参看李小海：《人的诞生与死亡——福柯的主体批判理论研究》，《河南师范大学学报》2012年第4期。
② 康德：《纯粹理性批判》，AⅧ-Ⅸ，邓晓芒译，杨祖陶校，人民出版社2004年，第1—2页。

造和澄清的苗头,至少是其序幕"。①他从这种怀疑主义中看到了某种可以突围出来的光明前景。而今天的"后现代状况"则养成了学界的一种普遍浅薄的轻松态度,以破坏一切有形和确定的东西为快,却还自认为老谋深算和"成熟"。少数严肃的学者不满于这种毫无希望的现状,从20世纪初开始,就有卡尔·斯图姆普夫、D. H. 凯勒、彼得·沃斯特、尼古拉·哈特曼、H. 李凯尔特等人提出了"复兴形而上学"的口号,但最终都抵挡不住后来对形而上学的解构的浪潮。②较新的尝试则是通过哲学中的"语言学转向"来进行的,"探讨形而上学的一个途径就在于研究我们语言的一般结构",但正如迪特·亨利希所说:"语义学对我们根据语法对于一般现实的前理解所作出的解释,并不能满足根据'生活观念'对自我和世界的常规意义进行解释的要求。"③通过语言分析来化解"本体论(存在论)"的原初含义也好,像奎因(Willard Quine)那样用所谓"本体论承诺"来虚晃一枪也好,对于复兴形而上学来说,最终都是一种自欺欺人的做法。

陈嘉映在《语言转向之后》一文中提出这个问题:"哲学如何区别于语义学或语言学?"他的看法是:"语言是人类的基本理解方式","语言中不仅包含着世界的道理,而且包含着我们是怎样

---

① 康德:《纯粹理性批判》,A Ⅸ-Ⅹ,邓晓芒译,杨祖陶校,人民出版社2004年,第2页。
② 参看哈贝马斯:《后形而上学思想》,曹卫东等译,译林出版社2001年,第246—247页。
③ 同上书,第247页。

理解世界的……我们通过理解一种语言来理解世界",所以,与语言学不同,"哲学关注语言的方式……始终关注的是语词和句子怎样体现着我们对世界的理解",这种理解虽然"表面上十分接近语义学工作",但并不停留于语词层面,而要深入"概念层面上的考察",因此"不能把语言转向理解为向语言学、语义学的转向"。①这是与迪特·亨利希的上述说法相一致的。我们不能用语义学取代哲学,我们谈完语言学之后,要做的事情还根本没有着手,即没有在此基础上来讨论如何建立一门形而上学(对于西方人来说,就是"物理学之后")。正如霍金在《时间简史》中评论维特根斯坦所谓"哲学剩余的唯一工作就是语言分析"时指出的:"哲学家如此地缩小他们的质疑的范围","这是从亚里士多德到康德以来的伟大传统的何等的堕落!"②无怪乎哈贝马斯也说:"语言学转向把主体哲学的遗产清除得一干二净,其方法十分粗暴。"③的确,凡是当代对语言分析技术不抱迷信的态度,还保留着某种哲学智慧的人士,都会有这种共识。德国图宾根大学教授奥特弗利德·赫费(Otfried Höffe)就从正宗德国思辨哲学的立场发出了这样的感慨:"随着英语在哲学界占统治地位,与之相联系的是哲学在世界范围内通常窄化为分析哲学",他甚至把扭转这种局面的希望寄托于中国学者,认为"只要德国、瑞士德语区和奥地利大学的

---

① 以上参看陈嘉映:《语言转向之后》,《江苏社会科学》2009 年第 5 期。
② 转引自上文,该引文引自霍金:《时间简史》,许明贤、吴忠超译,上海三联书店 1993 年,第 154 页。
③ 哈贝马斯:《后形而上学思想》,曹卫东等译,译林出版社 2001 年,第 223 页。

哲学院系不完全委身于分析哲学，只要它们在精神上不自我枯萎，仍然研究从康德经黑格尔、马克思、尼采、海德格尔到法兰克福学派的著作和思想，中国的博士生们还会来的，以后回到他们的祖国后也还将会继续维护德国的哲学传统"。① 这对中国的德国哲学研究者无疑是一种极大的鼓励，但也从另一个侧面显示了当代西方形而上学所面临的局势有多么严重。

然而，西方哲学的伟大传统也正在于，每当形而上学在西方陷入危机时，总会有一些哲学家起来挽狂澜于既倒，正如当年康德在形而上学遭到放逐时奋力一搏，为近代重建形而上学首开先河，接下来费希特、谢林直到黑格尔，则以接力棒的形式完成了形而上学的"胜利的和富有内容的复辟"② 一样。我们在黑格尔《逻辑学》的"第一版序言"中，还可以嗅到当时硝烟散去时的气息，他宣称："一个有文化的民族竟没有形而上学——就像一座庙，其他各方面都装饰得富丽堂皇，却没有至圣的神那样。"③ 黑格尔以后，尽管形而上学再次遇到了严峻的困难，但所有反形而

---

① Otfried Höffe: Deutsche Philosophie in China: Marx ist nicht Einzige. In: *Neue Zürcher Zeitung*, 31. August, 2017.（《德国哲学在中国：不仅仅有马克思》，翟欣译，《德国哲学》2017年上半年卷，社会科学文献出版社2018年）注意赫费对分析哲学导致的反形而上学用了哲学的"窄化"、"自我枯萎"这样的词，哈贝马斯也有类似的说法："语言分析的主题相应地也就萎缩成笛卡尔式的精神-肉体-问题。"（《后形而上学思想》，曹卫东等译，译林出版社2001年，第254页）

② 马克思、恩格斯：《神圣家族》，《马克思恩格斯文集》第二卷，人民出版社2009年，第327页。

③ 黑格尔：《逻辑学》上卷，杨一之译，商务印书馆1977年，第2页。

上学的所谓"后形而上学思想",只要我们不停留于字面,都可以从中发现其实背后隐含着的正是对形而上学的呼唤。因为否则的话,这些反形而上学的英雄为什么没有一个肯听从维特根斯坦的忠告,"凡是不可说的,就应该保持沉默"①,也不肯像老庄哲学和禅宗那样,以"言语道断,心行路绝"的方式来对待一切形而上学,反而连篇累牍地去和形而上学较劲?可见任何人要想反形而上学,也必须先站在形而上学的立场上,而这本身就是为形而上学准备新的基地了。由此我们也可以理解,为什么海德格尔称尼采为"最后一个形而上学家",而这一头衔又被德里达戴在了海德格尔头上,继而就连德里达自己也甩不掉这顶帽子。就像布朗肖特在其《哲学的终结》一书中所说的:

> 哲学自身一直在宣告或实现它自己的终结,不论它把那终结理解为是绝对知识的完成,是与它的实际实现相联系的理论的压制以及所有的价值被卷入的虚无主义的运动,还是最终通过形而上学的终结以及还没有一个名称的另一种可能性的预兆来告示的。因此,这将是从今以后伴随着每一位思想家的日落,是一种奇妙的葬礼时刻,哲学精神将在一种提升中为此而欢呼,也就是说或进而说,哲学精神在此时常常是喜悦的,它引导着它的葬礼队伍缓慢前行,在这期间,它

---

① 即维特根斯坦《逻辑哲学论》的最后一言。但就连维特根斯坦自己也未能遵守这一禁令,他后期不但开始"说不可说",还大说特说。

以这样那样的方式期待着获得它的复兴。①

　　这一葬礼队伍的成员从黑格尔开始，经过马克思、尼采、海德格尔到德里达，以及亨利希和哈贝马斯，似乎有越来越长的趋势。唯一有可能终结这一哲学或形而上学的长长的葬礼行列的，也许只有东方的道禅哲学，即非理性非逻辑的真正的"诗化哲学"或虚无哲学。但看来西方哲人们还远没有做好接受这样一种异质哲学的心理准备，只有海德格尔稍微接触了一点，马上又退缩回去了。而在老庄和禅宗看来，维特根斯坦的"保持沉默"的告诫不过是一句大白话而已。也许在他们眼里，这些西方人哪怕在拼命标榜自己的"反逻各斯中心主义"，却无一不是废话连篇的饶舌者，没有这些汗牛充栋的废话做支撑，他们连一天都活不下去。而反过来，西方的形而上学家，不论是自称的还是隐藏的，甚至自以为是"反形而上学"的，都会觉得东方虚无主义毕竟只是"看起来很美"，一旦真的实行，则无疑是死地。当然，这样一种文化错位目前还不到彻底清理的时候，东方哲学也有自身的"形而上学"传统，②而且看起来好像从来没有陷入过西方形而上学

---

① 转引自德里达：《马克思的幽灵》，何一译，中国人民大学出版社1999年，第52页。
② "形而上学"这一概念本来就是用《易传·系辞》中的"形而上者谓之道"来意译西方的metaphysics而形成的，这一译名字面上好像也还行，但一涉及实质，就会发现完全是两码事。至于两者的区别究竟何在，以及有无可能统一起来，是后面将要阐明的重要主题之一。

那样一种危机。①只是西方人消受不起这种东方的形而上学，除非他们对自身的形而上学传统做一番迄今为止尚未做过的彻底反省，来与东方形而上学的终极根据进行一番不只是知识论的而且是伦理学和人性论的对话。

这种对话，单靠西方哲学家的冥思苦想是形成不起来的，即使如同海德格尔那样有意想要和日本学者沟通，其效果也相当于鸡同鸭讲。②西方人要精通东方思想太难了，尤其要精通东方思想的大本营——汉语，更是难上加难。但我们不妨尝试一下，由学习西方哲学的地道的中国人来捡起这件无人问津的工作，来帮西方人清理一下他们的哲学形而上学的源头。这件正本清源的工作西方人从黑格尔到海德格尔一直在做，但他们所做的只不过是追溯到他们所能理解的源头，而对源头的源头则无能为力了。因为这个源头已经确定了西方哲学后来的一切发展方向，但它本身是如何起源的，必须跳出整个西方哲学传统才能看得出来，而这一点只有借助于另一种哲学传统的不同的源头才能做到。只有在两

---

① "五四"新文化运动以来中国哲学的根本危机尚未得到总结和突显，通常所意识到的其实并不是这套哲学自身的危机，而只是受到外来异质哲学排挤的危机，它的最深层次的原则却似乎历经现代启蒙思潮的冲击而几乎原封未动。

② 例如，可以读一下海德格尔与日本友人的那场对话。对话开始不久，海德格尔就意识到，虽然"语言是存在之家"，但是"我们欧洲人也许就栖居在与东亚人完全不同的一个家中"，"一种从家到家的对话就几乎还是不可能的"。（参看《从一次关于语言的对话而来》，载《在通向语言的途中》，孙周兴译，商务印书馆2004年，第90页）真正的对话必须走出家门，回顾这个"家"最初是如何建立起来的，详后。

种不同哲学文化的不同源头的比较中，我们才能发现它们共同的源头（即源头的源头）在哪里，它们是什么时候又是如何分道扬镳的。

二、对西方形而上学起源的回顾

看起来，回顾形而上学的起源这一话题毫无新意。几乎每个有创意的西方哲学家都做过并且直到今天还在做这件工作，其中做得最到位的，恐怕非海德格尔莫属。从亚里士多德开始，一个哲学家如果想要集大成的话，都免不了要回顾一番前人所做过的工作，但这种回顾一般都追溯到前苏格拉底的哲学家就止步了。例如亚里士多德追溯到第一个"哲学家"泰勒斯，黑格尔追溯到巴门尼德，①海德格尔则追溯到阿那克西曼德。②但所有这些追溯

---

① "真正的哲学思想从巴门尼德起始了"，因为他提出了"存在是一"，"存在和思维、和表述是同一的"等命题。（黑格尔：《哲学史讲演录》第一卷，贺麟、王太庆等译，商务印书馆1981年，第267页）

② 海德格尔在《阿那克西曼德之箴言》中说，这条"西方思想最古老之箴言"，即"万物由它产生，也必复归于它，都是按照必然性；因为按照时间的程序，它们必受到惩罚并且为其不正义而受审判"，其中所表达的"希腊的"意思"乃是命运之早先，存在本身作为此种命运在存在者中自行显明，并且要求着人的本质"。（《林中路》[修订本]，孙周兴译，上海译文出版社2008年，第291、306页）当然，这里的"存在"是经过海德格尔改造过了的亚里士多德的 onta，但毕竟是从亚里士多德来的，而不是前亚里士多德或前苏格拉底哲学固有的。用海德格尔的话说，那时存在还在"隐匿自身"，然后"因为存在自行解蔽而入于存在者之中"（同上书，第344页），才被亚里士多德表达出来。

都有一个共同的原则,即都是以亚里士多德的"存在"(τò ὄν, Sein, Being)以及由此建立的"存在论"(Ontologie,即"本体论")为判定哲学开始的标准。也就是说,哲学家们都是以亚里士多德已经奠定了的存在论或"是论"为既定的框架,去衡量和评定古代哲学家们的思想成果的,哪怕早期希腊哲学还没有把存在、"是"当作自己思考的对象,也必须认定他们是在为这一主题做准备。这就无怪乎海德格尔在《形而上学导论》中开篇就把莱布尼茨提出的问题"究竟为什么在者在而无反倒不在?"列为"形而上学的基本问题",① 因为这是从西方两千多年的存在论自然而然延伸出来的一个问题:为什么是存在论,而不是虚无论?存在在先还是虚无在先?(其实这一提问本身就已经假定了:首先存在存在,非存在不存在,要问的只是"为什么"会这样。)如果是前者,则虚无"不在",所谓虚无不过是存在的"缺乏";如果是后者,虚无反倒在先,则存在其实并不存在,它不过是虚无的幻象(如佛教所谓"色即是空")。但西方人走的是前一条道路,即首先肯定存在存在,无则不存在(巴门尼德)。凭什么这样肯定?凭借"逻各斯"(说、表述),即虚无没法说,不可表述,一"说"就已经存在了,就不再是虚无了;因为一切说、表述中必定有一个"是"。然而,一定要有逻各斯(表述)吗?或者说,在逻

---

① 海德格尔:《形而上学导论》,熊伟、王庆节译,商务印书馆1996年,第3页。这个问题的原文为:"Warum ist überhaupt Seiendes und nicht vielmehr Nichts?"

各斯"之前"就没有别的东西更本源了吗？① 这一理论漏洞在中世纪基督教中被补上了，因为逻各斯被说成是上帝的"道"，或者不如说，"道"本身其实就是上帝。上帝从虚无中凭借自己的"道"（言）创造了整个存在着的世界，但上帝本身就是根本的存在、全在，而这个终极存在不再靠言说和推论来理解，而要凭信仰来把握。正因此，上帝成了一切伦理法则的前提：上帝全在，所以全善，而恶是虚无，它并不"存在"，它只是善的"缺乏"。莱布尼茨其实也是这样解释的：为什么在者在而无反倒不在？因为有上帝啊！是上帝的善良意志使一切存在者都存在了；如果没有上帝，这一切，包括我们自己，本来的确有可能是不存在的。所以，反过来，任何某物存在，或者我自己存在，都证明了有一个上帝存在——这就是西方源远流长的对上帝存在的"宇宙论证明"。② 但这套推理仍然是借助于逻各斯，即所谓"充足理由律"的逻辑规则：凡理由不充足的都不可能存在，而上帝是最充足的理由。但康德却揭示出来，这些表面的逻辑推理最终还得依赖于对上帝的"本体论证明"，而这种证明只在字面上具有"证明"的形式，实际上不过是欺骗性的偷换概念或 ignoratio elenchi（文不对题），它真正依据的并不是理性的逻各斯，而无非是信仰的假设。康德在对这种本体论证明的反驳中首次将作为逻辑谓词的"ist"（是、

---

① 据传，释迦牟尼有一次面对听众，拈花无语，众人不解，独摩诃迦叶破颜微笑，表明其已会得如来心传，却无一字一言传授。禅宗遂由此发端。
② 参看康德：《纯粹理性批判》，邓晓芒译，杨祖陶校，人民出版社2004年，第480页以下。

存在）和作为实在谓词的"Dasein"（存有）区分开来了。①

但是我们东方人，特别是作为多神论者甚至无神论者的东方人，仍然还会纠缠这个问题：如果我不信一神论的上帝，如何能够证明一切事物包括我自己真实地存在呢？所谓的存在，难道不是一场梦吗？"昔者庄周梦为胡蝶，栩栩然胡蝶也，自喻适志与！不知周也。俄然觉，则蘧蘧然周也。不知周之梦为胡蝶与，胡蝶之梦为周与？"②这一人生观在东方被看作一个"美丽的寓言"，丝毫也没有什么罪恶感。因此，如果我们问庄子：存在在先还是虚无在先？或者用中国传统哲学的术语：有在先还是无在先？他会坦然回答：

> 有始也者，有未始有始也者，有未始有夫未始有始也者。有有也者，有无也者，有未始有无也者，有未始有夫未始有无也者。俄而有无矣，而未知有无之果孰有孰无也。

---

① 参看康德：《纯粹理性批判》，邓晓芒译，杨祖陶校，人民出版社2004年，第483、476页。请注意，康德在前批判时期的1763年《对上帝存有的演证的唯一可能的证明根据》中的说法是："存有（Dasein）根本不是任何一个事物的谓词或规定。"(Kants Gesammelte Schriften, Band Ⅱ. Heraugegeben von der Königlich Preußischen Akademie der Wissenschaften. Druck und Verlag von Georg Reimer, Berlin, 1912. S.72）只是到了《纯粹理性批判》中，Sein（存在、是）作为一个单纯的系词才取代了Dasein（存有）的位置，而后者作为十二范畴之一（"模态"范畴的第二项即Dasein-Nichtsein，"存有-非有"）却堂而皇之地成为只能运用于经验对象之上的实在的谓词。

② 《庄子·齐物论》，引自陈鼓应注译：《庄子今注今译》，中华书局1985年，第92页。

> 今我则已有谓矣,而未知吾所谓之其果有谓乎,其果无谓乎?……天地与我并生,而万物与我为一。既已为一矣,且得有言乎?既已谓之一矣,且得无言乎?一与言为二,二与一为三。自此以往,巧历不能得,而况其凡乎!故自无适有以至于三,而况自有适有乎!无适焉,因是已。①

这段话前几句包含三个层次:一个是"本体论"层次,或者用中国哲学更常用的术语说,是"本根论"层次,就是讨论开始的"有"或"无"。最开始是"有"还是"无"呢?你说"有一个开始",那么"开始"之前还有"未始",而这个"未始"以前又还有"未始"。所以"有"也是"有","无"也是"有",还有"有"和"无"的"未始",甚至连这样的"未始"也还"未始"。"俄而"下面是"认识论"的层次:忽然间发生了"有"、"无",然而不知道这个"有"、"无"是否果真是"有"或果真是"无",因为没有确定性,我们的认知无法把握"有"和"无"哪个为真。再接着是语义表述层次:"今我则已有谓矣",我已经表述了"有"和"无";"而未知吾所谓之其果有谓乎,其果无谓乎",即我不知道我所表述的是否真有我所表述的那种意谓,还是根本没有我所表述的意谓。②整个讨论体现了庄子彻底的怀疑论和不可知论(或者说不必知论)的倾向,似乎是正反两边各打五十板,但仍然可

---

① 《庄子·齐物论》,引自陈鼓应注译:《庄子今注今译》,中华书局1985年,第71页。
② 此段解释是我的理解,与陈鼓应的注译不尽相同。

以看出这种倾向本质上是贵"无"抑"有"的:"未始"先于"有始","未知"高于既知,"有谓"终于"无谓"。①后面几句,"天地与我并生,而万物与我为一",再次强调了言谓区分之无意义。"既已为一矣,且得有言乎?既已谓之一矣,且得无言乎?"这又是一悖论:本根论上万物为一,也就无法言说了,但说它"为一"就已经是言说了,已经在说不可说了。说了也就不再是"一"了,"一"加上"说"就成了"二";而说了"二",岂不又可以算成"三"了吗?这就数不胜数了,如何还能坚持"为一"?②可见这些推算都是与"万物与我为一"不相容的。所以"无适焉,因是已",不必推,顺其所是就行了。从这里隐约可以看到老子"道生一,一生二,二生三,三生万物"的影子,但更为抽象,因为它将本根论进一步延伸到了认识论和语义学的维度。

要注意的是,此处"因是已"通常解释为"顺其自然就行了",其实有点勉强,因为"是"字本无"自然"之意。我这里将

---

① 对此,庄子在另一处说得更明确:"天门者,无有也,万物出乎无有。有不能以有为有,必出乎无有,而无有一无有。圣人藏乎是。"(《庄子·庚桑楚》)
② 柏拉图在《巴曼尼得斯篇》中也有相似的论证,即证明"一是"("一存在")本身是个悖论,它必将由自身的语义而导致自否定,走向"一不是"乃至于"一不是一,而是多"。(参看拙文:《论柏拉图精神哲学的构成》,《中州学刊》2001年第3期;收入《西方哲学探赜——邓晓芒自选集》,上海文艺出版社2014年,第80页)但柏拉图的论证不是像庄子那样证明一切推论都必须作废,而恰好是要由此引出背后所隐藏的"努斯"对于对立面(一和多、存在和非存在、本体和现象,等等)的统一作用,使逻各斯提升到更高的层次(参看上书,第81—82页)。

"是"解为"所是",是着眼于这个字具有"此"的代词含义,意为"是什么就说什么","是有就说有,是无就说无",不必从这个推出那个。它大致相当于黑格尔的"这一个"(Dieses),或者海德格尔"此在"(Dasein)的"此"(Da),但并没有他们寓于其中的"存在"或"是"(Sein)的含义。换言之,中国的"是"和西方的Sein(或 τò ὄv)不能等同,中国的"是"或"所是"固然可以理解为"是者"(或"此是"),但也可以理解为"非者"(或"此无"),不论是者非者、此是此无,都是"此"或"是",并不以有还是无做区分。① 西方哲人则冒冒失失地直接把"此"等同于"存在"(有、是)了,这是从亚里士多德的 oὐσία(个别实体、作为存在的存在)就已经开创的古老传统。所以在庄子这里,根本就没有"为什么在者在而无反倒不在"(或者"为什么是有而不是无")的疑问,因为他的"这"(此)完全可以是"无",甚至有可能是先于"有"的。我们不必去追究它的"根据"或考察它的"后果"("无适焉"),做这样一些吃饱了撑出来的无用功,因为既是"无"、"无始",也就无从追究或考察。整个道家哲学所要说明(而非证明)的只是:为什么存在者不存在?或者说,为什么一切皆无、无物存在?庄子更进一步认为,连这种提问都是多余的,我们连是否存在或者非存在都是无法确知甚至不必确

---

① 所以庄子接下来就说:"夫道未始有封,言未始有常,为是而有畛也。"陈鼓应释为:"道原本是没有分界的,语言原本是没有定说的,为了争一个'是'字而划出许多的界线",终归是片面的。所以"六合之外,圣人存而不论"。(陈鼓应注译:《庄子今注今译》,中华书局1985年,第78页)

知的。① 古希腊的"智者"高尔吉亚也曾经提出过这样的命题：无物存在；如果有物存在，也不能认识；如果认识了，也不能说出来告诉别人。② 但他是通过严格的逻辑推理（反证法）而和巴门尼德的三命题（存在者存在；思维和存在者是同一的；这种同一是能被表述的）唱反调，因此不是"无适焉"，而恰好是"有适焉"，即对语言、言说或推理的逻辑规律的实地运用。所以，古希腊的怀疑论和诡辩论恰好是逻辑上的独断论或"是论"，即对逻辑法则的必然性和必要性深信不疑，哪怕违背常识和经验，因为这是他们的看家本领。这就从某个方面为亚里士多德的存在论和逻辑学奠定了基础。庄子的怀疑论虽然也用了逻辑推理，但最终悬置了逻辑，归结为无所谓，无可无不可，不必知。

现在问题在于，为什么亚里多德那么"冒失"，那么不由分说，直接就把"作为存在的存在"（作为有的有）等同于"这"？在他眼里，"这"肯定是存在的，为什么？我的解释是：因为它是一切言说特别是最基本的言说即"命名"的前提。一切命名都要说："这是……"只有当命名成立，我们才能继续说："苏格拉底是……"或："这棵树是……"否则，我们就还得反过来要求命名："谁是苏格拉底？"或者："什么是树？"所以亚里士多德才在

---

① 老庄怀疑论不仅仅是"不可知论"，而且是"不必知论"，这是我在《论中西怀疑论的差异》(《福建论坛》2003 年第 1 期）一文中所提出的观点。（邓晓芒：《中西哲学三棱镜》，天津人民出版社 2020 年）

② 北京大学哲学系外国哲学史教研室编译：《古希腊罗马哲学》，商务印书馆 1961 年，第 138 页；并参看邓晓芒、赵林：《西方哲学史》(修订版）, 高等教育出版社 2014 年，第 31—32 页。

论证第一实体是"作为存在的存在"时，处处引证我们的日常语言和语法，以此为根据，第一实体就是那在一个句子中永远只能做"主词"（Subjekt）而不能做其他主词的宾词的东西。而任何一个句子作为一个表述（因而排除了感叹句和祈使句），都是一个带有"是"字的陈述句，都或隐或显地离不开"系词"即"是"。由此可见，亚里士多德讨论"作为有的有"或"作为是的是"，正是从语言的最基本的语法关系出发并以之为标准或线索的。但也正好是他，如康德所指责的，一开始就把作为逻辑谓词的"是"和作为实在谓词的"存有"混为一谈了。因为他深信既然我们用语言来真实地表达客观对象，那么从人是如何说话的就可以看出事物本身的存在结构。所以，亚里士多德探讨了日常语法中的逻辑关系，并建立起了西方哲学史上第一个形式逻辑体系，但同时也很自然地将"主词"和"主体"（均为 ὑποκείμενον 一词）等同起来。正因此，亚里士多德的形式逻辑并不能完全归结为单纯的"工具论"，相反，它本身"具有与第一哲学相同的原则"。① 就是说，他的本体论、认识论和逻辑学还没有完全分家，在他那里，不仅本体论的（存在上的）正确性是由逻辑表述规则、说话方式来确立的，而且反过来，逻辑判断的真假也是由客观的存在规则来保证的："真假的问题依事物对象的是否联合或分离而定，……并不因为我们说你脸是白，所以你脸才白；只因为你脸是白，所

---

① 参看阿·谢·阿赫曼诺夫：《亚里士多德逻辑学说》，马兵译，上海译文出版社1980年，第100页。

以我们这样说才算说得对。"① 与中国古代历来强调"言不尽意，意在言外"相反，古希腊至少从亚里士多德开始，所强调的则是意在言中，存在的东西必定能够说出来，就连人的本质定义也必须由此建立，即"人是逻各斯（语言或理性）的动物"。这也就形成了受到西方当代人猛烈抨击的传统"逻各斯中心主义"。

可见，西方哲学中的主体性原则是建立在逻各斯即言说法则的基础上的，而西方语言的言说法则又是以系词"是"为核心的，而且"是"不仅仅被理解为系词，也同时被理解为客观存在。海德格尔说"语言是存在之家"②，实际上就是这个意思。当然，他的"存在"已不再是"系词"，也不再是客观存在者，而是深入到了"此在"这一存在者（人）的本质，即"思"和"诗"的一体，以便通过思和作诗把"存在"之"敞开状态"带到语言中来。③ 但这实质上不过是对亚里士多德的存在论的深化，而不是对这一前提的否定。④ 对照之下，中国传统哲学和文化之所以看起来似乎比亚里士多德、古希腊哲学的源头更为开放、有更加广阔的（"意在

---

① 亚里士多德:《形而上学》，吴寿彭译，商务印书馆1981年，第186页；并参看拙文:《亚里士多德形而上学体系初探》，载《西方哲学探赜——邓晓芒自选集》，上海文艺出版社2014年，第99页。
② 海德格尔:《关于人道主义的书信》，载《路标》，孙周兴译，商务印书馆2000年，第366页。
③ "把语言从语法中解放出来，并使之进入一个更为源始的本质构造中，这是思想和作诗的事情。"（同上书，第367页）
④ 参看拙文:《西方形而上学的命运——对海德格尔的亚里士多德批评的批评》，《中国社会科学》2002年第6期。

言外"的）理解空间，不过是由于其一贯的"反语言学倾向"。①显然，只有什么都不说，才能保持什么都说的可能性，而一旦说了"是"，就遮蔽了说"不是"的可能性——这就是中国哲学面对西方哲学在源头上所显现出来的唯一优势。但正因此，这种优势也只是一种可能的优势，它并不能在"说什么"中实现出来，而只能作为一种参照背景，迫使西方哲学和形而上学意识到自身的缺陷。就现实的话语而言，中西哲学没有哪一方具有绝对的优势——因为中国哲学实际上也不可能真的"什么都不说"，至少它要把"不可说"说出来，否则哪里会有什么"中国哲学"；西方哲学也不可能只说"是"、"有"、"存在"，而是永远被缠绕在"不是"、"无"和"非存在"的梦魇之中。只有到双方能够结合起来、融为一体的那一天，才有可能走出各自的困境，实现真正的当代形而上学的重建和复兴。

三、区分中西形而上学是重建形而上学的前提

这就涉及本书的主题了：在中西哲学比较的视野中，探讨一条重建形而上学之路。这是中西哲学家从来没有尝试过的一条路。之所以说从来没有尝试过，并不是说他们从来没有这种想法，而是说他们的想法根本不对头，甚至南辕北辙。大体说来，中国近现代

---

① 对此可参看拙文《论中国哲学中的反语言学倾向》，及由此引起的讨论，《中州学刊》1992年第2期、1993年第3期和1993年第6期；收入《中西哲学三棱镜》，天津人民出版社2020年，第4—31页。

有不少哲学家都在试图搞出一个"中西汇通"或者"中西合璧"的哲学体系来，但这些体系要么根本没有形而上学的层次，而只有人生观或宇宙论的层次，要么它们所设定的形而上学还是中国传统的形而上学，基本上无视西方形而上学的存在，顶多用了一些西方舶来的时髦术语，仍然还是一种"中学为体、西学为用"的套路，而且是基于对西方形而上学的实质完全无知的前提下凭空虚构的。①西方呢，海德格尔在和日本友人的谈话中已经意识到，东西方语言是两个不同的"家"，无法通约；另外一些人，如后现代的德里达、霍耐特等人，则是以他们自己心目中的"东方"概念来和西方正统的逻各斯中心主义相抗衡，陷入了萨义德（Edward W. Said, 1935—2003）所谓的"东方主义"的误区。他们不懂汉语，甚至不承认中国有所谓的"哲学"或形而上学，②当然就更谈不上进行实质性的中西哲学比较和建立超越中西哲学之上的形而上学了。而没有这一前提，西方当代重建和复兴形而上学的一切努力都类似

---

① 陈康先生说："自从'五四'以来，念外国书的人日多，才华超迈绝伦、不甘略受拘束的人士喜欢将糖酒油盐酱醋姜倾注于一锅，用烹调'大杂烩'的办法来表达自己集古今中外思想大成的玄想体系。"（参看汪子嵩、王太庆编：《陈康：论希腊哲学》，商务印书馆1990年，"编者的话"，第ii页）

② 2001年，德里达来华，在与王元化先生的对谈中宣称"中国没有哲学，只有思想"，立刻在中国哲学界引起了轩然大波，几乎人人都在谴责德里达的"西方中心论"。其实，他这番言论恰好是反西方中心论的，他是怀着羡慕的心情说出"中国没有哲学"的论断的，因为他反对的正是西方传统所谓的哲学和形而上学，他甚至不承认自己是"哲学家"，而只承认是"思想家"。对此我曾做出过澄清，请参看我的讲演《哲学启蒙》，载《邓晓芒讲演录》，长春出版社2012年，第22页。

于想要拔着自己的头发离开地球,这是哈贝马斯在《后形而上学思想》中已经看出来的一个残酷的事实。

那么,为了通过真正的中西哲学比较来重建形而上学,首先必须承认中西传统中都有自己独特的形而上学,并且要从源头上澄清中西形而上学各自的含义,对两者做出清晰的区分。在此基础上,才谈得上建立起一门超越于两者之上而又能涵盖两者的形而上学。

就"形而上学"这一名称来说,当亚里士多德的 μεταφύσικα 一书在19世纪传到日本和中国时,就由日本著名哲学家井上哲次郎根据中国的《易经·系辞》中的"形而上者谓之道,形而下者谓之器"一语,而译作"形而上学"。① 最初严复对这一译名很不以为然,而自创了"玄学"这一译名,取自老子"玄之又玄,众妙之门"。一段时间内,我国学界两种译法并行。但几经较量,"玄学"终于败下阵来,大家都逐渐习惯了用"形而上学"来译亚里士多德的 μεταφύσικα 这个书名,并称呼它所表达的哲学思想。因为既然"玄之又玄",就什么都不用说了,还"玄"个什么"学"呢?这不是自绝活路吗?所以,形而上学既然是一门"学",就不能止于"道不可言",而必须说了又说。这当然是与中国传

---

① 郭欢最近在《世界哲学》杂志上撰文《形而上学译名考》,认为"形而上学"这一译名虽然是在井上哲次郎主编的《哲学字汇》上首次确立的(1881年),但并不一定是他所创(参看《世界哲学》2019年第2期)。但该文认为此译名在各种不同译名中的胜出纯属偶然,即由于井上所在的东京大学哲学科的权威和声望所造成的"成王败寇"的结果,这就未免将问题简单化了。

统的"形而上"的格局完全不同的。但尽管如此,用"形而上学"来译亚里士多德的 μεταφύσικα 毕竟表达了中国和西方两门最高层次的学问的"在上性"或"在后性",有种地位上的对等关系。至于两种"形而上学"不同的内在含义,是一般读者顾不上细想的,只能留给专家们再去仔细推敲了。

具体言之,亚里士多德的《形而上学》一书,是由他的后人整理他的遗稿时,在处理完他的物理学著作以后,把他那些研究最高本体和终极原因的作品集为一册,称为"物理学之后诸篇"(ΜΕΤΑ ΤΑ ΦΥΣΙΚΑ),所以本来是一个并不具有深刻含义的纯粹编纂操作上的用语。但"物理学之后"一旦流行开来,人们便根据该书的内容而将这一名称的含义扩展为了"物理学之上",或者"超物理学",也就是将"后"(μετα)这一前置词赋予了表示思想等级上更高超的含义,意即比物理学更高层次的学问。① 的确,亚里士多德自己也将这门科学称作"第一哲学",甚至直接叫作"神学"。② 然而,为什么物理学之后一定就是第一哲学或者神学?对此,不论是亚里士多德还是其他人都认为这是不言而喻的。从希腊哲学当时所走过的历程来看,古希腊最初的一大批哲学家都把自己的作品称为《论自然》,如亚里士多德说的:"古往今来人们开始哲理探索,都应起于对自然万物的

---

① 现当代流行的诸多"后……学"、"元……学",大都来源于此,如"后现代"、"后形而上学"、"后马克思主义"、"元伦理学"、"元语言学"等,似乎越"后"、越"元"就越根本。
② 亚里士多德:《形而上学》,1026a20、24,吴寿彭译,商务印书馆1981年,第119—120页。

惊异","而且人间也没有较这一门更为光荣的学术。因为最神圣的学术也是最光荣的,这学术必然在两方面均属神圣"。① 就是说,一方面,哲学对于神是"最合适的学术";另一方面,哲学的神圣性在于:"(1)神原被认为是万物的原因,也被认为是世间第一原理。(2)这样的一门学术或则是神所独有;或则是神能超乎人类而所知独多。所有其他学术,较之哲学确为更切实用,但任何学术均不比哲学为更佳。"② 显然,之所以第一哲学是神学,是因为神被看作"万物的原因",即自然的原因,而对"自然"(φύσις)的研究就是"物理学"(φύσικα,自然之学)。因此,所谓"物理学之后"其实被理解为"后物理学",或者说最高层次的一种物理学,即研究"创造自然的自然",也就是创世神(造物主)的科学。所以,"'物理学'从一开始就规定了形而上学的历史和本质。即使在把在视为 actus purus(托马斯·阿奎那),视为绝对概念(黑格尔),视为同一意志向着强力的永恒回归(尼采)的种种学说中,形而上学也还仍旧是'**物理学**'"。③ 这就不难理解,为什么海德格尔把神学称为一门"实证科学",而把哲学的存在论(Ontologie,即存在学,也就是形而上学)称为对这种实证神学的"调教"(Korrektion),因为哲学本质上就是对一切实证科学(包括物理学、历史科学、神学)

---

① 亚里士多德:《形而上学》,982b14、983a2-5,吴寿彭译,商务印书馆1981年,第5页。
② 同上书,983a10-13,第6页。
③ 海德格尔:《形而上学导论》,熊伟、王庆节译,商务印书馆1996年,第19页。

的先验的"形式指引"。① 总之，神学也好，哲学也好，形而上学也好，都可以看作一种广义的"物理学"，如海德格尔在另一处说的："在完成了的形而上学时代里，哲学就是人类学……并且通过这条道路而成为形而上学后裔的一个牺牲品了，也就是成了最广义的物理学（它包括有关生命和人类的物理学，也包括生物学和心理学）的后裔的一个牺牲品。既已成为人类学，哲学本身也就毁于形而上学了。"② 形而上学的完成就是成为最广义的物理学，而这也就是哲学（爱智慧）的终结。因此，我们可以把西方的形而上学（包括"第一哲学"和"神学"）一般地看作"物理学之后"或"元物理学"。

与此相对照，中国古代的形而上学则绝不是什么"物理学之后"。它既不是一门"科学"（或"-logy"），也不是一种"知识"，而本质上是一门探讨"应该"的实践哲学，我姑且把它叫作"伦理学之后"。但首先要注意，我所说的"伦理学之后"与现代西方所谓的"元伦理学"（Meta-ethics）完全不是一回事，甚至在思维进路上是完全相反的。现代元伦理学是以逻辑和语言学的方法来分析道德概念、判断的性质和意义，研究伦理词及句子的功能和用法的理论。这种研究根本不在"伦理学之后"，而是局限

---

① 参看海德格尔:《路标》，孙周兴译，商务印书馆 2000 年，第 62、72、75 页等处。可见，当今人们受列奥·施特劳斯的影响，把政治哲学看作"第一哲学"，其实是未受"调教"的表现。
② 海德格尔:《演讲与论文集》，孙周兴译，生活·读书·新知三联书店（以下简称"三联书店"）2005 年，第 88 页。不过，他把人类学完全归结为"物理学"，否认哲学人类学的哲学层次，这是无法认同的，详后。

于伦理学"之中",甚至可以说还停留于伦理学"之前",即只研究伦理学中的表达方式问题,尚未进入伦理学本身的问题,却从逻辑语义学的立场把这种表达方式的问题视为伦理学的根本问题。论者自以为这样一来就把伦理学归结为某种形式科学,可以对之加以"运算"了,因为不论你抱有何种伦理观点,都必须运用这一套语言规范和形式法则来表述,在这种意义上说这套法则具有"元"或"后"的意义。但这其实不过体现了西方科学主义和分析哲学以自己的狭隘眼光对伦理领域的强行占据和僭越而已。① 以这种方式,语言分析哲学就成了不仅是伦理学而且是任何一门学问的"元……学",或者新一届的形式上的"科学的女王",却对任何一门科学在内容上毫无指导意义。所以,我们只能把这种"元伦理学"看作一种假冒的"伦理学之后",它并未超越于一般伦理学的内容之上,而是撇开这些内容,只撷取了它的语言形式,以迎合西方科学主义的单调口味。

我所说的作为中国古代形而上学的"伦理学之后",则完全是从现实内容出发而对日常伦理学的一种内在超越。它体现为伦理学的一种安身立命的最高"境界",一种内心精神生活的归宿。它的立场仍然是伦理学的,正如亚里士多德的"物理学之后"的立场仍然是物理学的一样。这样一种形而上学,才担当得起"伦理学之后"或"元伦理学"的称号,而西方现代的所谓"元伦理学"不过是伦理学范围内的语义学分析而已,本身没有任何伦理

---

① 可参看向玉乔:《西方元伦理学解析》,《南昌大学学报》(人文社会科学版)2005年第4期。

学的意义，没有跳出"物理学之后"和"存在论"的框框。^① 所以，从本质上看，只有中国传统的形而上学才是严格意义上的"伦理学之后"，或"元伦理学"。我们从中国哲学的起源就可以看出，中国的形而上学就是来自对人生哲学和伦理政治的思考。司马迁《报任安书》云：

> 古者富贵而名摩灭，不可胜记，唯倜傥非常之人称焉。盖文王拘而演《周易》；仲尼厄而作《春秋》；屈原放逐，乃赋《离骚》；左丘失明，厥有《国语》；孙子膑脚，《兵法》修列；不韦迁蜀，世传《吕览》；韩非囚秦，《说难》《孤愤》；《诗》三百篇，大底圣贤发愤之所为作也。此人皆意有所郁结，不得通其道，故述往事、思来者。乃如左丘无目，孙子断足，终不可用，退而论书策，以舒其愤，思垂空文以自见。

这就是说，中国古代一切文学、历史、哲学的大成就，无不

---

① 伊曼努尔·列维纳斯的现象学的元伦理学尽管与语义分析的元伦理学有所不同，似乎更多地强调了宗教信仰的维度，但究其实，仍然不过是用人与上帝的"他者"关系来抽象化了人与人的"他者"关系，使之变形为一种语义关系，并未超出海德格尔所谓"实证神学"的范畴。正如就连海德格尔本人的伦理学也不过是把亚里士多德的德性伦理学"存在论化"从而丧失了伦理学的含义一样，（参看弗朗西斯科·冈萨雷斯：《是超越善恶还是够不着善恶？——海德格尔对亚里士多德伦理学的简化》，刘明峰译，《德国哲学》2019年上半年卷，社会科学文献出版社2020年）列维纳斯的元伦理学同样失去了伦理学的含义。

起源于作者人生旅途上所遭遇的不幸,所以"古者富贵而名摩灭,不可胜记,唯倜傥非常之人称焉",沉浸于富贵之乡的人是不会有什么出息的,苦难是成就"倜傥非常之人"的条件。这种解释如同弗洛伊德的"压抑-升华"说,有很大的合理性,其实也正是出于太史公的切身体会。如果没有宫刑带来的痛苦、屈辱和悲愤,他如何能够有如此强大的意志来构建《史记》这样的鸿篇巨制?而这同时也就决定了,在中国,一切思想建树之成为不朽,必须建立在对人生的痛苦求索及对苦难命运的质疑和叩问之上。这使他们的学问不能不带有强烈的伦理政治色彩,也就是通常所说的"忧患意识"。这也正如孟子所说的:"天将降大任于是人也,必先苦其心志,劳其筋骨,饿其体肤,空乏其身,行拂乱其所为,所以动心忍性,增益其所不能。"① 数千年来,对于那些心怀大志的文人士大夫来说,这些话都成了激励他们奋发有为、出人头地的座右铭。

对比西方古希腊思想文化的起源,差别非常明显。古希腊哲学家大都出身于贵族,所以亚里士多德曾有言:哲学起源于惊异;又说,哲学来自闲暇。在他看来,哲学就是奴隶主贵族在衣食无忧的情况下仰望星空而生出的悠然遐思,是冥冥中超越尘世而与神圣智慧打交道的事业。亚里士多德本人就是地位很高的贵族,从小没有受到过什么磨难。他的父亲是马其顿王腓力的御医,亚里士多德本人则是太子亚历山大的"太傅"。但亚历山大成年即

---

① 《孟子·告子下》。

帝位后，他并没有顺势介入帝国的政治事务，更没有像诸葛亮那样跟随主公征战四方，而是埋头于自己的研究和著述，同时吩咐皇帝每占领一个地方，都要为他搜集当地特有的动植物标本供他做研究。而皇帝居然也老老实实地派人从占领地，包括几千里外的埃及、巴比伦、印度等，把各种奇珍异兽运到雅典来交付给老师，纯粹为了学术的目的。亚里士多德一生著述400多部，范围涉及天文、地理、博物、人文、社会、物理、心理等，是第一个百科全书式的哲学家，被称为"古代世界的黑格尔"（恩格斯语）。他的政治学和伦理学著作只是其庞大著述的一小部分，也并不是为统治者提供的治国良策，而是一门"科学"，与其他科学如物理学、天文学、动物学、植物学、灵魂学、诗学、修辞学、经济学等分属于科学的不同部门，在他眼里并没有特别的地位。唯独《形而上学》和《工具论》，一个作为哲学本体论（存在论），一个作为逻辑方法论，是凌驾于所有这些部门之上的普遍学科。这些工作是他当作人生最高幸福即"理性的沉思"来享受的，因为和其他所有的幸福相比，"对思想的思想"是直接和神交往，所获得的是永恒的快乐。①

相反，中国传统的哲学思考都是从对人生命运的苦难意识中升华出来的。如上引司马迁的那段话中，第一个例子就是举的"文王拘而演《周易》"，而《周易》历来被公认为"诸经之首"，

---

① 参看亚里士多德：《尼各马可伦理学》，廖申白译注，商务印书馆2011年，第一卷第三章、第十卷第七章。

是儒家和道家共同的经典和思想来源。文王用来"演《周易》"的《易经》，原来是一部卜筮之书，其功能是预测人的未来行动或命运的凶吉，文王在坐牢期间将其引申阐发为一部饱含哲学思想的著作。但也正因此，这种哲学思想本身就具有预测未来并对人的行动进行价值评判的特点，这与古希腊哲学一开始就追溯万物的"本原"（ἀρχη，又译"始基"）是完全相反的致思方向：一个是面向未来、预测未来，以防患于未然或未雨绸缪；一个是面向过去，总结经验，发现本质或根据（即黑格尔所谓"密纳发的猫头鹰黄昏才起飞"）。就此而言，我们可以说中国哲学的基点是立足于实践之上，而西方哲学的基点则是立足于理论之上。于是我们看到，正是在《周易》这部"经典中的经典"里面，提出了后世引出"形而上学"一词的这段名言：

> 是故形而上者谓之道，形而下者谓之器，化而裁之谓之变，推而行之谓之通，举而错之天下之民谓之事业。是故夫象，圣人有以见天下之赜，而拟诸其形容，象其物宜，是故谓之象。圣人有以见天下之动，而观其会通，以行其典礼，系辞焉以断其吉凶，是故谓之爻。极天下之赜者存乎卦，鼓天下之动者存乎辞；化而裁之存乎变；推而行之存乎通；神而明之存乎其人；默而成之，不言而信，存乎德行。①

---

① 《周易·系辞上》。

很明显,"形而上者谓之道,形而下者谓之器"一语,如果孤立起来看,似乎是讲理论的,但接下来马上就联系到"化而裁之"、"推而行之"、"举而错(措)之",然后用"圣人"如何在行动中贯彻"象"、"爻"、"卦"、"辞"而实现"变"、"通",最后达到"默而成之,不言而信,存乎德行"的效果。① 而且在这短短100多字的文句中,竟然用了5个"天下"、2次"圣人"。因此,如果我们从整个一段话来推敲,则这种"形而上"的学问就是提供给"圣人"如何治理"天下"以成大德的"道"理,包含圣人率领人民走出危机、避开灾难的忧患意识。所以,据说孔子也感叹道:"作易者,其有忧患乎?"② 由此可证,中国古代形而上学的实质就是一种作为"伦理学之后"的实践哲学。

当然,这里的"伦理学"用的是现代汉语,该词融合了中西"伦理"一词的不同含义。中国古代的"伦理","伦"为同类或同辈之义,引申为"条理"、"道理",即通常讲的不能"乱了辈分",扩展为事物条理清楚、层次分明的意思。所以,"伦理"也有道理、有条有理的意思,当然更有伦常之义,如所谓"五伦":父子有亲、君臣有义、夫妇有别、长幼有序、朋友有信。可以看出,这里的"伦"或"伦理"主要是指关系,特别是以血缘为纽带的人际关系。与此不同,西方的"伦理"一词主要是指个人的一种品格或习惯。如古希腊语的 τό ἠθικὸν(伦理学)来自 ἦθος

---

① "存乎德行",据陈鼓应、赵建伟《周易今注今译》解为"依赖于德行"(商务印书馆2007年,第640页)。
② 《周易·系辞下》。此虽可能为假托孔子之言,但与孔子思想极为合拍。

（住处；风俗、习惯；性格。词根为 εθος，风俗习惯、惯例）；拉丁文的 moral、moralis（伦理、伦理的）以及 moratus（有品格的、有道德的；独特的、有个性的），首先都是指个人的一种不变的行为模式或生活习惯。现代西语表示伦理学和道德法则的词如 ethics、moral（英）和 Ethik、Moral（德）都来自上述希腊文和拉丁文。当然，中西这种区别并不是绝对的，中国表达人际关系的伦理概念也可以内化为个人的一种品德和操守；相反，西文本来表示个人的一种良好性格习惯的伦理同样可以成为普遍化的公序良俗。① 所以，实际运用起来，中西这两种伦理学在意思上完全可以重叠，只要我们留意它们在词源上的区别，一般不会出现什么问题。但若忽视这种区别，则在某些情况下很可能"失之毫厘，差之千里"。

那么，中国哲学的伦理学之后，"后"在什么地方？"后"在它是对"器"的超越，也就是所谓形而上之"道"。不过，这种超越不同于西方哲学中的所谓"外在超越"或"彼岸超越"，而是有中国特色的"内在超越"。表现在道、器关系上，虽然说道是形而上者，器是形而下者，但两者并非毫不相干，而是紧密相连、互相渗透。换言之，道在器中，器亦在道中，无此岸、彼

---

① 笔者曾多次指出，中国传统的意识形态结构是一种建立在群体意识之上的个体意识，而西方传统的意识形态结构则是一种建立在个体意识之上的群体意识。双方之所以不同的根据在于，西方是通过人与物的关系来实现人与人的关系，中国则是通过人与人的关系来实现人与物的关系。（参看邓晓芒、易中天：《黄与蓝的交响》，武汉大学出版社 2007 年，第 30、47 页等处；又见拙著：《中西文化心理比较讲演录》，人民出版社 2013 年，第 20、25 页）

岸之分，而是贯通一体。后人又将道器之辨与理气之分、体用之别联系起来，均强调双方的统一和"不二"（不可分），但又有层次上的区分。而这种区分也体现为"大用"和"小用"之分，即政治实用和技术实用之分，后者是服务于前者的，但总之都是一种实用的学说或"实践智慧"。以此为线索，形上之"道"可以总揽万事万物。所以，《四库全书总目·经部易类小序》中说："又《易》道广大，无所不包，旁及天文、地理、乐律、兵法、韵学、算术，以逮方外之炉火，皆可援《易》以为说，而好异者又援以入《易》，故《易》说愈繁。"所有这些"旁及"，都如同道本身的终极意图一样，是为了实用的操作，而一切技术的实用又都是为了政治的实用。历来有人将《易经》的核心思想解作"一阴一阳之谓道"，也就是一种掌握阴阳之道以操纵事态发展的技术（道术），当然也没错，但这种解释却丢失了其中的伦理道德维度。应当说，所有这些技术都是为了治理天下的道德目标，因而是要由有德之人（圣人）来掌握的。一旦由无德之人窥破"天机"，则变质为一种阴谋权术（"变戏法"），一种政治斗争的算计工具（如法家），使大"道"堕落为小"器"，这是大违易道的。

可见，中国的"伦理学之后"是围绕"道"字展开的，正如西方的"物理学之后"围绕"存在"而展开一样。那么，究竟什么是"道"？

许慎《说文解字》曰："道，所行道也，从辵从首，一达谓之道。"道的本义就是行走之道、道路。以此来解"形而上者谓之道",顺理成章。我们每天都在走路,但如果我们只关注沿路的具体事物(器)而不看路,则肯定会走错路、迷路,甚至走到歧路上去。而这里的"形而上者"更是一条无形之路,一条决定人生走向的大路,一条率领"天下之民"遵循"天下之赜"和"天下之动"而通达神明之境的"德行"之路。当然,既然是走路,就必须一步步来,千里之行始于足下,身边的器物还是要关注的。所以,"道"虽为形而上者,但并非不食人间烟火,而是由百姓的日常身体力行来体现的,就像朱熹所说:"其高极乎无极太极之妙,而其实不离乎日用之间。"[①]至于"道"的另一个含义即"道说"、"说话",在《说文》中只字未提,应该是由"道路"引申而来的意思,而非本义。

《易经》中的这样一种形而上之道,首先在老子的《道德经》中成为核心范畴而得到了反复的讨论。《道德经》首句就将形而上之道与道说之道严格区别开来:"道可道,非常道。"形而上之道是"常道",也就是永恒之道,而不是我们每天嘴边所说道的"可道之道"。老子的道,笔者后面还将专门分析,这里只提出一点看法。即《道德经》中由形而上之道引出的一系列哲学范畴,如有无、动静、常变、反复、天地、自然、万物、生……如果只看这些,人们会以为老子哲学和古希腊早期哲学一样,也是专注于宇宙论和自然观的一种知识论,其实不然。所有这些看似宇宙论或自然生成论的范畴,或近或远、或直接或间接地都与人的伦

[①] 《周濂溪集》卷十一。

理道德和人生态度、做人的方式相关，都实际上表达了一种实践的法则。例如，"有无"范畴后面隐藏着的实际含义其实是"有为"或"无为"、"有欲"或"无欲"；"动静"、"常变"和"反复"则是教给人面对复杂多变的现实如何守住内心的虚静和预见到事情的转机；所谓"天地"①、"自然"、"万物"并不等于西方人讲的"自然界"，而是通过"人法地，地法天，天法道，道法自然"，来提供一种自然而然、顺其自然的人生策略；至于书中经常出现的"生"字（如"道生一，一生二，二生三，三生万物"，"天下万物生于有，有生于无"等），并不着眼于生物有机界的目的性（如亚里士多德常用的比喻"种子"、"橡树"等），而是暗示血缘"辈分"上的先后次序，其中的在先性和原始性是被"生"者必须无条件服从的自明的前提：你是谁生的，你就得崇拜谁、跟从谁。然而，尽管如此，老子的伦理学正因为采取了自然之道的形而上学的话语体系，所以不再是单纯的伦理学说，而可以称为"伦理学之后"。它不是像儒家那样直接地（由"圣人"）人为独断地制定一整套道德原则来强制人们接受，而是诉之于自然的普遍规律。在这方面，我们可以将其与儒家伦理学的论述方式做一个比较。

　　孔子的思想无疑也可以视为对《易经》中的实践哲学的一种阐发，《系辞》中许多话都是托孔子之名而言之，而就精神实质

---

① 王弼注《道德经》第五章"天地不仁，以万物为刍狗"："天地任自然，无为无造，万物自相治理，故不仁也。"（陈鼓应注译：《老子今注今译》，台湾商务印书馆 2002 年，第 66 页）

来说，孔子学说更是典型的伦理学说，就此而言，与老子的学说颇有相通之处。孔子比老子年轻20岁，据《庄子》所言，孔子曾问道于老子。又据司马迁《史记·孔子世家》记载，孔子"读《易》，韦编三绝"，把编竹简的牛皮绳子都读断了三次（或多次）。显然，孔子正如老子一样，也在努力从《易经》中寻求做人和治天下的道理，因此长期以来，很多研究者都认为《易经》属于儒家经典，并且致力于从儒家思想来解读《易经》。但这一做法也遭到了一些人的强烈反对，如陈鼓应先生在其《周易今注今译》一书的"前言"中就认为，这种所谓的"不刊之论"实际上"使得《周易》的研究一直被局限在狭隘的范围内，对《周易》经传研究的肤浅、片面甚至曲解都与此相关"。他还在该书的"北京商务印书馆重排版序"中大力强调《周易》和《老子》、《庄子》这"三玄"应同属于道家思想的经典，从哲学史的观点看，其重要性远远胜过《论语》、《孟子》、《大学》，虽然从文化史的角度看其影响力可能不如后三者。所以，从哲学的眼光看，《周易》更应该归于道家经典而不是儒家经典。为证明这一点，他提出了四点理由：1）天人关系、天道和人道在思想上的紧密联系具见于"三玄"，而孔子则"罕言天道"①，"其视线则仅限于人事"；2）"三玄"着重讨论了宇宙论与人生论上的变动观，而孔孟则从不思考万物变化及其法则的问题；3）阴阳学说主要来自老庄，《论语》、《孟子》、《大学》和《中庸》则"不及一见"；4）"老子的道论成为

---

① 子贡曰："夫子之言性与天道，不可得而闻也。"（《论语·公冶长》）

历代哲学理论的基石,而《易传》的道论,见于〈系辞〉者两条,一曰'一阴一阳之谓道',一曰'形而上者谓之道,形而下者谓之器'。前者乃对老子〈四十二章〉道与阴阳关系所作综合的诠释;后者则以命题形式对老子道器观念所作概括性的表述。……而孔孟则从来没有形上道论这类的哲学问题意识"。①这四点理由都极为雄辩。

然而,平心而论,把《周易》归于儒家经典的说法亦未可贸然否定。目前公认的比较通行的说法是,《周易》是儒家和道家思想的共同源头,它既是道家经典,亦是儒家经典。但这两家对于《周易》的关系其实是不一样的,对此却不太有人仔细辨析,陈鼓应的说法至少把这一点表达出来了。据此我认为,说《周易》是儒家经典,是因为儒家的伦理思想从根本上说都是源于《周易》;而说《周易》是道家经典,则是因为老庄所重点发挥的是《周易》中的"伦理学之后"的哲学思想。当然,"伦理学之后"和"伦理学"肯定是有密切联系的,但层次是不一样的。而正是这种不同层次,导致了老子和孔子伦理思想在具有诸多重叠处之外,也含有某些明显的差别,比如前者表现出超然世外的意境,后者则局限于经世致用的倾向。所以,当我们比较中西哲学的形而上学时,只能以老子和他的道家学说来作为中国古代形而上学的典型标本,代表中国传统的"伦理学之后"而和西方传统的"物理学

---

① 陈鼓应、赵建伟注译:《周易今注今译》,商务印书馆2007年,"北京商务印书馆重排版序",第1—2页。

之后"相对照，先秦儒家学说在这里则基本上插不上嘴（后来儒道佛"三教合流"的宋明理学则另当别论）。原始儒家里面确实缺少形而上之维，以至于黑格尔根本不承认孔子的学说是什么哲学，只认为是一些日常的道德说教而已。①

除了儒、道之外，中国古代诸子百家及其后学源流，鲜有不从《易经》中寻求自身的形而上维度的。正因为如此，《易经》被誉为"大道之源"、中华传统文化的总汇或总纲。这样一来，对《易经》的解读也就因角度的不同而有了种种不同风格，如医家解读出了"医易"，阴阳家、星象家、风水学家解读出了"科学易"，兵家和武术家解读出了"武道"，象数学解读出了"数学易"，如此等等，更不用说法家对变易之道和纵横家对爻卦思维的发挥了。这与《易经》本身从根源上就带有卜筮技术的性质有关。所有这一切引申与儒家伦理思想以至于道家的伦理学之后相比都是低层次的、具体操作层面的，但又是可以与之兼容的。儒、道两家也同时包含这些低层次的要素，作为自己理论的必要补充，因为如前所述，中国一切学问都带有实用、实践的色彩，不是技术实用主义就是政治实用主义。儒家从荀学过渡到韩非顺理成章，老庄则是各种实用技术的玄理，尤其是治国方略的

---

① "里面所讲的是一种常识道德，这种常识道德我们在哪里都找得到，在哪一个民族里都找得到，可能还要好些，这是毫无出色之点的东西。孔子只是一个实际的世间智者，在他那里思辨的哲学是一点也没有的——只有一些善良的、老练的、道德的教训，从里面我们不能获得什么特殊的东西。"（黑格尔：《哲学史讲演录》第一卷，贺麟、王太庆等译，商务印书馆1981年，第119页）

渊薮。儒、道都将技术实用提升到了政治实用，又从政治实用落实到了技术实用，但道家特别将政治实用再提升到了形而上学，建立起了一种政治伦理"之后"的人生哲学，这是其他各家所未达到或不感兴趣的。所以，我们谈中国古代形而上学，主要就谈道家（和道家所解释的《易经》）的形而上学，也就是我所说的"伦理学之后"。

那么，通过对西方哲学的"物理学之后"和中国哲学的"伦理学之后"的这一番比较，我们在"重建形而上学"这一任务方面可以得出什么样的启示呢？

四、"语言学之后"——重建形而上学的契机

显然，中西形而上学名同而实异，无论是基于哪一方面来重建形而上学，都会因为自身的片面性的缺陷而走进死胡同。但是根据前面的分析，中西形而上学有一点的确是共同的，这就是无论承认还是不承认，它们的建立都离不开语言，只是双方对语言的理解有层次上的差异而已。换言之，西方形而上学对语言的基本理解就是语法和逻辑，虽然它们在此基础上还注意到隐喻、暗示和诗性的一面，甚至把语言的起源追溯到诗（如近代的维柯），但这些毕竟不是主流，通常只被看作逻辑和语法的补充或推理的前语言条件。反之，中国传统形而上学虽然也注意到语言的语法和逻辑（如墨家和荀子），但从来都不认为这是什么大不了的事，最终决定性的事情在于语言背后的体验，这本质上是不可以言语

表达的;① 尽管如此,流传下来的中国形而上学又毕竟采取了语言的形式,甚至也有某种不太严格的逻辑(这是后人做考证研究不能忽视的),无论你说它只是临时的工具也好,没有"名"而只有"字"也好,甚至是古人留下来的"糟粕"也好,你还真离不了它,否则就没有中国形而上学。②

由此可见,中西形而上学尽管讲的完全不是一回事,但有一点是共同的和重叠的,这就是双方都是建立在某种方式的言说之上的,并且都没有否认,这种言说方式不但必然包含语法和逻辑,还包含对于某种无法言说的东西的指认和暗示。但西方形而上学认为,这种指认和暗示已经属于语用学或者修辞学的范畴,它可以揭示语言的起源,但本身失去了形而上学(物理学之后)的意义,只是一种说话的技巧。而中国形而上学则认为,虽然修辞本身带有中国形而上学(伦理学之后)的意义,因为"修辞立其诚",与"进德修业"相关,③ 但修辞不具有语言的意义,只具有

---

① 《易传·系辞上》说"立象以尽意","象"还可以视为"准文字"(汉语本来就起源于象形文字);后人重视的却不仅是"得意忘言",而且是"得意忘象"(王弼);到司空图,则撇开"象"而主张"味":"辨于味而后可以言诗",甚至连"味"都不够贴切,继而主张"韵外之致,味外之旨"。(参看邓晓芒、易中天:《黄与蓝的交响》,武汉大学出版社2007年,第226—227页)
② 禅宗主张"直指人心,见性成佛,不立文字",但又说:"直道不立文字,即此不立两字,亦是文字。"(《坛经·三十六对》)这种理解其实源自《老子》"吾不知其名,字之曰道,强为之名曰大"(第二十五章)。庄子笔下的"斫轮老手"则把一切写出来的文字都归为糟粕,精华则在不言之中全部流失了,见《庄子·天道》。
③ 《乾卦·文言》:"子曰:君子进德修业。忠信所以进德也;修辞立其诚,所以居业也。"

"言外之意"的意义,或者说,在语言中只有临时借用的意义,不可执着,也不可单独作为对象来探究,而要着眼于背后的微言大义。① 所以,中国人讲修辞,绝不会像古希腊的亚里士多德那样,强调在修辞中贯彻三段论的逻辑推理原则,作为一种说服人的技巧("雄辩术"),② 而是立足于内心感悟和直接体验,将主观抒情和家国天下打通。曹丕说:"盖文章,经国之大业,不朽之盛事",以至于"文以气为主,气之清浊有体,不可力强而致",③ 由此而具有了"天地之气"的本体论身份。但也正因为如此,中国传统修辞观念缺乏语言学的自觉,而是直接与伦理学和伦理学之后挂钩,除了伦理学之外,它没有自己单独的立足之地。西方传统修辞学则太具有语言意识了,但问题是它们对语言的理解长期局限于技术工具主义的(逻辑的)理解,修辞即使在审美领域中可以占据一席之地,能够具有打动情感的"诗学"功能,但终归仅仅是一种人际交往的媒介,同样没有自己独立的本体。

有一点很明确,无论中西,在建立自己的形而上学的时候都

---

① 所以刘勰《文心雕龙》首句便是:"文之为德也大矣,与天地并生者何哉?"文以载道而且只能载道,若单独来考察文之为文,就显得"小器"了,所以他并不把自己考察的对象视为"文"本身,而只看作"文心",即天地之德。只有宋代陈骙所著《文则》被今人誉为中国修辞学唯一的奠基之作,其实就其本意而言,也不过是古代经典的文体分类学或辞章之学,并未深入语言修辞本身的概念和内在规律。
② 亚氏《修辞学》将修辞学定义为"在每一事例上发现可行的说服方式的能力",甚至这种说服论证本身就是三段论学说的构成部分。(参看汪子嵩等:《希腊哲学史》第三卷,人民出版社2003年,第319、329页)
③ 曹丕:《典论·论文》。

必须基于语言，但都没有把语言本身当作更高层次的形而上学，而是当作较低层次的表达工具（逻辑，或修辞），它是依附于形而上学（物理学之后或伦理学之后）的。然而，我们也看到，西方的物理学之后和中国的伦理学之后在自己的领域中都是可以自成一家的，双方没有对方都可以毫无困难地建立起自己的形而上学；但如果没有语言，因而没有语言的逻辑或修辞功能，那么不论西方还是中国，要建立起自己的形而上学都是不可能的。海德格尔第一个看出，"语言是存在之家"，因为西方形而上学所立足的基点"存在"（Sein）本身是从西方语言的"系词"中引出来的。但他在与日本友人的对话中又发现，"我们欧洲人也许就栖居在与东亚人完全不同的一个家中"，"一种从家到家的对话就几乎还是不可能的"。① 那么，东方人包括中国人的"家"又是什么呢？海德格尔肯定不会认为还是语言，否则他就不会说东西方的对话不可能了。但他恰好将这一点弄错了。中国人同样栖居在语言之家中，只不过这个"家"与西方人理解的"语言"不同。它不是以"存在"或"是"为核心的，而是以修辞或隐喻为核心的，或者说，不是以"思"（Denken）为核心的，而是以真正的"作诗"（Poesie 或 Dichtung）为核心的。② 中国语言才是真正的"诗

---

① 参看海德格尔：《在通向语言的途中》，孙周兴译，商务印书馆2004年，第90页。
② 不管海德格尔如何把"思"和"诗"说成是一回事，他仍然把"思"理解为自古希腊以来对事物的"根据"的追究，而哲学或形而上学之思则是追究那个开端，"并且凭借于这一开端，存在者之存在就把自身显示为根据〔ἀρχή（本原）、αἴτιον（原因）、Prinzip（原理）〕。根据之为根据，是这样一

性"语言。

西方的技术主义和工具主义的情况直到海德格尔提出"语言是存在之家"、"不是人说语言，而是语言说人"，才有所改观。在此基础之上，应该说有可能预示一种以语言为终极根据的新型的形而上学，即不再是"物理学之后"，而是"语言学之后"。但海德格尔最终未能走上这条路。他在1957年的《语言的本质》中直接讨论了"语言学之后"的问题：

> 新近的语言科学和语言哲学研究越来越明显地把目标锁定在对所谓的"元语言"的制作上了。致力于这种超语言之制作的科学哲学，被认为是"元语言学"。这是很顺理成章的了。元语言学，它听来犹如形而上学——不光听来如此，其实它就是形而上学。因为元语言学即是把一切语言普遍地转变为单一地运转的全球性信息工具这样一种技术化过程的形而上学。元语言学与人造卫星，元语言学与导弹技术，一回事情也。①

（接上页）个东西，存在者作为如此这般的存在者由于它才成为在其生成、消亡和持存中的某种可知的东西，某种被处理和被制作的东西。作为根据，存在把存在者带入其当下在场"。(《面向思的事情》，陈小文、孙周兴译，商务印书馆1996年，第58页）既然海德格尔把"诗"看作对存在者的根据的存在之思，它本质上就还是思的形式而没有独立的意义，也不能独自作为形而上学的核心。所以他晚年不再谈形而上学的问题，而只考虑"思的事情"。

① 海德格尔：《语言的本质》，载《在通向语言的途中》，孙周兴译，商务印书馆2004年，第147页。

显然，这里的"元语言"（Metasprache）和"元语言学"（Metalinguistik）指的是现代英美分析哲学，以及由此发展起来的信息技术科学，包括今天统治全球的计算机科学。当计算机语言（网络语言）成为唯一实在的语言时，它必然会自认为是当今时代的最高的"形而上学"了。海德格尔这里的口气富有调侃意味，但也不能不承认，这是西方传统形而上学的必然归宿："物理学之后"的最后目的地无非就是用来描述物理学的"语言学之后"了。但海德格尔显然并不满意于这种"语言学之后"，他甚至把这看作是一种前车之鉴，因为这种形而上学本质上仍然不过是"物理学之后"，甚至不过是物理学之后的附庸，而不是真正的语言学"之后"，因为语言学本身并不能归结为物理语言或逻辑语言。然而，真正具有形而上学层次的语言，或者这样一种"语言学之后"到底是什么，他除了有一种朦胧的"通向语言之途"的"道路"意识外，还没有想好。这条"道路"（Weg），他认为是"作诗"（Dichtung）。但"诗"之后是什么，是"诗而上学"吗？他看不到前途，而只能陶醉于对诗的"经验"分析或感悟。"剩下可做的事情就是指出道路，这些道路把我们带到那让我们在语言上取得一种经验的可能性面前。"[1] 但他分析了大量的诗（格奥尔格、荷尔德林、伯恩等），最后的"道说"（Sage）是什么呢？是"语词破碎处，无物存在"。[2] 就是说，语言的"本质"（Wesen，来自 gewesen，即 Sein 的过去时）

---

[1] 海德格尔：《语言的本质》，载《在通向语言的途中》，孙周兴译，商务印书馆 2004 年，第 148 页。
[2] 同上书，第 155 页。

就是要拯救"存在",而拯救的唯一方式则是诗。在这条"路"上,诗所道说的还是"存在",即西方传统形而上学的核心概念。早在《关于人道主义的书信》1949年第一版的注释中,海德格尔就自我反省道:"这封书信始终还说着形而上学的语言,而且是蓄意地。另一种语言还隐而不露。"①而在八年之后的《语言的本质》中,"另一种语言"终于显露真身,却仍然在"说着形而上学的语言",即通过诗来为存在、真理"去蔽"。这条路其实是一条回归原点之路,如赫拉克利特所言:"上升的路和下降的路是同一条路。"与以往不同的只是,它彻底暴露了西方形而上学在"存在论"附近反复兜圈子的绝望处境,以至于海德格尔晚年几乎要抛弃"形而上学"这一徒有虚名的招牌,而固守于比较谦虚的"思想"。这只能说明他在西方形而上学的存在论传统中突围失败。②

尽管如此,海德格尔对西方形而上学传统的批判毕竟是富有启发意义的,它使我们这些不受西方形而上学传统限制,也不把"存在"("是")视为形而上学的核心话题的中国人,在建立一种新型的"语言学之后"方面获得了一道难得的光明。然而,中国人接受这道光明有一个先决条件,这就是对自身传统中的"伦理学之

---

① 海德格尔:《路标》,孙周兴译,商务印书馆2000年,第366页。
② 对于这一点,德里达看得非常清楚。他指出,海德格尔和尼采一样,成了他"试图推翻的形而上学大厦的俘虏","海德格尔的思想不是否定,而是重新要求将逻各斯和存在的真理作为第一所指(primum signatum):所有范畴或所有规定的意义,所有词汇或所有句法,因而所有语言的能指都蕴含着'先验'所指……它不存在于逻各斯之前,也不存在于逻各斯之外"。(雅克·德里达:《论文字学》,汪堂家译,上海译文出版社1999年,第26页)

后"进行一番反省,意识到它内在的盲区和提升自身档次的必要性,而不能沉迷于其中。简单说,中国传统形而上学欠缺的是语言学的自我意识,因而从来不在语言学的维度上反思我们对形而上学的表述方式,而只是让人们排除或悬置言语,一味地追求妙悟。但人们没有意识到,能够凭借言语来"妙悟",这本身就是语言的一项本质性的功能;没有这项功能,所有的语言,哪怕最日常的语言,都只是一堆音符和空气的振动,毫无意义。实际上,中国传统形而上学正是运用这一功能才表达了它在"伦理学之后"这一层次所想要表达的意思,但它却不自觉到这一点,反而以为这是它摒弃了语言、道说的结果。老子说:"道可道,非常道。"庄子说:"道不可言,言而非也。"他们都没有想到,正当他们这样说时,道本身就已被言说出来了,甚至只有凭借对道的这种言说的否定,道本身才得以言说和"道说"出来。对道的言说或道说的这种自否定,典型地体现了语言学上的"悖论",例如"说谎者悖论":当我说"这句话是谎话"时,我说的恰好是一句真话("真的"是一句"谎话"),但如果把真和假放在同一个层面上来理解,它们就会互相冲突:到底是真话还是假话?塔斯基(Alfred Tarski,1901—1983)曾建议通过区分"对象语言"和"元语言"两个层次来解决这一悖论,前者是"语义开放"的语言(假话),后者是"语义封闭"的语言(真话),这就不存在矛盾了。① 但这种分析哲学的

---

① 参看邓晓芒:《思辨的张力——黑格尔辩证法新探》,商务印书馆2008年,第121—122页;又参看朱建平:《塔斯基的真定义、语义学与逻辑后承》,《华侨大学学报》2014年第2期。

笨办法只是治标不治本的做法，他没有看到，真正的"元语言"不可能是封闭的，而是面向对象开放的（具有"言外之意"的），因而也是必然包含矛盾于自身中的。它只能是"自否定"的。

不过，这种区分仍然是有意义的。在道家哲学的这种场合下，老庄倒的确是由于将语言只理解为"对象语言"、忽视了"元语言"而形成了悖论，因为他们丝毫也没有西方语言学的独立（封闭）视野和逻辑上的违和感，悖论反而成了他们炫耀自身思想的深邃和玄妙的方式。但也正是由于这一点，他们无形中借助这种悖论而成全了自己的形而上学的道说。就此而言，《红楼梦》中"太虚幻境"门口的那副楹联倒是更深切地表达了其中的奥义："假作真时真亦假，无为有处有还无"。仅凭这两句话，伟大的曹雪芹就称得上中国两千年来最深刻的哲学家，其深刻性甚至超过了道家哲学对"真人"的崇仰。至于"形而上者谓之道"，其实也隐含着"道"本身的双重对立的含义，即道说之道和不可道之道。因为即使按照老子，可道者"非常道"，形而上之道（常道）本身毕竟已经（在五千言中）道说出来了，并且证明它也是"可道"的。虽然这里的道说是自相矛盾的，违背形式逻辑的，但恰好表达了真正的"元语言"的更深层次的一面，触及了"语言学之后"的根基。只不过老庄本身并没有意识到这一层，他们反而认为，这样一来，就让语言在遭到解构的状态下整个出局了。但实际上，他们的行动客观上为一种"元语言学"或不如说一种"语言学之后"的重建提供了线索。而这一线索的语言学意义，又只有富有逻辑感而又力图反叛语言的逻辑层面的西方当代形而上学者，如海德格尔这样的哲学家，才能揭示出来。我们大概可以理解海德格尔为什么一度对老庄哲学感兴趣，甚至要和萧师毅先生共同翻译《道德经》了。他也许从中看出了道家语言学悖论正是使语言成为另一种"存在之家"的内在根据。

综上所述，重建形而上学的使命在今天既不能由西方现当代哲学来独立承担，也不能单独从中国传统哲学中引出来，而势必综合西方传统的"物理学之后"和中国传统的"伦理学之后"双方在语言学上所达到的最尖端的成果，在双方借助于了解对方而形成的对自身的文化自我意识的前提下，才有可能得到完成。

第一卷

对西方形而上学的检讨
——以中国为参照

为什么要"重建形而上学"？当然是由于当代形而上学已经濒临解体，按照陈旧的结构方式已经撑不下去了。在"导论"中，笔者已经对当代形而上学的状况做了一个大致的概括，不论中国还是西方，人类都面临再也没有形而上学可谈的窘境。胡塞尔所谓的"欧洲科学的危机"实际上表达的是"欧洲人性的危机"，因为在他眼里科学就是人性的本质；当代中国人的道德滑坡和信仰的失落也与中国传统的"伦理学之后"失效有关。然而，单独针对西方传统的"物理学之后"或者单独针对中国传统的"伦理学之后"所分别提出的补救方案，一个世纪以来中西哲人们已经做过了无数的尝试，但没有一张处方是被公认为可以成立的，该衰落的还是无可奈何地衰落了。前面的讨论中我预先提出了一种新的设想，就是中西哲学家们不应再局限于自身文化传统所带来的眼界的局限性，而应当立足于中西文化和哲学的比较来寻求人类走出思想困境的新路，这就是从中西哲学所共同依赖的"元语言"的分析中，对语言的本质根据进行重新定位，并由此制定出一门能够将中西哲学各自的主题都囊括进来并融为一体的、作为真正的"语言学之后"（Metaliguistik）的新型的形而上学。当今世界一个看得越来越明显的事实是，我们这个星球上真正能够形成原则上的文化对峙的只有两种文化，即西方文化和中国文化，当代人类共同体的建立撇开这个事实是根本不可能的。而这两种异质的文化最核心的代表就体现在中西两种不同的哲学中，它们双方谁也吃不掉谁，唯一的办法就是在一个共同的原则之下互相融合，重建一种能够超越和涵盖中西传统的形而上学。而这正是本书所主张的"重建形而上学"这一主题所具有的现实意义。

然而，要实现这一目标，必须预先做两件准备工作。一件是必须把西方形而上学走过的历史轨迹从头检讨一遍，这种检讨必须在中国形而上学的参照之下进行，而这是西方人两千多年来从未做过也不可能做的尝试。另外一件就是，必须对中国传统形而上学几千年来深信不疑的原则进行一番"现象学的还原"，这种还原也必须在作为西方一切近代哲学的"憧憬"（胡塞尔语）的现象学方法的指引之下来做，这是本人多年来一直在尝试、近年则更加明确的一条致思路径。① 这两件工作都是极其困难而吃力不讨好的，但在目前全球化的大趋势之下，又是不能不做的。至少，只有经过这种准备工作，形而上学的重建才有可能在全人类的视野下开始真正着手，否则都只会是空中楼阁。

所以，本书第一卷就是以中国传统形而上学为对照，对西方形而上学展开一场提纲挈领式的检讨和回溯。我们选择的几位有代表性的哲学家，一位是西方形而上学的奠基者亚里士多德，一位是近代形而上学的复兴者康德，一位是西方形而上学的完成者黑格尔，再就是西方形而上学的解构者海德格尔。

---

① 可参看我的一系列中西哲学和文化比较的文章，从 1995 年的《论道家哲学改造的临时纲要》，直到 2016 年的《论中国传统文化的现象学还原》；著作如《灵之舞》（1995）、《黄与蓝的交响》（1989、2019）、《中西文化比较十一讲》（2007）、《中西文化心理比较讲演录》（2013）、《中西哲学三棱镜》（2020），等等。

第一章

亚里士多德：对形而上学的片面定向

亚里士多德是西方形而上学的奠基者，这不仅是指他最先制定了形而上学这门学问的纲领，而且是指他将形而上学与其他一切学问做了一个整体上的层次划分和各归其位，使得形而上学成了当时所知道的各门科学的最高统帅。因此，亚里士多德是古代世界第一个"百科全书式的学者"，是在他之前希腊人所创造的所有思想财富的集大成者和总结者。显然，这样一位哲学天才并非一夜之间冒出来的，而是由他之前的希腊哲学几百年的发展所孕育出来的。所以，要了解亚里士多德形而上学是如何形成这样一种定向的局面，稍微追溯一下其思想来源是有必要的。

第一节　柏拉图对亚里士多德形而上学的影响

亚里士多德是柏拉图最优秀的弟子。尽管他在《形而上学》中到处都在批评自己的老师，并且留下"吾爱吾师，吾更爱真理"的名言，但毫无疑问，柏拉图对亚里士多德形而上学的建立起了决定性的作用。作为柏拉图的学生，亚里士多德的哲学训练起点很高，尤其是柏拉图的"理念论"，在总结前苏格拉底哲学各家各派的基础上，将希腊人的思维层次提升到了超越一切经验事物之上的纯粹概念思维的水平，对亚里士多德的影响极深。以往人们对两人思想的关系更多注重于他们的不同或对立之处，就连拉斐尔的名画《雅典学园》也表现的是柏拉图和亚里士多德正在争论的场景，一个指着头上的天空，另一个则指着脚下的地面，似乎是势不两立的两位论敌。其实柏拉图在理念论中给亚里士多德建立起形而上学提供了关键性的方法论契机，就是我们不必像米利都派那样陷在感性经验的杂多事物中拔不出来，但也不一定按照毕达哥拉斯和埃利亚派不顾事实、纯粹在数目和概念的王国中游荡，而可以把现实世界视为理念世界的"摹本"，这就有必要从感性的事物通过某种"回忆"而超越到我们生前在理念世界中已经熟悉却被遗忘了的真理，它们是不受感性遮蔽的普遍的世界本质。亚里士多德的形而上学正是沿着这条超越之路不断追寻真理而建立起来的，但与柏拉图不同的是，他不再在感性事物和理念世界之间以所谓"回忆说"划出此岸和彼岸的鸿沟，而是把超越理解为对任何事物之所以可能的根据（或"原因"）的寻求，因此他所寻求到的那个 εἶδος（即柏拉图的"理念"，在亚里士多德这里译作"形式"）不再是彼岸世界的东西，而是现实事物的本质。或者可以说，亚里士多德把柏拉图的"外在超越"内化在现实世界中，使之变成了"内在超越"。但无论如何，哲学从此不再受到感性杂多的纠缠，而拥有了支配感性杂多的超越的能动性以及"物理学之后"的相对独立性，并在"神学"中保持着"外在超越"的终极视野，这是从柏拉图一脉相承的。

当然，就柏拉图而言，他提出理念世界的超越性也不是什么一时的突发奇想，而是对整个希腊早期哲学的思想脉络进行了深度清理和顺势推进的结果。这里面有几个重要的结点：一个是毕达哥拉斯的数学抽象和赫拉克利特的"逻各斯"学说，一个是巴门尼德的"存在"的逻各斯，一个是智者派的"辩证法"的语言哲学，再就是阿那克萨哥拉的"努斯"灵魂和苏格拉底的"精神接生术"了。这些都对柏拉图的理性的超越精神构成了理论上的铺垫。我在《思辨的张力——黑格尔辩证法新探》一书中，曾对古希腊早期直到亚里士多德的哲学进程做了一个双重的回溯，也就是把希腊哲学的"逻各斯精神"和"努斯精神"作为黑格尔辩证法的两大起源，从"语言学"和"生存论"两个相辅相成的维度进行了一番发生学的描述。[①] 而在《论古希腊精神哲学的矛

---

① 可参看拙著：《思辨的张力——黑格尔辩证法新探》，商务印书馆2008年，第11—65页。

盾进展》和《论柏拉图精神哲学的构成》两篇文章中，我重点关注了古希腊哲学从感性的"自然之学"如何通过语言（逻各斯）的媒介而提升到超越感性自然之上的精神生活（努斯）的过程。① 其中有关苏格拉底的灵魂学说的起源的一段话颇具概括性：

> 在智者那里，逻各斯对自然万物具有一种既肯定又否定的关系，并且由于逻各斯的普遍本性，这种肯定和否定都体现为绝对的方式：对万物的一切看法，都（由于我能说它）成了真理，或者（由于我不能说它）成了谬误。所以，"说"（逻各斯）就其成为万物的本质而言，就使万物得到了规定；但就其本身超越万物（不是任何一物）而言，又使万物都遭到了彻底的否定。这就是普罗塔哥拉和高尔吉亚对逻各斯的两种相反相成的运用。对语言、逻各斯的这种关注和执着，以及把它从人对万物的一切知识中单独抽象出来，是希腊人对整个自然哲学加以全盘反思的结果；然而，当这种反思一旦转向逻各斯本身，人们就发现，那推动逻各斯去超越万物、支配万物的，不可能是某种自然之物，甚至不可能是自然的整体，而是在这个自然整体之外、与任何自然物都根本不同的东西，即某种绝对的能动性。阿那克萨哥拉通过对万

---

① 两文均收入笔者《西方哲学探赜——邓晓芒自选集》，上海文艺出版社 2014 年，第 62—82 页。

物的动因的追寻提出,"努斯"就是推动万物运动的最终原因。……因此,当逻各斯的自否定意识呼唤一种超越自然万物之上的精神根据时,努斯就一跃而成为逻各斯的无处不在的否定力量的无限源泉,而逻各斯的普遍规定性就成了努斯的能动作用的体现。这就是苏格拉底的灵魂(努斯)学说的建立。①

而作为苏格拉底的弟子,柏拉图就把这种超越自然之上的努斯精神本身所具有的逻各斯规范建立为一个纯而又纯的理念世界。按理说,柏拉图的这一独立于一切感性自然之上的理念世界的蓝图,也已经可以称为"形而上学"了,它突出的是超越有形之物的纯粹学问。然而,亚里士多德却认为它还不足以承担起"物理学之后"这一最高学问的使命,提出了一系列的质疑和批判。在《形而上学》一书中,他的这些质疑和批判可以归纳为如下四个主要的方面:(1)理念只能存在于具体事物中,而不能存在于一切具体事物之外,不能独自构成一个彼岸的理念世界。柏拉图想用理念来说明现实的事物,就像一个人要计算事物,却认为事物太少不能计算,必须将它扩大一倍来计算一样荒谬。理念只可能是事物本身的"形式",它不可能与"质料"相分离、相并列。而这样的理念就构成了质料的实体或本质,也就是该事物存在的根据

---

① 邓晓芒:《西方哲学探赜——邓晓芒自选集》,上海文艺出版社2014年,第67—68页。

（原因）。（2）柏拉图的理念没有分出层次①，凡是能想到的对象都被冠以理念，这就连那些不存在的东西或者"缺乏"也会有自己的理念，而这种理念就会既是存在的又是不存在的。还有那些"关系"，例如"相似"也将有它的理念，这将使具体事物与它所摹仿的理念之间的关系永远需要一个"第三者"做中介，即两者的相似必须先与这个"相似"的理念相似，而与"相似"的理念相似又须先与"相似"相似的理念相似，以至于陷入无穷后退。②（3）所谓具体事物"分有"理念也是说不通的，因为要分有的东西只能是一个"实体"，而不是关系或属性，否则该具体事物就会有无限多的理念或理念的理念，而它本身并不需要按照理念的模型才存在，所谓摹仿或分有只是一些"诗意的比喻"而已。（4）本身不动不变的理念并没有说明感性事物运动变化的原因，具体事物的存在和产生不需要摹仿别的东西。总之，所有这些批判最终归结到一点，就是理念即使存在，也不可能存在于具体事物之外、之上，而只能存在于具体事物之中，即作为具体事物本身的

---

① 晚期柏拉图在其《智者篇》中已经开始关注理念的层次结构问题，所提出的"通种论"作为"最高的共相"、"最普遍的种"是"只适用于可知世界而不适用于可感世界"的，即在一般概念和范畴之间划出了等级。（参看范明生：《柏拉图哲学述评》，上海人民出版社1984年，第316页）但他只列举了存在和非存在、同和异、动和静三对范畴，也没有涉及它们的相互关系，这显然是远远不够的。成体系的范畴论是在亚里士多德的《范畴篇》中才正式展开的。

② 参看亚里士多德：《形而上学》，990b15-18。这一批判其实源自柏拉图在《巴门尼德篇》中的自我批判，见柏拉图：《巴门尼德篇》，132D-133A。

第一章　亚里士多德：对形而上学的片面定向　　　　　　　　　　63

"形式"而存在。① 换言之，只要我们把柏拉图的"理念"（εἶδος）从高高在上的彼岸世界降为现实世界具体事物的"形式"，使事物的本质不再被抛于事物之外，而是被纳入事物之中，那么，这样理解的"理念-形式"对于现实事物便具有了极其重要的解释作用。这就是亚里士多德的思路。

可见，亚里士多德固然对柏拉图的理念论进行了全面的批判，以至于人们会以为他与柏拉图的对立似乎是"唯物主义路线与唯心主义路线的对立"，好像是势不两立，其实事情远没有这么简单。柏拉图理念论最根本的思想，即对感性经验的超越性的思想，并没有被亚里士多德所抛弃，而是内化于感性的个别事物之中，成为感性事物的内在本质，也就是其固有的"形式"。② 这一由外在超越转化为内在超越的过程使亚里士多德获得了建立一门"物理学之后"的最高学问的雄厚底气和强劲动力，而另一方面，柏拉图的"理念论"的语言学上的出身（即Logos）也给亚里士多德的形而上学打上了深深的语言学印记。

---

① 主要参看邓晓芒、赵林：《西方哲学史》（修订版），高等教育出版社2014年，第55—56页；又参看汪子嵩等：《希腊哲学史》第三卷，人民出版社2003年，第633—644页。

② 范明生在《柏拉图哲学述评》一书中谈到，亚里士多德"强烈反对"柏拉图在其自我批评中提出的"理念的内在说"，因为那将使理念"成了内在于可感事物里面的东西了"（上海人民出版社1984年，第196页）。但这种反对其实有一个前提，就是在仍然把理念看作外在于感性事物、只是"分"一部分给感性事物的情况下，这种"内在说"有其不可克服的自相矛盾。但如果去掉双方分立这个前提，则亚里士多德的主张与我们这里所讲的理念"内化于个别事物之中"并不冲突。

由此我们可以从两个方面来把握亚里士多德的形而上学：一个是这个体系所展现出来的那种万物自我超越的内在能动性；一个则是这种自我超越的规范性，即它不是毫无章法的、非理性的超越，而是依概念和范畴的逻辑层次按部就班地展示出来的一门"科学的科学"。① 所以，我们下面的分析也将从这两个方面来进行。

第二节　形而上学的存在论层次

众所周知，亚里士多德的《形而上学》虽然不是他有意为之，而是后人在编纂其遗作时出于技术上的考虑而加上的书名，即"物理学之后诸篇"，却歪打正着，使他成了后世形而上学的奠基者。而《形而上学》最核心的思想，就是关于"存在"或"是"（ὄν，其阴性形式为 οὐσία，译作"实体"）的学问，确定了"作为存在的存在"就是个别实体（οὐσία）；其次是关于个别实体"如何是起来"（怎是）的学问（τὸ τί ἔστιν），也就是关于"本质"（essence）的学问。这个"本质"从词源上说，是 ὄν 的过去

---

① 由此我们也可以看出，亚里士多德形而上学的这两大原则，即能动的超越性和逻辑的规范性，是中国传统形而上学所不具备的，道家形而上学的贵无论或无为论以及对"言外之意"的追求，一开始就是对这两个方面的拒绝。这充分反映出中国传统文化基因中在"努斯"的能动性和"逻各斯"的规范性方面的欠缺。（可参看拙著：《思辨的张力——黑格尔辩证法新探》，第一章第三节有关"生存论上的差异"和"语言学上的差异"的论述，商务印书馆 2008 年，第 65—103 页）

第一章　亚里士多德：对形而上学的片面定向

式，英译作 What it was to be so and so。① 意思是说，我们要了解一个存在（或实体）的本质，就必须知道它是"怎么存在起来的"，即它从过去怎么成了现在这个样子的（比如要了解一个人的本质，就要了解他的过去的历史），这就是"本质"。② 从这里也就引出来第三种学问，即关于"原因"（αἴτιον）的学问，因为要追究本质、追究"过去了的存在"，自然就要追究一个事物"原来的因"。亚里士多德分析出来有四种原因（四因说），即质料因、形式因、致动因、目的因，后三者可以统属于形式因。它们与"存在"或"是"的关系在于：质料表示一个东西"是什么"，而形式（εἶδος）表示一个东西"怎么是"，所以后者表示的是"本质的存在"或"现实的存在"，它比前者更深刻，更是真正的存在，前者则只不过是"潜在的"存在。在质料和形式的辩证关

---

① 参看亚里士多德：《形而上学》，吴寿彭译，商务印书馆1981年，"索引三"，第342页。该词组最令人困惑的是那个 ὄν 的过去式 ἦν（英语 was，中译作"曾经是"）。余纪元指出，长期以来，"学者们一直对亚里士多德为何要用过去式表示费解，名之曰'哲学过去式'（philosophic imperfect）。很少有人认为这一过去式对该术语的哲学含义有多少增加，所以在英译中，喜爱直译的学者往往忽略过去式"。（余纪元：《亚里士多德论 ON》，参看宋继杰主编：《BEING 与西方哲学传统》上卷，河北大学出版社2002年，第225页）但德国人对此却心领神会，如黑格尔说："在德文里当我们把过去的 Sein（存在）说成 Gewesen（曾经是）时，我们就是用 Wesen（本质）一字以表示助动词 Sein（'是'或'存在'）的过去式。语言中这种不规则的用法似乎包含着对于存在和本质的关系的正确看法。因为我们无疑地可以认本质为过去的存在。"（《小逻辑》，贺麟译，商务印书馆1981年，第242—243页）
② 由此可见，从存在到本质的深化必须通过对"时间"的追溯才有可能，这也许正是后来海德格尔在其《存在与时间》中所揭示出来的道理。

系中，^①由于形式的主体能动性的带动，个别实体**超越**自身的个别性而具有了普遍的意义（种、属），整个存在和本质的世界都处于一个能动的、从低到高的目的系统中，有了内在的生命。^②所有这些有关世界本原的学问在亚里士多德那里统称为"第一哲学"，又叫作"神学"。^③

亚里士多德的存在学说（后人称之为"存在论"，ontology，又译作"本体论"）的一个显著的特点，如前面"导论"中所述，

---

① 历来人们对亚里士多德在解释存在实体时一会儿说质料是实体，一会儿又说形式是实体，感到困惑不解。陈康先生在其《从发生观点研究亚里士多德本质论中的基本本质问题》一文中说："有一件十分足以惊异的事，就是在亚里士多德的本质论里有一个异常显著、即待解答的问题，然而由古代直至现在，从未有人提出过它来，更谈不到解答的尝试，甚至满意的解答了！"这就是亚里士多德的一个矛盾：在《范畴篇》里，亚里士多德认为个别物体是"第一实体"（陈康先生译作"基本本质"），"种"（εἶδος 即 eidos，音译"埃多斯"，又译"形式"）是"第二实体"（陈先生译作"次级本质"）；而在《形而上学》（陈康先生译作《物理学以后诸篇》）中则认为形式（"埃多斯"）才是"第一实体"，高于个别实体。"这样，在《范畴篇》里所肯定的个别物体和埃多斯的高下位置，在'本质研究'里倒转过来了。"（汪子嵩、王太庆编：《陈康：论希腊哲学》，商务印书馆 1990 年，第 247、279、319 页）陈先生是用"发生论"来解释这一"倒转"现象的，我则用"辩证论"将这一现象归结为概念向对立面的辩证转化，可参看拙文：《关于希腊哲学的几个问题及试解》，载《西方哲学探赜——邓晓芒自选集》，上海文艺出版社 2014 年，第 115—118 页。
② 有关亚里士多德形而上学的体系结构，请参看拙文：《亚里士多德形而上学体系初探》，载《西方哲学探赜——邓晓芒自选集》，上海文艺出版社 2014 年，第 83—106 页。
③ 亚里士多德：《形而上学》，1026a20、24，吴寿彭译，商务印书馆 1981 年，第 119—120 页。

就在于它与认识论及逻辑学的统一。与后世将存在论、认识论和逻辑学截然划分开来不同,他的实体存在的现实性、认识的真理性和表达方式的逻辑正确性是一致的。亚里士多德的形式逻辑被后人称为"工具论",其实不妥。在他那里,并不能像后来的形式逻辑那样,单纯把逻辑当作思维的工具或形式技巧而与其内容割裂开来。依亚里士多德的本意,他是把逻辑看作与认识论和本体论相同性质的科学,因而逻辑不仅是论证"第一哲学"的工具,而且"具有与第一哲学相同的原则"。[①] 不仅认识论上的真与假就在于思维和事物(存在)的符合或不符合,而且,当逻辑上的肯定意味着把相互适合的主词和谓词结合起来,否定则意味着把相互不适合的主词和谓词分离开来时,这两者都是使判断符合于事物的情况,所以是真;反之则是假。[②] 因此,真和假、是和非(肯定和否定)、存在和非存在都有一种对应性和一致性。所以,亚里士多德把考察形式逻辑的三段论及其基本规律(同一律、不矛盾律和排中律)也归于研究实体(本体,作为存在的存在)的"第一哲学"的任务,它们所表达的不单是我们人的认识工具和形式技巧,而且是宇宙万物的根本结构。上述这种"三统一"的特点在后来的西方形而上学和逻辑学中虽然被放弃了(直到康德以后的德国古典哲学才又开始恢复起来),但亚里士多德建立自己的形

---

① 阿·谢·阿赫曼诺夫:《亚里士多德逻辑学说》,马兵译,上海译文出版社 1980 年,第 100 页。
② 参看亚里士多德:《形而上学》,1027b20-23,吴寿彭译,商务印书馆 1981 年,第 124 页。

而上学的基础，即他所预设的一些不加证明的前提，却为后世形而上学的发展起了一种定向的作用。

现在我们来检讨一下，亚里士多德这种做法有些什么样的前提预设，而这些预设的来源何在，并且是否在中国哲学中也有所意识？我们可以从两个层次来看这些问题。这里首先考察的是存在论的层次，后面再考察语言学的层次。

我们可以看出，亚里士多德把实体视为"作为存在的存在"或终极存在，这就是个别实体（如指"苏格拉底"、"这匹马"或者"这一个"），又称"第一实体"。为什么"第一实体"一定是个别实体，而不是天地、宇宙整体、自然界或者某种关系？亚里士多德没有说，后来海德格尔帮他说了（尽管没有直接点名）。他指出，亚里士多德的"作为存在的存在"其实只是"存在者"（Seiende），而我们之所以能够追问存在者，是因为我们自己就是这个存在者，即"此在"（Dasein），此在只能是个别的存在者，实际上就是（人的）生存（Existenz）。海德格尔说：

> 任务是分析存在者，而在这里所分析的存在者总是我们自己。这种存在者的存在总是**我们存在**。……作为这样一种存在的存在者，它已被交托给它自己的存在了。……**此在的"本质"在于它的生存**。[①]

---

① 海德格尔：《存在与时间》，陈嘉映、王庆节译，三联书店1987年，第52页。

第一章　亚里士多德：对形而上学的片面定向

他认为，虽然我们不能说"唯当此在存在着，实在的东西才能是它就其自身所是的东西"，就是说，客观实在性并不以我们的此在为转移，然而，

> 只有当此在**存在**，也就是说，只有当存在之领悟在存在者状态上的可能性**存在**，才"有"存在。当此在不存在的时候，那时，"独立性"也就不"在"，"自在"也就不"在"……那时就既不能说存在者存在，也不能说存在者不存在。……存在（而非存在者）依赖于存在之领悟……①

这就再清楚不过地表明了，如果我们要探讨"存在"，我们就必须从"存在者"中的"此在"开始，也就是从人的"生存"着手。② 当然，亚里士多德还没有严格地把一般存在者的"这一个"和人的"此在"的"这一个"区别开来，他还是混在一起说的（苏格拉底、这匹马），但至少，他借着"这一个"而把人的"此在"表达出来了。如亚里士多德说，"存在"（τὸ ὄν，吴寿彭译作"实是"）和"一"（τὸ ἕν，吴译为"元一"）作为原理或原因是相通的，"实际它们原也是相同而合一的事物"，随即举例说，"例如

---

① 海德格尔：《存在与时间》，陈嘉映、王庆节译，三联书店1987年，第255—256页。
② 我曾把这种倾向称为希腊哲学中的"生存论冲动"，它来自希腊人的"努斯精神"。（参看拙著：《思辨的张力——黑格尔辩证法新探》，商务印书馆2008年，第39页以下、第59—61页）

'一人'与'人'是同一物,'现存的〈正是〉人'与'人'也同,倍加其语为'一现存的人'与'一人'也没有什么分别"。① 换言之,在亚里士多德眼里,要讨论"存在"就必须讨论"存在者";要讨论"存在者"就必须讨论个别的存在者,即"这一个";而讨论"这一个",最好是从现实的"这个人"入手,即从人的"此在"或"生存"入手。从亚里士多德到海德格尔,这条思路是一贯的。

但海德格尔没有解决的问题是:亚里士多德为什么要把探讨"作为存在的存在"因而探讨作为人的生存的"这一个"存在者(此在)这样一门学问当作"第一哲学",或者当作哲学所要探讨的首要的课题?如前所述,海德格尔只是在《形而上学导论》中认定,"形而上学的基本问题"或者"最原始的问题"就是:"究竟为什么在者在而无反倒不在?"但他并没有正面回答这一问题,而是问来问去,却把"无反倒不在"问丢了。他说:"无就是无而已。在这里问题再也没有什么可以寻求的了","谈论无是非逻辑的……谈论虚无不仅仅完全违背常理,而且摧毁了各种文化与一切信仰的根基。凡是既蔑视有其基本规律的思而又破坏创建意志与信仰的就是纯粹的虚无主义"。② 于是他换成了另一个问题:

> 基于上述考虑,我们将完全可以在我们的问句中删去"而无反倒不在"那句多余的空话,使之仅拥有一简洁的形

---

① 亚里士多德:《形而上学》,吴寿彭译,商务印书馆1981年,第57页。
② 海德格尔:《形而上学导论》,熊伟、王庆节译,商务印书馆1996年,第24页。

第一章 亚里士多德：对形而上学的片面定向

式："究竟为什么在者在？"①

　　这就有些强词夺理了。我们在"导论"中曾指出，西方形而上学的这一"基本问题"在中国形而上学家眼里也许并不是什么基本问题，而是多此一问。例如，整个道家哲学（或禅宗）所要问的也许是一个相反的问题：为什么存在者不存在？或者说：为什么一切皆无（无物存在、"色即是空"）？海德格尔凭什么就能如此轻而易举地把这个问题扣以"摧毁各种文化与一切信仰的根基"的"纯粹虚无主义"的帽子而排除在形而上学的考虑之外？或者说，即使它摧毁了文化或信仰的根基，即使是虚无主义，它不也是一种可能性吗？为什么不能探究一下？② 可惜，除了此前在苏格拉底同时代出了一个佯狂的高尔吉亚外（见前面"导论"第二部分），从亚里士多德到海德格尔，都没有人考虑这一问题。西方人再也没有兴趣朝这方面看上一眼，他们觉得这毫无意义。③

---

① 海德格尔：《形而上学导论》，熊伟、王庆节译，商务印书馆1996年，第24—25页。
② 这一疑问也曾让日本学者感到困惑，如手冢富雄在与海德格尔的对话中谈到《形而上学是什么？》时说："我们现在还感到奇怪，欧洲人竟然会把您在这个讲演中探讨的'无'解释为虚无主义。对我们来讲，空就是您想用'存在'（Sein）这个词来道说的东西的最高名称了……"（海德格尔：《从一次关于语言的对话而来》，载《在通向语言的途中》，孙周兴译，商务印书馆2004年，第106页）
③ 其实海德格尔也看到了这一问题。他把"究竟为什么在者在而无反倒不在？"称为"前导问题"（Vor-frage），而把问题的"简洁的形式"即"究竟为什么在者在？"称为"主导问题"（Hauptfrage），并且坦承："当我们在发

为什么会如此？我曾经在《思辨的张力——黑格尔辩证法新探》中提出一个观点，就是西方哲学自从古希腊起就呈现出两大精神的对立统一纠缠，我称之为"黑格尔辩证法的两个起源"，这就是希腊文化中的"努斯精神"和"逻各斯精神"。"努斯"（Nous）又译作"心灵"、"思想"，最早是由前苏格拉底的阿那克萨哥拉提出来，作为在世界之外安排和推动万物的动力；"逻各斯"（Logos，原意为话语、语言）则由更早的赫拉克利特提出，作为宇宙的本原"火"在燃烧和创生宇宙时的内在的"分寸"（μέτρια）。① 而此后，逻各斯、"表述"就成了巴门尼德提出一系列"存在"命题（如"存在者存在，非存在者不存在"、"思维和存在是同一的"、"能够被表述、被思想的必定是存在"等）的理论依据。② 而这两大思想来源也构成了亚里士多德具有生存论和目的论意味的个别实体的内部结构：努斯精神成了个别实体作为自我形成的"形式"而能够"实现"自身的内在动力；逻各斯精神则是个别实体能够在形成过程中使自己定形的规范和尺度，因而个别实

（接上页）问**前导问题**之际，我们就已经采取了那决定性的立场，获得并确保了在这里有本质作用的态度。所以，我们把追问在的问题与欧洲的命运连接起来，地球的命运就在此中决定，而就欧洲本身说来，我们的历史的此在则表明为中心。"（《形而上学导论》，熊伟、王庆节译，商务印书馆1996年，第42页）这是一种不加掩饰的西方中心论立场，也表明了他的眼界的限制。

① 参看邓晓芒：《思辨的张力——黑格尔辩证法新探》，商务印书馆2008年，第一章"黑格尔辩证法的两个起源"，第11—103页。
② 参看邓晓芒、赵林：《西方哲学史》（修订版），高等教育出版社2014年，第24页。

体能够以"目的论"这样一种既能动又稳定的方式使自己"在世界中存在"(in-der Welt-sein)。正是在亚里士多德的目的论中,这两大原则才完全汇合为一了:"**逻各斯成了有机生命的逻各斯,努斯的生命冲动则有了内在的尺度和规定性。**"① 这就是亚里士多德形而上学所暗中预设的前提,即从个别存在出发才能一方面突显个体生存的能动性,另一方面进入逻各斯的规范性。当然,亚里士多德的个别实体的生存论理解并不仅仅停留于人的现实生存,而是扩展为世界观,成为万物的内在原则,个别存在者凭借内在的能动性在整个宇宙的生命阶梯(种和属)中不断上升,直到至高无上的神。但在每个阶段上,它都借这两大原则的内在张力而保持其为个别的实体性,就连神本身也是一个(最高的)个别实体。

这就揭示了西方哲学史本身在源头上的某种既定的原始结构,它显然和中国传统形而上学的原始结构是完全不同甚至相反的。如前所述,中国哲学一开始就既缺乏逻各斯精神,也缺乏努斯精神,因此它既不关心世界存在的客观结构,也不讨论个体灵魂内部的运作方式,它对这些话题单独看来可以形成什么样的"知识"没有根本性的兴趣。所以,中国哲学不是从探讨世界的"本原"(άρχη,又译"始基")而开始自己的行程,而是从《易经》起就有种实践智慧的色彩(如前所述)。当古希腊人在所谓"四大元素"即水、火、土、气之间辗转寻求世界本原的最终结构时,中国哲人们却把"五行"即"金木水火土"视为可当作自身实践对象的世界要素。

---

① 邓晓芒:《思辨的张力——黑格尔辩证法新探》,商务印书馆2008年,第61页。

他们很少争论究竟是哪一"行"代表着世界万物的本原，而是强调这五者在人的生活实践中要保持某种平衡，才能有利于人生。很明显，五行中除了水火土之外，比古希腊多出来的"金"和"木"都是直接与农业民族的生产劳动密切相关的（生产工具和庄稼），因而与之并列的"水火土"本身也被看作人自身的生活所不可分离的自然要素了。至于"气"，则被中国的哲人们提升至一个更高的层次，甚至往往和作为人的行为法则的"道"、"理"相提并论（如张载的"气一元论"，王夫之的"理在气中"等）。这是因为如果说古希腊最初的"无定形"学派（米利都学派）在阿那克西美尼的"气为万物的本原"命题中达到了顶峰，即四大元素中"最无定形"的显然是气，① 那么气的这一"无定形"的特点恰好为《易经》的核心概念"变易"提供了最好的象征。中国形而上之道就是变易之道，而变易之道本质上无非是人和万物的生存和生命活动（"生生之谓易"），而不是什么固定存在的世界本体（"神无方而易无体"）。但尽管如此，气本身也应当有某种运行的秩序和法则，古人从气中分出来某种动态结构，这就是"气分阴阳"，于是"一阴一阳之谓道"（《易经·系辞上》）。老子把这一思想扩展为："道生一，一生二，二生三，三生万物。万物负阴而抱阳，冲气以为和。"（《道德经》第四十二章）这段话通常解释为：道生一气，气分阴阳，阴阳相参而成万物，万物都是由阴阳激荡而达到平衡和谐的。但最原始的"道"是什么呢？如果用西方知识论的眼光看，是永远

---

① 参看拙著：《思辨的张力——黑格尔辩证法新探》，商务印书馆2008年，第19页。

得不出答案来的，但如果用中国的实践智慧来理解，这个很简单，"道"字面上就是人生的"道路"或"行走"之意，[①]所以"道"是指一种人生态度，引申为这种人生态度的楷模即万物自然而然的运行方式，即"道法自然"（《道德经》第二十五章）。

但亚里士多德的形而上学一上来就确定了，自己要探讨的首先并不是什么样的人生态度，也不是要为之确立一种客观世界的运行方式作为自身行事的楷模或根据，而是要直接探讨客观世界的存在究竟"是什么"，只有确立起这个存在论的基点，其他的问题才有谈论的余地。[②] 因此，确立起第一实体才是谈论一切的基础，它是各种"范畴"中的首要范畴，其他的一切属性或偶性、种属或数量等宾词，包括"行走"、"健康"、"好坏"这些词语，都依附于它，都基于它而存在。[③] 所以，尽管亚里士多德也有一些实

[①] 参看吴澄《道德真经注》（华东师范大学出版社 2010 年）对"道可道"一语的解释。歌德的《浮士德》中写浮士德在书斋里翻译《圣经》，看到《约翰福音》中首句"太初有道"（Im Anfang war das Wort），顺手便将它改为"太初有为"（Im Anfang war die Tat），与这里有点近似。然而，老子的"道"并不是真的主张"有为"，反而是鼓吹一种"无为"的自然生存方式，或者主张做任何事都要有一种"无为"的态度。

[②] 这种"实体主义"思路至少在苏格拉底那里已经确立起来了，如他在《美诺篇》中说："我对于美德简直什么也不知道；而当我对任何东西，不知道它的'什么'时，如何能知道它的'如何'呢？如果我对美诺什么都不知道，那么我怎么能说他是漂亮的还是不漂亮的；是富有的而且高贵的，还是不富有不高贵的呢？"（参看北京大学哲学系外国哲学史教研室编译：《古希腊罗马哲学》，商务印书馆 1982 年，第 152 页）

[③] 参看亚里士多德：《形而上学》，1028a10-31，吴寿彭译，商务印书馆 1981 年，第 125 页。

践哲学和伦理学的著作，但那些都不是形而上学，不是第一哲学，而是在第一哲学的基础上扩展开来的学问。而老子和《易经》的实践哲学却是真正的形而上学。亚里士多德也许想都没有想到过，实践哲学还可以作为第一哲学而超越于存在和非存在（中国所谓"有无之辨"）之上，更没有想到过，"有"或"无"的真正意思其实可以理解或"还原"成"有为"或"无为"、"有欲"或"无欲"。① 在亚里士多德那里，形而上学就是有关"作为存在的存在"的学问，也就是存在论（或译"本体论"）；而这种有关终极存在的学问既是"第一哲学"，同时也就是"神学"，是直接和神打交道的，具有至高无上的神圣性和崇高性。当然，从个别存在到神之间隔着无限的距离，却按照某种目的论的方式而上下贯通成无所不包的完整体系。亚里士多德的形而上学就是研究这个体系的运作方式的。

第三节　形而上学的语言学层次

亚里士多德形而上学除了存在论层次之外，第二个层次就是语言学层次，首先是日常语言的层次，由此而建立起来的是逻辑层次。我们现代人一看到这种说法，马上会联想到海德格尔的著名命题："语言是存在之家"。只不过海德格尔对"语言"有自

---

① 王弼注《道德经》，将第一章中"常无欲以观其妙，常有欲以观其徼"断句为"常无欲，……常有欲，……"（马王堆帛书本与此同），颇遭诟病。但我却以为，这才是哲学家的注解，真正深入了老子思想的根本处。

第一章 亚里士多德：对形而上学的片面定向

己特殊的规定，既不能等同于日常语言的层次，也不能等同于逻辑层次。但把语言看作存在的家，这其实也是亚里士多德所深信不疑的。我们看到，亚里士多德每当谈到存在的问题，必定要从人们的日常语言和语法中寻找自己的根据，也就是说，看我们平常是如何说话的，由此来确定存在和其他范畴之间的合乎逻辑的关系。显然，这与希腊语的"存在"（δν，不定式 εἶναι）本身就是一个系词或系动词（"是"）有直接的关系。在整个印欧语系中，所有的句子或命题都是由或者都可以由一个系词或系动词"是"联系起来，这也是希腊存在论的影响很容易波及使用印欧语系的几大欧洲民族的哲学思维的原因，也是这种存在论很难被隶属于汉藏语系的中国哲学所理解和接受的一大障碍。然而，在古希腊，以语言作为存在的终极证据并不始自亚里士多德，自从赫拉克利特把"逻各斯"提升为一个核心的哲学概念并加以神圣化（"神圣的逻各斯"）以后，希腊人对逻各斯（语言）的推崇便愈演愈烈，到了巴门尼德，更是将其建构为讨论一切存在命题的公共平台。首先，巴门尼德紧紧抓住了"逻各斯"这条唯一的线索，借此把"一"和"存在"联系起来了。"存在"就是"一"，因为真正能够"一"贯到底的就是逻各斯（语言），就是逻各斯中的"是"（存在）。用他的话来说，太阳神的女儿引导诗人走向光明，凭借"逻各斯"叫开了真理的大门，女神告诫他说："要用你的逻各斯去解决我告诉你的这些纷争"，并给他指明了"关于真理的可靠的逻各斯和思想"，即"存在是存在的，不可能不存在，这是可靠的途径（因为它通向真理）"这样一条

"路"①。由此可见，逻各斯是巴门尼德进入他的存在论的入口，"逻各斯"就是"表述"、"说"。"存在是存在的"这一命题正是由于"表述"才获得了它的理由，所以他说："因为你既不能认识非存在，也不能将它说出来"，"能够被表述、被思想的必定是存在"，"思想只能是适于存在的思想，因为你找不到一个没有它所表述的存在的思想"。②在这个意义上的"存在"和"思想"的同一性就是依靠逻各斯即语言表述而建立起来的，而由于"思想"（νόησις）的词根正是νούς即"努斯"，这种同一性又正好体现了逻各斯精神和努斯精神的不可分割性。

西方哲学在源头上对语言的这种沉迷，对逻各斯的神圣性的这种崇拜，在中国哲学中是看不到的。我在《论中国哲学中的反语言学倾向》一文③中，曾对中国哲学与语言关系最密切的几个哲学概念"道"、"名"、"言"、"理"中的语言学含量及语言所占有的位置进行了分析，最后得出的结论是："中国古代哲学总的来说忽视语言的中介作用，强调体验的直接性……语言总是在尚未来得及定形时即已被扬弃，语言与意谓（名与实、言与意）的关系从未遭受过真正的颠倒，因而语言的逻辑本性始终未能得到发挥和实现。"针对我的这种观点，南开大学的吴疆先生发文商榷，提出中国哲学体现的不是"反语言学倾向"，而应该是"超语言学倾

---

① 参看汪子嵩等：《希腊哲学史》第一卷，人民出版社1988年，第595—596页。
② 同上书，第634页。
③ 《中州学刊》1992年第2期；收入《中西哲学三棱镜》，天津人民出版社2020年。

第一章 亚里士多德：对形而上学的片面定向

向"，理由是："所谓中国古代哲学对语言本身'蔑视和放弃'的态度只是表面现象，对于语言的中介作用也必须全面地理解。事实上，中国哲学对语言的作用……是从其非逻辑本性方面使用和发展了语言。这种语言的非逻辑本性就是隐喻，中国古代哲学家们用隐喻的语言形式表达超语言的意义"；"中国哲学之所以未充分发挥语言的逻辑本性，是因为已经认识到语言在这一方面的局限性，也就突出地发展了语言隐喻的方面。中国哲学是意图通过隐喻达到超乎语言的境界"。①

对此，我的回应是，我并不反对说中国哲学"蔑视和放弃"的并不是全部语言本性，而只是其中的"逻辑本性"，倒是使用和发展了语言的另一种非逻辑的本性如隐喻功能；但问题在于：既然语言有两种本性或功能，即逻辑的和非逻辑的，就不能断言，仅仅片面发展其中一种功能的哲学语言却具有超越整个语言的倾向。只有经历过的东西，才谈得上被超越，否则就不是被超越，而是尚未达到。一种语言，尤其是一种哲学语言，如果没有经过"逻辑化"的必然阶段，如果还仅仅停留在伦理的、审美的、直观体验的以及隐喻、类比和拟人化的阶段，它就应当属于"前语言学"的语言，如同一些史前的原始民族的语言那样；如果它坚持这种原始的低层次、反对和压制语言向逻辑化层次过渡，其倾向必然是取消语言、走向语言的沉默和寂灭，换

---

① 吴疆：《反语言学，还是超语言学？》，《中州学刊》1993 年第 3 期；收入《中西哲学三棱镜》，天津人民出版社 2020 年。

言之,是"反语言学"的。迄今为止的文化人类学和语言学的研究都表明,原始人类语言的产生最开始显出的是某种非逻辑功能(情感功能、隐喻功能、拟人化功能等),而不是逻辑功能。这种非逻辑功能,只要它还未跃升到逻辑的层次,不论它如何发达、如何丰富、如何别具一格,从本质上看都不能视为超越了语言本身,而只是语言的初级阶段。但如果语言已经经历了它的逻辑化阶段,在此基础上,再反过来挖掘语言的逻辑功能背后被忽视了的原始体验或隐喻功能(metaphor),回复到那"不可言说"或不可逻辑化的"意谓"(Meinung)乃至于"生活世界"(Lebenswelt)本身,正如现代解释学和现象学那样,那倒是可以称之为"超语言学"的。这种超语言学,绝不是不要逻辑,而是扬弃、超越了逻辑。我认为,中国传统哲学语言尚未达到逻辑规定的层次,因而更未达到超越逻辑的层次,因而不能称之为"超语言学"的,它对逻辑的反抗只能说是"反语言学"的。总之,"超语言学"倾向与"反语言学"倾向的区别,关键是看一种语言是充分发挥了它的逻辑本性之后再回复到非逻辑本性(否定之否定),还是一开始就没有跨过,而是尽力压抑其逻辑本能,坚持原始的非逻辑本能。前者可以说是"超语言学"的,后者则只能视为"反语言学"的。[①]

时隔30年再来看这场争论,应该说,从实质上看双方都没有

[①] 邓晓芒:《"超语言学"与"反语言学"试析》,《中州学刊》1993年第6期;收入《中西哲学三棱镜》,天津人民出版社2020年。

错,只是如何表述的问题。至少,我们都承认语言本身包含双重的本性或功能,即逻辑和隐喻;西方哲学重视的是前者,而中国哲学重视的是后者。但我认为,从语言的历史发展来看,后者是比较原始的语言观念,前者则是进化层次比较高的语言观念;虽然在今天,原始的语言观念有种复兴的势头,而西方科学的逻辑的语言观念则显露出它的种种弊病来,需要回过头来吸收原始语言观念中的合理成分,才能恢复语言本身的丰富内容和本原的生命力,但这并不等于说,中国哲学因此就可以跨过逻辑语言这个阶段而直接进入现代西方语言观念的最新语境。我们仍然极其需要补上逻辑语言这一课,才谈得上发挥本民族语言中固有的"后发优势"。

由于我们现在所谈的不是中国哲学在当代应当如何做的问题,而是如何反思和检讨西方哲学因为在源头上对逻辑语言的片面执着而走上了一条科学主义和工具主义的不归路的问题,所以这就需要我们反观中国哲学在语言的隐喻功能方面所取得的各种不自觉的语言学成就,通过这种对照,以打破西方语言学以逻辑语言为唯一精确语言的成见。在这里,我们必须采取对待中西形而上学不同的"双重标准",[①]才能超越双方各自的缺陷,为重建当代形而上学寻找到一条可能的出路。

具体言之,当亚里士多德为确立自己的存在论形而上学而不

[①] 关于对待中西文化的"双重标准论",我在十多年前已经提出,并且在最近的文章中再次加以强调。参看拙著:《批判与启蒙》,崇文书局2019年,第14—18页。

假思索地从日常语言中取得了有关 ὄν（存在、是）的各种用法作为自己的理论根据时，他首先得力于语言中的语法和逻辑，而排除了其中的隐喻、类比、暗示、夸张、沉默等修辞技术。① 就连他的形而上学中人们所公认的存在论（本体论）、认识论和逻辑学的三统一，也是从语义的角度来论证的，如他理直气壮地声称："在针对语词的论证和针对思想的论证之间，并不存在有些人所想象的真正的差别。以为有的论证是针对语词，有的论证是针对思想，两者并不同一，这是荒谬的"，但这种语词和思想的同一性有一个前提，就是各人对语词的含义都认可同一种意义。他举例说，"单一"和"存在"，人们"都假定只有一种意义，并论证说，万物是一"。② 有歧义的情况有时甚至连行家也难以察觉，例如"有的人认为，'存在'和'元一'在意义上是同一的，而有的人则说'元一'和'存在'具有多种意义，以此来解决芝诺和巴门尼德的论证"。③ 他尤其关注语词之间的逻辑层次关系，如个别和一般的关系，因为许多看似矛盾或对立的命题都是由于忽视了这种关系的层次差别而导致的。他举例说："非存在存在可能吗？但非存在确实是某种东西。同样，存在将不在，因为它并不是某种存在的个别事物"，"'存在某物'和'存在'不是同一的吗？而非存在，

---

① 亚里士多德在《辩谬篇》中谈到修辞学，但主要是从逻辑和语法上谈，而不涉及隐喻、类比、暗示等。（参看《工具论》下，本篇由秦典华译，中国人民大学出版社 2003 年，第 621 页）
② 参看上书，第 571 页。
③ 参看上书，第 618 页。

第一章 亚里士多德：对形而上学的片面定向

即使它是某物，它也不会笼统地是"。① 一般地讲，非存在就是不存在，但在某种特殊的意义上，非存在也"是"某种东西，如我们也说缺乏耐心"是"某人的一个"缺点"。另外，存在如果不是个别的存在者，那么它将"不存在"，但"存在"与"存在者"一般讲又并不是"同一"的，正如"非存在"即使"是某物"，也并非一般地是某物一样。②

显然，尽管亚里士多德用语言规范来作为自己的形而上学和存在论的论证工具，但他只是利用了语言的逻辑功能，而遗忘了语言的隐喻功能或超越性功能，更确切地说，遗忘了语言的"自我超越"功能。他用来支持自己的形而上学的例子都是那些逻辑

---

① 亚里士多德:《工具论》下，余纪元等译，中国人民大学出版社2003年，第608页。
② 亚里士多德由此把存在和存在者的关系与通常的普遍和个别的"种属"关系区别开来，认为它们之间只能"类比"而不能等同，因为"存在不是种"，存在的普遍性超乎一切种的普遍性。海德格尔称赞亚里士多德由此"把存在问题置于全新的基础上了"。(参看海德格尔:《存在与时间》，陈嘉映、王庆节译，三联书店1987年，第5页) 显然，"存在(是)"的普遍性由于是最高的普遍性，不再像其他的种、属和类那样有自己的本质定义，因为任何定义都要用到"是"("X是……")，所以海德格尔说，"须在更高处寻求存在的'普遍性'。存在与存在的结构超出一切存在者之外。**存在地地道道是 transcendens [超越]**。此在存在的超越性是一种与众不同的超越性"(同上书，第47页)。据此他认为，亚里士多德试图在范畴体系内部来解决存在与存在结构问题仍然是不通透的，"**任何存在论，如果它未首先充分地澄清存在的意义并把澄清存在的意义理解为自己的基本任务，那么，无论它具有多么丰富多么紧凑的范畴体系，归根到底它仍然是盲目的，并背离了它最本己的意图**"(同上书，第15页)。因为亚里士多德在把存在局限于个别存在者时，遗忘了存在本身的"超越性"，海德格尔把这叫作"存在遗忘"。

陈述的例子，却从来不举隐喻、暗示等非逻辑功能的例子，也不举诗歌的例子。当然，他这样做是为了使自己的理论更加"精确"、更加具有严格的规定性、必然性和可操作性，而不像柏拉图那样仅仅是一些"诗意的比喻"。① 他的了不起的功劳正是在于，使西方哲学从此走上了一门堪称"科学"的学术的道路，并使这门学术的语言纯化为一种严密的逻辑语言，摆脱了由各种含混、歧义、玄虚和纷乱的解释所造成的无政府状态。他对形式逻辑特别是对三段论推理形式的建立更是对人类思想的一项不朽的伟大贡献，其意义不仅仅限于提供了一套正确思维的规范，而且在于展示了一种至少在当时前程远大的科学世界观。但他的盲点也正在于，这种做法开创了西方近现代科学主义愈演愈烈的"人性危机"的先河。他实际上并不能抛开人性中的非理性非逻辑的一面，也取消不了语言中的隐喻、暗示和诗性的功能，但他却强行让这些功能都纳入逻辑理性的范畴之中加以解释，实在纳入不了的，就当作幻想和迷信而排除在"科学"之外不加理睬，这反而为非理性主义、神秘主义、直觉主义等思潮摆脱逻辑理性而泛滥大开了方便之门。

如果说，这些非逻辑主义的思潮在西方两千多年的哲学思想发展中毕竟不能占据主流，通常只在某个时代（如中世纪早期，或近代欧洲浪漫主义时期）或者作为主流思想的伴随物而流

---

① 亚里士多德批评柏拉图的理念论"不过是诗喻与虚文而已"。（亚里士多德：《形而上学》，991a，吴寿彭译，商务印书馆1981年，第25页）

行,那么,中国传统形而上学中占统治地位的却一直都是语言中的非逻辑功能。我们可以看到,中国哲学中那些最高层次的命题一般都是通过逻辑悖论的语言表达建立起来的。最著名的当然是老子的"道可道,非常道"(《道德经》第一章);庄子的"辩不若默"(《知北游》)则相当于维特根斯坦的"对不可言说之物必须保持沉默"。这其实都属于"语言学悖论",因为说出"道不可道",这本身已经是在"道说"了,恰好说明"常道"也是"可道"的,只是道说的层次更高而已,而"辩不若默"则本身就是终极一"辩","保持沉默"实际上也是一种言说、一种修辞格,即所谓"此时无声胜有声"。只不过中国传统形而上学从来都不认为语言的这些超越言辞之外的功能仍然属于语言,是语言本身的超越功能,而是将它们归于非语言的神秘功能。因此,哲学家们常常以抛弃语言、直指人心为能事,这就是我所谓中国哲学中的"反语言学倾向"。而这种对语言的厌恶实际上不过是对语言中的逻辑功能的厌恶,它不仅体现在道家形而上学中,而且在儒家和佛家学说中都有明显的表现(详后),我们甚至可以说这不是哪一家或哪一派学问的特色,而是中国人普遍的"国民性"特点。然而,尽管如此,中国传统哲学在所谓"言外之意"方面,在对语言的诗性妙悟方面,在暗示性的表达(佛家所谓"遮诠")方面,客观上都获得了大量丰富的语言学体验,足以给我们今天对于被分析逻辑所僵化了的现代语言进行一番"现象学还原"提供充足的素材,也是我们将当代形而上学重建为一门"语言学之后"所不可缺少的基本要素。

当然，真要在语言的非逻辑功能的基础上进行一种"语言学之后"的形而上学建构，亚里士多德的"物理学之后"对语言的逻辑功能的制定及其对存在论和认识论的定形作用也是不可排除的要素，虽然不是唯一要考虑的要素。否则，语言的非逻辑功能无论在使用中如何淋漓尽致、丰富多彩，也无法真正达到语言学上的自觉，反而会走向自身的流失和散漫（无定形），正如中国传统哲学和当前的后现代思潮所呈现出来的那样。就此而言，亚里士多德对语言本质的逻辑理解在今天不是要抛弃的思想糟粕，而是必须重视的人类思想财富。真正的"超语言学"不是跳出语言学而另搞一套，也不是排除语言的逻辑功能而执着于其非逻辑功能，而是包括逻辑功能和非逻辑功能在内的从整体上自我超越的语言学，即"元语言学"。我们对亚里士多德的形而上学及其语言逻辑基础不是要全盘否定，而是要超越和扬弃，这就是我们在考虑重建形而上学时对亚里士多德形而上学的定位。

第二章

亚里士多德以后到 17 世纪的形而上学

第一节 希腊化时期和中世纪的形而上学

亚里士多德之后,形而上学作为"第一哲学"的地位明显下降了,"神学"则不再被看作一种"学问",而越来越成为一种单纯的信仰。希腊化时期,伊壁鸠鲁以无神论的姿态返回到了德谟克里特的自然哲学,以感性直观作为认识和实践的唯一"法规"(Kanon);怀疑派摧毁了一切确定的命题,而坚持"不发表任何意见"、"不做任何判断"。但晚期怀疑论为了证明自己的怀疑有理,提出了一系列"论式",如埃奈西德穆的十论式和塞克斯都·恩披里克的五论式,[①]来反驳一切知识的可靠性;而这种论证恰好说明,他们对于自己用来怀疑的逻辑方法(同一律、不矛盾律等)不但不怀疑,还作为一种普遍的标准去衡量一切命题。斯多葛派则在亚里士多德的基础上对逻辑学进一步加以完善,并首次将它命名为"逻辑"(logic),认为整个宇宙都是由"世界理性"或神的"逻各斯"按照不可违抗的"命运"来安排的,一切都是符合逻辑规则的。除了逻辑之外,他们对亚里士多德的"存在论"不屑一顾,如塞涅卡认为,宇宙根本没有什么"四因",只有唯一的一个原因,就是神的创造。[②]到了新柏拉图主义那里,"作为存在的存在"更是被贬为很次要的范畴,如普罗提诺说:"太一"或神才是最高的本原,"它不是一个存在,因为存在的东西有着存在的形式,而它是没有形式的,甚至没有灵明的形式"。[③]

在中世纪,哲学成了神学的"婢女",亚里士多德的形而上学很长时期内被作为"异教"学说打入冷宫,甚至连文献在整个欧洲都失传了,直到 11 世纪才从阿拉伯世界重新输入,被经院哲学家们奉为至宝。中世纪晚期经院的神学家们把亚里士多德的哲学作为基督教神学的理论框架,取代了早期以奥古斯丁为代表

---

① 参看邓晓芒、赵林:《西方哲学史》(修订版),高等教育出版社 2014 年,第 75—76 页。
② 参看上书,第 72 页。
③ 北京大学哲学系外国哲学史教研室编译:《西方哲学原著选读》上卷,商务印书馆 1981 年,第 214 页。

的柏拉图主义。这个时期所流行的唯名论和唯实论的争论,双方都以亚里士多德的形而上学作为自己的理论根据,在亚里士多德存在论的内在矛盾的双方中,唯名论抓住了"个别实体"或"第一实体",唯实论则抓住了"实体的形式"或"本质",两派各自以不同的视角来论证上帝的存在方式,前者归于上帝的自由意志,后者归于上帝的最高智慧和理性。当然,就形而上学本身来说,唯名论是没有什么前途的,直接的个别实体已经把一切可说的都说尽了,再说也是多余的了。威廉·奥卡姆由此而提出了著名的"节约律":"如无必要,勿增加实体。"只有唯实论者才在"存在"问题和"实体"问题上做了一些扩展,如安瑟伦提出的对上帝存在的"本体论"证明。安瑟伦认为,上帝并不只是信仰的对象,而且是可以用理性来证明存在的。具体的办法是,不论信不信上帝,我们心中都有一个无与伦比的完满的东西的概念,而当我们从这一事实出发对这个概念的语义加以分析时,我们会发现这个概念的对象不可能只存在于我心中,因为只存在于我心中而不存在于我外面的东西是不完满的,将会导致这个概念的自相矛盾,即"最完满"的东西居然"不完满"。所以,他凭借对上帝概念的这种逻辑语义分析而证明了上帝必定在我之外客观存在。这种证明与亚里士多德对第一实体即个别实体的存在的证明在语义分析的方法上是一致的,但用到了上帝身上。"温和的唯实论者"托马斯·阿奎那则更多地考虑到经验的事实而不是单纯的逻辑语义,他对上帝存在所提出的"五路"证明,也就是从自然界的"第一推动"、最终原因、必然存在、最高完善性等级和终极目的这五个方面，来证明有一个创造自然的上帝存在。①这套证明被称为对上帝存在的"宇宙论证明"和"自然目的论证明"，其实都是从亚里士多德的各种著作中搜集来并加以整理的。托马斯在其《亚里士多德形而上学注释》的"序"中还对形而上学作为"其他一切科学的总管"进行了如下划分：第一是从"认识的程序"方面说，"研究第一原因的科学似乎是其他科学的最高统帅"。第二是"从悟性与感官的比较方面说"，"探究最普遍的原理的科学即是在知力方面最高级的科学。这些原理即是存有，以及伴随存有者，譬如一与多，潜能与实现"。第三是"从悟性知识本身方面说"，研究那些"完全摆脱了可感的质料"的事物，这些事物"与质料之分离，不仅是依照理性，而且是依照存在，譬如上帝和诸神"。这三者是"同一门科学的任务"，它们分别被称为"神学"、"形而上学"和"第一哲学"。②所有这些说法几乎完全是逐字重复亚里士多德的原话，而后面的内容也基本上就是对原著的字面上的解释和疏通，并没有思想上的扩展。但毕竟这套译成汉语达100万字的巨著将中断了好几个世纪的西方形而上学传统接续起来了，虽然是在神学的框架之下。

在托马斯之后，司各脱坚决把哲学和神学区分开来，主张"上帝不是形而上学的主题"，因为"一切学科都不证明其主题的

---

① 北京大学哲学系外国哲学史教研室编译：《西方哲学原著选读》上卷，商务印书馆1981年，第261—264页。
② 圣多玛斯：《亚里斯多德形而上学注》，孙振青译，台湾明文书局1991年，"圣多玛斯序"，第 V—VII 页。

存在……相对于一门学科来说，主题有优先性"，[1] 所以即使上帝是形而上学的主题，也不可能用形而上学证明上帝，只能由上帝来证明形而上学。"我们在今生不可能利用理智直接把握上帝的真正理念。因此，我们没有一门由自然获得的学科来研究某个真正与上帝自身相应的上帝理念……我们对上帝的第一个真正的认识是——上帝是第一个'有'。但是，这个理念并不是通过感官把握到的，而我们必须首先明确这两个术语结合在一起并不矛盾。"[2]在客观上，这就使哲学成为一门独立于神学的学科，从此摆脱了"神学的奴婢"的屈辱地位。有一个原则是司各脱首次确立起来的，他把亚里士多德的"作为存在的存在"（作为有的有）区分为两个层次，即"无限存在和有限存在"：无限存在是上帝，有限存在是被造物。就此而言，形而上学包含上帝的知识（即"存在"），但仅此而已，"有限与无限是非连续的，两者之间有不可逾越的鸿沟，不能从有限直接推导无限存在"。[3] 所以，有关上帝的学问不是形而上学，而只能是神学（信仰）。显然，这里直接反驳的是托马斯对上帝存在的"五路"证明，[4] 并且无意中也对后世笛卡尔的上帝存在的本体论证明提出了质疑。笛卡尔从"不完满的东西"推出必定有一个"最完满的东西"（上帝），这种逻辑在

---

[1] 北京大学哲学系外国哲学史教研室编译：《西方哲学原著选读》上卷，商务印书馆1981年，第279页。
[2] 同上书，第280、281页。
[3] 参看赵敦华：《西方哲学简史》，北京大学出版社2000年，第240页。
[4] 参看上书，第219—221页。

司各脱看来是不能成立的。在他眼里，有限就是有限，无限就是无限，两者不可相通。因此，亚里士多德在《形而上学》第四卷中有关"作为存在的存在"的全部论证的根据仅仅是建立在形式逻辑的同一律之上，[①]并没有任何本体论和认识论的根据。并非巧合的是，司各脱的观点和海德格尔却是如出一辙，海德格尔的就职论文就是写的《邓·司各脱的范畴和意义理论》。司各脱的两种不同层次的"存在"也正好相当于海德格尔的"存在"与"存在者"的区分，所以海德格尔也认为我们绝不能通过研究"存在者"而把握"存在"。[②]可以说，自从司各脱以来，形而上学就在对亚里士多德的不同解释和发挥上形成了两条完全不同甚至对立的思路：一条是托马斯的思路，即要为"作为存在的存在"找到它后面之所以可能的根据，例如为亚里士多德的本质、形式或"第二实体"，而从个别的"第一实体"中寻求根据，在这条路上的有后来的笛卡尔、莱布尼茨、胡塞尔；另一条是司各脱的思路，就是坚守亚里士多德的实体的直接性和在先性，不去为它设定另外的根据，在这条路上的是斯宾诺莎、谢林和尼采。康德把第一条路走成了断头路，因而反倒间接提示了第二条路，即两种存在（现象和物自体）的区分，谁也不是谁的根据。[③]黑格尔则是凭借直接性和间接性的同一而把两条路

[①] 参看北京大学哲学系外国哲学史教研室编译：《西方哲学原著选读》上卷，商务印书馆1981年，第282—283页。
[②] 对此也可参看靳希平：《海德格尔早期思想研究》，上海人民出版社1995年，第十章："邓斯·司格特思想研究"，第169—170页。
[③] 这点倒和司各脱很有些相似，所以司各脱、康德、海德格尔在超验的实体上都是不可知论者。

打通了,把上升的路和下降的路看作同一条路,他因此而完成了西方的形而上学。至于海德格尔,他既想在存在和存在者之间做出司各脱那样的划分,又想在此在之上重建一种"基础存在论"的形而上学,两条路都想走,结果是都没有走通,于是干脆就不走了。

但在中世纪,这两条路都是在上帝的圣光照耀之下才能展示出来的。我们在前面提到,这种视角补上了亚里士多德形而上学的方法上的缺陷,即试图单凭逻各斯、表述来论证"作为存在的存在"。这一方法论模式并非放之四海而皆准(如它并不适合于东方或中国哲学),它后面还有更加本源的东西,这个更本源的东西,在西方中世纪就被归于信仰。信仰本身是不可说的,甚至一说就不是了,或者一说就"俗"了,就"伪"了,但它无疑是起作用的。如果一定要用语言来表达,那么它也只能归入语言的非逻辑功能里面,是不能用逻辑或语义来对它加以规范的。在这方面,我们中国人也有很多体会,如俗话说的,对于神灵是"信则有,不信则无",或者"宁可信其有,不可信其无",这其实就将有、无(存在、非存在)的问题归于一种主观态度甚至功利的考虑了。我们前面也曾讲到,中国的有无概念本质上是一种实践性的概念,即"有欲"和"无欲"的概念,在这里也可以得到印证。

第二节 笛卡尔:形而上学的沉思

文艺复兴和宗教改革时期,亚里士多德的思想受到各方面的冲击,人们更多地回到柏拉图主义和神秘主义,而没有工夫坐下来从头建构形而上学的体系。真正称得上形而上学家的近代哲学家是笛卡尔，他的最具特色的著作就是《形而上学的沉思》，附标题为《第一哲学沉思集》。从这两个标题可以看出，他完全继承了亚里士多德对于形而上学的"第一哲学"理解，但具体内容却又与亚里士多德有根本的不同。首先一个最明显的不同，就是他不再执着于从语言、语法和逻辑上来确定什么是"作为存在的存在"，而是立足于近代哲学的视野，首先从认识论上探讨思维和存在的关系，也就是从"我怎么知道存在"来确立最基本的存在是什么。在他看来，凡是"我"不知道或者不太知道、可以怀疑的东西，就先将它悬置起来存疑，不贸然相信它是存在的，以便看看最后是否可能留下什么绝对无法置疑的东西。这就是笛卡尔著名的"怀疑一切"的原则。显然，这一原则既然一开始就立足于"我"的"知道"或"不知道"或"怀疑"之上，它就是一个主观主义的原则。认识论虽然不一定导致主观主义乃至主观唯心论的结论，但它在开始时肯定只能从主观的认识能力出发，因为这是一切认识论摆脱不掉的。除非像亚里士多德那样首先从"存在"的语义出发，开宗明义就说："一事物被称为'是'，含义甚多……"①然后再逐个列举和筛选，最后选出的"个别实体"就当选为"作为存在的存在"。这种纯粹经验性的方法虽然平实，但并不透彻，而且本身立刻陷入了个别实体和共相（形式）的矛盾中，

---

① 亚里士多德：《形而上学》，1003a34，吴寿彭译，商务印书馆1981年，第56页。

这一矛盾造成了后世一千多年间形而上学家们争论不休的主要的疑难问题，甚至"直到现代西方哲学，这个问题也还没有得到解决"。①中世纪唯名论者和唯实论者对这一矛盾的双方各执一端，但均未超出亚里士多德的形而上学框架。就此而言，笛卡尔从认识论出发的存在分析可以说是别开生面，避开了共相和个别实体的矛盾，大大提升了西方形而上学讨论问题的层次，②但同时又具有平易近人的说服力。

当然，从认识论上的怀疑入手在笛卡尔那里也只不过是一个策略或论证方法，他其实并不是一个真正的主观主义者。像古代怀疑论（皮浪、埃奈西德穆、塞克斯都·恩披里克等人）那样止步于自己的怀疑，这不是笛卡尔的初衷，他是要由此"倒逼"出完全真实的结论来的，或者说，他的认识论最终还是为本体论服务的。但他的认识论从方法上来看却仍然带有某种"经验的方式"，③虽然本身高悬着"清楚明白"的理性主义的标准，要达到如同几何学那样的直接自明性，而对一切不达标的知识（其中绝

---

① 参看汪子嵩等：《希腊哲学史》第一卷，人民出版社1988年，第605页。最早指出这个问题的是普罗诺的学生波菲利，当然，他是将其视为柏拉图和亚里士多德的分歧，这诚然不错，但视为亚里士多德形而上学的内部分歧其实更为贴切，更能显示这一矛盾双方的共属一体。（参看邓晓芒、赵林：《西方哲学史》[修订版]，高等教育出版社2014年，第78—79页）

② 黑格尔认为："勒内·笛卡尔事实上是近代哲学真正的创始人，因为近代哲学是以思维为原则的。……他是一个彻底从头做起、带头重建哲学的基础的英雄人物，哲学在奔波了一千年之后，现在才回到这个基础上面。"（《哲学史讲演录》第四卷，贺麟、王太庆等译，商务印书馆1978年，第63页）

③ 同上书，第66页。

大多数是经验性的知识）加以排除，但仍然只是在直接地现身说法，讲述自己所遇到的实际的困惑和问题，所经历的内心风暴，并检视风暴过后在心中所剩余的东西，没有任何居高临下、拿腔拿调。他甚至照顾到那些思想顽固的"神学院院长和圣师们"，向他们援引《圣经》中的话，说《圣经》上说了："关于上帝的认识，都明明白白地存在在他们的心里，"①并解释说："凡是可以用来知道上帝的，都可以用这样一些理由来指出，这些理由只要从我们自己的心里去找就够了，不必从别处去找，我们的精神就能够把这些理由提供给我们。"②他的经验是内心的经验，他相信每个人都会有他这样的经验，只是没有注意到和说出来而已。而他的创见就在于用一种普遍的怀疑将这些经验清扫出来，以理性的明证性对之加以考验和审查，由此引向真理。

所以，笛卡尔的怀疑是明确用来作为理性的认识手段的怀疑，力图达到无可再怀疑的自明原则和公理，以便在此基础上建立起可靠的知识体系来。他说："由于很久以来我就感觉到我自从幼年时期起就把一大堆错误的见解当作真实的接受了过来，而从那时以后我根据一些非常靠不住的原则建立起来的东西都不能不是十分可疑、十分不可靠的，因此我认为，如果我想要在科学上建立起某种坚定可靠、经久不变的东西的话，我就非在我有生之日认真地把我历来信以为真的一切见解统统清除出去，再从根

---

① 《新约·罗马书》1: 19："上帝的事情，人所能知道的，原显明在人心里，因为上帝已经给他们显明。"
② 笛卡尔：《第一哲学沉思集》，庞景仁译，商务印书馆1986年，第2页。

本上重新开始不可。"① 为此，他首先否认了自己感官的可靠性，包括对物质世界的感觉和对自身肉体的感觉。这不奇怪，因为笛卡尔本来就是理性派哲学家，对感性经验抱有天生的怀疑。奇怪的是，他连数学和几何学这些人们通常以为无可置疑也是理性派最为推崇的知识都加以怀疑，认为它们至少是有可能出错的。比如，很可能有一种无比强大的力量冥冥中使我们不自觉地受到了某种欺骗，使我们从出生以来就相信 $1+1=2$，三角形内角之和为两直角。但即使如此，有一件事却是确定无疑、欺骗不了的，这就是：我在怀疑。如果对"我怀疑"还加以怀疑，倒恰好证实了二阶的怀疑，并不能推翻怀疑。所以"我怀疑"是第一个被证实的无可再怀疑的命题。"我"当然可以不断地受骗，但永远也可以保持怀疑一切的态度，哪怕是在受骗中。那么从这里出发进行推论：怀疑是一种思维，"我怀疑"说明"我思维"，而"我思维"必须有个"我"，所以这个受骗着、怀疑着和思维着的"我"必须存在，因此"我思故我在"(cogito ergo sum)。思维着的"我"的存在，就是笛卡尔所找到的第一个不可再怀疑的确定的知识。这种知识在笛卡尔看来是完全跨越经验和理性的界线的，也是超越一切学派偏见之上的，是任何一个健全的人都能接受的最朴素最本源的知识，因此可以作为建立起全部知识大厦的第一块基石。

其实，笛卡尔的普遍怀疑也并不是真的超越一切可能有的先

---

① 笛卡尔：《第一哲学沉思集》，庞景仁译，商务印书馆 1986 年，第 14 页。

入之见而放之四海皆准的。至少,他以怀疑为手段来寻求某种确定性的真理就是西方科学精神的体现。[①]经过笛卡尔的熏陶,西方近代理性精神通常离不开怀疑精神,怀疑已经成为理性的一个必然的成分,它使理性具有了不断进取的冲动和力量。但这并不适用于中国。在中国传统哲学中,特别是道家哲学中,虽然也充斥着某种怀疑精神,但和笛卡尔的怀疑相比却具有截然不同的旨趣。西方怀疑论虽然也在两个确定的判断之间动摇不定,但那两个判断本身还是确定的,它最后所得到的结论也是确定的,问题由此从怀疑进入确信;而中国传统的怀疑论却从头至尾体现为一种混沌模糊或"游"的态度。庄子所谓"彼亦一是非,此亦一是非",并非说有两个"彼、此"不同的是非在那里,而是"彼是莫得其偶,谓之道枢。枢始得其环中,以应无穷"(《庄子·齐物论》)。郭象注曰:"夫是非反复,相寻无穷,故谓之环。环中,空矣;今以是非为环而得其中者,无是无非也。"[②]"彼"和"此"并不能构成一对固定的对偶,而是构成一个"相寻无穷"的圆环;只有从这个环上跳到"环中"的空地,才能摆脱是非的纠缠。在庄子眼中,是非之环整个来说是一片模糊,不可能也没有兴趣去加以区分,只要能"得其环中,以应无穷"就心满意足了。所以,这种怀疑既不是要达到确定,本身也不是遵循确定的规则而达到的,而是对一切理性的区分抱一种非理性的厌倦。由此也就带来这种怀疑论的自欺性,即

---

① 胡适所谓的"大胆假设,小心求证"其实也是脱胎于这种怀疑精神。
② 转引自陈鼓应注译:《庄子今注今译》,中华书局1985年,第58页。

以不知为知，以不真为真。最著名的是"庄周梦蝶"的寓言："不知周之梦为胡蝶与，胡蝶之梦为周与？"(《庄子·齐物论》)这两者其实并没有什么区分，只是"物化"(万物同化)而已。所以，认识到人生如梦才是大智慧："方其梦也，不知其梦也，梦之中又占其梦焉，觉而后知其梦也，且有大觉而后知此其大梦也。"(同上)既然人生本来就是梦，则梦、神话、幻想等也就等同于人生了。所以，庄子从来不管事情的真实性，而只要故事说得好听、好看、有意思，就沉醉于其中，聊以自慰。《庄子·知北游》中曾谈到，有一次"知"遇到了"无为谓"，问他如何才能"知道"、"安道"和"得道"，三问而不答；又遇到"狂屈"，答曰："唉！予知之，将语若，中欲言而忘其所欲言。"最后问到"黄帝"，黄帝回答："无思无虑始知道，无处无服始安道，无从无道始得道。"并且评价说：无为谓是最高境界，狂屈次之，"我与汝终不近也"，即越是知道，反而越是远离道。总之，西方怀疑论作为一种理性的怀疑论，在近代留下了大量的逻辑论证，中国式的怀疑论则是非理性的，其最好的部分都由于其"只可意会不可言传"而流失了，只有它的那些"糟粕"才得以流传下来。①

但在笛卡尔这里，通过怀疑论的检验，"我"的存在是否就是亚里士多德所谓的"作为存在的存在"或者"第一实体"了呢？显然还不是。笛卡尔的"我思故我在"与他的"怀疑"原则一样，

---

① 参看拙文：《论中西怀疑论的差异》，《福建论坛》2003年第1期；收入《中西哲学三棱镜》，天津人民出版社2020年。

也带有一种策略性的考虑，虽然它本身也已经被肯定为一种存在了，但它的存在是为了引出其他更多的存在，首先是上帝的存在。如何引出？这就不能再依赖于"我怀疑"或"我思"了，而必须首先反思从"我思故我在"中所看出（直观到）的一条方法论准则，这就是"明证性"（evidence）。他说道：由此"我已经能够把'凡是我们领会得十分清楚、十分分明的东西都是真实的'这一条订为总则"。① 就是说，为什么从"我思"得出必有个"我在"？这并不是一种推理，而是凭一种理智的直观，即没有一个"我在"的"我思"或者没有一个"我"的"思"是不可设想的，这是直接一眼就可以看出的。所以，从"我思"直接地（ergo，"故"）就得出了"我在"，而不必先设定一个大前提："一切思维者都存在"，否则这个大前提又必须从别的地方找来自己的前提，这就陷入无穷追溯而失去自明的确定性了。但"清楚明白"这条自明的原则并不限于单纯的理智直观，也可以用于推理。比如："凭自然的光明显然可以看出，在动力的、总的原因里一定至少和在它的结果里有更多的实在性：因为结果如果不从它的原因里，那么能从哪里取得它的实在性呢？这个原因如果本身没有实在性，怎么能够把它传给它的结果呢？由此可见，不仅无中不能生有，而且比较完满的东西，也就是说，本身包含更多的实在性的东西，也不能是比较不完满的东西的结果和依据。"② 正是从这样一些自明

---

① 笛卡尔：《第一哲学沉思集》，庞景仁译，商务印书馆1986年，第35页。
② 同上书，第40—41页。

的原则里,笛卡尔推出了上帝的必然存在。他的推论是这样的:

> 用上帝这个名称,我是指一个无限的、永恒的、常住不变的、不依存于别的东西的、至上明智的、无所不能的以及我自己和其他一切东西(假如真有东西存在的话)由之而被创造和产生的实体说的。这些优点是这样巨大,这样卓越,以致我越认真考虑它们,就越不相信我对它们所具有的观念能够单独地来源于我。因此,从上面所说的一切中,必然得出上帝存在这一结论……假如在我心里我不是有一个比我的存在体更完满的存在体的观念,不是由于同那个存在体做了比较我才会看出我的本性的缺陷的话,我怎么可能认识到我怀疑和我希望,也就是说,我认识到我缺少什么东西,我不是完满无缺的呢?①

这一证明也被称为对上帝存在的"本体论证明"。与中世纪安瑟伦的本体论证明有所不同的是,他不是单凭"我"心中有一个无与伦比的完满的东西的概念并对这个概念进行语义分析,而推出这个概念的对象不可能只存在于"我"心中,否则就会导致这个概念的自相矛盾(即"最完满"的东西居然"不完满"),而是在这种逻辑语义分析中加上了心理学的成分,即"我"在各种"怀疑"中所暴露出来的"不完满"显然不能"产生出"最完满的

---

① 笛卡尔:《第一哲学沉思集》,庞景仁译,商务印书馆 1986 年,第 45—46 页。

观念，由此得出这个观念只能是由"我"外面的最完满的上帝加之于"我"（放进"我"心中）的。所以，它不是单纯逻辑的证明，而是带上了"理性心理学"的"经验"形式。当然，实质上仍然是本体论证明。他是用"无不能生有"、"小不能生大"、"不完满的东西"不能产生"完满的东西"这样一些"清楚明白"的原理，而从"我"的上帝观念中推出上帝在"我"的观念之外的存在。上帝不可能是"我"想出来的，而是先于"我"而存在的，因而上帝才是"作为存在的存在"，"我"的存在都是他所赋予的。[①]同理，除"我"以外，一切客观物质世界只要是清楚明白的存在，都必然是上帝创造的，而不可能是自己存在着的。

这样，在笛卡尔那里就有了三种实体的存在：一种是思维的实体即"我"（灵魂）；一种是全知全能全在的最高实体即上帝；一种是客观的物质实体。而如果把前两种归于精神实体，那么笛卡尔的存在论就是二元论的，即精神实体和物质实体，两者并行不悖，因为两者都是由上帝来保证的。笛卡尔于是将此前被置于怀疑之中而悬置着的一切都在上帝的保证之下全面恢复了，对物质世界的感觉也好，对自己肉身的感觉也好，对数学几何学的证明也好，现在都不再遭到原则上的怀疑，而是成为客观的可靠的知识，只是加上了一个条件，这就是"清楚明白"的理智，它成

---

① 康德就此批评这种证明是白费力气："这正如一个商人为了改善他的境况而想给他的库存现金添上几个零以增加他的财产一样不可能。"（《纯粹理性批判》，A602-603=B630-631，邓晓芒译，杨祖陶校，人民出版社 2004 年，第 478 页）

了一切知识的可靠性和真理性的标志。笛卡尔是机械唯物论的大师，又是伟大的数学家、"笛卡尔坐标"的发明者，但在所有这些自然科学和数学成就之中，所贯穿的正是理性派的"清楚明白"原则，包括理智直观原则（尤其在几何学中）和逻辑原则（同一律、不矛盾律等），而背后最终的担保人是上帝。

但事情到了这一步，关系就完全颠倒过来了。原先，上帝存在是通过在"我思故我在"的证明中所看出来的"清楚明白"的理智直观原则而推导出来的，但一旦被推导出来，上帝本身反过来就成了这一原则的最根本的保障。他说：

> 我方才拿来当作规则看待的那个命题，即"凡是我们清楚明白地设想到的东西都是真的"，其所以可靠，只是因为有上帝存在，因为上帝是一个完满的实体，并且因为我们所有的一切都从上帝而来。由此可见，我们的观念或概念，既然就其清楚明白而言，乃是从上帝而来的实在的东西，所以只能是真的。[①]

在这种意义上，笛卡尔的"第一哲学"正如亚里士多德的一样，也成了"神学"，只不过这种神学把理性和信仰合为一体，实际上是对理性本身的信仰。这一点在他分析我之所以犯错误的原

---

① 北京大学哲学系外国哲学史教研室编译：《西方哲学原著选读》上卷，商务印书馆1981年，第377页。

因时体现得最明显。他说:"真的,当我单单想到上帝时,我在心里并没发现什么错或假的原因;可是,后来,当我回到我自己身上来的时候,经验告诉我,我还是会犯无数错误的。"① 上帝不会骗人,也不会犯错误,一切错误都是由于我的缺陷,即我的理智的有限性和自由意志的冲动性,特别是当我把我的理智和意志误用到那些超出它们的有限性范围之外的东西上,如想要完全把握上帝,或者想要完全把握那些尚不清楚明白的偶然的东西(如感性的杂多),这都是超出上帝赋予我的"自然之光"的能力的。我们必须小心地限制自己的理智和意志,不要让它们任意越界。但何谓"单单想到上帝"?这既可以理解为对上帝的信仰,也可以理解为对上帝的证明,是经过证明而确立起来的信仰。在这里最值得注意的是,上帝这个超越一切经验事物之上的精神实体(努斯),竟然是通过形式上严格的逻辑推理(逻各斯)而断言的,而它反过来又成了这套推理的真理性的保证。这是符合亚里士多德的形而上学定向的。

第三节 斯宾诺莎的自因和莱布尼茨的单子论

大陆理性派由笛卡尔开其端,他的继承者们发展出了一个庞大的形而上学系列,即所谓"17世纪的形而上学"。其中最有成就也最著名的主要是两位,即斯宾诺莎和莱布尼茨。

---

① 笛卡尔:《第一哲学沉思集》,庞景仁译,商务印书馆1986年,第56页。

一、斯宾诺莎的自因

笛卡尔之后,通过解释和整理笛卡尔的方法论和形而上学来建立自己的哲学体系的是荷兰的斯宾诺莎。斯宾诺莎在方法上继承了笛卡尔理性主义的理智直观和数学、几何学的方法,他的形而上学著作《伦理学》的副标题就是"按几何学方式证明",并且书中也是直接套用几何学的一整套程序模式,从定义、公理、定理到命题和证明及绎理,一丝不苟。但在内容上,他却完全抛弃了笛卡尔从内心思维的经验和怀疑中一步步引出存在这样一种间接证明方式。他认为,一定要从怀疑一切的"我思"中得出"我在",然后才在此基础上建立起上帝的知识和其他知识,这完全是一种矫揉造作,也是违背"清楚明白"的直观原则的,因为"要知道一件事物,无须知道我知道,更无须知道我知道我知道"。[①] 真正的知识是建立在理智(知性)的直观之上的,而最清楚明白的直观就是对神或上帝的直观,如果连这一直观都没有,那么其他一切都免谈。所以,斯宾诺莎的上帝不需要什么本体论证明,也不需要从别的东西推出来,而是本身自明的。而他的存在论则是直接设定最高存在即上帝,这是唯一的实体;然后再从"实体"到"属性"到"样式",逐级下降。所以,《伦理学》的第一部分就是"论神"。但这里的"神"更多地具有亚里士多德的"神学"的意味,而不具有基督教的上帝即人格神的意味,所以斯宾诺莎的神学常被人视为"泛神论",他自己也把"神"和"自然"看作同义语。

[①] 斯宾诺莎:《知性改进论》,贺麟译,商务印书馆1986年,第30页。

实际上，如果把他的"神"视为亚里士多德所说的"作为存在的存在"或最高"存在"，可能更符合他自己的表述。这从他在《伦理学》第一部分"论神"一开头所做的一整套"界说"（定义）中可以看出来，特别是其中的第一、第三和第六条界说，这三条是最重要的，可以说是斯宾诺莎形而上学的灵魂。这三条是："（一）自因（causa sui），我理解为这样的东西，它的本质（essentia）即包含存在（existentia），或者它的本性只能设想为存在着。""（三）实体（substantia），我理解为在自身内并通过自身而被认识的东西。换言之，形成实体的概念，可以无须借助于他物的概念。""（六）神（Deus），我理解为绝对无限的存在，亦即具有无限'多'属性的实体，其中每一属性各表示永恒无限的本质。"①

这里，最重要的概念就是"自因"，这几乎成了斯宾诺莎哲学的标志性概念。什么是"自因"？自己是自己的原因，这样的东西才是实体，也才是"作为存在的存在"。笛卡尔的"我在"因为还不是"自因"，只是其他东西（上帝）的结果，所以还不是作为存在的存在。亚里士多德要寻求一个实体的"原因"，这些原因相对于这个实体的质料来说，都是外加的：形式因、致动因、目的因。所以，对个别实体的根据的寻求使得实体从质料转移到了形式上，形式才是存在的"本质"或"本质的"存在，这就造成了我们前面提到的使亚里士多德的研究者们百思不得其解的"倒转"问题。但这个问题在斯宾诺莎这里被取消了，因为实体就是实体，它不需

---

① 斯宾诺莎：《伦理学》，贺麟译，商务印书馆1981年，第3页。

要任何别的东西做根据、做本质,来说明它"何以可能"。这样的实体才真正是"作为存在的存在",因为它自己是自己的根据或原因,并且在它的"本质"中就包含"存在"。"存在属于实体的本性"(命题七),而这样的实体只能是神,"除了神以外,不能有任何实体,也不能设想任何实体"(命题十四),并且"神,或实体,具有无限多的属性,而它的每一个属性各表示其永恒无限的本质,必然存在"(命题十一)。因此,亚里士多德通过目的论而在个别实体和神之间拉开的无限距离,在斯宾诺莎这里被压缩为一点(零距离)。神就是唯一的存在,其他存在都是由于神而存在,并没有自己独立的存在。"一切存在的东西,都存在于神之内,没有神就不能有任何东西存在,也不能有任何东西被认识。"(命题十五)以上可以看作斯宾诺莎的"第一哲学"或"神学",它们都是在第一部分"论神"中提出的,集中于实体学说或存在论。

但我们也可以对神这种存在加以描述,即它有无限多的属性,而我们有限的人只能认识两种属性,就是思维和广延,这是在第二部分即"论心灵的性质和起源"中讨论的,明显针对的是笛卡尔的身心交感论。笛卡尔从"我思"推出存在,必然会遇到"我"的心灵和身体存在的关系问题。笛卡尔对待这一问题的解决方式十分笨拙,即运用他的机械唯物论把这种关系解释为在人的大脑的"松果腺"中的交感,使身体感受在这里转化为意识,又使意识在这里转化为身体动作。这种解释在当时就遭到了许多质疑和批评。斯宾诺莎的解决方式显得更为高明,他诉之于思维和广延的"平行论",也就是作为神的两个平行的属性,双方其实是同一件事情的两种不同表现,因此虽然表现得不同,却必然是一一对应的,并不需要两个东西的"交感"。比如物质世界的广延物体遵循机械运动规律,人的思维相应地也遵循逻辑规律,所以人可以凭借自己的理智认识客观物质对象,并不是因为物质规律变成了人心中的思维规律,而是两种规律并行不悖,互相印证。至于物质世界和内心世界中所呈现出来的各种各样的感觉现象,斯宾诺莎称之为"样式",它们本身作为实体的"分殊"而分有存在,但这并非它们本身的存在,就它们本身而言,毋宁说是非存在的。斯宾诺莎由此建立了一个以实体的存在论为基础的唯理论和机械论的世界观,即自然万物都是按照物体的机械规律而运作,人的认识则基于理智直观和逻辑法则而进行,而由于主客双方的这种平行关系,"观念的次序和联系与事物的次序和联系是相同的",[①]所以"真观念必定符合它的对象"。[②]

斯宾诺莎的哲学在西方哲学史上的地位极端重要。黑格尔甚至说:"斯宾诺莎是近代哲学的重点:要么是斯宾诺莎主义,要么不是哲学。"[③]他特别看重斯宾诺莎的一个"伟大的命题":"一切规定都是一种否定。"[④]意思是说,只有神是实体,只有神存在,在神之下,一切有规定的东西(样式)都是否定性的东西,都没有真正的存在。而

[①] 斯宾诺莎:《伦理学》,贺麟译,商务印书馆1981年,第45页。
[②] 同上书,第4页。
[③] 黑格尔:《哲学史讲演录》第四卷,贺麟、王太庆等译,商务印书馆1978年,第100页。
[④] 同上。

神本身则是无规定的东西,只有无规定的东西才是作为存在的存在,因为没有别的东西可以规定它,它就是"自因",也就是"自然"。

这种"自然"似乎有些接近于中国哲学所讲的"自然无为"。黑格尔的说法是,斯宾诺莎"乃是东方的流风余韵。东方的绝对同一观被他采取和纳入了欧洲的思想方式"。① 由此也体现了黑格尔的敏锐的眼光。当然,黑格尔并不了解中国哲学,他说的"东方"还限于近东(希伯来),因为斯宾诺莎是一个犹太人。但其实更应该说,这里面透露出的是远东即中国哲学对传统西方哲学存在观的超出,也就是把"无"规定视为对存在、"有"的第一规定,因为在中国人眼里,"自因"其实就是"无因",相当于中国哲学中的"莫为"说。② 试想,按照斯宾诺莎,一切思想和广延的"样式"本身都没有存在,它们只有在实体即自因或自然那里才获得其存在,而作为自然的实体本身又没有任何具体的"规定",那斯宾诺莎就真可以说是一个"无世界论"者了。③ 黑格尔自己的哲学起点正是建立在存在和无的这种统一性之上的,他其实已经接触到了中西哲学最深处的分野,但由于传统的导向,他还是走上了存在论的不归路,而未能在"无为"的方面做进一步的探索,这在后面将有更详细的讨论。

---

① 黑格尔:《哲学史讲演录》第四卷,贺麟、王太庆等译,商务印书馆1978年,第95页。
② 参看《庄子·则阳》。
③ 黑格尔:《哲学史讲演录》第四卷,贺麟、王太庆等译,商务印书馆1978年,第99页。

二、莱布尼茨的单子论

莱布尼茨的形而上学是在斯宾诺莎的形而上学原理的基础上经过改造而建立起来的。他深感斯宾诺莎的那个至高无上的实体-自然-神按照机械论的自然观和宿命论对个别事物特别是对人的自由的严格束缚，无法解释运动中的千变万化的大千世界，于是将这个唯一的实体"打碎"成了无数个极其精微的实体，即他所谓的"单子"（Monad），而回到了亚里士多德的个别实体才是"第一实体"的立场。但他的每个单子仍然具有斯宾诺莎实体的性质，可以看作一个"小神"。他接过了斯宾诺莎关于实体不可分也不可毁灭的原理，却认为，凡是有广延的东西都是可分的，一旦被分割就是毁灭，所以，单子是没有广延、没有部分、没有量的东西，而是一种"力"，一种抽象的"形式"。他说，"我们得把那些目前已身价大跌的**实体的形式**重新召回，并使它恢复名誉，……亚里士多德称这些形式为**第一隐德莱希，我则称之为原始的力**"。[①] 亚里士多德的实体形式在牛顿物理学之后"身价大跌"，所以只能从精神性的实体方面重新安排它的位置。单子就是一种具有能动性的形式，它既不是物理学上的点（原子），也不是数学上的点，而是"**形而上学的点，它们有某种有生命的东西以及一种知觉**"，它们是"构成事物的绝对的最初的本原"。[②] 很明显，这样一种单子实体本质上只能是精神性的知觉单子，这种知觉单子在构成非

---

① 莱布尼茨：《新系统及其说明》，陈修斋译，商务印书馆1999年，第3页。
② 同上书，第7页。

精神的事物时是一种"模糊知觉",而只有在人身上才达到了清晰和自觉,它们作为理性灵魂"属于较高的层次",甚至"就像是具体而微小的上帝,它们是照着上帝的影像造成的,具有若干神性的光辉"。① 而上帝本身则是最高的太上单子,它创造出整个单子世界。这就又恢复了亚里士多德曾在个别实体和最高纯形式的实体(神)之间拉开的无限距离。但同样也遇到了亚里士多德"倒转"的问题,也就是遇到了这一矛盾:如果个别单子、人的灵魂是实体,那么上帝就不是实体,而只是个别实体的观念,因为这些个别单子用不着上帝来创造,倒是可以创造出上帝的观念;如果上帝是真正的实体,那么个别灵魂就不是实体,因为既然它们是上帝创造出来的,它们就不符合实体既不能创造也不能毁灭的定义了。这一矛盾在莱布尼茨那里体现为:为了赋予单子实体以"力"的能动性和自发性(自由),他认为每个单子都是封闭的,都不和其他单子相"交通"而自行其是;但这样一来,整个世界都将成为一个无政府主义的乱糟糟的世界,没有任何规律性可言。为了解决这一问题,他别出心裁地提出了一个上帝的"前定和谐"的假设。

所谓的"前定和谐",是说单子虽然互不来往、各行其是,但它们都是上帝在创世时凭借刹那的闪光而创造出来的,并且在创造它们时就预先设定好了它们在后来任何一个时刻的行为举动,这些行为举动与整个世界的其他单子被设计得恰好互相和谐、配

---

① 莱布尼茨:《新系统及其说明》,陈修斋译,商务印书馆1999年,第4页。

合默契。所以每个单子看起来或者自以为自己是自由的,似乎它可以凭自己的行动而做出选择,改变其他事物(其他单子);但实际上只不过是按照上帝预先定好了的方案在行事,其他事物或单子同样也是按照上帝的设计而恰好在这一时刻与之配合默契,表面看来却显得是由相互作用而形成了某种规律。这里巧妙地引入了斯宾诺莎的"平行论",只不过不是思维和广延的平行,而是单子与单子的平行。所有的单子就像在共同演奏上帝所预先谱好的一首交响乐,虽然每个单子都是自己演奏,但整体上恰好呈现出了我们所看见的这整个世界的如此有序的运动和因果作用的图景。因此,并没有单子的"自由意志"这回事,曲谱是早就制定好了的,实际上,如果没有上帝的"前定和谐",就连一根头发也不会掉下来。莱布尼茨十分得意于他的这一假设,因为他由此而发现了一个"令人惊异地清楚的关于上帝存在的新证明"。[①] 只要我们以为单子是自由的,我们就不得不借助于一个创造单子的上帝的预先设计来解释整个世界的规律性,因为只有上帝能够做到使各个自由的单子呈现出宇宙如此的和谐有序。就凭世界呈现出规律和秩序,即已经证明这里面有上帝的安排,因而证明了一个无比贤明的上帝的存在。他把这样一种对上帝存在的"前定和谐"的证明称为"神正论"(theodizee)。

然而,这样一来,他所费尽心机建立起来的单子实体的学说实际上就成了一个骗局,单子根本就不配作为实体,它们全都被

---

① 莱布尼茨:《新系统及其说明》,陈修斋译,商务印书馆1999年,第11页。

还原成了斯宾诺莎的"样式",只有上帝才是唯一的实体。而单子的所谓"自由"或"力"也都变成了一种假象,它们不过是上帝手中随意摆弄的一些木偶而已。不但自由意志不再可能,而且就连偶然事物也只是在我们看起来是如此,背后都有上帝安排好了的命运和必然性(充足理由)在起支配作用。这样,整个世界就和斯宾诺莎的世界一样,落入了宿命论的魔咒。如果说亚里士多德的个别实体和一般实体(形式或种类)的矛盾还以一种朴素的方式被掩盖在"作为存在的存在"的模糊性和抽象性之下,并未对他的形而上学造成颠覆性的影响,后来的中世纪哲学家和笛卡尔、斯宾诺莎等人也只是通过各执一端来挖掘矛盾双方各自的形而上学潜力,那么莱布尼茨则是企图把双方都抓在手中,从直接的个别存在(单子)出发来论证它们之所以可能的根据或充足理由(上帝),到头来却把一切都搞砸了。当上帝被这样"证明"出来,单子的自由意志就被取消了,而一旦自由意志被取消,上帝的"前定和谐"也就不需要了,单子的自由意志被他还原为上帝的无所不能的安排,这就回到了斯宾诺莎的唯一的静止不动的实体,一个完全机械的无生命的世界,这简直就是一个没有希望的悖论。而莱布尼茨竟然还将这一安排视为尽善尽美,是"一切可能世界中最好的世界",表现出一种被后人耻笑的"庸人的乐观主义"。莱布尼茨及其后学沃尔夫派的17世纪形而上学走到这一步,已经由于内在不可克服的自相矛盾而显示了西方形而上学的衰落。

第三章

康德：西方形而上学的复兴

西方形而上学，自从亚里士多德以后，经过中世纪的经院形而上学（安瑟伦、托马斯、司各脱等），到17世纪大陆理性主义的形而上学（笛卡尔、斯宾诺莎、莱布尼茨-沃尔夫等），尽管内容上经历了各种重大的改变，但总体的形式和格局上并没有跳出亚里士多德制定的大框架，也就是凭借语言逻辑推导出有关存在（包括上帝存在）和真理（思维和存在的符合）的种种规定。这种情况直到康德的批判哲学横空出世，才遭到了彻底的颠覆，由此西方形而上学在崭新的基础上获得了一次盛况空前的复兴。

在康德的时代，西方形而上学面临了第一次真正的危机，这种危机主要是近代自然科学的发展所带来的。传统形而上学既然从来都被理解为"物理学之后"，因此当真正的物理学脱离任何

第三章 康德：西方形而上学的复兴

"之后"的指导而独自在经验和科学实验的基地上发展起来，"物理学之后"的必要性和"科学性"就遭到了广泛的质疑。伽利略和牛顿的成体系的自然观，甚至包括康德本人早年所提出的极富创见的有关宇宙起源的"星云说"，都用不着假定任何形而上学的前提。牛顿甚至发出这样的警告："物理学，当心形而上学啊！"在这种情况下，形而上学何为？按照中世纪的奥卡姆早已提出的"如无必要，勿增加实体"的学术研究原则，那么，机械运动和天体运转似乎并没有必要假定什么实体，只需要有经验观察和数学计算就行了。如果说在亚里士多德的时代，没有实体和原因、质料和形式、潜能和现实等一整套形而上学的概念框架，自然科学（广义的，包括政治学、伦理学、心理学等）将一筹莫展，那么，在康德的时代，所有这些超越经验直观之上的抽象预设都过时了。莱布尼茨的《单子论》远不及牛顿的《自然哲学的数学原理》受到青睐。相反，倒是反形而上学的英国经验论哲学在这个一切讲求实证的时代如鱼得水，霍布斯、洛克、休谟、贝克莱等人与经验自然科学联手将形而上学架空了。这就出现了康德所抱怨的形而上学成了被流放的女王、人人都羞于谈论形而上学的状况。

康德站在大陆理性派（莱布尼茨-沃尔夫派）的立场上，为挽救形而上学在当时濒临灭亡的危局，经过了整整十年的深思熟虑，意识到只有借助经验论所提出的意在解构形而上学的怀疑论锋芒，对传统形而上学所独断运用的理性能力进行一番彻底的批判性考察，突破一切传统的教条，在新的经过批判的纯粹理性的基础之上，才有可能重建形而上学。这种新型的形而上学分为两个方面：一方面是自然的形而上学，另一方面是道德的形而上学。用康德的话说："形而上学分成纯粹理性的**思辨的**运用的形而上学和**实践的**运用的形而上学，所以它要么是**自然的形而上学**，要么是**道德的形而上学**。"① 它们的形而上学基础不再是单凭形式逻辑的语词关系而独断地设定的，而是经过对理性和逻辑的批判考察后建立起来的，这一批判工作主要体现在《纯粹理性批判》和《实践理性批判》这两部划时代的著作之中。

第一节　康德对自然形而上学的重建

如前所述，康德对形而上学的重建是立足于大陆理性派的立场，而引入了英国经验派尤其是休谟对一切形而上学原理的怀疑论眼光，通过对旧形而上学进行全面彻底的批判而达成的。因此，康德的哲学也被称为"批判哲学"，这一称呼甚至盖过了康德的"形而上学"，成为康德形而上学的代称。实际上，批判虽然只是被康德看作形而上学的"入门"，但他同时又承认"形而上学这个名字也可以给予包括批判在内的全部纯粹哲学"。② 他甚至还在1781年5月11日后致马库斯·赫茨的信中说，在他刚刚出版

---

① 康德：《纯粹理性批判》，A841=B869，邓晓芒译，杨祖陶校，人民出版社2004年，第635页。
② 同上。

的《纯粹理性批判》中"包含了**形而上学的形而上学**"。① 至于自然的形而上学和道德的形而上学两者之间的关系，康德认为前者所表达的是"我们通常在**更严格的**意义上所称呼的形而上学"，而后者则已经不是通常意义上的形而上学了，这种形而上学是康德自己的首创。他为自己的这一命名辩护说："但只要纯粹的道德学说仍然属于出自纯粹理性的人性知识也就是哲学知识的特殊门类，那么我们就要为它保存形而上学这一名称。"② 显然，康德在这里对传统的"形而上学"这一名称进行了一番全新的改造，它不再是简单的"物理学之后"，而是"出自纯粹理性的人性知识也就是哲学知识"。传统形而上学在他心目中只属于哲学的"学院概念"，而他要建立的是哲学的"世界概念"。③ 在世界概念的意义上，"哲学是关于人类理性的最终目的的一切知识和理性使用的科学"，它要解决的是这样四个问题："1）**我能知道什么？** 2）**我应当做什么？** 3）**我可以期待什么？** 4）**人是什么？**"并且，"形而上学回答第一个问题，**伦理学**回答第二个问题，**宗教**回答第三个问题，**人类学**回答第四个问题。但是从根本说来，可以把这一切都归结为人类学，因为前三个问题都与最后一个问题有关系"。④ 可见，康德意义上的形而上学最终归结到人类学中，但他是从"先验的"

---

① 《康德书信百封》，李秋零译，上海人民出版社1992年，第76页。
② 康德：《纯粹理性批判》，A842=B870，邓晓芒译，杨祖陶校，人民出版社2004年，第635页。
③ 康德：《逻辑学讲义》，许景行译，杨一之校，商务印书馆1991年，第14页。
④ 同上书，第15页，译文有改动。

人类学来看待形而上学的。① 正是从这种眼光出发,他才把形而上学划分为人的理论理性的形而上学和人的实践理性的形而上学,也就是所谓"自然形而上学"和"道德形而上学"。前者所探讨的

---

① "先验的人类学"这一提法在康德正式出版的著作中未见到,他只写过《实用人类学》,但这显然不是这里作为知识论、伦理学和宗教学的统一体的人类学。所以,我曾提出康德实际上心目中有一门"先验人类学"作为其全部哲学的归宿。(参看拙文:《批判哲学的归宿》,首发于《德国哲学》第二辑,北京大学出版社 1986 年)福尔克尔·格哈特(Volker Gerhardt)在《伊曼努尔·康德:理性与生命》(2002)一书中也印证了这一说法,他将康德的"先验人类学"看作其"哲学活动之纲领",并凭借从康德《反思录》中找到的文本根据认为:"这一科学的人的学说对康德而言有多重要,对此,在 1765 年的讲座预告中就已经有了一个值得注意的、对康德的批判思维而言是指点迷津的标杆。""因此,人的本性是人的'自然的和道德的优越性'之前提。康德把这个思想看得如此新奇,以至于他宣称:这个思想'在古人那里完全是闻所未闻的'",这就是"先验人类学"思想。(中译本见舒远招译,邓晓芒校,中国社会科学出版社 2015 年,第 33—34 页)在《反思录》第 903 条中,康德认为通常的各门科学知识不过是"独眼巨人","因而第二只眼睛就应是人类理性自我认识的眼睛,没有这只眼睛我们不会有测量我们的知识范围的眼力。这只眼睛为测量提供了基准线",所以"还应该有知性和理性的自我认识。应该有先验人类学(Anthropologia transcendentalis)"。(参看《康德美学文集》,曹俊峰译,北京师范大学出版社 2003 年,第 294—295 页)莱因哈特·布兰特(Reinhard Brandt)在其《对康德〈实用人类学〉的考证性评注》(1999)中对康德的"人类学"做了详细的考证,指出:"在保存下来的资料中只有一条提到了'先验的人类学'(Anthropologia transcendentalis),出自《反思录》的 903 条。"此外,还提到另一位学者 Frederick P. van de Pitte 的英文著作《作为哲学人类学家的康德》(1971),没有引证《实用人类学》,而只依据《反思录》,将康德的批判哲学从整体上阐释为一种"先验的人类学"。(参看 Reinhard Brandt: *Kritischer Kommentar zur Kants Anthropologie in pragmatischer Hinsicht* [1798]. Felix Meiner Verlag, Hamburg, 1999. S. 50)

第三章 康德：西方形而上学的复兴

是一切科学知识何以可能的问题，它的问题意识直接承接自亚里士多德的作为"第一哲学"的"物理学之后"（所以它属于狭义的"形而上学"），但也已经与传统形而上学有了根本的区别。① 而最主要的区别在于，正是由于"先验人类学"的提出，康德要为物理学和一切科学奠定基础的立场已经从以往那种客观主义的独断论转移到对人自身的诸种认识能力的"批判"上来了。批判首先是人类学的课题，而不是自然之学的课题。用康德的话说：

> 向来人们都认为，我们的一切知识都必须依照对象；但是在这个假定下，想要通过概念先天地构成有关这些对象的东西以扩展我们的知识的一切尝试，都失败了。因此我们不妨试试，当我们假定对象必须依照我们的知识时，我们在形而上学的任务中是否会有更好的进展。……这里的情况与**哥白尼**的最初的观点是同样的，哥白尼在假定全部星体围绕观测者旋转时，对天体运动的解释已无法顺利进行下去了，于

---

① 海德格尔在其《康德和形而上学问题》中把康德对形而上学的奠基称为"在人类学中为形而上学奠基"，并对这种做法提出了强烈的质疑："康德的这一奠基表明：对形而上学的证明就是对人、亦即对人类学的探讨"，"然而，对人类学的回溯不是在一开始试图更本源地把握康德的奠基工作时就被排除了吗？……但目前从中只能得出，那个由康德所拟定的人类学只是某种经验的人类学，而不是什么纯粹的、即足以解决先验困惑的人类学"。（《海德格尔选集》上，邓晓芒译，杨祖陶校，上海三联书店 1997 年，第 97 页）显然，海德格尔心目中根本没有康德的"先验人类学"的概念。本书在后面将会对此做出回应。

是他试着让观测者自己旋转，反倒让星体停留在静止之中，看看这样是否有可能取得更好的成绩。①

把从亚里士多德以来深信不疑的"知识依照对象"的认识程序颠倒为"对象依照知识"的程序，这是康德对传统形而上学基本原则的一个堪与天文学中的"哥白尼革命"相提并论的重大历史性转变。康德首次从先验人类学的视角提出来，人的认识不是被动地接受和反映外界呈现出来的客观对象，而是"人为自然界立法"，即人们运用自身的先天认识能力来赋予自然界提供给我们的经验性材料以规律性，从而由人的主体能动活动把经验对象的客观性建立起来。认识论中的以人为中心取代了以客观自然界为中心，但同时也带来了一个不得不做的分割，这就是人所建立的客观世界只不过是人眼里的客观世界，康德称之为"现象"或"现相"，而真正自在的客观世界则被隔离在人的视野之外，被称为"自在之物"，它是人的认识完全不可达到而只能设想的领域。康德通过对认识的这一分析所得到的结论是：

> 知性先天可以做到的无非只是对一般可能经验的形式作出预测，凡不是现象的东西，由于它不能是经验的对象，知性就永远不能跨越感性的限制，只有在感性中对象才被

---

① 康德：《纯粹理性批判》，BXVI，邓晓芒译，杨祖陶校，人民出版社2004年，"第二版序"，第15页。

给予我们。知性原理只是阐明现象的一些原则,而本体论(Ontologie)自以为能够在一个系统的学说中提供出有关一般物的先天综合知识(例如因果性原理),它的这一傲慢的名称必须让位于那谦虚的名字,即只不过是纯粹知性的一种分析论而已。①

看起来,这样一种形而上学已经将亚里士多德形而上学的根基"本体论"(或"存在论")完全解构了,它不再是有关"作为存在的存在"的学说,而只是对于我们用来把握存在者的知性本身的一种先验的"分析论"。然而,这种解构其实只是重组,也就是说,通过先验的分析论,一般意义上的"存在"被分成了两个层次:一个是现象中的存在,一个是自在的存在。针对这两种存在,康德建立起了两种不同的形而上学,即自然形而上学和道德形而上学。康德在《纯粹理性批判》中所探讨的主要是第一种即自然的形而上学,他称之为"较狭窄意义上的"形而上学,也就是亚里士多德意义上的"形而上学"。它由"先验哲学"(主要是先验分析论)和"纯粹理性的自然之学"(相当于亚里士多德的"物理学之后")所组成。"前者只考察**知性**,以及在一切与一般对象相关的概念和原理的系统中的理性本身,而不假定客体会**被给予出来**(即本体论);后者考察**自然**,即**被给予的**对象的总

---

① 康德:《纯粹理性批判》,A246-247=B303,邓晓芒译,杨祖陶校,人民出版社2004年,第223页。

和（不论它们是被给予感官的，还是被给予另一种类的直观的，如果我们愿意这样说的话），因而就是**自然之学**（虽然只是合理的自然之学）。"① 这两者相当于一个是批判的认识论，一个是由此建立的存在论。前者不假定存在的被给予，而只分析存在的语词含义；后者则仅仅在"存在"一词的现象含义（经验含义）上讨论自然对象，它作为"自然之学"又分为物理学和心理学，但它们从"内在的运用"向"超验的运用"（但又只是"调节性"的运用）过渡就形成了先验的宇宙论和先验的神学。② 这一结构除了前面的"先验哲学"（批判哲学）对"存在"概念的预先分析之外，其余一切都与亚里士多德极为相似。亚里士多德通过对"作为存

---

① 康德：《纯粹理性批判》，A845=B873，邓晓芒译，杨祖陶校，人民出版社2004年，第638页。
② 海德格尔曾用 metaphysica generalis（普遍形而上学）和 metaphysica specialis（特殊形而上学）来划分康德的这两种形而上学。"实际上在中世纪那里，才逐渐区分清楚作为诸科目或者共属一体的 summum ens［最高存在者］，以及与之相应的区域划分（类比）。Ens in commune［存在者共同体］，这就是存在者的最普遍的东西，metaphysica generalis［普遍形而上学］；而前者是 metaphysica specialis［特殊形而上学］"，并且说，"出自概念的 metaphysica generalis［普遍形而上学］。怎样的概念？'范畴'。范畴的本质，存在认识的本质。Metaphysica specialis［特殊形而上学］：一种必然的幻相——先验的运用，也就是说，把存在论上的（ontologisch）运用看作了一种存在状态上的（ontisch）运用"。（《海德格尔全集》第28卷，第30以及31页注12；德文本 Martin Heidegger: *Der Deutsche Idealismus [Fichte, Schelling, Hegel] und die philosophische Problemlage der Gegenwart*. Freiburger Vorlesung Sommersemester 1929. Herausgegeben von Claudius Strube, Gesamtausgabe, Band 28. Vittorio Klostermann GmbH, Frankfurt am Main, 1997. S. 30, 31）

在的存在"所进行的一番实质上是经验性的考察，建构起了宇宙万物以实体范畴的种属层级和质料-形式交替上升为模式的世界图景，并且在这种"第一哲学"的宇宙论体系之上展示了其"神学"的含义；康德虽然立足于先验哲学对传统存在哲学的批判，即划分出"内在的"本体论和"超验的"本体论，但同样以"合理性"（rational）的名义恢复或重建了亚里士多德的"物理学（自然之学）之后"和第一哲学（宇宙论）以及神学的整个形而上学体系。如他所总结的：

> 因此整个形而上学系统就是由四个主要部分构成的。**1. 本体论**。**2. 合理的自然之学**。**3. 合理的宇宙论**。**4. 合理的神学**。[①]

这就是康德所设计的未来的自然形而上学的蓝图。其中，"本体论"（存在论）应该理解为基于先验分析论而对"存在"概念的重新划分，它大大不同于亚里士多德的存在学说。当然，亚里士多德的存在学说也是对"存在"概念的一种澄清，即把"作为存在的存在"（实体）和一般的存在区别开来，分清主次，先有个别实体，然后才谈得上其他东西的存在。但这并不是一种先验分析，他没有划分存在的现象和本体，而只是一种经验的归纳。康

---

① 康德：《纯粹理性批判》，A846-847=B874，邓晓芒译，杨祖陶校，人民出版社2004年，第638页。

德的本体论或存在论则是要严格划分现象（Phänomenon）和本体（Noumenon），①因而是一种批判的本体论。"合理的自然之学"在康德那里相应于先验感性论和先验逻辑中的概念分析和原理分析，"合理的宇宙论"和"合理的神学"则在先验辩证论的对范畴的"调节性运用"中已有提示，它们是为了知性的知识系统能够不断完善并避免出现独断论偏差而设立的。当然，这一《自然的形而上学》的计划，特别是其核心的部分"合理的自然之学"，康德在有生之年并未完成，只完成了一本《自然科学的形而上学基础》的小册子，这件事成了他的终生遗憾。②

但无论如何，康德的批判的形而上学在自然之学方面是对亚里士多德形而上学的重大改造，这种改造的实质，是在亚里士多德形式逻辑的基础上将逻辑提升到了一个新的层次，即先验逻辑的层次，这就揭示了逻辑本身的更深刻的本质。实际上，亚里士多德的逻辑学本来就包含认识论和本体论的理解，如前所述，它最初其实是"三统一"的，但由于亚里士多德自己没有将这三个层次仔细地划分开来，所以后来反倒被逻辑学家们片面地单从抽象形式上来理解了，由此形成了西方从形式逻辑来看待形而上学

---

① 参看康德：《纯粹理性批判》，邓晓芒译，杨祖陶校，人民出版社2004年，第二卷第三章："把所有一般对象区分为现象和本体的理由"。
② "康德本人打算写一本以'从自然科学的形而上学基础到物理学的过渡'为标题的书，以便填平其哲学体系中的'漏洞'，不过最终成果远比写作计划要多，康德生前没有出版的这些内容就是国际学界所称的 *Opus postumum*（《遗著》）。"（袁建新：《康德的〈遗著〉研究》，人民出版社2015年，第1页注③，又参看第2—12页有关这个问题的综述）

的传统。康德第一个揭示了形式逻辑背后所隐藏着的认识论和本体论的层次,并立足于这一眼光建立起了他的先验逻辑。我曾在《康德先验逻辑对形式逻辑的奠基》一文中探讨了康德这一发现的重要意义,提出:

> 康德的先验逻辑是一种与形式逻辑不同的特种的逻辑,它不是一种单纯的正确思维的主观形式或技巧,而是我们的认识能力要获得有关经验对象的真理性的知识所必须遵守的法则,同时也是现象要成为我们所认识的客观对象所必须遵守的法则,因而它是认识论,同时也是建立在认识论上的"本体论"(存在论)。①

当然,康德这一改进的基本格局仍然是与亚里士多德依靠语言的逻辑功能来建立存在论的形而上学相一致的,只是对这种逻辑功能进行了深挖,不仅仅局限于抽象形式的规范,而且深入到了它为对象"立法"时所呈现出来的先验规范,也就是先验的诸范畴、原理和"图型"。他不再像亚里士多德那样,从我们日常语言中搜索各种范畴,对它们加以随意的罗列和排列,而是以亚里士多德的逻辑判断表作为"引线",将每个范畴对应于一个判断形式,按照量、质、关系和模态四大类别而建构了十二范畴的先验逻辑体系。每一类范畴连同它们的原理,都是按照正、反、合的

---

① 邓晓芒:《康德哲学诸问题》,三联书店 2006 年,第 5 页(该文原载《江苏社会科学》2004 年第 6 期)。

递进关系而体现了思维层次的从低到高、从简单到复杂的逻辑进展。而所有这些范畴在能动地规定经验性材料时，最终的原动力就是先验自我意识的所谓"统觉的本源的综合统一"，依赖于这种综合统一的原始自发性，这就是判断中的"是"字的作用。① 在这里最值得注意的是，为了说明这些先验的范畴如何运用于具体的感性直观对象上，康德引入了一个介于知性和感性之间的中介或"第三者"，这就是"时间图型"，它是由我们的先验想象力对时间进行先验的规定而形成的。由于时间图型既具有感性直观的方面，同时又是先天的，因此它与先天范畴以及感性对象双方都可以直接吻合，借此就可以把两方面天衣无缝地结合起来，形成既有经验性的内容又拥有先天普遍必然性形式的科学知识。但是现在出现了一个问题：先验自我意识的统觉作为一种本源的综合统一能力，与先验想象力的图型的这种结合知性和感性双方的能力是什么样的关系？换言之，知性的自发性和先验想象力的自发性到底哪个是真正自发的？如果都是自发的，又如何能够达到相互协调？

在《纯粹理性批判》第一版演绎中，康德似乎认为这种协调是不言而喻的，但他的表述显得十分纠结。他有时说，先验想象力的综合统一先于自我意识的统觉，似乎比自我意识的本源的统一更加"本源"。"所以想象力的纯粹的（生产性的）综合的必然

---

① 康德：《纯粹理性批判》，§19，邓晓芒译，杨祖陶校，人民出版社2004年，第95页。

统一这条原则先于统觉而成了一切知识、特别是经验知识的可能性基础。"① 但接着又说:

> **在与想象力的综合的关系中的统觉的统一是知性**,而正是在与想象力的先验的综合的关系中的这同一个统一,是**纯粹知性**。所以在知性中有纯粹先天知识,它们对于一切可能现象而言包含有想象力的纯粹综合的必然统一性。但这就正是**诸范畴**,即各种纯粹知性概念,因而人类的经验性的认识能力必然包含有某种知性,这知性与感官的一切对象相关,虽然只是借助于直观及通过想象力对直观的综合而相关,所以一切现象作为某种可能经验的材料都是服从知性的。②

显然,这段话与上一句话有某种不一致性。前面说,想象力的综合统一"先于统觉而成了一切知识、特别是经验知识的可能性基础";后面这段话却又说,这种综合统一不过是被纯粹知性的统觉的统一"包含"于自身中的,既如此,它就不可能是"先于"纯粹知性的统觉的,而是一开始就已经先天地包含在纯粹知性中了。因此,知性虽然要"通过想象力对直观的综合"才能与感官对象相关,但这些对象都是"服从知性的"。康德的意思似乎是说,想象力的综合虽然先于统觉而提供了一个基础,但这个基

---

① 康德:《纯粹理性批判》,A118,邓晓芒译,杨祖陶校,人民出版社2004年,第126页。
② 同上书,A119,第126—127页。

础最终必须由纯粹知性的统觉来操作、来提升。所以，对经验性直观材料的综合统一分为两个层次：首先由想象力来"综合统一"一遍，使它们形成适合于范畴的图型；然后再由自我意识的统觉用范畴来"综合统一"第二遍，形成普遍必然的知识。用康德的话说，自我意识的统觉"必须被添加在纯粹想象力之上，以便使后者的机能成为智性的"。① 所以他又说：

> 所以我们有一种作为人类心灵基本能力的纯粹想象力，这种能力为一切先天知识奠定了基础。借助于这种纯粹想象力，我们把一方面即直观杂多和另一方面即纯粹统觉的必然统一性条件联结起来了。这两个极端，即感性和知性，必须借助于想象力的这一先验机能而必然地发生关联；……②

但毕竟这是两种性质截然不同的综合统一的机能，它们却又都是自发的、能动的。于是这两种机能在这里互相掣肘：要么想象力完全可以不顾知性，独自随心所欲地联结杂多的感性材料，但结果却不一定合乎知性范畴的要求；要么它按照知性范畴的要求去联结，那么它的自发性就只能大打折扣，预先就受到了引导。可见，由于康德一开始就割裂了感性和理性（知性），在此前提下再去寻找二者的中介，这套学说就显得极不自然，先验范畴、先验想象力

---

① 康德：《纯粹理性批判》，A124，邓晓芒译，杨祖陶校，人民出版社2004年，第129页。
② 同上书，第130页。

和先验图型这三者的关系始终说不清楚。既然先验想象力和知性范畴一样具有自发性，先验的时间规定也具有与范畴相应的一套规则，人们就看不出范畴在这一认识过程中的意义和作用究竟何在，似乎完全可以撇开它们单凭图型去构造知识了。① 于是康德只好尽可能地模糊想象力的本性，努力把它隶属于纯粹知性的自发性之下，甚至在第二版演绎中干脆就把这些对想象力的分析删除了，而保留下来的也是一些更加含糊的说明。如他说：想象力是"灵魂的一种盲目的、尽管是不可缺少的机能"，"没有它，我们就绝对不会有什么知识，但我们很少哪怕有一次意识到它"。② 在如何解释构成时间图型的先验想象力这个问题上，康德的措辞更显得神秘莫测。他说："我们知性的这个图型法就现象及其单纯形式而言，是在人类心灵深处隐藏着的一种技艺，它的真实操作方式我们任何时候都是很难从大自然那里猜测到、并将其毫无遮蔽地展示在眼前的。"③

海德格尔在《康德和形而上学问题》一书中首次发现了这一问题。在他看来，先验想象力和知性的先验统觉在此争抢自发性和本源性的地位，标志着逻辑（包括"先验逻辑"）在康德形而上学中的统治地位的"崩溃"。④ 正因为如此，所以康德不敢深究先

---

① 参看杨祖陶、邓晓芒：《康德〈纯粹理性批判〉指要》，湖南教育出版社1996年，第182页。
② 康德：《纯粹理性批判》，A78=B103，邓晓芒译，杨祖陶校，人民出版社2004年，第70页。
③ 同上书，第141页。
④ *Kant und das Problem der Metaphysik.* Vierte Erweiterte Aufgabe, Vittorio Klostermann GmbH, Frankfurt am Main, 1973. S. 237.

验想象力的根基,"康德在他自己所揭示出来的基础面前,在先验想象力面前的退缩,就是——从拯救纯粹理性、也就是确立自己的基础这一意图来看——哲学研究的这种运动,它揭示了这个基础的废除,因而揭示了形而上学的没有基础的深渊(Abgrund)"。① 显然,海德格尔抓住了康德建立在先验逻辑之上的形而上学的软肋,来摧毁传统形而上学深信不疑的逻辑主义基础,为的是最终使形而上学转向非逻辑的根据。他从康德的这一矛盾中看出的是"存在论的知识的本质根据乃是先验的想象力",② 但是,"毋庸置疑,传统逻辑不和纯粹想象力打交道。……恰巧是康德,他总是不断从逻辑出发来开始他的提问";"但同样值得疑问的是:是否由于逻辑在某种确定的意义上以思维为其唯一的主题,这就已经保证,这一逻辑能够涵括思维的全部本质?抑或说,它还只是可能触及它而已"。③ 在面对这种可能的质疑时,康德发生了动摇,"康德把形而上学的'可能性'带到了这道深渊面前,他看见了那不可知的东西,他不得不退缩,因为不仅是先验的想象力让他胆怯,而且,在这中间,作为理性的纯粹理性也越来越多地让他痴迷"。④ 海德格尔从中还

---

① Ebd. S. 208-209.
② 海德格尔:《康德与形而上学疑难》,王庆节译,商务印书馆2018年,第154页,译文有改动。因与前引《康德和形而上学问题》(邓晓芒译,杨祖陶校)为同一本书的不同版本(前者为1973年版,后者为1991年版),因而原版页码(中译本边码)也有所出入。
③ 海德格尔:《康德与形而上学疑难》,王庆节译,商务印书馆2018年,第163页。
④ 同上书,第183页。"先验的"(transzendental)原译作"超越论的",不妥,兹改之。

第三章　康德：西方形而上学的复兴

看到了康德转向"道德形而上学"的动机：

> 通过为一般形而上学奠基，康德第一次对存在论-形而上学知识的"普遍性"特征获得了某种清晰的见解。现在，他似乎才"大棒"在手，批判性地在"道德哲学"的领地里驰骋纵横，并用存在论分析的本质源初性来替换有关伦理的流俗哲学学说的、未可确定的经验普遍性，而唯有这种存在论分析才可能担当起"道德形而上学"，才可能为其奠基。①

就是说，只有撇开或模糊掉先验想象力的话题，康德才能基于同一个纯粹理性而创立另外一种存在论的形而上学，这就是道德形而上学。海德格尔的这一描述显然是批判性的，在他看来，形而上学（无论是自然的还是道德的）根本就不可能建立在逻辑理性的基础上，因为所谓的"存在"本身只有通过"诗意的思"才能显示出来。所以，他紧紧抓住想象力来做文章，这成了他的《康德和形而上学问题》一书的核心主题。当然，这也是他借题发挥的好机会，即以康德为例对整个西方传统形而上学展开批判，力求将形而上学的基础从语言的逻辑功能转移到非逻辑功能（诗）上来。就此而言，海德格尔对康德的批评是切中要害的。但海德格尔自己的问题在于，即使把形而上学的根基转到了语言的非逻辑功能（诗）上，他所关注的仍然是诗所显示的东西与"存在"

---

① 海德格尔：《康德与形而上学疑难》，王庆节译，商务印书馆2018年，第183页。

及 Ereingnis（我译作"成己"，实即动态的"存在"）的关系，因而如果要建立形而上学的话，将仍然是一种"存在论"，并未从根本上超越亚里士多德和康德的形而上学。要么，就不再谈论形而上学，甚至不再谈"哲学"，只谈"思想"或"思的事情"，这就是海德格尔晚年所走的方向。对此后面将做详细的分析。

总之，康德的自然形而上学（尽管未最后完成）在这样一种意义上是对亚里士多德形而上学的重建，即他立足于"先验人类学"的眼光，从亚里士多德形而上学的逻辑（逻各斯）精神底下挖掘了背后隐藏着的能动的努斯精神。这首先表现在他把诸范畴经过系统的逻辑梳理之后置于先验自我意识的统觉的综合统一的自发性基点上，将这一自发性设定为一切范畴和原理运作的内在动力；其次表现在他以先验的想象力的自发性为散漫的直观感性材料赋予了综合性的概览，使能动的努斯精神开始脱离逻辑理性的束缚而在直观领域中流露出自行其是的苗头。但这两种表现都是极不彻底的，自我意识的自发性本身只是一个抽象的"一切知识之所以可能的条件"，它来自不可认识的一个"自在之我"；先验想象力则更是被掩盖在神秘的、无法猜测的心灵深处，就此中断了进一步探讨的余地。总的来看，康德的自然形而上学除了"哥白尼式的革命"所导致的认识主体和认识对象关系的颠倒以及认识中的主体能动性的确立之外，仍然是建立在语言中的逻辑功能之上的。这种逻辑功能开始接触到了非逻辑功能，即不能纳入逻辑推理之中而必须置于一切逻辑推理之前的主体能动性和自发性，这是亚里士多德的"个别实体"中已经隐含着但还未能直接

第三章　康德：西方形而上学的复兴

展开的（如实体的"形式"既是一种静止的"种属"框架，又有赋形的能动作用和"实现"能力）。然而，由于康德把这种能动的认识活动只限于可能经验范围内的现象界（这是确立认识的主体能动性所付出的代价），也由于他在直观领域中面对先验想象力的自发能动性的恐惧和退缩，他在理性和感性两方面都只能让这种主体能动性半途而废，在踏一只脚进入认识领域来的同时，又留下一只脚在人的认识之外。但他毕竟使西方历来不言而喻、无须讨论的"存在（是）"概念在可认识的现象和不可认识的本体之间产生了分裂，前者是可说、可描述的，后者是只能假设而不可描述的，这就为脱离语言的逻辑功能而转向非逻辑功能敞开了一片广阔的天地。在这方面，首先受益的是康德自己的"实践理性批判"和"道德形而上学"，因为这一领域本质上正是在逻辑功能（不论是普遍的形式逻辑还是先验逻辑）所够不到的彼岸的"理知自然"（自由意志和上帝）中展开的，虽然他最终仍然试图将其纳入形式逻辑的法则（同一律和不矛盾律）以及先验逻辑的"模型"（诸范畴）之中，以便建立起"道德法则"来。

然而，真正要过渡到道德的形而上学，有一个障碍是必须克服的，这就是必须清除对于自在之物的一切认知的企图，也就是对灵魂实体、自由意志和上帝存在的各种证明，其中，尤其是对上帝存在的所谓的"本体论证明"是旧形而上学的重要的理论支柱。康德认为，这样一种理性的幻象将使得人的一切道德行为都变质为与上帝的利益交换，而失去了道德的含义。康德对这一证明的批判是一种认识论批判，即从人类认识能力这个根源上堵塞了凭借理性来证明彼岸世界的所谓"知识"的做法。其中最著名的批判就是指出对上帝的本体论证明是建立在对逻辑谓词和实在谓词的混淆之上的：

> "是"（Sein）显然不是什么实在的谓词，即不是有关可以加在一物的概念之上的某种东西的一个概念。它只不过是对一物或某些规定性本身的肯定。用在逻辑上，它只是一个判断的系词。……现在，如果我把主词（上帝）和它的一切谓词（其中也包括"全能的"）总括起来说："上帝存在"，或者"有一个上帝"，那么我对于上帝的概念并没有设定什么新的谓词，而只是把主词本身连同它的一切谓词、也就是把**对象**设定在与我的**概念**的关系中。①

对此，康德举了一个极其通俗的例子来说明，即这一证明的错误在于把用来在主观逻辑中肯定一个对象"是"的系词看作对象本身的某种实在的性质，相当于将一百元钱的概念误以为是现实的一百元钱，这就是对上帝存有的这个本体论证明所干的事。所以，在笛卡尔派的本体论证明那里，"一切力气和劳动都白费了，而一个人想要从单纯理念中丰富自己的见解，这正如一个商人为了改善他的境况而想给他的库存现金添上几个零以增加他的财产一样不可能"。② 至于其他

---

① 康德：《纯粹理性批判》，A598-599=B626-627，邓晓芒译，杨祖陶校，人民出版社 2004 年，第 476 页。
② 同上书，A602-603=B630-631，第 478 页。

两种证明,即对上帝的宇宙论证明和目的论证明,从实质上说不过是这个本体论证明的翻版,最终都要依赖于本体论证明。

对上帝的本体论证明的这一摧毁给了一切想要从认识论或理论的角度来证明上帝存在的企图以致命一击,它的论证是如此明白如昼、毋庸置疑,而且简单直截,不卖关子。所以自康德以后,除了有些神学家还在以各种方式贩卖这种诡辩之外,哲学界基本上没有什么人再相信能够通过逻辑推论证明上帝的存在了。上帝存不存在,这是信仰的事,不是认识的事,这几乎已经成为人们的共识。唯独黑格尔对康德的这一批判不以为然,他为笛卡尔辩护,认为上帝的存在概念虽然并非实在的谓词,但对上帝存在的证明也并非要证明上帝是像一百元钱这样实在的东西,而恰好是要从这种有限的实在之物中超越出来,达到一种对上帝的概念上的承认。他在《逻辑学》中花了整整四个页码来讨论康德的这一论证,证明对上帝存在的设定虽然不能在感性事物的实在谓词上得到证明,却可以甚至必须在概念上得到证明。"从**特殊的、有限的**存在回溯到存在本身即在其完全抽象的普遍性中的存在,这应该既看作是第一个理论上的要求,也看作是第一个实践上的要求。"[①] 就是说,不论理论上还是实践上,一切有限的存在都在呼唤对自身的超越,即向着无限超越。没有这种超越,而只是执着于有限的存在物,那当然

---

① 黑格尔:《逻辑学》上卷,杨一之译,商务印书馆1977年,第78页,译文据 G. W. F. Hegel: *Wissenschaft der Logik*. Philosophische Bibliothek, Band 56. Felix Meiner Verlag, Hamburg, 1975,有改动。

就没有理由将这种现成的东西加在上帝的概念上,但这也就消灭了一切超现实超功利的东西,人就成了只盯着自己的财产的动物。而实际上更高层次的存在是可以不受这些有限事物的存在所支配的,相反,我们的确可以从有限的概念推出无限完满的概念,现实的一百元钱或其他事物的存在或不存在,不但在理论上与这个无限的概念没有任何关系,而且在实践上同样没有丝毫影响。我们从斯多葛派的超脱和基督徒的殉道中都可以看出,对上帝来说,"它的概念是与它的存在**不分离**和**不可分离**的"。①

尽管如此,康德在经验的层面对上帝存有的本体论证明的摧毁仍然是有效的。至少他证明了,人们即使在概念上推出或"想到了"上帝,也只是主观上的事,不可能把看到、听到、摸到等实在的存在属性在客观上赋予上帝。至于在超越现实经验的层面为了认识而于纯粹概念中设定一个上帝存在的概念,这种必要性对康德来说是不存在的。② 因为人的一切认识都是离不开经验的,所以也不可能对彼岸存在有任何认识。于是,在康德这里,唯一能够与他所认可的自在之物打交道的,就只剩下道德实践的态度了。

---

① 黑格尔:《逻辑学》上卷,杨一之译,商务印书馆1977年,第79页,译文有改动。
② 所以,黑格尔把他归于"思想对客观性的第二态度",而和"经验主义"放在一起。(黑格尔:《小逻辑》,贺麟译,商务印书馆1981年,参看第116页以下)

第二节 康德对道德形而上学的创立

在康德以前,没有"道德形而上学"这一说。所以一讲到道德形而上学,人们马上想到康德,认为这是他的首创。这是因为(前面说过)西方的"形而上学"(Metaphysik)本来的意思只是"物理学之后",或者"自然学之后",没有人说"道德学之后"或"伦理学之后"。因此,要对语词较真的话,"道德形而上学"这种说法是行不通的,它的直译只能是"道德的物理学之后",但这似乎并不是康德的意思。康德提出 Metaphysik der Sitten 这一概念,不过是用先验人类学的眼光将人的能力划分为认识能力和实践能力,前者的最高原理是自然形而上学,那么后者的最高原理就必须是道德形而上学。"形而上学"这一术语在他那里已经抽掉了具体的内容(物理学或是道德学),而只剩下"之后"或"超越"的形式意义。它现在和"道德"相连,应该相当于"伦理学之后"或"道德学之后"。但它与中国哲学中那种作为"伦理学之后"的"形而上者谓之道"又有根本的不同,即虽然康德声称实践理性对于思辨理性(理论理性)具有"优先地位",[①] 但实际上仍然是以理论理性作为前提的。在这种意义上,它似乎又还是"道德上的物理学之后"。我们可以说,康德的先验人类学所建立起来的三大批判虽然对人的知、意、情的能力分别进行了批判,

---

[①] 参看康德:《实践理性批判》,邓晓芒译,杨祖陶校,人民出版社 2003 年,第 166 页。

其实都是以认识能力的批判作为前提和标准的，所以《纯粹理性批判》是并且必须是第一批判。我曾对《判断力批判》"导言"末尾所列的那个表①做过这样的分析：

内心的全部能力	诸认识能力	诸先天原则	应用范围
认识能力	知性	合规律性	自然
愉快和不愉快的情感	判断力	合目的性	艺术
欲求能力	理性	终极目的	自由

这个表划分"内心的全部能力"，从竖行来看，第一栏为三种："认识能力"、"愉快和不愉快的情感"和"欲求能力"，这是从人类学的角度来划分的；第二栏的三种则是"知性"、"判断力"和"理性"，这是从认识论的角度来划分的。从横行来看，也是按照三种认识能力来划分出各自的"先天原则"和"应用范围"。"认识能力"的字样在表中出现了两次，分别是从人类学的角度和从认识论的角度，都是排在第一的。可见，"康德基本上还是大陆理性派的传统，就是说，不管人有多少能力，认识能力还是最基本的"。也就是说，"他是要搞清人，把对人的知识建立在对人的认识能力的知识上面，建立在认识论上面。这是当时的一个传统。其实包括整个德国古典哲学都还在这个传统里面"。②

因此，所谓"道德形而上学"，本质上不过是"物理学之后"

---

① 该表见于康德：《判断力批判》，邓晓芒译，杨祖陶校，人民出版社2002年，第33页。
② 邓晓芒：《康德〈判断力批判〉释义》（第2版），三联书店2018年，第109页。

在道德上的运用，或者说，是道德上的"物理学之后"，它的概念虽然已经是一整套伦理学的概念（命令、义务、责任、自由、意志和任意、善、法权等），但它的原理仍然是从语言的逻辑功能中获得的。这一点最明显地体现在为道德形而上学奠基的基本法则即"定言命令"（der kategorische Imperativ）上。定言命令是从逻辑上的定言判断转过来的。按照亚里士多德的形式逻辑，判断可以分为定言的、假言的和选言的。定言判断就是直陈式，又称直言判断，A 是 B；假言判断是条件式，如果 A 则 B；选言判断，或者 A 或者 B 或者 C。康德把这套逻辑法则转用于实践法则，将直陈式变为命令式，所以定言命令就是无条件无选择的必然要执行的命令：

> 定言命令只有唯一的一个，这就是：**你要仅仅按照你同时也能够愿意它成为一条普遍法则的那个准则去行动。**[①]

道德形而上学的基本法则以这样一种严格逻辑的方式表达出来，在中外伦理思想史上还是第一次。这种严格的逻辑方式不仅仅是指它把定言判断转化为了定言命令，而且是指它的表述中含有形式逻辑的同一律和不矛盾律。什么是道德律？道德律就是你

---

① 康德：《道德形而上学奠基》，杨云飞译，邓晓芒校，人民出版社 2013 年，第 52 页。在《实践理性批判》中的表述是："要这样行动，使得你的意志的准则任何时候都能同时被看作一个普遍立法的原则。"（该书中译本，邓晓芒译，杨祖陶校，人民出版社 2003 年，第 39 页）

的行动准则要成为普遍法则；行动准则如何能够成为普遍法则？不是用一种外在的强制来做到这一点，而是靠这个行动准则本身的前后一贯性、不矛盾性，因而也是你的自由意志的前后一贯性和不矛盾性。换言之，道德律就是意志的自律（Autonomie），而不是他律。自律在逻辑上的表达就是自由意志的同一性和不矛盾性的规律。在这种意义上，自律就是真正的自由，是能够保持一贯性、不会后悔、不会出尔反尔的自由。从内容上看，孔子的"己所不欲，勿施于人"似乎也有这个意思，它是"有一言能终身行之者"。但这与康德的道德律有本质的不同，因为孔子讲的不是一条逻辑规律，而是一种"仁心"或同情心，是建立在"人同此心，心同此理"的"恕道"之上的（"其恕乎"）。所以，从形式上看，这种情感并没有逻辑上的必然性和普遍性，一旦遇到"非我族类，其心必异"的场合，这条被誉为"金规则"的法则就失效了。[①]正是出于这种考虑，康德很明确地把自己的道德自律与公认的"金规则"区别开来，他说：

> 人们不要以为"己所不欲，勿施于人"（quod tibi non vis fieri）这种老生常谈在此可以用作准绳或原则。因为这句话只是从上述那个原则中推导出来的，尽管有各种限制；它绝不可能是普遍法则，因为它既不包含对自己的义务的根

---

① 参看拙文：《全球伦理的可能性：金规则的三种模式》，《江苏社会科学》2002年第4期；收入拙著：《康德哲学讲演录》，商务印书馆2020年。

据,也不包含对他人的爱的义务(Liebepflicht)之根据(因为有不少人会乐于同意,别人不应对他行善,只要他可以免除对别人表示善行),最后,也不包含相互之间应尽的义务之根据;因为罪犯会从这一根据出发对要惩罚他的法官提出争辩,等等。①

因此,"己所不欲,勿施于人"的"金规则"与康德的道德律只有表面的相似,它也可以从康德的道德律中推出来,但它本身并未表明它所依据的是逻辑法则,因此有可能被各个不同的"己"的情感差异所肢解,甚至也可以被罪犯用来开脱自己的罪责而逃避处罚。相反,康德的道德自律不是针对他人的,而是针对自己所固有的实践理性的;它当然也可以体现为与他人相处的普遍法则,但首先或主要的是用来自省和保持自己人格的同一性的。这样做的前提是,必须对自己的人格和自由意志有种客观的逻辑上一贯的评价和意识,而不能什么事情都只从当下的自我感觉出发,因为这种自我感觉总是会变的,而自由意志的前后一贯的形式法则却是不变的,它代表一个人的人格。

由此也可以看出,康德是用自然科学中普遍适用的逻辑法则来建立起自己的道德法则的。在他看来,两者属于同一个理性法则,它们分别是人作为"有限的理性存在者"(即"人是理

---

① 康德:《道德形而上学奠基》,杨云飞译,邓晓芒校,人民出版社2013年,第65页注①。

性的动物"的另一种表述）在理论上和实践上的最高表现。不同的是，在自然科学中人的理性只不过是"为自然立法"，并不能完全决定命题的真理性，只是建立起了一个理性的"法庭"，即遇到问题了可以到这个法庭上去打官司，有一个普遍的法律标准可以做出裁决；至于裁决的结果如何，还要看法庭上的呈堂证供是什么，也就是要依赖于经验材料的提供，否则那些法则就是"空的"。与此相反，在道德中人的理性是自由意志为自己立法，它不需要依赖任何经验条件而自己就有实践能力。在这种意义上，道德中的理性才是真正的"纯粹理性"，自然科学中的理性不过是知性，它无法作为纯粹理性而离开经验性的材料来运用。但后者的好处是，它可以看得见摸得着，可以通过经验中的"判决性实验"而一锤定案；而前者则永远不会知道我们的哪一项具体的行为是完全道德的行为，即纯粹的"为义务而义务"的行为。我们的外部经验和内心感觉都不足以成为判断行为的根据，那抽象的绝对按照同一律所建立起来的道德律就只能是一个可望而不可即的标准。因此，为了这样一条法则能够在感官世界中得到应用，康德引入了自然法则来作为道德法则的"模型"。他说：

> ……知性并不为理性理念配备一个感性**图型**，而是配备一个法则，但却是这样一条能够在感官对象上 in concreto〔具体地〕得到表现的法则，因而是一条自然法则，但只是就其形式而言，是作为判断力所要求的法则，因此我们可

以把这种法则称之为德性法则的模型（Typus）。[1]

而这种"模型"在《道德形而上学奠基》中就表述为定言命令的一条变形公式：

你要这样行动，就像你行动的准则应当通过你的意志成为普遍的自然法则一样。[2]

就是说，虽然这不是一条自然法则，但我们可以把它权当一条自然法则那样，在自己内心做一种思想实验，看它能否经得起自然淘汰。在自然界，一条法则如果形不成良性循环，总是导致自我取消，它就不可能保存下来，而会自行消失。那么，我们在道德领域也可以看一看，一条准则一旦要建立为普遍法则，是否可以留存下来。例如一个人想说谎，他就要想一想，如果人人都说谎，那将会怎么样？结果很明显，那就会没有任何人相信任何人了；而如果大家反正谁都不相信谁，那也就用不着说谎了，"说谎"的法则就会成为一条自行消失的法则，或者说，根本不可能成为法则。就像商家打广告，如果所有的广告都是假的，那就不会有人相信任何广告，那些广告费岂不是全都浪费了吗？于是广

---

[1] 康德:《实践理性批判》，邓晓芒译，杨祖陶校，人民出版社2003年，第94—95页。
[2] 康德:《道德形而上学奠基》，杨云飞译，邓晓芒校，人民出版社2013年，第52—53页。

告将自行消失。之所以广告还在打，是由于总还是有些广告是真的，因此总还有些人相信广告，这本身说明说谎还没有也不可能成为一条普遍的法则。康德认为，这就是我们在道德领域借用了自然领域的法则形式或模型，这也是康德建立起"纯粹实践理性的对象概念"所不能不采取的方式，如自由范畴表就是借用了知性的范畴表（量、质、关系、模态）而建立起来的。所以，他说：

> 如果行动的准则不具有这样一种经得起一般自然法则形式的检验的性状，那么它就不可能是道德的。……因为**自然法则**永远为知性的一切最日常的、甚至是经验的判断奠定着基础。所以知性任何时候都执有自然法则，只是在出于自由的原因性应当得到评判的情况下，它就使那种**自然法则**仅仅成为一条**自由法则**的模型了，因为知性如果不执有某种它能够使之成为经验场合中的实例的东西，它就不可能使一个纯粹实践理性的法则获得适当的运用。[①]

可见，康德的道德法则仍然是按照自然法则的"模型"而建立起来的。这说明，康德的道德形而上学骨子里还是一种自然的形而上学，是一种运用于人类道德实践领域里的、高度形式化了的"物理学之后"；它所依据的原则，与亚里士多德的形而上学一样，也

---

① 康德：《实践理性批判》，邓晓芒译，杨祖陶校，人民出版社2003年，第95—96页。

是语言中的逻辑原则,只是运用的对象领域不同而已。因此,康德对"自然"(Natur)这一概念也就有了两个不同层次的规定:一个是通常所说的感性自然,它是理论理性探讨的对象;一个则是康德所谓的"理知自然"(die intelligible Natur),它属于纯粹实践理性为了道德而必须设定的自在之物的领域,或者说,是道德法则的"存在理由"(ratio essendi)。正如康德在上面这段话后面接着说的:

> 所以,也要允许把感官世界的自然用作一个**理知自然的模型**,只要我不将直观和依赖于直观的东西转移到理知自然上去,而只是把一个一般的**合法则性形式**(其概念甚至发生在最普通的理性运用中,但仅仅只是为了理性的纯粹实践运用这个意图才能够先天确定地被认识)与理知自然相联系。因为在这范围内,这些法则本身不论它们会从何处拿来自己的规定根据,都是一样的。①

在这种意义上,道德法则(自由法则)和自然法则在"合法则性形式"(也就是先验逻辑形式)上是"一样的",都是纯粹理性的法则,只是所运用的对象不同而已。因此,道德的形而上学虽然与自然的形而上学在所针对的对象上有本质的区别,后者针对的是现象中感性的自然,前者针对的则是本体中理知的自然,但就两者都是纯粹理性对一般自然的关系而言,它们都可以被称

---

① 康德:《实践理性批判》,邓晓芒译,杨祖陶校,人民出版社2003年,第96页。

为"自然学（物理学）之后"。所以，毫不奇怪，康德虽然不厌其烦地强调纯粹实践理性的运用不是要获得有关理知自然或自由的理论"知识"，而只是为了道德实践，但同时他又到处将这种实践的法则称为"实践的知识"（die praktische Erkenntnis），而且将道德实践说成自由的"认识理由"（ratio cognoscendi）。而在他为至善设定三大纯粹实践理性的"悬设"时，他把这看作"纯粹思辨理性与纯粹实践理性结合为一种知识"，只不过后者领有优先地位；① 至于对上帝和来世的信仰，则是纯粹理性"既按照其理论运用又按照其实践运用"而产生出来的。② 例如，自由、灵魂不朽和上帝存有的理念都是纯粹理性对原因性、实体性和协同性为了道德实践的目的而推到极致的"调节性运用"的产物。对此，康德在《纯粹理性批判》中就有明确的意识。他在一个注释中说：

> 形而上学在其研究的本来的目的上只有这三个理念：**上帝**、**自由**和**不朽**，以至于第二个概念在与第一个概念相联结时，就应当导致作为一个必然结论的第三个概念。这门科学通常研究的一切东西都只是用作它达到这些理念及其实在性的手段。它需要这些理念不是为了自然科学，而是为了从自然那里超升出来。对这些理念的认识将会使得**神学**、**道德**，以及通过这两者的结合，使得**宗教**，因而使得我们存有的那

---

① 康德：《实践理性批判》，邓晓芒译，杨祖陶校，人民出版社2003年，第166页。
② 同上书，第173页。

些最高目的,都仅仅依赖于思辨的理性能力而别无所依。①

可以看出,康德的道德形而上学以及奠基于其上的宗教哲学尽管在西方伦理思想史上标志着对传统伦理原则的巨大变革和彻底颠覆,但就其形而上学的思维方式来说,仍然不过是亚里士多德以来的"物理学之后"的惯性思维的延续,就其内容而言甚至没有超出苏格拉底或柏拉图所奠定的"美德即知识"的思维定式。按照苏格拉底,"无人会选择恶或想要成为恶人。想要做那些他相信是恶的事情,而不是去做那些他相信是善的事情,这似乎违反人的本性"。②就是说,一个有理性的人只要知识到位了,自然就会选择从善,凡是作恶的人都是因为他以为那是善,即由于认识上犯了错误。而这种知识不是通常有关万物的本原或构成事物的元素的知识,而是有关什么是善、什么是正义、什么是虔诚、什么是美德等道德方面的知识,这正是苏格拉底所孜孜以求的。康德的观点在这方面当然也有所推进,他不是立足于具体的道德知识,而是立足于人在道德实践上的知识能力及这种能力的运用。他看到很多恶事都是明知故犯,不是出于无知,而是出于蓄意颠倒道德法则和不道德的准则的位置,因而是出于人心的奸诈或自欺(这被他称为人性中的"根本恶")③;

---

① 康德:《纯粹理性批判》,B395,邓晓芒译,杨祖陶校,人民出版社2004年,第285页注②。
② 柏拉图:《普罗泰戈拉篇》,载《柏拉图全集》第一卷,王晓朝译,人民出版社2002年,第484页。
③ 参看康德:《纯然理性界限内的宗教》,李秋零译,载《康德著作全集》第6卷,中国人民大学出版社2007年,第38页。

但毕竟纯粹理性是每一个普通人都完全具备的人性的本质能力，任何人只要出于自己的这种理性能力行事，必然就会遵行自己的道德义务而努力排除一切感性动机的干扰。而这种理性本性最基本的特点就是法则的普遍性，也就是定言命令所体现的那种用普遍法则来规范个别意志的准则的能力。所以从本源上看，美德虽然不等于知识，但美德绝对来自对自己的本质规定的"实践知识"。这就仍然局限于苏格拉底和柏拉图所制定的"美德即知识"的理性主义道德原则，最终将伦理学置于一种超经验的知识论之下，免不了还是一种"物理学之后"。

必须承认，立足于纯粹理性的实践知识之上来建立起一整套伦理道德的法则，这的确是康德对西方伦理思想的一个重大的推进。至少，道德法则不再只是依赖于现成的道德知识（如柏拉图的先天知识或是亚里士多德的经验知识），更不是依赖于对上帝的信仰，而是基于人自身的实践理性能力，这本身就是康德的先验人类学的眼光在道德领域中所导致的变革。但这种道德形而上学的缺陷也是非常明显的，主要就是它在现实生活中的可行性遭到了众多的质疑。其实康德自己也很清楚，他这一套学说只是为人类的道德生活提供了一个可望而不可即的理想，按照这种理想，一个人只有完全"为义务而义务"、排除一切感性的考虑，才能够被视为真正道德的。但现实中人都有七情六欲，怎么可能完全清除道德行为中的快感？因此，没有一个人能够自诩是道德的。那么，这套道德学说又有什么用呢？康德认为，尽管如此，它还是有用的，这就是为人们的道德实践提供一个理想的目标，有这个目标和没有目标是大不一样的。因为这不是一个空洞的目标，而是一个可以通过每天日常的道德实践而不断接近的目标，它不仅可以激发人日益精进地越来越走向道德，而且能够消除人在道德上的自满，保持一种道德上的谦虚。在这方面，康德的道德理想主义至今还值得我们借鉴。然而，我们在现实的道德生活中如何具体判断一个行为道德或不道德，这确实是康德没有考虑到的问题，或者说，他给出了否定的回答。在他眼里，现实的人没有一个是真正道德的，所有的人都处于伪善或"根本恶"之中；而每涉及一个具体行为的评价，抽象的道德法则都面临摆脱不了的"决疑论"（Kasuistik），这种决疑论在康德的《道德形而上学》中，几乎在每条"义务"提出以后都要拿出来讨论一番，但不是为了解决问题，而只是为了训练青少年"不知不觉地被引入到对道德事务的关切之中"，① 即不断地从具体事件上升到一般道德法则，坚定自己的道德理想。② 例如，在"不说谎"这条道德命令之下，"决疑论"提出在某些情况下说真话会导致不好的甚至不道德

---

① 康德：《道德形而上学》，张荣、李秋零译，载《康德著作全集》第 6 卷，中国人民大学出版社 2007 年，第 494 页。
② 李明辉先生在他翻译的《道德底形上学》一书中，将 Kasuistik 译作"个案鉴别的问题"或"个案鉴别法"，显然没有领会康德的用意，误以为他只是要提出一些问题来供大家"鉴别"。其实康德的意思并不是要得出什么鉴别结论，而只是要通过这种讨论训练人们在各种复杂的情况下坚定对道德义务的信念。至于鉴别出什么结论在这里并不重要，而且作为有限的有理性者也不可能从中得出唯一正确的结论。（参看康德：《道德底形上学》，李明辉译，台湾联经出版公司 2016 年）

的后果。① 这通常被人们引用来指责康德的道德律不切实际，他的道德理想不可能坚持。但人们往往忘记了，康德用这一事例要说明的恰好是，即使人们在具体经验的场合下被迫说谎，他们心中仍然会知道，如果不是这种场合，他们"本来"是不应该说谎的，人的有限性不能用作摆脱其无限义务的借口。不过，康德毕竟忽视了，人们内心的道德意识并不能代替现实的道德行为，如果世界上真是没有一个好人（凡好人都是伪善），那又如何能够评价人类在道德上的进步？

为了克服康德的这种不切实际的缺陷，20世纪末以来西方流行的"德性（德行）伦理学"（也影响到国内学界）主张恢复古代将个人品格作为道德评价的标准，而放弃对道德进行推理以归结到某条法则之上的"规范伦理学"的做法。他们认为，德行是按照具体个人情境和他的行为方式而当下即得的评价，凭经验和直觉我们就可以判定一个人的人品是好还是坏，而不必做烦琐的推导。有不少人将这种德性伦理学用来解释儒家伦理，对此李明辉表达了强烈的反对，他认为儒家伦理思想更能与康德的"存心伦理学"（Gesinnungsethik）相通。他将孔孟的"存心"称为"心之自律"，区别于康德的纯粹理性的"意志自律"，认为前者更强调情感的作用，但两者都是出自"存心"，不计后果而只看动机，因而都属于"义务论伦理学"。他举的例子是：

---

① 康德：《道德形而上学》，张荣、李秋零译，载《康德著作全集》第6卷，中国人民大学出版社2007年，第441页。

最足以显示儒家伦理学之义务论观点的，莫过于《论语·阳货篇》第21章所载孔子与其弟子宰我关于"三年之丧"的辩论。

在这场辩论中，宰我要求缩短三年之丧为一年，并且提出两点理由：其一是"君子三年不为礼，礼必坏；三年不为乐，乐必崩"；其二是"旧谷既没，新谷既升，钻燧改火，期可已矣"。前者是"后果论"的观点，亦即一种目的论的观点；后者由"实然"（自然规律）去论证"应然"（伦理规范），混同"道德之善"与"自然之善"，因而也属于目的论的观点。这两项理由孔子都不接受，而是要求宰我自问其心安不安，即是将三年之丧的意义建立在行为者的存心之上。这自然是一种"存心伦理学"的观点，因而也是义务论的观点。①

这段分析颇为可疑。首先，宰我主张废三年之丧的理由，一个是三年时间太长，导致礼崩乐坏，一个是一年间旧谷吃完了，新谷都上来了，钻燧改火②的时候已到，居丧期也该结束了。前者是否定性的理由，说不必三年；后者是肯定性的理由，说只需

---

① 李明辉：《康德伦理学与儒家伦理学》，载北京大学哲学系编：《"康德哲学与人类未来"国际学术研讨会论文集》电子版，2019年6月，第6—7页。
② 钻燧改火，据程石泉《〈论语〉读训》（上海古籍出版社2005年）引马融注《论语》文："《周书·月令》有更火之文……一年之中，钻火各异木，故曰改火也。"

一年。但两者都不一定要做"后果论"和"目的论"的解释，倒是完全可以做"存心论"的解释，这由宰我回答孔子以心"安"可证。礼崩乐坏不仅仅是"后果"，而且按儒家的礼义恰好是导致内心不安的源头，宰我以这样的理由来问孔子，正说明他是孔子的忠实信徒。至于旧谷新谷和钻燧改火，只不过是打比方，是说正常的日子还得过下去，这样才能恢复心安，而并非用作衡量丧期的量化标准，更不是混同道德之善和自然之善。可见宰我和孔子的争论并不是什么"目的论"和"存心论"的争论，而是两种不同程度的"存心论"的争论。他们两人都是"存心论"者，但宰我只需一年便心安理得，孔子则要三年方能释怀。宰我想到的是礼乐的延续，孔子想到的是父母抱了他三年，这些联想其实都很随意，宰我的理由按照儒家对周礼的推崇似乎还更充分一些。所以，孔子面对宰我的"心安"也无话可说，只好说"女安，则为之"。但孔子想证明的无疑是他对父母的情感比宰我更深，而不在乎外在的那一套礼乐。① 只不过情感的深浅是很难标准化的，因而也是争不清楚的，你说三年，他说五年，纯属个人内心感觉。所以，孔子只有等宰我走了之后才骂他"不仁"。但如果有人抬杠说，守丧三年还太少，父母养你到18岁，应该居丧18年，是否他就有资格将孔子也骂作"不仁"呢？② 每个人对

---

① "礼云礼云，玉帛云乎哉！乐云乐云，钟鼓云乎哉！"（《论语·阳货》）
② 东汉著名的"伪孝子"赵宣就是一个例子。他在父母死后干脆住在墓道里面，"守孝"了20年，名声远扬。后来人家发现他有5个不满20岁的儿女，均为"守孝"期间所生，于是传为笑柄。

父母的爱都是不一样的，哪里有什么普遍法则？一旦由官方强行制定法则，如后来的所谓"丁忧"制度，反倒造成了上下通行的制度性伪善。①

因此，我们很难将孔孟儒家的"存心论伦理学"与康德的"自律的伦理学"相提并论，哪怕人人都是按照自己的"存心"来确定自己的道德取舍，但只要这种存心仅仅诉于个人的主观感觉，它就不可能具有普遍性。这就是儒家情感性的"心之自律"与康德纯粹理性的"意志自律"的本质区别，这种主观特殊的情感一旦坚持要让自己的感觉成为普遍原则，就会陷入一种唯我独尊的"自大狂"，②而不成其为"自律"。至少，孔子对于居丧的自我感觉并没有普遍性，因而也不可能成为"法则"。所以，李明辉把孔孟的"存心论"和康德的"自律"扯到一起，完全是一种文化错位。在这次国际学术研讨会上，他的发言也受到了中外多位学者的质疑，认为他没有提供儒家伦理学"存心"原则的普遍性根据。

平心而论，李明辉或者其他人要为儒家伦理的合理性进行某种辩护，其实不必采取这种和康德直接挂钩的方式，而完全可以在严格区分中西哲人的伦理原则的前提之下，找到双方各

---

① 有关儒家伦理从"结构性的伪善"到"体制性的伪善"的形成，可参看拙文：《从康德的道德哲学看儒家的"乡愿"》，载《批判与启蒙》，崇文书局2019年，第89页。
② 参看黑格尔：《精神现象学》(句读本)，邓晓芒译，人民出版社2017年，"本心的规律和自大狂"一节，第226—232页。

自的盲区，从而形成一种中西互补。按照康德的自律伦理学，每个人应当使自己的行为准则成为一条普遍的法则，而且必须仅仅出自这一义务（"为义务而义务"），不要带有任何感情，才能成为一个道德的人；但在现实中，没有人是不带任何感情而做道德的事的，所以实际上没有人能够在此生中成为真正道德的，至少我们在现实生活中根本无法判定一个人或一个行为是道德的还是不道德的。这一无法在现实中实行的缺陷在当时就遭到众多责难，如席勒就写诗嘲笑康德的"为义务而义务"的道德观，说我虽然想做一个好人，但又怕自己夹带感情，于是只好心怀厌恶去做义务要求我做的事。[①] 所以，康德以后，人们要么抛弃了康德的形式主义的义务观，要么尽量将它解释为带有情感内涵的。

但康德伦理学另一方面的问题可能更为深刻，这就是：同样符合康德的道德命令的行为在现实中实行时却发生了冲突，从而使这种道德法则的普遍性即便在形式上也大打折扣。例如前面提到的"不说谎"的定言命令和"与人为善"的定言命令有时会发生矛盾，在某些情况下把真相说出来有可能夺去一位好人的性命。[②] 在这种场合下，人们发明出一种"德性伦理学"来取代或补充康德的义务伦理学不是没有道理的，而他们在这方面的确可以

---

① 参看古留加：《康德传》，贾泽林、侯鸿勋、王炳文译，商务印书馆1981年，第164页。
② 当代英美学界讨论得很热闹的"扳道工"悖论，即牺牲一个人救五个人还是牺牲五个人救一个人的两难选择，则将这种道德悖论推向了极端。

第三章　康德：西方形而上学的复兴　　　　　　　　　　　　　　155

在儒家伦理学中找到很多证据。①

最著名的例子就是关于所谓"亲亲互隐"的讨论。孔子和叶公有一段对话：

> 叶公语孔子曰："吾党有直躬者，其父攘羊，而子证之。"孔子曰："吾党之直者异于是。父为子隐，子为父隐，直在其中矣。"（《论语·子路》）

关于这段话，人们打了无数的官司，在当代中国社会转型期的学术界尤为激烈。其中被称为"五十年来最有深度的中国伦理争鸣"的是笔者与以郭齐勇为代表的儒家保守主义者们在2007—2008年反复论战的文章，这些文章被收入我的《儒家伦理新批判》（重庆大学出版社2010年；文津出版社2020年增订本）和郭齐勇主编的《〈儒家伦理新批判〉之批判》（武汉大学出版社2011年）中，其余波直到数年后还在发酵。但这场争论的主题主

---

① 也有人认为，德性伦理学可以划为规范伦理学中的一种，因为美德本身也可以看作一种"规范"——只要说到"应当"，就已经是一种规范了。（参看陈真：《当代西方规范伦理学》，南京师范大学出版社2006年，第235页）但这恐怕只是一种语词之争。是不是规范伦理学，要看这种伦理学是否运用理性的判断推理而形成普遍性的规范（norm），如果因为一切习惯性和情感性的美德也带有"应当"的要求，可以成为某些人或某个时代的相对规范，就将它们也划为规范伦理学，那就没有什么不是规范伦理学了。陈真说："研究伦理学的最终目的是将人们的道德行为建立在理性，尤其是实践理性的基础上。"（参看上书，第16页）这里实际上说的就只是规范伦理学，而不适合于德性伦理学，例如孔子的伦理学。

要集中在儒家的父子相隐在今天是否造成了腐败，或者是否还必须作为一种美德加以宣扬的问题，尚未深入它作为一种"德性伦理学"的命题如何与规范伦理学相容的问题。儒生们通常满足于援引西方现代法律中的"容隐"原则，并为中国刑法中终于也纳入了"容隐"的内容而欢欣鼓舞，以为这证明了儒家阵营在这场论战中的"胜利"。他们没有人意识到西方的"容隐"与儒家的"隐亲"具有本质上完全不同的意义，即西方的"容隐"是把刑事诉讼中的家庭亲情作为一种人性的弱点而加以宽容，儒家的"隐亲"则是当作一种道德美德而加以弘扬；前者是容许亲人隐瞒证据，后者是禁止亲属提供证据；前者是保护当事人的个人权利，后者是防止当事人违反家庭义务。我在论战中已经强调了这一文化差异，但对方似乎没有人具备理解这一差异的逻辑思维能力。[①]

唯有一种方式可以将儒家伦理的这种情感主义的合理性拯救出来，因而也使德性伦理学在这方面找到用武之地。这就是，在承认规范伦理学哪怕是康德这样的形式主义伦理学所建立起来的"道德形而上学"的大框架的前提之下，再以儒家的"存心伦理学"或情感主义作为补充，或者作为在现实的伦理生活中的纠偏。[②] 在这

---

① 德性伦理学的鼓吹者如果把自己的眼光仅仅停留在这种含糊其辞的"证据"之上，那他们除了证明自己已丧失了健全的逻辑思维能力之外，什么也证明不了。

② 西方伦理学界对德性伦理学的批评也有这种说法，即认为"美德伦理学只是以行动为基础的功利主义和以义务为基础的义务论的补充，本身并无独立的地位"。（参看陈真：《当代西方规范伦理学》，南京师范大学出版社2006年，第268—269页）

一点上,其实儒家伦理学本身已经有所提示,例如孔子在和叶公的对话中并没有否定叶公所赞赏的"直躬"的做法,而只是说"吾党之直者异于是",不是直在外部的刑法,而是"直在其中",即直在内心的情感。至于直在外部刑法对不对呢?孔子似乎没有说,但在其他地方,他对此却有肯定的推崇。例如孔子曾称赞说:"叔向,古之遗直也。治国制刑,不隐于亲,三数叔鱼之恶,不为末减。曰义也夫,可谓直矣!"① 可见,连孔子也知道,单凭亲情的"直在其中"来治天下是不可能的,还必须辅之以皋陶所代表的公正执法,必要时还得"刑不隐亲"。当然,中国古代的刑律或"王法"其实不过是皇帝老子的"家法",是基于皇权统治的需要而不是基于每个个人平等权利的平衡,因而是以家庭伦理关系为模板的,本质上仍然属于特殊的"德性伦理"(忠)而非普遍性的"规范伦理"(正义),但至少相对而言形成了某种"公""私"之间、"大家"和"小家"之间、理智和情感之间的张力,这是想用"德性伦理"来解释儒家伦理的人不能不考虑的。任何一个文化或一个国家都不

---

① 据《左传·昭公十四年》记载,晋国的大夫邢侯与大夫雍子为争田界打官司,晋相韩宣子让代理大法官叔鱼审这个案件。叔鱼认定过错在雍子。雍子为了打赢官司,把自己的女儿送给叔鱼,于是叔鱼判错在邢侯,雍子胜诉。邢侯一听大怒,当庭把叔鱼和雍子两人杀死。韩宣子问大夫叔向这个案件怎么处理。叔向说:"这三个人都犯了死罪。雍子明知理亏,却用贿赂求得胜诉;叔鱼受贿后枉法裁判;邢侯擅自杀人。按照皋陶制定的法律,这三人都应处死。"韩宣子根据叔向的建议,处死邢侯后,把他的尸体和叔鱼、雍子的尸体一起在闹市中心示众。叔向是叔鱼的兄长,他在定案处理时不偏袒自己的弟弟,留下了"刑不隐亲"的佳话。对这个问题的讨论,可参看拙著:《儒家伦理新批判》,重庆大学出版社 2010 年,第 33、95—96 页。

可能仅凭德性伦理就维持住一个伦理共同体,而必须要有某种哪怕并不普遍的规范。

但另一方面,没有一个社会能够单靠无情的逻辑规范而维持自己的正常运转。孔子就说过,"道之以政,齐之以刑,民免而无耻;道之以德,齐之以礼,有耻且格"(《论语·为政》)。以康德本人为例,他虽然在奠定自己的道德法则的基本原理上坚持了纯粹实践理性超越一切情感之上的理想性,但那只是用作一个终极的道德标准,他从来没有想过将这一套原理直接运用于日常道德生活的实践中。而在现实生活中真正起促进道德的作用的,在他看来,反倒是各种情感。这些情感除了直接作为道德动机的敬重感以外,还有阿利森所谓的"支持性的道德情感",这就是在《道德形而上学》中所提到的良知、爱、同情和友谊等。[①] 甚至还有道德目的论之下分三个层次显示出来的"非道德情感":一个是接近于道德情感的审美和宗教上的情感(美感和虔诚);一个是本身具有两面性的非道德情感如荣誉感;再一个是本身在道德上体现为负面的情感,如权力欲、贪欲和激情,它们代表了一种"非社会的社会性",[②] 其实也就是一种非道德的道德作用。康德在晚年的一些著作中,如在《判断力批判》、《道德形而上学》、《纯然理性界限内的宗教》、《实用人类学》以及一系列有关人类历史进

---

① 参看惠永照:《情感在康德道德哲学中的角色和作用》,《德国哲学》2018年上半年卷,社会科学文献出版社2019年,第31—33页。

② 参看上书,第3页"摘要"部分;又参看康德:《历史理性批判文集》,何兆武译,商务印书馆2005年,第7页。

步的文章中,都对这些情感在历史中推动人类"道德史"的发展所起的作用予以肯定。对今天德性伦理学所谓的"美德",他虽然视为"假象",但也不是一味地排斥,而是在历史发展中看到了它们的真实价值。他说:

> 人总的说来越文明便越像个演员。他们领受了和蔼可亲、彬彬有礼、庄重和无私的假象,而不用来欺骗任何人,因为每个别人倘若并不那么认真地对待这事,对此也还是赞同的。而且世风如此也是极好的事。因为通过人们扮演这种角色,他们在整个漫长时期里只是矫揉造作出来的这种德行的假象,也许最后会真的一步步唤醒德行,并过渡到信念。①
>
> 大自然也是为了拯救道德,或者说正是为了引向道德,才明智地培养起人喜欢被哄骗的倾向。好的、端庄的举止是一种引起别人敬重(使自己不粗俗)的外部假象。……一切人类交际的美德都是辅币;把它们当作真正的黄金的人就是小孩子。但有辅币毕竟比完全没有这样的流通手段要更好些,并且即使带有相当的保留,它最终转化为纯金是可能的。②

对人类现实美德的这种理解,显然要比德性伦理学的抽象理解更实际得多,也更深刻得多。不过,即使如此,康德在纯粹理

---

① 康德:《实用人类学》,邓晓芒译,上海人民出版社2002年,第33—34页。
② 同上书,第35页。

性的先天道德法则已经确立的前提下，再将现实生活中的道德情感和非道德情感一股脑都安排在历史的从恶向善、从伪到真的渐进过程中，终究有人为做作之嫌。他无法提供这种历史进程的理据，只有诉之于神秘的"天意"（Vorsehung），相信冥冥之中，人类社会必将日益趋近于他所预设好了的道德理想。与康德这种对历史终点的预设相反，孔孟对孝悌、"四端"等情感的预设是对人类道德起点的预设，这种预设无需理性的推导，仅凭内心的体会和感悟，虽然缺乏逻辑的必然性和普遍性，但凭借一种"能近取譬"、将心比心（恕）的非逻辑方式，① 也能够推己及人地建立起某种规范。这就是从家庭亲情伦理出发而扩展为家国天下的共同法则，如孟子所说的："老吾老以及人之老，幼吾幼以及人之幼，天下可运于掌。"（《孟子·梁惠王上》）当然，这种以家庭伦理（家长制）为模板而建立起来的家国天下原则在族群宗法体制盛行的农业民族时代，被视为皇权专制主义的顺乎天理人情的理论根据，这种皇权专制主义没有给体制的改进留下任何松动的余地，在几千年的中国历史中形成了与静止的农业生产方式相适合的"超稳定结构"（金观涛）。而在"三千年未有之大变局"的现代中国，随着皇权的倒台，生产方式和社会结构的剧烈改变，这种传统的超稳定结构已成了过时的模式和改革的对象。但从一种切身感受和直观的情感来建立起某种具有一定普遍性的规范仍然

---

① "夫仁者，己欲立而立人，己欲达而达人，能近取譬，可谓仁之方也已。"（《论语·雍也》）

是我们这个不擅逻辑推理的古老民族的传统思维惯性，它被德性伦理学援引为当代西方伦理学发展的新方向，以克服被规范伦理学和形式主义伦理学弄得抽象化了的一整套伦理原理，一定程度上具有弥补西方传统伦理思维方式之缺失的意义。

其实，西方伦理学早就对自身这种过于理性主义的缺失有所意识。除了上面提到的康德在现实历史进程中将人类世俗情感接纳进道德生活中来以外，人们已经越来越意识到，单凭理性的逻辑推理来决定自己道德上应当怎么做是远远不够的，在某些时候甚至会暴露出其反道德的恐怖性。雨果的小说《悲惨世界》中的警探沙威，一位铁面无私、忠于职守、能力超强的警察，他以警犬般敏锐的嗅觉锲而不舍地追捕在逃嫌犯冉阿让，成为冉阿让潜逃几十年间怎么也摆脱不了的噩梦；最后却因为发现冉阿让是世上难得的好人、正义之士，而为自己的不辨善恶羞愧不已，终于自杀身亡。在现实中，最著名的例子是"二战"以后对纳粹战犯阿道夫·艾希曼的审判。作为对数百万犹太人大屠杀的主要组织者和执行者之一，他在法庭上拒不承认自己有罪，认为自己所干的一切都是奉命行事，他忠于职守，服从国家利益，甚至援引康德的道德命令来为自己辩护。日常生活中他的确是一个循规蹈矩的"好男人"，但在集中营里他被囚犯们视为最恐怖的恶魔，汉娜·阿伦特把这种罪行称为"平庸的恶"。他直到被判处绞刑，才悲叹当时没有外来的声音唤醒他的良心。相反，斯皮尔伯格根据真人真事所拍的电影《辛德勒的名单》则演绎了一个纳粹分子、军火商因良心发现而冒着极大风险拯救了数千犹太人性命的感人故事。

由此可见，人在道德选择中的确有一个不是凭借推理而是凭借内心直接的良知来做决定的问题。例如孟子所说的"四端"："恻隐之心，人皆有之；羞恶之心，人皆有之；恭敬之心，人皆有之；是非之心，人皆有之"，所以"仁义礼智，非由外铄我也，我固有之也，弗思耳矣"（《告子上》），因为"恻隐之心，仁之端也；羞恶之心，义之端也；辞让之心，礼之端也；是非之心，智之端也。人之有是四端也，犹其有四体也"（《公孙丑上》），这就是所谓"不学而能，不虑而知"的良知良能（《尽心上》）。人类社会，哪怕最初的原始族群的产生，离开了这"四端"都是不可能存在的，它们都植根于人类告别动物世界时自我意识的形成机制之中。但在后来的人类社会的历史发展中，随着交往的扩大，国家的建立，不同民族和种族的人类作为敌对各方在长期斗争中的磨合，人们在这四端的基础上运用理性制定了一系列更具普遍性的道德伦理规范和法律原则。这些规范和原则就开始脱离它们由以在人心中产生的原始基地，而变成了似乎是一种外在的"自然法规"，一种天经地义的、似乎是上帝所颁布的律法，这就是"规范伦理学"的诞生。

但规范伦理学如果一味机械地遵守规范，而忽视了回到自己内心的诞生地即良知，则会沦为冷酷和残忍。这一点其实康德已经有所预感。虽然他在《道德形而上学奠基》和《实践理性批判》中很少谈到"良知"（Gewissen，又译"良心"）[①]，但在晚年的

[①] 只有三处，见康德：《实践理性批判》，邓晓芒译，杨祖陶校，人民出版社2003年，第134页；康德：《道德形而上学奠基》，杨云飞译，邓晓芒校，人民出版社2013年，第28、54页。

《纯然理性界限内的宗教》和《道德形而上学》中却花了不少篇幅讨论良知。康德对"良知"所下的定义是"自己对自己做出裁决的道德判断力"①,它不同于实践理性把一个具体行为置于法则(道德律)之下来裁决,而是把这个理性裁决本身也推上理性的法庭来裁决。这样得出的良知的公设是"切勿冒不义的风险做任何事情",或者说,只做那种确知其并非不义的事情。② 这是更高层次的实践理性。康德举例说,中世纪的异端裁判官忠于自己的规章性的信仰,按照铁面无私的程序判决一名异端以死刑,并自以为是按照上帝的意旨在办事,那么要问:他对得起自己的良知吗?康德认为,如果他不能完全确定无疑地知道这件事不会是不义的,他这样做就是丧失了良知。为了宗教信仰的问题而夺去一个人的生命,这种事只有上帝亲自来做才肯定不是不义的(如《圣经》中说上帝命令亚伯拉罕献祭自己的儿子),但谁能自诩得到了上帝的这一启示,并自诩对上帝启示的这种解释(启示总是由人来解释)是绝对无误的呢?推而广之,"对于一切历史性的信仰和现象性的信仰来说,情况都是如此:亦即总还是留下了在其中发现

---

① 康德:《纯然理性界限内的宗教》,李秋零译,载《康德著作全集》第6卷,中国人民大学出版社2007年,第191页。《道德形而上学》中的说法大同小异:"一个**内在审判**(在它面前,人的思想彼此起诉或者辩护)的意识就是**良知**。"(同上书,张荣、李秋零译,第448页)因此,在道德的"决疑论"中,良知似乎是解决问题的关键。

② 良知,德文为 Gewissen,其词根为 wissen,即"知道"、"知",而形容词形式 gewiß 意为"确凿的"、"肯定无疑的"。所以,康德在此反复强调良知是某种"确定无疑"的知识。

某种错误的可能性。因此，不顾这种信仰所要求或者所允许的事情也许会是不义的这种可能性，也就是冒着违反一种自身确定无疑的人类义务的危险而去接受这种信仰，这就是没有良知"。①

可以看出，这种良知观尽管只限于消极地"切勿冒不义的风险"，但仍然不得要领。既然凡人不可能断言一件事是否绝对没有"不义的风险"（只有上帝才能这样断言），那么人真要依据自己的良知行事，那他就不要干任何事了；而他"自己对自己做出裁决的道德判断力"就成了一句空话。所以，在《道德形而上学》中，康德不得不把这种裁决或判断的权力归于上帝这种"理想人格"，上帝才是唯一的"知人心者"，因此人的良知无非是把他引向了对上帝的信仰，而"有良知"（Gewissenhaftigkeit）就被看作对上帝负责，这就是"一般宗教的概念"。②因此，良知在康德这里的意思被归结为信仰，而信仰被归结为某种更高的理性，即某种对道德判断的道德判断（二阶的），它类似于亚里士多德的"审慎"（phronesis，又译"实践智慧"），③但无论如何都与人的情感

---

① 《康德著作全集》第 6 卷，中国人民大学出版社 2007 年，第 192 页。
② 参看上书，第 450 页。
③ 海德格尔则把这种良知归于此在的生存论基础："关于良知对此在生存的裁决作用有各种不同的估价，而对于'它说的是什么'又有各种各样的解释；若不是这种实际情况的'可疑性'和良知解释的'可疑性'恰恰证明了这里摆着此在的一种**源始**现象，上面提到的纷纭状态真要误引我们轻视良知这种现象了。"（海德格尔：《存在与时间》，陈嘉映、王庆节译，三联书店 1987 年，第 321—322 页）这里似乎从存在论的立场反驳了康德的良知观，他在稍后的一个注释中把康德的良知纳入了应当重视的观点之一（同上书，第 325 页注②）。

无关。① 但也正因此，这种"知"是无法作为知识来把握的，因为如果不作为情感来体会的话，它就根本无从认知，只能依赖苏格拉底的"灵异"了。②

康德在这里遇到的困难，在儒家伦理中倒是可以轻而易举地得到解决。当我们看到一个小孩子掉到井里，会不由自主地伸手拉他，这里不需要什么"判断"或"裁决"，也无须上帝或信仰插手。我们甚至没有想到什么道德义务或定言命令，或应不应该，就已经这样做了。通常我们不会认为这是什么了不起的"美德"，如果谁不这样做，那倒"不是人"了。但是，这种建立在直接情感冲动之上的良知（这里更适合写作"良心"）的问题在于，它本身很难作为一种普遍原则，或者说，要将它作为一条放之四海而皆准的原则有些强人所难。例如，只要事件超出人的可见范围，人们就可以对之无动于衷，就像齐宣王不忍心见到一头牛被送去屠宰的样子，就让人用一只羊代替它一样。③ 人们生活的范围一旦

---

① 因为"良知也不是什么可以获得的东西"，虽然可以"通过其行为激发道德情感"，但本身并非情感。（康德：《道德形而上学》，张荣、李秋零译，载《康德著作全集》第 6 卷，中国人民大学出版社 2007 年，第 412 页）
② 康德的"良知"另一个可能的来源就是苏格拉底的"灵异"（Demon, δαιμόνιον），它"是一种声音，首先是在我小的时候开始来到我这里的；它永远是禁止我去做我本来要去做的事情，但从来不命令我去做什么事情"。（北京大学哲学系外国哲学史教研室编译：《古希腊罗马哲学》，商务印书馆 1982 年，第 151 页）
③ 孟子对此评论道："无伤也，是乃仁术也，见牛未见羊也。君子之于禽兽也，见其生，不忍见其死；闻其声，不忍食其肉。是以君子远庖厨也。"（《孟子·梁惠王上》）

稍微扩大一点，从一个家庭或家族扩大到其他家庭或家族，这种直接情感的成色就会急剧下降，"老吾老以及人之老，幼吾幼以及人之幼"就很容易流于说教，甚至成为一种家长式统治的意识形态工具（"天下可运于掌"）。对这种伪善化的倾向，老子在批判儒家时说得很清楚，如第三十八章说：

> 上德不德，是以有德；下德不失德，是以无德。上德无为而无以为；上仁为之而无以为；上义为之而有以为。上礼为之而莫之应，则攘臂而扔之。故失道而后德，失德而后仁，失仁而后义，失义而后礼。夫礼者，忠信之薄，而乱之首。①

意思是：真正德行高的人并不执着于德，德行低下的人才紧紧抓住德不放。上德之人是顺任自然，无为而不加作为；上仁之人是有为而不故意作为；上义之人既有为而又刻意作为；上礼之人有作为而无人响应，就抓着人家的胳膊强制人家。所以，在"道"以下，德、仁、义、礼，每况愈下，最差的就是礼了，它是导致忠信浇薄的祸乱之始。②

在今天看来，儒家的德、仁、义、礼只有经过"现象学还原"为"自然之道"，即回到"四端"之起点，才能作为由理性所建

---

① 陈鼓应注译：《老子今注今译》，台湾商务印书馆2002年，第190页。
② 译文参考陈鼓应注译，有删节、改动。

立的普遍道德法则（即规范伦理学）的补充，而不能取代规范伦理学。反过来，规范伦理学的理性法则也必须吸收美德伦理学中的那些自然人性的要素，才不至于不近人情（西方法律的"容隐"制度就是这样做的），但前提是不能以儒家伦理固化为"天理"的忠孝节义形式来吸收，而必须使其"回到事情本身"，或如老子所言"常德不离，复归于婴儿"（第二十八章）。也就是说，真正要与儒家的美德伦理学相结合以克服规范伦理学的缺陷，不能就儒家伦理学的既成形式来结合，而要以它在道家（老子）那里的"伦理学之后"的形式来结合，才能成功。

第三节　康德形而上学的得失

综上所述，康德对西方形而上学的复兴是西方形而上学史的一个里程碑，其意义在于，它将亚里士多德以来形而上学立足于语言的逻辑语法功能来建立存在论，从而为物理学上的存在者提供一种存在根基的固定模式，改变成了从运用语言和逻辑的人出发，从人的知、意、情尤其是认识能力和实践能力方面来探讨其先天法则，从而确立起由自然形而上学和道德形而上学的双重形而上学所组成的先验人类学新模式。在这种双重形而上学中，自然形而上学虽然在康德看来是形而上学的本意，也就是"物理学之后"，但它的纯粹理性的运用却超出了自然科学，进入了非科学的道德领域，甚至由此获得了相对于原来自然形而上学的"优先地位"。这种优先性的理由是，"因为一切兴趣最后都是实践的，而且甚至思辨理性的兴趣也只是有条件的,唯有在实践的运用中才是完整的"。① 然而,吊诡的是,纯粹理性的实践运用正如其理论的运用一样,所利用的仍然是理性的逻辑功能,因而它的优先地位最终仍然不过是认识能力运用于实践领域所带来的。换言之,同一个理性认识能力成为自然形而上学和道德形而上学共同的可能性条件。就此而言,康德的形而上学仍然继承了大陆理性派从笛卡尔、斯宾诺莎、莱布尼茨等人以来的认识论传统。不同的是,大陆理性派的形而上学只是从认识论入手来论证形而上学,形而上学本身作为存在论并没有受到太大的触动;而康德则立足于先验人类学的广阔视野,把对认识论本身的追究以批判哲学的方式建立为一种"包含形而上学的形而上学",开启了认识论、存在论(本体论)和逻辑学三者在形而上学中融合为一的进程,这一进程到黑格尔才算完成。

因此,康德的形而上学尽管被划分为两套存在论,即现象界的存在论和本体界的存在论,但从根子上看仍然可归结为一个,就是人的跨两界的存在论,体现为以理性认识能力为人的本质规定的先验人类学。而这种理性认识能力又被归结为逻辑学,包括形式逻辑和先验逻辑,其中,形式逻辑是先验逻辑的"线索",先

---

① 康德:《实践理性批判》,邓晓芒译,杨祖陶校,人民出版社2003年,第167页。对此,马克斯·舍勒(Max Scheler, 1874—1928)正确理解为:"理论哲学在哲学家身上根本不具备任何特殊的道德前提,所以,在假想彻底完成哲学的情况下,只有应该和义务的体验能确保我们介入'形而上学'秩序。"(参看刘小枫选编:《舍勒选集》上,上海三联书店1999年,第225—226页)

验逻辑则凭借自我意识的本源的综合统一而成为形式逻辑的分析性统一的基础。① 换言之，先验逻辑为形式逻辑奠基。② 既然先验逻辑是由"纯粹理性批判"建立起来的，而这种批判，包括由此扩展开来的三大批判，又是先验人类学的主要内容，所以康德的形而上学就可以视为基于认识能力批判之上的先验人类学体系。

但这一体系的问题或缺陷也是很明显的。首先，这种先验的人类学从人的纯粹理性这一高度自上而下地规定人的本质，将"人是有理性的动物"这一古老的定义缩减为"人是有理性者"，顶多是"人是有限的有理性者"，这就将人的本质局限于抽象的理性形式，而把感性的（"动物性的"）内容仅仅视为这种理性形式的运用对象或场所。虽然在《实用人类学》和《道德形而上学》中对这些感性经验的内容也有一些生动的描述，但都只是作为纯粹理性的形式框架之下的一些实例，本身并不具有独立的哲学含义。就此而言，康德的先验人类学还未达到真正的"哲学人类学"。在这种情势下，的确需要由某种"质料性的"观点来弥补这种形而上学的形式主义的片面性，这就是后来胡塞尔现象学所开拓出来的克服康德形式主义的方法论前景。先验现象学通过"本质还原"和"先验还原"，一方面使得通常被视为毫无普遍意义的感性直观材料本身具有了先验的普遍性，另一方面，甚至使抽象形式的范畴也不再是外在的形式框架，而成了"范

---

① 参看康德：《纯粹理性批判》，B133—134，邓晓芒译，杨祖陶校，人民出版社2004年，第90页。
② 参看拙文：《康德先验逻辑对形式逻辑的奠基》，载《康德哲学诸问题》（增订本），文津出版社2019年，第1—13页。

畴直观",从而打破了自亚里士多德以来传统的形式和质料之间的对立,为超越康德形而上学的形式主义特别是伦理学中的形式主义提供了可能。在胡塞尔的启发下,马克斯·舍勒在伦理学领域提出了与康德形式主义伦理学针锋相对的"质料伦理学",主张在个人"情性"(Gemüht)中建立起道德上的"共契"。这些情性包括同情、怨恨、害羞、懊悔、受苦感、恭顺感,等等。① 而最重要的则是"爱",特别是无条件地对上帝的爱,以此建立的"爱的秩序"则是一切人心秩序和社会秩序的正当性的基础。② 舍勒的这些想法和后来的德性伦理学如出一辙。在《德性的复苏》一文中,他主张立足于人的情性来谈伦理问题,其中最主要的是"恭顺"和"敬畏",其实是一种宗教感。他把康德的十二范畴称为"十二种怪想和一般强制观念",说康德自以为自己的天生的知性在制定"法则",其实并不理解世界的本质。③ 这些所谓的"科学"在他看来缺乏的是对世界的创造者的"恭顺"。恭顺虽然也包括谦卑、羞感等,但本质上是"爱的一种方式"。④ 爱的

---

① 参看刘小枫选编:《舍勒选集》上,上海三联书店1999年,"编者导言",第9页。
② 同上书,第15页。
③ 同上书,第720页。在现代哲学人类学家中,像舍勒这样强烈排斥康德的并不多。如另一位哲学人类学家、新康德主义者恩斯特·卡西尔(Ernst Cassirer, 1874—1945)就立足于康德的形式主义而建立起了"符号形式的哲学",就是将形式通过"符号"而与人的质料活动结合起来,形式不是纯粹抽象的形式,而是指向人的情感等的形式(即符号),提出"人是制造、使用符号的动物",这都是极有启发意义的创见,后面还将专门讨论。但卡西尔对形而上学并没有兴趣,他要建立的是一门文化哲学或人文科学,所以这里暂且把他放过。
④ 同上书,第718—719页。

最高方式则是对上帝之爱，这是达成一切爱的共契的前提。而在康德那里，这种"作为一切善的愿望和行动最深的源泉"的爱却"被一种纯理智和纯形式的正义原则所替代"，以至于"这种爱似乎只是由于被推导出来才具有价值"。①

如果我们把舍勒的这种思想和儒家伦理学比较一下，可以看出很多相近之处，大致如下：

舍勒	儒家
情性（Gemüt）	心性
爱	爱人
同情	恻隐之心（仁）
羞感	羞恶之心（义）
恭顺、谦卑	恭敬之心（礼）
现象学直观（内感知）	是非之心（智即良知）
敬畏	君子有三畏

但也有一些是合不上的。例如，舍勒同样通过现象学的直观而得到的怨恨、懊悔、受苦感，以及导致怨恨的诸种负面情感如报复感、嫉妒、阴毒、幸灾乐祸、恶意等，②儒家都不曾做专门的探讨，因为儒家对心性的体验是未经现象学悬置的，而是以既定

---

① 参看舍勒：《基督教的爱理念与当今世界》，载刘小枫主编：《20世纪西方宗教哲学文选》下，上海三联书店1991年，第1075页。
② 参看刘小枫选编：《舍勒选集》上，上海三联书店1999年，第403页。

的伦常习惯为前提的。在孔孟看来，人的心性本善，凡是负面的情感，都不是人的本心本性，而是受到污染和改变的结果（"性相近也，习相远也"，见《论语·阳货》）。但在舍勒看来，既然是现象学的内感知，那就不管是正面还是负面，只要被给予了的，都要一概不加修饰地呈现在直观中，将预先的"正负"之分存而不论，那才算是"回到事情本身"。不过，就连舍勒也有一说，即所谓"优先法则"："一切具有正面价值的'自发性'行为都应优先于单纯'反应性'行为"，一切"同感"（例如受到他人的感染而习得的情感）都属于"反应性"的，"而爱却并非这种情况"，它是"自发性"的。① 显然，这一区分是要把价值标准引入现象学直观中来，因为单凭直观是分不出好坏正负的，只有把爱抬升为最高的、最优先的"正面价值"（因为它与上帝相通），才能用来衡量其他内感知的善恶，也才有可能建立起所谓的"实质性的伦理学"。这肯定比儒家伦理学一上来就咬定人的本心中本来就只有正面情感而没有一丝一毫负面情感（"返身而诚，乐莫大焉"）要显得更讲道理些。按照常识，人在返身而诚、收心内视的时候，通常会发现自己心中善念恶念杂处，除了极端自恋的人或者有意接受某种心理暗示的人以外，都不会感觉到自己的内心或"本心"是干干净净的。当然，儒家不是要像现象学那样描述一个事实，而是要提倡一种"应当"。但毕竟还有一个"为什么应当"的问题，这个问题在儒家那里是悬置着的，谁要问，谁就"不是人"。

---

① 参看刘小枫选编：《舍勒选集》上，上海三联书店1999年，第279页。

第三章 康德：西方形而上学的复兴

然而，这个问题在舍勒那里也只是貌似得到了解决。为什么"爱"就要"优先"，而"恨"（怨恨）就应当排除？[①]他诉之于上帝，即上帝就是"爱"、"圣爱"。"爱的根源在上帝自身、在无限之中，上帝自身即无限之爱、无边之怜"，"必须爱好人和坏人、守法者和违法者、朋友和敌人，而且，恰恰是在对后一种人的爱中，才表现出最为真诚的超自然之爱"。[②]"在这一切中找不到丝毫的怨恨！只有一种福乐的、发自力量和崇高之充溢的降身和能降身！"[③]但他没法解释的是，对于不信上帝的人，例如传统中国人，难道就不存在区分善恶的标准了吗？舍勒凭什么就能够断言，"这同样的道理也适于用来说明不同的大文化圈的人种基础"，为什么只消再借助于人类的"**整个认识力量**发挥作用"，"便可以消除那种认为整个世界的发展一体地、'专制式地'集中于文明男人身上、集中于文明的欧洲男人身上的关于发展的纯然'踏板观念'"？[④]而且就算如此，难道被他排斥的康德十二范畴之类的知性"强制法则"（这是各人种都必须用到的普遍法则）不正是人类的"认识力量"吗？

可见，无论是儒家诉之于传统的伦常习惯（周礼），还是舍

[①] "在爱与恨的行为中却存在着一种根本的价值或者非价值。"（刘小枫选编：《舍勒选集》上，上海三联书店1999年，第278页）
[②] 同上书，第452页。
[③] 同上书，第453页。舍勒这种泛爱论起码不适合于《旧约》的上帝。耶和华在发洪水淹没不信神或者信仰异教之神的人类时（所谓"愤怒的上帝"），并不体现什么"爱"，而只有妒忌和仇恨。
[④] 同上书，第309页。

勒诉之于基督教信仰，都没有解决区分善恶的道德标准的普遍合法性问题；唯有康德的纯粹实践理性的自律法则才提供了这种普遍标准，它是能够对一切"有限的有理性者"发挥作用的。没有这种普遍标准，单凭某种内心情感是"自发的"还是"反应性的"来建立道德价值的"优先"等级，是无法找到伦理生活中的规范或"共契"的。只要还局限于内心的情性，各种情感都将处于平等呈现中，负面的情感同样也可以是"自发性"的。例如"报复感"（愤怒）难道不也和"怜悯心"（恻隐之心）一样，都是一种"自发"的"反应"吗？同样，孔孟是预先把内心自发的情感做了分类，认定了哪些情感属于正面的德性之"端"，哪些则属于必须排斥的，否则根本不可能辨别善恶；但这种预先处置本身的理由，仍然不过是一种主观情感的认定，同样没有普遍的客观标准。所以，这类没有普遍标准而只凭想当然的"人同此心，心同此理"建立起来的伦理规则，注定只在某种文化圈（基督教，或儒教）之内有一定的共通性，一旦走出自己的圈子，就无法适用。唯有康德的纯粹实践理性法则，出于"世界公民"的立场和先验人类学的视野，才有可能成为跨文化、跨地域的普遍规范。

但正如舍勒和儒家的德性的缺陷在于找不到普遍标准，康德形式伦理学的缺陷则在于脱离了直观的明证性，他所做的那些补救，例如援引反思性的判断力和历史目的论以容纳各种道德的和非道德的情感，毕竟不能使自己的"道德形而上学"成为现实的道德生活的指南。在这方面，舍勒的努力是有意义的，这就是通过把康德的先验人类学提升到现象学的哲学人类学，而为康德的规范伦理学开辟了与德性伦理学在直观中融合为一的前景。但前提是，不能再把这种统一视为先验地一次性给予的，而必须置于人的感性和情感本身的历史形成和发展之中，也就是在质料的能动性本身中发展出形式的规范性来，再以这种规范作为衡量各种情感的道德价值的动态标准。康德后期有关历史发展的一系列文章已经猜测到了这一理论方向，但并没有形成如恩斯特·卡西尔以及何兆武先生所谓的"历史理性"的思想。[①] 真正的历史理性是要到黑格尔才正式提出并成为一条形而上学原理的，里面包含的正是理性和感性在历史进程中的动态的统一。[②] 黑格尔的形而上学标志着西方形而上学的完成，这正是下一章所要讨论的主题。

陈康先生说：

> 建设新的万有论［即存在论或本体论——引者］并非原则上不可能；然而两个基本条件必先满足：即《纯粹理性批判》的了解和《纯粹理性批判》以前万有论的了解。《纯粹理性批判》在西洋哲学研究区域里仿佛一座关隘，关后尽可有方向分歧的路径，但人既至关口必先过关；此外并无一条非

[①] 参看康德：《历史理性批判文集》，何兆武译，商务印书馆2005年。我并不赞成把康德的历史观称为"历史理性"，对此可参看我的两篇文章：《康德历史哲学："第四批判"和自由感——兼与何兆武先生商榷》以及《康德〈论俗语〉从实践理性向历史理性的过渡》，均收入拙著：《康德哲学诸问题》（增订本），文津出版社2019年。

[②] 参看拙文：《康德〈论俗语〉从实践理性向历史理性的过渡》，收入拙著：《康德哲学诸问题》（增订本），文津出版社2019年，第277—278页。

危机四伏的道路可以引导至那将来的路线。①

　　这一论断对于西方形而上学而言至今大体上还是对的,因为康德哲学对西方形而上学的后继者们的启示基本上还是认识论的,即使是他的实践哲学和道德哲学,也仍然是对认识论的扩展,符合亚里士多德的"物理学(自然学)之后"的主流传统。这个传统在黑格尔那里固然达到了认识论和本体论、逻辑学的有意识的"三统一",但仍然牢牢地系于西方语言的逻辑功能之上,直到海德格尔才开始有了某些松动。

---

① 柏拉图:《巴曼尼得斯篇》,陈康译注,商务印书馆1982年,"序",第6页。

第四章

黑格尔：西方形而上学的完成

康德以后，西方传统形而上学特别是17世纪形而上学在费希特、谢林和黑格尔那里展开了一场"胜利的和富有内容的复辟"（马克思语）。哲学家们主要是沿着将康德以现象和物自体为对象的双重形而上学合为一体的方向，而使形而上学凝聚成了一个无所不包的"一切科学之科学"，从而彻底地贯彻了亚里士多德开启的"物理学之后"的理念。如费希特正是从康德的理论知识和实践知识出发，通过将两种知识合并而建立起了一个《全部知识学的基础》的唯一形而上学体系。谢林则将自然哲学、精神哲学和艺术哲学呈现在一个按照"同一哲学"原则而层层递进的思辨哲学体系中。这些努力打破了康德形而上学中二元对立的僵局，展示出了形而上学以一个原则贯穿一切知识的强大凝聚力，但仍然未能摆脱康德先验哲学的形式主义局限,未能深入存在本身的历史性的自由本质。真正跨出这一步的是他们的后继者黑格尔,他由此而完成了西方形而上学存在论,建立起了一个作为存在论、认识论和逻辑学三者统一的形而上学体系。然而,正是在西方形而上学的这一完成阶段,暴露出来了西方形而上学本身在基因中所固有的缺陷,并且由于这一缺陷,西方形而上学从此不可避免地走向了没落。

第一节 《精神现象学》:通往形而上学之途

马克思曾把黑格尔的《精神现象学》称为"黑格尔哲学的真正诞生地和秘密"。① 对马克思的这一论断,我的理解是:黑格尔哲学表面上的诞生地是他后来的著名的《逻辑学》,在其《哲学百科全书》中被列为首篇,但其实是发端于更早的《精神现象学》,其中隐藏着他的《逻辑学》的抽象的范畴演进后面的秘密的现实生活内容。② 因此,只读他的《逻辑学》而不读《精神现象学》,对黑格尔哲学的理解是不可能到位的。正是在《精神现象学》中,黑格尔大大超出了康德(在某种程度上也包括费希特和谢林)的那种形式主义,而深入到了"事情本身"的实质,这比任何想要在思维形式和情感内容之间做某种调和,甚至单凭汇集一些情感

---

① 《马克思恩格斯全集》第四十二卷,人民出版社1979年,第159页。
② 参看拙著:《思辨的张力——黑格尔辩证法新探》,商务印书馆2008年,第161页以下。

来提升一种先验的"人类学"的做法，都更具有形而上学的力度和底气。我曾在拙著《思辨的张力——黑格尔辩证法新探》中对《精神现象学》的这种特殊地位有如下的描述：

> 哲学来自于非哲学，来自于一个时代的丰厚的文化土壤。黑格尔在这个问题上有着最强烈的自我意识，这体现在他的《精神现象学》的长篇序言"论科学认识"之中。在那里，他从他所处的时代出发，从时代精神所面临的迫切问题和所造就的基础出发，阐述了一门"意识的经验科学"（精神现象学）的根据、必然性和必要性，以及它与当时种种偏见、种种陈旧观念和方法相比所具有的特点。……这正说明黑格尔哲学，特别是其中的能动的辩证法，并不是单纯思辨的结果，甚至主要也不是当时自然科学的副产品，而是从历史的辩证演进以及黑格尔对于这一演进的准确感受中，从黑格尔的社会历史观中迸发出来、成熟起来的。[①]

如果说，康德的历史哲学观念还不得不寄托于神秘莫测的"天意"来先验地解释推动世界历史的动力，那么黑格尔早已用不着这种外加的假设了，他凭借的是任何一个观念或意识形态本身固有的内在矛盾性所形成的冲力。而这种内在的冲力在《精神现

---

① 邓晓芒：《思辨的张力——黑格尔辩证法新探》，商务印书馆2008年，第145页。

象学》的开端一章"感性确定性"中就已经蕴藏着了,这种彻底性和透彻性确实令人惊讶,它由近及远、从低到高地揭示了隐藏在现实生活底下日用而不知的形而上学王国,即绝对认知的王国。

一、感性确定性的存在与时间

《精神现象学》的"感性确定性"一章一开始就说:

> 那最初或直接是我们的对象的认知,不是别的,只可能是那本身是直接的认知,亦即对于**直接的东西**或**存在着的东西**的认知。……此外,感性确定性又显现为**最真实的**知识;因为它还没有从对象中略去任何东西,而是在其整体的完备性中面对着对象。但是实际上这种**确定性**所扮演的是最抽象最贫乏的**真理**。它对于它知道的仅仅说出来这么多,它**存在**;而它的真理性仅仅包含着事情的**存在**;而意识从自身方面说,在这种确定性里只是作为纯粹的**我**,或者说在这里,**我**只是作为纯粹的**这一位**(Dieser),而对象同样也只纯粹的**这一个**(Dieses)。[1]

这里反复强调的是,感性确定性是"意识"中最初的直接性,还没有加上任何概念或反思,它顶多有"这一位"(我)和"这一

---

[1] 黑格尔:《精神现象学》(句读本),邓晓芒译,人民出版社2017年,第61页。

个"(对象)的区分。因为如果连这个区分都没有,那就没有任何"意识"了,一切意识首先就是我和对象之间的区分意识。再一个就是,我们对这种感性确定性所做的判断或断言只有一个:它存在。所以,感性确定性所对应的是《逻辑学》中的"存在"范畴。对《精神现象学》的这一开端,我们当然可以和休谟的直接"印象"以及贝克莱的"存在就是被感知"联系起来,甚至也可以和后来胡塞尔的"直观被给予性"联系起来,但又与他们都不相同。关键的不同是,这些直观表象在黑格尔这里本身是动态的,不仅仅是在时间中而且本身就是"时间性的"。休谟的"印象"相当于电影胶片上的一帧帧图像,前一帧图像靠"遗觉"和记忆而保留在大脑中成为"观念",时间则是由放映机的速度来控制的,并不属于这些图像本身;胡塞尔的"内时间意识"其实也是被置于外部客观时间之中,"是指那个在客观时间中伴随着所有对象经验的、关于这样一种意向活动的意识,在这种意向活动中,在客观时间中的对象作为意向相关项的内涵而被经验到"。① 相反,黑格尔的感性确定性本身则显示出自身的时间性,或者说,它就是这种确定性所显示出来的不确定性,以及这种不确定性所显示出来的确定性。此外,感性确定性本身在这里被看作就是"存在"本身,即感性确定性"扮演的是最抽象最贫乏的**真理**。它对于它知道的仅仅说出来这么多,它**存在**;而它的真理性仅仅包含着事情的**存在**"。这不是贝克莱所谓"存在就是被感知",而是反过来,

---

① 倪梁康:《胡塞尔现象学概念通释》,三联书店1999年,第520页。

感知就是存在。胡塞尔则是一开始就把"存在"悬置起来存而不论（epoché）了，所以他的意向相关项只能被意识置于时间中。倒是海德格尔的时间和存在的关系与黑格尔这里有些接近，他在《存在与时间》中评论黑格尔道：

> 竟然可以一试从形式辩证法上"建树"精神与时间的联系，这就已经公开出了二者的一种源始亲缘关系。黑格尔力争从概念上理解精神的"具体性"，从而产生出黑格尔进行上述"建树"的动力。这一点从他《精神现象学》的最后一章中的一段话昭示出来……[1]

但他又把黑格尔的分析与他自己的"生存论分析"区别开来：

> 与之相反，前面的此在生存论分析工作则从实际被抛的生存本身的"具体性"出发，以便把时间性作为使生存成为可能的源始的东西揭示开来。"精神"并非才始落入时间，而是它作为时间性的源始**到时而生存**。[2]

海德格尔引的是《精神现象学》"最后一章中的一段话"，他由此看出自己与黑格尔的区别，即黑格尔是"从概念上"在"精

---

[1] 海德格尔：《存在与时间》，陈嘉映、王庆节译，三联书店1987年，第510页。
[2] 同上书，第510—511页。

神的'具体性'"中建立起与时间的联系,而他则是从生存本身的"具体性"出发而把时间建立为生存本身的可能性,就连"精神"也只是这种生存的"源始到时"。但关于存在与时间的关系,他仍然在书末留有最后的疑问:

> 必定是绽出的时间性本身的一种源始到时方式使对一般存在的绽出的筹划成为可能。如何对时间性的这一到时样式加以阐释?从源始**时间**到**存在**的意义,有路可循吗?**时间**本身是否公开自己即为**存在**的境域?①

《存在与时间》以此三问作为结束。但如果他不是只从《精神现象学》结尾公开谈时间的一段话中来理解黑格尔的时间概念,而是认真读了《精神现象学》开端的"感性确定性"一章,他对问题可能会是另一种提法。那段在上面的引文中被我暂时省略了的黑格尔的话,其实包含了《精神现象学》开端和结尾的连贯性。它是这样说的:

> 因此,时间是作为尚未在自身中完成的精神的命运和必然性而显现的,——而这个必然性就在于,必然使自我意识在意识里面所占有的份额充实起来,使**自在**的直接性——这是实体在意识中具有的形式——置于运动中,或者相反,在把自在当作**内在**的东西时,必然将那仅仅只是**内在**的东西实现出来和

---

① 海德格尔:《存在与时间》,陈嘉映、王庆节译,三联书店1987年,第513页。

启示出来，——也就是必然将它归还给意识的自身确定性。①

开端正是意识的"自在的直接性"，这就是感性确定性，它要在自身中完成"精神的命运和必然性"。在尚未完成这一任务之前，"**时间**是**定在着**的、并对意识表象为空洞直观的**概念**自身"，就是说，时间是感性确定性中的"定在"着的（"此在"性的）概念；一旦达到纯粹概念，时间就完成了自己的使命，就会被"清除掉"，那就进入《逻辑学》的"纯存在"了。② 可见，在进入《逻辑学》之前，黑格尔和海德格尔其实是一致的。也就是说，和海德格尔一样，黑格尔也是从生存本身的"具体性"出发，把时间建立为生存本身的可能性，就连"精神"也只是这种生存的源始到时。所以，海德格尔的上述三问，其实完全可以从黑格尔《精神现象学》的开端即"感性确定性"的运动中找到答案。"如何对时间性的这一到时样式加以阐释？"答：通过感性确定性本身的自我否定即展示其不确定性来阐释。"从源始**时间**到**存在**的意义，有路可循吗？"答：有，这就是感性确定性在其运动中所展示的存在意义，因为如前所述，感性确定性"扮演的是最抽象最贫乏的**真理**"，即"它**存在**"。"时间本身是否公开自己即为**存在**的境域？"答：当然。试图超出时间性的感性确定性的"定在"（或译"此在"）的"在场"而去追问所谓"存在本身"（或黑格尔的

---

① 海德格尔：《存在与时间》，陈嘉映、王庆节译，三联书店1987年，第510页。本引文用我的译文置换，见黑格尔：《精神现象学》（句读本），邓晓芒译，人民出版社2017年，第485页。
② 参看黑格尔：《精神现象学》（句读本），邓晓芒译，人民出版社2017年，第485页。

"纯存在")的意义,所得到的只能是"无",这是黑格尔在《逻辑学》的开端中已指出的。海德格尔的三问表明,他完全没有领会黑格尔的感性确定性的存在论精义。他自以为超出了黑格尔的视野而提出了新问题,其实还局限在黑格尔的论域框架之中。

然而,海德格尔可以说,你的这些回答只涉及黑格尔的"流俗的时间",而不涉及本身具有存在意义的时间。海德格尔断言:"黑格尔的时间解释完全沿着流俗时间领悟的方向进行",也就是"从现在出发来标画时间"。① 为证明这一点,他大量引证了黑格尔《自然哲学》中"力学"部分有关"空间和时间"的那些篇章(《哲学全书》关于时间的 §257—259 三节),并指出这些地方直接沿袭了亚里士多德《物理学》中的流俗的时间观念,② 但在此却没有一处引证黑格尔的《精神现象学》。只是在谈完了"流俗的时间观念"之后,在讨论黑格尔的"时间和精神的关联"时,才引证了上面提到的对《精神现象学》结尾部分的那段论述。他在这里有保留地承认黑格尔这段论述"已经公开出了二者的一种源始亲缘关系",却仍然断定自己对时间的生存论分析"与之相反"。③ 但更深入的探讨,他却以"现在还不能来讨论黑格尔对时

---

① 海德格尔:《存在与时间》,陈嘉映、王庆节译,三联书店 1987 年,第 505 页。
② 同上书,第 506 页注⑤。
③ 海德格尔后来在《黑格尔的精神现象学》中将他与黑格尔的"相反"之处明确表述为:"**存在之本质是时间**这个论题——恰恰与黑格尔在其全部哲学中所要试图证明的东西相对立。于是,黑格尔的论题必然同样相反地表达为:存在是时间的本质。"(赵卫国译,南京大学出版社 2018 年,第 178 页)但这一区分是建立在对黑格尔的误读上的,详后。

间与精神及二者联系的阐释是否有理,以及一般地是否依栖于存在论上的源始基础"①而回避了。

然而,黑格尔在《自然哲学》中所阐述的那种外在的"力学"的时间并非黑格尔自己所认可的真正的时间,而是外在化、空间化、定量化或者(用海德格尔的说法)被"敉平"(nivellieren)②了的时间,把这种"流俗的"时间观当作黑格尔自己的时间观完全是一种错置。黑格尔真正的时间观根本不体现在自然界中,而是体现在精神本身的发展中。这一点在他的《历史哲学》中说得最清楚:"凡是在自然界里发生的变化,无论它们怎样地种类庞杂,永远只是表现一种周而复始的循环。在自然界里真是'太阳下面没有新的东西',……只有在'精神'领域里的那些变化之中,才有新的东西发生。"③因此,"世界历史在一般上说来,便是'精神'在**时间**里的发展,这好比'自然'便是'观念'在**空间**里发展一样"。④而在《精神现象学》中,他也比较间接地表达了这个意思,即自然界"把它的**存在**直观为空间",而历史则"是**认知着的**、**自身中介着的**形成过程——外化

---

① 海德格尔:《存在与时间》,陈嘉映、王庆节译,三联书店1987年,第510页。
② 同上书,第505页。
③ 黑格尔:《历史哲学》,王造时译,上海书店出版社1999年,第56页。
④ 同上书,第75页。为了说明这个意思,他引用希腊神话中时间之神克罗诺斯吞食自己儿女的传说,认为那正表明是一个没有道德产物的时代,即还未从中产生出精神来的自然状态;朱庇特(周必得)则制止了这种空转的时间而"为时间的消逝定下了一个目标",这就是雅典娜、阿波罗、九位缪斯等神祇所代表的精神生活(参看上书,第79—80页)。

到时间里的精神"。① 精神在时间中的历史进展在《精神现象学》开端的"感性确定性"中一开始就展示出来了，在意识中区别出来的感性确定性和知觉"这两方面在时间中接踵而来，并属于一个**特殊的整体**"，亦即属于整个精神；而"只有整个精神才是在时间中的"。② 到了《精神现象学》的结尾部分，则正面的时间论述都已经谈过了，只考虑如何扬弃时间而向《逻辑学》的纯存在（"绝对认知"）过渡。海德格尔对前面一无所知，却只抓住了结尾这个小尾巴，对它感到惊奇，而根本无心探讨它是从何而来的。③

实际上，虽然黑格尔在"感性确定性"中并未专门探讨"时间概念"（因为才刚刚进入"感性确定性"），却不可避免地已经把时间当作前提了，因为感性**确定性**正是通过时间来"确定"的，

---

① 参看黑格尔：《精神现象学》（句读本），邓晓芒译，人民出版社2017年，第490页。
② 同上书，第412页。
③ 实际上，海德格尔这时还根本没有完整地读过《精神现象学》，而且即使在他读过之后，也仍然没有把"感性确定性"看作《精神现象学》的开端。他在《黑格尔的经验概念》（1942）中认为《精神现象学》的开端应该是全书的"导论"部分："这部著作最后的词语又回头呼应着它的开端，并隐失于它的开端中。因为往往被称为《精神现象学》之导论的这十六节文字，本就是现象学的真正开端。"（参看海德格尔：《林中路》[修订本]，孙周兴译，上海译文出版社2008年，第188页）他哪怕在通读了《精神现象学》之后，都尽量把其中的时间说成是空间化了的、流俗的时间，把其中的空间处理成优先于时间的，而掩盖黑格尔的时间优先的事实，以免侵夺了他自己把存在和时间视为一体的发明权。（参看海德格尔：《黑格尔的精神现象学》，赵卫国译，南京大学出版社2018年，第68—69、73、77、86页）

而且空间在这里是服从时间、由时间带出来甚至是时间化了的。他说：在我们考察感性确定性时，"还有许多别的东西在例示出来。一个现实的感性确定性不仅仅是这种纯粹的直接性，而且是这种直接性的一个**例子**"。① 如果说，在空间上，最直接的例子是在每一个感性确定性的场合都有两个并列的"这一个"，即"作为自我的这一位和作为对象的这一个"，也就是我和我所感到的对象，那么在时间上，则是把对象的"这一个"本身作为单一的例子，而这是更重要的。因为自我的"这一位"作为对于对象的认知，是要以对象的"这一个"为转移的，它必须符合对象，对象"即使没有被知道也仍然在那里；但如果没有对象，也就没有认知"。② 而对象的"这一个"则首先是在时间中的"这时"，**其次**才被"我"这一位确定为"这里"。因此，感性确定性面临的最重要的问题就是它必须首先"自问"：

什么是这一个？如果我们就其存在的双重形态即**这时**（Jetzt）和**这里**（Hier）来看待它，则它本身所有的辩证法将获得一种像这一个本身所是的那样来理解的形式。因而对于这问题，**什么是这时**？我们就可以例如这样答复：**这时是夜晚**。为了检验这个感性确定性的真理，一个简单的试验就足够了。我们写下这一真理；一条真理不会因为写下来而失去

---

① 黑格尔：《精神现象学》（句读本），邓晓芒译，人民出版社2017年，第62页。
② 同上。

了；正如它不会因为我们保存它而失去一样。如果我们**这时**在**这个正午**时分，再去看那条写下来的真理，那么我们就必须说它已经陈旧过时了。①

显然，"这时"比"这里"要优先，因为"这时"涉及对象，而"这里"则取决于"我"（这一位）的位置。所以，要谈"这一个"，我们首先涉及的就是时间性的这一个，即此时此刻的这一个。但此时此刻的这一个恰好是无法"保存"的，如赫拉克利特所说的，我们不能两次踏入同一条河流。只要你一保存，你就会发现它已经不是原来的这一个了。

把"这时是夜晚"加以**保存**，这就是说，它被当作了它被装扮成的东西、被当作了一个**存在着的东西**来对待，但是它却反而证明自己是一个非存在的东西。**这时**本身诚然还保持着，但却是作为一个不是夜晚的这时；同样，这时保持到那个这时现在所是的白天，也是作为一个不是白天的这时，或者说是作为一个一般**否定之物**而保持下来的。这个自身保持着的这时因此不是一个直接的东西，而是一个被中介的东西；因为它之所以被规定为一个持存的和自身保持的东西，乃是**由于别的东西即白天和黑夜的不存在**。②

---

① 黑格尔：《精神现象学》（句读本），邓晓芒译，人民出版社 2017 年，第 62—63 页。
② 同上书，第 63 页。

从"这时是夜晚"到"这时不是夜晚，而是白天"的这种自否定意味着什么呢？意味着最初被当作（被"装扮成"）"它存在"的"这一个"从"存在着的东西"变成了"非存在的东西"。这样一来，当我再次想把"这时是白天"保存下来时，我就知道它同样也会从"存在着的东西"变成"非存在的东西"，我对它的保存就不再是作为一个"被装扮成的东西"、存在者，而是作为"一个一般否定之物"，即仅仅作为一个既不是夜晚也不是白天的"这时"，即非存在者。这样一个"这时"就不再是一个直接的东西，而是一个"被中介的东西"了，因为直接来说，并不存在那种不是任何夜晚或者白天等的"这时"。但凭借夜晚或者白天等的相继不存在，"这时"本身反而得到了存在，它就是那条不断流逝着的赫拉克利特之河。

但它仍然还像以前那样单纯地就是**这时**，并且在这种单纯性里，它对任何还在它身上例示出来（bei herspielen）的东西都是无所谓的；尽管夜晚和白天并不是它的存在，但它同样也是白天和夜晚；它一点也不受自己的这个他在的影响。一个这样的通过否定作用而存在的单纯的东西，既不是这一个也不是那一个，而是一个非这一个，同样又毫无所谓地既是这一个又是那一个，这样单纯的东西我们就叫作**普遍的东西**；因此共相（Allgemeine）实际上就是感性确定性的真实的东西。①

---

① 黑格尔：《精神现象学》（句读本），邓晓芒译，人民出版社2017年，第63页。

黑格尔正是通过感性确定性的"这一个"的这种自否定的时间本性，而从直接的存在走向非存在，并借着非存在做中介，又走向更高层次的间接性的存在，这就是普遍的东西、共相。显然，这样一种辩证逻辑的进展是海德格尔所不理解也不能接受的，他对辩证法可以说一窍不通。他甚至根本没有注意到黑格尔在举例时总是先讲"这时"，然后才讲"这里"，而是随意颠倒黑格尔的次序，先谈"这里"，后谈甚至不谈"这时"。因为在他看来，"这一个"也好，"这时"和"这里"也好，普遍的共相也好，通通都是"存在者"（Seiende），即空间性的"在场"，而不是真正的时间性的"存在"（Sein），所以他找不到一条从"源始时间"通达存在的道路，这成为他的《存在与时间》的最后的遗憾。但在黑格尔看来，这条路在最起码的感性确定性中一开始就摆在面前了，一切存在者意识都在指示着并且构成着通达存在本身的道路，就看你是否有勇气投身于这条充满假象的"怀疑之路"，[①]通过在各种"精神现象"中扬弃一个又一个"非存在"的假象，而一步一个脚印地直达存在的真理即"精神"。[②]这就是海德格尔在《精神现象学》的结尾处所看到的时间和精神的"源始亲缘关系"，但他以为这是天上掉下来的，而他自己

---

① 黑格尔：《精神现象学》（句读本），邓晓芒译，人民出版社2017年，第51页；关于"怀疑之路"，又参看拙著：《思辨的张力——黑格尔辩证法新探》，商务印书馆2008年，第179页以下。
② 海德格尔把黑格尔的"怀疑之路"看作没有任何目的地的无头路，因而把全部《精神现象学》称为"彻底的怀疑主义"，可见其误解之深。（参看海德格尔：《林中路》[修订本]，孙周兴译，上海译文出版社2008年，第185页）

的"此在生存论分析工作"才是从实际被抛的生存本身的"具体性"出发,把时间性作为使生存成为可能的源始的东西揭示开来。他还由此教导黑格尔说,"精神"并非在这里才开始落入时间,"而是它作为时间性的源始**到时而生存**"(见前引)。可见他并不清楚黑格尔在"感性确定性"以及后来的一系列论述中到底在干什么。① 他自己的此在生存论分析虽然一开始就幻想凭自己的独具慧眼能够一次性地为真理"去蔽",并证明所有前人所做的工作都不过是对真理的遮蔽而已,但人们在海德格尔的生存论存在论分析中并没有看出他究竟是如何抵达存在本身的,只看到他一直都在外围转悠。倒是被他贬为"彻底怀疑主义"的黑格尔《精神现象学》,其实一直都在埋头为自己的《逻辑学》(存在论)做着准备,并通过这条"怀疑之路"最后在终点上实现了与形而上学的对接。

二、感性确定性从"意谓"到"共相"

所以,我把黑格尔的《精神现象学》称为"通往形而上学之路"。海德格尔对它的不满,是因为原指望它本身成为一种形而

---

① 海德格尔在后来(1930—1931)关于《精神现象学》的讲座中承认,他是在做这个讲座的"最近几周"才完成了"对整个著作的第一遍阅读"。(海德格尔:《黑格尔的精神现象学》,赵卫国译,南京大学出版社2018年,第47页)可见,他在写《存在与时间》时(1927)还根本没有通读《精神现象学》,而只是根据其结尾的只言片语以及其他地方(如《自然哲学》)来对黑格尔的时间观下判断。至于他在通读了《精神现象学》以后在这个讲座中仍然对黑格尔信口开河、刻意歪曲,我在下面一章将会进行专门的分析和批驳。

上学:"在当时,黑格尔的'逻辑学'是绝对的有神论,而不是存在学。而存在学则被展开为'意识经验的科学'……存在者本身之真理乃是形而上学的本质。"① 他没想到的是,黑格尔不但把整个《精神现象学》视为一条"怀疑之路",而且在这部著作的结尾竟然把《精神现象学》称为"绝对精神的墓地",② 连时间、历史都给埋葬了,这就把一切希望都摧毁了。但黑格尔的"墓地"(Schädelstätte)一词其实大有深意,这里引入的是基督教的一种成说,即耶稣基督(这里就是绝对精神)被钉十字架和埋葬的地方,即"髑髅地",③ 同时也正是他的圣灵升天之处。所以,"墓地"并不表明埋葬了一切希望,相反,它意味着提升到了一个新的层次,时间和历史都被扬弃在了《逻辑学》中。真正的"存在论"并不在《精神现象学》中,而是其目标;要将一切精神现象包括它在时间中呈现出来的各种意识形态全部扬弃以后,才能进入这样一个纯粹的概念世界中。海德格尔当时对这种抽象的逻辑概念体系是不屑一顾的,他认为那不过是"神学"的一种抽象表达,所以他不认为牺牲精神现象学来成全这样一种"神学"有什么意义。④ 但在黑格尔

---

① 海德格尔:《林中路》(修订本),孙周兴译,上海译文出版社2008年,第184页。
② 同上书,第186页。参看黑格尔:《精神现象学》(句读本),邓晓芒译,人民出版社2017年,第491页。
③ 该德文词是对Golgotha的意译,音译为"各各他"(参看《马太福音》27:33)。
④ 海德格尔在1927年的《现象学与神学》中还在说:"**神学是一门实证科学,作为这样一门实证科学,神学便与哲学绝对地区分开来**",并且,"**哲学乃是对神学基本概念的存在者状态上的、而且前基督教的内涵所作的形式上显明着的存在学调教**"。(海德格尔:《路标》,孙周兴译,商务印书馆2000年,第55、72页)但后期他的思想有了变化,神学倾向越来越重,如在

看来,《逻辑学》本身就是以《精神现象学》为前提的,他不但在《精神现象学》第一版标题中标明"科学体系:第一部分"(在后来的版本中去掉了),而且在《逻辑学》的"导论"中再次重申了这一关系:

> 这条道路经过了**意识与客体的关系**的一切形式,而以**科学的概念**为其结果。所以这种概念(且不说它是在逻辑本身以内出现的),在这里无需论证;因为它在它自身那里已经得到了论证;并且它除了仅仅由意识使它发生而外,也不能有其他的论证;意识特有的形态全都消解于概念之中,正如它们之消解于真理之中那样。……
>
> 因为精神现象学不是别的,正是纯科学概念的演绎,所以本书便在这样情况下,把这种概念及其演绎作为前提。①

虽然《精神现象学》再版时将"科学体系:第一部分"字样去掉了,而且后来又将内容大大压缩而置于《哲学全书》的《逻

(接上页)1957 年的《形而上学的存在-神-逻辑学机制》中,他认为黑格尔的逻辑学实际上已经既表达了存在-逻辑学,又表达了神-逻辑学,而"更合乎实情、更明确地来思,形而上学是存在-神-逻辑学(Onto-Theo-Logik)"。(参看《海德格尔选集》下,孙周兴选编,上海三联书店 1996 年,第 832 页,以及第 830、833 页等处)

① 黑格尔:《逻辑学》上卷,杨一之译,商务印书馆 1977 年,第 30 页。

辑学》之后,在"主观精神"中作为一个不起眼的环节,[①]但它与《逻辑学》的这种承接关系始终都没有被否定。[②]究其原因,还不能不承认,正是在《精神现象学》的开端"感性确定性"中,后来渗透于一切的"概念的辩证法"才首次得到了最为具体而直观的呈现,这是《逻辑学》中诸范畴的辩证演进得以顺利展开的最深藏不露的底气。感性确定性不是靠外来的规定,而是靠自身的直接示范,表明了它直接否定自身而成为自身的对立面、成为普遍共相的必然趋势。"我们**说出**的哪怕是感性的东西,也是当作一个普遍的东西来说的;凡是我们所说的,都是:**这一个**,亦即都是**普遍的这一个**,或是:**它存在**;亦即都是**一般的存在**。"[③]特别值得注意的是,黑格尔在此着意区分了"说出的"东西和"意谓"(Meinung)。他说:

[①] 《精神现象学》一书和后来作为《哲学全书》中一个环节的"精神现象学"到底是什么关系,历来论者蜂起,莫衷一是。我的解释是:《精神现象学》本身"还不是真理的一个环节,而只是真理的准备阶段。它要想成为真理的环节,只有等到《逻辑学》这一'纯粹真理'建立之后,……这时,它再次以'精神现象学'的名义出现在'主观精神'中。……仅仅是由于《逻辑学》的建立,使一切虚妄之物蒙上了'绝对理念'的圣光,使它们的'灵魂'得到了'拯救'。……其中明显地可以看出基督教'救世'学说的影子"。(参看拙著:《思辨的张力——黑格尔辩证法新探》,商务印书馆2008年,第182—183页)
[②] 所谓"纯科学概念的演绎"之说,明显承接于康德对范畴的"先验演绎",只不过去掉了其"先验"性,而代之以意识经验的科学。
[③] 黑格尔:《精神现象学》(句读本),邓晓芒译,人民出版社2017年,第63页。

我们完全没有像我们在感性确定性中所**意谓**(meinen)的那样说话。但是如我们所看到的,语言是更真实的东西;在语言中,我们自己直接反驳了我们的**意谓**;并且共相既然是感性确定性的真实的东西,而语言仅仅表达这种真实的东西,所以要我们每次都能把我们所**意谓**的一个感性存在说出来,这是根本不可能的。①

显然,秉承巴门尼德和亚里士多德的传统,黑格尔在谈论"存在"("是")的问题时,不能不把语言拉出来做证。②众所周知,语言本身有两个方面:一个是说出来的语词,它和其他的语词相关;另一个就是所指的意谓(语义),它与词的意向对象相关。按照索绪尔的普通语言学,任何语词除了它本身是"能指"的符号之外,它还必须有"所指",前者是语词的形式,后者是语词的内容。就如这个聚讼纷纭的关键的词语"存在"或"是"(Sein),当我们要从它的形式功能上来理解它时,我们在汉语中可以把它译成"是"(系词);而当我们要从它的内容所指上来理解它时,我们又可以译作汉语的"存在"(动词或名词)。③当然西文中没有这种区分的便利,但也是从这两个方面来理解这个词

---

① 黑格尔:《精神现象学》(句读本),邓晓芒译,人民出版社2017年,第63页。
② 关于巴门尼德对存在和语言之紧密关联的讨论,见拙著:《思辨的张力——黑格尔辩证法新探》,商务印书馆2008年,第27页。
③ 学界关于这个词的译法有所谓"一'是'到底"的主张,实在是因为不明白语言的这双重本性,想要完全撇开意谓而苛求形式上的一律,其实是行不通的。

的。黑格尔的贡献则在于，他首次明确指出了语言这两方面的矛盾性，以及这种矛盾在表达真实的东西或真理时的积极意义，并且是在最简单、最起码的意识的形态"感性确定性"中就展示了这一矛盾的推进作用。感性确定性就是最初的认知，即想把感性当作直接的真理确定下来，但如何确定？必须通过语词（写下来或说出来），而一旦说了出来，这种确定性就否定了它想确定的意谓（同一个"这时"的所指就从"夜晚"变成了"白天"）。换言之，感性本身固有的时间性，一方面使得形式上的确定性失去了真理性，另一方面使得内容上的真理性失去了确定性。这使得感性确定性中的求真理的倾向否定直接的感性而提升到了共相层次，在一个更高的水平上去继续求真理。

但这并非一个单纯的存在论（本体论）的问题，因为感性确定性本身就是一种主客一体的认识，它在客观对象上的时间性的进展也必然伴随着空间关系上的改变，从而带动主观的"我"也发生了变化。所以，黑格尔接下来说：

> "这一个"的另外一个形式"这里"也将会是同一个情况。例如说，**这里是一棵树**。我转一个身，则这里的真理就消失了，而颠倒为它的反面了：**这里不是一棵树，而是一所房子**。这里本身并没有消失；相反，它持续地存在于房子、树木等等的消失之中，并且对于是房子、是树木都无所谓。**这一个因而再次显示自身为中介了的单纯性**或**普遍性**。①

---

① 黑格尔：《精神现象学》（句读本），邓晓芒译，人民出版社2017年，第63—64页。

虽然他说"这里"和"这时"是"同一个情况",但其实情况毕竟有所不同,不同在于"这里"首先涉及的是一个"我",而它的变化不像"这时"那样是对象自发的,而是依赖于"我转一个身",而这个"我"是外在于这个对象的,它是从外面来"说"这个对象。只是由于"我"的立场不断地在改变、在"转身","我"与对象的空间关系才不断地随着"我"在时间中的变化而变化,这种空间关系就被时间化了。所以,"我"针对对象的"意谓"也随之在时间中一个个消失了,只剩下"我"本身作为一个持存下来的共相而保持在"这里"。于是我们现在有两个共相:一个是普遍性的"这一个",任何对象都可以作为"这一个"被感觉;另一个是持存性的"我",任何时候都是同一个"我"在进行感觉,它保留着一切感觉的意谓。双方本质上都是由于时间而呈现出来的。于是,

> 由于感性确定性在自己本身上证明共相是它的对象的真理,所以**纯存在**对它来说就作为它的本质而仍然持存着,但并非作为直接的东西,而是作为这样一种以否定性和中介性为其本质的东西,因而并非作为我们所**意谓**为**存在**的东西,而是被**规定**为抽象性和纯粹共相了的那个**存在**;……①

这里,在对象方面出现了"纯存在"这一共相。但要注意,

---

① 黑格尔:《精神现象学》(句读本),邓晓芒译,人民出版社2017年,第64页。

它与《逻辑学》开端的那个"纯存在"还不能等同，它现在还不是那种在概念思维中直接的、"没有任何进一步规定"的纯存在，而是"以否定性和中介性为其本质"的时间性的存在，它"被规定"为抽象的共相，也就是凌驾于一切意谓之上的普遍的东西。而感性确定性作为意谓在它里面已经全军覆没了，我们在"这一个"里面除了这个抽象的共相以外，已经把握不到任何真实的东西，我们只能把我们原先自以为的东西保留在我们的"自我"之中，"而**我们的意谓**，就其不把感性确定性的真实的东西视为共相而言，便只有在这一个空洞的或无所谓的这时和这里的对面还留存着"，① 也就是只在这个进行认识和感知的"自我"中留存着。这就是认识论上的经验论者在固执于感性的直接经验时，必然从霍布斯、洛克的客观主义走向贝克莱、休谟的主观主义的缘故。于是黑格尔在这里看出来认知和对象之间的一种颠倒的关系：

> 那本来据说是本质东西的对象，现在是感性确定性的非本质的东西；因为对象已变成了的那个共相，不再是像对象曾据称对感性确定性是本质的那样一种东西，反之，感性确定性现在是现成地存在于对立面中，即存在于此前曾是非本质东西的认知中。感性确定性的真理存在于作为**我的**对象的那个对象中，或者说，存在于**意谓**中；这对象存在，因为**我**

---

① 黑格尔：《精神现象学》（句读本），邓晓芒译，人民出版社2017年，第64页。

知道它。所以，感性确定性虽然从对象中被驱赶出去了，但是它还并不因此就被取消了，而仅仅是被逼回到自我里去了；……①

但这个持存的"我"作为一切感性确定性的最后藏身之所，本身还是一个特殊的东西；当它与另外一个"我"（即时间中出现的下一个不同的自我）相关时，它才发现自己并非真正的藏身之所，而是不得不将自己意谓中的感性确定性与下一个"我"的意谓中不同的感性确定性相互抵消。所以，一切意谓在"我"这里也保不住，"在这里，没有消失的就是那个作为**普遍东西的我**，而这个我的看，既不是对于树的看，也不是对于房子的看，而是一个单纯的看，……当我说**我、这一位个别的我**时，我是一般地说：**一切的**我；每一位我都是我所说的东西：**我、这一位个别的我**。"②于是，在认知的"我"这一方，同样由于"我"说出"我"，而使得"这一位""个别的我"也成为"一切的我"，即"我"的共相。这样一来，我们所得到的无非是两个共相，其中都没有了感性的确定性；而要能够坚持感性确定性就只有一个办法，就是不把它分开为对象和"我"，而是就其原来的那个混沌的整体来把握它，甚至直接指着它，固执于"这时"或"这里"的"这一个"，不"转身"，不动摇。然而，又是时间性在作怪：

---

① 黑格尔：《精神现象学》（句读本），邓晓芒译，人民出版社2017年，第64页。
② 同上书，第64—65页。

> 这时；当它被指出来时，它就已经停止其存在了；而**正在存在的这时**是与曾被指出过的这时不同的另一个这时，并且我们看到，这时恰恰就是这样一种东西，当它存在时，它就已经不再存在了。……凡是**曾经存在过**（gewesen）的东西，实际上都不是什么**本质**（Wesen）；**它现在并不存在，而**原先要讨论的是存在。①

就是说，树欲静而风不止，我们现在连回都回不去了。我们只留下走过的轨迹，即感性确定性意识运动的三阶段：1）指着"这时"，确定它的真实性；2）"这时"被扬弃，被判定为不真实，它的不确定性才被认为真实；3）回到最初真实的"这时"，但不再是直接的单纯的东西，而是经过自身反思的间接的东西，即由"他在"来确定自身的普遍性经验的一个"这时"运动，一个包含无数个"这时"的"这时"。这三个阶段是一个"否定之否定"的正、反、合的过程。黑格尔总结道：

> 由此可见，感性确定性的辩证法无非是它的运动或者它的经验的单纯历史，而感性确定性本身无非只是这一历史。因此，自然的意识也总是自己进展到作为它自身的真实东西的这一结果，并造成了对此的经验，只不过意识同样也总是一再地忘记了这一点，而要从头开始这一运动。②

---

① 黑格尔：《精神现象学》（句读本），邓晓芒译，人民出版社2017年，第66页。
② 同上书，第67—68页。

人们总是忘记了感性确定性是一场自否定的运动,而总是想回到起点并执着于起点,如休谟,如雅可比。所以,黑格尔劝他们回到古代谷神和酒神的秘密,即并不相信感性确定性当下在场的存在,而是相信它们的虚无性,并且主动造成它们的虚无性。就连动物也知道感性确定性是可以变成虚无的,在对象面前"毫不犹豫地扑过去,把它们吃掉;整个自然界也像动物一样都在弘扬这些启示出来的神秘,这些神秘教导人们什么是感官事物的真理性"。① 其实感性确定性所确定的真理无非是:不论对象还是主体,它的存在就是它的非存在,而它的非存在就是它的存在,因为它本身是时间性的、运动着的。很明显,在《精神现象学》的这个开端部分,黑格尔已经通过最具体的例子而引向了形而上学的存在论,哪怕是以初级的"自然意识"的方式,却已经道出了浮士德的"智慧的最后断案":"要每天每日开拓生活和自由,然后才能作自由与生活的享受。"② 这就是感性确定性的真理为什么能够一直贯通《精神现象学》的结尾并反映着《逻辑学》中的"存在"概念的奥秘。如果说,在《逻辑学》中,"**各个环节先于完成了的全体**而出场,这个全体的形成过程就是那些环节的运动",那么在"意识经验的科学"即《精神现象学》中却相反,"在**意识**中则是全体、不过是未经把握的全体先于各个环节而出场"。③

---

① 黑格尔:《精神现象学》(句读本),邓晓芒译,人民出版社2017年,第69页。
② 歌德:《浮士德》,郭沫若译,人民文学出版社1983年,第二部第五幕:"宫中广大的前庭"。
③ 黑格尔:《精神现象学》(句读本),邓晓芒译,人民出版社2017年,第485页。

三、感性确定性和语言

特别值得注意的是，在"感性确定性"这一章的最后一段话中，黑格尔专门提出了在意识的这个初级阶段中**语言**所起的作用。这是由于要反驳经验派（休谟等人）而引出的话题，他说这些人所推崇的外部对象的定在（如印象、直观）只是一些"**现实的、绝对个别的、完全私人性质的个体**事物"，其实是只可意谓而说不出来的，"因为所意谓的感性的这一个，是语言**所不能达到的**，语言是属于意识的范围，属于自在的共相的范围"。凡说得出来的就已经是共相了，"因此凡是被称为不可言说的东西，不是别的，只不过是不真实的、无理性的、仅仅意谓着的东西"。所以，"这语言具有这样神圣的本性，即它直接地能把意谓颠倒过来，使它成为某种别的东西，因而使意谓根本不能**用语词来表达**"。[①] 语言在表达个别意谓时，恰好把意谓颠倒过来变成了共相，把直接性变成了间接性，这说明意谓本身是不能用语词直接表达的。唯一能够帮助语言的就是用手直接"指"着所意谓的事物，但就连这一"指"也立刻变成了共相，因为你如何解释这一"指"？是泛泛而指，还是指定这一个，或者是指这一个的某个部分？这都需要解释，因而仍然需要语言。所以，当我们把语言运用于感性确定性中时，如果我们要求我们所说的意谓是"真的"，我们就会随时都遇到"说谎者悖论"，即"我说（或写下）的这句话是假的"，但当我说这句话

---

① 以上均引自黑格尔:《精神现象学》（句读本），邓晓芒译，人民出版社2017年，第69页。

"是假的"时，我说的是"真话"。真实的意谓只有通过这种虚假的方式才能表达，因而真正说来"根本不能用语词来表达"。

当然，黑格尔对语言的这种看法是典型的西方传统看法，即说不出来的就"不存在"，① 因此也就不用说，或者说了也白说。在《小逻辑》中，黑格尔说得更明确：

> 由于**语言**是思想的作品，所以在其中也不可能有任何不是普遍的东西被说出来。凡只是我所**意谓**（meine）的就是**我的**（mein），就是属于我这一个特殊的个体的；但如果语言只表达普遍的东西，那么我就不能说出我仅仅**意谓着**（meine）的东西。而这**不可说的东西**（das Unsagbare），如情感、感觉，并非最卓越最真实的东西，而是最含糊、最不真实的东西。②

---

① 如巴门尼德说："所谓思想就是关于存在的思想，因为你决不可能找到一种不表述存在的思想。"（汪子嵩等：《希腊哲学史》第一卷，人民出版社 1988 年，第 603 页。叶秀山译作："能思想和思想的对象同一。如果没有语言所指的思想对象，就没有思想活动。"见叶秀山：《前苏格拉底哲学研究》，三联书店 1982 年，第 148 页。）柏拉图也说："关于那些似乎存在而其实不存在，可以说而又不真的东西，至今仍同以往一样疑虑重重。很难设想能够表述和思想那虚假的东西，将它当作真实的存在而又不致陷入矛盾。"（转引自汪子嵩等：《希腊哲学史》第一卷，人民出版社 1988 年，第 605 页）
② 黑格尔：《小逻辑》，贺麟译，商务印书馆 1981 年，第 71 页，译文对照德文本 G. W. F. Hegel: *Enzyklopädie der Philosophischen Wissenschaft I*, Werke 8. Suhrkamp Verlag, Frankfurt am Main, 1970，有改动。黑格尔在这里利用了德文动词 meinen（意谓）和物主代词 mein（我的）之间的形态上的相同：意谓的东西就只是我个人所有的东西，没有普遍性和客观性。

在《逻辑学》里，黑格尔也一开始就强调了语言的关键作用：

> 思维形式首先表现和记载在人的**语言**里；那使人和动物区别开来的东西就是思想，这一点在今天可能经常被提醒得不够。语言浸透了所有给人形成内心世界、形成一般表象的东西，浸透了被人造成为自己的东西的一切，凡是人用来造成语言并在语言中表达出来的东西，都以更隐蔽、更混杂或是被强调的方式包含着一个范畴；逻辑的东西对于人来说是如此自然，或者不如说，逻辑的东西就是人的固有的本性自身。①

他还以中国语言作为对照：

> 一种语言如果拥有丰富的逻辑词汇，即对思维规定本身拥有固有的和特有的词汇，这就是它的优点；……中国语言在其形成过程中据说就完全没有或者只是很不充分地达到这种地步；……②

的确，在中国传统观念中是不重视说出来的东西的，也没有形成逻辑上专用的介词和冠词等。但与黑格尔的看法不同，中国传统认为说不出来的东西才是最重要、最真实的东西，如"言者

---

① 黑格尔：《逻辑学》上卷，杨一之译，商务印书馆1977年，第7—8页，译文有改动。
② 同上书，第8页，译文有改动。

所以在意也,得意而忘言"(庄子),"此中有真意,欲辩已忘言"(陶渊明),"欲说还休,欲说还休,却道天凉好个秋"(辛弃疾),等等;哲学上,老子的"道可道,非常道"可作代表。反之,说得出来的东西,在中国古人看来倒是不可靠的,"天何言哉?四时行焉,百物生焉,天何言哉?"所以,对人也必须"听其言而观其行"(孔子)。但有一点黑格尔和中国传统的观点倒是一致的,就是对于这些说不出来的"意谓"就不要去说它们了,它们不属于语言可以表达的东西。只不过黑格尔站在语言学的立场上,将这种"不说"视为对意谓的贬抑或否定,于是认为主观的意谓是毫无意义的,而中国古人却站在反语言学的立场上,认为"不说"才是对"意"的保护,恰好体现了意谓中思想境界的玄妙和高深。双方都没有看到,就真正的全面的语言学而言,不但"说"是语言的功能,而且"不说"也是语言的功能,修辞学上称作"默说"。① 这两种功能其实是须臾也不可能分离开来的(详后)。黑格尔的片面性在于只是从概念和共相以及它们的关系上来逻辑地理解语言的本质,而将非逻辑的感性体验从语言中剥离开来,认为它们只起到了一种"反面教材"的作用;中国传统的片面性则在于,虽然重视语言的"言外之意"的体验功能,却把这种功能视为非语言的,同样只把逻辑功能留给了语言本身。

但我们在这里所关注的主要是,黑格尔如何借助于语言的这

---

① 参看佐藤信夫:《修辞认识》,肖书文译,重庆大学出版社2013年,第一章:"默说或中断",第9页以下。

种建立在概念和共相上的逻辑功能的矛盾性来推动"意识经验的科学"。这门科学迈出的第一步,就是走出感性确定性的直接性和朴素性,向更高的共相领域攀登,也就是进入"知觉"。

"感性确定性"一章其实是很重要的,它包含后来一切发展的基因结构。但通常研究《精神现象学》的学者都把它看轻了,不把这一章认真当回事,仅仅当作一些"早期的、不适当的观念","对自身存在着错误见解",其中对于知识的"曲解"是"既无法通过它们自身的自我形象也无法通过关于完备知识的观念而得到适当的探讨"的;[①] 或者,"它是抽象的,所以它是不适当的和不真实的,这便构成了据以使感性意识上升到知觉的辩证法";[②] 还有人将"感性确定性"归于"幼稚的人"、"低龄儿童"或原始人的认识态度而一笔带过。[③] 国内王树人先生的《历史的哲学反思——关于〈精神现象学〉的研究》则是直接从"主奴关系"开始的,对"感性确定性"只字未提。[④] 倒是从分析哲学的立场出发来研究黑格尔的当代美国哲学家罗伯特·皮平(Robert B. Pippin),在

---

① 查尔斯·泰勒:《黑格尔》,张国清、朱进东译,译林出版社2002年,第201页注⑤。
② W. T. 司退斯:《黑格尔哲学》,康惠和、宋祖良译,中国社会科学出版社1989年,第305页。
③ 科耶夫:《黑格尔导读》,姜志辉译,译林出版社2005年,第42页。这部专门讨论《精神现象学》且影响巨大的著作在700多页篇幅中只给"感性确定性"部分留下了不到4页的提纲。
④ 王树人:《历史的哲学反思——关于〈精神现象学〉的研究》,中国社会科学出版社1988年。

其《黑格尔的观念论》中花了不少篇幅（第116—125页，中译本第161—174页）分析"感性确定性"一章。但这些分析，与其说是为了理解，不如说是为了"清除混乱"。如他所说："可以理解，黑格尔在处理纯粹'感性确定的'经验的内在连贯性、并因而建立经验的知觉的和最终是概念的预设时所用的论证，导致许多混乱。"① 这些"混乱"或者说"相当令人糊涂的方式"主要体现在黑格尔对"这时"和"这里"的阐发上。其中，"正是通过运用这些复杂的空间和时间的指示者，感性确定性才揭示它是'依靠普遍'的，它之把握一个特殊的这个，如黑格尔指出的，依赖那不是这个的东西，也就是依赖一个囊括许多这个的概念。……因此，一个感性确定的经验，按它自己的假设，实际上就像是经验中最没有规定的经验，甚至是一个不可说的经验，只是'它存在'或'一般的存在'这样的经验"；经验本身不可说，就只有依靠语言的共相才可保存，这就导致了人们认为，"所有经验都在某种程度上依赖语言以获得它的可能性"。② 而这也就使得人们预计在黑格尔后面的章节中，"这类语言检验会作为《精神现象学》反思论述的标尺重新出现"，③ 或者说，会像分析哲学那样处处用语义分析做标准去严格衡量和检验每个概念。但黑格尔让人失望了，他这里提到语言，并不是要建立一套语言分析哲学的检验工具。

---

① 罗伯特·皮平:《黑格尔的观念论——自意识的满足》，陈虎平译，华夏出版社2006年，第164页。
② 同上书，第165页。
③ 同上。

在后面的论述中,他关于语言只谈到语言的起源(语言和劳动)、语言的作品、语言在社会生活中的作用及其异化、伦理的语言和艺术的语言等,这些都不是分析哲学所感兴趣的。但他似乎再也没有回到"感性确定性"中对语言本身的"标准化"使用上来。所以,皮平认为,黑格尔要证明感性确定性缺乏"规定能力",不一定要诉诸语言,他引入语言不过是一种人为的"解释",而不是必要的"辩护"。而且就连这种解释,在皮平看来也是不合法的。

例如,黑格尔把感性确定性中所出现的"这时"和"这里"通过"说"而变成了普遍的"共相",这是"令人糊涂的",因为这些词"显然不是分类概念"(种属),它们也不能被说成是"普遍的","正如不能说感性确定性为着指示它的对象也许选择的专名不是普遍一样"。[①]如果强行将它们说成是普遍的,也只能说是一种"无规定的普遍性",但这时我们将不能用它来做判断,否则就会把"这时是中午"理解成像"人是苏格拉底"这样的错误命题,那将是"以一种怪异的方式在表述黑格尔试图提出的论点。没有任何清晰的哲学先辈试过这种说话方式",所以只表明"黑格尔还急于运用一点他的逻辑理论来解释这种分析,所有这些极大地模糊了他的努力"。[②]皮平对黑格尔的这些批评虽然口气比较

---

① 罗伯特·皮平:《黑格尔的观念论——自意识的满足》,陈虎平译,华夏出版社2006年,第166页。
② 同上书,第172页。据说像"这里是一棵树,这时是中午"之类的判断是一些"古怪的主张",因为"这些判断颠倒了主-谓词判断中标准的一般性次序;主词项的普遍性大于谓词项,而不是相反"(见该书,第171页)。

委婉,却清楚地表达了分析哲学思路和思辨哲学思路的分歧。就"这一个"(包括"这时"和"这里")来说,黑格尔当然不是要把它当作种属"分类"的概念,但也不是"专名",而只是一个一般的指示词,它可以到处使用,但每次使用都只能指定一个。所以,"这一个"本身是具有辩证性的词,它的所指(意谓)可以变来变去、被否定或取消,但它本身作为能指(指示词)却不能被取消,它普遍地保持在每次的"这是……"的判断中。皮平把"这时是中午"与"人是苏格拉底"相提并论是不恰当的,与之相应的命题应该是"**这人是苏格拉底**",显然,他无法理解"这一个"(或"这")一词怎么可能既是个别的,又是共相。

其实对于这类指示词,分析哲学家们历来都表现得束手无策。例如罗素(Bertrand Arthur William Russell)就认为,普通的专名其实都是"伪装的或简化了的摹状词",唯独当下亲知的"纯粹指示词"才是真正的专名,这就是所谓的"逻辑专名",如"这"或"那"。[①] 他认为这种逻辑专名"只具有一种指称功能,它没有内涵",只是"**指示**"某种东西,但不"**描述**"这种东西。罗素说:

> 我们可以用"这"作为一个专名来代表我们在当时亲知的殊相。我们说:"这是白的"。如果你同意"这是白",表明你看见了这个"这",那么你就是把"这"作专名使用。但是如果你想理解我们在说"这是白的"时所表达的命题,那么你就

---

① 参看 M. K. 穆尼茨:《当代分析哲学》,吴牟人等译,复旦大学出版社1986年,第182页。

不是把"这"用作专名了。……而且在这一点上，它作为一个专名有一种奇特的性质，这就是它几乎不能连续在两个时刻指同一个东西，几乎不能对说话者和听话者指同一个东西。它是**一个模糊的专名**，可它仍然确确实实是一个专名，而且它几乎是我能想到的唯一能恰当地、在我所谈论的那个逻辑意义上可当作专名的词。①

罗素看来对黑格尔的《精神现象学》的"感性确定性"并不陌生（据说他曾经是一个黑格尔主义者），只是他的理解太糟糕了，居然把"这"称为一个"模糊的专名"！其实，只要把**时间**因素考虑进来，任何专名都会是"模糊"的：苏格拉底早就"不在"了，罗素也已"不在"了，"这棵树"或"白"也将不在，连地球或万物都可能不在——那就根本不会有什么"专名"。但如果撇开时间，单从逻辑上考虑，那就连命名都谈不上了，纯粹的"逻辑专名"就如同"木制的铁"、"圆形的方"一样荒谬。② 在这

---

① M. K. 穆尼茨:《当代分析哲学》，吴牟人等译，复旦大学出版社 1986 年，第 183 页。

② 罗素的另一桩公案也与这里相似，他曾说笛卡尔的"我思故我在"把"我思"作为理论前提是不能成立的，因为"这里'我'字其实于理不通；他该把原始前提叙述成'思维是有的'这个形式才对。'我'字在语法上虽然便当，但是它表述的不是已知事项"。（罗素:《西方哲学史》下卷，马元德译，商务印书馆 1981 年，第 91 页）黑格尔在"感性确定性"一章中所建立的两种"这"正是对象的"这一个"和我"这一位"，都受到了罗素的质疑：一个不是共相，另一个则"于理不通"。但罗素在自己这本书中到处使用的"我以为"、"我感到"、"我相信"、"我赞同"等，不是在"表述已知事项"，又是在干什么呢？可见分析哲学家就是处理不了"这一个"、"我"这类指示词。

个问题上,维特根斯坦的说法比较靠谱,他说:

> 指示词"这个"永远不能没有拥有者。也许有人这样说:"只要有一个'这个','这个'一词就有意义,无论'这个'是简单还是复杂。"——但这并不能使这个词变为一个名称。恰恰相反:因为一个名称不是借助指向的手势来使用的,而只是借助指向的手势加以解释的。①

看来,还是黑格尔把"这一个"看作同时具有直接性和间接性(中介性)的辩证本性更能够顺理成章。正是由于这种辩证本性(时间或运动的本性),感性确定性的"这个"才借助于语词而从无定形的"意谓"跃升到了确定的普遍共相,它虽然不能普遍地"解释"什么,却能普遍地"使用"。这个道理,连中国古代的公孙龙子也早就猜到了:"物莫非指,而指非指"②,万物都可以被指认(所指),而指认者(能指)则不在其中,它已经跳到一切所指之外、之上,本身不再是一个所指了。而这种跃升本质上是《精神现象学》后面一切意识形态前进的内部动力,它化身为更高层次的一系列矛盾进展,而不必停留于语言或命名的这一基础性的颠倒之中。虽然我们在后面表面上已见不到语言的这种魔力所起的作用了,但其实它已经积淀在那些更高的矛盾冲突底下,成为隐藏在意

---

① 维特根斯坦:《哲学研究》,汤潮、范光棣译,三联书店 1992 年,第 31—32 页。
② 公孙龙子:《指物论》。对该篇的注释繁多,我在后面将详为解释。

识经验深层的暗礁；直到《精神现象学》结尾的水落石出，语言的逻辑功能才在《逻辑学》中突显为纯粹概念的矛盾进展。

四、知觉、知性和自我意识

感性确定性应该是最无形而上学缘分的意识形态了，无数的哲学家想要拒斥形而上学，就援引感性确定性。但黑格尔恰好揭示出来，就在感性确定性本身中其实已经暗含了形而上学的苗头，至少它认为自己是真正的"存在"并且想要确定这一点。而这点苗头也正好把感性确定性带离了自己的原位，变成了共相。既然已经上升到了共相，所有的感性对象都归结到"这一个"，所有的主观意谓都归结到"我"，那么我们在感性世界中就只需和这一对共相打交道就行了，这样我们就不必被感觉拖着走，而是能够主动地、有意识地去把握感觉，而这就是"知觉"。知觉就是意识到了的感觉。在知觉中，对象一方的"这一个"被固定成了"物"（Ding，或译"事物"），而"我"这一方不能再坚持自己的"意谓"了，它必须服从客观的物，而就它的主观方面而言，则被贬为了"假象"（Täuschung）。"我"主观中有各种各样的意谓，它们在被统一于"物"中以前都只能被视为假象。只有一条路可以让它们摆脱假象，这就是使"多"统一为"一"，使诸多意谓被解释为一个事物的诸多属性。①

---

① 这其实也正是当年亚里士多德走过的路。他想在当时纷纭复杂的各种"存在"中寻求一种"作为存在的存在"，以此作为主词，而将其他存在都作为主词的宾词，否则一切所谓的"存在"都会是没有根基的假象。这样他才建立起了以"第一实体"为基础的"存在论"或"本体论"。

但这条路是很艰难的,因为知觉中的物如同感性确定性中的对象一样,再次分裂成了"一"和"多",即同一个物自身和众多属性的"也"(das Auch)。这些"也"互不相通,最终归结到"我"作为知觉者对物所采取的不同视角,即"就此而言"的主观判断。而这种主观判断作为同一个"我"的反思活动,也在努力寻求着内部的统一,并把这种内部统一视为对象或事物的外部统一的根据,如同莱布尼茨的"单子"那样,在知觉中反映整个外部世界。于是,这时知觉中就发生了一场"哥白尼式的革命",即不再努力使"我"的观念去符合对象,而是反过来,让对象来符合"我"的观念(康德)。这就进入了"知性"(Verstand)阶段。"知性"现在来收拾局面了。"我"的知觉所追寻的那个"物本身"反正是追寻不到了,我们干脆把它划开,归于不可知的"自在之物",而仅仅限于就我们所能够追求到的物的经验知识,"就此而言"来加以分析。我们会发现,这些知觉或者说经验的"假象"其实并不假,而是"我"努力追求对象时所主动建立起来的"现象"。我们在这些现象中可以分析出来两种"力":一种是自在之物冥冥中刺激我们的感官的力,我们不知它从何而来,但通过感官接收到了它的后果,这就是各种经验性的材料;另一种是我们自己自发地把握或综合这些材料的力,这就是自我意识的先天综合统一的能力,这种能力就是知性。

牛顿当年曾经警告:物理学,当心形而上学啊!但康德恰好从牛顿和伽利略的物理学中看到了"自然形而上学"的前提,这就是知性为自然界"立法",使整个经验世界或现象世界都服从知性的先天范畴所建立起来的各种"规律",这些规律构成了一个"超感官世界"。这个世界虽然超感官,但仍然是现象界,而不涉及自在之物。尽管如此,这些现象界的规律仍然被看作"客观的",并不随我们的意志而转移,而是有其先天的普遍必然性。现在,这些规律被知性看作力和力的表现,再次进入一和多的关系,即普遍规律(如万有引力)和特殊规律(如自由落体等)的关系,它们都有特定的公式来计算和换算,来表达同一个力的转化中数量上的变更(如牛顿的《自然哲学的数学原理》)。这些量化的、机械力学的规律其实只是知性对超感官世界的一种"解释",表达的是一种"静止的规律",但正是在这个力的转化中,显示了"**第二种规律**",即"**相同者之成为不相同,不相同者之成为相同**"。①这不再只是定量化的规律,而是力的自否定的辩证规律,是质的颠倒和内在本质的揭示,这样形成的是第二个超感官世界。这第二个超感官世界不再局限于感性对象和现象中,而是返回到自在之物,因此也不再只是自然物中的两极相通,而是作为认知者和行动者的意识本身的内在机制(例如罪与罚机制),它摆脱了外在感性对象的限制而在自身内达到了"无限性"。黑格尔对知性的这种内在的无限性做了充满激情的描述:

> 这个单纯的无限性或绝对概念可以叫作生命的单纯本质、世界的灵魂、普遍的血脉,它在一切场合下都不被任何

---

① 黑格尔:《精神现象学》(句读本),邓晓芒译,人民出版社2017年,第99页。

区别所模糊，也不为之中断，它本身毋宁就是一切区别，正如它是一切区别之扬弃，因此它以自身的脉搏跳动而又岿然不动，它自身震颤而并无不安。①

以这种眼光来回顾从感性确定性、知觉到知性所走过的历程，就可以看出在这些意识形态的艰难跋涉中贯穿的正是这种"生命的单纯本质"，它现在突围出来了。谢林在自然界的两极相通中已经发现了这种生命本质和世界灵魂，但还没有把它们都归于意识本身的内在机制。黑格尔则看出，"无限性或者这种纯粹自身运动的绝对不安息……虽然已经是前此一切阶段的灵魂了，然而只有在**内在东西**中它自身才自由地显露出来"；而"由于它最终对意识而言才是对象，才是**它所是的东西**，于是意识就是**自我意识**"。② 换言之，知性在为对象世界中的无限性或两极相通寻找其根源时返回到了意识的内部，发现正是知性的意识主体在为自然界立法时把自身的无限性外化在对象中，才形成了第二个超感官世界的眼光，于是它对自身的看法也必然发生了改变，即从意识阶段提升到了自我意识阶段。当然，这是康德在知性的顶点已经达到的阶段，但他到此就止步了，没有进一步探讨自我意识本身的内在结构。黑格尔则突入了这种结构，并继续展示出自我意识的发展方向。

黑格尔说："伴随着自我意识我们现在就跨进真理自家的王国

---

① 黑格尔：《精神现象学》（句读本），邓晓芒译，人民出版社2017年，第103页。
② 同上书，第104—105页。

了。"① 什么叫作"真理自家的王国"？就是主体和客体互相符合的王国。在自我意识那里不再有主体和客体的对立和错位，而总是主体和客体相一致。在自我意识面前，整个从感性确定性到知性所认为的对象世界现在都成了"我"的对象，成了"自我意识的诸环节"，也就是成了"我"的欲望的对象。自我意识首先就体现为对客体的欲望，它不再觉得客体是异己的，而是在对象上看到了自己，将面前的客体变成了自己的一部分，最初的"天人合一"就是通过这种欲望而建立起来的。所以自我意识的第一个环节就是"欲望"。由此进入第二个环节就是"生命"，这是广义的生命，天地万物的生命，万物由于自我意识的欲望而有了生命，它们成了我的"无机的身体"。当然，生命的运动本身要求它的自我分裂，将自己划分为我的和非我的，但这只是为了让非我的一方服从我的一方，从而扬弃这种分裂而复归于统一。但这种统一本身又要发生分裂，通过繁殖而成为一道流动不息的生命之河，这就进入第三环节"类"。类的统一性不同于单个生命的统一，它是一种"普遍的统一"，② 因为这时自我意识面对另一个或者另一些同样有生命的自我意识，并对它们抱有欲望。"**自我意识只有在一个另外的自我意识里才得到它的满足**"，它已经是一个"**为了某个自我意识的自我意识**"了。③ 自我意识的这三个层次表明了它的概念结构，但它的现实存在却只能是在一个自我意识和另一个自我

---

① 黑格尔:《精神现象学》(句读本)，邓晓芒译，人民出版社2017年，第110页。
② 同上书，第114页。
③ 同上书，第115页。

意识之间的关系中展开，从而体现为"双重的自我意识"，即使是单个的自我意识，它的行为也具有"双重含义"，[①] 也就是今天我们所说的"主体间性"（Intersubjektivität）的含义。

但一个自我意识与另一个自我意识要想达到类的统一谈何容易，它们各自的欲望不同，生命独立，使得它们一开始只能是处于对立和斗争之中，为了自己的独立而互不承认对方的独立性。这种对立通过"生死斗争"最终使双方的关系成为"主奴关系"，这是它们所能够达到的第一种"承认"关系。"现在所产生的则是一种片面的和不平等的承认"[②]，它首先展示出双方的不平等方面。[③]

---

① 黑格尔：《精神现象学》（句读本），邓晓芒译，人民出版社2017年，第116—117页。
② 同上书，第121页。
③ 科耶夫在其著名的《黑格尔导读》中说，人的生死斗争是为了"欲求另一个人的欲望，就是希望我所是的价值或我所'代表'的价值是另一个人所欲求的价值：我希望他'承认'我的价值就像承认他的价值"，人的每一个欲望"最终和'承认'的欲望紧密地联系在一起……谈论自我意识的'起源'，就必须谈论为了得到'承认'的生死斗争，甚至说，"如果没有这种为了纯荣誉的生死斗争，也就没有在世界上的人"。（见该书，姜志辉译，译林出版社2005年，第7—8页）但这种影响广泛的说法在黑格尔那里却毫无根据，更不反映人类社会起源时的真实状况，顶多反映了现代法国知识分子和存在主义者对人类原始时代的浪漫主义幻想。事实上，人类的相互斗争一开始绝不是为了得到他人"承认"或"纯荣誉"，而只是为了自己活命，"承认"并不是争来的，而是在斗争中相互妥协的结果。所以，即使是奴隶社会，也已经有了一定程度的相互承认（所谓"做稳了奴隶的时代"），不但奴隶承认主人的高贵地位，主人也承认奴隶的生存权（而不是随意杀死或吃掉），在此基础上甚至发展出了高度的文明（如希腊罗马文明，不少艺术家和哲学家都出身于奴隶）。至于为了得到一个"平等"地位的承认而做生死斗争，则只是人类社会发展到较高阶段时的现象，而在整个西方封建时代，不平等的等级制仍然是社会上下一致承认的制度。

不过,这一点一经确立,主奴双方就开始否定自身而向对方转化,即奴隶由于直接与自然界打交道而成为对象的实际上的主人,主人则由于长期充当寄生虫而成为自己欲望的奴隶。经过这样一种颠倒,自我意识开始意识到自己的自由,即自由并不在于与对象世界和他人的外部关系,而在于人自己头脑里的思想。最早懂得这一点的是斯多葛派的哲学家,他们鼓吹从一切外在生活中退出来,退回到思想的单纯本质性中,以这种方式超越奴隶性(包括主人所堕入的那种奴隶性),使自由获得一种"世界精神"的普遍形式,却是形式主义的、空无内容的。怀疑派则使这种思想的自由介入现实的每一个规定性,以否定或怀疑任何一个有具体内容的命题来显示自己的自由。而这两派的结合则形成了所谓"不幸的意识",也就是上帝的"不变的意识"和现实中绝望的"变化的意识"之间的对照。外在的主奴关系内化成个体心中的"主"(上帝)和渺小的日常自我("仆")之间的巨大反差,并在基督教的"三位一体"结构中得到调和。上帝的道成肉身使彼岸和此岸、普遍和个别在自我意识中达成了统一,自我意识由此超越自身对现实生活的实践意志的享受态度,牺牲自己的自由而把意志规定为一个"他者"即上帝的普遍意志。这普遍意志通过彼岸扬弃了不幸的意识,但这个彼岸的对象对于个别意识来说,就把它的自为的"行为和存在"颠倒为"**自在的**存在和行为,在其中**理性**这一表象就对它形成了,这就是意识的确定性的表象,即确信在它的个别性里它绝对**自在地**存在着,或它就是一切实在性"。① 这就从

---

① 黑格尔:《精神现象学》(句读本),邓晓芒译,人民出版社2017年,第141页。

意识、自我意识进入到了"理性",这是《精神现象学》的第三个环节,也是包容量最大的环节。

五、理性

理性是自我意识的矛盾进展的最后成果,它使自我意识借助于不变的意识(上帝)而使自己的个别性获得了确定的形式,具有了绝对自在的存在或实在性。而这种理性也正是整个《精神现象学》后面部分的真正主题,它不但涵盖了理论理性和实践理性,而且作为主观精神的总结,也延伸到了客观精神,即伦理(包括家庭、国家、法律)和教化及道德,以及绝对精神即宗教(包括艺术)和绝对认知(哲学)。实际上,理性部分可以说纳入了黑格尔后来的《哲学全书》中"应用逻辑学"(自然哲学和精神哲学)的所有内容。但我们这里只需考察一下他在第五章"理性的确定性与真理性"中前面的"导言"部分(唯心主义、范畴、统觉)就行了,它直接标明了从"精神现象学"走向真正的形而上学所遵循的道路。

理性的确定性与真理性一开始是建立在"唯心主义"之上的。因为如上所述,不幸的意识已经确立了一个彼岸的自在存在,这使得意识"将自己的自为存在从自身中逼出来并将它造就为存在",因而"在把握到**个别的**意识**自在地**即是绝对本质这一思想时,就返回到了它自身"。[①] 个别自我意识由此而确立起了自身的

---

① 黑格尔:《精神现象学》(句读本),邓晓芒译,人民出版社2017年,第145页。

确定性，它不再需要牺牲世界来坚持自身的独立，反而确信它自己就是这个世界的真理，这就是唯心主义的态度。所以，唯心主义在历史上是有重大贡献的，它首次使理性成了世界的原则。前此走过的道路，从感性确定性到知性，都已经证明"凡是**存在**的或是**自在**的东西，只有当它**为**意识而存在并且是**为意识**的东西时，它才也是**自在**的"，① 也就是证明了理性的唯心主义的起源。这种唯心主义现在仅凭"我就是我"（费希特）的自我意识就保证了自己的一切实在性，一切"非我"都是由于我的理性而具有了"他者"的确定性。于是自我意识就不仅在理性上表现为确定性，而且通过理性而表现为唯一的真理性（即意识和对象的统一）。理性的这种唯心主义起源所代表的只是西方理性中的"努斯精神"的要素，但它同时也要求自己在实行中展示出其固有的"逻各斯精神"的功能，② 这就是"范畴"。

范畴在亚里士多德那里是一切存在者的本质性，康德则从唯心主义立场把它变成了自我意识的本质性，自我意识借此表明它和经验对象、和存在是同一个本质，但康德却又将自在的存在从中区别开来并置于范畴的彼岸，这是一种"片面的、坏的唯心主义"。直到费希特的自我意识才进一步表明了，"区别是**存在的**，

---

① 黑格尔：《精神现象学》（句读本），邓晓芒译，人民出版社 2017 年，第 147 页。
② 关于西方理性中的努斯精神和逻各斯精神的双重本质的论述，可参看拙著：《思辨的张力——黑格尔辩证法新探》，商务印书馆 2008 年，特别是第一章"黑格尔辩证法的两个起源"。

但又是完全透明的，它作为一个区别同时又不是什么区别"。①康德把诸范畴视为他从亚里士多德的判断分类中所"发现"的东西而简单接受下来，费希特则从单纯的自我意识中"推演"出这些范畴来，将它们建构为一种"否定的统一"。所以，范畴就成了同一个意识的诸环节，"这些不同环节中的每一个环节都指示着另一环节；但同时它在这些环节中并不归于任何他在……它本身就是纯粹意识，它在每个种里面仍保持着它与自身的这种清晰的统一，但这个统一同样又指向一个他者，这他者通过其存在而消失，也通过其消失而再生出来了"。②

这就是康德所提出的自我意识的"本源的统觉的综合统一"原则。但这一原则在康德那里还是极其抽象的，它仅仅立足于"我的一切表象都是我的表象"这样一句空洞的话，用来把一切范畴都装进它的大口袋里面，而把自在之物当作不可认知的他者留在外面。费希特则为这一统觉的命题赋予了丰富的内容，启动了范畴本身的矛盾进展。但就连他也没有能够完全摆脱自在之物的纠缠，而只是寄托于对绝对实在性的不停地寻找，却永远也不可能找到。在黑格尔看来，理性不应该仅仅停留于这种半途而废的状态。"现实的理性并不如此前后不一贯；相反，它最初只是**确信**自己是全部实在性，它在这个**概念**中意识到，作为**确定性**，作为**我**，它还并不是在真理中的实在性，它被驱使着将它的确定性提

---

① 黑格尔：《精神现象学》（句读本），邓晓芒译，人民出版社2017年，第148页。
② 同上书，第149页。

高到真理性,并将**空洞的我**的加以充实。"① 这短短的一句话,实际上给后面所有的意识形态进展定下了目标,这就是将理性在自我意识中的确定性提高到真理性,也就是提高到与纯粹概念相符合的实在性,最终是达到概念式把握的精神向着定在的直接性的返回,这就是作为《精神现象学》最后一环的"绝对认知"②。

六、绝对认知

经过了理性的漫长的历程,特别是经过理性在"客观精神"和"绝对精神"这两个环节(它们在《哲学全书》中被从"精神现象学"中切割下来单独成篇)中的历练,精神终于实现了对自己自我意识的"概念式把握",并在这一层次上返回到了"定在的直接性"。所谓概念,就是精神的内容"以这样一种自我性的**形式**,以定在在其中直接就是思想的这种形式,这个内容就是**概念**"。"因而,由于精神获得了概念,它就在其生命的这种以太中,展开自己的定在和运动,它就是**科学**。"③ 这个原文打了着重号的"科学",就是绝对认知,它指向的是《逻辑学》。《精神现象学》在绝对认知上走到了自己的终点,同时也打开了纯粹概念的科学、作为科学的科学的大门,即打开了《逻辑学》的大门。但它在这

---

① 黑格尔:《精神现象学》(句读本),邓晓芒译,人民出版社2017年,第151页。
② 我这里不译作"绝对知识"而译作"绝对认知",是因为 Wissen 这个德文词是一个直接将动词首字大写而构成的动名词,动态感很强,它不代表结论而代表着起步,译作"知识"则成了一个完全静止的名词。
③ 同上书,第489页。

个终点或起点上还需要完成一个重要的任务,这就是回顾自己以往所走过的历程并对之做出评价,将这一历程与"科学"加以比较,借此确定《精神现象学》和《逻辑学》的关系。两者的区别主要在于:

> 精神运动的各环节在科学中不再呈现为各种特定的**意识形态**,而是由于精神的区别已经返回到了自我,这些环节就呈现为**各种特定的概念**,以及这些概念的有机的、以自身为根据的运动。如果说在精神现象学中,每一环节都是认知与真理的区别和这区别借以扬弃自身的运动,那么相反地,科学并不包含这种区别及其扬弃,而是由于这个环节具有概念的形式,它就把真理的对象性的形式和认知着的自我的形式结合在直接的统一体中。这环节不是作为从意识或表象到自我意识,以及相反地从后者到前者的反复往来的运动而出场,而是作为自我意识的纯粹的形态、即摆脱了它在意识中的现象的形态出场,亦即作为纯粹概念而出场,而纯粹概念的前进运动唯独依赖于它的纯粹**规定性**。①

简言之,在绝对认知这个最后阶段,精神运动不再以意识的形态出场,而是以纯粹概念的形式出场;所包含的不再是意识形态中认知和真理、自我和对象的区别以及由这种区别而来的矛盾

---

① 黑格尔:《精神现象学》(句读本),邓晓芒译,人民出版社2017年,第489页。

冲突，也不再是由此所造成的意识形态的运动，而是单凭纯粹概念本身所包含的规定性和否定性（一切规定都是否定）而运动。当然，尽管有这种区别，这两套程序又是相互对应的，"与科学的每一个抽象环节相对应，一般讲来都有显现着的精神的一个形态"，而后一形态则恰好呈现出前者的"实在性的方面"。① 正因为如此，我们不可把《逻辑学》看作一套与现实的东西无关的形式规范，相反，

> 科学在自己本身中就包含着纯粹概念形式自身外化的必然性和概念向意识的过渡。因为自我认知的精神正由于它把握了自己的概念，所以它才是与自己本身的直接同一性，这种同一性在自己的区别中就是**关于直接东西的确定性，或感性意识**，——即我们曾由以出发的开端；把精神从其自身的形式中这样释放出来，就是精神自我认知的最高的自由和保证。②

由此可见，我们所经历的这部《精神现象学》，究其实质来说不过是《逻辑学》的必然的"自身外化"；在这种外化中，自我认知的精神实际上与它自己的概念是同一的，但又有所不同，即它首先必须区别于自身而从感性确定性开始，这样把精神按照

---

① 黑格尔：《精神现象学》（句读本），邓晓芒译，人民出版社2017年，第489页。
② 同上书，第490页。

自身的形式（即逻辑学的形式）释放出来，既体现了精神的自我认知的最高自由，又是这种认知的真理性的保证。但精神现象学的这种外化形态在达到其最终形态"绝对认知"之前，毕竟又还是不完善的，还受到有限的意识经验的束缚而未获得充分的自由。精神在绝对认知阶段看到了自己在现象学中的有限性和自否定的必然性，于是就把自己的外化看作一种"牺牲"，让它在自然界中把自己的存在直观为空间，而在历史中把自己看作"外化到时间里的精神"。"不过，这种外化同样也是对外化自身的外化；否定就是对它自身的否定"，于是，"由于精神的完成就在于完全**认知到它是**什么，即它的实体，所以这种认知就是它的**深入自身**，在这一过程里，它抛弃了它的定在，并把它的形态托付给回忆"。①这里可以看出，《逻辑学》是对《精神现象学》中的自否定历程的否定，正因此又是对它的内容的肯定，即在绝对认知中认知到"它是"什么，也就是揭示出它的"存在"（"是"），这种认知和揭示就是精神的"深入自身"，也就是"回忆"（"回忆"的德文，即 Erinnerung，本身就有"向内深入"的意思。黑格尔后面还特意把它写成 Er-Innerung，以突出这种意思）。

柏拉图在他的"回忆说"里举了一个例子，就是我们可以从一把七弦琴回忆起以前常用它来弹奏的一位爱人，以比喻我们在感性事物上可以回忆起灵魂生前在理念世界中所获得的知识，因为这些感性事物都是那个理念世界的摹本。在黑格尔这里，精神

---

① 黑格尔:《精神现象学》（句读本），邓晓芒译，人民出版社2017年，第490页。

现象学就是逻辑学的摹本，现在我们站在精神现象学的终点，即立足于逻辑学，而从头回忆它走过的历程，"当这个精神看起来仿佛只是从自己出发，再次从头开始它的教养时，那么它的这种开始同时也处于一个较高的阶段上"。① 我们由此进入了精神的"深处"即"**绝对概念**"的逻辑学中，使它从"我"的深处走出来、启示出来，通过"我"的自我否定而外化为实体；而这种否定性就是"**我**的**时间**，即这个外化是在它自己本身中外化自己，从而既存在于自己的扩展中，又存在于自己的深处、即自我中"。② 这就是前面提到的海德格尔在《存在与时间》中所引用的那段话的意思，即"时间是作为尚未在自身中完成的精神的命运和必然性而显现的"。③ 海德格尔认为黑格尔在此揭示了时间和存在的一种"源始亲缘关系"，④ 却没有注意到，当黑格尔说精神"只要它还没有**把握到**它的纯粹概念，就是说，只要它还没有把时间清除掉，它就会一直显现在时间中"⑤ 时，言下之意其实是，一旦精神把握到了它的纯粹概念，它就会把时间清除掉，而一身轻松地提升到逻辑学。逻辑学就是消除了时间的纯粹概念体系，只有这样一个体系才能进入真正意义上的"存在论"，从而建立起一门形而上学。海德格尔之所以有意忽略黑格尔的这层意思，看来是因

---

① 黑格尔:《精神现象学》(句读本)，邓晓芒译，人民出版社2017年，第491页。
② 同上。
③ 同上书，第485页。
④ 海德格尔:《存在与时间》，陈嘉映、王庆节译，三联书店1987年，第510页。
⑤ 黑格尔:《精神现象学》(句读本)，邓晓芒译，人民出版社2017年，第485页。

为他不接受黑格尔把逻辑学视为形而上学的做法。他要做的事情完全相反,是想把时间和存在紧紧地捆在一起来重建形而上学,认为没有时间,谈什么存在论?他想建立的是一种"有根的存在论"。① 他甚至认为,在黑格尔那里,"**精神现象学的科学无非就是绝对存在论的基础存在论**"!②

但黑格尔则把这两者区分得很清楚。他的形而上学构架是柏拉图和亚里士多德式的:有时间则还不是形而上学("物理学之后"),而只是"物理学";形而上学则不再讨论时间问题了。虽然黑格尔眼中真正的时间不是物理学或自然科学的定量化、空间化了的时间,而是自我意识的历史的时间,但仍然是经验性的时间,这就达不到形而上学的要求。但这种时间中的精神现象学与逻辑学又在根本上是一致的,前者可以而且必然通往后者,也只有前者才能通往后者。当然,这是一个精神的脱胎换骨的过程,绝不会是一蹴而就的,也不靠外来的力量推动,而是必须由精神自己在时间中一步一步地走过来。而这就是"*我*的**时间**",也就是说,"这个外化是在它自己本身中外化自己,从而既存在于自己的扩展中,又存在于自己的深处、即自我中"。这一进程的目标或终点就是绝对认知,或把自己作为精神来认知的精神,它"以对各个精神的回忆作为自己的道路,即回忆这些精神在自己本身中是

---

① 参看海德格尔:《形而上学导论》,熊伟、王庆节译,商务印书馆1996年,第187—188、204—205等页。具体分析详后。
② 海德格尔:《黑格尔的精神现象学》,赵卫国译,南京大学出版社2018年,第174页。

怎样存在的,以及怎样实现它们的王国的机体组织的"。①

于是,精神现象学在最后的"绝对认知"环节就呈现出两个密切相关的方面:一方面,精神"按照它们的自由的、以偶然性形式显现出来的定在方面加以保存,就是历史",但另一方面,"按照它们被概念式把握的机体组织方面加以保存,就是**显现着的认知的科学**"。而两者合起来就是"被概念式地把握了的历史",它"就构成绝对精神的回忆和髑髅地,构成其王座的现实性、真理性和确定性,没有这个王座,绝对精神就会是没有生命的孤寂的东西"。②所谓"显现着的认知的科学"虽然已经是"认知科学"了,但还只是"显现着的",即还未完全脱离精神现象学而进入逻辑学;或者说,它是一个临界点,从中已经可以瞻仰真正的"科学"即逻辑学了,但是它本身还留在精神现象学中,作为前此一切意识形态的一个有机的总的综合。黑格尔把这个"绝对认知"环节比喻为耶稣受难地是非常恰当的,所谓"王座的现实性",是指上帝在天上的宝座仍然在尘世间有它的现实性或"实证性"(Positivität,贺麟先生译作"权威性")。所以,没有这个王座,上帝(绝对精神)就会是无生命的、孤寂的。最后一句引席勒的诗:"从这个精神王国的圣餐杯里／祂的无限性给祂激荡起泡沫",也是这个意思,就是圣餐杯里盛的是基督的血,上帝的无限的血性在汹涌不息,翻腾起了精神现象的"泡沫",而只有从这些

---

① 黑格尔:《精神现象学》(句读本),邓晓芒译,人民出版社2017年,第491页。
② 同上。

泡沫中才可以显示出绝对精神的无限性。

而这个三位一体的上帝就在《逻辑学》中直接展示出了自身。

第二节 作为形而上学的《逻辑学》

首先应该注意的是，黑格尔的《逻辑学》并不完全等于传统的形而上学。因为《逻辑学》里面分为"客观逻辑"（存在论及本质论）和"主观逻辑"两部分，只有前一部分才相当于传统的形而上学。所以，黑格尔说：

> 因此不如说，客观逻辑取代了昔日**形而上学**的位置，形而上学曾是有关世界的科学大厦，这本就应该仅仅通过思想来建造的。——如果我们考察一下这门科学所形成的最近的形态，那么它首先直接地就是**存在论**，它被客观逻辑所取代了，——昔日形而上学的这一部分所研究的本应是一般 Ens[①]的本性；这 Ens 既包括**存在**，也包括**本质**，我们德语有幸为这种区别留出了不同的表达方式。[②]

自古以来，形而上学就应该仅仅通过思想来建造，所以用逻辑

[①] Ens 为拉丁文，有两个意思：存在、本质。
[②] 黑格尔：《逻辑学》上卷，杨一之译，商务印书馆 1977 年，第 47 页，译文据 G. W. F. Hegel: *Wissenschaft der Logik*. Philosophische Bibliothek, Band 56. Felix Meiner Verlag, Hamburg, 1975，有改动。

学中的客观逻辑取代以往的形而上学是顺理成章的。而这里讲的近代形而上学是指康德的形而上学。康德在《纯粹理性批判》最后的"建筑术"部分曾为他的"自然形而上学"设计了这样的体系，由四个主要部分构成：1）本体论（即存在论）；2）合理的自然之学；3）合理的宇宙论；4）合理的神学。其中的第二部分又包括两个部门：合理的物理学和合理的心理学。[①] 但最终，只有第一部分即存在论已经由《纯粹理性批判》建立起来了，后面的"合理的自然之学"（包括合理的物理学和合理的心理学）和宇宙论及神学则还只有一种设想。黑格尔则认为，他的"客观逻辑"不仅包括第一部分即存在论，"也包括其余的形而上学，因为后者曾试图以纯思维形式来把握特殊的、首先是由表象取来的实体（Substrate），即灵魂、世界和上帝，而**思维规定**则构成了这种考察方式的本质的东西。但逻辑学是摆脱了那些实体和**表象**的主体来考察这些形式的，它考察的是它们的自在自为的本性和价值自身"；这样，他的"客观逻辑因此是这些形式的真正批判"。[②] 这里的矛头所针对的显然是康德的上述自然形而上学的划分，其中的灵魂、世界和上帝是三个理念所构成的自在之物，虽然不可认识，但其理念也可以有某种"调节性运用"，而能够满足我们全部知识的整体性系统的统一性要求。[③] 可

---

① 参看康德：《纯粹理性批判》，邓晓芒译，杨祖陶校，人民出版社 2004 年，第 638—639 页。
② 黑格尔：《逻辑学》上卷，杨一之译，商务印书馆 1977 年，第 48 页，译文据德文版有改动。
③ 参看康德：《纯粹理性批判》，邓晓芒译，杨祖陶校，人民出版社 2004 年，第 507 页。

见,当海德格尔把黑格尔的存在论或逻辑学称为"思辨神学"而不屑一顾时,[①]他没有注意到,黑格尔的形而上学-神学正是对康德的形而上学中"合理的神学"的"批判",即黑格尔的思辨神学已经"摆脱了那些实体和**表象的**主体",而立足于纯粹概念的主观逻辑或主体性的逻辑之上了,这种主观逻辑就是"概念论"。所以,黑格尔把自己的客观逻辑的形而上学视为"概念的发生史",[②]由此表明,"逻辑作为形式的科学,不可能、也不应该包含成为哲学其他部门、即自然科学和精神科学的内容的那种实在",但"逻辑本身与这些具体科学相反,是**形式的**科学,但却是**绝对**形式的科学,这个绝对形式自在地是总体,并且包含**真理的纯理念本身**"。[③]其实,他的真正的形而上学正是在主观逻辑即"概念论"中体现出来的,客观逻辑的"存在论"和"本质论"都不过是对旧形而上学的批判,只具有"概念的发生史"的意义。概念才是真正的"实体",但同时又是终极的主体,它就是"存在"的"本质"。

因此在**概念**中,**自由王国**敞开了。概念是自由的,因为

---

① 海德格尔认为在黑格尔那里不但"哲学定位于神学",甚至哲学本身就是思辨的神学,"对存在的思辨解释就是存在-神-逻辑学"。(海德格尔:《黑格尔的精神现象学》,赵卫国译,南京大学出版社2018年,第122页,又参看第5页)他过分看重黑格尔《逻辑学》的神学意义而忽视其逻辑学意义,认为自己的路子和黑格尔的"相互交错",即他的存在论在《存在与时间》中所指向的不是逻各斯,而是时间,以至于"人们由此看出,我想要把逻辑逐出哲学并加以废除",他对此也并未否认(参看上书,第124页)。
② 黑格尔:《逻辑学》下卷,杨一之译,商务印书馆1981年,第244页。
③ 同上书,第257、258页。

> 自在自为存在着的同一性构成实体的必然性，同时又作为扬弃了的或建立起来的存在，当它自己与自己本身相关联时，这建立起来的存在就正是那个同一性。立足于因果关系中的那些实体相互之间的模糊性消失了，因为它们自身长在的原始性过渡为建立起来的存在了，并因此成了自身透明的**清晰性**；而原始的事情当它只是**它自己的原因**时，它就是这样的东西，这就是**被解放出来成了概念的实体**。①

如果说，存在论是自在的直接性，本质论是自为的中介性或间接性，那么概念论则是自在自为的、以自身为中介的同一性。这一"正、反、合"的动态的辩证过程，构成了整个《逻辑学》的三大阶段。而在存在论阶段最重要也最引人注目的，就是作为它的开端也是整个《逻辑学》的开端的范畴：存在。但《逻辑学》为何要以"存在"作为第一个范畴，这是必须提供理由的，不能随意从任何地方开端。

一、为什么要将"存在"作为《逻辑学》的开端？

在黑格尔的《逻辑学》中，第一卷"存在论"一开始就专门有一个标题："必须用什么作科学的开端？"他首先回顾了一下以往哲学史上从客观本原方面（即"本体论"方面）的开端向主观认

---

① 黑格尔：《逻辑学》下卷，杨一之译，商务印书馆1981年，第245页，译文据德文本 G. W. F. Hegel: *Wissenschaft der Logik*. Philosophische Bibliothek, Band 57. Felix Meiner Verlag, Hamburg, 1975, 有改动。

识方面(即"认识论"方面)开端的提升:前者只关注内容,后者则关注把握内容的认识方法或形式;前者是直接的,后者是间接的,从后者中引出了统一这两者的需要。① 现在要谈"逻辑学"的开端,它也应该能够同时体现出直接性和间接性,因为"无论在天上、在自然中、在精神中或任何地方,**都没有什么东西不同时包含直接性和间接性,所以这两种规定不曾分离过**,也不可分离,而它们的对立便什么也不是"。② 显然,黑格尔这里接受了以往哲学特别是康德哲学从认识论意义上的逻辑("先验逻辑")来建立形而上学的思路。现在的问题是,尽管直接性和间接性不可分离,这种认识的逻辑到底应该从直接性开端还是从间接性开端?黑格尔认为可以分两方面来看。一方面,开端之所以是**逻辑的**,是由于它"应当在自由地自为存在着的思维的要素中、在**纯粹认知**中被造成。而由于这个纯粹认知是**意识**的最终的绝对真理,所以这开端是**间接的**",这是已经在《精神现象学》的历程中展示出来了的,它的结果就是绝对认知,即概念。"就此而言,逻辑以显现着的精神的科学为前提,这种科学包含并指明纯粹认知这种立场的必然性,因而包含并指明这种立场的真理性的证明及其一般手段。"③ 但正是由于逻辑学在《精神现象学》中"把自己规定为已变成了真理的确定性,这种确定性一方面再没有对象和它对立,

---

① 这一回顾与亚里士多德《形而上学》一开始回顾之前的始基学说的做法一脉相承,只不过黑格尔还延伸到了近代哲学认识论(从笛卡尔到康德、雅可比等人)。
② 黑格尔:《逻辑学》上卷,杨一之译,商务印书馆1977年,第52页。
③ 同上书,第53页,译文有改动。

而是把对象造成为内在的东西,把对象认作自己本身,——而另一方面,这种确定性不再把自己作为与某种对象性的东西相对立并加以取消的东西来认知了,它就放弃了这种主观性,而与这认知的放弃相统一"。① 这就造成了逻辑学开端的直接性方面。逻辑学的这两方面是从不同意义上看的:从意识的角度看,逻辑学也是一种意识,即关于"绝对认知"的意识(或自我意识),因而是有前提、有中介的;但从逻辑本身的角度看,逻辑学是扬弃了意识的纯粹概念,因而是从纯粹概念自身直接开端的,因而也是不需要前提和中介的。

> 纯粹认知消融为这种**统一**,它就扬弃了与他者和中介的一切关联;它是无区别的东西;于是这无区别的东西本身也停止其为认知;它现成在手的只有单纯的**直接性**。②

显然,一般说来认知本身(哪怕"绝对认知")也还是一种精神现象,即意识;而到了逻辑学阶段,已经把意识、自我意识或认知这些精神现象都扬弃掉了,其中的主观性也被放弃了,所以现成在手的只有单纯的直接性了,"要做的事,便只是考虑或仅仅去接受当前现有的东西,而把人们平时所有的一切想法、一切意见,放在一边"。③ 因此,尽管逻辑学的开端正如任何事物一样,

---

① 黑格尔:《逻辑学》上卷,杨一之译,商务印书馆1977年,第53页,译文有改动。
② 同上书,第54页,译文有改动。
③ 同上,译文有改动。

也是间接性和直接性的统一,但如果要来专门谈逻辑学,还得从直接性开端,而不必再追问这一开端"何以可能"。因为这一问必将降低逻辑学的层次,显示出这问题还停留于精神现象学的意识形态眼光,还没有真正进入这一意识形态历程好不容易才通过自我扬弃所提升到的绝对认知即逻辑概念的层次。所以,这一单纯的直接性本身具有反思性,即它反映出自己和间接性的区别,因此它的真正的表达就是纯存在,也就是一般的存在:"存在,岂有他哉,不作任何进一步规定或充实。"①

当然,就认知来说,它又是间接性的,"在这里,存在被表现为通过中介、也就是通过那同时又自我扬弃的中介而产生的时,就是开端;其前提是作为有限认知即意识的结果的纯粹认知";另一方面,"但如果要不设任何前提而对开端本身加以**直接地**接受,那么开端就只有这样来规定自己,即它应当是逻辑学的开端,是自为的思维的开端。现成在手的只是决心,人们也可以将它看作一种任意,也就是决心要把思维当作思维来考察"。②意思是,就逻辑学来说,即就作为思维的思维来说,开端又是直接性的。这两种开端之间不带强迫性,一切取决于"任意"(Willkür)的选择,就看你是否有"决心"(Entschluß)来考察思维本身——这就保证了《逻辑学》开端的自由性。而这样一来,

---

① 黑格尔:《逻辑学》上卷,杨一之译,商务印书馆1977年,第54页,译文有改动。这最后一句的意思在"存在论"的正式开端谈"存在"范畴时又重复了一遍。
② 同上,译文有改动。

> 开端于是不可**以任何东西为前提**，必须不以任何东西为中介，也没有根据；它本身倒应当是全部科学的根据。因此它必须完全是**一个直接的东西**，或者不如说，它只是那**直接的东西本身**。正如它不能对他物有所规定那样，它在自身中也不能包含任何规定，不能包含任何内容，因为这类东西将会是不同东西的相互区别和关联，因而将会是某种中介。所以开端就是**纯存在**。①

这就是黑格尔关于《逻辑学》必须由直接性开端的最重要的理由。它同时阐明了这种直接性和间接性之间的关系，以及为什么虽然有这种不可分离的关系，《逻辑学》却仍然只能由直接性开端。后面还有十来页讨论开端的其他一些理由，其中值得关注的是这样一个理由，即《逻辑学》这里所说的开端和一般日常所理解的开端有一个根本性的区别：一般的开端被看作形式逻辑的大前提，即开端已经把一切都安排好了，至少大方向已定好了，后面的只需按照既定方向推演就行了，越推越远；黑格尔所说的开端却相反，它所导致的不是这种直线式的进程，而是一种圆圈式的返回，即"前进就是**回溯**到**根据**，回溯到**原始的**和**真正的**东西；被用作开端的东西就依靠这种根据，并且实际上将是由根据产生的"。② 这样来理解形而上学的"根据"，简直是破天荒第一遭。

---

① 黑格尔:《逻辑学》上卷，杨一之译，商务印书馆1977年，第54页，译文有改动。
② 同上书，第55页。

西方形而上学从它诞生之日起，就是要找到一个牢固的根据，在亚里士多德那里就是要找到一个"作为存在的存在"，一旦找到了，就可以作为一个固定的主词，而把其他的存在作为宾词（属性、关系等）一个一个地附加上去，这就是"第一实体"即个别实体。虽然他后来发现"第一实体"其实并不"第一"，它之所以可能的根据或本质还在于它里面所包含的"形式"，因而对于实体的理解有了一个从质料到形式的间接性的推演，惹得后世的研究者们大呼不解；但这种辩证的推演并不是他有意造成的，他的方法基本上还是为一个固定的存在寻找它后面的固定的"原因"。这种方法在笛卡尔那里表现为通过"怀疑一切"来寻求知识的第一原理，他把这种方法形容为在建造房子之前清理地基，把沙子和浮土清除以露出岩石来。"如果我想要在科学上建立起某种坚定可靠、经久不变的东西的话，我就非在我有生之日认真地把我历来信以为真的一切见解统统清除出去，再从根本上重新开始不可。"① 他由此找到的不可再怀疑的原理就是"我思故我在"。为盖房子而打好地基的比喻在康德那里也多次引用，② 而且他的

---

① 笛卡尔：《第一哲学沉思集》，庞景仁译，商务印书馆1986年，第14页。
② 例如，可参看《纯粹理性批判》AXXI："这个批判必须首先摆明形而上学之可能性的源泉和条件，并清理和平整全部杂草丛生的地基"；A3=B7："不要用我们所具有的不知其来自何处的知识、基于对不知其起源的原理的信任而马上去建立一座大厦，而不对其基础预先通过仔细的调查来加以保证"；A319=B376："为庄严的道德大厦平整和夯实基地"。（以上引文见邓晓芒译，杨祖陶校，人民出版社2004年，"第一版序"，第8页；正文，第6、274页）在《未来形而上学导论》中关于《纯粹理性批判》也说："既然一个巨大的建筑物不能一眼就能断定得了它的全部价值，那么我建议从它的基础上一部分、一部分地对它进行考察。"（庞景仁译，商务印书馆1978年，第181页）

"纯粹理性的总问题"即"先天综合判断是如何可能的？"以及由此引出的"最后的问题"，即"形而上学作为科学是如何可能的？"，①都是亚里士多德的同一个思路，即为一门科学找到它的不可动摇的牢固的根基。这一思路在海德格尔的为真理"去蔽"以及追问一切存在者后面的"存在"等说法中同样一脉相承，他所谓的根据完全是外在的、非辩证的。②

唯独黑格尔，他在自己的形而上学中不再关心"奠基"或"清理地基"一类的问题，而是转移到形而上学"如何开端"的问题上，而且这个"如何"并不是对某种既定事实的描述，而是对形而上学如何开始起步的思考。③他提出必须由"存在"开始，这并不意味着"存在"就是"大厦"的第一块"基石"，而只是意味它是整个动态的逻辑概念体系所迈出的第一步；而且就连这一步也不包含什么实质性的内容，而只是一种"决心"，只起到了一种定向的作用：决心何往？决心去"存在"！这样一个动态的"存

---

① 参看康德：《纯粹理性批判》，B19、B22，邓晓芒译，杨祖陶校，人民出版社2004年，第15、17页。
② 参看海德格尔：《论根据的本质》，载《路标》，孙周兴译，商务印书馆2000年，第203页。即使他在1956—1957年的《根据律》报告中否认了根据是存在的根据，而认为存在与根据是"同一的"、"共属一体"的，他也仍然把存在当作一切存在者的根据，在对"根据"的理解上并无根本性的改变。（参看海德格尔：《根据律》，张柯译，商务印书馆2016年，第190—191页）
③ "但追问如何的问题本身属于反思的坏的风气，它追问的是可理解性，但却以其固定的范畴为前提，因而就针对所问的问题的回答预先准备好了应对之法。"（参看黑格尔：《逻辑学》上卷，杨一之译，商务印书馆1977年，第86页，译文有改动）黑格尔的"如何"之问与此完全不同。

在"概念不是要超越自身的孤立的规定而与别的规定性发生关系，而是要向内回溯到自己的根据，即并非"外在超越"，而是"内在超越"（das immanente Hinausgehen），这就是"辩证法"：

> 在这种内在超越中，知性规定的单面性和局限性就作为它所是的东西、亦即作为其否定性而体现出来了。一切有限的东西都是这种自我扬弃的东西。因此辩证的东西构成科学进展的推动的灵魂，它就是科学内容中的**内在关联和必然性**唯一得以产生的原则，正如一般说来在其中才包含有真实的而非表面的对有限东西的超越一样。①

可以说，从黑格尔对开端的"存在"范畴的阐明和推演，就能看出辩证法在他这里的真实的运作形态。所以，如果对黑格尔的辩证法没有一定的了解，想要单凭形式逻辑或语义学的分析来处理黑格尔的存在概念是不可能的。

二、黑格尔"存在"概念的双重含义及矛盾进展

在拙著《思辨的张力——黑格尔辩证法新探》一书中，我曾专门花十几页篇幅讨论了"存在"概念是如何启动其辩证历程的，②

---

① 参看黑格尔：《小逻辑》，贺麟译，商务印书馆1981年，第176页，译文据德文版§81，有改动。
② 参看拙著：《思辨的张力——黑格尔辩证法新探》，商务印书馆2008年，第118—134页。

这一分析至今看来并没有什么需要修改的地方，但依据目前的任务则需要做一些补充。结合我在那里的分析，这里主要展示如下几个要点。

1）"存在"（或译作"有"、"是"）作为逻辑学的开端并不呈现为一个定义或命题的形式，而是如维兰德（Wolfgang Wieland）所说，它作为这个体系的第一句话是"在句法上不连贯的"。在《逻辑学》中它被写成："有，纯有，——没有任何更进一步的规定"，德文是：Seyn, reines Seyn, – ohne alle weitere Bestimmung。确实，这里既没有主语，也没有谓语，甚至没有系词，总之不成一个句子。为什么会这样？是因为黑格尔主张把逻辑学呈现为从**一个概念**出发自我生长的有机体，而不是建立在某种**判断**之上、由某种外在关系拼凑而成的"建筑物"。[①] 那么，谁堪担当这一概念的重任呢？只有一个最简单最抽象的范畴，这就是"存在"（"有"、"是"）。在黑格尔看来，这是一个无所不在、无所不包的范畴，它在我们所说的每句话中都包含着，都是起关键作用的句子成分，因此它"虽然是最抽象的，但它同时又是最丰富的，因为它潜在地包含有发展出后来一切范畴的可能性，所以它不需要借某种**外来**的东西以发挥它的构成作用"。[②]

2）之所以只用一个概念来作为开端，除了《逻辑学》形式

[①] 不同于康德把判断视为一切认知的基本形式，黑格尔认为概念本身才是认知的原始细胞。
[②] 参看拙著：《思辨的张力——黑格尔辩证法新探》，商务印书馆 2008 年，第 120 页。

上的统一性要求之外,还与其内容上的能动性有关。因为这种不完整的句子可以理解为一个"命令式":"去存在吧!"用黑格尔自己的说法,这是一种"决心",或者一个"任意"的决定。① 实际上,任何一个完整的句子,或者一个判断,如果我们在读它时把重音放在系词"是"上,它就会表示一种强调或认可,里面就含有一种决心,一种意志的肯定。例如我们说:"这张桌子**是**木头的。"当我强调它"是"木头时,就表明了一种坚持的态度,一种反驳不同意见的态度,潜台词是:"这张桌子**不是**铁的。"在不同意见面前坚持己见本身就表现出一种自由,因为自由的最直接的体现就在于否定,在于对其他可能性说"不",但说"不"往往可以通过强调地说"是"而暗示出来。这种关系我们可以用来解释黑格尔的第二个命题,即"存在(有)是无",它就是这样从第一个命题生长出来的。"无,纯无(Nichts, das reine Nichts);无是与它自身的单纯的相同,完全的空,无规定无内容;在自己本身中的无区别性。"② 不过,对于有中生无,黑格尔并没有采用我这里借助于修辞学的暗示所做的解释,③ 他的解释完全是形式主义的:

---

① 参看黑格尔:《逻辑学》上卷,杨一之译,商务印书馆1977年,第54页。
② 同上书,第69页,译文有改动。
③ 福尔达(Hans Friedrich Fulda)曾提到,像"有即是无"这样的句子在黑格尔那里属于对概念的"暗示性使用",与修辞学(Rhetorik)相关。(参看 Fulda: Unzulängliche Bemerkungen zur Dialektik. In: *Seminar: Dialektik in der Philosophie Hegels*. Herausgegeben und eingeleitet von Rolf-Peter Horstmann, Suhrkamp Taschenbuch Wissenschaft 234. Suhrkamp Taschenbuch Verlag, Frankfurt am Main, 1978. S. 53, 54)

既然"有"本身"没有任何进一步的规定",那它和"无"也就没有什么两样,"实际上就是无,比无恰恰不多也不少",①于是就过渡到"无"了。这种做法和他批评谢林的"无差别的绝对同一性"时的做法可说是异曲同工:你说是"绝对同一性",那它肯定是与"差别性"不同的了;既然它与差别"不同",那它自己不也就是一种差别吗?所以,绝对无差别的同一性是不可能的,只能是有差别的同一性。但这种批评总给人一种强词夺理的感觉。人家会说,同一性和差别性之间当然也有差别,但后一种差别已经是在另一个更高层次上的差别,而不能算作同一性这个层次上的平级的差别,因此把差别性不分层次强行纳入同一性的含义中是一种诡辩。②同样,纯存在固然还没有任何进一步的规定,但它至少有了"存在"这一规定,怎么能就此和纯无等同呢?所以,同一性要过渡到差别,纯有要过渡到纯无,不能用这种"脑筋急转弯"的方式,而必须实打实地就概念本身的意义来阐释清楚。就如《精神现象学》中感性确定性的"这一个"和"意谓"的过渡一样,这里也必须动用"存在"一词本身的双重含义,即字面含义和暗示性含义。但黑格尔虽然在其他地方大量地运用了语词的暗示性含义,在这个逻辑学的开端上,却仍然不太看重这种非逻辑的功能在其中所起的关键性作用,只是视为一种有待超越的不

---

① 黑格尔:《逻辑学》上卷,杨一之译,商务印书馆1977年,第69页,译文有改动。
② 这里倒的确可以用得上塔斯基解决"说谎者悖论"的办法,即区别"对象语言"和"元语言"。这一招对于识别诡辩家是很有效的。

完善性。① 他实际上认为，凡是说不出来的就不是真的；他宁可用这一点去将他的论敌的军，说你们那些反驳其实也只是一些意谓而已，你们同样也"说不出"什么是有，什么是无。②

3）以存在来担当逻辑学的开端，并不说明这个概念就是最完善的概念，恰好相反，存在是最不完善、最有待于发展完善的概念，就像一个胚胎，各部分肢体尚未发育，甚至还看不出来，只是混沌一团。但作为一个生命体，它不会停留于这种状态，而会以自否定的方式发展和完善自身，将自身内在的一切潜力发挥出来。这就展示为一个能动的自我生长过程，也是一个合目的性的过程。"那个造成开端的东西，因为它在那里还是未发展的、无内容的东西，在开端中将不会被真正认识到，只有在完全发展了的科学中，才有对它的完成了的、有内容的认识，并且那才是真正有了根据的认识。"③ 开端的根据只有到结束时才显示出来。存在范畴第一次出现只相当于一个目的作为一种"决心"的提出，但区别于外在的目的，它不是以另一个他者为目的，而是以自身为目

---

① 在谈到有与无的区别时，黑格尔的确提到这只是一个"意谓的"（gemeinte）区别（杨一之译作"臆想的区别"，并把 Meinen 译作"意见"，见所译《逻辑学》上卷，商务印书馆 1977 年，第 81 页）；在《小逻辑》§87 中也说："存在只有在这种纯粹的无规定性中，因此才是无，——一个**不可言说的东西**；它与无的区别就是一个单纯的**意谓**。"（参看贺麟译，商务印书馆 1981 年，第 193 及 195 页，译文有改动）但黑格尔的意思是要标明这种意谓是一种不确定的区别，它"是主观的形式，不在这里陈述之列"（《逻辑学》上卷，商务印书馆 1977 年，第 82 页），因而将它轻轻撇开了。
② 参看黑格尔：《逻辑学》上卷，杨一之译，商务印书馆 1977 年，第 82 页。
③ 同上书，第 57 页。

的,即内在目的,它指向自身的充实和完善化。只有当它经过漫长的自身演变而达到最后的终点即"绝对理念"时,这一目的才终于成为实现了的目的。"唯有绝对理念是**有**,是不消逝的**生命**,**自知的真理**并且是**全部真理**。"① 所以,《逻辑学》的开端就是一个圆圈的起点,它的终点就是与起点的汇合,但在更高的层次上延续了起点的生命力和创造性,并因此而"外化"为自然界以及人类的精神世界。这样一种"自承起结"的圆圈式进展是黑格尔《逻辑学》的形而上学体系最突出的特征,也是亚里士多德形而上学的目的论在严格逻辑意义上的展示和完成。与康德那种肢解成理论理性和实践理性的两大形而上学板块相比,黑格尔的形而上学构架浑然一体,看起来几乎天衣无缝,同时又蕴含强大的生命力,可视为西方形而上学的最终形式。

4)基于这种内在目的论观点,我对黑格尔研究中四处泛滥的有关范畴演进的外来动力的误解进行了诸多澄清。我集中分析的个案是 W. T. 司退斯的《黑格尔哲学》一书(宋祖良等译,中国社会科学出版社 1989 年)。司退斯把黑格尔《逻辑学》中的诸范畴理解为形式逻辑的种、类的概念,因而在他眼里,《逻辑学》就是哲学家外在地阐明这些种或类之间的相互包含关系的过程,相当于一种"逻辑或方程式的转变",而不是范畴自身由于内在的自否定而能动演进的过程。据此,推动这一范畴演进的就是形式逻辑的不矛盾律,它"推动我们从每一个三一式的第二个范畴进入

---

① 黑格尔:《逻辑学》下卷,杨一之译,商务印书馆 1981 年,第 529 页。

第三个范畴。正题和反题之间的矛盾必须在合题中解决,正是因为理性不能停止在矛盾中",就是说,正是因为两个范畴碰在一起产生了矛盾,所以拥有理性的"我们"不能容忍矛盾,因而被迫提出第三个范畴来消除矛盾。① 但这种把范畴的矛盾进展视为考察者外在地对范畴进行处理的结果的看法并不是司退斯一个人的看法,而是普遍的看法,特别在英语世界至今都几乎是定论。例如卡尔·波普尔(Karl Popper)就把黑格尔辩证法的"对立的统一"原则分为对立的方面(即"矛盾"),和统一的方面(即"同一哲学"),并把这两个方面称为"黑格尔主义的两大支柱"。对于第一方面,他承认矛盾(或消除矛盾)是"科学和思维有时借以进步的方式","然而,这意味着科学是按照矛盾不能被允许和可以避免这一假设而推进的,因而发现矛盾就会迫使科学家尽一切努力去消除它"。② 辩证法成了科学家像救火一样到处扑灭矛盾的灭火剂。伯特兰·罗素则在其《西方哲学史》中不遗余力地歪曲丑化黑格尔的辩证法。撇开他那著名的"舅舅-外甥"说(他自己都觉得这个比方"过于粗俗了"),他正式的说法是:

他[黑格尔]在他的逻辑的议论的开头先假定"绝对是

---

① 参看拙著:《思辨的张力——黑格尔辩证法新探》,商务印书馆2008年,第131—133页。
② 参看拙文:《开放社会中的自我禁闭——波普尔〈开放社会及其敌人〉评析》,《江苏社会科学》2001年第1期;收入《中西哲学三棱镜》,天津人民出版社2020年,"开放社会中"在该书中改为"开放时代"。

纯有"；我们假定它就是纯有，而不加给它任何质。但是不具有任何质的纯有是无；于是我们达到反题："绝对即是无"。从这种正题和反题转入合题："有"与"非有"的合一是"变易"，所以说"绝对是变易"。这当然也不行，因为变易必得有什么东西变易。这样，我们对"实在"的见解通过不断改正以前的错误而发展，所有这些错误都是由于把有限的或有界限的某物当成好像可以是全体，从这种不适当的抽象化产生的。①

没有比这种解释更拙劣的了。最可笑的是，他在通过"我们"主观"假定"范畴、用试错法对范畴加以解释并不断纠正"我们的"误解这种方式"说明"了范畴的进展之后，居然随即就引了黑格尔自己的一句语录做根据："有限物的界限不单是从外界来的；它自身的本性就是它被扬弃的原因，它借本身的作用转变成它的对立面。"②这简直是在嘲笑读者的智商。明明是"我们"假定了"它"，又"不加给它任何质"，才导致它成了"无"，并把有和无合成了"变易"，最后又由于发现这还是"不行"，还得设置"什么东西"来解释变易，这样逐渐再补充上各个要件；现在却借黑格尔的话把"它被扬弃的原因"归责于"它自身的本性"——这怎么说得过去？

---

① 罗素：《西方哲学史》下卷，马元德译，商务印书馆1981年，第279页。
② 同上。

5)所有以上对黑格尔的误解都起源于论者自以为是"逻辑学"的行家,因而对黑格尔的《逻辑学》有不容置疑的发言权。他们都被黑格尔的《逻辑学》(*Wissenschaft der Logik*)这一书名所误导,以为可以凭借娴熟的形式逻辑技巧来破解黑格尔辩证法的谜底。但他们不曾想到,黑格尔的"逻辑学"正好是对形式逻辑的全面改造,所以用形式逻辑去解读黑格尔的逻辑学思想无异于缘木求鱼。以"有即是无"这一命题为例,形式逻辑会以为这是一个"主-谓判断","有"是主词,"无"是"有"的宾词,表示"有"的某种属性(黑格尔举的另一个例子是"上帝就是存在")。在这里,主词或主体(Subjekt)被看作一个"基础",以供宾词的内容和它相结合,并让运动在它上面往复进行。然而,"在概念性的思维里,情况则不同。由于概念是对象自己的自我,而这个自我又体现为**对象的形成过程**,所以对象的自我不是一个静止的、不动的、负荷着偶性的主体,而是自己运动着并且将它自己的规定收回于自身的概念。……因此,形式推理在静止的主体那里所拥有的坚固基地动摇了,而只有这个运动本身,成了它的对象"。① 因此,从形式上看,"一般判断或命题的本性在自身中包含着主词和宾词的区别,这种本性受到思辨命题的破坏,而思辨命题所形成的同一性命题,包含着对上述主词与宾词关系的反击"。② 这样来看"有即是无",就并不意味着"无"是"有"

---

① 黑格尔:《精神现象学》(句读本),邓晓芒译,人民出版社2017年,第38页。
② 同上书,第39页。

第四章　黑格尔：西方形而上学的完成

的属性（如同"花是红的"），或种类（如同"牛是动物"），或关系（如同"4是2的两倍"），也不意味着A=A（同语反复），而是意味着"无才是（真正的）有"。这就是所谓主、宾关系的"反击"，从"有"向"无"的过渡不是向另外一个什么东西过渡，而是向自己内部更深层次的含义的过渡，所以这个更深层次的含义"无"反过来成了主词，而原先的主词"有"倒成了宾词。整个过程则有种无须外部干预的内在必然性，体现了一个概念凭借自身的"意谓"的深入所形成的逻辑进展。这一概念的辩证演进是一般形式逻辑所无法理解的，形式逻辑在其中成了"理性的狡计"所嘲弄和"糟蹋"的对象；当然，也是不可缺少的对象，否则辩证逻辑就会连"对象"都没有了。换言之，形式逻辑在辩证逻辑中的作用就是提供"反击"的靶子，以便概念的辩证运动有其着力之处。

6）以如上理解的概念辩证进展的方式，黑格尔展示了"存在论"的第一个完整的三段式，即"有-无-变"（Sein-Nichts-Werden）。黑格尔说，变是纯有和纯无的统一，是"一方直接消失于另一方之中的**运动**"。①这个运动有两重规定，即从无到有和从有到无，这就是产生和消灭。但无和有的这两种统一方式是"不等价的"（in ungleichem Wert），②这就是"变"。所谓"不等价的"，是说不能看作简单的有无循环、原地转圈，而是一个

---

① 黑格尔:《逻辑学》上卷，杨一之译，商务印书馆1977年，第70页。
② 同上书，参看第97页，译文有改动。

从产生到消灭的过程，这过程本身的积极成果就是推演出了"定在"（Dasein，又译"实有"、"限有"、"此在"等）。因为严格说来，"变"的德文词 Werden 的本意并不是一般的"变化"、"改变"，而是有一定方向的"形成"、"变成"、"成为"，所以译作"变易"（贺麟译）其实并不是很恰当，这一译名忽略了变的定向性，容易和中国《易经》的循环往复思想混为一谈，而译作"变"（杨一之译）要稍好一点，但仍然不完全到位。这就容易理解，为什么黑格尔会认为，其实本来也可以用"开端"作为逻辑学的开端，也就是用"变"作为逻辑学开端，因为"开端本身也是变，只是开端中已经表达了向前进展的考虑"。[1]Anfang 一词源于动词 anfangen，意思是"开始做"，当然比"变成"或"形成"（Werden）的动态感和方向性更强。但道理是一样的，它们都可以直接用来作为开端，而且看起来似乎比"存在"（或"有"）还更合适、更直接。只是由于它们本身并非不可分析的，而是可以分解为"有与无的统一"，要先理解了"有"和"无"才能理解"开端"或"变"，所以黑格尔并未采纳这一设想，仍然坚持主张从"有"开端。直到引出有与无的统一，"变"才有理由作为第三范畴现身。

与之相比，《易经》的"易"并不具有"开端"的意思，如《易纬·乾凿度》所谓"易有三义"是指：简易、变易、不易。

---

[1] 黑格尔：《小逻辑》，贺麟译，商务印书馆1981年，第197页，译文据 G. W. F. Hegel: *Enzyklopädie der Philosophischen Wissenschaft I*, Werke 8. Suhrkamp Verlag, Frankfurt am Main, 1970，有改动。

"简易"相当于"易"的直接性和纯粹性,没有多余的附加部分,但这并非为了成为开端,而是为了简便易行(大道至简);"变易"是"易"的本义,即一切都在变化;"不易"则是说变化本身是不变的,是永恒不易的道理。可见,这并不是一个理论体系的开端,而是一种供人玩味和掌握的人生技巧,即不要执着,要因时而变、顺势而为,在变化中求生存,才能永远立于不败之地。这样一种人生技巧无头无尾,如羚羊挂角,无迹可求,需要人在生活阅历中去体味揣摩,洞察玄机;如要传授和学习,则必须充分调动起语言的非逻辑功能,通过隐喻、类比、象征和诗性语言来表达其中的奥义。黑格尔的"变"虽然也体现在万物运行之中,如他所说,"**无论天上地下,任何地方都不会有某种不把有与无两者包含于自身的东西。……因为这个有与无的统一作为最初的真理,从此便一劳永逸地奠定了,并构成了后来一切东西的要素,所以除了变本身之外,所有进一步的逻辑规定,如定在、质,总之是一切哲学的概念,都是这个统一的例子**",① 但这些都是可以从逻辑上加以推演和规定的,而变本身则是这种逻辑推演的起点。

虽然以"绝对认知"为起点的黑格尔哲学与作为预测学或占卜术而发展起来的《易经》哲学明显具有理论哲学和实践哲学的区别,但这种区别也不是绝对的。除了在《逻辑学》的开端黑格尔就诉诸"决心"和"任意",已显示了绝对认知本身就基于实践

---

① 黑格尔:《逻辑学》上卷,杨一之译,商务印书馆1977年,第73页,译文有改动。

动机之上外,他还明确说道:"从**特殊的**、**有限的**有,追溯到在完全抽象的普遍性中的有本身,这必须看作不仅是第一位的理论要求,而且甚至也看作实践的要求。"①他借此为已经被康德所摧毁的关于上帝存有的本体论(存在论)证明翻案,即主张这种证明在"存在"一词被理解为实践的动词的意义下是可以成立的。但这种实践意义在黑格尔那里始终是附属于理论认识之下的,②不能和中国哲学中的"有无之辨"相提并论。前面提到,中国哲学中的有和无实际上指的是有为和无为,有欲和无欲,如《道德经》第一章:"常无欲,以观其妙;常有欲,以观其徼。此两者同出而异名,同谓之玄,玄之又玄,众妙之门"(据王弼注)。有人常以为王弼的断句有误,应断句为"常无,欲以观其妙,常有,欲以观其徼……";③及至今日,更早的马王堆帛书本出土,作"恒无欲也,以观其眇;恒有欲也,以观其所噭",有人又以为帛书本也有误。今人受到西方哲学影响,形成了一种思维定式,即认为非要像亚里士多德和黑格尔那样专门讨论"作为有的有"或"纯有"、"纯无"才算是哲学,否则就不上档次。但这种做法反而将中国哲

---

① 黑格尔:《逻辑学》上卷,杨一之译,商务印书馆1977年,第78页,译文有改动。
② 黑格尔这里所谓"实践的要求"只是一种技术上符合因果律的要求,康德说过,凡是"技术上实践的规则"即实用的规则都只能"作为理论哲学(自然科学)的补充",因而"不能要求在一个被称为实践性的特殊哲学中有任何位置"。(康德:《判断力批判》,邓晓芒译,杨祖陶校,人民出版社2002年,第7页)
③ 这是沿用宋代王安石的断句,其实不妥,后面将有详细的分析。

学的实践特色掩盖了，使中国古代的"有无之辨"和西方哲学中的存在论相比显得粗疏和随意，不在同一水平之上。其实这是两种完全不同的形而上学，必须用不同的标准来衡量，且终极看来，双方的原则是可以互补的（详后）。

三、作为中介环节的本质论

"存在论"所推演的一系列范畴，经过"质、量、度"的三级提升，最后进入了"本质论"。本质论是存在论和概念论之间的中介，[①] 即一方面，它要对存在的直接性加以"反思"，提供其间接性的"根据"；另一方面，它又要为跃进到自由概念的王国准备前提。黑格尔的"存在论"作为形而上学的主题，本来似乎也已经足够了，亚里士多德所要求的一门有关"作为存在的存在"的学问，看来已经建立起来了。但认知对此仍然不会满足，它还要进一步追问这种"作为存在的存在"是"何以存在"的，也就是追问这种存在的"根据"何在。通常我们也说，一种科学的认识不但要"知其然"，而且要"知其所以然"。亚里士多德正是这样做的，他在确立起了"作为存在的存在"只能是个别的"实体"（"这一个"、"第一实体"）之后，仍不满足，还要去追问：在个别实体之中，是什么使得它成为个别实体的呢？这就是对个别实体的一种"自身反思"的态度。他首先分析个别实体的构成，发

[①] "本质处于**有**和**概念**之间，构成两者的中项和本质的运动，即从有到概念的**过渡**。"（黑格尔：《逻辑学》下卷，杨一之译，商务印书馆 1981 年，第 6 页）

现它由质料和形式两种要素构成,那么,个别实体之所以成为个别实体,是由于它的质料吗?比如一尊苏格拉底的铜像是由于构成它的那些铜料而来的吗?显然不是,我们只能说这个铜像是由那一堆铜料构成的,但这堆铜料之所以形成这样一种形象,绝不是铜料自己造成的,它真正的"原因"在于雕塑家为了某种目的而赋予这堆铜料的"形式"。而这种形式也就是这个雕像的原因、根据和本质。黑格尔对"本质"的理解几乎是亦步亦趋地按照亚里士多德的想法展开的,"本质论"和"存在论"结合在一起,才建立了完整意义上的"存在论"("本体论"),即不但直接展示了存在的各环节,而且展示了存在的本质或根据。

1)反思。先看黑格尔的"反思"概念。该概念为 Reflexion,来自拉丁文 reflexio,本来是讲光线的反射,像照镜子一样从反光中去看一个对象,因此包含一种间接性的意思。黑格尔说:"本质的立场一般说来就是反思的立场。"[①]"反思"的另一种写法就是德文词 Nachdenken,这是在《小逻辑》中添加进来的,日常德语中本来是"深思"、"沉思"的意思。但由于 Nach 这个前缀在德文中有"在……之后"的含义,所以有人把该词又译作"后思"。我在《思辨的张力——黑格尔辩证法新探》中指出,这个词不能译作"后思",因为 Nach 除了有"在后"的含义外,还有"追寻"、"指向"的含义,所以要直译的话,应该译作"追思"。而按照黑格尔的意思,其实就是日常意义上的"深思",与"反思"几乎同

---

① 黑格尔:《小逻辑》,贺麟译,商务印书馆 1981 年,第 242 页,译文有改动。

义。① 由此我们也可以看出，黑格尔的反思具有一种追根溯源的能动性，即从直接的存在追溯到间接的本质。应该说，反思本来就是形而上学的本性，所谓"物理学*之后*"，就是要到物理学或一切自然之学的"后面"去"追溯"它之所以可能的前提，这个大方向是必然的。

但通常人们对反思的理解局限于知性的层次，也就是一次性地解决人的知识"如何可能"的问题，其典型代表除了笛卡尔对"第一哲学"的"沉思"外，就是康德的先验哲学。先验哲学的反思有一个固定的目标，这就是要从经验现象回溯到它们后面的决定性的认识能力，或者是知性范畴，或者是感性直观的形式（时间空间），由此而制定一种"先验的正位论"（参考亚里士多德的《正位篇》），来指明经验知识的各个要素在认识能力中所处的位置。② 这种由经验而反思、追溯到它之所以可能的条件的做法，在现代哲学中也被胡塞尔的"先验现象学"所继承。胡塞尔认为，我们在追溯判断的起源时，把我们自己理解为先验的主体性，"这里的所谓先验，不应被理解为别的什么东西，而应被理解为由笛卡尔所开创的那个原初的动机，……对认识者向自身及其认识活动作自我反省的动机"；③ 因而，"反思并不是人们可

---

① 具体分析见拙著：《思辨的张力——黑格尔辩证法新探》，商务印书馆2008年，第346—347页。
② 参看康德：《纯粹理性批判》，邓晓芒译，杨祖陶校，人民出版社2004年，第235—236、241页以下。
③ 胡塞尔：《经验与判断》，邓晓芒、张廷国译，三联书店1999年，第67页。

借以素朴地指向被知觉的东西的一种知觉活动，而只是层级的提高以及从直接指向的偏离"。① 直到海德格尔追问"存在者"后面的那个"存在"，其实都是贯穿着这种知性反思的思路的。只不过胡塞尔的目的不是要建立一门形而上学，而只想在认识论中创立一种"工作哲学"，而海德格尔则因为对"存在"本身的追溯最后无疾而终，只好放弃了对形而上学的筹划。与所有这些知性反思的做法不同，黑格尔的反思是更高层次上的反思，我称之为"对反思的反思"；它不是外在人为地去追溯某个隐藏于表象后面的本质，而是由概念的自否定本性所造成的不断向自身内部的深入和追溯。

我认为，黑格尔"反思"概念的特殊含义，或黑格尔的"反思"与历来一切其他反思概念不同的地方，就在于这个反思与"自否定"原则的同一性，就在于他从自否定的立场来理解反思，把反思看作自否定的表现，把自否定看作反思的内在灵魂。反思就是自否定过程的表达形式。只是由于有了自否定，才会有反思，或只是由于自我反思，才有了自否定。并且，由于自否定本身就是"否定之否定"，所以真正说来，黑格尔的反思也就是"对反思的反思"，这种"对反思的反思"，就是他所说的"思辨"。②

---

① 胡塞尔：《经验与判断》，邓晓芒、张廷国译，三联书店1999年，第73页。
② 拙著：《思辨的张力——黑格尔辩证法新探》，商务印书馆2008年，第356页。

正是从"自否定"这一原则来理解反思，可以有助于我们理解以往一切反思（笛卡尔、康德等）的局限性，也有助于我们理解从笛卡尔到现代的胡塞尔和海德格尔的反思在建立形而上学时的不适应性。他们都把反思理解为一种外在人为的操作技术：笛卡尔的"怀疑"，康德的"先验演绎"，胡塞尔的"先验还原"，海德格尔的"追问"。只有黑格尔，把反思看作存在否定自身的直接性而向自身本质的能动的回溯，使反思成了存在本身即概念本身的内在本性，从而使得"作为存在的存在"无需外来的帮助而自行建构为一个形而上学体系。在这里，反思不再是一次性的，而是一个不断深入自身的运动过程。所以，"本质在它的这个自身运动中就是**反思**"，①或者说，本质就是反思。反思规定最后通向"根据"。

2）根据。反思本身由于它只是自否定，所以它只表现为"无通过无而回到自身的运动"，②而并无实在性，但它所追求的根据却体现了本质的实在性。"进行规定的反思诚然建立了这样一些与自身同一的联系，但它们同时又只是**被规定的联系**。反之，根据则是实在的中介，因为它包含作为扬弃了的反思那样的反思；它是那个**通过其非有回到自身并建立自身的本质**。"③又说："一般说来，根据是实存着的世界首先向反思呈现出来的形态，这实存着的世界是一大批无规定的实存之物，它们同时作为在自身中和

---

① 黑格尔：《逻辑学》下卷，杨一之译，商务印书馆1981年，第14页。
② 同上书，第72页。
③ 同上，译文有改动。

在他物中互为对方的根据和有根据的东西而反映着自身。"① 就此而言，根据就是"同一与差别的统一"，是"被建立为**全体的本质**"。② 这样的根据概念最初是由莱布尼茨提出来的。莱布尼茨针对当时盛行的机械因果律和逻辑的矛盾律，认为这些规律只适合于解释必然的事物和运动过程，但无法解释偶然性的事物和过程，而偶然的事物也不是随随便便就发生的，肯定也有它们自己的理由（或根据），只不过我们不知道或不全知道而已。因此，他提出了"充足理由律"（或译作"充分根据律"），即"任何一件事的发生都有其充足的理由"（或表达为："任何偶然事物没有充足的理由就不会发生"）。但这条规律（又简称"根据律"）实际上如康德所说，只能是一条"调节性的原则"，③ 并无严格意义上的实证性。谁都知道，任何一件事的发生都是有充分理由的，少了一个理由这件事就可能不发生了，至少就不会以这种方式发生了，但

---

① 黑格尔：《小逻辑》，贺麟译，商务印书馆 1981 年，第 266 页，译文有改动。
② 同上书，第 259 页，译文有改动。
③ 康德将莱布尼茨的充足理由律和所谓"连续律"联系起来，即它使得自然因果性被各种偶然事件所中断的必然链条得到了接续，但并非实际的接续，而是理想中的补全，因为人的理性根本不可能把偶然事件的全部充足理由都掌握住。所以，充足理由律只能是一条调节性或范导性的原则，"按照这样一条原则去寻找自然秩序的方法，以及把一个这样的秩序——虽然不确定其地点和范围——在一般自然中看做有根据的这条准则，却仍然是理性的一条合法的和卓越的调节性原则；但它作为这样一条原则远远越出了经验或观察能够与之相提并论的范围，却并没有规定某物，而只是为经验或观察指明了通往系统的统一性的道路"。（康德：《纯粹理性批判》，A668=B696，邓晓芒译，杨祖陶校，人民出版社 2004 年，第 523 页）

又没有人真正能够将所有的理由找齐。所以，充足理由律以科学的眼光看几乎是一句废话（不充足的理由不是理由），但是从形而上学的眼光来看，它又是一条少不了的规律，否则整个世界都将破碎不堪而不成整体了。这条规律在它提出之时就是为了证明上帝的存有，被康德列为对上帝存有的"宇宙论证明"。而莱布尼茨还将它与对上帝的"目的论证明"结合起来，如黑格尔说的："莱布尼茨把充分根据理解为这样的根据，即它对于这种统一也是充分的，因此不仅仅包含有原因，而且包含有**终极原因**于自身。但根据的这种规定还不属于这里要谈的；**目的论**的根据是属于**概念**以及通过概念的中介即理性的事。"① 根据律实际上已经超出了本质论的范围，而与概念论打通了，它从一条运用于自然科学中、与机械论相抗衡的原理上升为一条更高层次的形而上学原理了。②

但黑格尔把莱布尼茨的充足理由律也大大深化了，他借此也超出了那些为存在寻求最终根据的探索者。"人们说，上帝的本质对于有限的理性是无底深渊（Abgrund）"，这种通常的说法主要是想把上帝置于直接的信仰之上，而对上帝的根据的追寻就是"走到根据"，也就是 zugrund gehen，而这个短语的意思却是"消灭"（直译为"走到头"或"走到底"）。换言之，在上帝面前，

---

① 黑格尔：《逻辑学》下卷，杨一之译，商务印书馆1981年，第74页，译文有改动。
② 这就是为什么叔本华要谈"充足理由律的四重根"，海德格尔则不但写了《论根据的本质》的长文，还特别写了一本《根据律》的专著。从思维方式上，他们都和莱布尼茨、康德一脉相承。

就不要再寻求什么根据了，上帝是一切事情的充分根据。但黑格尔却从中做出了自己的解释：

> 实际上，上帝之所以如此，是由于理性在这里放弃自己的有限性并沉寂了自己的中介性运动；但这个**无底深渊**，即消极的根据，同时又是存在者的产生即自在地本身直接的本质的**积极的**根据；这个中介就是**本质的环节**。这个根据，作为无底深渊，就是消失了的中介；反过来说，唯有那个消失了的中介才同时是根据，并且唯有通过这种否定，那个中介才是自身等同的和直接的东西。①

"无底深渊"（Abgrund）字面意思是"失去根据"。《小逻辑》中也表达了同样的意思：

"由于概念证明了自己是存在和本质的真理，存在和本质返回到概念就像**返回到了它们的根据**，所以**反过来**，概念从**存在**中发展出来也就像从自己的**根据中发展出来**一样了。"② 这个"反过来"很有意思，到底谁是谁的根据？存在和本质返回到概念就像返回到自己的根据，而概念从存在中发展出来也像是从自己的根据中发展出来，这两种说法能够相容吗？但按照黑格尔的说法，这叫作"互为根据"，只是这两种"根据"的含义并不相同。他接下来

---

① 黑格尔：《逻辑学》下卷，杨一之译，商务印书馆1981年，第119—120页，译文有改动。
② 黑格尔：《小逻辑》，贺麟译，商务印书馆1981年，第324页，译文有改动。

说:"前一方面的进展可以看作存在**深入于它自身**,通过这一进展存在揭示了它内在的东西;后一方面的进展可以看作**较完善的东西从不太完善的东西中**发源。由于仅仅根据后一方面来看待这样一种发展,因此人们就对哲学进行了责难。"① 当然,这种责难显然是出于日常因果性的逻辑原则。我们知道,当初笛卡尔在论证上帝存有的时候就运用了这一原则,即我心中有一个最完满的存在者的观念,而既然我自己是不完满的,所以这个最完满的观念不可能由我自己创造出来,"因为说比较完满的东西出于并且依赖于比较不完满的东西,其矛盾实在不下于说有某种东西是从虚无中产生的……因此只能说,是由一个真正比我更完满的本性把这个观念放进我心里来的,而且这个本性具有我所能想到的一切完满性,就是说,简单一句话,它就是上帝"。② 这是按照一般的因果律,即结果不可能大于原因,说到极致,是无中不能生有。但按照黑格尔,我们不但可以说存在和本质的原因或根据就在于它们内部的概念,我们也可以说概念就是由存在和本质的进展所产生的结果,它是一步步从不完善到完善发展出来的。

黑格尔之所以能够这样说,是因为他不把根据仅仅理解为一个东西是另一个东西的根据,而是理解为同一个东西以自身为根据的自我深入和自身发展。所以,他强调自己的意思是要指出"作为与自身**直接**统一的存在与作为与自身的**自由中介**的概念之间

---

① 黑格尔:《小逻辑》,贺麟译,商务印书馆1981年,第324页,译文有改动。
② 北京大学哲学系外国哲学史教研室编译:《西方哲学原著选读》上卷,商务印书馆1981年,第375页。

的区别",而"概念,作为它的自身返回和中介性的扬弃,便是**直接的东西**的**前提**,——这一前提与返回到自身是同一的,而这种同一性便构成自由和概念"。①这里"前提"(Voraussetzen,又译"事先建立")也可以理解为"根据"。换言之,当根据问题涉及自由和概念的时候,我们就不再能够单纯运用通常的因果性原理了,自由作为根据就是"失去根据"(无底深渊),概念则不再是僵死的外部根据,而是自动生长的内部根据,它所适用的是目的因果性。在目的进程中,目的既是因,又是果:作为因,它是不完善的,因为它还未实现,但它已是直接的根据;作为果,它又是整个过程的经过中介的根据,它必须在手段上暂时"失去根据",才能最后实现根据。莱布尼茨的充分根据律之所以必然导向目的论,就是这个道理。充分根据就是一切根据的根据,就是把其他根据当手段的根据,它就是目的。

3)向自由的概念过渡。从《逻辑学》的全体来看,"本质论"就是中介论,也就是通往自由的概念的手段论。但它显然并非僵死的机械手段,而是在各范畴各阶段中都渗透着概念的目的,这些目的在背后起作用,使这些范畴从一个向另一个推演或互相"反映",但并不直接表现出来,而是让这些范畴自己解释自己和否定自己,自己向自己的对立面转化。所以,在"本质论"中,所有的范畴都在对象世界中展示自己的内部矛盾,从"本质(根据)"到"现象"到"现实",都是在推演知性"为自然立法"

---

① 黑格尔:《小逻辑》,贺麟译,商务印书馆1981年,第324页。

（康德）的一些法则，但又都在辩证的否定之下走向了自身的消解。黑格尔在"本质论"中所做的工作，可以说就是从知性思维本身逻辑地、毫无强制地推出它的自否定，这样来克服知性的片面性，发挥出它本身隐藏着的理性本质。如果说，"存在论"中的那些范畴还需要由"我们"去外在地反思它内在的辩证法，那么在"本质论"中，范畴已经是自身将这种辩证本性展示出来了。①然而，所有这些进展都是在一种普遍必然的"实存"（Existenz，杨一之译作"存在"）世界中呈现出来的，它们所体现的必然性都是外在地建立起来的（所谓"不以人的意志为转移的客观必然性"）。所以，黑格尔说："必然性是一个很困难的概念，之所以困难是因为必然性就是概念本身，但它的各环节还作为现实性存在，而这些现实性同时又毕竟只能作为一些自身破裂的过渡性的形式来把握。"②而这也就带来了从本质论向概念论过渡的困难。黑格尔强调说："从必然性到自由或从现实的东西到概念的过渡是最艰难的过渡，因为独立的现实性应当被思考为，唯有在这种过渡中，在与**别的**独立于它的现实性的同一性中，才拥有自己的实体性；所以概念也是最难的东西，因为它本身恰好就是这种同一性。"③这里涉及三个问题：第一是从必然性到自由的过渡问题，第

---

① "在存在里，联系的形式只是我们的反思；反之，在本质阶段里，联系则是本质自己特有的规定。"（黑格尔：《小逻辑》，贺麟译，商务印书馆1981年，第240页）
② 同上书，第305—306页，译文有改动。
③ 同上书，第325页，译文有改动。如此反复强调过渡的困难和艰难，在整部《小逻辑》中是唯一的一处。

二是从现实性到概念的过渡问题，第三是对"概念"的理解问题。

从必然性到自由的过渡这个问题应该是其他两个问题的实质。黑格尔的《逻辑学》与以往其他一切逻辑学不同的地方，正在于它不是一种抽象形式的逻辑，既不是单纯思维的规律或技巧，也不是先天既定的自然法则或世界结构，而是一种自由的逻辑，是从概念进展的必然性中揭示出自由来，或者因概念的自由鼓动而生成必然性规律来的逻辑。所以，黑格尔的客观逻辑是对康德的先验逻辑及其范畴体系的"批判"，"这种批判不是根据与后天的东西对立的那种先天抽象形式去观察它们，而是从它们的特殊内容去观察它们本身"，而"**主观逻辑**是**概念**的逻辑——本质的逻辑，但是这种本质……是自由自立、自己规定自己的主观的东西，或者不如说就是**主体**自身"。① 因此，"在**概念**中，**自由**王国打开了。概念是自由的"。② 可见，从存在论和本质论向概念论的过渡正是通过从必然向自由的过渡而实现出来的。但现在的问题是，按照通常的观念，没有外来因素（如上帝）的介入，如何能够从那种僵硬的、不变的、"铁的"必然性自动走向生动活泼的自由主体呢？这似乎是一个自古以来的巨大的难题。

在黑格尔以前，莱布尼茨提出"充足理由律"的初衷，虽然是基于因果律而寻求一种充分的原因性，但在黑格尔看来，充足理由律在因果律的意义上是毫无必要的，因为在真实的因果关

---

① 黑格尔:《逻辑学》上卷，杨一之译，商务印书馆1977年，第48页。
② 黑格尔:《逻辑学》下卷，杨一之译，商务印书馆1981年，第245页。

系中，凡理由都是充足的理由，不充足的理由根本不是理由。黑格尔指出，莱氏这一原理的真正意义在于，他并不满足于机械因果律，认为那都是不充足的理由，而充足理由的关系是跳出一切因果律之外另设定的一种根据，也就是一种自由意志的目的性概念。所以，在莱布尼茨之后，康德紧紧抓住充足理由律这一原则而为自由的理念做辩护，这就是表现在他的《纯粹理性批判》第三个二律背反中的自由和因果必然性的对立。康德认为，正是因为在因果链条中，每个因果性都是不充分的，如果没有一个充分根据，它们都将因为"根据不足"而面临崩溃，所以必须设定一个无条件的自由意志作为一切因果性的充分理由。这看起来是一种在因果必然性面前保存自由的非常可取的方式，但黑格尔并不买账，他认为单凭充足理由律来为自由辩护太单薄了。要把充足理由律放在自由意志的意义上来理解，就必须要预先建立起概念论和目的论的前提，所以这中间还缺少目的论这一最重要的环节，而这一环节是不能从根据中、从充足理由中直接推导出来的。所以，黑格尔并不是直接从充足理由律推出自由，而是在后面概念论部分讨论目的性时，也就是当必然到自由、到概念的过渡已经完成之后，才引述了康德的第三个二律背反。① 但即使如此，黑格尔也认为，康德以这种方式为自由理念的可能性做辩护（即虽然不可能证实它，但也不可能否认它），这种辩护是不彻底的，或者说，它完全是消极的。康德把自由的积极的实在性只归于人的道

---

① 参看黑格尔：《逻辑学》下卷，杨一之译，商务印书馆1981年，第426页。

德实践能力，而不涉及认识，这就仍然在主观自由意志与客观实在性之间划下了不可逾越的鸿沟。至于《判断力批判》中用"反思性的判断力"来调和机械论和目的论的二律背反，也并不解决问题，黑格尔要的是直接从客观必然性中把人的自由按照法则推出来，而不是跳出客观必然性另外设定一种看待同一问题的主观反思的眼光。所以，问题就在于如何从客观必然性中推出自由来。这一件大工程是从黑格尔的"现实性"这个范畴开始的。

现实性（Wirklichkeit）在黑格尔那里有其特殊的意义，它不同于存在（Sein），不同于实在性（Realität），也不同于实存（Existenz），更不同于真实（Wahre）。① 之所以如此，是因为它里面包含一个词根 wirken（工作、活动、创作），这是其他那些词里

---

① 德文 Sein 原为系词 sein（是）；Realität 来自拉丁文 real，词根为 res（东西、物）；Existenz 亦来自拉丁文 exist（存在），相当于德文的 Dasein（定在、此在）；而 Wahre（真相、真实的东西，来自形容词 wahr，即真实的、符合事实的）则更是以前面几个概念为前提，它只是与存在、实存或定在相"符合"的概念，和 Wahrheit（真理）同属认识论概念。这些概念本身都不包含动态的工作、活动、创作的意思。与此相反，Wirklichkeit 相当于希腊文的 ἐνεργεία（现实或实现），黑格尔明确把它和亚里士多德联系在一起。他说："现实无疑是亚里士多德哲学的原则，然而他所说的现实不是直接现存事物的通常的现实性，而是作为现实的理念，确切地说，亚里士多德对柏拉图的批评在于，柏拉图的理念被称为单纯的 δύναμις［潜能］，而他却认为他们俩同样承认为唯一真实的东西［Wahre］的理念，本质上应该看作是 ἐνεργεία［现实］，即完全表现于外部的内在东西，因而应该看作是内部与外部的统一，或这个词在这里所讨论并强调的那种意义上的现实性。"（参看黑格尔：《小逻辑》，贺麟译，商务印书馆 1981 年，第 296—297 页，译文有改动）所以这个词只能译作"现实"（或"现实性"），因为它直接蕴含"实现"这一能动基因。

面没有的。所以,"现实性"里面有能动性、主动性的意思,因而也包含自由行动的意思,但它又是一种客观的现实,它是在现实中起作用和发生影响或效果(Wirkung)的东西。因此,要从必然性向自由过渡,从现实性出发是最自然不过的事。只不过,虽然现实性中已包含自由行动的含义,但这种含义还是隐秘的。我们想到现实性,最初注意到的不是其中的自由的含义,而是它的偶然性和必然性含义,即它的客观作用和后果,必须将这些含义一层层剥开,才能显出里面所隐藏的自由含义来。于是在《小逻辑》中,黑格尔在本质论的第三章"现实"一开始,就致力于澄清可能性、偶然性和必然性三者的关系(它们都属于康德的"模态范畴"),据此,现实性在对应于前面本质论中的同一、差异和根据时,就呈现为可能性、偶然性和必然性。黑格尔把必然性定义为"可能性与现实性的统一"①,但认为这样规定还不够,因为这种统一也有可能是偶然的,也就是说,也许是由神圣的"天意"或盲目的命运所决定的,人不得不服从这种外在的命运。然而,"按照思想来给这种神圣天意奠定基础的东西,在后面将会作为**概念**提供给我们。概念是必然性的真理,并将必然性以扬弃的方式包含于自身,正如反过来说,必然性**自在地**就是概念一样。必然性只有在其未被概念把握时才是盲目的"。②黑格尔由此而比较了古代人的必然性和现代人的必然性的不同理解:古人的必然性是没有安慰的命运;现代人的必然性

---

① 黑格尔:《小逻辑》,贺麟译,商务印书馆 1981 年,第 305 页,译文有改动。
② 同上书,第 307 页,译文有改动。

却可以在基督教中得到安慰。基督徒不把自己的命运归咎于他人或外在的偶然因素,而是将其纳入主体的概念中,相信"每个人都是自己幸运的打造者",或者"人所获得的只是对自身的享受"。① 因此,这样一种必然性就不再只是"外在的必然性",而是向自身回复的必然性,"在这种向自身回复中**存在**着的是**完全必然**的东西,即无条件的现实性"。② 在《逻辑学》中的提法是,现实性从"相对的必然"进到了"绝对的必然"。③

现实性到了绝对的必然性,虽然已经把可能性和偶然性都纳入了主体的"概念"中,但仍然有"存在"和"本质"两个方面,或者说,它本身体现为从存在方面向本质方面的一个过渡。在绝对必然性这个阶段,本质最初仍然被禁锢在"存在"中。在这种意义上,绝对必然性仍然是"盲目的",现实性和可能性分属于此岸和彼岸,恺撒的归恺撒,上帝的归上帝,双方互不反映。但绝对必然性的"本质"方面必将突破重围,摆脱它自己的存在环节的束缚,而进入与这一环节的"关系"之中:

但这种偶然性不如说是绝对的必然性;这绝对必然性是那些自由的、自在必然的现实性的本质。这个本质畏惧光

---

① 黑格尔:《小逻辑》,贺麟译,商务印书馆 1981 年,第 310 页,译文有改动。
② 同上书,第 312 页,译文有改动。
③ "**第三**,相对必然性的自身反思给出的是**绝对的必然性**,这是绝对的**可能性和现实性**。"(参看黑格尔:《逻辑学》下卷,杨一之译,商务印书馆 1981 年,第 194 页,译文有改动)

明，因为在这些现实性中没有光照，没有反光，因为它们只是纯粹建立在自身中，只具有自为的形态，只是自己显示着**自己本身**，——因为它们只是**存在**。——但是，它们的本质将会在它们身上迸发出来，并且启示出这本质是什么、这些现实性是什么。它们的存在的单纯性、它们依据于自身，这就是绝对的否定性；这否定性就是它们的无映象的直接性的**自由**。这种否定在它们身上迸发出来，是由于存在通过它的这一本质就是与它自己的矛盾，——就是说，它是以存在的形式反对存在的，因而是作为对那些本身与存在有**绝对差别**的现实性的**否定**、作为它们的**虚无**、作为一个同样反对它们的**自由的他在**、作为它们的存在而存在的。①

这段话的意思极为晦涩，但又极为重要，现解释如下。绝对必然性的存在环节是偶然性，但它本身是现实性的自由本质，只不过这本质还处于自在必然之中。它"畏惧光明"，不能够在现实性中照见自己，就像《旧约》中的耶和华，谁都不可能见到他，②人们知道他，只是因为人们知道"**有**"上帝。但是，这些现实性的本质将从自身中"迸发出来"、"启示"出来，显示出它们的本质就是这种存在的单纯性，它们是建立在这种绝对的否定性之上

---

① 参看黑格尔：《逻辑学》下卷，杨一之译，商务印书馆1981年，第208页，译文有改动。
② 参看《旧约·出埃及记》33：20：耶和华对摩西说："你不能看见我的面，因为人见我的面不能存活。"

的。而这种否定性就是它们的"无映象的"(scheinlos)自由，它超出现实中的一切映象之上，凭借存在本身的自相矛盾性而冲决存在自造的罗网，作为否定各种现实性的虚无，作为一个反对这些现实性的"自由的他在"而存在。这一存在和虚无的自相矛盾性，在前面的"存在论"中已经展示了自己走向"变易"的必然性，变易就是存在和虚无的统一。而在这里也是如此，"迸发出来的**映象**或**反思**，在**存在者**中是作为**变易**或存在向虚无的**过渡**而存在的。但存在反过来同样也是**本质**，并且**变易**也是**反思**或**映象**。所以外在性就是这些现实性的内在性，它们的联系就是绝对的同一性，而现实的东西向可能的东西、存在向虚无的**过渡**，就是一种与**自己本身的联合**"；绝对必然性由此而从存在环节进入了本质环节，"现在，存在在其否定性中与**自己本身**的这样一种**同一性**，就是**实体**"。① 所谓"与自己本身的联合"(Zusammengehen mit sich selbst)就是"关系"(Verhältnis)。

接下来讨论的是康德所提出的三对必然的"关系"范畴，即实体关系、因果关系和交互关系，自由正是从这三种关系中引出来的。黑格尔在"实体关系"中主要是以斯宾诺莎的实体为例，来说明绝对必然性与现实世界或者自然界的关系。这种关系表现为实体和偶性的关系，它有两方面：一方面，"这种关系的绝对自相同一性就是**实体**本身，实体作为必然性是内在性的这种形式

---

① 参看黑格尔：《逻辑学》下卷，杨一之译，商务印书馆1981年，第208—209页，译文有改动。

的否定性,因而设定自身为**现实性**";另一方面,实体"同样也是这种外在东西的**否定性**,根据这种否定性,现实的事物作为直接的东西仅仅是一种**偶性的东西**"。① 斯宾诺莎的实体虽然叫作"神",但其实缺乏"人格性",在这方面甚至还不如基督教的上帝概念。② 但他毕竟提出了实体概念作为绝对者,提出了与绝对者的反思关系的概念,这就是沟通此岸和彼岸关系的一个起点。黑格尔特别看重的是他的这一原则:"'**规定性就是否定**',这是斯宾诺莎哲学的绝对原则;这一真实的和单纯的洞见使实体的绝对统一性有了基础。"③ 实体本质上是对一切有规定的样态(偶然的东西)的否定,这实际上已经突显了实体在现实性中的能动性,成为"自因";只不过它是从一个固定不动的点出发来否定一切,还没有返回到起点而获得反思、获得自我意识,成为真正能动有效的实体,所以需要莱布尼茨来补充。"对绝对的这种斯宾诺莎主义的解释正如流溢说一样,本身带有缺乏**自身反思**的毛病,这毛病在**莱布尼茨单子**的概念中得到了弥补。"④ 然而,一旦这个固定不动的点由于注入了莱布尼茨的自身反思而自由行动起来,唯一的实体就被"打碎"成了无数的单子,但每个单子又还是唯一的,于是呈现出无限的差异性,而各个不同单子之间的协调又依赖于

---

① 黑格尔:《小逻辑》,贺麟译,商务印书馆1981年,第312—313页,译文有改动。
② 参看上书,第314页。
③ 参看黑格尔:《逻辑学》下卷,杨一之译,商务印书馆1981年,第187页,译文有改动。
④ 同上书,第190页,译文有改动。

一个最高的上帝单子的"前定和谐"。实际上,莱布尼茨的"补充"不过是把绝对实体自身的概念进一步发挥出来罢了,因为绝对实体如果真是"自因"(即自己是自己的原因)的话,它就已经自行分裂成与自己不同的东西了,即作为原因的自己和作为结果的自己是有所区别的,但双方又都是实体。这样就发生了两个实体之间的关系,也就是因果关系。所以,实体的自身反思就不仅仅是向偶性过渡,因为那种过渡仍然停留在《旧约》或犹太教的水平,实际上消散于虚无中,不能在偶性的现实世界中得到反映或"反光";相反,实体的这种反思在自己的结果中建立起自己的一面镜子,体现了自己的自我区别的"威力"(Macht,又译"力量"、"权力"),这种力量在原因和结果之间建立起了一种牢固的对应关系。实体作为"自因"由此才得到了在现实性中有效的展现。

但因果关系不是一次性的,而是一个无限的因果链条;同时因与果也是相对的,原因也是前面原因的结果,结果又是后面结果的原因;再者,因与果又是相互的,原因是结果的结果,结果是原因的原因,作用和反作用互相转化。因果关系由此而进入交互关系。但交互关系也不能仅仅理解为不断转换立场来看待原因和结果,应当深入这种交互关系底下的概念,是概念使这种关系的双方必然进入互相转化。"因此,这种纯粹的与自己本身的交替就是**揭示出来**或**建立起来的必然性**。"① 这种必然性在于,各种不同

---

① 黑格尔:《小逻辑》,贺麟译,商务印书馆1981年,第322页,译文有改动。

的现实事物之间有种隐秘的同一性，这种同一性把这些现实事物置于互相否定和互相排斥中，并借此保持自身的同一。"因此，**必然性的这个真理是自由，实体的真理是概念**，——是这种独立性，它是在有区别的那些独立的东西中的自相排斥，而作为这种排斥它又是与自身同一的，并且是这种停留于**自己本身中、仅仅与自身**的交替运动。"① 基督教的外在的目的性就成了内在目的性，抽象的、向往彼岸拯救的自由也就成为在现实性中具体可行的自由了。这种自由达到了与必然性的统一，自由不仅仅是对必然性的认识（斯宾诺莎），相反，自由是对必然性的掌握以及运用必然性去达到自己的目的。"必然性本身当然还不是自由；但自由把必然性当作自己的前提，并把它作为扬弃了的东西而包含于自身。"② 因此，要实现从必然到自由的过渡这一困难的任务，就必须理解这一点："思维就是思维在他者中和**自己本身**的联合，即**解放**，这种解放不是逃到抽象中去，而是在另一个现实的东西中，通过必然性的威力与这现实东西相结合，把自己不是作为另外的存在，而是作为自己特有的存在和设定来拥有。"③ 思维在他者中与自己本身联合，把自己不是作为他在而是作为自己的存在来拥有，这分明就是自我意识的结构。所以，黑格尔说：

> 这种解放作为**自为地实存着的东西**，就叫作**自我**；作为

---

① 黑格尔：《小逻辑》，贺麟译，商务印书馆1981年，第322页，译文有改动。
② 同上书，第323页，译文有改动。
③ 同上书，第325页，译文有改动。

发展出自己的总体的东西，就叫作**自由精神**；作为感觉，就叫作**爱**；作为享受，就叫作**极乐**。①

其实都是一个东西，自我意识也好，自由精神也好，爱或极乐也好，以及思维、概念、目的等，都是这同一个结构在各个不同层次上的各种变体。斯宾诺莎的实体也是如此。"斯宾诺莎实体的伟大直观只是**自在地**从有限的自为存在中**解放**出来；但概念本身却**自为地**就是必然性的威力和**现实的**自由。"② 而与此相呼应，在"概念论"一开始（即§160），黑格尔就说："概念是作为**自为存在着的实体性威力**的**自由**的东西，并且是**总体性**，在其中每个环节都是**整体**，这整体就是**概念**，并且是作为与概念不可分的统一而建立起来的；所以概念在其与自身的同一性中就是**自在自为地被规定的东西**。"③ 换言之，概念的自由就体现在它作为实体性的威力中，这种威力、这种力量就是概念作为一个整体驾驭它的各环节的统一性的力量。把握到这一点，存在也好，本质也好，对于概念来说就都成"透明的"了，它们在概念中被组织起来，成为自由概念的生命环节。

四、作为本真的存在论的概念论

在黑格尔那里，真正的、本来意义上的存在论只能是概念

---

① 黑格尔：《小逻辑》，贺麟译，商务印书馆1981年，第326页，译文有改动。
② 同上，译文有改动。
③ 同上书，第327页，译文有改动。

论，前面的存在论和本质论都是为了引出概念论而做的铺垫。所以，概念的进展方式在三大部分中是不同的，在存在论中是"过渡"到他物，在本质论中是"映现"在他物中，"反之，**概念**的运动就是**发展**，通过发展，所建立起来的只是那自在地已经现成在手的东西"。①但这样理解的概念就和以往形式逻辑和（康德的）先验逻辑都有了根本的区别，它不再只是某种僵死的、空洞的和抽象的形式框架，相反，"概念才是一切生命的原则，因而同时也是完全具体的东西"。②不过，概念仍然属于逻辑，属于理性，而不是什么神秘的东西。"概念无疑地必须被看作形式，但却是无限的、创造性的形式，它包含一切充实的内容于自身，同时又在自身解除束缚。"③概念论作为"主观逻辑"，与亚里士多德的形式逻辑有关，并且其中的第一部分讲的就是形式逻辑的概念、判断和推理；但亚里士多德的形式逻辑在一定程度上是作为"工具论"而被理解为一种思维的形式技巧，虽然与他的《形而上学》也互有渗透，但与专门讨论"作为存在的存在"的主题（存在论）没有直接的关系。而黑格尔的主观逻辑则不仅在谈形式逻辑，更重要的是，在谈他对形式逻辑的改造。正如他所说的："在现在这一部分中，……就**概念**的逻辑而言，所找到的是完全现成的、牢固的、甚至可说是僵化的材料，而任务就在于要使这些材料流动起

---

① 黑格尔：《小逻辑》，贺麟译，商务印书馆1981年，第329页，译文有改动。
② 同上书，第327页。
③ 同上书，第328页，译文有改动。

来，把在这样陈死材料中的生动的概念燃烧起来。"① 这样一来，逻辑就不再只是"工具论"，而是本身提升为"存在论"了。它当然也可以当作工具，也就是通常所讲的"方法论"，但并非外在的工具，而是按照概念自身的运动所把握到的客观规律，这时它就是"理念"。"逻辑表明了**理念**提升到这一阶段，从那里理念成为自然的创造者并跨越到了一个**具体直接性**的形式，但它的概念又打破了这一形态，为的是作为**具体的精神**而成为它自己。"② 这里已经预示了逻辑学的绝对理念最后外化为自然界并再次经过精神的历程回归到自身的未来前景。

1）主观概念及客观性。在这一阶段主要讨论的是形式逻辑的概念、判断和推理。至于同一律、排中律和矛盾律则是在"本质论"中讨论的，它们是本质的规律，但使它们能够成立的还是背后的概念。但正如在那里黑格尔着重对这些本质规律进行了辩证的分析，在这里对形式逻辑的概念、判断、推理所做的分析也是对它们的辩证的改造。首先从概念本身来看，形式逻辑从亚里士多德以来就分为"一"和"多"，"一"是普遍（共相），"多"是特殊（殊相），但黑格尔增加了第三项，即"个别"，它是"一"和"多"的统一。对此康德最早已有提示，他的逻辑判断表在传统的"全称判断"、"特称判断"之上加了一个"单称判断"，而从中引出的量的范畴也是"单一性"、"多数性"和"全体性"。

---

① 黑格尔:《逻辑学》下卷，杨一之译，商务印书馆1981年，第237页，译文有改动。
② 同上书，第258页，译文有改动。

但康德对这种改进所做的解释只限于从先验逻辑的认识论立场，需要增添一个单一性或单称判断，以适用于既不是"某些"对象，也不是"所有的"对象，而是"唯一的"对象的场合。黑格尔的改造则进一步从先验逻辑提升到了辩证逻辑，即把这三者看作一个合目的性的发展过程，也就是在其中灌注一种生命活动。这样的概念就不是抽象的概念，而是"具体概念"，即普遍、特殊和个别作为一个整体互相包含的概念。其中，普遍概念是"**自由的威力**"，一方面它"就在自己里面具有作为特殊性那样的一般规定性"，另一方面"作为否定之否定，它就是**绝对的规定性，或说个别性及具体化**"。① 这三个概念一个否定一个，但都是作为普遍概念的内在的自否定。特殊概念就是普遍概念否定自身而形成的中介，相当于一个手段，它既外在于普遍概念，又以实现普遍概念为目标；个别性则是否定之否定，是前两者的统一，它最能体现概念的具体性，即体现为"这一个"。而"这一个"的自由就体现在自我否定、自我划分之上，这就形成了"判断"。

黑格尔认为，判断不是形式逻辑所理解的把两个现成的概念连接起来，相反，判断就是同一个概念把自己分化为两个概念。他利用"判断"的德文词 Urteilen 的字面意思，就是"原始划分"，来证明这一点。人们不会把任意两个概念连接起来，如"精神是绿的"，这不成立。之所以两个概念能够连接起来形成一个判断，肯定是它们原来就在一个概念中，例如有"红花"，我们才能

---

① 黑格尔：《逻辑学》下卷，杨一之译，商务印书馆1981年，第270页。

说"花是红的"。至于"推理",则是从判断里面把这种联系明白地揭示出来,它一般由三个判断组成(大前提、小前提和结论),并借此回到了概念的统一性。但这时概念的内部关系不再是主观任意的,好像我赋予一个概念什么含义,因而我把它剖分成哪两个概念,都取决于我的任意;相反,它现在是具有客观必然性的关系。由此,主观概念就进入了"客观性"。

以客观性形式出现的概念,包括机械性、化学性和目的性,都是主观概念外化的产物,因而本身也拥有一种主体能动性,这在有机体的目的性中体现得最明显。目的性在自然界中显示了自然的最深刻的本质,它表明机械性和化学性看起来是客观的,其实都是要发展出主体性和能动性的,因为它们都是为目的性做准备。目的性的最高成就当然就是人的产生,这时主观概念和客观概念达到了统一,这种统一的概念就叫作"理念"。

2）理念。理念作为主观性和客观性统一的概念,能够把自己实现为客观性,但这种客观性已不同于一般现成的客观性,而是符合于主观概念的客观性,黑格尔把它称为"真理"。从亚里士多德开始,人们把真理定义为主观对客观的符合,黑格尔则发挥康德的思想,认为真理是客体符合于主体:"真理在更深刻的意义上就在于客观性与概念是同一的。"[①] 真理的三个特点:一是真理是全体,部分只有放到整体之中才能显出自身的真理性;二是真理是具体的、能动的,即富有成果的,不是无所作为的空谈;三是

[①] 黑格尔:《小逻辑》,贺麟译,商务印书馆1981年,第398页,译文有改动。

真理是一个过程，是从低级到高级、从抽象到具体的发展。理念本身体现了这一发展过程，它有三个阶段，即生命、认识和绝对理念。生命从目的性而来，是客观的主观性；认识则是主观的客观性，其中不但包括理论的认识，而且包括意志，即实践的认识；绝对理念则是全部概念在方法层次上的概括。但这三者是统一的，认识过程的目的就在于克服分裂而达到统一，但这统一在生命中只是自在存在着的理念，而认识也只是自为存在着的理念，"这两者的统一和真理则是**自在自为**存在着的理念，因而是**绝对理念**"。①

绝对理念是全书的总结，是全部概念论乃至全部《逻辑学》的归结点，这就是"方法"，也就是辩证法。"**绝对理念**由于自身中不再有过渡和前提，一般说也不再有那种不流动不透明的规定性，它自为地就是概念的**纯形式**，这种形式把**自己的内容**直观为它自身。……在此对于理念而言作为**形式**所留下的除了这个内容的**方法**而外没有什么了，——这就是有关理念各环节的担保（Währung）的确定的认知。"② 有了方法，理念的各环节就有了确定的"担保"，可以按照这些概念自在自为的规定来发展自身。这种方法大体上可以分出三个环节。首先是"开端"，这在前面已经讨论过了。开端的自身矛盾性和自否定性必然导致它进入第二环节，即"进展"（Fortgang）。这是分析的环节，即"判断"的自我划分，但它同时又是综合的。"这个既是分析的又是综合性判断

---

① 黑格尔：《小逻辑》，贺麟译，商务印书馆1981年，第422页，译文有改动。
② 同上，译文有改动。

的环节,通过它,那开端的共相从自身中把自身规定为它自己的他者,它应该叫作辩证的环节。"①但通常人们把辩证法仅仅理解为只有否定的结果,是通往虚无和诡辩的,黑格尔却认为:"把肯定的东西在**它的**否定的东西中,即前提的内容中,在结果中坚持下来,这是理性认识中最重要之点","全部逻辑学"都是证明这一点的"例子"。②而这就是第三环节,即"结局"(End)或"结果"(Resultat)。③但黑格尔在"开端、进展、结局"这个三段式中,最看重的其实还是第二环节,因为它代表否定性的环节。他说:"上面考察过的否定性现在就构成了概念运动的**转折点**。这个否定性是对自身的**否定关联**的**单纯之点**,是一切能动性、生命的和精神的自己运动的**最内在的**源泉,是辩证法的灵魂,一切真实的东

---

① 黑格尔:《逻辑学》下卷,杨一之译,商务印书馆1981年,第537页,译文有改动。
② 同上书,第541页。
③ 参看《小逻辑》§242。在《逻辑学》中,黑格尔原来使用的是Resultat(结果、后果),而且没有列为第三环节;直到《小逻辑》中,才将End(结局)列为第三环节,并且将Resultat贬为只是一种"假象"或"映象"(Schein):"对于那同时是(在方法中)绝对第一的东西的理念而言,这个结局只是消除了这种假象,似乎开端是一种直接的东西而理念就是一个结果;——这就认识到理念是唯一的全体。"(据德文本第392页,参看贺麟译本,第427页)贺先生把End译为"目的",在这里似乎并不恰当。应该说,它更贴近海德格尔在《哲学的终结和思的任务》中所说的"终结":"哲学之终结显示为一个科学技术世界以及相应于这个世界的社会秩序的可控制的设置的胜利。哲学之终结就意味着植根于西方欧洲思维的世界文明之开端。"相当于黑格尔所说的"应用逻辑学"的开端。(孙周兴选编:《海德格尔选集》下,上海三联书店1996年,第1244、1246页)

西都在自己本身具有它,并且唯有通过它才是真的";而结局则因此而是"**第二个否定的东西,即我们所达到的否定之否定**",它是"生命和精神**最内在、最客观的环节**,由于它,才有**主体、人格、自由的东西**",它就是"**否定的自身关联**"。①

而正因为这种否定的自身关联,所谓的结局或结果也就不是一个最终得到的东西,似乎从此就可以坐享其成了,而是一个新的开端。"这个**结果**因此是**真理**。它既是**直接性**,又是**中介**;——但这些判断形式:第三个是直接性和中介,或者说,它是两者的统一,都不能够把握它,因为它不是一个静止的第三个,而恰好作为这样一种统一而是自己以自己本身为中介的运动和能动性。"②这个新的开端既是扩张自身、走出自身之外,同时也是对自己的进一步深入,展示自己丰富的内涵。"最高、最锋锐的顶端是**纯粹的人格性**,它唯有通过那作为自己本性存在着的绝对辩证法,既**把一切都包括于自身**,又由于它使自己成为最自由的——而坚持着单纯性,单纯性就是最初的直接性和普遍性。"③上帝在这里出场了,上帝是最高的"人格性"(Persönlichkeit)。在康德那里,"人格性"是彼岸的,"人格"(Person)才是跨两岸的,但黑格尔的"人格性"则凭借"绝对的辩证法"而自由地创造出此岸世界的一切丰富内容。然而,这种创造也并非从一个高高在上的处

---

① 黑格尔:《逻辑学》下卷,杨一之译,商务印书馆1981年,第543页,译文有改动。
② 同上书,第545页,译文有改动。
③ 同上书,第549页,译文有改动。

所下降，而是形成一个首尾相接的"圆圈"。这种创世说是黑格尔特有的，它不同于康德式的先验立法，后者的"限制人类的知识，要求人们在着手于事实之前先批判地检查认识的工具"的做法，其实不过是一种"虚夸的僭妄"，因为它本身也需要论证，将陷入一种无穷后退。① 但黑格尔的圆圈思想用在创世论上，必然是一种无所不包的泛神论，即上帝是对这个世界的认识，上帝又是对世界的创造，但最终，上帝就是这个世界本身。所以，一方面，理念"当它把自己作为对象来拥有而贯穿了自己的总体时，它便使自己完成为它的实在的整体，完成为科学的体系"；另一方面，"这个理念还是逻辑的，它包括在纯思想之内，只是神的**概念**的科学。系统的完成虽然本身就是实在化，但仍然保持在该科学领域之内。因为认识的纯理念如果被包括在主观性中，这个理念便是要扬弃这个主观性的**冲动**，而且纯真理作为最后结果，也将成为**另一领域和科学的开端**"。② 这"另一领域和科学"就是自然哲学，它是"**神的认识对自然的关系的科学**"；而概念从中把自身提高为自由的存在，它"**在精神科学中，通过自身完成了自身的解放，并且发现在逻辑科学中作为以概念理解自身的那个纯概念就是它

---

① 参看黑格尔：《逻辑学》下卷，杨一之译，商务印书馆1981年，第550页。这也是海德格尔的思路，即在追问"存在"之前，对一切"存在者"都要抱不信任的态度，只有把存在问题弄清楚了，存在者的状态才能得到"存在论"上的解释。所以，如黑格尔所预料的，海德格尔也陷入了无穷后退，即从Sein—Seyn—Ereignis……终于退出了存在论。详后。
② 同上书，第552页，译文有改动。

本身最高的概念"。① 这就是全部《逻辑学》的最后一言，它预示了由随后而来的《自然哲学》和《精神哲学》与《逻辑学》一起构成的宏大的《哲学科学百科全书》（简称《哲学全书》）这样一部前所未有的形而上学体系。

3）"应用逻辑学"和"哲学全书"。黑格尔在纽伦堡时期就已提出了"哲学全书"的概念，并把自然哲学和精神哲学都看作"应用逻辑学"。② 其实，"应用逻辑学"在黑格尔那里应该只是一个比较通俗的说法，因为自然哲学和精神哲学在黑格尔的全书体系中不只是具有"应用"的性质，而且还有"验证"的作用，或者说，它们都是逻辑学的自我验证。只有这样理解，逻辑学才不至于仅仅是一种应用的方法论，而且也是认识论和存在论（本体论），它证明自己就是万物的灵魂和创造世界的神。所以，《小逻辑》最后说，理念的绝对自由"不仅仅过渡为**生命**，也不仅仅作为有限的认识让生命在自身中**显现**出来，而是在自己的绝对真理中**决心**把自己特殊性的环节，或者说最初的规定和他在的环节，把作为其反光的**直接理念**，自由地作为**自然界**而从自身中释放出

---

① 黑格尔：《逻辑学》下卷，杨一之译，商务印书馆1981年，第553页，译文有改动。
② 参看梁志学：《黑格尔〈自然哲学〉简评》，载黑格尔：《自然哲学》，商务印书馆1986年，第 iv 页。在《小逻辑》中黑格尔重提这一说法："如果我们按照前面所说的，把逻辑学看作**纯**思维规定的体系，那么相反，其他的哲学科学，自然哲学和精神哲学，就显得仿佛是一种应用逻辑学，因为逻辑学是它们的富有生气的灵魂。"（参看贺麟译本，第83页，译文有改动）注意这里的语气：仿佛。

来"。① 就是说，自然界就是绝对理念的自由外化，是对自身特殊性环节的"释放"。但另一方面，从自然本身来看，它又是一个逐步从自身中展露出绝对理念和精神的过程。"自然界是自我异化的精神，这精神在自然界里一味豪放不羁，是一位对自己不加约束、毫无自制的酒神；在自然界里隐藏了概念的统一性。……但上帝仍然没有僵化和死去，反之，那些石头都会呼喊起来，并把自己提升为精神。"② 这是一个双向的过程，向外的扩展就是向内的深入，从自然哲学到精神哲学，精神哲学中从主观精神到客观精神再到绝对精神，绝对精神最后显示为哲学史，而哲学史的终点就是黑格尔自己的哲学——这就回到了最初的起点，这条下降的路同时就是上升的路。我们会发现，整个过程以《哲学全书》的方式呈现出来，实际上自始至终贯穿着《逻辑学》的精神；而在《逻辑学》中所展示的，则是上帝在创造世界之前是怎么想的，或者说，是上帝创世的蓝图。③ 所以，自然哲学相当于上帝创世，精神哲学相当于道成肉身，最后的绝对精神则是圣灵在艺术、宗教和哲学中降临，黑格尔的全部形而上学在形式结构上都以基督教

---

① 黑格尔:《小逻辑》，贺麟译，商务印书馆1981年，第427—428页，译文有改动。
② 黑格尔:《自然哲学》，梁志学等译，商务印书馆1986年，第21页，译文据 G. W. F. Hegel: *Naturphilosophie*. Suhrkamp Verlag, Frankfurt am Main, 1986，有改动。
③ "因此人们可以说，这个内容就是**上帝的表达，表达了上帝在创造自然和有限的精神之前在他的永恒的本质中是怎样的**。"（黑格尔:《逻辑学》上卷，杨一之译，商务印书馆1977年，第31页，译文有改动）

的"三位一体"学说为模板,真正实现了亚里士多德所构想的形而上学作为"第一哲学"而与"神学"的合一。

黑格尔是西方哲学史上在学识的渊博方面唯一能够和亚里士多德相媲美的"百科全书式的哲学家",但就形而上学的性质来说,这还只是外在的衡量标准,关键还在于,这种百科全书式的知识是否能够被形而上学所驾驭并成为其有机的组成部分。而在这方面,黑格尔显然要远胜过亚里士多德。在黑格尔这里,形而上学可以看作有广义和狭义之分。广义地说,整个《哲学全书》体系都属于形而上学,可以通俗地称之为《逻辑学》的"应用"部分;狭义地说,黑格尔的形而上学就是《逻辑学》,而其中的核心部分就是"主观逻辑",至于"客观逻辑"部分,则可以看作对旧的形而上学的"批判"。对形而上学的这种广义和狭义的区分其实最早在康德那里就已经有了,他把自然形而上学看作"更严格意义的"或"本来意义上的"形而上学,而把道德形而上学看作"也可以为它保留形而上学这一名称"的形而上学。[①]但康德的划分是极其机械的,虽然理论理性和实践理性在最后的宗教学中合而为一了,但那只是抽象能力的合一,与双方具体所建立的形而上学(自然形而上学和道德形而上学)内容丝毫没有关系。相比之下,黑格尔的广义的形而上学则是一个圆融的体系,每个环节都和下一个环节紧密相连、丝丝入扣,全体则由一主体精神首尾贯通,没有什么是多余的,也没有什么是缺失的。这样的形而上学体系,撇开具体观点和

[①] 已如前述,参看康德:《纯粹理性批判》,A842=B879。

细节上的诸多错判和失误不谈，就其精心策划而又浑然一体的结构形式而言，可以说是前无古人，后无来者。

的确，在黑格尔之后，再无人能够建立起像黑格尔这样无所不包的形而上学体系，人们甚至断言，建立哲学体系的时代已经过去了。人们顶多在各自狭窄的领域内把自己的最高原理供奉在形而上学的祭坛上，要么就只有把形而上学视为人类思想幼稚时代的谎言。进入后现代思潮，对传统形而上学还保有一定兴趣和理解力的那些学术大腕们则以解构形而上学为能事，并以此作为自己出名的跳板。但所有这些都掩盖不了黑格尔哲学的光芒，虽然这种思想两百年来几度被人当作"死狗"，却总是周期性地上升为新的热点，并且成为研究哲学的人难以回避的一门基本的"功课"。黑格尔不愧为西方形而上学的完成者。[①]

第三节 马克思对黑格尔形而上学的批判及其启示

黑格尔哲学穷尽了西方形而上学的可能性，同时也最深刻地

[①] 海德格尔认为黑格尔的形而上学"只是形而上学之完成的开始，而不是这种完成本身"；形而上学的真正完成者是尼采，"随着尼采的形而上学，哲学就完成了。这意思是说：哲学已经巡视了预先确定的种种可能性的范围……这种完成了的形而上学为一种也许会长期延续下去的地球秩序提供支架"。（海德格尔：《演讲与论文集》，孙周兴译，三联书店2005年，第74、83页）但在另一处，海德格尔却说："希腊人的哲学达到西方统治地位……是从其开端的终结达到的，而此终结在**黑格尔**处被伟大而终成定局地定形为完成了。"（海德格尔：《形而上学导论》，熊伟、王庆节译，商务印书馆1996年，第188页）

暴露了西方形而上学的软肋。但长期以来，西方形而上学家们无人能够抓住黑格尔体系的真正要害。人们可以批评黑格尔的唯心主义，也可以指责他的宗教偏见，还可以埋怨他的体系过于封闭，没有给生动活跃的新思想留下进一步发展的空间，但所有这些，都没有指出黑格尔是如何失足的，他的那些极富创造性的新见所隐藏的基因缺陷在哪里。因此，这些批评的结果，要么就是把孩子和洗澡水一起泼掉了，要么就是简单地把黑格尔排除在自己的视野之外，不予考虑，以为这样就可以一劳永逸地将这一体系轻轻松松地"解决掉"，从思辨的噩梦走入常识的阳光之下，实际上不可避免地导致了近代西方形而上学的肤浅化以至于衰亡。在这些批判家里面，唯一对黑格尔的形而上学做出了切中肯綮的批判的，是马克思。

一、青年马克思对黑格尔辩证法的批判

青年马克思在《对黑格尔的辩证法和整个哲学的批判》一文（被编入《1844年经济学哲学手稿》）中，对黑格尔哲学在起源上尤其是在《精神现象学》这一"黑格尔哲学的真正诞生地和秘密"中的基因缺陷，进行了深入的分析和公正的评价。他首先概述了当时青年黑格尔派的批判家们对待黑格尔哲学的完全非批判的态度，然后说："**费尔巴哈**是唯一对黑格尔辩证法采取严肃的、批判的态度的人；只有他在这个领域内做出了真正的发现，总之他真正克服了旧哲学。"[①] 他把费尔巴哈的这一"伟大功绩"归纳为

[①]《马克思恩格斯全集》第四十二卷，人民出版社1979年，第157—158页。

三点:一是证明了黑格尔的哲学不过是宗教的思辨形式,因此应受到无神论者的谴责;二是"创立了**真正的唯物主义和现实的科学**",因为他立足于人与人的社会关系;三是"他把基于自身并且实证地以自身为基础的肯定的东西同自称是绝对的肯定的东西的那个否定的否定对立起来",①也就是说,把人的感性确定性同经过否定之否定而达到的绝对认知即《逻辑学》的开端对立起来。②根据马克思的描述,费尔巴哈在《未来哲学原理》中对黑格尔辩证法的批判分三个层次:黑格尔首先是从逻辑上"无限的东西、抽象和普遍的东西"即纯存在出发,实际上已经是从宗教神学出发;其次是扬弃这无限的东西而建立起现实的、感性的东西,相当于逻辑学外化出自然界和人类社会;最后是"重新扬弃了肯定的东西,恢复了抽象、无限的东西。宗教和神学的恢复"。③显然,费尔巴哈这种批判所针对的是黑格尔的《哲学全书》,即"逻辑学"(圣父)经过"应用逻辑"(圣子)而在"绝对精神"(圣灵)中达到神圣的逻辑理念的复归。但接下来,马克思隐晦地表达了自己对费尔巴哈的观点的修正,在他眼里,费尔巴哈的批判固然具有划时代的突破,但毕竟还不够到位。费尔巴哈没有看到,黑

---

① 《马克思恩格斯全集》第四十二卷,人民出版社 1979 年,第 158 页,译文据柏林狄兹出版社 1955 年版《马列主义丛书》第 42 卷(Kleine Ökonomische Schriften. In: Bücherei des Marxismus-Leninismus, Band 42. Dietz Verlag GmbH, 1. Auflage, 1955),有改动。
② 对照一年以后马克思在《费尔巴哈论纲》中对费尔巴哈的重新评价和批判,这三点更多地表达的是当时马克思自己的观点。
③ 《马克思恩格斯全集》第四十二卷,人民出版社 1979 年,第 158 页。

格尔这套逻辑和应用逻辑体系"只是为那种历史的运动找到**抽象的**、**逻辑的**、**思辨的**表达，这种历史还不是作为既定的主体的人的**现实的**历史，而只是人的**产生的活动**、人的**发生的历史**"，①但毕竟黑格尔正是以这种抽象的逻辑思辨的方式，表达了"作为既定的主体的人的**现实的**历史"。要看出这一点来，单凭分析和批判《哲学全书》这一黑格尔的正式体系是不够的，还必须追溯到"黑格尔哲学的真正诞生地和秘密"，即《精神现象学》。所以，马克思的整篇文章重点批判的就是黑格尔的《精神现象学》，这实际上也是对费尔巴哈的黑格尔批判的超越。

马克思吸取了费尔巴哈的直接性、感性和实证的基本立场，用来批判地改造黑格尔的唯心辩证法，但他想得比费尔巴哈更深刻。他指出，黑格尔哲学体系表面上是从《逻辑学》开始的，然而其"真正"的诞生地是《精神现象学》；这意味着，对黑格尔哲学的批判的出发点不能（像费尔巴哈那样）放在那不知从何而来的"客观的"精神上，而应该放在哲学家本人意识的主观经验上，并把那种客观精神看作不过是人的主观思维的异化。但是，正由于黑格尔在《哲学全书》中从抽象的、超人的哲学思辨即逻辑学开始，其绝对理念就成了一个"如此奇妙而怪诞、使黑格尔分子伤透了脑筋的"谜，②它掩盖了黑格尔超人的绝对精神不过是哲学家个人的意识经验的异化物这一秘密。从这一视角出发，马克思

---

① 《马克思恩格斯全集》第四十二卷，人民出版社 1979 年，第 159 页。
② 同上书，第 177 页。

揭示出了黑格尔的"双重错误"。**第一个错误**在于,"**哲学家**——他本身是异化的人的抽象形象——把自己变成异化的世界的**尺度**。因此,全部**外化历史**和外化的整个**复归**,不过是抽象的、绝对思维的**生产史**,即逻辑的思辨的思维的**生产史**。因而,**异化**……是抽象思维同感性的现实或现实的感性在思想本身范围内的对立"。①于是,纯思、自我意识取代了人,成了人的本质。黑格尔预先非批判地用自己的抽象思维的异化尺度裁割了感性现实及其历史,使之成为不过是在抽象概念之中的历史。所以,"**逻辑学**是精神的**货币**"②,它自以为具有"绝对尺度"的本质,实际上不过是精神价值的异化的抽象代表。黑格尔的**第二个错误**体现在"应用逻辑学"即自然哲学和精神哲学中,这就是在对人的本质力量的感性现实重新占有和恢复时所采取的抽象的唯心主义方式,这种方式同样源于《精神现象学》。在现象学中,"黑格尔晚期著作的那种非批判的实证主义和同样非批判的唯心主义——现有经验在哲学上的分解和恢复——已经以一种潜在的方式,作为萌芽、潜能和秘密存在着"。③换言之,黑格尔在异化中扬弃异化,自然界和历史的人性就成了"抽象精神的产物",而逻辑理念外化出自然界,不过是纯思的哲学家"想到了"自然界,因为他在绝对理念中感到了"无"。"有一种**神秘的**感觉驱使哲学家从抽象思维进

---

① 《马克思恩格斯全集》第四十二卷,人民出版社1979年,第161页。
② 同上书,第160页。
③ 同上书,第162页。

入直观，那就是**厌烦**，就是对内容的渴望。"① 但他欺骗自己，仿佛这样一来，他就弥补了抽象理念的不足，而把真正现实的感性自然界克服了；其实他只是从字面上、思想上克服了这个本来就是思想物的对象，真正现实的对象世界则还原封未动。

上述两个错误"汇集了思辨的一切幻想"，即一方面，"意识，也就是作为知识的知识、作为思维的思维，直接地冒充为异于自身的**他物**，冒充为感性、现实、生命"；另一方面，"他又重新通过这个外化的形态确证精神世界，把这个世界冒充为自己的真实存在，恢复这个世界，硬说它在自己的异在本身中也就是在自己身边。……黑格尔的虚假的实证主义即他那只是徒有其表的批判主义的根源就在于此"。② 对黑格尔哲学的秘密的这一揭示表明，黑格尔首先通过抽象、异化而把现实的人及其感性的对象性置之不理，而用逻辑理念冒充现实。真正彻底的批判则要求追溯这种抽象或异化的感性现实的根源，追溯在人的现实的感性活动中到底发生了什么，而不是停留于那种"神秘的感觉"和"对内容的渴望"。马克思由此发现了人的感性活动（实践、劳动）及其所包含的自我异化和自我否定的本质倾向。黑格尔虽然也谈到劳动，但他把劳动仅仅理解为异化劳动，他只知道抽象的精神劳动，因而把人的本质理解为异化了的人即思辨哲学家，其最高的"类"是高踞于一切个体之上的绝对精神、上帝。马克思则直接从现实

---

① 《马克思恩格斯全集》第四十二卷，人民出版社1979年，第178页。
② 同上书，第171页。

的人的感性活动出发，通过对现实社会的历史分析看出，人的能动的社会实践不仅具有对象化和异化的本质倾向，而且具有扬弃异化、真正实现人的类本质或感性本质这一必然前景。马克思由此建立起了实践唯物论的基础，这就是人的现实的、感性的活动。这一基础不但超越了费尔巴哈的抽象的"感性对象"或"感性直观"，而且本身构成了对主观之外的客观世界的"本体论证明"："整个所谓世界历史不外是人通过人的劳动而诞生的过程，是自然界对人说来的生成过程，所以，关于它通过自身而诞生、关于他的产生过程，他有直观的无可辩驳的证明。"①

马克思对黑格尔的上述批判，至今没有人能够超越。当然，马克思的批判并不是着眼于重建形而上学，而是要把形而上学连同哲学一起扬弃掉，而致力于工人阶级解放的实践理论，他认为这是那个时代的思想家最重要的历史使命。②然而，今天来看，马克思的批判既然不仅是对黑格尔哲学的批判，而且是对一般哲学

---

① 《马克思恩格斯全集》第四十二卷，人民出版社1979年，第131页。对此问题，可参看拙文：《补上实践唯物论的缺环——论感性对客观世界的本体论证明》，《学术月刊》1997年第3期；收入个人文集《实践唯物论新解：开出现象学之维》，武汉大学出版社2007年。

② 在《〈黑格尔法哲学批判〉导言》中，马克思提出了"扬弃哲学"（"扬弃"即aufheben，以往曾译"消灭"）的命题，这并不意味着取消哲学，而意味着"把哲学变成现实"，"哲学不扬弃无产阶级，就不能成为现实；无产阶级不把哲学变成现实，就不能扬弃自己"。（参看《马克思恩格斯全集》第一卷，人民出版社1956年，第459、467页，译文有改动。具体可参看拙文：《论马克思对哲学的扬弃》，载拙著：《实践唯物论新解：开出现象学之维》，武汉大学出版社2007年）

的批判,也就是对整个西方哲学的批判,这就为我们检讨西方形而上学史并从中找到关键性的突破口以重建形而上学提供了启示。以下我将从三个方面来探讨这一问题。

二、马克思批判黑格尔的三个角度

1)**感性活动**。这种启示首先集中于马克思用"感性活动"这一利刃挑开了黑格尔的理性、逻辑、概念、理念等所织成的看似天衣无缝的面纱,揭示了在哲学后面所遮掩着的人类现实生活。他提出,"感觉通过自己的实践直接变成了**理论家**",[①] 并且认为,"哲学首先是通过人脑和世界相联系,然后才用双脚站在地上;但这时人类的其他许多活动领域早已双脚立地,并用双手攀摘大地的果实"。[②] 这里面的含义大有挖掘的余地。我们前面讲到过,黑格尔的理性的确定性与真理性一开始就是建立在"唯心主义"之上的,个别自我意识由此而确立起了自身的确定性,它不再需要牺牲世界来坚持自身的独立,反而确信它自己就是这个世界的真理,这就是唯心主义的态度。[③] 唯心主义首次使理性成了世界的原则。在马克思看来,头足倒置或者"用头脑立地"也的确是哲学的起源,是人类思维的必经之路;然而,直到今日,是时候把颠倒的

---

① 《马克思恩格斯全集》第四十二卷,人民出版社1979年,第124页。
② 《马克思恩格斯全集》第一卷,人民出版社1956年,第121页。
③ 海德格尔也说:"从人类常识的观点看,哲学就是黑格尔所说的'颠倒了的世界'。"(《形而上学是什么?》,载《路标》,孙周兴译,商务印书馆2000年,第119页)

世界再颠倒过来了，必须用双足立地来探讨哲学问题，这就是马克思的实践唯物主义的诞生。但毫无疑问，这样一来，从柏拉图和亚里士多德以来两千多年传统的西方形而上学也就被扬弃了，所有这些形而上学，由于它们一直坚持脱离人的感性活动来规定存在问题，所以尽管其中不乏辩证法的思想因素（特别是黑格尔的形而上学以唯心辩证法为灵魂），但从根本上说，它们都是"以孤立的、片面的、静止的眼光看世界"，在与"辩证法"相对立的意义上被称为"形而上学"。这就是"形而上学"这一术语在马克思主义哲学中所发生的意义转移，它不再专指一种有关"作为存在的存在"的学问，而是指一种僵化的思维方式。马克思则是把辩证法贯彻到了人的现实的感性活动中，尤其是人的生产劳动和经济生活中，但这种贯彻已经不是用头脑立地的，不是唯心主义的，因而也不是形而上学的，而是实践唯物主义的。

但实践唯物主义并不必然与重建形而上学的任务相冲突，相反，前者正好可以作为后者的前提。对此，我已在《补上实践唯物论的缺环——论感性对客观世界的本体论证明》一文中有初步的提示。[①] 该文既是对马克思的文本的深度分析，同时也是对其中所含有的一种可能性，即重建一种以感性的实践存在论为前提的形而上学之前景的揭示。有待于进一步揭示的是，感性本身作为一种为存在论奠基，也就是为语言的逻辑功能奠基的人类活动，

---

① 参看拙著：《实践唯物论新解：开出现象学之维》，武汉大学出版社2007年，第189—199页。

应当以何种方式获得自身的规定性。当然，这种揭示仍然必须借助于语言的逻辑功能，而不能推给神秘主义或"意在言外"，但也不能像黑格尔那样以语言的逻辑功能（存在、是）为唯一的准绳，而将感性置换为纯粹概念的逻辑进展。这样来看，人的感性活动就不再仅仅限于作为理性认识的某种不可缺少的"材料"或加工对象，而是本身成了内容丰富的能动主体。它所展示的人的情感的、审美的、伦理的等"本质力量"，不是像在黑格尔哲学中那样，坐等人的理性思维通过自我否定推演出来，并逐一加以规范和认证，纳入"共相"，然后被安排在一个宏大的逻辑体系中；而是由自身的非逻辑功能发动起来，在自己的实践活动中锻炼出自己的逻辑功能，并提升自己为"理论家"。所以，"感性（见费尔巴哈）必须是一切科学的基础。科学只有从感性意识和感性需要这两种形式的感性出发，因而，只有从自然界出发，才是现实的科学。全部历史是为了使'人'成为**感性**意识的对象和使'人作为人'的需要成为［自然的、感性的］需要而作准备的发展史"。① 在这一过程中，起关键作用的是人的语言，因为"思维本身的要素，思想的生命表现的要素，即**语言**，是感性的自然界"。② 这种"生命表现的要素"，首先是语言的非逻辑功能，包括诗意、暗示、比喻、象征和符号功能，以及情感意志功能。当

---

① 《马克思恩格斯全集》第四十二卷，人民出版社 1979 年，第 128 页。
② 同上书，第 129 页。马克思这里仅限于对语言的提示，而没有展开其中的更深层次的意义，这些意义的讨论要等到 20 世纪后半期西方哲学中的"语言学转向"才能提到议事日程上来。

然，也从中发展出了语言的理性功能和逻辑功能，它使得我们能够反思语言中所包含的人的全面丰富的本质力量，和它所展示的人类本身的起源，最终为我们所要建立的"语言学之后"的新型的形而上学提供哲学人类学的前提。

2）**哲学人类学**。与康德不同，黑格尔对于人类学一直持有不屑的态度，将它视为和心理学同层次的经验科学。但马克思从早期受到费尔巴哈的影响，一开始就是走的哲学人类学的路子，所以他对黑格尔的批判，最终可以归结为对人的本质的异化的批判。他指出："因为黑格尔把人和自我意识等同起来，所以人的异化了的对象，人的异化了的、本质的现实性，不外就是异化的**意识**，就是异化的思想，是异化的**抽象的**因而无内容的和非现实的表现，即**否定**。……因此，自我对象化的内容丰富的、活生生的、感性的、具体的活动，就成为这种活动的纯粹的抽象——**绝对的否定性**，……因此，这就是普遍的，抽象的，适合任何内容的，从而既超脱任何内容同时又正是对任何内容都通用的，脱离**现实的**精神和**现实的**自然界的**抽象形式**、思维形式、逻辑范畴。"[①] 对此，马克思的反驳是："如果没有人，那么人的本质表现也不可能是人的，因此思维也不能被看作是人的本质表现，即在社会、世界和自然界生活的有眼睛、耳朵等等的人的和自然主体的本质表现。"[②] 可见，不论是要探讨世界历史还是要研究自然的生成，人的

---

① 《马克思恩格斯全集》第四十二卷，人民出版社 1979 年，第 176 页。
② 同上书，第 178 页注①。

劳动活动、感性活动都是根本的出发点。"因为人和自然界的**本质性**,即人对人说来作为自然界的存在以及自然界对人说来作为人的存在,已经变成实践的、感性的、直观的,所以,关于某种**异己**的存在物、关于凌驾于自然界和人之上的存在物的问题,即包含着对自然界和人的非本质性的承认的问题,在实践上已经成为不可能的了。"[①] 到了《〈黑格尔法哲学批判〉导言》中,马克思则公开喊出了"人是人的最高本质"的口号。[②] 这一口号从形式逻辑的眼光看相当于同语反复,但其中所包含的"意谓"则在于:人不是任何其他本质的产物或异化物,相反,人本身就是一切其他本质的基础,人是哲学的绝对的出发点。当然,这个"人"不再是抽象的人,而是感性的人,因而也是自然的人。所以,在马克思心目中,共产主义"作为完成了的自然主义,等于人道主义,而作为完成了的人道主义,等于自然主义,它是人和自然界之间、人和人之间的矛盾的**真正**解决,是存在和本质、对象化和自我确证、自由和必然、个体和类之间的斗争的真正解决。它是历史之谜的解答,而且知道自己就是这种解答"。[③] 这里的"人道主义"(Humanismus)又译"人本主义"或"人文主义"。这段话里面的一连串"矛盾"的"解决",已经隐约呈现出一种"人本主义的形而上学"的大致轮廓了。但马克思并没有展开,如果展开的话,

---

① 《马克思恩格斯全集》第四十二卷,人民出版社1979年,第131页,译文有改动。
② 参看《马克思恩格斯全集》第一卷,人民出版社1956年,第461、467页。
③ 《马克思恩格斯全集》第四十二卷,人民出版社1979年,第122页。

可以想见，将是一个具有形而上学层次的哲学人类学体系。

马克思的这一倾向在康德那里已经有所预示。但康德的"先验人类学"还没有建立起来，基本上只是一种设想，他的三大批判都是为人的知、意、情三大能力所建立起来的先验法则，尤其在第三批判中对此有某种归纳式的系统展示，但并没有专门作为一个人类学体系来阐述。另外，即使康德能够建立起来先验人类学体系，也将是一个抽象的构架，肯定会把马克思所看重的人的感性、与自然的关系和与社会生活的关系全部撇开。这些在康德那里属于"实用人类学"、"经验人类学"或"实践的人类学"的低层次科学，一旦被抽掉，就只剩下一个空架子了。这大概也是康德的先验人类学之所以建立不起来的原因。哲学人类学的真正繁荣是在20世纪，特别是由马克斯·舍勒开启了一股热潮。舍勒曾尝试一种"经验科学与形而上学的结合"①，实际上也就相当于把经验的人类学形而上学化，这是极有前途的致思方向。他认为，前辈们已经有不少人从"人在宇宙中的地位"出发来"勘定'人'的本质及其存在的形而上学的方位"（如帕斯卡、马勒伯朗士等），②但问题是，到他为止，仍然没有一个对人的定义是既符合经验又具有形而上学层次的。他为此逐个检查了以往对人的本质的规定，诸如"理性的动物"、"会劳动的动物"、"制造工具的动物"、"语言的动物"或"符号的动物"等，并一一加以驳斥，

---

① 参看欧阳光伟：《现代哲学人类学》，辽宁人民出版社1986年，第27页。
② 舍勒：《论人的理念》，载刘小枫选编：《舍勒选集》下，上海三联书店1999年，第1281页。

尤其对语言和词的分析堪称细致。① 他认为，这些观点的问题在于都限于实证主义和实用主义的眼光，而缺少形而上学的（精神的）尤其是神学的眼光。他们忘记了："唯独**词**才能说话，语初有词！"动物之所以不能说话，是因为它们没有"词"。所以我们不妨说，"词（使人说话的词）来自上帝"，这不是在科学上，也不是在历史发生的意义上，而是在形而上学层次上"唯一有意义的回答"，即"词是原现象"、一切意义的前提。② 他甚至把工具也归于上帝的恩典，不是为了弥补人的软弱和病态，而是为了人有更多的"**自由闲暇**去内省上帝、爱上帝"，因而，"在这一崭新意义上，'人'是'超越'的意向和姿态，是祈祷的、寻求上帝的本质"。③ 但这样一来，他的哲学人类学实际上反而导致了经验和形而上学的断裂，这些结论是"他从经验论证跳跃到先天思辨所得到的。从经验论证到先天思辨之间，没有逻辑的联系……他所得出的完整人及其在宇宙中的特殊地位，实际上是与任何经验科学无关的"，因此造成了生命和精神的割裂。④ 直到今天，西方现代哲学人类学的这一矛盾仍然是无法克服的，即要么对人类学进行经验性的实证科学的考察，但这就失去了形而上学的精神层次，把人还原成了动物（不再是人），要么对人做形而上学的规定，但

---

① 这些语言分析虽然细致，却颇可商榷，且没有探讨语言的起源，本书后面将有专门讨论。
② 刘小枫选编：《舍勒选集》下，上海三联书店1999年，第1293页。
③ 同上书，第1297页。
④ 参看欧阳光伟：《现代哲学人类学》，辽宁人民出版社1986年，第72页。

这就将撇开人的经验和感性活动,成了唯心主义和宗教神学的玄想(不再是科学)。一切企图克服这一矛盾的尝试,都免不了发生上述的"跳跃"和"割裂",都无法自圆其说。

唯一能够克服这一矛盾的,看来还只能是马克思所提示的这条实践唯物论或实践本体论的道路。这一点,只要看看马克思的下面的论述即可明了:

> **自然科学**展开了大规模的活动并且占有了不断增多的材料。但是哲学对自然科学始终是疏远的,正像自然科学对哲学也始终是疏远的一样。……工业是自然界同人之间,因而也是自然科学同人之间的现实的历史关系。因此,如果把工业看成人的**本质力量**的**公开的**展示,那么,自然界的**人的**本质,或者人的**自然的**本质,也就可以理解了;因此,自然科学将失去它的抽象物质的或者不如说是唯心主义的方向,并且将成为**人的科学**的基础,正像它现在已经——尽管以异化的形式——成了现实人的生活的基础一样;……自然科学往后将包括关于人的科学,正像关于人的科学包括自然科学一样,这将是**一门科学**。①

所以,当马克思说,"工业的历史和工业的已经产生的**对象性的存在**,是一本打开了的关于人的本质力量的书,是感性地摆

---

① 《马克思恩格斯全集》第四十二卷,人民出版社1979年,第128页。

第四章 黑格尔：西方形而上学的完成

在我们面前的人的**心理学**；对这种心理学人们至今还没有从它同人的本质的联系上，而总是仅仅从外表的效用方面来理解"，① 这时，他已经从这种"心理学"中直观到了人的本质力量的哲学含义。就连在最简单的自然界的感性直观对象上，马克思也看到了人的能动本质。"从理论领域说来，植物、动物、石头、空气、光等等，一方面作为自然科学的对象，一方面作为艺术的对象，都是人的意识的一部分，是人的精神的无机自然界，是人必须事先进行加工以便享用和消化的精神食粮；同样，从实践领域说来，这些东西也是人的生活和人的活动的一部分。……在实践上，人的普遍性正表现在把整个自然界——首先作为人的直接的生活资料，其次作为人的生命活动的材料、对象和工具——变成人的**无机的身体**。自然界，就它本身不是人的身体而言，是人的**无机的身体**。"②

这些句子里面充满了黑格尔式的用语和句式，然而精神实质却已经大变，到处闪烁的是感性的光辉，但丝毫没有降低形而上学的层次，而是为我们改造黑格尔的辩证法、重建形而上学的哲学人类学树立了榜样。

3）**辩证法**。马克思对黑格尔的辩证法可以说是推崇备至。虽然也有严厉的批判，但通常在批判的同时也伴随着热烈的赞扬。最著名的一段话就是，马克思在谈到黑格尔《精神现象学》的

---

① 《马克思恩格斯全集》第四十二卷，人民出版社 1979 年，第 127 页。
② 同上书，第 126 页，译文有改动。

"双重错误"时，夹在黑格尔的"片面性和局限性"之间，突然插入一句：

> 因此，黑格尔《现象学》及其最后成果——作为推动原则和创造原则的否定性的辩证法——的伟大之处在于，黑格尔把人的自我产生看作一个过程，把对象化看作失去对象，看作外化和这种外化的扬弃；因而，他抓住了**劳动的本质**，把对象性的人、现实的因而是真正的人理解为他**自己的劳动**的成果。[①]

应当说，不光是在《精神现象学》中，而且在《逻辑学》和"应用逻辑学"的所有黑格尔的著作中，这种"否定性的辩证法"都是黑格尔最具特色的方法论模式。而在马克思看来，劳动的本质就是否定性的辩证法，它不仅仅是一个经济学问题，而且正是一个人的本质和定在的哲学问题。多年以后，马克思在《资本论》"第二版跋"中说："我公开承认我是这位大思想家的学生，并且在关于价值理论的一章中，有些地方我甚至卖弄起黑格尔特有的表达方式"；并且指出，"因为辩证法在对现存事物的肯定的理解中同时包含对现存事物的否定的理解，即对现存事物的必然灭亡的理解；辩证法对每一种既成的形式都是从不断的运动中，因而也是从它的暂时性方面去理解"。[②]在《思辨的张力——黑格尔

[①] 《马克思恩格斯全集》第四十二卷，人民出版社1979年，第163页。
[②] 《马克思恩格斯选集》第二卷，人民出版社1995年，第112页。

辩证法新探》一书中，我把黑格尔辩证法归结为"努斯精神"和"逻各斯精神"两大要素的对立统一的张力系统，认为"以否定的辩证法为代表的努斯冲动在黑格尔哲学中具有最根本性的地位和作用，它构成黑格尔辩证法的能动的灵魂"；而这种否定的辩证法"具有自身的表现形式，这就是代表逻各斯精神的反思的思维方式。反思使黑格尔辩证主体的进展获得了自身肯定的确定性形式，成为了有规律的、合理的和合乎逻辑的过程"；这种辩证法"作为逻辑，它是超语言的，因而是认识论；作为认识论，它是超理论的，因而是本体论；作为本体论，它又是超现存事物的，因而是逻辑。黑格尔辩证法作为逻辑、认识论和本体论的统一体，第一次成为一种贯穿于自然界、历史和人类精神中的普遍规律和法则，这在哲学史上是空前的"。[①] 正是借助于这种无所不通、无远弗届的辩证法，黑格尔才有可能建立起这样一个庞大的"哲学全书"的形而上学体系。这给我们今天重建形而上学提供了最为宝贵的借鉴：不娴熟地掌握辩证法，在当代这样一个如此分崩离析的时代，要想整合各种不同的思想文化而重新开拓一种超越一切现实分歧之上的"语言学之后"的形而上学，是根本不可能的。

然而，马克思对黑格尔辩证法的批判也是值得高度重视的。换言之，即使是黑格尔的辩证法，在其原封不动的唯心主义（观念论）的形式中，在面临今天这种全球化的局面时也是力不从心

[①] 邓晓芒：《思辨的张力——黑格尔辩证法新探》，商务印书馆2008年，第634—635页。

的。马克思主张将黑格尔辩证法颠倒过来,"在他那里,辩证法是倒立着的,为了发现神秘外壳中的合理内核,必须把它倒过来";①恩格斯也认为,"黑格尔的辩证法在其**现有的**形式上是完全不能用的。它实质上是唯心的,而这里要求发展一种比以前所有世界观都更加唯物的世界观。它是从纯粹思维出发的,而这里必须从最顽强的事实出发"。②但恩格斯也高度评价了黑格尔的辩证法:"黑格尔的思维方式不同于所有其他哲学家的地方,就是他的思维方式有巨大的历史感作基础。形式尽管是那么抽象和唯心,他的思想发展却总是与世界历史的发展平行着,而后者按他的本意只是前者的验证。"③我曾经在《论"历史感"——现代解释学方法的启示》一文中,对恩格斯的"历史感"和"顽强的事实"这两个概念进行了深度阐发,即"顽强的事实"并非指脱离人而客观存在的物,而是指人与人的现实关系,即马克思所谓人的感性的丰富性;而"历史感"则是指人类实践所具有的自明的真实性,"它是显现,是创造,是自由的感性活动,是对一切遮蔽性的冲破和去蔽",这种直接体验"不仅包含单纯认识的因素,而且包含全部人性、人的感觉、人的需要和情感意志","除了科学主义的考虑之外,马克思更关心的是与自由的人们情感上的相通和共鸣。……历史感是现在的历史和过去的历史的解放者"。④可见,黑格尔辩

---

① 《马克思恩格斯选集》第二卷,人民出版社1995年,第112页。
② 同上书,第41页。
③ 同上书,第42页。
④ 参看拙文:《论"历史感"——现代解释学方法的启示》,首发于《学术月刊》1990年第2期;收入《实践唯物论新解:开出现象学之维》,武汉大学出版社2007年。

证法的"思辨的秘密"就在于,它以语言的逻辑功能掩盖了底下的非逻辑功能,但它的一切否定的能动性之源,无不出于这种非逻辑功能的创造力的迸发,然而这一本源的努斯精神在他那里最终却被逻各斯的形式所遮蔽和窒息了。

这种遮蔽在西方形而上学传统中是必然的,而在这一形而上学的最成熟的形式——黑格尔哲学中则甚至是必要的,因为否则的话,非逻辑功能就会冲破逻辑的形式而使形而上学遭到解构。费尔巴哈是第一冲击波,他的《基督教的本质》给当时包括马克思、恩格斯在内的一大批青年黑格尔派哲学家们所带来的解放感和轻松感,在恩格斯的回顾中表达得淋漓尽致:

> 魔法被破除了,"体系"被炸开并被抛在一旁了,矛盾既然仅仅是存在于想象之中,也就解决了,——这部书的解放作用,只有亲身体验过的人才能想象得到。那时大家都很兴奋,我们一时都成为费尔巴哈派了。①

但恩格斯很清醒,他知道这种简单地抛弃黑格尔体系的办法是制服不了这个体系的,能够战胜黑格尔哲学的只有一个办法,就是"扬弃"它,"要批判地消灭它的形式,但是要救出通过这个形式获得的新内容",进一步说,就是要立足于新的内容来重建形而上学。"但是这时,1848 年革命毫不客气地把全部哲学都

---

① 《马克思恩格斯选集》第四卷,人民出版社 1995 年,第 222 页。

撒在一旁",将这一任务挤到后台去了。① 而这一搁置就是一个世纪。②1935年,海德格尔在《形而上学导论》的讲演(1953年出版)中重新提出建立形而上学的问题。萨特则是在"二战"的战俘营里面开始构思《存在与虚无》(1943),其副标题是"现象学的本体论"。然而,这些书还没有来得及展示并被承认为一种新型的形而上学,西方思想界就遭遇了后现代主义。这就造成了我们今天所面对的状况。海德格尔后期完全放弃了形而上学的建构;萨特则在思维方式上并未超出黑格尔,反而在内容上将黑格尔的形而上学狭窄化了,成为一种仅限于伦理思想和人生哲学的本体论。这两人其实都已经参透了语言的非逻辑功能(诗化功能),为什么在重建形而上学的事业上仍然半途而废,值得深思。而这正是下一章所要探讨的问题,此处暂时放下。

三、对马克思的黑格尔哲学批判的再反思

如上所述,马克思已经对黑格尔辩证法和整个(西方)哲学进行了批判,但并没有对黑格尔的形而上学和整个西方形而上学为什么会走到今天这一步、为什么会陷入思维和存在关系的颠倒的理论上的根源加以反思。在马克思的时代,黑格尔的称霸西方

---

① 《马克思恩格斯选集》第四卷,人民出版社1995年,第223页。
② 马克思在1868年还对于重建哲学体系耿耿于怀,他在给狄慈根的信中说:"……一旦我卸下经济负担,我就要写《辩证法》。辩证法的真正规律在黑格尔那里已经有了,当然是具有神秘的形式。必须去除这种形式……"(《马克思恩格斯文集》第十卷,人民出版社2009年,第288页)

世界的形而上学大厦刚刚被摧毁，思想界的目光正在转向社会底层的工人运动，所关注的是"哲学把无产阶级当作自己的**物质武器**，同样地，无产阶级也把哲学当作自己的**精神**武器"，[①] 无暇顾及形而上学的重建这一在当时显得相当遥远的象牙塔内的问题。现在，当两次世界大战和冷战均已过去，全球化和人类共同体的前景正在向地球人展现出来，上述问题作为时代的需要就提到议事日程上来了。那么，西方形而上学为什么一定要走上从柏拉图、亚里士多德（经过康德）到黑格尔这样一条"观念论"或"唯心主义"的道路？这里面真有什么不得已的秘密吗？我们结合黑格尔的《精神现象学》和《逻辑学》，从下面几个层次来分析一下。

1）**从感性到共相**。黑格尔的《精神现象学》从"感性确定性"开始，单看这一点，是很符合正常人的思维的，不存在什么"颠倒"和"以头脑立地"的问题。人人都会认为，如果要考察什么是"存在"或"有"，从这里出发是最自然的。联系到亚里士多德的"作为存在的存在"，即个别实体，或者说"这一个"（这匹马，或苏格拉底），可以看出黑格尔是直接承接亚里士多德的思路的。当然，这种继承关系也有所修改，就是黑格尔不再有亚里士多德在考虑个别实体时的那种朴素的唯物主义眼光，而更多地带上了近代哲学认识论的彻底经验论也就是休谟的感觉论的色彩。但即使休谟也标榜自己的感觉或印象所体现的是没有经过任何加工的"实在论"，在这方面，休谟和朴素唯物主义的实在论的确也

[①]《马克思恩格斯全集》第一卷，人民出版社1956年，第467页。

有相通之处，尽管他对感觉的理解其实并不朴素，而是一种矫揉造作的主观唯心论。如果黑格尔就停留于感性而不去穷究其"确定性"，如果亚里士多德止步于"这一个"而不去追问是什么使得"这一个"成为"这一个"，那么他们都将是常识派，没有什么可以被人指责的地方。但这样一来，也就不可能有什么形而上学，只说大白话就行了。

但正如黑格尔所表明的，当你"决心"去"存在"时，这个"存在"或这个"有"就已经不再是大白话了。如果你像海德格尔所建议的，不预设任何"决心"，而是采取"泰然任之"的态度，面对"存在"本身的"涌现"或"绽出"，只说大白话（"玫瑰花开放，因为它开放"），那就什么事也没有。或者你相信老子所说的，"天下万物生于有，有生于无"，甚至听从佛家的教导，"万法皆空"、"色即是空"，那也不会有事。但这不是亚里士多德和黑格尔的出发点。他们都既要确定性，也要真理性，他们的目标是要建立"学问"，得到知识，直到获得"绝对认知"。因此，他们所好奇的不但是"有"什么，而且是"本质"是什么；不但要"知其然"，而且要"知其所以然"。所以，亚里士多德说"哲学起源于惊异"，黑格尔则发现，存在是一种"决心"。在这样的背景之下，哪怕看似纯洁无辜的"感性确定性"，其实也已经开始蠢蠢欲动了。"作为存在的存在"已经不满足于最初那种"个别实体"的存在，而是深入了背后的"形式"或本质，最终成为普遍的种属和类（第二实体）；而感性本身沉静无波的"意谓"的"这一个"则摇身一变，成了"共相"的"这一个"。

这就是第一次的"颠倒",即在"意识"中,个别的东西成了普遍的东西,普遍的东西本来从个别的东西而来,现在反倒是一切个别东西的代表。而这种颠倒之所以能够完成,所借助的操作枢纽就是语言。所以,正如亚里士多德在讨论"实体"时随处引证的是我们的说话方式、主谓词的含义(语义)以及语法、"主谓关系"等,同样,黑格尔在推演感性确定性的"这一个"时,也不能不依靠"说出"或"写下"这句话,否则他一步也前进不了。而一旦说出或写下了"这一个",立即就显示出了语言这样的"神圣本性",即"它直接地能把意谓颠倒过来,使它成为某种别的东西,因而使意谓根本不能**用语词来表达**"。①意谓由此而被颠倒成为语词、共相,它本身则不再能够走上前台了。"由于**语言**是思想的作品,所以在其中也不可能有任何不是普遍的东西被说出来。……而这**不可说的东西**,如情感、感觉,并非最卓越最真实的东西,而是最含糊、最不真实的东西。"②

然而,语言为什么会有这种颠倒的魔力,无论是亚里士多德还是黑格尔,都没有做出合理的解释,而这恰好是最为关键之处。这一问题涉及人类的起源和语言的起源。自从亚里士多德的时代起,人们都认为逻各斯、语言是人和动物区别的本质特征,但直到黑格尔以及黑格尔以后很长的时期,都没有人说清楚这一区别是如何产生的。在现代,人们满足于指定人的不同于动物的两个

---

① 黑格尔:《精神现象学》(句读本),邓晓芒译,人民出版社2017年,第69页。
② 黑格尔:《小逻辑》,贺麟译,商务印书馆1981年,第71页,译文有改动。

标志，一个是制造和使用工具，另一个是语言，更没有人指出过工具和语言两者之间的内在联系。在现代哲学人类学那里，这两者的起源都被归于偶然，舍勒则将它们归于上帝。直到我最近出版的《哲学起步》一书，才针对这一悬案展示了某种希望，即当我把人类起源重新加以追溯，把人的本质严格规定为"人是制造、使用和**携带**工具的动物"，这就使人与类人猿彻底区别开来了，同时语言的起源问题也迎刃而解了。因为"携带工具"本身赋予了工具以"共相"和"符号"的意义，由此所造成的使用符号的能力才导致人具有了追求另一种更为便捷的符号的心理基础，从而使得语言的产生得以可能，以至于成为必然。① 这一原理正是当前重建形而上学的最重要的哲学人类学的根据，它表明，当代语言学作为对人的本质力量的最重要的一环的研究，必须破除以往语法和逻辑的禁锢，将语言的非逻辑功能包括实践功能纳入语言本身，作为一个（哪怕对逻辑功能也是）不可缺少的环节而加以认真的考察。这是重建形而上学的重要前提。而这一纠偏的工作也属于马克思所谓"把颠倒了的世界再颠倒过来"的工作。

2）从自我意识到上帝。这是第二次的颠倒，即在"自我意识"中的颠倒，颠倒的方式和意识中从感性到共相的颠倒本质上是一样的，但层次更高，不是借助于语言的本性，而是通过自我意识的异化而完成的，其结果是引出了上帝。本来，在《精神现象学》中，自我意识已经通过"生死斗争"和"主奴关系"的承

---

① 参看拙著：《哲学起步》，商务印书馆 2017 年，特别是第一章。

认而确立了自己在精神上和思想中的"自由"意识（斯多葛主义），并通过这种自由意识而意识到了自身的"不幸"，或不自由，但同时也意识到了一个更高的"主人"即上帝作为自己的真正本质。上帝是人的本质的异化，这种异化最初在《旧约》那里采取的是异己的形式，人们沉浸于"不幸的意识"，只有靠潜心默祷来与上帝这个异己的本质相沟通，还没有凭借纯粹思想与上帝相通。经过文艺复兴的"欲望和劳动"，也就是一方面完成上帝所赋予的使命（劳动即天职），另一方面也从中满足自己的欲望，得到享乐，在现实中建立起人和上帝的联系；最后则是在宗教改革的新教中达到了纯粹思想，建立了人和上帝之间的真正的中介。如马克思说的：

> 在黑格尔的《现象学》中，人类自我意识的这种异化形式所具有的**物质的**、**感觉的**、**实物的**基础被置之不理，而全部破坏性的工作的结果就是**最保守的哲学**，因为这样的观点以为，既然它已经把实物的、感性现实的世界变成"思维的东西"，变成**自我意识**的纯粹规定性，而且现在又能够把那变成了**以太般的东西**的敌人溶解于"**纯粹思维的以太**"中，所以它就把这个世界征服了。因此，《现象学》最后完全合乎逻辑地用"**绝对知识**"来代替全部人类现实，——之所以用**知识**来代替，是因为知识是自我意识的唯一存在方式，而自我意识则被看作人的唯一存在方式；……黑格尔把**头足倒置起来**，因此，他就能够在头脑中消灭一切界限；……全部

《现象学》的目的就是要证明**自我意识是唯一的、无所不包的实在**。①

自我意识的自由在斯多葛主义中通过超脱于感性现实之上而变成"思维的东西"（逻各斯），并在基督教中使自己置身于彼岸，也就是异化为上帝的自由意志，但又通过使自己认同于上帝而获得了"征服世界"和"在头脑中消灭一切界限"的能力，这就是自我意识的异化的原理。这个异化的初级阶段还只是体现为一种"音乐式的思想"，在新教中才进一步成为纯粹思想。这种纯粹思想打着上帝的旗号而寻求着人世的自由和普遍性，而这样一个上帝实际上无非是"绝对认知"。这种绝对认知在面对现实世界时具有了超越于一切对象之上的普遍性的底气，于是对绝对真理的追求被设定为人的理性的终极目标。我曾经谈到，一种超验的信仰，如基督教信仰，是以个人的自由为前提的，它只能是自我意识的独立性异化的产物。"个人独立，他就需要一个上帝、需要一个超验的、彼岸的精神来支撑自己。"② 自我意识的独立和自由，当它被抽象掉一切感性内容而追求自己的纯粹性和绝对性时，就已经埋藏着自身异化为一个超验的精神（上帝）的必然性了。马克思的意思则是，如果我们把这种感性的内容归还给自我意识，并在此基础上建立起自我意识的主体性，将它归结为"自由自觉的感性

---

① 《神圣家族》，载《马克思恩格斯全集》第二卷，人民出版社1957年，第244—245页。
② 参看邓晓芒：《新批判主义》，北京大学出版社2008年，第330页。

活动",那就不需要上帝来支撑了。但前提是,必须彻底改造这个异化了的社会,实现人的本质的复归的社会理想。马克思在社会革命的语境中所提出来的这一思路,正好也为今天的形而上学重建提供了启发。

3) **唯心主义和理性主义**。上述两次颠倒表明,西方理性精神在历史上的突围而出,与唯心主义哲学有内在的联系。当然,理性精神在其早期形态中脱胎于赫拉克利特的"逻各斯"(λóγος),即语言、话语,但已经不是一般日常的话语,而是"神圣的逻各斯",即命运和必然性,"也是确定了的周期的尺度"。① 它的一个很重要的特点就是超越人们日常的经验:"这个'逻各斯',虽然永恒地存在着,但是人们在听见人说到它以前,以及在初次听见人说到它以后,都不能了解它。虽然万物都根据这个'逻各斯'而产生,但是我在分别每一事物的本性并表明其实质时所说出的那些话语和事实,人们在加以体会时却显得毫无经验。"② 所以,赫拉克利特被看作西方理性主义的鼻祖。但真正制定了西方理性主义哲学纲领的还是柏拉图,他以断然的手法将理念世界和感性世界划分开来,使人们能够在纯粹理念的超感性层次上对这些概念和它们的关系进行理性的分析和考察。亚里士多德试图反抗这一脱离实际的唯心主义倾向,在感性的"这一个"即个别实体的基础上建立起他的形而上学,以至于表现出某些经验主义和唯物主

---

① 参看北京大学哲学系外国哲学史教研室编译:《古希腊罗马哲学》,商务印书馆1982年,第17页。
② 同上书,第18页。

义的色彩，但终于在对"存在的本质"的追溯中再次走上了唯心主义的道路。直到今天，感性只能抓住现象的存在，理性才能把握本质，这已经是一般常识。但为什么会这样？这里面的道理只有到了近代德国唯心论哲学中才被透彻地梳理出来。如黑格尔所说："理性所依据的是每一个意识的**自我**意识：**我就是我**，我的对象和本质就是**我**；没有哪一个意识会否认理性的这个真理性。但是由于理性将真理建立于这个依据之上，它就认可了其他确定性的真理性，……只有当理性从这个对立的确定性中作为**反思**而出场的时候，它的自我断言才不仅仅是作为确定性和保证，而是作为**真理**出场；才不是与其他真理**并列**出场，而是作为**唯一**的真理出场。"① 接下来，黑格尔还讨论了由这种自我意识立场所引出的康德的先天范畴以及先验自我意识的"统觉的本源的综合统一"，它们都是理性在认识世界、把握绝对真理时所离不开的先天法则。从康德、费希特到谢林，这种先天法则是他们看待客观世界（自然界和社会历史）的一套固定的眼光。但在黑格尔这里，这套先天法则在与客观事物的矛盾冲突中活了起来，进入了对客观真理的"不停地寻找"。"但是，现实的理性并不如此前后不一贯；相反，它最初只是**确信**自己是全部实在性，它在这个**概念**中意识到，作为**确定性**，作为**我**，它还并不是在真理中的实在性，它被驱使着将它的确定性提高到真理性，并将**空洞的我**的加以充实。"② 这就

---

① 黑格尔：《精神现象学》（句读本），邓晓芒译，人民出版社2017年，第147页。
② 同上书，第151页。

导致理性投身于客观世界,首先作为"观察的理性"进入自然界,然后是作为实践理性进入人类历史,进入人的精神生活,最后在"绝对认知"中找回了自己的真理性,并以这种确定的真理性进入逻辑学。

黑格尔的这种颠倒最终把他引向了以逻辑的形式呈现的"理性神学",遭到了费尔巴哈和马克思的批判。但马克思和费尔巴哈不同的是,他并没有守着感性直观而把黑格尔的逻辑理性弃如敝屣,而是使这种逻辑理性中蕴含的辩证法化身为"自由自觉的生命活动"。

> **动物不把自己同自己的生命活动区别开来。它就是这种生命活动。**人则使自己的生命活动本身变成自己的意志和意识的对象。他的生命活动是有意识的。这不是人与之直接融为一体的那种规定性。有意识的生命活动把人同动物的生命活动直接区别开来。正是由于这一点,人才是类存在物。……也就是说,他自己的生活对他是对象。仅仅由于这一点,他的活动才是自由的活动。①

这种对自身生命活动的超越就是理性。显然,理性也好,逻辑也好,辩证法也好,在马克思的实践观点中都不但没有被抛弃,反而被当作了感性生命本身的重要环节,是揭示人类历史活动的

---

① 《马克思恩格斯全集》第四十二卷,人民出版社1979年,第97页。

规律性的有力武器。恩格斯在《卡尔·马克思的〈政治经济学批判。第一分册〉》一文中认为,"从黑格尔逻辑学中把包含着黑格尔在这方面的真正发现的内核剥离出来,使辩证方法摆脱它的唯心主义的外壳并把辩证方法在使它成为唯一正确的思想发展形式的简单形态上建立起来,……这个方法的制定,在我们看来是一个其意义不亚于唯物主义基本观点的成果"。① 并且说,对经济学的批判有两种方法,按照历史或者按照逻辑,而"逻辑的方式是唯一适用的方式";然而,"实际上这种方式无非是历史的方式,不过摆脱了历史的形式以及起扰乱作用的偶然性而已"。② 这就是以逻辑带起历史并从历史中寻求逻辑规律的"逻辑和历史相一致"的方法。这种方法的发明人就是黑格尔,"他是第一个想证明历史中有一种发展、有一种内在联系的人"。③ 当然,黑格尔对整个过程的理解是颠倒的、唯心主义的,这种方法在他看来不过是绝对精神在历史中自我展开的方式而已。马克思则将这种方法理解为人的社会实践活动的表现形式。他在这种形式中纳入了黑格尔以唯心主义方式所揭示的真实的历史规律。因此,"我们看到,主观主义和客观主义,唯灵主义和唯物主义,活动和受动,只是在社会状态中才失去它们彼此间的对立,并从而失去它们作为这样的对立面的存在;我们看到,**理论的**对立本身的解决,只有通过实

---

① 《马克思恩格斯选集》第二卷,人民出版社 1995 年,第 43 页。
② 同上。
③ 同上书,第 42 页。

践方式，只有借助于人的实践的力量，才是可能的"。① 显然，当代形而上学的重建也正如马克思当年的政治经济学批判的工作一样，不是单靠回到感性直观就能够完成的，而必须在实践中从感性上升到理性，并运用人类几千年来理性思维的逻辑成就，包括唯心主义哲学的成就，使之植根于感性生活的本质中，也就是使人类感性生活呈现出它本质上的辩证法，才有可能成功。

4）对黑格尔《逻辑学》开端的批判性分析。从以上这种批判的眼光再来仔细考察一下黑格尔《逻辑学》的开端，将会有一些不同的发现。黑格尔的《逻辑学》以纯粹的 Sein（存在、有、是）为开端，据说是因为它"既是纯粹的思，又是最无规定、最简单的直接性，但最初的开端不可能是任何间接的和进一步被规定的东西"。② 在进一步的解释中，黑格尔说："像我们在这里所拥有的无规定的东西是一种直接性，不是经过中介的无规定性，也不是一切规定性的扬弃，而是无规定性的直接性，是先于一切规定的无规定性，是作为最原始的东西的无规定性。"③ 从这种解释中，我们最直接的反应也许应该是：这里说的难道不是"无"吗？纯无才是无规定的、不经过中介的直接性，才是先于一切规定的最原始的无规定性！然而，黑格尔接下来的一句却是："对此我们称之为 Sein。"即这样一种无规定性居然是"有（存在）"！这一推导真是太不可思议了。不如说，提到"有"，不加任何解释还好，谁

---

① 《马克思恩格斯全集》第四十二卷，人民出版社 1979 年，第 127 页。
② 黑格尔:《小逻辑》，贺麟译，商务印书馆 1981 年，第 189 页，译文有改动。
③ 同上书，第 190 页，译文有改动。

都会知道什么是"有",什么是"是",即使不懂得其中的哲学含义,也可以就这样认了,不会觉得有什么不妥,但是一解释就糟了,你用什么来解释?

首先是"规定"(Bestimmung)或"无规定性"(Bestimmungslosigkeit),这是哪里来的?人们只看到,没有这两个概念,"有"也好,"无"也好,都无法解释。在单行本的《逻辑学》中,黑格尔甚至直接将"第一部分"标为"规定性(质)",即"Bestimmtheit(Qualität)",其中第一章就是"有";《小逻辑》则是在"A. 质"底下首先推出"a. 存在"。但是,"质"的范畴在"有"或"存在"中并没有谈及,直到后面的"定在"(Dasein,或译"实有"、"限有")阶段,才出现了"质"的范畴。[①]那么,在后面才出现的"质"或"规定"怎么可以用来解释最开端的"存在(有)"?当然,"规定"(Bestimmen)作为一个动词还好解释,因为前面说了,存在是"纯粹的思",可以把"思维"(Denken)理解为一种"规定";更何况前面还有"决心",即决定开始进行(《精神现象学》最后的)"绝对认知",以作铺垫,但一旦开始,可以说就把前面这些铺垫"忘记了",[②]面临的是一片白地;而开始以后就进入了"回忆"。但还是不对,因为"规定"在后面已经和"质"等同

[①] 见《小逻辑》§90,又见《逻辑学》上卷:"定在是**规定了**的存在;它的规定性就是**存在着**的规定性、质。"(杨一之译,商务印书馆1977年,第100页,译文有改动)

[②] "以纯知为自我的这种规定,本身便带来了对主观的自我不断的回忆,而这种主观自我的局限却是应该忘掉的。"(黑格尔:《逻辑学》上卷,杨一之译,商务印书馆1977年,第63页)

起来了，不能用后面的"质"来解释开端的"存在"。再一种可能的辩解是，我这里说的不是"规定"，而是"无规定性"，它"不是经过中介的无规定性，也不是一切规定性的扬弃，而是无规定性的直接性，是先于一切规定的无规定性，是作为最原始的东西的无规定性"。但这种辩解也将是无效的，因为"无规定性"本身就是对"规定性"的否定，它要以对"规定性"的理解为前提，因此它不可能是完全的"直接性"，也不可能是"最原始的东西"。所以，当黑格尔用"无规定性"来描述"存在（有）"时，他其实已经预设了对"规定性"和"无规定性"的理解，因此，"存在"也就不可能是直接的开端。

再者，当黑格尔首句说："存在，纯存在，——没有任何进一步的规定"时，这里面已经隐藏着某种机关了。除了"规定"是加进来的以外，这个"没有"（ohne）也是不应该出现的，因为从逻辑上讲，说"有"一个东西（哪怕这个"东西"就是"有"本身）是不必说它"没有"什么别的东西的，否则就已经是间接性的阐释了，也就是用没有什么来解释有什么。这种解释只能是在字面下所隐含的某种暗示。黑格尔就是利用这种偷运进来的东西而从"有"推出了"无"，他的结论是："有、这个无规定的直接的东西，实际上就是无，比无恰恰不多也不少。"[①] 这在逻辑上其实是推不出来的。即使退一步说，允许黑格尔把"规定"加进来，我们也不能从"有"里面合法地推导出"无"来。因为"有"虽

---

① 黑格尔：《逻辑学》上卷，杨一之译，商务印书馆1977年，第69页。

然没有任何"进一步"的规定,但它自身毕竟也是一种规定,它是"有",而不是"无",这难道不是规定吗?所谓"进一步",不就是说在已有的规定之上加上的规定吗?所以,即使它没有"进一步"规定,它也不是"无规定",不可能等于无。再者,所谓"没有任何进一步的规定"本身已经是一种规定了,我们甚至可以说,这是"有"所特有的规定,只有它是"没有任何进一步规定"的。如果真是无的话,那就只是简单的"无规定",就连"没有任何进一步规定"这一规定都没有。① 可见,从逻辑上看,从有到无的推导在黑格尔的这种解释中变成了 ignoration elenchi (文不对题)的诡辩,即以与命题无关之事物作为证据进行推导。

那么,问题出在哪里?

问题出在,黑格尔的"纯知"或"绝对认知"脱离了它的具体内容,成为"纯思",就使它的一切规定都成了干瘪僵硬的形式,互相之间绝无过渡或通融的可能。凡是限于在纯思的层次上讨论这些概念的"过渡"的人,肯定会流于诡辩。这当然不是黑格尔的本意,他的确想要赋予这些概念以能动性和生命,但是他又不愿意承认这些概念底下实际上涌动的是直观和感性的意谓,它们虽然不可言说,但起作用。黑格尔陷入了两难:要么,执着于概念的抽象形式,将一切讨论严格限于可以用概念说出来的那一面,而将不可说的一面屏蔽掉,"这种有是不可感觉、不可

---

① 最接近这种"无规定"的是道家的"贵无论"或"本无论",但就连道家也只是接近,而不可能达到,因为他们毕竟通过语言把这种"无规定"规定了下来,只能说是用"无规定"的规定**暗示**了"无规定"本身。

直观也不可表象的，相反，它是纯思，并且作为纯思它造成了开端"。① 这样，按照形式逻辑的同一律和不矛盾律，他就一步也迈不开，只能掉入像他所批判的雅可比凭借其"直接知识"所堕入的同一个沼泽："**系词本身**，——一个是、是、是，没有开端和终结，也没有什么、谁和哪一个。这个向前无限重复的重复，就是最最纯粹的综合的唯一的事务、功能和产物；它本身就是那单纯的、纯粹的、绝对的重复自身。"② 要么，他要坚持概念本身就具有自我否定和相互过渡的中介倾向，就得承认这种倾向是由感性活动的时间性和能动性造成的，③ 否则的话，说一个好不容易被确定下来的共相或概念自己会将自己摧毁而变成一个相反的概念，这怎么说也是一种神秘主义。黑格尔的问题就在于，他既想发挥出概念本身的自我否定、向对立面转化的能动性，同时又想保留住概念作为"纯思"的逻辑层次，而对于概念后面的感性内容，则不惜采取赶尽杀绝的方式加以排除：

> 例如，我们把有看作是在一切变化中坚持下来的东西、无限可规定的**质料**等等，甚至不加反思地看作任何一个**个别**

---

① 黑格尔:《小逻辑》，贺麟译，商务印书馆1981年，第190页，译文有改动。
② 黑格尔:《逻辑学》上卷，杨一之译，商务印书馆1977年，第88页，译文有改动。
③ 对此,《精神现象学》的第一章"感性确定性"里面倒是讲得很合乎情理，即"这时"的自否定是由于时间的延续，"这里"的变化则是由于"我转过身"。概念（这里即"定在"，Dasein）的内在矛盾性归根结底是由感性活动所产生的。

实存,所碰到的随便一个感性的东西或内心的东西。但所有这些进一步的规定都让有不再是作为**纯有**,如它此处直接在开端中那样。只是由于这种纯粹的无规定性,并且仅在其中,有才是无,——一个**不可说的东西**,它与无的区别只是一种**意谓**而已。①

幸好,这里还保留了一个"意谓"(Meinung)。有与无之间的区别只是一个"意谓"中的区别,即所谓只可意会、不可言传的区别,这里面可供想象的空间太大了!但遗憾的是,黑格尔把这个"意谓"只当作一个贬义词来运用,在他看来,如果一个东西只被看作"意谓",那就相当于没有。"因而有与无两者的区别只是一种意谓的区别,这是完全抽象的区别,它同时是没有什么区别。"②也就是说,只要一个东西说不出来或不可说,它就不存在;而这种不可说又限定于逻辑上的说,非逻辑的说不在其列。如果一个东西在逻辑上不可说,而可以用非逻辑的方式来说,这在他看来就是"胡说",或至少是不纯粹的说,在谈形而上学时务必将其排除干净。

然而,黑格尔的学说在严格遵守形式逻辑的哲学家特别是现代分析哲学家们眼里,恰好就是一派"胡说",这又是为什么?这是因为黑格尔的逻辑上的说已经大不同于传统形式逻辑上的说,

---

① 黑格尔:《小逻辑》,贺麟译,商务印书馆1981年,第193页,译文有改动。
② 同上书,第194页,译文有改动。

而是加进了大量的非逻辑（非形式逻辑）的内容，或者说，他把逻辑本身从形式的逻辑改造成了一种"内容的逻辑"，即所谓"辩证的"逻辑。辩证逻辑实际上是向古希腊早期"逻各斯"的复归，如在赫拉克利特那里，λόγος 不仅是万物的"尺度"（μέτρια），而且是"创生世界的种子"或"命运"。① 追根寻源，形式逻辑不过是从逻各斯中分离出了其形式的方面而构成的，却撇开了它的内容；辩证逻辑则恢复了它的内容，但由于它仍然采取"逻辑"的必然性形式，所以它表达的是逻各斯的内容和形式的统一。所以，辩证逻辑是形式逻辑之母，或者说是形式逻辑的具体化的自我理解。② 但形式逻辑要达到这种自我理解是很不容易的，两千多年的惯性使它成了一种僵硬的形式，一种单纯的思维技巧。所以，"为了使逻辑的枯骨，通过精神，活起来成为内容和含蕴，逻辑的**方法**就必须是那唯一能够使它成为纯科学的方法。"③ 而这样一来，逻辑就不仅仅是主观思维的规律或形式，而且同时也是客观的形式，"因此**逻辑学**便与**形而上学**合流了，对形而上学而言**事物**的科学在**思维**中被把握，这些思维被看作是表达**事物的本质性**的"。④ 所以，尽管黑格尔把不可言说的"意谓"如情感和感觉看作"最含

---

① 参看北京大学哲学系外国哲学史教研室编译：《古希腊罗马哲学》，商务印书馆 1982 年，第 17 页。
② 对此可参看拙文：《辩证逻辑之我见》，《逻辑与语言学习》1994 年第 6 期；收入《实践唯物论新解：开出现象学之维》，武汉大学出版社 2007 年。
③ 黑格尔：《逻辑学》上卷，杨一之译，商务印书馆 1977 年，第 35 页。
④ 黑格尔：《小逻辑》，贺麟译，商务印书馆 1981 年，第 79 页，译文有改动。

糊、最不真实的东西",①但他的辩证逻辑恰好就是从逻各斯的这种非逻辑功能中生长出来的,它不是单凭字面上就可以领会得到的,而是在一个更高层次上的"意谓"。正如前引赫拉克利特的话:"这个'逻各斯',虽然永恒地存在着,但是人们在听见人说到它以前,以及在初次听见人说到它以后,都不能了解它。虽然万物都根据这个'逻各斯'而产生,但是我在分别每一事物的本性并表明其实质时所说出的那些话语和事实,人们在加以体会时却显得毫无经验。"②而这恰好是辩证逻辑的长处,即它必须诉之于由生活的体验所带来的内心的感悟,由于这种生命体验,它不再是"逻辑的枯骨"。对此,我曾在《思辨的张力——黑格尔辩证法新探》中做过深入的分析和论述,这里就不展开了。③

因此,我上面对黑格尔《逻辑学》中"存在论"的分析和批评主要是从形式逻辑的角度进入的,即认为他在纯存在本身的"没有规定的规定"上规定逻辑的开端,以及通过"没有进一步规定"而推导出"无"来,在逻辑形式上是不合法的。然而,如果我们把黑格尔的这些概念或范畴本身的辩证层面即内在体验层面考虑进去,则可以说黑格尔的推导是完全"合法"的。只不过这种辩护不能完全按照黑格尔自己的理解和表达,以"纯粹逻辑"

---

① 参看黑格尔:《小逻辑》,贺麟译,商务印书馆1981年,第71页,译文有改动。
② 北京大学哲学系外国哲学史教研室编译:《古希腊罗马哲学》,商务印书馆1982年,第18页。
③ 参看拙著:《思辨的张力——黑格尔辩证法新探》,商务印书馆2008年,"辩证逻辑与体验"部分,第475—489页。

的方式来推演范畴,却将底下的"意谓"弃之不顾,而必须将这种推导看作一个概念的逻辑意义和深层意谓相互叠加的结果。换言之,开端的第一个范畴"存在"或"有"本身已经直接蕴含着"非存在"或"无"的"意谓",并且是以这种意谓为前提的了。追溯到 Sein 在语言运用中的实际用法,① 则可以看到,任何一个命题,如"树叶是绿的",严格说来就已经不是合乎单纯形式逻辑的命题了,按照形式逻辑只能列出它的否定命题,即"树叶就是树叶,而不是绿的"(A=A, A ≠ ¬ A)。因此,"树叶是绿的"命题在严格形式逻辑的层面上是不合法(不合"同一律")的,只有考虑到意谓的层面,即对树叶和绿的在感官中的某种联系的认可,这一命题才被认为合法。我们的形式逻辑只是在这个默认的感性基础上才能有最起码的运用,否则就只能重复"树叶是树叶","绿的是绿的",形不成任何真正的判断。同样,就存在而言,我们从逻辑上当然知道有不是无,但是我们一旦要规定纯有,就不能不用到无,也就是发现没有任何感性的规定可以适合于它——这本身也是感性的经验。所以,Sein 在作为系词运用时其实是双管齐下的:一方面是分析的,这时它严格遵守形式逻辑法则;另一方面又是综合的,这时它需要感性层面的领会和悟解,需要对语词字面含义的超越。这说明,其实哪怕是单纯从形式逻辑层面来看,它也离不开其中的非逻辑功能,当我们说出"是"的时候,

---

① 参看维特根斯坦:"一个字词的意义就是它在语言中的用法。而一个名词的**意义**有时是由指向它的拥有者来解释的。"(《哲学研究》,汤潮、范光棣译,三联书店 1992 年,第 31 页)

我们同时也在意谓中说了"非"或"不是"（树叶是绿的，但"树叶"不是"绿的"），只不过这种双重的"说"采取的是暗示的方式，听则采取着心领神会的方式。① 这正是促使这两个范畴在统一中走向第三个范畴"变"（Werden）的内在隐秘的动力，并表明"变"的出现是完全合规律的。所以，如果我们单从形式逻辑的眼光看黑格尔《逻辑学》的开端，那么存在命题就显得像是一个"说谎者悖论"："存在"的唯一"规定"就是"没有任何规定"。在这里，所谓"元语言"和"对象语言"的区分（塔斯基）其实就是逻辑含义和非逻辑含义（意谓）的区分，也就是词语和"用法"的区分（维特根斯坦）。而在黑格尔的辩证逻辑中，这两方面是同一的，这种同一性在第三个范畴"变"中获得了自己的合法的规定。

但存在命题细究起来还有另一方面的问题。如前所引，当黑格尔在解释"有"这一开端时说："像我们在这里所拥有的无规定的东西是一种直接性，不是经过中介的无规定性，也不是一切规定性的扬弃，而是无规定性的直接性，是先于一切规定的无规定性，是作为最原始的东西的无规定性"，这时，如果不带先入之见的话，我们会认为这就是"无"，因而真正能够作为开端的并不是有，而是无。但黑格尔还是要说："开端并不是纯无，而是某物应当从它那里出来的一个无；所以有便已经包含在开端之中了。"② 他

---

① 赫拉克利特说："那位在德尔斐发神谶的大神不说话，也不掩饰，只是暗示。"（维特根斯坦：《哲学研究》，汤潮、范光棣译，三联书店1992年，第28页）
② 黑格尔：《逻辑学》上卷，杨一之译，商务印书馆1977年，第59页，译文有改动。

宁可把这种有称为"空的有"(das leere Sein)。① 为什么不能直接从"无"开端，而非要以开端中包含的"有"来开端呢？这个问题在黑格尔那里并不是一个问题，因为亚里士多德已经讲了，形而上学这门学问所讨论的就是：什么是"作为有的有"，黑格尔不过是接着他指引的方向继续讲下去而已。至于以"无"开端来讨论"什么是作为无的无"，这个在西方不但没有先例，似乎也是不合逻辑的，因为当你说"什么是……"的时候，你已经用到了这个"是"，这个"有"。所以，这个问题是不能"讨论"的，一讨论，就已经取消了问题本身。其实，早在巴门尼德那里，这个问题已经提出来了，他借用"女神"的"逻各斯"说道：

> 来吧，我告诉你（你要谛听我的话），只有哪些研究途径是可以设想的。第一条是：**存在物**是存在的，是不可能不存在的，这是确信的途径，因为它通向真理；另一条则是：存在物是不存在的，非存在必然存在，这一条路，我告诉你，是什么都学不到的。因为你既不能认识非存在（这确乎是办不到的），也不能把它说出来。②

这里，"非存在"用的是"存在"的否定式，即 me einai，因

---

① 黑格尔:《逻辑学》上卷，杨一之译，商务印书馆 1977 年，第 61 页。
② 北京大学哲学系外国哲学史教研室编译:《古希腊罗马哲学》，商务印书馆 1982 年，第 51 页。

此不能等同于"无",①严格说来不能译作德文的 Nichts,而只相当于德文的 Nichtsein。但在黑格尔这里,这两者并无实质区别。②总之,巴门尼德已经看到了,非存在不可说。到柏拉图,这一点更加明确了。在《智者篇》中,从埃利亚来的"客人"说:"人不能合法地发出非存在这些词的声音,也不能言说或思考它;非存在是不可思考、不可言说、不可发声、不可表达的。"③不过,柏拉图开始对这一说法进行了修正,因为虚假的东西、谎言和幻觉虽然都是不存在的东西,却都是可以说的,因此在某种意义上又是存在的。所以,他补充道:"不存在的东西在某些方面具有存在,反过来也一样,存在的东西以某种方式是不存在的。"④他还说,哪怕有人想要反驳这些有关存在和非存在的论断,他也必须承认,"存在不是亿万事物的堆积,其他种类也不是,无论是某些种类还是所有种类,在许多方面存在,在许多方面不存在"。⑤亚里士多德也顺便谈到过这一问题,他说:"我们即便说'非是'也得'是'一个'非是'。"⑥就是说,"非是"或"非

---

① 参看汪子嵩等:《希腊哲学史》第一卷,人民出版社 1988 年,第 596 页。
② 黑格尔执意要用 Nichts(或者 Nicht 即"不")而不是 Nichtsein 来表达,甚至引入"东方的体系"如佛教的空、无来表明这个"无"是"绝对的原则",是要说明"无"在开端上的直接性和纯粹性。但既然它是对"有"的否定,它其实还是以"有"为前提的。见《逻辑学》上卷,杨一之译,商务印书馆 1977 年,第 71 页。
③ 《柏拉图全集》第三卷,王晓朝译,人民出版社 2003 年,第 34 页。
④ 同上书,第 39 页。
⑤ 同上书,第 68 页。
⑥ 亚里士多德:《形而上学》,吴寿彭译,商务印书馆 1981 年,第 57 页。

存在"也是"存在"的和可以"说"的。然而，所有这些承认非存在是存在和可说的人，他们的根据都是非存在依赖于存在而存在，或者说，无的存在是寄托在有之上的，无总是某个存在的无。这种形而上学的模式一直保持到今天，就连萨特的哲学，被认为是使"'虚''无'代替'存''有'一跃而成为哲学本体论的基本主题"、"把'实'和'有'的哲学变成了'虚'和'无'的哲学"，① 其实也还是讲的"存在哲学"（本体论就是存在论），而不是"虚无哲学"。如萨特自己所言："我的问题从根本上包含了对非存在的某种判断前的理解；它本身就是一种在原始超越性的基础上，即在存在与存在的关系中的存在与非存在的关系。"② 有意思的是，如此盛赞萨特把西方传统"有""无"关系做了一个颠倒的万俊人，接下来却说："萨特的'无'既不是印度佛学循世脱俗的'空'，也不是中国道家的'无为'之'无'，亦非我们日常话语中所说的'没有'。他的'无'的哲学也不是传统人生哲学中的那种虚无主义。相反，萨特的'无'充满着对'有'的透彻和把握；饱含着对现实生活的关切和'介入'；召唤着人生的行动和进取。"③ 这就使我们想到，如此反传统的叛逆者萨特，为什么仍然反不出西方传统形而上学的固定模式，非要把存在、有视为非存在、无的某种"判断前的理解"，而不能像东方的印度和中国一样，反

---

① 万俊人：《于无深处——重读萨特》，四川人民出版社1996年，第5页。
② 萨特：《存在与虚无》，陈宣良等译，三联书店1987年，第34页。
③ 万俊人：《于无深处——重读萨特》，四川人民出版社1996年，第6页。

过来把空、无视为存在、有的某种判断前的理解？①

如果说，前面那个问题，即如何从有中推导出无来的问题，经过我们的一番辨析，在黑格尔那里还是有解的、说得通的，那么现在这个问题在黑格尔那里却是无解的。为什么明明已经把无（非存在）设定为开端了，却仍然一定要将有（存在）强推到开端的地位上？就以无为开端不行吗？不能"说"我就"不说"，或者暗示地"说"，不行吗？黑格尔对此也试图做一些解释，他这样说：

> 有既然被做成了科学的开端，它当然就是无，因为人们可以抽象掉一切，而当一切都被抽象掉，剩下的就是无了。但这样一来我们就可以说，开端不是一个肯定的东西，不是有，而正是无，并且无也将会是**结局**，至少不亚于直接的有，甚至有过之。最简便的办法是让这样一种推演自行其是，来看看它所引出的结果究竟如何。据此无就将会是那种推演的结果，于是开端就应当由无来造成（正如在中国哲学中那样），这样就会不必转手了，因为在转手之前，这无就同样也会转变为有了（见前面：B. 无）。②

---

① 就此而言，萨特也没有超出黑格尔的框架。黑格尔也是一开始就讲明："无是经常要与某物对立的，……所以，与某物对立的无，即某一个东西的无，也就是一个规定了的无。"（《逻辑学》上卷，杨一之译，商务印书馆1977年，第70页）

② 同上书，第90页，译文有改动。

第四章 黑格尔：西方形而上学的完成

黑格尔这里以虚拟式的口气设想了中国哲学的情况，就是以无作为开端，让其自然而然、不用人工操纵地转变为有。这几乎就是对老子的一段话的解释："为学日益，为道日损。损之又损，以至于无为；无为而无不为。"① 老子还说："天下万物生于有，有生于无。"② 老子这些观点都基于对语言规定的取消，即《道德经》第一章所说的："道可道，非常道；名可名，非常名。无名，天地之始；有名，万物之母。"道不可道、不可名，这就是黑格尔所谓"无规定性的直接性，是先于一切规定的无规定性，是作为最原始的东西的无规定性"。所以，不可道之道才成为天地之始，无名之名才是万物的开端，这正是一种以无（无名、无为）开端的哲学。可见黑格尔这里所指的"中国哲学"，应当就是道家哲学，所谓"不必转手"，就是任其自然、不加规定的意思。"日损"就是不断地抽象，导致的结果就是自然无为，而无为自然就会"生"出有为。但黑格尔并不以为这种以无开端的哲学是可以接受的，他马上转到对上帝存有的宇宙论证明上来消解这种虚无哲学。"但假如对那毕竟**存在着**的一切事物的这样一种抽象被当作前提的话，那就应该进一步更精确地看待这种抽象；抽象掉所有的存在着的东西的结果首先就是抽象的存在、**存在**一般；正如在由世界的偶然存在得出上帝存有的宇宙论证明中那样，它在此被提升到这个偶然存在之上，又还是把**存在**带到这上面来了，这存在就被规定为

---

① 《道德经》，第四十八章。
② 同上书，第四十章。

无限存在了。"① 就是说，他并不以为那种虚无哲学对存在或有的抽象就到头了，于是进一步把这种抽象推到极端，所得到的结果并非开端的无，而是仍然有个超越一切具体存在之上的"无限存在"，即上帝，而在上帝那里则是连"无"本身都被抽象掉了。上帝是"全在"，而无不过是存在的"缺乏"。这种经院哲学的命题是建立在宗教信仰之上的，不再有理论上讨论的余地。可见，是中西文化模式的差异决定了，黑格尔不可能站在中国哲学的立场上来设想另一种形而上学的可能性。所以，他断言，在以有来统一无还是以无来统一有的问题上，"在这两个统一体中，规定的价值并不相等"。② 至于为什么不相等，他却不做任何说明。

可以看出，中西文化差异除了表现在以有还是无来作为体系的开端的问题上之外，还表现在对这个开端是否进行"规定"（Bestimmen，规定、确定、决定）的问题上。在黑格尔那里，这个问题是不言而喻的，在他看来，形而上学是科学，是绝对认知，所以没有确切的规定是不可想象的。用他的话来说，"关于绝对的科学本质上是**体系**，因为真实的东西作为**具体的**东西，只是在自身中展示自身并且聚集和总括在统一体中的东西，也就是一个**全体**，而只有通过对其区别加以区分和规定，才可能有这个全体的必然性和整体的自由"；他解释道："一种**缺乏**体系的哲学思考绝不可能是科学的东西；此外，这样一种哲学思考向自己表达的不

---

① 黑格尔：《逻辑学》上卷，杨一之译，商务印书馆 1977 年，第 90 页，译文有改动。
② 同上书，第 96—97 页。

如说是一种主观的性情,这按照其内容来说是偶然的。……许多哲学著作都把自己局限于以这种方式仅仅宣示一些**意念和意谓**。"①这种批评简直就像是直接指着中国哲学来的,虽然黑格尔的意思也许是针对当时的浪漫主义者或雅可比之流的直接知识论者,这些哲学家都是不讲体系、只讲感悟的。在黑格尔眼里,浪漫主义也好,直觉主义也好,中国哲学也好,凡是不讲体系、忽视规定性的哲学思考,都不是科学,更不是形而上学。就连他在开端问题上选择存在(有、是)而不是无,就根本原因来说也不只是这两个概念本身的含义问题,而是因为存在或"是"代表着逻辑上的规定性(系词),它是任何一个命题得以立起来的骨骼,而"无"或"非"则不能承担起这一任务。西方形而上学从亚里士多德起就是建立在语言的逻辑功能之上的,因而也是当作"科学"来对待的。所以,在西方哲学中,凡是要建立形而上学的哲学家,都必须重视语言的逻辑功能;而凡是不重视语言的逻辑功能的,都无法建立形而上学,甚至根本就不打算建立形而上学。这可以看作西方哲学的一条规律,即要么是合乎逻辑规范的形而上学,要么不是形而上学,或者是反形而上学。至于是否有可能利用语言的非逻辑功能建立起另外一种形而上学,不是"物理学之后",而是例如说"伦理学之后",如同中国哲学那样,这是西方哲学家从来没有想到过的问题。

所以,直到今天,这种由文化的局限性带来的问题仍然是西

---

① 黑格尔:《小逻辑》,贺麟译,商务印书馆1981年,第56页,译文有改动。

方哲学和形而上学中的一个无解的问题。或者说，人们解决这个问题的唯一办法，就是把这个问题连同所代表的西方形而上学一起取消掉或解构掉。西方哲学家们就是无法想象，一旦把作为第一原则的存在取消了，没有"本体论"了，怎么可能还有任何形而上学。不过，仍然不可否认，黑格尔的形而上学达到了西方形而上学在自身范围内所可能达到的极限，它依靠自身未言明的"巨大的历史感"和深厚的意谓暗示功能，[①] 也就是马克思所说的"驱使哲学家从抽象思维进入直观"的那种"神秘的感觉"，而激活了逻辑的枯骨，成为有史以来西方哲学中最为灵动、最有活力和最能自身贯通的形而上学体系。它是我们今天在中西比较的基础上进行形而上学重建所赖以着手的最重要的对照标本和参考资料。

四、小结：黑格尔哲学对重建形而上学的意义

由以上对黑格尔哲学的分析中，我们可以看出，黑格尔哲学作为西方形而上学的完成，几乎囊括了自柏拉图和亚里士多德以来整个西方形而上学的问题意识，所以马克思才会把对黑格尔辩证法的批判看作对"一般哲学"（或译"整个哲学"）的批判。因此，当面临重建形而上学的任务时，我们首先要做的工作就是扬

[①] 最能够体现黑格尔逻辑学的暗示功能的是他所爱打的一个著名的比方："正像同一句格言，在完全正确理解了它的青年人口中，总没有阅世很深的成年人的精神中那样的意义和范围，要在成年人那里，这句格言所包含的内容的全部力量才会表达出来。"（《逻辑学》上卷，杨一之译，商务印书馆1977年，第41页）

弃黑格尔的形而上学,实际上也就是扬弃整个西方形而上学。而扬弃整个西方形而上学,最根本的就是要扬弃其中的存在论(本体论),要追溯到这个存在论背后的文化根源,追溯到个体意识或主体性的确立("实体即主体")以及它的异化形态,即上帝的信仰或神学的启示。而这就要求我们跨越文化间的障碍,从东方特别是中国哲学中获取另外的视野或理论空间,以指出黑格尔和整个西方形而上学的终极短板何在,由此立于一个更高的维度来综合中西两大文化实体的形而上学之思。我认为,这是当代形而上学的重建能够开启自己进程的唯一方式,任何其他的方式都将陷入自身文化传统的局限性而无法自拔,都会不断地碰到自身的文化底线而被挡回来,最终是劳而无功。

但黑格尔哲学本身不但有其文化上的局限性,还有时代的局限性。其中一个最为重要的时代局限性就是,黑格尔没能赶上现代哲学的"语言学转向"。当然,黑格尔在自己的论述中非常强烈地意识到了语言对于形而上学的重要性,并对此有不少相当精辟的观点,但毕竟他的这些论述和观点基本上都没有脱离对语言的"工具论"的考量,没有摆脱"人说语言"的陈见而开拓出"语言说人"的视野。因此,他对语言的各种论述都是强调其逻辑功能而贬斥其非逻辑功能的,虽然常常也看出不可言说的"意谓"在语言本身甚至在逻辑功能本身所起的不可缺少的作用,因而实际上已经大大超出了传统形式逻辑的狭隘范围,所建立的是一种"内容的逻辑"或"辩证逻辑",但终归无法将这两方面统一于一个更高的"语言学之后"的维度中,而是沿用了传统的"逻辑学"

作为自己的存在论(本体论)的概念框架。这种做法有利有弊。有利之处在于,西方形而上学作为一种"物理学之后",当然是离不开逻辑概念或逻各斯的规范性的,在两千多年的发展中它赋予了一切学问以"科学"(-logy)的资质,而它本身则成了"科学的科学"、"一切科学的女王"。这也正是西方形而上学的优势,在黑格尔为自己的形而上学的命名(《逻辑学》)中体现了出来。但它的弊端也暴露了出来,这就是它至少在这个命名中没有与形式逻辑的形式主义划清界限。这除了让那些形式逻辑学家们感到愤怒、认为是对纯粹的"逻辑学"的玷污之外,本身也落入了科学主义的俗套,加剧了"欧洲人性的危机"。[①]

然而,黑格尔哲学对于重建形而上学的建设性的意义也是不可忽视的。其中很重要的一个方面是,当代形而上学的重建不可能撇开语言的逻辑功能,不可能沉醉于"只可意会不可言传"的意谓、体验或"诗性智慧"之中,以思想的神秘、玄妙和深奥而沾沾自喜。这是东方神秘主义的通病,也是像海德格尔这样的试

[①] 参看胡塞尔:《欧洲人的危机与哲学》,载《欧洲科学的危机与超越论的现象学》,王炳文译,商务印书馆2001年,第367—404页。顺便说,王炳文将transzendental从通常所译的"先验的"改译作"超越论的"(有倪梁康、王庆节等人附和)是极为不妥的,对此我在2006年香港中文大学的现象学会议上提出了批评,可参看拙文:《关于现象学文献翻译的思考》,《学术月刊》2007年第9期。近读韩水法的长文《胡塞尔现象学中的"先验性"与"超验性"——兼论"transzendental"和"transzendent"的汉译》(《学术月刊》2021年第1期),他再次以丰富的第一手文献证明了上述改译的不妥,特别见第23页。

图创新的西方当代哲学家容易堕入的陷阱。黑格尔则在发挥语言的逻辑功能方面达到了极致,所谓的极致,并不只是说他运用逻辑(形式逻辑和辩证逻辑)陈述自己的观点如此得心应手,更是说,他所运用的逻辑功能不限于正统的形式逻辑规律,而是大量运用了逻辑悖论和逻辑思辨。他说:"所以思辨的逻辑,包含有以前的逻辑与形而上学,保存有同样的思想形式、规律和对象,但同时又用较深广的范畴去发挥和改造它们。"[1] 这就是他所说的,要使逻辑的枯骨燃烧起来成为精神,使它从僵死状态变成万物的灵魂。所谓的逻辑思辨,就是对范畴或概念加以辨析,也就是我们通常所贬称的"从概念到概念"的思考,但其实这种思考是一种超越常识之上的高层次的思维活动,需要很强的逻辑思维能力。我曾把黑格尔的思辨称作"对反思的反思",或者"考察概念的概念",[2] 黑格尔则把"思辨"规定为"理性的东西,也就是就其被思考而言的积极理性的东西"。[3] 拉丁文的 speculatio [思辨] 有侦察、探测之义,常被用于指"商业投机"。但黑格尔从中引出了两层意思:一是"应当超出直接现成在手的东西之上";一是"构成这些思辨东西的内容的东西首先只是主观的,但并不停留于此,而是应当实现出来或转化为客观性"。[4] 高明的企业家可以超出眼

---

[1] 黑格尔:《小逻辑》,贺麟译,商务印书馆1981年,第49页。
[2] 参看拙著:《思辨的张力——黑格尔辩证法新探》,商务印书馆2008年,第356—357、402页。
[3] 黑格尔:《小逻辑》,贺麟译,商务印书馆1981年,第183页,译文有改动。
[4] 同上,译文有改动。

下的商业现状而高瞻远瞩，把握常人所看不到的商业规律和机遇，以获得更大的经济效益，这正好可以作为逻辑思辨的隐喻。具有了这种高层次的眼界，我们就不会为逻辑悖论所带来的神秘感或荒诞感所迷惑甚至痛心疾首，反而会从逻辑悖论中发现精神的闪光。"因此一切理性的东西同时也可以称作神秘的，但这只不过表明它是超越知性之上的东西，而绝不是说，一般而言它可以被看作对思维是无法达到和不可理解的东西。"① 所以，与形式逻辑学家们不同，黑格尔从不回避逻辑悖论，反而到处去寻找和发现悖论，并处处借助于悖论来实现概念的矛盾进展。他把悖论看作逻辑学的灵魂，是使逻辑的枯骨燃烧起来的火种。正因为这一点，

> 所以逻辑学是使一切科学生气蓬勃的精神，逻辑学的那些思维规定是些纯粹的精灵（Geister）；它们是最内在的东西，但同时又是我们每天挂在嘴边的东西，因此而显得像是某种完全熟知的东西。但这样一些熟知的东西通常都是最不熟悉的东西。例如这个**存在**（Sein）就是纯粹的思维规定；但我们却从来没有想到把这个是（ist）当作我们考察的对象。……所有这类的思维规定尤其存贮在语言里面，所以教给儿童语法课程的好处就在于使他们无意中注意到思维的种种区别。②

---

① 黑格尔：《小逻辑》，贺麟译，商务印书馆1981年，第184页，译文有改动。
② 同上书，第84—85页，译文有改动。

只有经过逻辑和语法训练的头脑,才会对悖论有种敏感。因此,从我们的目标即重建形而上学来看,我们绝不能撇开形式逻辑和辩证逻辑(这正是海德格尔失败的根本原因①),而必须以之作为新型的形而上学的基本框架。但也不能形式地对待这个框架,而必须像黑格尔那样,把它理解为内容本身"成形"的方式,一个有形的生命体。为此,我们必须运用高度的思辨能力,甚至提升到"纯思"的层次,却不能得意忘形,以为这就达到了终极的本根。我们只是将它视作一种策略性的处理方式,最终还是要表达出底下所隐含着的现实的生命活动,从而随时可以将颠倒了的关系再颠倒过来,使之以双脚立足于坚实的大地。所以,这样一种形而上学在其最高点上必然采取一种"自否定"的方式,即意识到这个最高点同时又是最低点,它所表达的只不过是这个最基本的出发点的强劲的生命力,因此我们不能从单纯的字面和语法上理解它,而必须同时把它理解为一个逻辑隐喻。换言之,这个最高点本身就是立于逻辑的极限处,它以悖论的方式表达着生命主体的能动性,但这个悖论并不是无可奈何地"陷入"的,而是具有明确的逻辑自觉性的。

---

① 海德格尔认为:"'主词'和'宾词'乃是不合适的形而上学的名称,这种形而上学以西方'逻辑'和'语法'为形态,很早就夺取了对语言的解释。在此过程中隐藏的东西,我们今天才只能有所猜度而已。把语言从语法中解放出来,并使之进入一个更为源始的本质构造中,这是思想和作诗的事情。"(《关于人道主义的书信》,载《路标》,孙周兴译,商务印书馆 2000 年,第 367 页)然而,如果没有逻辑和语法,他又凭什么来"猜度"其中所"隐藏的东西"呢?

而这也就涉及了黑格尔哲学所启示出来的第二方面，就是未来新型的形而上学必须是一种严格意义上的生命的形而上学。但与一般的生命哲学不同的是，他们（如柏格森、狄尔泰、尼采、萨特等人）都没有达到黑格尔的形而上学维度，只是某个层次或某个领域里面的"自然之学"，当然也更谈不上超越中西生命哲学和将双方融合为一了。而我所构想的这种生命的形而上学则应当具有天人合一的生命意识，能够涵盖当代自然科学、社会科学、人类学、心理学以及实践哲学（人生哲学、道德哲学、政治哲学）、艺术哲学等，真正成为一种"世界观哲学"（胡塞尔语，但不具胡塞尔的贬义）。它将是西方传统"主体性哲学"在当代的和跨文化的视野中的全面复兴，但与以往的生命哲学和主体性哲学不同的是，它最终并不依赖于神秘主义和宗教启示，而是依赖于人类在起源上所进化出来的对有限事实的超越性和时间性，以及由此而自然发生的语言逻辑的自否定性。因此，它不是一种凌空蹈虚的说教，而是与人的现实生活紧密相连的历史发生学。

最后，第三方面，就是以上两个方面的综合，[①] 也就是逻辑表达和生命内涵的互相渗透。在这方面，黑格尔由于自身从西方形而上学传统带来的固有的偏见，时常以语言的逻辑功能掩盖甚至排斥了非逻辑功能，但他毕竟暗示出了一条走出这一偏见的道路，这就是结合东方特别是中国的哲学视角来克服西方的"逻各斯中

---

① 这两个方面相当于我在《思辨的张力——黑格尔辩证法新探》中提出的黑格尔哲学和整个西方哲学的两大构成要素，即逻各斯精神和努斯精神。

心主义",将其降为个体生命的呈现方式。沿着这条道路,我们就有希望突破黑格尔所苦心经营起来的封闭体系,而让我们的哲学思维向人类和世界的无限可能性敞开并不断前进。作为有限的生命,我们有可能在某个驿站或路标前暂时停驻,以待来者,但我们不会迷失方向,更不会自暴自弃。

第五章

海德格尔解构西方形而上学之路

　　海德格尔的思想与黑格尔的思想一个最明显的区别，在于他无意进行一种逻辑体系的建构，而是一开始就明确声称体系的时代已经过去，哲学与形而上学已经完成，再不可能有什么新的发展和创造了；他所关注的也不再是形而上学的那些古老的话题，而是所谓的"思想"。形而上学虽然是人的本性，但思想是更加本源的，唯独它能够触及哲学或形而上学的根基，这是形而上学本身所无法深入的。其次，与黑格尔的思想从成熟以来便处于基本定型之中不同，海德格尔的思想经历了一个漫长的变形和生长的过程，后面的阶段哪怕与前面所定的方向完全不同甚至相反，却并不构成对前面的否定或推翻，而是形成一条思想的"道路"。读者需要跟着他的思路不断跋涉，但最终却找不到目的和答案，而是在过程中享受着解构形而上学的痛快感，获得一种思想的优势，即可以居高临下地追问所有人都不曾发现的终极问题。但正因为如此，海德格尔的"哲学"在当代哲学中是一个比黑格尔哲学更加难啃的巨大的"酸果"。它头绪繁多，思维跳跃，语言不守逻辑，经常留下一些半截话和疑问句，好像存心在考验读者的智商。但是幸运的是，在海德格尔卷帙浩繁的文献中，有一部著作是比较能够代表海德格尔的主要思想线索的，这就是他明确标为《路标》并且严格按照文章发表的时间顺序排列的一本论文集，里面收录了他自认为可以反映自己各个时期的思想概貌的一些论文，而且这些论文在他所有的文章中可以说是最具有"学术"意味和哲学史研究风格的，[①] 因而我们可以大致把握他在其思想最活跃最成熟的时期到底在想些什么。这就给我们研究海德格尔的思想发展的整个过程带来了极大的方便。所以，我们在探讨海德格尔的思想发展的线索时最便捷的办法，就是首先将《路标》的思路梳理清楚，然后将未能囊括进去的主题大略提示一二，也许就能够粗线条地展示海德格尔毕生对西方形而上学的解构所做的工作了。

第一节　准备出发

1967年，海德格尔在为其《路标》一书所写的"前言"中坦承，该书各篇文章的编排"想让人看出这条只在途中对思想暗示

[①] 参看该书译者孙周兴先生所写的"译后记"。

出来的道路：既显示又隐匿"，并说这是一条"通向**对思的事情的规定之路**"。① 其中所选文章，最早从 1919—1921 年的对雅斯贝尔斯的《世界观的心理学》的评论开始，最晚到 1961 年的《康德的存在论题》为止，横跨其最有创造力的 40 年。然而，奇怪的是，这篇"前言"所透露出来的心情十分复杂。他说，对思想的事情的这种规定并不能带来什么新鲜东西，因为它是在"古老的东西中最古老的东西之前进行的"，因而是对起源的起源的终极追溯，所以"它要求在不断被寻求的自身的自身性（Selbigkeit des Selben）中停留"。再不能往前追溯了，当然只好停留在那里。② 因此，

> 通向这一停留的道路禁止人们像描述某种现成的东西那样去描述它。对于试图踏上这条道路的人来说只有一个办法，就是坚持不懈地努力去探讨（在他所处的位置上去发现）："存在"（sein）这个词以前作为必须思考者（zu Denkendes）揭露出了什么，以后作为被思考者（Gedachtes）

---

① 海德格尔：《路标》，孙周兴译，商务印书馆 2000 年，第 1 页，译文参考德文版：Martin Heidegger: *Wegmarken*. Vittorio Klostermann GmbH, Frankfurt am Main, 1976, 有改动。
② 同上，译文有改动。对照海德格尔在另一处的一段话："思想之所以能够持留于其事情那里，只是因为思想在此持留中总是变得更合乎事情，这同一事情对思想来说变得更有争议。……持留于其事情那里的思想——如果这种事情是存在——必须从事存在之分解。"（《海德格尔选集》下，孙周兴选编，上海三联书店 1996 年，第 823 页）

或许将遮蔽什么。①

但不论思想者如何努力探讨,他都极少知道"是什么作为规定性的事情——仿佛从背后胜过了他——在推动着他走向这件事情"。他不得不服从某种必然性,即后人一定会推翻他的自我理解;他所知道的只限于这种必然性基于这样的可能性,即"这种历史性的传承仍然为自己的要求保留了某种自由的活动空间。也有可能是这样,即历史与传承被平整为均匀的信息贮存,并作为这种贮存而被用于受操纵的人性所不可避免地需要的计划"。②最后的结束语是极其悲壮的:

> 这样一来,仍然成问题的是,在这种信息传动装置中是否就连思想也被扼杀掉了,或者通过思想的这种对它自己隐藏着的来源,是否就为思想规定了向这一掩蔽中的沉-沦。这个问题现在把思想驱赶到了悲观主义和乐观主义的此岸地带。③

显然,按年代排列的这14篇文章虽然标示出这40年间每隔一段时间的"路标",隐约暗示出海德格尔成熟期的一条思想道路,但这条道路究竟通向何方,看来他自己是没有把握的。他只

---

① 海德格尔:《路标》,孙周兴译,商务印书馆2000年,第1页,译文有改动。
② 同上书,第1—2页,译文有改动。
③ 同上书,第2页,译文有改动。

是相信必将有一个可以"停留"的终点，就像相信有一个最后审判的上帝一样，但通向终点的思想道路究竟是一条救赎之路还是一条沉沦之路，对他来说还是一个"问题"。他只能"冒险"而行，如同帕斯卡所说的进行一次豪赌，至于后人将如何评价他，他已经顾不得了。和他早年（如写《存在与时间》的时期）那种舍我其谁的口气相比，那时是刚刚踏上这条思想之路，而一路走来，现在看到的只有40年间所经过的路标，前方的路却迷失在一片茫然之中。唯有一点是确定的，就是他正在奔向终点的"途中"（unterwegs），而他所做的一切，都是在寻求对"存在"（sein）这个词的思考（注意这里的"存在"用的是小写，意味着它不是名词而是动词）。这说明了什么呢？说明海德格尔一生的思考客观上其实都是为了重建形而上学，都是围绕着存在论而思考；而在这时，在离他1976年逝世还有9年的这个时间点上，他已经看不到前方的路标了。他这种心情，也在1966年9月23日和《明镜》记者的对话《只还有一个上帝能救渡我们》中有更直接的反映："在现在所进行的这种深思的境界之内，悲观主义和乐观主义都是太不闻大道的处事态度了。"① 但"大道"已被推拒于"彼岸"，我们的思想到达不了那里，只能被赶回到"此岸"。而所谓的"信

---

① 参看《只还有一个上帝能救渡我们》，熊伟译，载《海德格尔选集》下，孙周兴选编，上海三联书店1996年，第1304页。亦可对照《形而上学导论》中的话："因为随着世界趋向灰暗，诸神的逃遁，大地的毁灭，人类的群众化，那种对一切具有创造性的和自由的东西怀有恨意的怀疑在整个大地上已达到了如此地步，以至于像悲观主义和乐观主义这类幼稚的范畴早已就变得可笑之极了。"（熊伟、王庆节译，商务印书馆1996年，第38页）

息传动装置"(Informationsgetriebe),则表达为:"一切都运转起来了。这恰恰是令人不得安宁的事,运转起来并且这个运转起来总是进一步推动一个进一步的动转起来,而技术越来越把人从地球上脱离开来而且连根拔起。"① 有人把海德格尔晚年的这一心情变化称为他的思想的"第二次转向"②,认为他由此转向了老庄的无为无用的哲学。这一说法固然眼光敏锐,但尚未深入骨髓,甚至还有过度诠释之嫌。海德格尔明确表示过:"现代技术世界是在世界上什么地方出现的,一种转变也只能从这个地方准备出来。我深信,这个转变不能通过接受禅宗佛教或其他东方世界观来发生。思想的转变需要求助于欧洲传统及其革新。思想只有通过具有同一渊源和使命的思想来改变。"③ 如果他真的转向了庄子,则根本不会有后期的这一系列痛苦的思想纠缠,也不会处心积虑地为自己的"集-让"(ge-lassen)"召唤多重的聚集与转化",设计出一

---

① 《海德格尔选集》下,孙周兴选编,上海三联书店1996年,第1305页。
② 参看夏可君:《一个等待无用的民族——庄子与海德格思想的第二次转向》,北京大学出版社2017年。
③ 《只还有一个上帝能救渡我们》,熊伟译,载《海德格尔选集》下,孙周兴选编,上海三联书店1996年,第1313页。郑家栋早在2003年就已指出,海德格尔这话表达的意思是:"东、西方都只能够自我拯救",并认为,"毫无疑问,海氏捕捉到东亚思想中的某些洞见,这些洞见对于他的哲学变革发生了积极的影响,而此种影响的真实意义却是促使他回溯欧洲思想传统的'开端'"。他甚至质疑:"'五四'以降由冯友兰、贺麟等人开其风气,且差不多被视为'不二法门'的所谓寻求中西之间的'会通'、'融通',是否就是康庄大道?"在这方面,东、西方的学者们都陷入了以己度人的误区。(参看郑家栋:《"只有一个上帝能救渡我们"》,《读书》2003年第6期)

连串的"步伐转换与节奏转化"的步骤了。[①]实际上,所谓"让"（Gelassenheit,又译"泰然任之"）在海德格尔这里恰好又成为一门人为的"技术",这就与老庄的任自然和贵无论有本质的区别,仍然是"存在论"的、给予性的或赠予性的。在海德格尔晚期,"给予"（es gibt）和"让"其实是一体两面、不可分离的,没有哪一方是"更彻底的思考方向"。[②]之所以喊出"只还有一个上帝能救渡我们",正表明了海德格尔的一种疑惑、动摇、绝望同时又心存侥幸的态度,这是在老庄那里连影子都见不到的。

现在我们来看看,海德格尔的"路标"标明了其思想发展的哪几个阶段。14篇文章,我们可以按照时间和思想进程分为五个阶段来分析：第一阶段是准备阶段,包含最初两篇文章（其实是后来补加的）,是为了清理开地盘；第二阶段是第三、四、五共3篇文章,它们都写于1930年以前,属于和《存在与时间》同一时期的初次树立路标的正式起步阶段；第三阶段是第六、七、八共3篇文章,属于1930年以后的所谓"转向"阶段；第四阶段是第九、十共2篇文章,属于"转向"后整个40年代的沉淀或定形阶段；最后是第十一、十二、十三、十四共4篇属于50年代以后的文章,对前面那些以形而上学语言特别是"存在"概念所表达的思想做了系统的复盘和再次打磨。所有这五个阶段都体现出,海德格尔的思路从最初的目标明确,到中间的犹疑动摇、改变方向,到接下来的

---

① 据夏可君分析,共有七个步骤,参看夏可君:《无用的神学——班雅明、海德格与庄子》,台湾五南出版社2019年,第217页以下。

② 参看上书,第216页。

反复验证而最终留下缺口，标志着所谓"路标"方向的彻底迷失。

一、对心理学的排除

据该书"编者后记"说，《路标》1967年初版时还没有前两篇文章，即《评卡尔·雅斯贝尔斯〈世界观的心理学〉》（1919/1921）和《现象学与神学》（1927），它们是在出《海德格尔全集》（1976）时，根据海德格尔自己的指示增补的。所以，初版中的《路标》起始点应该是第三篇文章《最后一次马堡讲座节选》（1928），即关于莱布尼茨的讲座；或者可以说，海德格尔的哲学最初是从莱布尼茨哲学进入的。但后来海德格尔大概又觉得在此之前还应该有个铺垫，一个是对心理主义的批评，再一个是与神学划清界限，于是就有了两篇增补的文章。例如，评雅斯贝尔斯的《世界观的心理学》这篇，就有点类似于弗雷格当年对胡塞尔《算术哲学》的批评，这一批评促使胡塞尔放弃了数学上的心理主义而进入现象学的层次。雅斯贝尔斯也是从心理学进入生存哲学的，他要从心理学入手去认识"人是什么"。海德格尔则指出，这一任务的提出包含两个层次，"一方面包含着对这个心灵-精神此在整体的存在意义的先行把握，另一方面也包含着对生命应在其中被澄清并且被经历的那种可能方式的先行把握，以及对那种根本上能够从自身中取得诸如'可能性'之类的东西的基本意义的先行把握"。[①] 因此，哲学家应该做的就是，以这种心理

---

① 海德格尔:《路标》，孙周兴译，商务印书馆2000年，第11页。

学作为"形式指引"(formale Anzeige),走出心理学的生存哲学,提升到存在论,而不要让这种"替代物"自己突显出来,"冒充自己是真正的现象"。也就是说,"要预防一种非批判性的沉迷,即要预防沉迷于某种诸如基尔凯郭尔或者尼采的生存理解中,以便赢获一种可能性,得以去探究生存现象的某种真正意义,并阐明这种探究"。① 以狄尔泰为代表的生命哲学则"并没有完全排除关于生命的生物学上的基本观念",而是把生命设定为"原始现象"或"基本现实性",并且把一切现象都归结为这种基本的现实性;而雅斯贝尔斯"在哲学上的失败"就在于,他"停留在未经检验的意见中,以为能够……凭着那些恰恰从科学范围中可支配的概念手段去把握生存现象"。② 在海德格尔看来,这一心理主义思路遮蔽了那最终的先行把握即对存在或"是"的追问,从笛卡尔的"我思故我在"就已经走入了歧途,在后来的生存主义(俗译"存在主义")哲学中(例如在萨特的"存在主义"中)到处泛滥,而将存在本身遗忘了。海德格尔则认为:

> 对于"拥有我自身"的基本经验并不是立即可动用的,它也不是如此这般普遍地以"我"为目的的;……这种经验并非某种在理论目的中的内在知觉,意在确定现成的"心理的"过程特性和行为特性,相反地,它具有进入到"我"之

---

① 海德格尔:《路标》,孙周兴译,商务印书馆 2000 年,第 13—14 页。
② 同上书,第 18—19 页。

过去中的本真的历史的延展；"我"之过去对"我"本身来说不是一个附带拖拉的添加物，而是被经验为那个历史地由自我本身——同时共同拥有着自身的经验着的自我——先于过去而为自己设定的期望视域的过去。按其**历史**的基本意义来看，对于这种经验之实行的方式所作的现象学阐明，在这一整体的、关涉生存现象的问题复合体中，乃是一项决定性的任务。①

显然，这里已经把"我在"与我的时间（历史）紧密关联在一起了，从而初步显露出了几年后发表的《存在与时间》的基本思路。所以，这篇文章可以看作是为后来的《存在与时间》开路的。当然，也可以看作对于人们有关《存在与时间》的一些误解所做出的澄清。例如，当年萨特在战俘营里读了德国人送他的《存在与时间》，感到"深得我心"，曾想要去见海德格尔，但战后有条件去见海德格尔了，却又感到没有这个必要了。海德格尔则是一开始就看清了，萨特走的和自己不是一条路。就在萨特发表《生存主义是一种人道主义》的同一年（1946），②海德格尔也写了《关于人道主义的书信》，收信人是法国人让·波弗勒。信中提到了萨特的"生存主义的人道主义"，认为是"从一种已经固定了的对存在者整体的解释的角度被规定的"，因此还对萨特的"生

---

① 海德格尔：《路标》，孙周兴译，商务印书馆 2000 年，第 36—37 页。
② 萨特在文中引用了海德格尔的"让"（Gelassenheit，中译作"听任"）。（参看周煦良译：《存在主义是一种人道主义》，上海译文出版社 1988 年，第 11 页）

存（存在）先于本质"命题进行了批判，认为这仍然是一个颠倒了的旧形而上学的命题，它遗忘了"存在之真理"。[①]海德格尔则主张，"人道主义在规定人之人性时不仅不追问存在与人之本质的关联。人道主义甚至还阻止这个问题，因为人道主义由于出身于形而上学而不知、亦不解这个问题。……甚至任何一种对'存在'的追问，也包括对存在之真理的追问，首先亦必须作为一种'形而上学的'追问来进行"，否则就是"尚未克服生物主义的迷乱"。[②]这封信在很大程度上可以看作对萨特文章的回应。这就可以说明，为什么在《路标》收入《海德格尔全集》时，要增加对雅斯贝尔斯的批评文章了，这正是为了要一开始就避免雅斯贝尔斯和萨特之类的"生存论"的误解。

二、对神学的排除

第二篇文章《现象学与神学》也是增补的，初次发表于《存在与时间》的同一年（1927）。作为路标，它标志着海德格尔的哲学意识一开始就在努力与神学划清界限。海德格尔大学本科学的是神学，但大三时改学哲学，这篇文章似乎道出了他改行的动机。但要注意的是他在1970年撰写的"前言"，里面隐晦地表达了他后来对这篇文章中的激进观点的某种修正，即不是简单地把神学和哲学严格区分开来，而是要"促使人们重新去思索基督教的基

[①] 海德格尔：《路标》，孙周兴译，商务印书馆2000年，第376、385—386页，译文有改动。
[②] 同上书，第377、380页。

督性以及基督教神学的种种可疑问题,而另一方面,也促使人们重新去思考哲学的可疑问题,尤其是文中所阐释的问题"。① 然后,他举尼采和奥维贝克的两本"不合时宜的著作"为例,认为它们为少数思想者"指示着那种执着,那种对不可通达的东西的道说着、追问着、构成着的执着",并让读者参看他的《尼采的话"上帝死了"》和《尼采》第二卷。②《尼采的话"上帝死了"》是他1943年所做的讲座,主题其实很简单,就是把尼采的虚无主义的完成理解为西方形而上学的完成。③ 西方形而上学是如何"杀死上帝"的?起初是把存在者当作存在本身,自以为在谈论有关上帝的事情;最终就是像尼采那样,把"存在"解释为"价值",并用价值来衡量一切,其实都是对存在本身的遮蔽,使神学成为一门如同化学或数学一样的"实证科学"——这就是《现象学与神学》中所讨论的主题了。④ 但海德格尔在关于尼采的文章中并不止于揭示了这一点,而是高度赞扬了尼采在揭示这一点时的那种永不就范的态度。他反复提到尼采在《查拉图斯特拉如是说》中那位"疯子"有关"上帝死了"的话:"我寻找上帝!我寻找上帝!"

相反地,从尼采的这段话的开头几句中,我们可以清楚

---

① 海德格尔:《路标》,孙周兴译,商务印书馆2000年,第52—53页。
② 同上书,第53页。
③ 参看海德格尔:《林中路》(修订本),孙周兴译,上海译文出版社2008年,第211、238—239页。
④ 参看海德格尔:《路标》,孙周兴译,商务印书馆2000年,第55页。

地看到……疯子乃是叫喊着上帝而寻找上帝的人。在这里，莫非实际上是一位思想者在作歇斯底里的叫喊么？而我们思想的耳朵呢？我们思想的耳朵总还没有倾听这叫喊吗？只消它还没有开始思想，它就还听不到这种叫喊。而思想何时开始思想呢？惟当我们已经体会到，千百年来被人们颂扬不绝的理性乃是思想最冥顽的敌人，这时候，思想才能启程。①

"疯子"在一个人人都相信实证科学、相信"理性"的时代恰好是思想者。他宣布，你们那个实证的上帝已经死了，作为"实证科学"的神学也已经死了，而"我"才是对真正的上帝的寻求者和追问者。当然，最后这句话海德格尔是在多年以后才说出来的，40年代他推崇尼采，60年代他相信"只还有一个上帝能救渡我们"；而在20年代的这篇文章中，他还只限于指出基督教神学的"实证性"和"科学性"，指出"神学乃是一门**历史学的科学**"，②它所考察的"启示事件"记载在福音书、教会史和解经学中，尤其体现在布道术和传教术等的"实践应用"中。③其实这种看法并不是海德格尔的发明，早在康德那里就有"纯然理性范围内的宗教"和"历史性的宗教"的划分，它脱胎于更早的启蒙理性对"自然宗教"和"启示宗教"的划分。至于黑格尔，他早年

---

① 海德格尔:《尼采的话"上帝死了"》，载《林中路》(修订本)，孙周兴译，上海译文出版社2008年，第240—241页。
② 海德格尔:《路标》，孙周兴译，商务印书馆2000年，第63页。
③ 同上书，参看第65—66页。

提出的"基督教的实证性"则更是人们讲烂了的话题，①他甚至早于尼采100年就喊出"上帝死了"②——那意思其实是，上帝的肉身耶稣基督死了，但上帝的灵复活了，从此由"自然宗教"迈入了"启示宗教"。不同的是，海德格尔的"实证的神学"把自然宗教、历史宗教和启示宗教全部都划归到了这一名称下，加上把理性视为"思想最冥顽的敌人"，这就使他心目中的"存在本身"彻底成为一个"问题"。只不过在《现象学与神学》中，这一问题还没有突显出来；存在论的哲学高踞于神学之上，对神学起着一种"调教功能"，即提醒它意识到自己的"存在者"的实证性，而不要僭越到存在论中去。只是在文章后面所附的1964年撰写的"附录"（"若干要点提示"）的最后，他才点明了，神学虽然是一门"实证的科学"，但并非一门"自然科学"，而是关系到信仰方面的思与言，并由此对自己的提法做了某种修正：

> 但是，在上述问题立场背后，却隐藏着神学的一个积极任务，就是在其本己的基督教信仰领域里根据信仰的特有本质去探讨：神学必须思什么并且应该如何言。在此任务中同时也包含了这样一个问题：神学是否还能够（kann）是一门科学，因为它也许根本就不可以（darf）是一门科学。③

---

① 参看宋祖良:《青年黑格尔的哲学思想》，湖南教育出版社1989年，第32—44页。
② 黑格尔:《精神现象学》（句读本），邓晓芒译，人民出版社2017年，第451页；又见该页德文编者注，指出这句话最早出自马丁·路德。
③ 海德格尔:《路标》，孙周兴译，商务印书馆2000年，第85页。

换言之，它不是一门科学，那就应该是一首诗，或者是一种预言了。这就是海德格尔后期的致思方向，即从诗中寻找存在的踪迹，也就是寻找上帝的踪迹。但前期对神学作为一门实证科学的说法仍然可以看作对神学的一种"调教"，即提醒神学注意自己的身份，但并不否定上帝可以通过另一种方式去寻找。这就是这篇文章作为"路标"的意义。

第二节 起点

一、对莱布尼茨的阐发

第三篇文章在初版中本来是第一篇文章，它不再仅仅意味着扫清障碍，而是正式标明了自己的哲学的出发点。《最后一次马堡讲座节选》是从1928年的马堡讲座中节选的，发表于1964年。前面有几段话大约是发表时加上的，其中说到，他与古人对话既不是通过"历史学描述来补充"古人的哲学，也不是如同黑格尔那样使逻辑和历史相一致，也就是让古人的思想和它们在黑格尔自己的哲学中所处的层次阶段相一致，而是要以莱布尼茨为例，指明"莱布尼茨是根据何种筹划、按照何种指导线索来规定存在者之存在的"。[①] 其实他的做法大致上是与黑格尔重合的，即用前人的思想来印证自己的哲学，不同的只是，他远没有黑格尔那样尊重前人思想的结构和原

---

① 海德格尔：《路标》，孙周兴译，商务印书馆2000年，第89页。

意，而是如同他素来所习惯的那样，更多地带上了"六经注我"的色彩。的确，莱布尼茨的"单子论"在很多方面与海德格尔的"此在"的存在论相似，例如，单子作为精神的原子是以"自我"（ego）主体为模板或"指导线索"的，但它并不限于人的主观心理，而是扩展为万物的构成单位或实体，乃至于上帝本身的观念都是由这里产生出来的。所以，单子是用来解释"存在"的，它既不是数学上的点，也不是物理学上的点，而是"形而上学的点"；它的最主要的特点就是"欲望"、"力"或"原始力"，并因此而具有对存在者整体的"统一作用"。海德格尔认为其中"包含着一个形而上学的陈述，它具有极为重大的影响"。①但是，为什么统一性要由欲望来给予，它又是如何给予整个宇宙、建立起宇宙整体的呢？显然，这需要一个存在理念作为前提。而单子"从自身经验中，从那种在自我中可觉知的自动变化中，从欲求中，创造出了这个关于存在的理念，这个唯一的前提，也就是形而上学纲要的真正内容"。②这与海德格尔自己在前一年的《存在与时间》中提出的"基础存在论"观点如出一辙，即此在通过"操心"（Sorge，又译"烦"）而"在-世界中-存在"。③但莱布尼茨并未思考这个"存在"本身，他没有说明欲望为什么能够给予统一性，为什么能够成为存在理念（上帝观念）的源

---

① 海德格尔：《路标》，孙周兴译，商务印书馆2000年，第93页。
② 同上书，第98页。
③ 我们其实也可以把《存在与时间》看作海德格尔思想的真正的第一路标，而且海德格尔自己的确也说过："也许《存在与时间》这个标题就是这样一条道路的路标。"（《林中路》[修订本]，孙周兴译，上海译文出版社2008年，第194页）这表明《存在与时间》与马堡讲座站在同一起跑线上。

泉。海德格尔认为：

> 我们本身就是存在之理念的源泉。——不过，这一源泉必须被理解为绽出的**此在**的**超越**（Transzendenz）。唯根据超越，才有不同存在方式的联结（Artikulation）。一个困难的、最终的难题乃是对一般存在之理念的规定。因为主体作为超越着的此在包含着存在之领悟，所以存在之理念能够从主体中获得。①

显然，这里面包含着海德格尔对莱布尼茨的过度解释。众所周知，莱布尼茨的单子作为一种自发性的欲望，不需要解释它为什么能够给予统一性，因为这只不过是它自身内部的统一性，所以不存在"超越"的问题。每个单子自行其是，自我封闭，没有可供事物出入的窗户，更不可能超越到另一个单子那里，由此而造成了单子与单子之间的"差异律"（"没有两片相同的树叶"），相互也不可能有直接的"交通"。而这种单子多样性并不像海德格尔说的："起统一作用的东西、其本质是统一作用的那个东西，根本上必须具有与多样之物的关联。恰恰在单一地起统一作用的单子中，必定存在着一个多样之物。"②单子只有在达到意识的"统觉"的层次时才能统一自己内部，它可以超越自己知觉的模糊混乱的状态，但不可能与它之外的"多样之物"发生关联，也不可能"从外部把心灵因素转嫁

---

① 海德格尔：《路标》，孙周兴译，商务印书馆2000年，第101页。
② 同上书，第104页。这话有点像康德的"思维无内容则空，直观无概念则盲"。

到一般存在者身上"。① 至于它自己的"先行存在",也不是它自己要存在就可以存在的,而是上帝在创造它时赋予它的。在莱布尼茨那里,真正存在的不是个别单子,而是上帝这个"太上单子"。个别单子由于与其他单子没有往来、无法沟通,所以免不了在自行其是时与其他单子发生冲突和矛盾,所以只有依靠上帝自上而下地预先将每个单子设计得一直与其他单子在运动中相互和谐,才能呈现出宇宙万物的完善的规律性。这就是莱布尼茨著名的"前定和谐"理论,它被看作对上帝存在的最新证明。但在海德格尔这里,虽然也有一次提到"前定和谐",却用单子自身内部的和谐来解释,即由于每个单子对于自身的超越性,"世界向来在一种透视的折射中归属于单子,因此,作为欲望统一体,一切单子自始就以存在者之大全（All）的先定和谐为定向,这就是: harmonia praestabilita[先定和谐]"。② 这就不仅仅是过度诠释,而且简直是赤裸裸的误读了。他引用了莱布尼茨的一个说法,即每个单子都是"宇宙的一面活生生的镜子",却以为凭这就说明了"每一个单子作为特有的欲望,一向以其方式就是宇宙本身",③ 就可以解决宇宙的统一性问题。但他却似乎没有看出来,宇宙的和谐不是由于每个单子像镜子一样反映宇宙,正好相反,在莱布尼茨那里,每个单子之所以能够反映宇宙、

---

① 海德格尔:《路标》,孙周兴译,商务印书馆2000年,第105页。在这一点上,海德格尔显然有点搞混了。莱布尼茨的统觉虽然是康德的先验统觉的来源,但与后者却有所不同,其统觉的材料仍然是单子内部自发产生的欲望和知觉,而不是由外部刺激得来的感觉印象。
② 同上书,第114页。
③ 同上书,第115页。

成为宇宙的镜子,是因为上帝早已经把宇宙(包括其中所有的单子)设计得天衣无缝、丝丝入扣,以至于每个单子从自身就可以推断出其他所有的单子的行为。所以,莱布尼茨说:"虽然每个创造出来的单子都表象全宇宙,它却特别清晰地表象着那个与它关系特别密切的、以它为'隐德来希'的形体:这个形体既是以'充实'中的全部物质的联系来表现全宇宙,灵魂也就以表象这个以一种特殊方式附属于它的形体来表象全宇宙。"① 这就是"差异律"的理论根据。

因此,当海德格尔想要从莱布尼茨那里寻找在个别单子的"此在"基础上建立起形而上学的"存在论"(基础存在论)的启示时,他完全找错了地方。莱布尼茨说:

> 所以,只有上帝(或必然的实体)有这种特权,即是:如果它是可能的,它就应当是存在的。既然没有任何东西能够阻碍那不包含任何限制、任何否定、因而也不包含任何矛盾的东西的可能性,那么,仅仅由这一点便足以**先天地认识**上帝的存在了。……因为偶然的事物是存在的,而这些偶然事物只有在必然的实体中才能得到它们的最后理由或充足理由,必然的实体则是从自身而具有其存在的理由。②

这就是对上帝存在的本体论证明。当然,单子作为"偶然的实体"名义上也有自己的存在,但它们的"充足理由"都在上帝

---

① 莱布尼茨:《单子论》第62节,载北京大学哲学系外国哲学史教研室编译:《西方哲学原著选读》上卷,商务印书馆1981年,第487—488页。
② 《单子论》第45节,同上书,第484页。

的存在那里，离开上帝的存在，它们都不可能存在。所以，这两种不同层次上的"存在"并非同一个"存在"，倒是类似于斯宾诺莎的实体和样式之间的关系，即真实存在与虚假存在之间的关系。海德格尔怎么可能撇开对上帝存在的证明，仅仅凭借单子这样一种不充分的因而是虚假的存在，直接建立起"有根的本体论"（或"基础存在论"）？表面看来，海德格尔引经据典，大量引用了莱布尼茨的原文（拉丁文），显得很有学问，也很尊重文本。但仔细读来就会发现，他不过是这里那里摘取他所想要的句子来证实自己的先入之见，所以他时常随意对原文加以曲解。例如他引莱布尼茨《单子论》第 1 节，说到单子"是一个进入复合物中的单一实体。它是单一的，这就是说，它没有部分"，但海德格尔接下来的解释就推翻了"没有部分"这一规定："但如果实体是单一地起统一作用的，那么，也就必定有一个被实体统一起来的多样之物。否则的话，统一作用的问题就会是多余的和无意义的了。"① 这就把莱布尼茨的"进入复合物中的单一实体"解释成"统一复合物的单一实体"了。② 联系上面说的他对单子与上帝的"前定和谐"的关系的颠倒的理解，可以说他对莱布尼茨哲学的解读，在莱布尼

---

① 海德格尔：《路标》，孙周兴译，商务印书馆 2000 年，第 104 页。
② 《单子论》中此句中译本作"只是一种组成复合物的单纯实体"（北京大学哲学系外国哲学史教研室编译：《西方哲学原著选读》上卷，商务印书馆 1981 年，第 476 页），原文为拉丁文。联系下面第 2 节，中译文的意思更为明确，第 2 节说："既然有复合物，就一定有单纯的实体；因为复合物无非是一群或一堆单纯的东西。"（同上）海德格尔却把复合物理解为由单纯实体"进入"其中来"统一"它们的"多样之物"了。但莱布尼茨这里却没有一个字说到"统一作用"（einigen），在他看来那是要留给上帝做的工作。

茨哲学的这两个最重要的观点（单子无部分，和上帝的前定和谐）上都错得离谱。

虽然海德格尔终其一生大概都不知道他对莱布尼茨的解读错在哪里（该文是他1964年"经过审定而成"并首次发表出来的），而他试图指明"莱布尼茨是根据何种筹划、按照何种指导线索来规定存在者之存在的"这一意图其实与莱布尼茨毫无关系，但他毕竟表明了自己的哲学的出发点就在于要规定有限的存在者之存在。在这方面，莱布尼茨哲学中最吸引他注意的就是这几点：一个是单子的自动性和单纯性，相当于他的"此在"及其"超越性"；一个是单子被看作宇宙的一面镜子，以其独特的视角反映宇宙的存在（海德格尔也把此在看作窥视存在的窗口）；再一个，单子是"形而上学的点"，因而与"作为存在的存在"相关。这就是他要拿莱布尼茨说事的理由。① 至于莱布尼茨的"神正论"和对上帝存在的证明，他连一个字都不提，因为一旦涉及这些方面，他就会陷入"作为神学的实证科学"中拔不出来了。所以，他在文章的最后宣称自己"不能深究单子论的进一步发展，以及与此

---

① 如海德格尔在《形而上学是什么？》的末尾，以及在《形而上学导论》中作为"形而上学的基本问题"提出的问题：为什么在者在而无反倒不在？就是莱布尼茨在其《自然的原理和神恩的原理》中首先提出来的。海德格尔在《形而上学是什么？》的"导言"中承认，他之所以隐去了莱布尼茨的名字，是因为他去掉了莱布尼茨提出这一问题的"神恩"的背景，"是在一种完全不同的意义上"，即从基础存在论上来追问的。（参看海德格尔：《路标》，孙周兴译，商务印书馆2000年，第450—451页）

相联系的那些形而上学原则了",① 是比较明智的。这说明,海德格尔在自己哲学的起点上还只是一个形而上学家,或远离神学的哲学家,他还没有成为尼采意义上的"疯子"。这一点也适用于《存在与时间》,其中还看不到对上帝的追寻。

二、《形而上学是什么？》

对形而上学的追问是对存在的追问的直接结果,这构成了海德格尔第四篇文章,也就是作为他思想中第二个"路标"的《形而上学是什么？》的主题。该文首发于1929年,它的主题可以说比第一个"路标"更加确定地制定了海德格尔一生所走的哲学道路的大方向,这就是探讨形而上学的问题。海德格尔开宗明义说,他在此不是要谈论形而上学本身,而只是要探讨一个确定的形而上学问题,也就是说,要为形而上学确定一个方向。他的程序是三步,即提出、制定和解答形而上学的追问。首先,形而上学问题的提出本身具有两面性:一方面,它所追问的"包括形而上学疑难的整体";另一方面,它把追问者本身也包括在存在者内加以追问。② 因此,形而上学的追问就是这件事的发生,即"无非是一个被叫作人的存在者向存在者整体的突破"。③ 而这一突破机制显然是以"存在者整体之外"的虚无作为其可能性的(就像德谟克里特把虚空设定为原子运动的条件一样),由此海德格尔

---

① 海德格尔:《路标》,孙周兴译,商务印书馆2000年,第118页。
② 同上书,第119页,"疑难"(Problematik),孙周兴译作"难题"。
③ 同上书,第121页。

得出了一系列让"无"现身的命题:"世界关联所指向的就是存在者本身——而此外皆无","一切态度从中取得其运用的那个东西就是存在者本身——而其他皆无","研究性的辨析在突破中借以发生的那个东西就是存在者本身——超出其上皆无","应该被研究的只是存在者,而此外——皆无","唯有存在者,而其他——皆无","唯一的是存在者,超出其上——皆无"。① 于是,海德格尔问道:"这个无的情形如何呢?"它是科学向来所拒斥和厌恶的东西,"科学根本不愿知道无",但"我们以根本不愿知道无来知道无",② 这已经是一个悖论了。它类似于老子的"道可道,非常道",其实已经将"常道"道出来了。所以,形而上学的追问是以一个悖论的方式提出来的,它本来应该表达为:"什么是无?"而当这个问题问到"无"时,它已经用到了"是"(ist),即把"无"说成了"有",从而形成悖论。但海德格尔不愿意承认悖论,他在谈"无"时小心地绕开"有"("是"),而曲折地表达为:"无之情形如何?"(Wie steht es um das Nichts?)③ 以为这样就可以把"有"和"无"严格区别开来。

　　无论如何,问题已经提出来了,形而上学的追问不是追问别的,而是追问"无",这是这篇《形而上学是什么?》几乎唯一的主题。西方形而上学史上,在海德格尔之前似乎没有这一主题,

---

① 海德格尔:《路标》,孙周兴译,商务印书馆2000年,第122页,译文有改动。
② 同上。
③ 同上书,第123页。

而且海德格尔自己在后来也不再有这样明确的甚至可说是触目惊心的提法。[1] 众所周知，形而上学讨论的是"作为存在的存在"，虽然勉强可以承认"无"也是"存在"的，但一般并不专门讨论。海德格尔的《形而上学导论》(1935) 就不再强调"无"的问题，认为这个问题不值一提，甚至"循着无的引导，我们根本别想获得丝毫关于在者的知识"。[2] 而在后来补写的《形而上学是什么？》"后记"(1943) 中，海德格尔努力澄清人们的误解，第一个误解就是"这个讲座把'无'搞成一个形而上学的唯一对象了"，以至于导致虚无主义。[3] 到了 1949 年的《形而上学是什么？》"导言"中，海德格尔才开始"正本清源"，冠以"回到形而上学的基础"这一小标题，明显具有对该文纠偏的性质，重新把"作为存在的存在"当作形而上学要追问的主要问题。无怪乎据比梅尔回忆，海德格尔在一次谈话中说，他已经放弃了有关"无"的题目，因为它已导向了误解。不过，这都是以后的事了，后面还将具体分析这里面的思想过程；而在他写这篇文章的 1929 年，他似乎还没有意识到问题的严重性，而是凭借直觉一眼看穿了：西方形而上

---

[1] 瓦尔特·比梅尔 (Walter Biemel) 在为彭富春的博士论文《无之无化》所写的鉴定书上说，海德格尔在就职讲演《形而上学是什么？》的时期形成了"无之无化"的表达，"但是这在以后的阶段里是难以被运用的。……在一次谈话中，海德格尔曾对我说，他已经放弃了此题目，因为它已导向了误解"。（参看彭富春：《无之无化——论海德格尔思想道路的核心问题》，上海三联书店 2000 年，第 222 页）

[2] 海德格尔：《形而上学导论》，熊伟、王庆节译，商务印书馆 1996 年，第 24 页。

[3] 海德格尔：《路标》，孙周兴译，商务印书馆 2000 年，第 355 页。

学的根本问题其实还不是"存在"问题,而正是"无"的问题!

所以,这篇文章的三个小标题,"展开一种形而上学追问"、"问题之制订"、"对问题的解答",讲的其实都是一个问题,就是形而上学所追问的是:什么是"无"?但这个问题不能这样来问,这会陷入悖论,必须"制订"(Ausarbeitung)一种恰当的问法。

然而,我们还是要尝试来追问无。什么是无?迈向这个问题的第一步就已经显示出某种非同寻常的东西。在这种追问中,我们自始就把无设置为某种如此这般"存在"(ist)的东西,即某个存在者了。但无恰恰是与存在者完全不同的。对无的追问——无是什么以及无如何是——就把所问的东西颠倒为它的反面了。问题自己就剥夺了它自己特有的对象。①

显然,这种问法不对。本来要问的是无,现在却变成了追问无的有(是)。按照逻辑上的不矛盾律,如果把逻辑当成"最高的法庭",那么"问题和回答同样地都是自身背谬的",因而"废除了这个问题"。②海德格尔在这里公然质问:"然而,'逻辑'的统治地位可以触犯吗?"他试图用"不"、"否定"来代替"无",以便跳出到逻辑的法则之外、之上,也就是超出"理智"(Verstand,又译"知性")的范围。但这不成功,"按照居统治地位而且从未

---

① 海德格尔:《路标》,孙周兴译,商务印书馆2000年,第123页,译文有改动。
② 同上书,第124页。

被触犯过的'逻辑'学说，否定乃是一种特殊的理智行动"，[①] 否定作为一种逻辑的或理智的行动仍然要由逻辑或理智来评定，但作为悖论，逻辑和理智又评定不了它，也无法确定它和无两者的相对地位。但是，"我们主张：无比不和否定更为源始"。[②] 我们凭什么这样主张？就凭无的问题虽然形式上似乎是不可能的（是一悖论），但又是避免不了要提出的。所以，我们现在不再问"什么是无"，而是问"我们在何处寻求无"。即便如此，我们也预先设定了它的"存在"，还是逃不出上述逻辑悖论。既然无被定义为"对存在者之全体的完全否定"，它就必须要以这个存在者全体为前提，但我们要完全把握自在的存在者整体是不可能的，我们只能"发现自己处身于存在者整体中间"。[③] 于是我们可以从这里面寻找无的踪迹。首先是"无聊"，其次是"爱"；前者使人对整个世界感到厌倦，后者则相反，对整个世界感到欢乐。所以，"情绪的处身性"（Befindlichkeit der Stimmung）揭示的是存在者整体，这种揭示就是此在的基本发生。[④] 但这些情绪虽然揭示了存在者整体，却遮蔽了无；只有一种极端的情绪启示了无，这就是"畏"（Angst）。只有畏，即先行到死的畏，才真正启示出了无。这些情绪都是在《存在与时间》中反复分析和证明了的。只有它们才是真正摆脱了理智和逻辑的束缚，甚至是摆脱了语言的束缚的。

---

① 海德格尔：《路标》，孙周兴译，商务印书馆 2000 年，第 124 页。
② 同上书，第 125 页。
③ 同上书，第 126 页。
④ 参看上书，第 127 页。

畏使我们失语。因为存在者整体脱落，于是恰好无逼向前来，面对无，任何"是"的道说（"ist"-Sagen）都沉默了。我们在畏的阴森恐怖中恰好往往试图通过慌不择言来打破那空虚的寂静，而这只是对无的在场的证据。畏揭示着无，这是人自己在畏消失后直接证实的事。在新鲜的回忆所带有的那种清醒的目光中，我们不能不说：我们曾经畏过并且为之而畏的那个东西"本来就"——一无所有。实际上：无本身——作为这样的无——曾在那里。（海德格尔1949年边注：就是说，曾揭示过自身；解蔽与情绪。）①

而这就是我们在"回忆"时的"清醒的目光中"所给出的答案。对这一"在我们看来首要而唯一重要的答案"的赢得，海德格尔在1949年的边注中说："但此-在已经通过思想而在这里预先经验到了，只是因为这一点，'形而上学是什么？'的问题在这里才成为可问的了。"②也就是说，只有在对"畏"的经验的回忆中，"什么是无？"才成为可问的了。这一问虽然在"清醒的目光中"仍然是形式上的悖论，但它表达的是言外之意，是非逻辑非理智的情绪。③所以，它也不意味着对存在者整体的否定，因为在

---

① 海德格尔：《路标》，孙周兴译，商务印书馆2000年，第130页，译文有改动。
② 同上，注③，译文有改动。
③ "如果在对无和存在进行追问的领域中，理智的权威就这样被打破了，那么在哲学内部的'逻辑学'统治的命运也就借此而决定了。'逻辑学'的理念本身就消解于一种更为本源的追问的旋涡中了。"（同上书，第135页，译文有改动）

回忆中,"假如我们来进行这样一种想要得到无的否定,任何时候都已经太晚了。无在此之前已经照面了"。① 显然,这里把时间引进来了,在回忆中我们看出,无在时间上是最早的;而"畏"则包含着一种"退避",它退回到"无"中,在那里有一种"摄人心魄的宁静"(gebannte Ruhe),"这种对……的退避以无为它的出发点(Ausgang)"。② 这个无并不引来关注,相反,它"本质上是拒绝性的,但这种自发的拒绝本身却是任其脱落地指引到那沉没着的存在者整体的"。③ 这种指引"乃是无的本质,即:无化(Nichtung)",该"无化"又写成 Nichten,译作"不化","它把这个存在者整体在其完全的、至今遮蔽着的怪异状态中启示出来,作为与无相对的绝对他者"。于是,"在畏之无的清醒的黑夜里才产生出存在者作为存在者的这种本源的敞开性:它是存在者——而不是无"。④ 这个"而不是无"并非附带加上的,而是使存在者的这种可敞开性成为可能的前提,因此它比存在者整体的敞开更加本源,只有基于无,人的此在才能走向存在者。所以,"此在的意思就是向无瞄准",而当它这样瞄准无,"此在当下就已经超出存在者整体之外了。这种超出我们称之为超越(Transzendenz)"。所以,"没有无的本源的可敞开性,就没有自

---

① 海德格尔:《路标》,孙周兴译,商务印书馆2000年,第131页,译文有改动。
② 同上,译文有改动。孙周兴将 Ausgang 译作"结局",但该德文词有两个相反的意思:"终结"和"开始"。而按照上下文,无不可能是结局,而是最早的开端。当然,所畏的死是结局,但畏是先行到死,把结局当作开端。
③ 同上书,第132页,译文有改动。
④ 同上,译文有改动。

身存在,也没有自由"。而结论就是:

> 借此,对无的追问的答案就到手了。无既不是一个对象,也不是一般的存在者。无既不是自为地出现,也不是在它仿佛依赖着的那个存在者旁边出现。无是使存在者本身对人的此在的可敞开性成为可能的。无并不是首次提供出与存在者的相反概念,而是本源地属于本质(1949年边注:"本质:动词性的;存在的本质。")自身。在存在者之存在中,发生着无之无化。①

这就是彭富春在德国奥斯纳布吕克大学论文答辩委员会上备受好评的博士论文《无之无化》中的主题。论文试图将海德格尔"无之无化"的命题贯穿于其整个哲学,包括"世界的拒绝"、"历史的剥夺"和"语言的沉默"三个阶段,其中隐约体现了浓厚的东方哲学特别是老庄思想的意味。这一创意使德国教授们大感新鲜,虽然几乎没有人赞同以这种方式来解释海德格尔,但都认为作者打开了一个新的视界。在我看来,彭富春的思考揭示了海德格尔思想中的一个可能的维度,只不过海德格尔没有能够将这一维度展开,而是将它抑制住了。因此,更有意义的不是将海德格尔这一隐藏的维度强行展开,以便将他的思想和中国古代老庄思

---

① 海德格尔:《路标》,孙周兴译,商务印书馆2000年,第133页,译文有改动。

第五章 海德格尔解构西方形而上学之路

想"打通",① 而恰好是要分析海德格尔为什么一定要抑制住这种通向老庄哲学的趋势,由此将突显出中西哲学汇通的关键性障碍何在。中西哲学汇通绝不可能是一方归结为另一方,或者一方完全汇入另一方,而应该是双方层次的共同提升,是在一个更高层次上的汇合。就"无之无化"而言,海德格尔并不是受到老庄影响才进入这一命题的,相反,正是在他与中国学者萧师毅合作翻译《道德经》的那个时候(1946),甚至在此之前,他就已经意识到这种提法有可能将人们误导到"一切皆虚无"、"生亦无谓,死亦无谓"的"无的哲学"。② 所以,问题其实在于,为什么海德格尔认为这种看淡生死的"无的哲学"是不可接受的?

但至少,在《形而上学是什么?》的这个阶段,海德格尔还没有意识到这个问题,在两年前的《存在与时间》中更是如此。他这时还只是在勇往直前地进行纯粹理论上的探索,不经意之间,触及了西方形而上学的底线,也就是从存在哲学滑落到了虚无主义。不过,这种滑落仍然是遵循着存在哲学的技术性规范,是沿着逻辑和理智的套路而逼出了超越逻辑的情绪或情调(Stimmung),探讨了东方哲学常见的烦、畏、无的主题。但这又导致了他在后来发表的《形而上学是什么?》的"后记"(1943)、"导言"(1949)以及《形而上学导论》的讲座(1935)中,不断地回到这个话题来纠正自己的这一早年"失误"。显然,这不是理论上的失误,而

---

① 如前所述,夏可君的海德格尔解读同样也有这个问题,摆脱不了过度诠释之嫌。
② 海德格尔:《路标》,孙周兴译,商务印书馆2000年,第355—356页。

是思维方式和情感上的错位。从他的用词可以看出，对死的"畏"（Angst）用的是"阴森恐怖"（Unheimlichkeit）；对"无"用的是"摄人心魄的宁静"（gebannte Ruhe），也就是一种令人销魂的失神状态；①就连"泰然任之"，也被设置了一系列的"步伐转换"的技术步骤（见前面夏可君的分析）。这与道家的无知、无欲、无为的人生体验绝对是两码事，更不必说禅宗的"平常心"了。不过，突破这一文化心理屏障的可能性是存在的，这也是海德格尔对道家哲学着迷甚至随处引用庄子的寓言的原因。只是由于还没有找到能够突破的手段，更重要的是没有提升到能够涵盖双方的形而上学层次，海德格尔才在后来敏感地意识到这种文化认同对于西方形而上学是一剂毒药，而合作翻译《道德经》的事业也就不得不半途而废了。可见，在海德格尔的"路标"中，《形而上学是什么？》（包括《存在与时间》）只能算是一种初步的试探。在这种试探中，海德格尔最后确立的是："对无的追问把我们——追问者——本身置入问题中。这个问题就是一个形而上学的问题。……对存在者的超出发生在此在的本质中。但这一超出就是形而上学本身。而这就意味着：形而上学属于'人的本性'。"②人的生存向"此在整体的基本可能性"的跳跃就是向"无"的独特的跳跃，只有通过这种跳跃，哲学或形而上学才开始起程（kommt in Gang），才开始摆脱那些"人人皆有并且无形中习惯了的偶像"，直到不再在这个问题

---

① 德文 bannen 意为"迷住"、"吸引住"、"祛魔"等。孙周兴译作"迷人的宁静"，似太平淡。
② 海德格尔:《路标》，孙周兴译，商务印书馆2000年，第140页，译文有改动。

上动摇不定,即不再"总是荡回到这个由无本身所逼出来的形而上学基本问题中,这问题就是:为什么毕竟存在者存在而无反倒不在?"① 这是《形而上学是什么?》的最后一言。当然,我们知道,他是直到七年之后的《形而上学导论》中才终于不再动摇,但采取的办法却是将这一"形而上学的基本问题"的后半部分切割掉,不再追问"无"或"无化"的问题了。由此造成了海德格尔思想的所谓"转向"。②

三、《论根据的本质》

第五篇文章,也就是与《形而上学是什么?》同时所作的《论根据的本质》,并不能看作继《形而上学是什么?》之后的第三个"路标",而只能看作对第二个"路标"在方法上的加固。在海德格尔1949年为此所写的"第三版前言"中,他提示了本文与同一年发表的《形而上学是什么?》一文主题的联系和区别,即"后者是

---

① 海德格尔:《路标》,孙周兴译,商务印书馆2000年,第141页,译文有改动。
② 孙周兴指出:"他的做法首先是把'时间性'揭示为人(此在)生存状态的'隐'结构,在我们看,也即把'无'设入此在的超越性本质中,而企图借此深入那绝对超越的隐而不显的存在本身。但这一思路看来是一个绝境。因为本来应该是无限制的'无'落在此在的'畏'的掌握中了。因此归根到底,还是需要放弃这个优先的、貌似无处不在实则彻底个体化的充满悲怆情调的'此在'。这个'此在'太躁动不安,太具有迫切的意欲。它被置于'边缘处境'中,虽能置生死于度外但难免负荷太重,太不安全可靠。需要有另一个心平气和、泰然处之的'人'来取代这个亦'畏'亦'忧'的'此在'。这才有了'转向'。"(参看所著:《说不可说之神秘》,上海三联书店1994年,第64页)

对无的思索，而前者说的是存在论差异"。① 存在论差异不直接谈无（das Nichts），它谈的是存在者与存在之间的"不"（das Nicht），这是与上一篇文章谈的存在者的"不"意义不同的，后者还未专门考虑"否定之无"这种意义。在那里，海德格尔明确地说："无是否定的本源，而不是相反。"② 而在这里，存在论差异的"不化着的不"（nichtendes Nicht）正是要在无的基础上来谈否定，所以是接着上文讲的，即这两篇文章所讲的主题是"共属一体的"（das Selbe，自同者）。前一篇文章中已经讲到了此在的超越（Transzendenz），即它当下超出存在者整体之外，于是发现"无"才是使存在者的可敞开性成为可能的前提，"没有无的本源的可敞开性，就没有自身存在，也没有自由"，③ 所以，无在这种意义上就可以看作存在者的"根据"了。但这种一定要为存在者乃至存在者整体寻求一个"根据"的做法在那里并没有得到探讨。为什么一定要找一个另外的根据，一定要知其"然"，还要知其"所以然"？这样做有天然的正当性吗？难道不能止步于常识或信仰或直观之上吗？不行。因为追问一个终极根据是形而上学的本性。海德格尔在这个"第三版前言"中把这种做法追溯到亚里士多德的 ἀρχή（本原、始基）及其在存在论、逻辑学和认识论上的三重含义，再就是由此派生出来的"四因"，这些都"引向了一种对一般根据的源始揭示"。④ 在这一做法的后继者

---

① 海德格尔：《路标》，孙周兴译，商务印书馆2000年，第142页，译文有改动。
② 同上书，第135页。
③ 同上书，第133页，译文有改动。
④ 同上书，第144页。

中,海德格尔首先列举了莱布尼茨和他的"充分根据律"(又译"充足理由律"),又点了一下克鲁休斯和叔本华(《充足理由律的四重根》),并说康德实际上也是把"根据律"置于纯粹理性批判的中心地位上,最后还提到了谢林。这里所说的这种一脉相承的"学统"其实就是西方科学精神的精髓,从亚里士多德起,就要追究一件事情从根本上"何以可能?"(如康德的"总课题"就是:"先天综合判断如何可能?")在黑格尔那里则把这种做法称作"中介性"的思维,即要认识一件事物的本质,不能直接地就事论事,而必须找到它(间接的)根据,所以在《小逻辑》的"本质论"中一开始就讲"本质作为实存的根据"。但黑格尔实际上已经通过直接性和间接性的辩证统一而突破了这一科学主义的传统,而海德格尔的方法论则还停留于康德(和胡塞尔)的先验哲学的做法,想要为存在者寻求它的超越于存在者整体之上的根据,即存在本身。但这种"一次性解决"的方案不但无法实现,反而导致了无限延后的"烂尾楼"式的工程,最后只好不了了之;① 而且根本性地妨碍了海德格尔

---

① 海德格尔的《形而上学导论》(1935)看名字似乎对自己的形而上学已经胸有成竹,其实完全是心中无底,他甚至在结尾时宣称自己要追问的那个对象还未到时,甚至要"等待一辈子"(熊伟、王庆节译,商务印书馆1996年,第205页),这完全是一种赌输了的口气。与《存在与时间》中志在必得地要建立一门"基础本体论"相比,他这时已经失去了锐气,宣称"将来最好是放弃'本体论','本体论的'这样的名称",说"我们这样追问并非是为了建立一个传统意义上的本体论"(同上书,第42页)。因此,严格说来,《形而上学导论》是名不副实的,应该叫作"形而上学批判"。但康德的"纯粹理性批判"是通往"未来形而上学"的"导论",海德格尔连这个把握都没有,他实际上所做的只是一种形而上学的"解构"。

对黑格尔辩证法的理解和认同。

在正文中，海德格尔对首个小标题"一、根据问题"加了个边注："在这里，存有（Seyn）之真理的开端还完全是在传统形而上学的框架内得到实行的，并且是在与存在者的真理及存在者的无蔽状态、存在性的被揭示状态的简单重复的类似中实行的。存在性作为 ιδέα［理念］本身就是被揭示状态。这里踏上了一条克服'存在论'本身的道路（参看本文第三节），但这种克服并没有本源地从已达到的东西中得到实行和建立。"① 就是说，"根据"问题在这里提出来，类似于重复亚里士多德寻求存在者之所以成为存在者的"原因"，但实际上已经是在寻求存在本身的真理了。所以，表面上还限定在传统形而上学的框架内，实际上已经借助于柏拉图式的"理念"而准备了对传统存在论的克服，只是这种克服还没有被从头（从柏拉图起）得到确立。这里所谓"参看本文第三节"，是指小标题"三、论根据的本质"，在这个标题的边注中特别提到这是"对第一节即存在论差异的解构"，是借"意志的本质"而对一切能力的"扬弃和克服"。② 因为意志的本质是自由，而自由的本质就是"超越"，就是像柏拉图的理念一样作为超越的"看"而让一切存在者的在场得以呈现。③ 但这种呈现"包含着一种必然的两义性"，即真理这时既可以理解为存在者的存在的呈

---

① 海德格尔：《路标》，孙周兴译，商务印书馆2000年，第146页注②，译文有改动。从 Seyn 一词来看，该边注应该写于1936年的《哲学论稿》以后。
② 参看上书，第190页注①，译文有改动。
③ 参看《柏拉图的真理学说》，同上书，第247页。

现，即"无蔽状态"，也可以理解为这个外观（理念）本身的正当性和正确性（善和价值）。① 传统形而上学是按照后一种意思发展起来的，却遮蔽了前一种意思，所以无法克服传统的存在论。

现在我们来看看第一个小标题"根据问题"（das Problem des Grundes）。"根据律"（das Satz vom Grunde）历来被看作一个"最高原理"，怎么会成为"问题"呢？例如我们说"没有任何事是无根据的"或"每件事都有它的根据"，这是没有人会怀疑的。问题只在于是什么样的根据。亚里士多德的"四因"就造成了很大的混乱（例如在什么是"第一实体"问题上就从质料"动摇"到形式，见前面的分析）；莱布尼茨的"充分根据律"则在逻辑学原理和形而上学原理之间含糊不清，引发了后世有关莱布尼茨的"秘传哲学"和"流俗哲学"的公案。库图拉特（Couturat，又译"古兑拉"）把莱布尼茨未发表的手稿编为一集，认为它们证明莱布尼茨的形而上学完全基于他"秘传的"逻辑学，充分根据律是比矛盾律更深刻的逻辑原理。② 罗素更是将这种观点发挥到极致，大加赞赏，甚至认为这种逻辑原理精密化、数学化以后，可以用来解决形而上学问题，就像莱布尼茨说的，一旦遇到形而上学和道德问题，我们不必争论，只需坐下来拿笔"算算"就可以了。③ 但海德格尔是坚决反对这种数理逻辑思路的，他甚

---

① 参看海德格尔：《路标》，孙周兴译，商务印书馆2000年，第266页。
② 同上书，第148页注①。
③ 参看罗素：《西方哲学史》下卷，马元德译，商务印书馆1981年，第118—119页。

至也反对将形而上学和逻辑学这样划分开来,他认为康德的先验逻辑已经将这两者合一了。莱布尼茨的问题不在这里,而在于他沿用了亚里士多德的"符合论"的真理观,把根据视为主词与谓词在"陈述"(Aussage)中相符合的根据,即谓词只有具备充分的根据才能归属于主词,这种归属关系就叫作"真理"。但海德格尔认为这种真理观是肤浅的,它其实植根于一种更为源始的真理,即存在者的"前谓词性的可敞开状态"中,这就是**存在者状态上的(ontische)真理**",①它并不具有主谓词这种陈述的关系。胡塞尔的"现象学直观"虽然也是"前谓词的",但这种真理其实也不是"直观"(似乎无须为之寻找根据),而是它的根据在于"意向性",实即欲求和意愿(如尼采的"求意志的意志")。欲求和意愿也还不是最终的根据,因为它们并"不能使存在者凭其自身而变得可通达",所以**唯存在之被揭示状态才使存在者之可敞开状态成为可能**"。②而这种真理才真正是"存在论上的(ontologische)真理"。但"存在论"这个概念历来也被人们搞乱了,遮蔽了存在论的固有问题,即揭示存在本身。例如,把通过λόγος(逻各斯)来称呼存在者的东西当成了存在本身。然而,"那先行揭示并引导着对待存在者的一切态度的存在理解(十分广义的λόγος),既不是对存在本身的领会,也根本不是对如此被领会的东西的一种概念把握(最狭义的λόγος='存在论上的'概

---

① 参看海德格尔:《路标》,孙周兴译,商务印书馆2000年,第152页。
② 同上书,第153页。

念)"。① 这种理解只能被称作"前存在论的"(或"广义的"存在论的),例如科学主义的理解或者"实在论"的理解。"本真的"或本源的存在论概念必须先行于这种理解而成为它们的真理,所以首先必须将存在和存在者区分开来,即建立起"**存在论差异**"。只有"此在"能够做到这种区分,而这种区分的可能性是植根于此在的本质的根据中的,"存在论差异的这一根据,我们先行称之为此在的**超越**(Transzendenz)"。② "于是,根据之本质问题就变成了**超越问题**",而"真理、根据、超越的这种相互扭合是一种源始统一的扭合",三者的关联必须由根据问题的深入把握才能得到理解。③

这就是海德格尔对"根据问题"的追溯。"此在的超越"就是存在论的本真的可能性根据,这是在康德那里得到的启发。"恰好是**康德**在其**先验**的提问中才可能实行自柏拉图和亚里士多德以来为存在论提供**明确的**根据的第一个决定性的步骤",④ 也就是通过对先天综合判断之可能性的追问而引出了此在的超越性。但海德格尔又在边注中补充道:"此外预先要做的并不是为造成这一'存在论'再去提供根据,而是要达到存有之真理,也就是被存有之

---

① 海德格尔:《路标》,孙周兴译,商务印书馆2000年,第153—154页,译文有改动。孙周兴译本译漏了"也根本不是对如此被领会的东西的一种概念把握"。另外,我这里把 Verstehen 译作"理解",把 Erfassen 译作"领会",把 Begreifen 译作"概念把握",均不同于孙周兴译本。
② 同上书,第156页,译文有改动。
③ 同上书,第157页。
④ 同上书,第155页注①,译文有改动。

真理所达到——是存有本身的历史,而不是追求哲学上的博学,因此是**存在**与时间。"① 存有本身的历史就是存在的时间性,正如《存在与时间》中所说的,"如果此在的存在整个地奠基在时间性之中,那么时间性就必定使在世并从而使此在的超越成为可能,而此在的超越则又承担着寓于世内存在者的存在"。② 但我们不能把超越理解为主客对立意义上的,似乎主观的此在是客观存在者的根据,而必须从主客同一的意义上把超越看作对这一问题的回答:"在存在论上是什么使存在者能在世界之内照面并作为照面的存在者被客观化?"③ 此在的超越就是世界的超越,因为此在的时间性就是世界的时间性。"我们把此在的存在规定为烦。烦的存在论意义是时间性。"④ 康德的"图型法"正是通过先验想象力这种"时间的先验规定"而建立起世界的一整套先验法则的。但必须去掉这一超越的"主体性"的理解,因为它只不过意味着此在的"在世界中存在",这就是超越问题的"区域"(Bezirk)。在这一区域中,超越虽然也建构起了"自身性"(Selbstheit),与它自身所不是的他者构成某种空间性的"超逾"(Überstieg)的关系,但这个他者必须是预先已经被超逾了的,而这个自身性"作为生存着的此在始终已经超逾了自然"。⑤ 换言之,超越是更高阶的超逾,

---

① 海德格尔:《路标》,孙周兴译,商务印书馆2000年,第155页注①的边注,译文有改动。
② 海德格尔:《存在与时间》,陈嘉映、王庆节译,三联书店1987年,第429页。
③ 同上书,第432页。
④ 同上书,第430页。
⑤ 海德格尔:《路标》,孙周兴译,商务印书馆2000年,第161页。

且超越和被超越作为一个整体是同时发生的,并没有一方要超越而另一方等待着被超越这回事。所以,世界本身就是"超越的统一结构",是一个康德意义上的"先验的概念"。虽然康德把先验的东西仅仅理解为对待一切可能经验的认识论上的立足点,并不能超出可能经验的范围而有任何运用,但从中亦可看出,"恰恰是康德把'先验的东西'看作了一般存在论的内在可能性问题",因此"凭借一种对超越之本质的更彻底更普遍的把握,却也必然配合有一种对存在论理念因而对形而上学理念的更为本源的制定"。① 康德从先验范畴对经验存在者的规定必然要提升到先验理念对超验(超越)存在者(即"自在之物")的规定。后面这种规定已经不再是一种知识或陈述,而应该理解为存在论上的"此在的本质机制",它"蕴含着超越之**问题**"。②

为了表明超越问题的"**区域**"即"**世界**"的概念,海德格尔追溯了自古希腊经过中世纪直到康德的"世界概念之历史",但重点是康德的世界概念。康德的世界概念虽然是限制在可能经验范围内的有关一切现象之统一体的先验概念,但它本身是超经验的理念,它指向的是超越的或超验的对象,即自在之物。③ 但海德格

---

① 海德格尔:《路标》,孙周兴译,商务印书馆2000年,第162页,译文有改动。
② 参看上书,第163—164页。
③ 海德格尔在这里出了一点错,即认为康德的世界整体的理念"尽管是超越的,但还是具有**先验的实在性**"(同上书,第174页),这是不符合康德的思想的。康德在《纯粹理性批判》中在谈到由"世界整体"的理念所引发的"宇宙论的二律背反"时,为了反对这种"先验的实在性"的观点,甚至单独列了一节("二律背反"章下面第六节)申明"先验的观念论作为解决

尔并不在乎这个自在之物是否能够被认识的问题（康德自己就说了，自在之物虽然不可认识，却可以"思维"），他只在乎这个自在之物在康德那里被思考为经验现象的可能性条件，这就"导致了对世界问题的一种完全的改变"，① 也就是对世界整体"用存在论的原理即先天综合认识的体系来加以规定"。② 而最终所达到的结论则是："世界本质上是与此在相关联的"，③ 即"所谓'此在超越着'就是说：此在在其存在之本质中**形成着世界**"。④ 然而，这个敞开的区域还不止于世界整体的概念，它更是有可能通往上帝的。在一个注释中，海德格尔说：

> 通过对作为在世界中存在的此在作存在论阐释，一种向着上帝的可能的存在既未得到肯定的判定，也未得到否定的判定。但通过对超越的说明，倒是首先赢得了**此在的一个充分的概念**，凭借对这个存在者的考虑，现在就可以问此在的上帝关系在存在论上是何种情况了。⑤

（接上页）宇宙论的辩证论的钥匙"（A490-497=B518-525）。而在另一处，海德格尔还把康德专门用来称呼上帝的"先验理想"错安到了"世界整体"之上（第178页）。可见海德格尔哪怕是讲他自己最有把握的康德的话题，也不见得是完全可信的。

① 海德格尔：《路标》，孙周兴译，商务印书馆2000年，第173页。
② 同上书，第174页，译文有改动。
③ 同上书，第184页。
④ 同上书，第185页。
⑤ 同上书，第186页注②，译文有改动。

这里无疑为海德格尔后期越来越走向神学的方向预留下了一种可能性的余地。但在目前这个阶段，他对此在的存在论仍然充满信心，虽然并不认为主体主义和人类中心主义可以成为最终的根据，却坚持说："超越是不能通过逃向客观性而得到揭示和把握的，而是唯一地只能借助于对主体的主体性不断更新的存在论阐释，这种阐释正如和'主观主义'相违抗一样，也必须拒绝对'客观主义'亦步亦趋。"① 不过，可供海德格尔选择的路的确很少。从西方形而上学的历史看，凡是从"作为存在的存在"出发的形而上学，要么是客观主义的（亚里士多德的实体），要么是主观主义的（笛卡尔的我思、康德的先验自我），要么是神学化的（主客统一的，如亚里士多德的目的论、黑格尔的理性神学）。海德格尔哪条路都不想走，只好走"路本身"。到走得不耐烦了时，就只有乞灵于诗歌中的神秘主义，即冥冥中对上帝的"道说"的倾听。但平心而论，从海德格尔的形而上学思想本身看，他其实更接近于主体主义一方，如果不算他后期对形而上学的放弃的话。如孙周兴所言，他试图通过此在的在世来克服主体，"不但没有反掉这个主体，倒是从存在论的根基上把这个主体巩固起来了"。孙周兴还把这种哲学直接称为"主体哲学的后唯心主义阶段"，这也是海德格尔后期对前期感到不满的地方。② 同时也是为什么萨特也好（从赞成的意义上），德里达也好（从反对的意义上），都把海

---

① 海德格尔：《路标》，孙周兴译，商务印书馆2000年，第189页，译文有改动。
② 参看孙周兴：《说不可说之神秘》，上海三联书店1994年，第63页。

德格尔看作主体主义者的原因。不能怪人们误解了海德格尔,只能说海德格尔的确把主体主义发展到了一个前所未有的高度。对此光是感到不满是无济于事的,必须反省西方形而上学的内在机制,即如果你想坚持从"作为存在的存在"出发,则肯定摆脱不了主体主义(或基于主体化的客观主义),而你真正摆脱主体主义之日,也就是你背离形而上学之时。

因此,当海德格尔在文章的第三节讨论"根据的本质"时,就鲜明地暴露出他的主体主义的倾向,简直就是萨特生存主义的模板。到底什么是根据的本质?在海德格尔看来,根据就是"超越";超越通过"超逾"而形成自己的"区域",在这一区域中,超越体现为"意志";意志在超逾中构成"缘故"(das Umwillen);而抛出缘故的则是"自由",其实,"向世界的超逾就是自由本身"。① 与一般对自由和超越的理解不同,"超越并非冲向作为如同某个现成的价值和目的之类的东西的缘故,相反,自由——而且**作为自由**——把这种缘故**递交**给自己。在这种超越化地将缘故递交给自己时,就发生了人之中的此在,以至于人在其生存本质中把自己当作义务,也就是能够做一个自由的自我"。② 自由地将现成的"缘故"(通常被视为"命运")作为自己的义务承担起来,这本身是一种超越的入世态度,也就是此在的"在-世中-存在";不是被动地承担世界,而是通过这种存在而使世界

---

① 海德格尔:《路标》,孙周兴译,商务印书馆2000年,第191页,译文有改动。
② 同上,译文有改动。

"世界化",也就是使世界成为现实的"我的世界",使命运成为被我支配的"我的命运"和我自己的责任。这样一种生存主义的自由观显然比那种自发性或终极原因的理解(如康德的先验自由)更加本源和深刻,"自由就是筹划着-抛过去让世界来支配",[①] 它本身就是超越,既超越世界,又超越自身,在超越中成其自身。这里和萨特的自由观一样,没有上帝插手的余地。

这种自由和根据的本源的关系叫作 Gründen,即"建基",建基实际上是"根据"(Grund)的动词化,即"提供根据"的意思,分为三种:一是创建根据,二是取得根据,三是奠定根据(Begründen)。第一种是"对缘故的筹划",它虽然是最先的,但还未完成,必须与第二种同时进行,才不会落空。筹划或创建总是不免让此在"超溢自身",所提出的可能性中能够实现出来而被现实地"取得"的只是很小一部分,其他的可能性则被"抽离"掉了,但这种抽离恰好使得筹划变得有力量,而不是流于空想。"这一点同时也是此在之自由的**有限性**的一个先验的证据",昭示了一般自由的有限本质。[②] 人不可能想要的都得到,俗话说,理想很丰满,现实很骨感。但这两种建基方式仍然层次不够高,或者说不够超越,它们都着眼于现实性,只有第三种"奠定根据"的方式才是着眼于单纯的可能性,它基于前两种方式而提升到了务虚的层面。奠定根据不同于一般的"证明"(Beweis),而是具有

---

① 海德格尔:《路标》,孙周兴译,商务印书馆2000年,第192页,译文有改动。
② 参看上书,第195页。

一种根本性的源始含义,"因此奠定根据的意思无非是:**使一般的'为什么的问题'成为可能**",即揭示其先验的起源或先验的可能性。① 这些"为什么的问题"都是些根本性的问题,其中如:"为什么毕竟有某物而不是无物?"其实就是前面提到的形而上学的基本问题:"为什么毕竟存在者在而无却不在?"对其中的"存在"(ist)的领悟(Verständnis)是这个问题的前提,它使这个"为什么"之问成为可能,甚至"已经包含着对于一切追问的最初的和最终的源始答案"了。② 我们前面也分析过这个问题,即问题的提法已经暗藏着答案,它只有一个回答,即存在者存在,而无不存在(巴门尼德)。因为当问到什么东西"存在"时,那存在的东西肯定是"存在者"而不可能是"无",这就是"为什么"。东方哲学则不会这样问,甚至连"为什么"都不问,而直接就说"万法皆空"或"有生于无"。没有人问"为什么",或者为它找"根据",谁要问,只说明他悟性差,提不上去。所以,海德格尔看得很准:"存在领悟作为最先行的绝对**答案**给出的是最初-最终的**奠定根据**。在这种领悟中,超越本身就是奠定根据的。由于存在和存在机制在其中得到揭示,先验的奠定根据就是**存在论上的真理**。"③ 在这样一个更高的层面上,主体主义和生存主义的锋芒就被抑制和超越了,海德格尔由此才得以在表面上勉强和萨特等人划清了界限。

---

① 参看海德格尔:《路标》,孙周兴译,商务印书馆2000年,第196页,译文有改动。
② 同上书,第197页,译文有改动。
③ 同上,译文有改动。

之所以说是"表面上",因为这三种建基仍然是共属一体的。前面两种建基都是在存在者状态上的真理,它们一开始就被第三种建基即"奠定根据"所贯通和支配。"所以,一切存在者状态上的揭示和展开都必须是以自己的方式'奠定根据'的,亦即必须得到**核定**(sich ausweisen)。在这种核定中所实行的是每次为遇到的存在者的什么存在和如何存在所要求、为相应的**揭示方式**(真理)所要求的对存在者的引证,于是这个存在者证明自己是例如说一种已经敞开的存在者关联的'原因'或'动因'(动机)。"① 这就把第三种建基与前两种建基的关系摆明了。存在者状态上的真理必须由存在论上的真理来"核定",前者只是后者所"引证"的例子,该存在者由此而证明了自己是某种存在者关联的"原因"或"动因"。② 但由于三者都来源于此在的有限自由,所以在实行这些核定和辩护(Rechtfertigungen)时可以让此在摆脱根据和掩盖根据,似乎一切都由自由决定,没有什么理由可言。在这里,"**超越之为超越**可能始终被遮蔽着",存在为此不需要存在论上的概念把握。③ 但从三种建基的统一来看,超越已经被揭示为建基之本源,这三种根据就意味着可能性、基础和核定,而自由就不再是无根据的,而是"向着根据的自由"。自由不是毫无

---

① 海德格尔:《路标》,孙周兴译,商务印书馆2000年,第198页,译文有改动。
② "原因"(Ursache)和"动因"(Beweggrund)两个词隐约可看出康德的 Bewegursache 和 Bewegungsgrund 的影子,后两者我都译作"动因",表示自由意志对道德律的选择。
③ 参看上书,第198页。

理由的为所欲为，而是向着自己的根据而在一个"突破活动的空间"（Einbruchspielraum）中的"自行保持"（Sichhalten）。但所有这些说法，本质上并没有和主体主义彻底划清界限，与康德的"自律"、萨特的为自由的行为负责也大同小异。当然，这种对根据的超越性理解比起亚里士多德的"四因"说是深入多了，最根本的深化在于，把这种根据的起源归于《存在与时间》中的"烦"（Sorge，操心）及其时间性。这种存在论是建立在存在与存在者的"存在论差异"上的。

由以上对根据的本质的揭示，海德格尔重新解释了莱布尼茨的"根据律"。所谓"一切存在者皆有其根据"，所说的不过是：一切存在者都起源于存在，而存在作为本源的根据本身不再是任何存在者，所以它就是自由。

> 于是，关于根据律，我们已清楚地看到，这一原理的"诞生地"既不在陈述的本质中，也不在陈述真理中，而是在存在论上的真理中，亦即在超越本身中。**自由是根据律的本源**；因为作为存在论上的真理而自行建构成的奠定根据就建基于自由中，建基于超溢和抽离的统一中。①

所谓"陈述的真理"（Aussagewahrheit），在海德格尔的用语

---

① 参看海德格尔：《路标》，孙周兴译，商务印书馆2000年，第200页，译文有改动。

中，就是按照逻辑和理性来表达的真理，是日常的科学知识的真理；海德格尔推崇的则是"存在论的真理"。虽然两者都服从根据律，但后者展示的是根据律的本质，也就是自由。凭借这一点，海德格尔纠正了莱布尼茨把充分根据律归结为矛盾律和同一律的做法。莱布尼茨认为世上万物都遵守矛盾律和同一律，但由于人的理性的有限性，对于那些经验事物无法将其中无限复杂的逻辑关系彻底把握住，只好通过充分根据律把它们作为"偶然真理"（"事实真理"）来把握；只有在全能的上帝那里，这些"偶然真理"中的必然的逻辑关系才能完全展示为逻辑的"必然真理"，所以在上帝的眼中，一切事物都是合逻辑的，充分根据律就还原为矛盾律和同一律了。海德格尔则反其道而行之，认为"就连同一律和矛盾律也不只是**先验**的定律，而是返回去指向更为源始的东西，后者并不具有定律特性，而倒是归属于超越之为超越（即时间性）的发生的"。① 换言之，根据律或自由的超越才是更加根本的东西，是同一律和矛盾律的根源。所以，"超越地发源的根据返回到自由本身，自由作为**起源**而本身成为了'根据'。**自由就是根据之根据**"。② 但这种自由的根据又是有限的，虽然它本身是"此在的深渊"（Abgrund），但它把此在投入了对可能性的有限选择中。此在作为自由的能在是被"抛入"存在者中的，"至于说它按照可能性就是一个自身，这个自身实际上总是符合自己的自由

---

① 参看海德格尔：《路标》，孙周兴译，商务印书馆2000年，第202页。
② 同上，译文有改动。

的,以及超越作为原始事件而到时发生(zeitigt),那么**这些**都不在自由的掌握之中"。① 这种无能并不是受到存在者的限制,而是此在的存在本来就是这样的有限存在。萨特的著名命题:人是被抛入自由中的,其实完全符合海德格尔在这里的意思。尽管海德格尔后来对此也有所修正(见他的边注),但至少在这个阶段,他主张"一切世界筹划皆为**被抛**的筹划",为的是给形而上学的存在论让出本源根据的位置。所以,"出于此在的存在机制而对此在的**有限性本质**做出的澄清,必须先行于对人的有限'本性'的一切'不言而喻的'估计,先行于对那些从有限性中才得出来的属性的一切描述,尤其也先行于有关这些属性在存在者状态中的起源的一切过于匆忙的'解释'",但这种"有限性本质"却是"在**超越**中,即在**向着根据的自由**中而揭示出自身的"。② 在这里的一个边注中,海德格尔对此做出了修正:"但自由与建基和根据毫无共同之处,正如它与原因、引发以及任何'事务'和'制作'的方式毫无共同之处一样。"估计这个边注是后期做的,特别是当海德格尔踏上"通向语言之途"之后,他基本上已经放弃了为他的核心概念寻求"根据"的做法,甚至宁可采取同义反复的说法,让人们从中去"悟"。③ 当然,这样一来,通过对根据的追问而建立某

---

① 海德格尔:《路标》,孙周兴译,商务印书馆2000年,第203页,译文有改动。
② 同上书,第204页,译文有改动。
③ 参看海德格尔:"语言本身就是语言……我们并不想深入更远的地方。我们惟求仅此一次便达于我们已经居留的所在"(《语言》,载《在通向语言的途中》,孙周兴译,商务印书馆2004年,第2页);以及"我们既不想根据非语言本身所是的其他东西来论证语言,也不想用语言来说明其他事物"(同上书,第3页)。

种"存在论机制"的形而上学意图就被搁置,甚至被抛弃了。他就连前期一直耿耿于怀的"追问"本身都放弃了,竟然说:"任何对思想的事情的探问,任何对思想的事情的本质的追问,都已经由那个本应进入到问题中的东西承诺下来了。因此,现在所必须的思想的本真姿态是对这种承诺的倾听,而不是追问。"① 以及:"我们的尝试所针对的是凭借语言准备一种运思的经验。然而,就思想首先是一种倾听,一种让自行道说,而不是追问而言,我们在事情取决于借助语言的运思经验时,就必须重新删除问号,但也不能再回到通常的标题形式那里。"② 当事情涉及语言的运思经验,我们就不要问,而要听,所谓"听话听音,锣鼓听声",但又不是一般地听到一个命题,而是要品味,要悟入。那么,以前的追问是否已有了答案,以及是否原来根本就不该问呢?我们看不到海德格尔的回答。③ 但他也没有否定以前的工作,只是把它们设为已经走过了的"路标",就这样不了了之。④

---

① 海德格尔:《语言的本质》,载《在通向语言的途中》,孙周兴译,商务印书馆 2004 年,第 170 页,译文有改动。
② 同上书,第 171 页,译文有改动。
③ 其实,海德格尔"追问"的意思也并不是要问出一个什么答案来,不是问"什么是存在",而是问"谁存在"。所以,这种追问所表达的是一种信仰,一种对神的爱,或如海德格尔所说,"追问乃思之虔诚"。(《演讲与论文集》,孙周兴译,三联书店 2005 年,第 37 页)因此,这种追问本身就是对圣言的"倾听"。
④ 后来,在 1955/1956 年冬季学期的弗莱堡大学讲演中,海德格尔对这篇文章做了自我批判,认为它把问题"引入了歧途",即让人关注存在者为什么要有根据,却放过了什么是根据的本质。(参看海德格尔:《根据律》,张柯译,商务印书馆 2016 年,第 96—99 页)

第三节 转向

一、《论真理的本质》

《论真理的本质》写于次年，即 1930 年，基本上承接了《论根据的本质》的思路。这一点从开篇第一个写于 1954 年以后的边注可以看出来，它基本上就是在用根据律的观点来规定"本质"："本质：1. quidditas［某物］——什么（das Was）——κοινόν［共相］；2. 使之可能——可能性之条件；3. 使之可能的根据。"[①] 就是说，对本质的追问分三步：一是要有所指的对象，包括"是什么"对象，并且要是共相（殊相没法追问本质）；二是要找到使该对象可能的条件，当然这些条件可能是偶然的；三是要确定使之可能的根据，这样的根据是必然的，也就是该对象的本质了。这其实还是亚里士多德传下来的程序：1. 第一实体，要追究它的本质；2. 第一实体之所以成为实体的条件，四因；3. 四因中，真正的根据是形式因，它才是实体的本质。不过，这些都还只是形式上的操作规程，并不涉及真理或真理的本质。首先要搞清楚，我们如何理解真理，然后才能追究真理的本质。

于是，海德格尔清理了过往"流俗的真理概念"，也就是所

[①] 海德格尔：《路标》，孙周兴译，商务印书馆 2000 年，第 205 页注①，译文有改动。

谓"符合真理论"。不管是事物与事物的符合、观念与观念的符合、观念与事物的符合，还是事物与观念的符合，在海德格尔看来都只能是"正确性"这种意义上的真理性。如果以语言来表达这种正确性（真理性），那就是表达为陈述（或表象）与物之间的关系，本源地是一种实行关系，而实行与否取决于实行者作为存在者是不是"可敞开者"。所以，"陈述借用行为的开放状态[边注：澄明中的开放状态]当作自己的正确性；因为只有通过行为的开放状态，一般来说可敞开者才能成为在表-象性的适合方面的标准。开放行为本身必须能够指定这一尺度。这意味着：它必须担当起对一切表象之标准的预先确定"。因此，"首先使正确性可能的那个东西就必然具有更为本源的权利而被看作真理的本质了"。① 这显然是在重复康德的"人为自然立法"的先验原理。但是，沿着康德-费希特的思路，海德格尔还要寻求"正确性之可能性的根据"：

> 这种预先确定已经把自己释放到一个对于由它所支配的、将每个表象都结合着的可敞开的东西而敞开的东西里去了。这种对于某个结合路向的自行释放只有作为对一种敞开的可敞开的东西的**自由存在**（*Freisein*）才是可能的。这种自由存在指出了至今未得到理解的自由本质。作为正确性的内在可能性，行为的开放状态建基于自由中。**真理的本质，作**

---

① 海德格尔：《路标》，孙周兴译，商务印书馆2000年，第213页，译文有改动。

为陈述的正确性来理解，就是自由。①

这就是费希特的"行动哲学"的观点。显然，海德格尔并不赞同这一观点，认为这就把真理委身于随心所欲了，是对真理的彻底葬送。但毕竟把真理归于自由还是一种进步，它动摇了符合论真理观的先入之见；问题在于，不要把自由看作仅仅是人的一种特性并就此止步，而要继续追问"自由的本质"。海德格尔的回答是："在敞开域的可敞开者上的自由，让每个存在者是它所是的存在者。现在自由便把自己揭示为存在者的让存在（Seinlassen）。"②这种"让存在"并非道家式的"任其自然"，相反，"让存在乃是让参与到存在者那里"，也就是让存在者敞开，ἀλήθεια，无蔽。但这种无蔽就是希腊文的"真理"。③自由就是让存在者无蔽，在这种意义上，自由的确就是真理的本质。但它已经不是"陈述的正确性"，也不是任意的选择，不加约束，也不是准备应付一切必然之物。"先于这一切（'消极的'和'积极的'自由），自由乃是参与到存在者本身的解蔽过程中去。"④此在的这种参与，就是所谓"绽出之生存"，而这样理解的自由就不同于以往所有的自由观，不是人的任意的愿望占有了自由，而是自由的此在占有人，"以至于唯有**自由**才给人类提供那种首次建立起

---

① 海德格尔：《路标》，孙周兴译，商务印书馆 2000 年，第 214 页，译文有改动。此处孙周兴漏掉了"作为陈述的正确性来理解"一语。
② 同上书，第 216 页，译文有改动。
③ 参看上书，第 217 页。
④ 同上书，第 218 页。

并标明着一切历史的对一个存在者整体本身的关联。唯有绽出的人才是历史性的人。'自然'不具有任何历史"。① 在这种自由的理解下，真理就不是正确性或有效性的命题，而是存在者的解蔽，并且这是一个历史过程。在这一历史过程中，人的自由"也可能不让存在者是其所是和如其所是。于是存在者便被遮盖和伪装了。假象占了优势。在其中，真理的非本质突显出来了"，所以，真理的本质和非本质、去蔽和遮蔽是"共属一体的"，对真理的非本质的探讨是"充分启动对真理本质的追问的决定性的一步"。②

后面第五至第八节都是在讨论非真理对真理本质的遮蔽的方式（如"体验"和"情感"、"生命"和"灵魂"），让人想到生命哲学、生存主义和意志哲学。它们都使此在的遮蔽成为神秘，但这种遮蔽又是必要的，它们对于存在的真理起了一种"指引"的作用，而之所以遮蔽是由于"遗忘"。因此，所谓的"误入歧途"不过是此在在历史中的"内在机制"，是人类的必然命运，属于真理的原初本质。这样，"从此在执着的绽出生存来理解，自由之所以是（在表象的正确性这个意义上的）真理本质，只因为自由本身发源于真理的最初本质，发源于在迷误中的神秘统治。……于是，针对神秘而下定-决心（Ent-schlossenheit）③ 就处在通往迷误本身的途中了。于是，对真理的本质问题便得到了更为本源的

---

① 海德格尔:《路标》，孙周兴译，商务印书馆 2000 年，第 219 页，译文有改动。
② 同上书，第 220 页，译文有改动。
③ 该词分写变成了一语双关，也可以理解为"去掉遮蔽"。（参看卡尔·洛维特:《海德格尔——贫困时代的思想家》，彭超译，西北大学出版社 2015 年，第 180 页）

追问。……这种追问所思考的是本质上引入歧途的、因而在其多义性中尚未被掌握的、对存在者之**存在**的问题"。而这样一种追问的存在之思,就是自柏拉图和亚里士多德以来被称为"哲学"或"形而上学"的东西。① 换言之,自古以来的哲学或形而上学都处在对存在迷误的追问之中。但并非说这种追问完全是不必要的,相反,它的迷误恰好为进向"本质的真理"而铺平了道路,也就是从"真理的本质"转向"本质的真理"之路。我们不能一味地去埋头追寻真理的本质,而要反过来追问一下这个真理本身是什么样的真理,是表面"正确性"的真理还是本质性的真理。康德第一个发现了这一问题,因而"导致了西方形而上学的最后的转向",② 因为他把哲学的立足点从任何一种"移植过来的意义"中转移到哲学本身的"纯正性"上,使之成为它的自身法则的自我维护者。但他的这种纯正性还是以形而上学的"主体性"作为开端的,尚未彻底摆脱传统对真理的"流俗的本质概念",未能真正抵达"本质的真理"。"但在'本质'这个概念中,哲学思考的是存在"③,因此必须从康德出发继续往深处探寻。这就要"把陈述之正确性的内在可能性追溯到作为其'根据'的'让存在'绽出的自由,同时在遮蔽和迷误中先行指出这个根据的本质开端",也

---

① 海德格尔:《路标》,孙周兴译,商务印书馆 2000 年,第 228 页,译文有改动。所以,接下来的两个"路标"就是对柏拉图的"洞喻"和亚里士多德的"自然"的阐明,见后。
② 同上书,第 230 页,译文有改动。
③ 同上书,第 230—231 页。

就是要到"这个一次性的历史的唯一自我遮蔽着的东西中,到我们称作存在而长期以来只习惯于思考为存在者整体的东西的这个'意义'的去蔽史的唯一东西"中,去发现真理的本质。①

该文最后的"九、注解"的前两段都是1949年增补的,把前面的意思表达得简洁明了,即要从真理之本质追溯到本质的真理。前者是认识论上的真理,这是通常的理解,即谈到真理就意味着认识论上正确的知识;后者则是存在论上的真理,也就是去蔽了的存有(Seyn)本身。"对真理本质的追问在下面的命题中找到了自己的答案:**真理的本质就是本质的真理**。"② 我们在追究真理的本质之前,先要弄清楚这个"真理"是本质的真理还是派生的真理。这不是一个陈述意义上的命题,而是"对存有之历史范围内的一个转向的道说"。③ 这种"转向"实际上就是对主体主义乃至于生存主义的扭转方向。④ 因为康德也好,萨特也好,他们都把真理

---

① 海德格尔:《路标》,孙周兴译,商务印书馆2000年,第231页,译文有改动。
② 同上,译文有改动。
③ 同上书,第232页。
④ 孙周兴说:"**真理的本质即本质的真理**。这个命题的提出,在海氏思想发展中实具有'转向'的意义。"(《说不可说之神秘》,上海三联书店1994年,第235页)但到底是海氏自己思想中实际发生的"转向",还是在旁人看来是"转向",而他自己其实一开始就是全盘策划好了的,这一点还有待辨析。按海德格尔自己的说法:"这个转向并非一种对《存在与时间》的观点的改变,不如说,在此转向中,我所尝试的思想才通达那个维度的地方,而《存在与时间》正是由此维度而来才被经验的,而且是根据存在之被遗忘状态的基本经验而被经验的。"(《路标》,孙周兴译,商务印书馆2000年,第385页)不过,这一说法也不是很可信。如果真是没有改变,"时间与存在"应该不难写出来。

的本质追溯到人的主体的自由，自由被看作人的一种属性；而海德格尔则要求事先追问本质的真理，要追溯的是人的主体的存在，自由被看作这个存在的"绽出"，本质上是存在的真理。在1946年写的《关于人道主义的书信》中，海德格尔把这个道理讲得更清楚了，他特别强调了语言作为"存在之家"在呈现本质的真理中的关键作用，而不是主体自由在呈现真理的本质时的主导作用。他提示这个演讲后面还应该有一专门讨论"本质的真理"的讲演，之所以没有做成，他让读者参看他在十多年后写的《关于人道主义的书信》。这封信中说，《存在与时间》的第三篇"时间与存在"之所以没有完成，"是因为思想在对这一转向的充分道说方面失灵了，而借助于形而上学的语言亦行之不通"。①而这与"本质的真理"没有做成是同一个原因，即"转向"需要换一种非形而上学的语言。

但其实在这个"注解"的原来的文字（即最后一段）中，他已经透露出这样一种倾向，即要走出从《存在与时间》到这篇《论真理的本质》这段时期（1927—1930）的表面上的"形而上学轨道"，而采取一些"决定性的步骤"，这就是"从作为正确性的真理导向绽出的自由，从绽出的自由导向作为遮蔽和迷误的真理"，由此来"实行提问的一个转变，它属于对形而上学的克服"。②海德格尔认为，他的《存在与时间》实际上已经丢弃了一

---

① 海德格尔：《路标》，孙周兴译，商务印书馆2000年，第385页。
② 同上书，第232页，译文有改动。

切人类学和主体主义的方式,但这还不够,所以这篇讲演要做的就是"从另一个根据(此-在)出发来运思",就是说,"追问的这套步骤在自身中是运思之路,这种运思不是提供出各种表象和概念,而是要作为与存在之关联的转变来经验和检验自身"。① 这就为他后来从"追问"到"泰然任之"地对待存在提供了一个转折的契机。② 但要说他在《存在与时间》中就已经意识到了这一点,这还缺乏文本根据。他在这本书中虽然强调了要将"此在分析"与心理学、人类学和生物学划清界限(第十节),但既然要讨论"存在与时间"的问题,甚至直接把存在的本质归结为时间,③ 那又如何能够脱离对此在的主体性理解?既然"此在在生存论上就**是**它在其能在中**尚不是**的东西。只因为此之在通过领会及其筹划性质获得它的建构,只因为此之在**就是**它所成为的或所不成为的东西,所以它才能够领会地对它自己说:'成为你所是的!'"④ 那么,这种体现为"烦"或"畏"的此在结构肯定就预设了时间上的"先行到未来"(或"先行到死"),这就是"源始的时间性",它是有终的、本真的时间性。⑤ 可见,存在与有限时间的这种密切关联虽然可以理解为超越于人类学或心理学之上的,但无

---

① 海德格尔:《路标》,孙周兴译,商务印书馆2000年,第233页,译文有改动。
② 参看孙周兴:《说不可说之神秘》,上海三联书店,1994年,第65页。
③ 参看海德格尔:"在**黑格尔**看来,存在(无限性)也是时间之本质;**我们**则认为,时间是原初的存在之本质。"(《黑格尔的精神现象学》,赵卫国译,南京大学出版社2018年,第180页)
④ 海德格尔:《存在与时间》,陈嘉映、王庆节译,三联书店1987年,第178页。
⑤ 参看上书,第390—392页。

疑仍然是属于主体主义（或伦理学）的。① 也许在他计划要写的第三篇"时间与存在"中是准备走出这种主体主义的，但毕竟没有写出来，后来也没有能够补上。大概在他的心目中，他认为自己并不是要停留在主体哲学上的，但他不能怪别人误解了他，只能怪他自己只说了一半的话。换言之，只要他还（哪怕只在表面上）追问和讨论形而上学，那他就注定会是主体主义的，或者至少是在走向主体主义；而一旦他真要克服主体主义，他就想到要"克服形而上学"了。

二、《柏拉图的真理学说》

虽然《柏拉图的真理学说》发表于40年代，但据《路标》后面的"说明"，其中的思路是直接承接着《论真理的本质》（1930）而来的，因为后者提到对真理的本质的思考要追溯到柏拉图哲学和（亚里士多德的）形而上学，② 也就是"爱智慧"和"物理学之后"。所以，这一篇和接下来的一篇《论 Φύσις 的本质和概念。亚里士多德〈物理学〉第二卷第一章》就是讨论这个问题的，它们构成了"路标"之下的"路标"，就像铁路大站之间的小站。

---

① 海德格尔说："**存在地地道道是** transcendens［**超越**］。此在存在的超越性是一种与众不同的超越性，因为最激进的**个体化**的可能性与必然性就在此在存在的超越性之中，存在这种 transcendens 的一切开展都是**超越的**认识。"（《存在与时间》，陈嘉映、王庆节译，三联书店1987年，第47页）可见，对人类学和心理学的超越本身就是个体化的，因而也是主体主义的。
② 参看海德格尔：《路标》，孙周兴译，商务印书馆2000年，第228页。

文章主要是引用了柏拉图著名的"洞穴比喻"。前面先将这一段希腊文翻译成了德文,看不出有什么特别不同的地方,独特之处只在于对这个寓言的解释。显然,如果联系前一篇《论真理的本质》来看,这篇寓言被当作了从"真理的本质"向"本质的真理"的"转向"的象征。首先,洞穴中被捆绑着的人在被松绑后转过头来,发现原先在洞壁上看到的那些影子并不是什么真实的人物,而不过是被后面的火光投影在壁上的一些木偶人像而已。这一发现就相当于发现了"真理的本质"。就是说,所有我们以为是真实的事物都来源于背后那一堆火的投影,火光才是它们的"根据";而这堆火是"人工的",必定是"人所熟悉的",[①]亦即由人自己的主体性自由所造成的。在这种意义上,真理的本质(或根据)就在于"自由"。但这种自由还只是存在者层次上的,满足于这种真理就是对存在本身的遮蔽。只有当人们走到洞穴外面,见到了白天的太阳,才看到了"本质的真理",这就是"一切理念之理念",通常人们译成"善的理念"。但海德格尔认为应该译作"合适的理念"(άγαθοῦ,好的、合适的、有用的),也就是所谓"符合"的意思。因此,他认为,"符合真理论"从根源上来看就起源于柏拉图。但"本质的真理"也就此蕴含着了,因为"洞穴之外的太阳光并不是由人制作的。在太阳光中,生长物和在场着的事物直接显示出自身,而无需通过某种投影的表现"。[②] 不过,

---

① 参看海德格尔:《路标》,孙周兴译,商务印书馆 2000 年,第 248 页。
② 同上。

要达到这一真理是一个艰难的过程,对于不习惯于直接看太阳的眼睛来说,先要适应于太阳光下的事物,去看它们在太阳下的反光,这就是一般的"理念"(ιδέα),即"外观"、"相"或"看到的东西";等到逐渐习惯了,我们才能直接观看太阳本身,领会到它才是一切根据的根据,它不依赖于我们的"看"而"让"我们"去蔽",它才是更高层次上的"自由"。这实际上隐喻着海德格尔自己在这条超越之路上的艰难跋涉。但海德格尔看到,这条道路不仅仅是一种向上超越的路,同时也是一条返回之路。"在这里重要的是所叙述的过渡,以及从人工火光的区域向太阳光之光亮的攀升过程,同样还有从一切光之源返回到洞穴之黑暗中的回归过程。"① 去蔽不仅是揭示真理的过程,而且是返回洞穴而为以往的遮蔽建立根据的过程,"就连无蔽状态也还要遵守某种等级"。② 以往的挣扎努力并不是白费了,而是构成整个去蔽的初级阶段,而这一点是要到见到外面的阳光后再返回洞穴时才能看出来的。这种返回对于我们的心灵是一种παιδεία,也就是"教养"、"教化",也就是意识到,我们在认识论上奉为符合真理的一切知识,背后其实都有存在论上的根据,都是存在本身的"绽出"。孙周兴将παιδεία译作"造形",可能是根据海德格尔的译名Bildung,③ 但这个德文词除了"造形"是它的词根上的意思外,更常见的意思是"教育"、"教养"、"修养",后者才更符合希腊文的原意。

---

① 海德格尔:《路标》,孙周兴译,商务印书馆2000年,第258页。
② 同上。
③ 同上书,第250页。

存在论上的真理（ἀληθές，无蔽者）才是本质的真理，是认识论上的真理（"正确性"）之所以可能的根据，意识到这一点就是"教养"。

在真理之本质的这种转变中，同时也实现了真理之位置的一种变换。作为无蔽状态，真理还是存在者本身的一个基本特征。而作为"观看"的正确性，真理就变成为人对存在者的行为的称号了。①

由此我们就不会为理智的判断陈述所迷惑，而会有一种透视的眼光，知道它不是终极的真理，它底下还有东西。而这就是一种"精通"（sichauskennen），一种"领悟"（sichverstehen），它比那种认识论上对在场者的熟谙层次更高，被称为 σοφία，即"智慧"。"它的突出标志是要求超出最切近的在场者之外，而在自行显示的持存者那里获得根据。这种 σοφία 本身乃是一种对那些允诺着无蔽者的'理念'的偏爱和喜爱（φιλία[热爱]）"，这就是 φιλοσοφία，即"哲学"（爱智慧）。② 我们在柏拉图的"洞穴比喻"中看到了西方"哲学"的真正起源，看到了"真理的本质"底下的"本质的真理"。而对这种更高层次的智慧的爱也就成了后来所谓的对物理学的"超越"，这就是亚里士多德的"形而上学"，即

---

① 海德格尔：《路标》，孙周兴译，商务印书馆 2000 年，第 266 页。
② 同上书，第 270 页。

"物理学之后"。但柏拉图把哲学的对象规定为"理念"或"相",这本身是一把双刃剑。一方面,从它代表超感性的东西、超世俗的东西而言,它把形而上学引向了"神学",最高的理念就是神。"神学在此意味着:把存在者之'原因'解释为神,并且把存在安置于这种'原因'中,后者于自身中包含着存在,并且把存在从自身中释放出来,因为它乃是存在者中最高的存在者。"① 就是说,借助于"神"的名义,"理念"把人从存在者引向了存在,引向了存在的绽出。但另一方面,这同时就遮蔽了"相"的后面或底下的本质的真理,虽然"在此期间真理的开端性的本质已经得到了回忆。无蔽状态把自己向这种回忆揭示为存在者本身的基本特征。然而,对于真理的开端性本质的回忆必须更为开端地思考这一本质。因而它绝不能仅仅在柏拉图的意义上,也就是仅仅屈从于 ἰδέα[理念,相],来接受无蔽状态"。② "相"揭示的只是存在者的无蔽状态,而不是存在的无蔽状态,因为"相"被纠缠在观看、觉察、思维和陈述中,名为去蔽,实为遮蔽。"去追踪这种关联,也就意味着放弃无蔽状态之本质。任何一种把无蔽状态之本质建立在'理性'、'精神'、'思维'、'逻各斯'和某种'主体性'之上的尝试,向来都不可能拯救无蔽状态的本质","故真理的开端性的本质仍然停留在它的隐秘的开端之中"。③

但柏拉图的"理念论"("相论")已经成为西方人的历史

---

① 海德格尔:《路标》,孙周兴译,商务印书馆2000年,第271页。
② 同上书,第273页,译文有改动。
③ 同上书,第274页,译文有改动。

"教养"。凭借这种教养,"对于人之存在以及人在存在者中的位置的努力关注一直统治着形而上学"。[①]正是因为这一点,海德格尔断言:"形而上学在柏拉图思想中的发端同时亦是'人道主义'的发端……人在各个不同角度,但总是有意识地奔赴到存在者的中心部位,而又没有因此就成为最高的存在者。"[②]这就为后来《关于人道主义的书信》(1946)的思想埋下了伏笔。在海德格尔看来,"人道主义"使形而上学围绕着人而旋转,使"人类学"处于无条件的中心地位,它贯穿于西方整个形而上学史,在尼采那里开始了它的无条件的完成。它的各种要素,如生命、理性、人格、类、道德、价值等的不同组合,在今天汇合成了现代性的全球世界历史的基本现实。[③]然而,"总是和历史的人一起发生的事,每次都是从某种预先做出的、从来都不是依赖于人本身的、关于真理之本质的决断中得出来的。凭借这种决断任何时候都已经界定了在真理的这种固定本质的眼光中,被作为真实的东西来寻求和坚持的是什么,被作为不真实的东西而加以抛弃和忽略的又是什么"。[④]柏拉图的理念论没有把眼光聚焦于预先在"真理的这种固定本质"后面起决断作用的东西,而只是忙于从效果上去区分真实的东西和非真实的东西,在海德格尔看来,这种浮躁直到今天仍然是西方形而上学的绝症。

---

① 海德格尔:《路标》,孙周兴译,商务印书馆2000年,第271页,译文有改动。
② 同上书,第272页。
③ 参看上书,第272—273页。
④ 同上书,第273页,译文有改动。

三、《论 Φύσις 的本质和概念》

接下来要讨论的当然就是亚里士多德的形而上学即"物理学之后"了。但要搞清楚"物理学之后",首先要把亚里士多德的"物理学"或"自然之学"的意思搞清楚,因此就有了这篇写于 1939 年的《论 Φύσις 的本质和概念。亚里士多德〈物理学〉第二卷第一章》,简称《论 Φύσις 的本质和概念》。这时海德格尔的"转向"已经大体完成,可以从新的立场更加胸有成竹地来从头审视亚里士多德形而上学的缘起了。1936—1938 年所写出的《哲学论稿》可以看作这种转向完成的标志,这部作品被视为可与《存在与时间》并肩而立的海德格尔最主要的两部著作之一,甚至其意义还超过后者。① 自此以后,前期海德格尔那种专注于形而上学的存在问题的眼光大大地扩展了,重心已经偏移到更广更深的语言问题和思与诗的问题,也就是我们有限的人生如何重获本源的意义的问题。形而上学本身在这一偏移中遭到了彻底的"克服"或解构。但这种解构并不是凭借外力造成的,而是从形而上学的根源处寻求契机,这一尝试特别体现在对亚里士多德的 Φύσις 概念的深入分析中。

文章一开始,海德格尔就摆出了问题,即 Φύσις 这个希腊词被罗马人翻译为 natura,即"自然",这个拉丁文的原始含义是"诞生"、"发源于"。从此以后,这个词就"指称着历史性的西方人与他所不是以及与他自身所是的那个存在者的本质性关联"。②

---

① 参看海德格尔:《哲学论稿》,孙周兴译,商务印书馆 2012 年,"译后记"。
② 海德格尔:《路标》,孙周兴译,商务印书馆 2000 年,第 275 页,译文有改动。

与他"所不是"的存在者的关联就是这样一类对立关系，如自然与神恩、自然与艺术、自然与历史、自然与精神；与他"自身所是"的存在者的关联则是这样一类同一关系，如精神的自然、历史的自然和人的自然，后面这种"自然"被理解为"本质"（Wesen）。在西方思想史和哲学史中，nature 就这样以"自然物（界）"和"自然本性（本质）"的双重含义出现，直到荷尔德林，才把"自然"看作早于诸神和一切存在者的更为本源的"存在"，而不仅仅是指"存在者整体"。① 这就回到了希腊的 φύσις 本来的意思。而西方传统的形而上学恰恰就只是涉及"关于存在者整体的知识的方式"，以至于"形而上学是那种知识，在其中，历史性的西方人保存了与存在者整体的各种关联的真理和关于存在者整体的真理。在一种十分根本性的意义上，形而上学就是'物理学'——亦即一种关于 φύσις 的知识（ἐπιστήμη φυσική）"。② 而这是对 φύσις 这一古希腊概念的本来意思的遮蔽和扭曲。所以，海德格尔断言："**亚里士多德的《物理学》乃是西方哲学的被遮蔽的、因而从未被充分深思过的基本著作**"，在这种意义上，作为"物理学之后"的形而上学其实无非就是"物理学"。③ 但亚里士多德的 φύσις 的本来意思究竟是什么呢？这就是海德格尔要从亚

---

① 参看海德格尔：《路标》，孙周兴译，商务印书馆 2000 年，第 277 页。
② 同上书，第 278 页。
③ 同上书，第 279 页。通常人们把亚里士多德的《形而上学》，特别是其中的"实体"、"本质"、"形式-质料"、"四因"、"潜能-实现"等，看作他考察物理学的指导观念，但反过来也可以说，这些指导观念都是从亚里士多德的"物理学"中引出来的（物理学"之后"）。

里士多德的《物理学》中寻求的答案。

海德格尔根据他自己对亚里士多德文本的翻译和解读,认为所谓的 φύσις 是存在者整体的"原因",但这种原因(αἴτον)并不是通常讲的"因果性",而是"招致某个存在者是其所是的东西"。① 并且它"明确地是 ἀρχή 一词。希腊人从这个词中多半听出了双重的意思:ἀρχή 一方面是指某物从中取得其起始和开端的东西;另一方面则是指那种东西,它作为这种起始和开端同时**超出**由之而来的他者而攫取了这个他者,这样扣留并借此统治(beherrscht)了这个他者"。② 这里显然揭示了 ἀρχή 这个希腊词的双重含义,即一方面意味着"本原"(或"始基"),另一方面又意味着"执政官"。前者是开端的起点,后者是能动的力量(权力),是一切存在者的统治者和支配者。海德格尔认为两者的统一("起始的支配和支配着的起始")才是本质性的,他说:

> Φύσις 就是 ἀρχή,亦即对于运动状态和某个被推动者的静止状态的起始和支配(Verfügung),这个被推动者在它本身中(in ihm selbst)就拥有这种 ἀρχή。我们在这里不说"在自己本身中"(in sich selbst),以便暗示,如此形成的存在者并非明确"**自为**"意识到地拥有 ἀρχή,因为一般说它不是把自身作为一个自身来"自己拥有"。③

---

① 海德格尔:《路标》,孙周兴译,商务印书馆2000年,第284页,译文有改动。
② 同上书,第285页,译文有改动。
③ 同上书,第286页,译文有改动。

他举的例子是植物和动物。为什么举这些有生命之物？因为这些事物虽然也是"被推动存在"（Bewegtsein），但"对于运动状态而言的起始，ἀρχή，亦即对运动状态的支配，在它们本身中起着主管（waltet）作用"。① 这是不同于机械运动或数字变化的，而且也不同于"制造"，如人工制造的产品（床、桌子等），这些制作物的 ἀρχή 不在自身中，而在别的事物即 ἀρχήτέκτων（通常译作"建筑师"，即 Architekt）中。但 τέχνη 并不是后来所理解的操作上的"技术"，而只是一种知识上的"精通"；τέλος 也不是后来所谓"目的"，而只是过程的终点或完成。海德格尔在这里通过改变译法努力想要证明的是，在亚里士多德（和其他希腊人）那里并没有今天我们对自然的目的论概念，也不存在有机论和机械论的区分，这两种状态只不过是 ἀρχή 的两种不同的存在方式而已，即要么存在于另一个存在者中（人工制作的），要么存在于"它们本身所是的存在者"中（自然生长的）。② 这种划分也有很多不同的方面和层次，由此也就有了不同的称呼，日常把这些称呼叫作 κατεγορία，它们是"对某物之所是的指称"。但亚里士多德把它们从一种日常的称呼和陈述及判断提升到一种"**卓越的称呼**"（eine ausgezeichnete Ansprechung），即一套专门术语，这就是后来所谓的"范畴"（Kategorie）。这些范畴以那些日常陈述、判断等为基础，并且反过来成为它们的引导线索。③ 所以，康德要从亚

---

① 海德格尔：《路标》，孙周兴译，商务印书馆 2000 年，第 286 页，译文有改动。
② 参看上书，第 291 页。
③ 参看上书，第 292 页。

里士多德的"判断表"中引出"范畴表",而"关于范畴作为存在者的存在的知识就是所谓的形而上学,在某种根本的意义上就是关于 λόγος 即'**逻辑**'的知识;因此当形而上学在**黑格尔**那里达到**对自己本身的**完全的(它所可能的)**意识**时,它就获得了'逻辑学'这一名称"。① 但海德格尔认为这些术语化了的词汇都已经远离了它们的希腊文原意,作为一种"技术",它们遮蔽了"技术的本质"。② 而他自己则宁可在"前术语"的意义上使用这些词汇,以便深入它们那尚未被逻辑化和机械化的本质。

值得注意的是,海德格尔谈到现代科学技术的目标是:"**人在技术上制造自己**;如若这一点成功了,那么,人就把他自己炸毁了……在这种炸毁中绝对无意义的东西就被看作唯一的'意义',而对这种看法的坚持就显得是人对'地球'的'统治'。"谈到这点,他想到的例子竟然是中国:"'主体性'并没有这样就被克服了,而只是在某种中国式的'**稳定性**'的'永恒进步'中得到了'安宁';这种稳定性是对于 φύσις-οὐσία[自然-实体]的极度的破坏(Unwesen)。"③ 在他写下这些句子的1939年,他所看到的对自然造成"极度破坏"的这种"中国式的'稳定性'的'永恒进步'"是指什么呢?

---

① 海德格尔:《路标》,孙周兴译,商务印书馆 2000 年,第 292—293 页,译文有改动。
② 海德格尔:《演讲与论文集》,孙周兴译,三联书店 2005 年。在第一篇《技术的追问》(1953)中,他指出:"τέχνη 不仅是表示手工行为和技能的名称,而且也是表示精湛技艺和各种美的艺术的名称。"(见该书,第 11 页)
③ 海德格尔:《路标》,孙周兴译,商务印书馆 2000 年,第 298 页,译文有改动。

在由张祥龙翻译的波格勒（Otto Pöggler）的《再论海德格尔与老子》一文中似乎给这个问题提供了某种参考答案。文中说道：1946年，海德格尔与中国学者萧师毅合作翻译老子《道德经》时，曾要求萧将老子的两句话写成条幅送给他，这就是《道德经》第十五章中的："孰能浊以止，静之徐清？孰能安以久，动之徐生？"翻译为德文的意思（据他给萧的信）为："谁能宁静下来，并且通过和出自这宁静，将某物带入（或开辟出、移送给）道路，以使它显露出来？／谁能使某物安宁，以致使它进入存在？／天道。"[①] 显然，这里讲的意思和上面讲的"稳定性（浊以止、静之徐清）"、"永恒进步（动之徐生）"和"安宁（安以久）"几乎可以一一对应，而"谁能"则相当于"主体性"，但这时的评价已经和七年前的战争时期完全不同了。在"二战"正酣的1939年，他还认为老子的这种不思进取的"稳定性"恰好是对"自然实体"（以德国为代表）的"极度破坏"，是为现代工业技术（以英美苏为代表）张目的；到了战败后的1946年，他反而将老子的这种顺应自然的思想当作了自己的座右铭。但这种态度上的180度转折并不是终局，一年之后的1947年，合作翻译失败。而失败的原因是他越来越认识到"亚洲的语言和思想是那么遥远和陌生"，并认为与希腊人的对话及对西方传统自身的理解才应该是"与东亚世界的不可避免的对话的前提"。[②] 他的这一态度此后一直延续终身。可

[①] O. 波格勒：《再论海德格尔与老子》，张祥龙译，《世界哲学》2004年第2期。
[②] 同上。

见，海德格尔对待老子的态度也是几经起伏的。张祥龙提到，海德格尔在1930年的演讲《论真理的本质》中就引用过《道德经》第二十八章的"知其白，守其黑"，但在1943年该文正式发表时却被删除了。① 为什么要删除？张祥龙的解释是：一方面海德格尔认为自己不懂汉语，没有把握；另一方面是这种思想过于离经叛道，怕人们不能接受。② 这两个理由都很难成立。海德格尔对自己不懂的东西任意发挥的例子多了去了，哪怕自己也知道不一定合乎原意，但只要合自己的意，他通常是照引不误，"六经注我"。而且《论真理的本质》已经够离经叛道了，再加一句老子的引文又有什么大不了的，何况海德格尔要的就是这种"离经叛道"的感觉，人家越是觉得神秘莫测，他越是高兴。更有可能的也许是，正如上面讲的一样，在"二战"整个德意志民族野心膨胀的时候，海德格尔不再认为老子的思想有什么深刻的含义了。总之，道家思想在海德格尔那里从来都只是一个借用的工具，而并没有真正扎下根来。一些中国学者总想从这一场露水姻缘中发现某种玄机，来证明海德格尔从中国思想中找到了自己的出路，未免有些一厢情愿。

言归正传。按照通常的理解，亚里士多德的自然观中既有机械论的因素（如"致动因"或译"动力因"），更有整体上的目的论倾向（"目的因"或译"极因"）。前者作为工具或手段而

---

① 张祥龙：《海德格尔与中国哲学：事实、评估和可能》，《哲学研究》2009年第8期。
② 同上。

被吸收为后者自身的必要环节，而目的论又分为外在目的论（技术）和内在目的论（有机生命）两个层次。但这些在海德格尔这里全都被解构了。他不但反对将 τέχνη 译作"技术"（只是"精通"），反对将 τέλος 译作"目的"（只是"终点"），①而且还将这两种 ἀρχή 绝对对立起来：前者作为运动的 ἀρχή 并不植根于自身，而是有赖于它物；后者的 ἀρχή 则在其自身中运动，"而且这是就它们是它们自身并寓于它们自身而存在而言的"，"这种存在之本质拒绝任何一种 τέχνη，因为后者放弃了对**真理**本身的认知和建基"。②这就把亚里士多德本来统一了的机械论和目的论又割裂开来了。他还主张 φύσις 不译作"自然"而译作"涌现"（Aufgang）；οὐσία 不译作"实体"或"本质"，而译作"存在状态"（Seiendheit）；③如此等等。这样大规模的改译，不但使他的行文变得无法卒读，而且实际上也坚持不了，他自己就经常违反自己制定的译法（如还是常把 τέχνη 译为"技术"）；哪怕就用了自己创立的译法，那暗中的理解大都仍然是传统的。④在大多数场合下，如果我们仍然用传统的译法来读海德格尔改译过的句子，其效果并没有什么根本的改变。例如我们把 φύσις 译作"自然"，

---

① 参看海德格尔：《路标》，孙周兴译，商务印书馆 2000 年，第 291 页。
② 同上书，第 299 页。
③ 参看上书，第 301 页。
④ 实际上，如果每个词都要追溯到它的词源并据此来说哲学，我们就根本不可能说任何哲学了，因为任何哲学术语都是起源于日常用语，没有一个词一开始就有纯哲学的含义。在使用哲学术语时注意到其词源含义是应该的，但用词源含义取代它所发展出来的哲学含义则无疑是矫枉过正了。

在汉语中可以理解为"自己'然'起来",恰好也有"自己涌现出来"的意思,与拉丁文的natus(生、诞生、自然)也没有那么严重的区别,甚至与海德格尔的Ereignis(成己)也有某种吻合。①当然,说海德格尔改译希腊词语纯粹是为了标新立异,或者是为了表示唯有自己返回到了本源,以衬托出其他人都是对本源的遮蔽,也有些简单化了。他这样做更多地是为了给自己开辟出任意解释的广阔空间。但我不相信他比两千年前对希腊文明崇拜得五体投地的罗马哲学家更为精通希腊语和希腊思想,那些人都是可以用双语(拉丁语是本土语言,希腊语是第二官方语言,至于那些住在罗马的希腊哲学家则更不用说了)写作和辩论的。我也不相信他比中世纪那些经院哲学家更了解希腊哲学,那些人皓首穷经,一辈子不结婚,拿几个希腊哲学家当饭吃。正是这些赫赫权威所建立起来的定译或定论,使得海德格尔感到自己的思想处处受逼,非要推倒重来,从一种非哲学非术语的希腊语源头开始自己的言说不可。但历史的惯性仍然在他身上起作用,所以他多次

---

① Ereignis 的译法历来争议颇多,孙周兴译作"大道"或"本有",似皆未能达意。2003 年我与洪汉鼎交换看法,他主张译作"自成",我则提出"成己",两个都是《中庸》中现成的词,且都与英译的 enown(成为自己)相合。2006 年在香港中文大学讨论现象学术语的翻译问题,涉及该词时,陈嘉映建议,不如干脆就译作"自-然"。大家都提不出什么反对意见。只是因为它太普通了,显不出海德格尔特殊的用意,于是不了了之。但由此也可看出它与 φύσις 的意思其实是相通的。亚里士多德一直强调 φύσις 是包含运动(κίνησις)于自身的本源(ἀρχή),不就是"成己"吗?海德格尔的与存在者相区别并且使得存在者存在起来的"存在本身",不也正是这个意思吗?(参看拙文:《论作为"成己"的 Ereignis》,《世界哲学》2008 年第 3 期)

承认，即使他采取反叛的态度，传统形而上学却仍然是他不得不采用的语言。他其实无法拔着自己的头发离开地球。

尽管如此，他在这片自己开拓出来的狭小空间中毕竟为自己对形而上学存在论的理解拉来了"历史的"证据。在他看来，φύσις 并非"存在者整体"，而是这个存在者整体的"存在"，是"预先显示自身的东西"，这一点是不用证明的。正如亚里士多德说的，要想证明这点，就相当于用不自明的东西来证明自明的东西，是"可笑的"。① 海德格尔举例说，所谓"预先显示自身的东西"包括："φύσει ὄντα 中的 φύσις[自然存在者中的自然]，一切历史过程中的历史，一切艺术作品中的艺术，一切生命之物的'生命'，这种已经处于目光中的东西是最难被看到、最少被把握的，几乎总是被伪装成某种仅仅事后追加的东西，因而恰好被忽视了。"② 对这些一开始就显示在经验中的东西，其实人们都已经看到了，却不加以"追问"，认为那只是一种"抽象"或"反思"。他用这些例子要说明的是，人们只注意到存在者，没有注意和追问存在者之存在，而亚里士多德最早在对 φύσις 的理解上就已经意识到了这一点。然而，就海德格尔所列举的这段原文来说，③ 看不出海德格尔解释的那种意思，我倒觉得亚里士多德所说的意思应该恰恰

---

① 参看海德格尔:《路标》，孙周兴译，商务印书馆 2000 年，第 304 页。
② 参看上书，第 305 页，译文有改动。
③ 《路标》中译本中不但有海德格尔对亚里士多德的文本的德文新译，而且由中译者注明了这些德译文在亚里士多德《物理学》的中译本（张竹明译，商务印书馆 1982 年）里的对应段落，可对照着读。

相反：自然物的存在明摆在那里，不需要证明，更不需要（像海德格尔那样）越过自然物去"追问"，存在者直接就显示了存在本身。海德格尔的这种强作解人不但歪曲了亚里士多德的原意，而且暴露了自己的真正可笑之处。就像当年黑格尔所说的，有人试图撇开各种不同的哲学而去寻求"哲学本身"，但"如果只就形式方面去看普遍，把它与特殊**并列**起来，那么普遍自身也就会降为某种特殊的东西"，这是行不通的。比如，"在日常生活里，怎么会有人只是要水果，而不要樱桃、梨和葡萄，因为它们只是樱桃、梨、葡萄，而**不是**水果"。① 同样，海德格尔的所谓存在者和存在之间的"存在论差异"也是玩的这套把戏，用他的话来说："不顾存在者而思存在（Sein ohne das Seiende zu denken）的企图是必要的。因为否则，在我看来，就不再能够合乎本己地把今天的那些围绕着地球而存在的东西的存在带进我们的视野，更不用说充分规定人与那种一直被叫作'存在'的东西的关系了。"② 他的一般原则是："**任何存**

---

① 黑格尔：《小逻辑》，贺麟译，商务印书馆1981年，第55页。但后来马克思和恩格斯在《神圣家族》中以其人之道反治其人之身，揭示了黑格尔的"思辨的秘密"恰好就是将抽象的"水果"概念看作是"存在于我之外的一种本质，而且是梨、苹果等等的真正本质"，它并不是这些"可以用感官感触得到的现实的定在［Dasein］，而是我从它们中抽象出来并强加于它们的本质"，而它们不过是这个本质的"存在形式"或"样态"，是由这个本质能动地创造出来的东西。（参看《马克思恩格斯文集》第一卷，人民出版社2009年，第278—279页）对黑格尔的这一批判，同样可以用在海德格尔身上。
② 海德格尔：《面向思的事情》，陈小文、孙周兴译，商务印书馆1996年，第2页。

在论,如果它未首先充分地澄清存在的意义并把澄清存在的意义理解为自己的基本任务,那么,无论它具有多么丰富多么紧凑的范畴体系,归根到底它仍然是盲目的,并背离了它最本己的意图。"① 显然,海德格尔正是把一般"存在"与每个"存在者"并列起来,当作一个特殊的主题来讨论。这就是他不懂辩证法的结果,而且他甚至一有机会就要对辩证法冷嘲热讽。②

与之相反,亚里士多德则是就在存在者中澄清存在的意义,他紧紧抓住存在者,不是这个存在者就是那个存在者(实体,实体中的质料或形式,四因等),而绝不撇开存在者来谈存在,认为这是可笑的事。但他这种做法反而被海德格尔看作"对存在的遗忘"。当然,希腊文中作为系动词的 ὄν(ὄντα,不定式为 εἶαι)也可以当作一个名词来看待,如亚里士多德的"作为存在的存在"(τὸ ὄν ἢ ὄν),在这个时候,也可以译为"作为存在者的存在者",但通常都表示它现在是动词的名词化,并不表明它和"存在"就是不同的东西了。"τὸ ὄν 可以意味着**存在者**,即这个确定的存在者本身;但它也可以意味着:**存在着的**、具有存在的东西;相应地:ὑποκείμενον[基底]是现有的东西,但也是以现有来彰显自己的东西,因而是现有本身(在希腊语言——作为真正的哲学语言——中,异常丰富而多样的分词构成并不是偶然的,但其中的

---

① 海德格尔:《存在与时间》,陈嘉映、王庆节译,三联书店1987年,第15页。
② 参看海德格尔:《路标》,孙周兴译,商务印书馆2000年,第346页"轻浮的、辩证法的概念游戏"。

含义也还未得到认识)。"① 其实,任何动词天然地就有这种双重可能性,这并非在希腊语中如此,而是一切语言的本性。如汉语中的动词通常直接就可以做名词用,德语中则只要将动词的第一个字母大写,就成了名词。知道了词的这种用法,就会知道这双重含义其实就是同一个含义。存在者是存在的具体含义,存在是存在者的抽象含义,要追问存在也只能到存在者中去追问,而不能撇开存在者去单独追问。这就是亚里士多德最朴素的想法(朴素的辩证法),但不是海德格尔自命为古希腊哲学家的知心人所臆想出来的想法。海德格尔却把亚里士多德的意思颠倒成了他自己的意思。亚里士多德说,不能"用不明白的来证明已明白的"(据张竹明译本),海德格尔译作:"对由自身中显示出来的东西的证明,(以及甚至)通过这样一种不肯现的东西所达到的证据,这对于一个不能将那种由自身而相信一切知识的东西与并非由自身而相信一切知识的东西(相互)做对比的人来说是适合的。"② 他的解释是,自明的东西无须证明,一旦证明就会混淆自明的东西和非自明的东西,但可以推动人们去注意区分这两者,也就是把存在者和存在本身区分开来,坚守"存在论差异"。所以,"在预先自行显示者与并不这样显示者之间所做的这种区分,就是正宗希腊意义上的 κρίνειν [区分],就是把在等级上**更高**的东西与更低级的东西做对比。通过这种总是在做决断的'批判性的'区分能

---

① 海德格尔:《路标》,孙周兴译,商务印书馆2000年,第302页,译文有改动。
② 同上书,第303页,译文有改动。这简直不能叫作翻译,只能是海德格尔自己的感想,而且把本来明白的意思搅得晦暗不明、冗长拖沓。

力,人就被挪出那种受逼迫受烦扰的混沌状态而进入与存在的关联中"。① 这些观点我们在《存在与时间》中已经耳熟能详了,② 但在亚里士多德的《物理学》中却无疑还是天方夜谭。在亚里士多德那里,海德格尔无疑正是所说的那个"盲人":"一个生而盲目的人会去向人解释各种颜色。这种人在说出这些名词的时候,想必是没有任何相应的思想的。"③ 海德格尔手中只有一个 Sein 的赤裸裸的"名词",然后拼命地去"追问"这个名词,最终也没有问出个结果来,只是为问而问,问问而已。

但海德格尔当然不会承认自己是存在的"盲人",他自认为和亚里士多德一样,选择了一条通达目标的"唯一的小径",那就是"看"(Sehen)。但是何种的"看"？亚里士多德的"看"是看到了"明摆着有许多这类的事物实际存在着",④ 而这在海德格尔眼里只能算是"与存在者的流俗关系",⑤ 其实倒是对存在的一种遮蔽。那么,如何才能直接"看"存在本身呢？海德格尔认为,亚里士多德的办法是把 φύσις[自然]的存在理解为 οὐσία[存在

---

① 海德格尔:《路标》,孙周兴译,商务印书馆2000年,第306页,译文有改动。
② 例如:"'设定前提'说的是什么？说的是把某种东西领会为另一存在者的存在之根据。这就是在存在者的存在之联系中领会存在者",并认为"真理的存在是无法'证明'的"。(参看海德格尔:《存在与时间》,陈嘉映、王庆节译,三联书店1987年,第274—275页）
③ 参看海德格尔:《路标》,孙周兴译,商务印书馆2000年,第304页译注所引《物理学》张竹明译文。
④ 同上。
⑤ 同上书,第306页。

状态或在场，一般译作"实体"]。

> φύσις 是 οὐσία——即某个存在者之存在，而且是那样一个存在者的存在，在这个存在者那里预先已经得以视见，它具有 κινούμενα[运动]的特征，也即在运动中的存在者的特征。……希腊人是在恒久的在场化意义上来理解 οὐσία 的。这种存在之解释既没有得到论证，它的真理性的根据也根本没有得到究问。因为，在思想的第一个开端那里，比这一点更为本质性的乃是：一般地把握存在者之存在。①

这就是亚里士多德认为无须论证和追问的预先显示自身的东西。海德格尔认为它的实质是"恒久的在场化"，而与那种"'无限地'产生着和消逝着"的事物相区别。这里有两种不同的"无限性"：永恒的无限性是存在者由自身而来的在场，而产生和消逝着的无限性只不过是"无定形"（ἄπειρον）而已，其在场随时可能受到外来的中断，因而只能是假象。"只有着眼于无蔽状态与假象的相互对立，οὐσία 的**希腊**的本质才能充分地为我们所知。**一般而言**，理解亚里士多德对 φύσις 的解释就取决于这种知识，但特殊地说，现在接下来顺带实行对 φύσις 的最终本质规定及其一套步骤的延伸这种可能性，也取决于这种知识。"②那么，这种作为与

---

① 海德格尔：《路标》，孙周兴译，商务印书馆 2000 年，第 308 页。
② 同上书，第 313 页，译文有改动。

假象对立的无蔽状态的 οὐσία[实体] 就可以用来解释，是什么东西使 φύσις 成了对运动状态的开始者和支配者，即成了 ἀρχή（始基或本原）。这就导致了亚里士多德对实体的两种解释，即要么解释为质料（ὕλη），要么解释为形式（μορφή）。① 我曾对亚里士多德在这两种看似矛盾的解释之间的"动摇"做了分析，② 即并非什么"动摇"，而是亚里士多德的实体（οὐσία）作为一切事物存在的基底（ὑποκείμενον），它就是质料，但作为使这些质料成为实体的根据或本质的原因，.它就是形式。前者使我们对实体"知其然"，后者使我们对实体"知其所以然"；前者关系到实体"是什么"，后者关系到实体"怎么是"。但海德格尔没有看出这种关系，他以为亚里士多德是"以最鲜明的方式拒绝了"后来以安提丰为代表的质料派观点，以及近代的康德所代表的"质料与形式"不可分的观点，通过这种划清界限而把对 φύσις 的理解提升到了一个"全新的层面上"。③ 这个新的层面就是将 μορφή 理解为柏拉图的 εἶδος，这个词在柏拉图那里就是"相"（理念），而在亚里士多德这里则意味着"形态"（Gestalt），"而形态恰恰就是'形式'（Form），'质料'则是通过压印和揉捏，也就是通过'赋形'，（Formen）而被带进这种形式中的"。④ 但是这里有一个问题。在柏拉图那里，εἶδος 或者 ἰδέα 的意思就只是"相"（或"理念"），

---

① 参看海德格尔：《路标》，孙周兴译，商务印书馆 2000 年，第 317 页。
② 参看本书第一章的开场白。
③ 参看海德格尔：《路标》，孙周兴译，商务印书馆 2000 年，第 317—318 页。
④ 同上书，第 318 页，译文有改动。

也可以理解为"共相"或"种"(κοινόν),它们远在彼岸世界,虽然感性事物都以它们为模本而"分有"它们,但它们本身并不对感性世界主动起什么作用,所以海德格尔根据它们的词根"看"而译作"外观"(Aussehen)。"但外观乃是存在者所呈现的并且只能呈现出来的外貌、观点、视野、ίδέα",即"被视见的东西",而不是通过这种观看才形成的东西。① 那么,这种"相"、"外观"到了亚里士多德这里,虽然可以理解为"形式"或"形态",怎么一下子就变成了能动的"赋形"或"成形"呢?② 我们用名词的动词化可以部分地解释其中的原因,但亚里士多德为什么要把本来并非动态的名词动态化,而柏拉图却不这样做?

海德格尔的解释是,亚里士多德和柏拉图不同,他是立足于个别存在者而不是共相来看待存在者的,所以这些个别事物的外观即μορφή(形式、形象、外貌)虽然也是εἶδος,却被理解为动态的"自行置入到外观之中"(Gestellung in das Aussehen)。③ 但是,为什么一旦立足于个别存在者而不是共相,一个静态的名词就会变成动词呢?海德格尔也看到,在通常的"形式"中缺乏两样东西:"一是'入于外观的设置'作为在场化的方式,即是οὐσία[实体];μορφή并非某种在质料上现成的、**存在者的**属性,而是一种**存在**方式;二是,'入于外观的设置'作为运动状

---

① 海德格尔:《路标》,孙周兴译,商务印书馆2000年,第319页。
② 以至于我们在亚里士多德这里看到εἶδος这个词,绝不能译作"相"或"理念",只能译作"形式"或"赋形"。
③ 参看海德格尔:《路标》,孙周兴译,商务印书馆2000年,第320页。

态，更是在形式概念中所缺少的契机，即 κίνησις [运动]"。① 那么，如何解释亚里士多德的 μορφή 毕竟获得了这两方面的含义，既成了"存在方式"，同时又具备了动态的契机？海德格尔援引了一条"主导线索"，这就是他在《存在与时间》中就已经别出心裁地提出的有关 λόγος 的新观点，即从词源上看，"逻各斯"并不单纯是"说话"或"话语"，而是"聚集起来展示给人看"的意思。所以，我们固然可以通过考察我们的说话方式来证明，只有当存在着 μορφή 的地方才有合乎 φύσις 的东西，"可见，μορφή 构成了 φύσις 的本质，或者至少是参与构成了 φύσις 的本质"，但这种存在的证明却"仅仅由我们的讲话方式来支撑"，② 这是不够的。另一方面，μορφή 的能动性同样也被人们归结为"语言能力"的能动性，因为说话本身就是一种运动，何况这种运动并不单只是人所具备的能力，还是人的本质的标志：人是能说话的动物。③ 但海德格尔认为，所有这些诉诸语言的解释都局限于人的主观之中，都不能揭示自然本身的存在和能动性。只有按照海德格尔的意思，把 λόγος 按照其词根来源重新解释为"采集"或"聚集"，而"聚集"是为了"使先前遮蔽者敞开出来，让它在其在场化中自行显示出来"，从而把"陈述"（Aussage）的本质解释为"让人们看见"，④ 才有可能真正揭开这个谜。他举赫拉克利特的一

---

① 海德格尔：《路标》，孙周兴译，商务印书馆 2000 年，第 320 页，译文有改动。
② 同上书，第 322 页，译文有改动。
③ 参看上书，第 323 页。
④ 参看上书，第 324 页。

个残篇为例,该残篇通常译作:"掌握德尔斐神谕的主人,没有道说什么,没有表达什么,也没有遮蔽什么,而是给出一个标志(Zeichen)"。他认为应该将"道说"改译为"解蔽",将"标志"改译为"暗示"(anzeigen)。① 在他看来,这段话已经将语言的作用从神谕中完全排除掉了,所"暗示"的只是自然的存在以及本质,正是基于这一本质,人才能说话。所以,"当亚里士多德援引λέγεσθαι[说话]时,他并非从外部求助于某种'语言运用',而是从对存在者的本源的根据关系出发来思考的"。② 这样一来,φύσις[自然]一词就获得了双重含义,即一方面它意味着"存在"的形式,另一方面它的这种形式不是单纯的"外观",而是在自身内具有运动根源的事物的形式。这就与柏拉图的"相"划清了界限:"因此,亚里士多德再三提醒说,不可像柏拉图那样,把外观和入于外观的设置看作某种自己远远站立着的东西,而要看作每个个别存在者、在这里就是人所站立于其中的东西。"③

所以,海德格尔认为,这就是亚里士多德在把ὕλη-μορφή[质料-形式]看作φύσις[自然]或οὐσία[实体]的结构方式时,一定要把"形式"置于对"质料"的优先地位上的原因。"因为我们是在某物以ἐντελέχεια[隐德莱希]④的方式存在时,才把它称

---

① 参看海德格尔:《路标》,孙周兴译,商务印书馆2000年,第324页。在《古希腊罗马哲学》(北京大学哲学系外国哲学史教研室编译,商务印书馆1980年)中,中译者就是译为"暗示"(第28页)。
② 同上书,第325页,译文有改动。
③ 同上书,第327页,译文有改动。
④ 这是音译,该词又可译为"圆成"。

为真正存在着的。所以，μορφή 必定以某种方式于自身中担负着 ἐντελέχεια 的特征。"① 这个由亚里士多德所创造的希腊字的词根为 τελέω，意为完成、终结、成熟，所以"隐德莱希"表示把结果考虑在内的整个运动过程，其实就是一种合目的的活动。但前面讲了，海德格尔坚决反对将 τέλος 译作"目的"，所以他对亚里士多德为什么要在讨论 φύσις［自然］的 μορφή［形式］时引入 ἐντελέχεια 百思不得其解。他只知道亚里士多德在这里肯定是在强调这种自然形式是一种 κινούμενα［运动状态］，但是什么样一种运动状态？"亚里士多德对运动状态的解释乃是在一般西方形而上学历史中必须得到思考的最困难的事情了。因此，要想以了了几句话把这种解释带到本质之洞察面前，那就未免狂妄了。"② 海德格尔想尽一切办法，要绕开"目的"概念来把这种运动状态解释清楚，却越解释越不得要领。他先是说，希腊人理解运动状态时"决定性的东西"就是"希腊人是根据静止来理解运动状态的"，但又说"静止并不意味着运动的终止和中断；相反，运动状态自行聚集为**保持不动**，而且这种停止并不排除运动状态，而是包括运动状态……首先是开启出运动状态"，而且"所谓'终点'并非运动之终止的结果，相反地，作为运动的接收着的张开，它是运动状态之开端"，等等。③ 这一整套翻来覆去的类似于疯话的

---

① 海德格尔：《路标》，孙周兴译，商务印书馆 2000 年，第 328 页，译文有改动。
② 参看上书，第 329—330 页。
③ 同上书，第 330 页。

颠三倒四，其实只要引入一个"目的"概念，一切就都明明白白了。这里所讲的正是亚里士多德的"四因"中的"目的因"，吴寿彭译作"极因"。但即使译作极因，也是当作目的因来理解的："末一类原因是一切事物所企向的终极与本善；为有此故，世间万物都有了目的而各各努力以自致于至善〈极因〉。"① 因此，即使把τέλος译作"终点"，这个终点也不同于任何一个机械过程完结时（如自由落体到达地面）的终点，而是预先谋划好了的终点。只有在这种意义上，目的活动的过程才是一个从终点到终点的过程，也是一个从起点到起点的过程，因为起点正是终点（目的），意图和实现了的意图是同一个东西。这样海德格尔才能说，这一运动过程从整体上说是"静止"的，因为结果就在原因中，并未超出原因；也才能如他上面所说，"静止并不意味着运动的终止和中断；相反，运动状态自行聚集为保持不动，而且这种停止并不排除运动状态，而是包括运动状态……首先是开启出运动状态"；以及"所谓'终点'并非运动之终止的结果，相反地，作为运动的接收着的张开，它是运动状态之开端"。也正是在这种意义上，我们才能说"希腊人是根据静止来理解运动状态的"。② 但如果不点明这一运动是一个目的活动，如果仅仅从一般运动来理解这些话，那就成了胡言乱语。

---

① 亚里士多德：《形而上学》，吴寿彭译，商务印书馆1981年，第85页。
② 海德格尔：《路标》，孙周兴译，商务印书馆2000年，第330页。亚里士多德把这一点笨拙地表达为："动变终了于完全实现的同时，不先不后。"（参看《形而上学》，吴寿彭译，商务印书馆1981年，第226页）

众所周知，目的论是亚里士多德物理学以及形而上学最突出的特点，后世一切目的论无不从他那里引出来。但偏偏海德格尔要斩断这一关联，认为所有从目的论来理解亚里士多德哲学的都是误解。他之所以对目的论以至于"目的"这个词如此深恶痛绝，显然是由于他对现代科学技术的实用目的极度反感，要将这种技术目的论与他所崇尚的"希腊式的思考"切割开来。① 但这也正说明他对亚里士多德的目的论浅尝辄止。他认为"有机体"这个概念"是一个纯粹现代的、机械-技术的概念，按照这个概念，生长物便被解释为一个自行制作出来的制作物"，② 这就完全抹杀了亚里士多德以目的论超越机械论、以有机体的内在目的论超越技术主义的外在目的论的努力。他只看到亚里士多德经常举工匠和建筑的例子，却忽视了亚里士多德同样常用的有机体（种子、橡树、人等）的例子和自然界的终极目的（至善）的例子。这两类例子在康德的《判断力批判》中被区分为"外在目的论"（实用的、技术的目的论）和"内在目的论"（有机的和精神性的目的论），并且前者是被纳入后者而成为后者的手段，归根结底是由后者才获得自身的目的含义的。③ 但我们极少见到海德格尔引证

---

① 详细的分析可参看拙文：《海德格尔"存在末世论"的解释学意义》，《哲学研究》2007 年第 12 期；收入《西方哲学探赜——邓晓芒自选集》，上海文艺出版社 2014 年，第 302—303 页。
② 海德格尔：《路标》，孙周兴译，商务印书馆 2000 年，第 295 页。
③ 参看拙著：《冥河的摆渡者——康德的〈判断力批判〉》，武汉大学出版社 2007 年，"附录二"，第 187 页。

康德的《判断力批判》,[①] 以至于他是否认真读过这本书都是个问题。至少，凡是他提到"目的"，都是指技术上的目的，与亚里士多德的"极因"部分重叠。他当然知道亚里士多德在人工的"制作"和自然的"生长"之间所做出的区分，但他把这种区分归结为两种不同的"制造"（Herstellen）方式的区别，即前一种是"制作"（Machen，相当于 ποίησις，即"创作"），后一种是"生长"（Wachsen，相当于 φύσις），[②] 显然是一种合目的性的过程，但他就是只字不提"目的"（Zweck）。当然，他也看到，"在作为设置的 γένεσις [产生] 中，制造完全是外观本身的在场化，不带外加的提供和帮助，而后者正是一切'制作'的特性。设置意义上的自行制造者并不需要某种制作……这就表明，μορφή [形式] 不仅比 ὕλη [质料] 更多地是 φύσις，而且甚至唯一地和完全地是 φύσις"。[③] 而这种形式作为一种 εἶδος [外观]，与柏拉图的 εἶδος [相、理念] 的不同之处在于，它展示为一条 ὁδός [道路]，整个过程处于"通往……的途中"，但又不是借助于某种 τέχνη [技术]，而是"通向自然的自然道路"，并且"唯有这种具有 μορφή 之方式的运动状态，才能满足作为 κίνησις [运动状态] 的 φύσις 的上述本质"。[④] 但这正是"极因"即目的因的特点。目的性和机

---

① 在海德格尔的《康德书》中，也只有很不重要的三处附带引用，一处引了"第一版序言"，两处引第58节。
② 参看海德格尔:《路标》，孙周兴译，商务印书馆2000年，第337页。
③ 同上书，第339页。
④ 同上书，第341—342页。

械性的区别就在于,它的起点和终点是同一个东西,或者说,它是以终点为起点的活动,以"极"(终极)为"因"(原因)的活动,所以叫作"极-因"。这种动态的形式不同于柏拉图的静止不动的"相"或"外观",而是"设置入外观"的行动,是使得"相"成为"相"、成为看得见的"在场"的 ἐντελέχεια [隐德莱希] 过程。而柏拉图则更多地是从数学关系来理解 εἶδος [相、理念] 的,所以亚里士多德批评这一派人只重视形式因和质料因而忽视致动因和目的因,"把数学充当哲学",① 并且说,"他们只说事物具有善的属性,并未确认善正是那事物成实的极因"。② 由于亚里士多德把形式因、致动因和目的因合并为"形式",这就形成了"形式-质料"(或"实现-潜能")两者划分的格局。它们的统一则在于 εἶδος [相]。其实,εἶδος [相] 本身在柏拉图那里就已经潜伏着"目-的"的含义了,因为它原本的意思就是"眼睛的-对象"(中文"的"意为"对象",如说"有的放矢"),但由于没有把"致动因"考虑进来,所以只是"看到的相",而不是追求目的(或"相")的活动。这最后一步是亚里士多德才完成的。③

---

① 亚里士多德:《形而上学》,吴寿彭译,商务印书馆1981年,参看第18页及第29页。
② 同上书,第19页。
③ 应该说,柏拉图的后期通过对早期理念论的修正,也已经开始走上了亚里士多德的目的论方向,他"把'善'从一种永远不变不动的理念转变为一种具有努斯的能动创造性的力(得穆革 δημιουργουν,即造物主),从一种单纯伦理上的目的转变为一种生命有机体的目的,它赋予世界以存在,但不再是僵死的存在,而是'生命、灵魂、理智'"。(参看拙文:《论柏拉图精神哲学的构成》,

海德格尔则根本不考虑亚里士多德是如何从柏拉图那里发展出目的论来的，他只关心在亚里士多德那里 φύσις 是如何获得形而上学的规定的："φύσις 乃是那种从自身而来、向着自身行进的它自身的不在场的在场化。"① 但目的活动正是那种"从自身而来"，即从自己预定的内在目的而来，向着实现自己这一目的行进，因而让这一目的由"不在场"（尚未实现）到"在场化"（逐步实现出来）的过程。只是由于海德格尔自己把这一目的论背景屏蔽掉了，所以他才能坦然说，亚里士多德的《形而上学》（即"物理学之后"）"虽然属于 φυσικά [物理学]，但其实与之无关"，② 言下之意，只与他自己那种天马行空的"基础存在论"相关。因此，海德格尔想在亚里士多德那里寻求自己的基础存在论的形而上学根据，唯一的办法就只有进行词源学上的考据了。但这种撇开现有文本的直接含义而寻求背后词源学上的"微言大义"并以此来建立起自己的理论框架的做法有多么荒谬，我们已经见识过了。词源考据其实倒是中国哲学的强项，但没有哪

（接上页）《中州学刊》2001 年第 3 期；收入《西方哲学探赜——邓晓芒自选集》，上海文艺出版社 2014 年，第 75—76 页）但"得穆革"在柏拉图那里不是神，而就是自然本身，自然是自己创造自己的。由此引出了中世纪经院哲学关于 natura naturans（创造自然的自然）和 natura naturata（被自然所创造的自然）的区分。

① 海德格尔:《路标》，孙周兴译，商务印书馆 2000 年，第 349 页，译文有改动。
② 同上。他在文章开始的时候说:"形而上学就是物理学——亦即一种关于 φύσις 的学问"，"形而上学同样也是'物理学'，正如物理学是'形而上学'一样"，可与这里相对照。

个中国哲学家把自己的哲学思想完全建立于这种考据之上。试想如果今天有个研究《论语》的专家这样来解读孔子,说孔子"对《韶乐》的评价是:羊真大啊!真好吃啊!对《武乐》的评价则是:羊大是可以了,只是不好吃"①,并且振振有词地说:从词源上看,"美"的意思就是"羊大","善"的意思就是"羊入口",你们都是从后来人的眼光读孔子,都读错了,我则是从古人自己的眼光来读孔子,读出了众人所"遗忘"的原来的意思。我们将如何看待他这种读法呢?维特根斯坦说,一个词的意义不在于它的指称,而在于它的用法。海德格尔则以为,词的用法必须而且可以单纯由它的原始指称来确定,于是拼命去追问词的源头,自以为把握了这个源头,就能够"充分希腊式地进行思考"。他的这番冒险如果真的能够成功,对一切形而上学的"克服"当然就不成问题了,但我们所剩下的还有什么呢?除了嚎叫,就是沉默。

因此,他这篇文章的结论就是:通过对亚里士多德的阐释可以看出,赫拉克利特所谓"存在喜欢隐藏自己"的意思不仅仅是说"存在难以理解",而且是说,"自行遮蔽乃是存在的偏好";虽然"存在之本质乃是自行解蔽、涌现、显露入无蔽域中",但这正是因为"唯解蔽才能是遮蔽",所以就"无需去克服"这种遮蔽;相反,"远为重大的任务"倒是把这种遮蔽"留给在其全部本

---

① 原文见《论语·八佾》:"子谓《韶》:'尽美矣,又尽善也。'谓《武》:'尽美矣,未尽善也。'"

质统一性中的 φύσις"。我们在亚里士多德这里所看到的正是：

> 存在乃是自行遮蔽着的解蔽——这就是原初意义上的 φύσις。自行解蔽乃是入于无蔽状态的显露，即首先把无蔽状态本身庇护入本质之中：无蔽状态就是 ἀ-λήθεια，我们译之为真理（Wahrheit）。这种真理原初地（而且也即在本质上）并不是人类认识和陈述的一个特性，更不是任何纯粹的价值，或者人类应力求——人们并不真正知道这是为何之故——实现的"理念"（Idee）。相反，作为自行解蔽，真理属于存在本身：φύσις 乃是 ἀλήθεια，即解蔽，因而 κρύπτεσθαι φιλεῖ[喜欢遮蔽]。①

这真是老子所说的："玄之又玄，众妙之门"啊！只不过老子的"门"是通往虚无的，所谓"妙"，就是无中生有、有生于无的意思，海德格尔却想由此通往存在和无蔽的"真理"。然而，自行遮蔽着的解蔽也好，自行解蔽着的遮蔽也好，都没有我们人类什么事，人类顶多只是存在的真理自行解蔽的工具（或守护者、看门人）。"无蔽状态"（真理）不是人能够追求到的，我们的"重大任务"则是提醒人们不要去碰这种遮蔽，要把它留给自然本身。这对于我们今天的环保意识倒是有某种促进作用，告诫我们敬畏大

---

① 海德格尔：《路标》，孙周兴译，商务印书馆 2000 年，第 351 页。这里所谓"存在喜欢隐藏自己"，通常译作"自然喜欢躲藏起来"，见北京大学哲学系外国哲学史教研室编译：《古希腊罗马哲学》，商务印书馆 1982 年，第 30 页。

自然，不去干扰自然进程，也不自作聪明地帮助自然完成它的进程。但这种态度需要一番道理来支持，如果废掉了人类中心主义，又拒绝老子的道理，那就基本上没有什么道理了。过去是通过神秘主义甚至巫术和迷信来维持这种态度，而今天，人们又有什么可以和科学主义所带来的人类的傲慢相抗衡呢？除非明知上帝已经"死了"，却还在指望："只还有一个上帝能救渡我们。"而这句话对于不想自欺、还具有起码的健全理智的人来说，相当于承认：没有什么能救渡我们。耶和华说："你不能看见我的面，因为人见我的面不能存活。"① 尽管如此，摩西仍然信上帝，那是因为他本来就信。海德格尔早就不信上帝了，却还在期盼上帝，凭什么？

这是海德格尔的绝境。这一绝境在这篇追溯西方形而上学的根即亚里士多德的 φύσις 概念的文章中已开始展露出来了。就是说，他想从传统形而上学（物理学之后）中寻求存在论从一开始的 φύσις 里就泄露出来的秘密，即它最初并不一定是形而上学的，而有可能是非形而上学的，但最后竟然发现这种非形而上学的存在论不能不是"非存在论"的，即虚无主义的。② 至少，他所认定的"基础存在论"这时成了一个遥遥无期的无限渺茫的悬设，甚至连悬设都不是，而只是他自己迈出的脚步和留下的足印。虽然他随处建立起"路标"，但下一个路标该建在哪里，他完全没有底，他唯一知道的就是自己还"在途中"。两难在于：要么是传

---

① 《旧约·出埃及记》33: 20。
② 老子的"自然之道"最根本的意思就是"无为"，这不单是海德格尔，也是整个西方哲学所不能接受的。

统形而上学，要么是虚无主义。何去何从？他最后的选择是，逃离虚无主义，逃向语言这一"存在之家"，以坚守"作为存在的存在"这一传统形而上学的立场。这样，他虽然"解构"了形而上学，却仍然未能摆脱或"克服"形而上学，反而被后人称作"最后一个形而上学家"（德里达）。

第四节　定形而无定形

一、《形而上学是什么？》"后记"

这篇"后记"是在《形而上学是什么？》（1929）发表之后14年（1943）才补写并附加在前文的第三版后面的。前面已经说到，之所以要补写一个"后记"，是为了紧贴着前文后面纠偏，因此可以说是对前文的一个自我批评，也可以看作海德格尔思想"转向"后的一个自我补救，为自己的形而上学观做一个重新定位。更为奇葩的是，又过了6年，到1949年，海德格尔又补写了一个《形而上学是什么？》的"导言"，并连同该文的第五版一起刊出，这在世界哲学史上恐怕是独一无二的，也反映了海德格尔对他早年的这一"失误"是多么耿耿于怀。这里还用不着提到，他于1953年发表了自己作于1935年的讲演《形而上学导论》；同年又发表了自己于1936—1946年所做的笔记《形而上学的克服》的一部分（全文收入1954年的《演讲与论文集》）。如果把所有这些有关形而上学的文章全部汇集起来对照一番，大致可以看出海德格尔在形而上学问题上所走过的道路。但这里必须先把这篇文章所讲的内容摸清楚，才好进行下一步的比较工作。

文章开宗明义就说："'形而上学是什么？'——这个问题依然是一个问题。下面这个'后记'对坚持于这个问题的人来说，乃是一个更为原初的'前言'。"① 这里讲"依然是一个问题"，就是说，前面那篇探讨"形而上学是什么？"的文章或讲演并没有解决它声称要解决的问题。就此而言，这个"后记"是要在这方面对前文加以补充，但又不只是补充，它其实是一个"更为原初的'前言'"。就是说，之所以前面没能解决这个问题，主要是因为对这个问题挖得还不够深，没有触及问题前的问题，也就是在提问之前还有更原初的问题应该预先加以考虑，所以这个"后记"同时也就相当于"前言"。那么，这个更原初的问题是什么？海德格尔接着就说："'形而上学是什么？'这个问题的追问越出了形而上学之外。它起于一种思想，这种思想已然深入到对形而上学之克服（Überwindung der Metaphysik）中去了。"② 当我们问"形而上学是什么"的时候，我们是站在形而上学之外来发问的，所谓"不识庐山真面目，只缘身在此山中"。而这种置身事外的立场就是"思想"。虽然形而上学也是一种思想，但"思想"本身的范围比形而上学更广，也更深。所以，我们可以通过这种思想而深入到对形而上学的"克服"（该词也有克制、战胜的意思）。并不是要抛弃形而上学，而只是要使它不至于肆无忌惮、为所欲为，明白自己的

---

① 海德格尔：《路标》，孙周兴译，商务印书馆 2000 年，第 353 页。
② 同上。

边界，并想法超出自己的边界。正如他在《形而上学之克服》中所说的："形而上学属于人的本性"；"形而上学之克服只有根据形而上学本身仿佛以一种通过它自身对它自身的超出的方式才能得到设想"，甚至可以类比于康德的"包含了形而上学的形而上学"。①言下之意，形而上学的克服相当于康德的"纯粹理性批判"，或不如说，它就是形而上学批判。康德的纯粹理性批判是给纯粹理性定位，厘清它能做什么，不能做什么；海德格尔的形而上学批判则是给形而上学定位，指出它解蔽了什么，又遮蔽了什么。

但吊诡的是下一句："这样的过渡本质上还不得不在一定界限内，以它们设法要克服的那个东西的语言来说话。"②形而上学是人的本性，因此人要克服形而上学，还得使用形而上学的语言，这是没有办法的事。但使用了形而上学的语言，能说不是形而上学吗？能说超出了形而上学吗？这也就是海德格尔后期致力于探讨诗的语言的缘故吧。对于形而上学来说，它"在一定界限内"还得使用形而上学的语言，但在这个界限之外呢？在《形而上学是什么？》的讲座中他说超越界限就是"无"，那是因为他还局限于形而上学语言所划定的框架内，虽然强调"超越"，但并未"超"出去，因此还处于"过渡"阶段。而现在，当他换了另外一个立场来看，也

---

① 海德格尔：《演讲与论文集》，孙周兴译，三联书店2005年，第71、78页。前面提到过，"包含了形而上学的形而上学"是康德1781年给马库斯·赫茨的信中用来称呼自己的《纯粹理性批判》的用语。（参看《康德书信百封》，李秋零译，上海人民出版社1992年，第76页）
② 海德格尔：《路标》，孙周兴译，商务印书馆2000年，第353页。

就是从更广阔的"思想"的立场来看,他发现"惚兮恍兮,其中有象",①也就是可以通过诗的语言来表达更深层次的思想。形而上学的语言本身所表达的都是存在者的制造方式,归根结底是强力意志的方式,它将强力意志对象化,从中获得存在者的真理以冒充存在的真理。所以,现在的问题就是要追问形而上学的基础,不再限于形而上学的思考,而是从这个基础来思考。但在此之前,必须对这个讲座所引起的疑虑加以澄清。他当然不会承认这些疑虑是由于他自己的失误,而是认为一方面问题隐藏得很深,难以把握,另一方面是读者不愿意思考。由此产生了一些"迷乱意见",主要有三种:一是认为"这个讲座把'无'搞成一个形而上学的唯一对象了",从而得出"生亦无所谓,死亦无所谓"的虚无主义结论;②二是过分张扬了"畏"的消极情绪;三是反逻辑、反理性,用一种"纯然情感的哲学"败坏了思想的精确性。

海德格尔的辩解是,他所说的"无"和"畏"并非"对一切存在者的空洞的否定",而正是指区别于一切存在者的存在本身。之所以说它是"无",是因为"无论在哪里和多么深远地搜索存在者,怎么都是找不到存在的",而"这个与一切存在者绝对不同的东西,乃是不-存在者(das Nicht-Seiende)。但是这个无(Nichts)是作为存在而成其本质的"。③所以,我们必须"在无中去经验为每一存在者提供存在保证的那种东西的宽广性。那种

---

① 《道德经》,第二十一章。
② 海德格尔:《路标》,孙周兴译,商务印书馆2000年,第355—356页。
③ 同上书,第356页。

东西就是存在本身。在根本性的畏中,无把存在的深渊般的、但尚未展开的本质送给我们"。① 再者,所谓的"畏"并非一种消极的胆怯,而恰好是唤起人的存在的勇气,"勇气在惊恐的深渊中认识到几乎未曾被涉猎过的存在之空间"。② 最后,逻辑只是对存在者而言才是"精确"的,仅仅是为了计算以及通过计算而掌控一切,但对存在者以外的"本质性的思想"则是无能为力的,这种本质性的思想是源始性的思想,它是"存在之恩宠的回响"。③ 在这里,海德格尔引入了一些宗教术语,如"牺牲"(Opfer)、"谢恩"(Dank)、"恩典"(Huld)、"恩宠"(Gunst),由此引起的"回响"(Wiederhall)是"人对无声的存在之调音的话语的回答。思想的回答乃是人的话语的本源,此话语才让作为话语之发声过程的语言进入词语中而出现"。④ 这里的"调音"(Stimme)意为"嗓音",来自动词 stimmen,即"给……调音或校音",它决定了语言如何发声,所以是语言的本源,或者说最根本的语言。由此派生出来的词 Stimmung 意为"情绪",例如"畏"就是这样一种根本性的 Stimmung。⑤ 这些解释和辩解看起来似乎言之成理、无

---

① 海德格尔:《路标》,孙周兴译,商务印书馆 2000 年,第 357 页。
② 同上书,第 359 页。
③ 同上书,第 361 页。
④ 同上书,第 362 页。
⑤ 该德文词我更倾向于译作"情调"(因它本身也具有"调音"的含义),也就是一种不同于动物性情绪的高级情绪,或"情感的格"。(参看邓晓芒、易中天:《黄与蓝的交响》,武汉大学出版社 2007 年,"作为美感的情调"一节,第 364—371 页)

懈可击,但是,当初他可不是这么说的。他在讲座中的原话是,例如说:"畏使我们无言。……故面对无,任何'存在'之道说('ist'-Sagen)都沉默了",而无"恰恰把我们引向存在者"。① 看来,一味责怪读者"不思"也不一定公平,海德格尔自己一开始也未能思到后来这个层次,而是预示着相反的方向。他现在的做法不过是给自己纠偏。

现在且撇开归责的事不说,我更关心的是,他这个弯是如何转过来的。尽管没有挑明,海德格尔在用语上已经透露出来,他是依靠基督教的信仰学说,特别是《旧约·传道书》中看破红尘转向上帝的教导,而从虚无主义过渡到了对上帝的信仰的。这大概与他本科出身于神学系有关。《传道书》从开始到最后,贯穿始终的一个声音就是:"虚空的虚空,凡事都是虚空。"人在世上所拥有的一切,包括喜乐福祉、田舍财产、多子多寿、智慧和劳碌、善事恶事,无一不是虚空。"日光之下,并无新事。"(1:9)这与《形而上学是什么?》中"无乃是对存在者之全体的完全否定"②的口气如出一辙。但《传道书》当然不是教人以虚无主义,不是对尘世的一切全盘否定就完了,而是让人悟到神:"我见神叫世人劳苦,使他们在其中受经练。……然而神从始至终的作为,人不能参透。我知道世人,……在他一切劳碌中享福,这也是神的恩赐。我知道神一切所作的都必永存,无所增添,无

---

① 海德格尔:《路标》,孙周兴译,商务印书馆2000年,第130、134页。
② 同上书,第126页。

所减少。"（3：10-14）而就人自己来说，他和动物也差不多，"所遭遇的都是一样；这个怎样死，那个也怎样死，气息都是一样。……都是出于尘土，也都归于尘土"（3：19-20），甚至连人悟到这一点的智慧也拜神所赐。所以，人要少说话，多听："你到神的殿要谨慎脚步。因为近前听，胜过愚昧人献祭，……你在神面前不可冒失开口，也不可心急发言。因为神在天上，你在地下，所以你的言语要寡少。"（5：1-2）海德格尔说的是"畏使我们无言。……故面对无，任何'存在'之道说（'ist'-Sagen）都沉默了"；《传道书》同样说到在死亡或"虚无"面前的畏，但却是在"神"面前的慎言。慎言不是因为再没有什么可说的了，而是要寻找适当的语言，首先要听圣言的"调音"，然后才能做出"回响"。我相信海德格尔就是从这里找到摆脱虚无主义的小径，而走进了柳暗花明的新地，所以他才在新的表述中如此溢满了感恩之情。

因此，对尘世的"无化"现在可以看作一种"牺牲"，在其中，"存在之恩宠通过与它本身的敞开关联而把贫困的高贵允诺给人，而在此贫困中，牺牲的自由遮蔽着它的本质之宝藏"，使得人"进入源始的谢恩之中"，也就是"通向对存在之恩宠的维护的进程中对存在者的告别"。[①] 这样，"这种牺牲在成己的本质中（im Wesen des Ereignisses）就是在自己家里，存在作为这种成己的本质，为了存在的真理而需要人"，所以这种牺牲是排除一切算计和

---

① 海德格尔：《路标》，孙周兴译，商务印书馆2000年，第362页。

利害考虑的。"对目的（Zweck）的渴求搅浑了牺牲的勇气的那种准备好畏的战栗的澄澈，而这种牺牲的勇气所奢望的是与那不可摧毁者的近邻关系。"① 所以，"存在之思"在这里就是一条通往神恩之路，它在存在者中找不到任何支撑，而只有"顺从于存在之调音的思想，为存在寻求话语，寻求存在之真理由之而被言说出来的那种话语。……存在之思守护着话语，并且在这种细心照拂中实现着它的规定性"，由此而"产生了思想家的道说。诗人的命名也具有相同的渊源"。② 这就是海德格尔晚期两大话语的根源，即神学性的存在话语和诗性话语。前者是思想或"运思"的源泉，后者则是"作诗"，是引向前者的道路。这就是晚期海德格尔思想的新格局：

> ……作诗与运思在对话语的小心谨慎方面来看是最纯粹地相同的，所以两者在它们的本质中同时也最遥远地分离开来。思想者道说存在。诗人命名神圣者。然而，从存在的本质来思考，作诗（Dichtung）、谢恩（Danken）和运思（Denken）是如何相互指引同时又分离开的，在这里还必须搁置不谈。或许谢恩和作诗以不同的方式起源于最初的运思，这种运思是它们所需要的，但却不能自为地就是运思。③

---

① 海德格尔：《路标》，孙周兴译，商务印书馆2000年，第362—363页，译文有改动。
② 同上书，第363页，译文有改动。
③ 同上书，第364页，译文有改动。

海德格尔把诗与思的对话用荷尔德林的诗句形容为"切近地栖居在相隔最远的两座山上"。为什么既是相隔最远的,却又是"切近"的?这大概可以用基督教的"上帝在你心中"来体会。诗是诗人内心最切近的感悟,而思则要追溯到一切存在者的极限处,面临"无之深渊"。"作为与存在者不同的东西,无乃是存在之面纱。"① 而这就是索福克勒斯那首诗的真义:

> 放弃吧,今后绝不再有
> 抱怨唤起;
> 因为到处都在坚持着的是那成己者
> 保有着完满的决断。

它表达的正是:"在存在中,存在者的每一种命运都已经完成了自己。"② 从此以后,在海德格尔心目中,真正的运思只能由作诗来承载了,形而上学探讨"作为存在的存在"的使命现在就从哲学家手中转交给诗人来承担了。

而诗人在这种使命中所道说的,最终是神的消息。

二、《关于人道主义的书信》

这封写于1946年的给巴黎让·波弗勒的信虽然初次发表于

---

① 海德格尔:《路标》,孙周兴译,商务印书馆2000年,第364页,译文有改动。
② 同上书,第365、364页,译文有改动。

第五章 海德格尔解构西方形而上学之路

1947年,但据作者在题注中说,"这条道路在1936年就开始了,那是在一种要质朴地道说存在之真理的尝试的'瞬间'"。① 也就是说,他在关于亚里士多德的《物理学》的评论(1939)之前就已经在想这些问题了。这些问题如前所述,在为《形而上学是什么?》所写的"后记"中已经被整理成了一套新的格局,这就是集中于探讨神学性的存在话语和诗性话语以及二者的既远又近的关系,虽然已涉及运思的思想家和作诗的诗人,但还没有将这里的"人"主题化。而在这封书信里,海德格尔重点讨论的正是"人"与存在及思想、语言和神之间的关系,从而是对这一套新格局的深入和精致化。这封信作为海德格尔的思想"路标"所造成的影响比其他几处"路标"都要大,原因就在于此,它与现当代欧洲思想最热门的人道主义或人本主义问题有了正面的碰撞。

信的开头,海德格尔就从对人的"行动"(Handeln)的现象学分析切入,指出一般人们都是从行动的效用来考察其作用的现实性,而忽视了行动的本质是完成(Vollbringen),但"真正说来,只有已经存在的东西才是可完成的。而首先'存在'(ist)的东西却是存在(Sein)。思想完成的是存在与人的本质的关联"。② 彻底的思想就是要思考人的本质和存在的关联。如何思考呢?诉诸语言。"在思想中存在进到了语言。语言是存在之家。人居住在语言这个栖身处(Behausung)。思想者和作诗者都是这个栖身

---

① 海德格尔:《路标》,孙周兴译,商务印书馆2000年,第366页注①。
② 同上书,第366页,译文有改动。

处的看守者。只要这些看守者通过他们的道说把存在之敞开状态带向语言并且保持在语言中,他们的看守就是对存在的敞开状态的完成。"① 显然,这里讲的"行动"并不限于外在的行为,而是指思想行动,作为动词的"思想"(Denken),又译"运思"。它不是着眼于存在者,而是"让自己为存在所用,以便道说存在之真理。思想完成着这一让"。于是,"思想乃是通过存在而向存在的介入"。② 这句话从语法上看似乎有点不通,即存在既是介入的主语,又是介入的宾语(既是手段又是目的)。但海德格尔断言:"在这里,'主语'和'宾语'是形而上学的不合适的称呼,这种形而上学在西方的'逻辑'和'语法'形态中早就霸占了对语言的解释。"因此,"把语言从语法中解放出来,放它到一个更加本源的本质构造中去,这是留给思想和作诗来做的事"。③ 看来海德格尔把这种超语法的语言当作自己的一个发现。但熟悉黑格尔辩证法的人都看得出来,这种比形式逻辑更高的语言无非就是辩证法,而且是典型的"形而上学的语言解释"。

黑格尔在《精神现象学》中说,"形式推理"或"表象性的

---

① 海德格尔:《路标》,孙周兴译,商务印书馆2000年,第366页,译文有改动。
② 同上书,第367页,译文有改动。这句用的是法文:"l'engagement par l'Être pour l'Être." engagement 来自 engager,原意很丰富,有"抵押"、"诺言"、"约束"、"义务"、"应聘"、"投入"等含义,是萨特在《什么是文学?》(1945)中引入的概念,通常译作"介入"。海德格尔在写这封信时,很可能读过萨特前一年刚发表即造成轰动的这本名著。但萨特的"介入"是指文学对社会政治的介入,海德格尔这里却提出思想要向"存在"介入。
③ 海德格尔:《路标》,孙周兴译,商务印书馆2000年,第367页,译文有改动。

思维"把"主体（主词）"看作固定不变的"基础","宾词"则作为偶然的内容与之相联系，这种僵化的模式在"思辨的思维"中"遭到了反击"。"当它从主体出发，仿佛主体始终可以作为基础时，由于宾词毋宁说才是实体，它就发现主体已经转化为宾词，因而已经被扬弃了。"① 于是：

> 一般判断或命题的本性在自身中包含着主词和宾词的区别，这种本性受到思辨命题的破坏，而思辨命题所形成的同一性命题，包含着上述主词与宾词关系的反击。——一般命题的形式与破坏着这种形式的概念统一性之间的这种冲突，颇类似于节拍与重音之间在节奏中发生的冲突。②

显然，海德格尔所谓的"思想和作诗"，在这里正好相当于黑格尔的"思辨的思维"或辩证思维。不同的是，黑格尔明确意识到这种辩证法本身就是"逻辑学"的本质方面，并指出："认识到思维自身的本性即是辩证法，认识到思维作为理智必陷于矛盾、必自己否定其自身这一根本见解，构成逻辑学上一个主要的课题"，③ 因而"就逻辑作为研究思维的科学来看（思想既是唯一足以体验真理和最高存在的活动），逻辑也会占有很高的地位"。④

---

① 黑格尔：《精神现象学》（句读本），邓晓芒译，人民出版社2017年，第38—39页。
② 同上书，第39页。
③ 黑格尔：《小逻辑》，贺麟译，商务印书馆1981年，第51页。
④ 同上书，第67页。

相反，海德格尔的"更加本源的本质构造"却与逻辑和语法这种"形而上学的语言解释"毫无关系，他最终依靠的是黑格尔的辩证法才超越了形式逻辑却不自知，反而自以为通过无视逻辑和语法就"克服"了黑格尔的"形而上学"和一切形而上学。

为了说明"思想是通过存在之真理和为了存在之真理的介入"，海德格尔的"存在之历史"观点其实也来自黑格尔的"历史和逻辑相一致"原理，如他接下来说："存在之历史从未过去，它永在当前。存在之历史承担并规定着任何一种人类的条件和境况。"[①] 黑格尔也说："每一哲学曾经是，而且仍是必然的，因此没有任何哲学曾消灭了，而所有各派哲学作为全体的诸环节都肯定地保存在哲学里。……所以没有任何哲学是完全被推翻了的。那被推翻了的并不是这个哲学的原则，而只不过是这个原则的绝对性、究竟至上性。"[②] 不同的是，海德格尔的存在历史中没有逻辑，只有"天命"，存在在其解蔽和敞开的历史过程中必然遭到遮蔽，但遮蔽也是必要的，不遮蔽就不能解蔽。他眼里的"逻辑"就相当于工具主义的"技术"和实用主义的效用，在其中，"作为思想之要素的存在"被牺牲掉了，"人们按照一种与思想格格不入的尺度来评判思想"。[③] 而存在之思则绝不能看作一门"科学"，甚至不能依赖于书面文字。"区别于诸科学，思想的严格性不只在于概

---

① 海德格尔：《路标》，孙周兴译，商务印书馆2000年，第367页。
② 黑格尔：《哲学史讲演录》第一卷，贺麟、王太庆等译，商务印书馆1978年，第46页。
③ 海德格尔：《路标》，孙周兴译，商务印书馆2000年，第368页。

念之人为的、亦即技术的-理论上的精确性。思想的严格性在于：此种道说要纯粹地保持在存在之要素中，并且让它的多样维度的质朴性得以起支配作用"。① 我们可以从这些话中隐约看出，他所针对和批评的对象正是黑格尔的"逻辑科学"。但从他与黑格尔的这种"争辩"（Auseinandersetzung）中反而透露出来，自从30年代以后，海德格尔心目中的主要理论对手其实就是黑格尔。② 但这不是因为他和黑格尔截然不同，而是因为太过相同了，所以他必须把自己和黑格尔区分开来。对此后面还将做进一步分析。

接下来讨论"人道主义"这个概念。海德格尔认为，没有必要保留"人道主义"这个词，当今世界的灾难就是由这一类词（包括"逻辑学"、"伦理学"、"物理学"甚至"哲学"等）所造成的，古代希腊人是没有这些词语的，它们使思想偏离了自己的"要素"（Element）③。只有这种要素，才"关心思想并因而把思想

---

① 海德格尔：《路标》，孙周兴译，商务印书馆2000年，第369页。
② 在海德格尔写于1938—1941年的笔记《黑格尔》（《海德格尔全集》第68卷）中，一开始就是"从否定性出发与黑格尔进行的争辩"，并给予了黑格尔超出所有其他对手之上的评价："黑格尔哲学之所以独一无二，首先在于，不再有超过它的、更高的精神之自我意识的立足点。因此，与之相比，将来绝不可能再有某个立足点，还可能比黑格尔的体系的位次更高，之所以如此，是因为黑格尔哲学就其本身而言，肯定事先就已经在立足点上涵盖了所有先前的哲学。"（海德格尔：《黑格尔》，赵卫国译，南京大学出版社2018年，第3—4页）因此，与黑格尔的争辩只能"在他的体系的所有领域中遵循黑格尔思想的每一步"，然后在深思熟虑的基础上"回溯到一个更加原始的立足点"，才能成功（同上书，第5页）。
③ 该词来自拉丁文elementum，意为"元素"、"基质"、"起源"、"发生"等。

带入其本质之中",而"就思想在被存在成己（ereignet）时归属于存在而言，思想就是存在的思想。同时，就思想在归属于存在时倾听着存在而言，思想又是对存在的思想"。① 这里的"存在的思想"和"对存在的思想"在原文中都是 Denken des Seins，该词组兼有两种意思："存在"在此既做主词第二格，又做宾词第二格，在德文中没法区分，只能附加解释"就……而言"。海德格尔在"成己"（ereignet）后面加了个边注："只是以形而上学语言作的一个暗示。因为自 1936 年以来'成己'（Ereignis）就成了我的思想的主导词。"② 1936 年正是海德格尔开始写作《哲学论稿（从成己而来）》的时间点，他在书中开始尝试完全抛开传统"形而上学的语言"而改用自己创造的语言。除了成己（Ereignis）这个最根本的主导词外，他还发明了一整套"非形而上学"的词语，如用 Seyn（存有）代替 Sein（存在），用 Da-sein（此-在）代替 Dasein（此在），用 Wesung（本质化）来表示 Wesen（本质）的动态过程（这些都是现代德语中没有的词语），以及用日常语词赋予深义的"道说"（Sage）、"回响"（Anklang）、"传送"（Zuspiel）、"跳跃"（Sprung）、"建基"（Grüdung）等，来构成他自己独特的"哲学论稿"。但在目前这封信中，他还不能贸然抛开那套形而上学的语言，所以只好尽可能发挥这些词的"暗示"（Wink）功能，来表达这些词本身无法表达的意思。此外，上面所提到的 Element（要素）一词，海德格尔译作德文的 Vermögen，

---

① 海德格尔：《路标》，孙周兴译，商务印书馆 2000 年，第 370 页，译文有改动。
② 同上，注②，译文有改动。

通常译作"能力"。但它其实还有别的意思，即并非从实际效果来衡量的能力，而只是一种"喜欢"（Mögen），以及由"喜欢"而来的"可能的东西"（Mögliche）。在这种意义上，"由于这种喜欢，存在才有能力思想。存在使思想成为可能"。① 所以，这种"能力"与传统形而上学的现实和潜能、实存等无关，"而是指存在本身，存在本身有能力喜欢着担当思想，因而有能力担当人之本质，也就是担当人与存在的关联"。② 存在与人的这种关系，与"人道主义"、"个人主义"或任何"主义"都是两码事，它是完全不具可操作性的。人道主义则是建立在"私人生存"之上的一种"公众状态"，其中语言起了一种中介作用，使人成为平均化的"常人"（das Man）。

《存在与时间》中对"常人"的"沉沦"状态做了很细致的描绘，但"常人"这一命名包含"对词语与存在的原初归属关系的指示"，当我们摆脱公众状态中的主体性统治而来思考这种词语与存在的关系时，"对语言之本质的沉思也就必定获得了另一种地位。这种沉思就可能不再是单纯的语言哲学了"，而将会追问："语言之为语言究竟向来是以何种存在方式存在的？"③ 所谓"单纯的语言哲学"应该就是指的"语言分析哲学"，它由于不追究语言本身的存在而从"言谈"（Rede）变成了"闲谈"（Gerede）。这是一种"语言之荒疏"（Verördung der Sprache），它"不仅耗尽

---

① 海德格尔：《路标》，孙周兴译，商务印书馆 2000 年，第 370 页。
② 同上书，第 371 页。
③ 同上书，第 372 页。

了一切语言用法中的美学的和道德的责任,而且,这种语言之荒疏根本上来自一种对人之本质的戕害。而一种单纯得到保养的语言用法尚未证明我们已经免除了这种本质危险"。① 的确,分析哲学在今天对于人的本质及其美学和道德问题的忽视已经构成了对人性的巨大威胁,维特根斯坦试图通过强调"语言用法"("一个词的含义在于它的用法")和"语言游戏"来缓和这种威胁,但这都是治标不治本的办法。虽然我们不能肯定海德格尔这时已经了解后期维特根斯坦的观点(维特根斯坦的《哲学研究》到1953年才面世),但他不可能不知道30年代以来以摩尔为创始人并在英语世界极具影响力("二战"后甚至成为哲学主流)的"日常语言学派"对语用学的研究。海德格尔的说法不仅针对着这股语言哲学思潮,而且找出了它的根源,即"在现代的主体性形而上学的统治之下,语言几乎不可遏止地脱落于它的要素了",并且成为"对存在者的统治的工具"。② 凡是不在这种工具范围中的东西,都被归于"神秘"而必须保持沉默。语言不被理解为"存在之家",而只被当作"闲谈"。由此滋生了现代人对于人性的危机感,即"烦忧"(die Sorge);而"这就是人道主义:所沉思和烦忧的是,人应当是合乎人性的而不是非人性的、'inhuman'[不人道的],就是说,不应当是在他本质之外的"。③ 但问题在于,"从

---

① 海德格尔:《路标》,孙周兴译,商务印书馆2000年,第373页。
② 同上。
③ 同上书,第374页,译文有改动。

何处并且如何来规定人之本质呢？"①马克思诉诸人的建立在自然需要之上的"社会性"，基督教则求助于彼岸的神性。从罗马时代以来，经过中世纪基督教到文艺复兴以至18世纪的德国，所有的"人道主义"都发源于希腊文明的"教化"（παιδεία）。唯独荷尔德林不属于这个"人道主义"系列，他对人的本质的思考是更深层次的。所有这些形形色色的"人道主义"都是建基于某种形而上学中或为某种形而上学提供根据的，因此它们有一点是共同的："homo humanus[人道的人]的 humanitas[人性、人道]都是从一种已经固定了的对自然、历史、世界、世界根据的解释的角度被规定的，也就是说，是从一种已经固定了的对存在者整体的解释的角度被规定的。"②这就是一切问题的症结所在了，即"人道主义"自始至终都是与形而上学不可分离的：

> 一切形而上学的特征都表现在：形而上学是"人道主义的"。与此相应，任何一种人道主义就都是形而上学的。人道主义在规定人之人性时不仅不追问存在与人之本质的关联。人道主义甚至还阻止这个问题，因为人道主义由于出身于形而上学而不知、亦不解这个问题。③

所以，人道主义之所以出现这种问题，根子还在于形而上学

---

① 海德格尔：《路标》，孙周兴译，商务印书馆2000年，第374页，译文有改动。
② 同上书，第376页。
③ 同上书，第377页。

本身"遗忘了"存在，而这一点只有提出"形而上学是什么？"这一问题才被揭示出来。当然，这种追问本身也是一种"形而上学的"追问。例如，所有的人道主义者都把人的本质定义作为自己一切论证的根据，这个定义就是亚里士多德所说的："人是逻各斯（理性）的动物。"不管人们对这个"逻各斯"如何理解，大家都把这一定义视为不言而喻的。但都不去追问，"人的本质以何种方式归属于存在之真理"，①也不追问一下，为什么一定是属于"动物"，而不是属于植物或者神呢？尽管我们可以在此基础上把主体、人格、精神或思想层层叠加在人这种"动物"身上，人不还是一种"动物"吗？这就还是一种形而上学的考察方式。"形而上学从 animalitas［动物性］出发来思人，而且并没有往人的 humanitas［人性、人道］方面去思。"② 海德格尔则提出，要真正发现人的本质，必须考虑人在其本质中与存在的关系，首先找到人的本质"居住于何处"。"唯有从这种居住（Wohnen）中，人才'拥有''语言'作为住处，这个住处为人的本质保持着绽出状态（das Ekstatische）。"③ 并且，"这种存在方式是唯有人自己独具的。这样理解的绽出-生存不仅是理性、ratio［理智］之可能性根据，

---

① 海德格尔：《路标》，孙周兴译，商务印书馆 2000 年，第 378 页。
② 同上书，第 379 页。
③ 同上，译文有改动。注意"居住"（Wohnen）一词在海德格尔的《筑·居·思》（1952）中被称为"有死者在大地上存在的方式"，该词在诗歌中也常被看作与 Sein 同义。（参看拙文《〈筑·居·思〉句读》，载《西方哲学探赜——邓晓芒自选集》，上海文艺出版社 2014 年，第 332 页及第 326 页注）

而且是人的本质在其中保持自己规定之来源的东西"。①

不过，海德格尔在这里的论证总还是有不能服人的地方。首先，对人的这一规定仍然是亚里士多德的定义"人是逻各斯的动物"的翻版，即"人是拥有语言的动物"（"逻各斯"本身就是"话语"），即使将"动物"换成"有死者"也一样。所以，它和所有其他的定义如"人是理性的动物"或"人是主体性的、有人格的、有精神的、有思想的动物"并没有什么根本的区别，同样也是以一种"形而上学的方式"来规定人的本质，同样"尚未克服生物主义的迷乱"。②如果说区别只在于海德格尔在"语言"后面加上了对存在、住处以及"绽出-生存"之类的考虑，那其他定义又何尝不能加载这些考虑？难道加上了这些考虑就不再是"人道主义的"了吗？要么人道主义并不一定是"形而上学"的，要么即使如海德格尔那样"克服"了形而上学，他仍然可以是"人道主义"的。其次，"语言"本身也有不同层次，如《存在与时间》中的"闲谈"（Gerede）也是一种语言，但它作为一种"语言之荒疏"，显然是远离"存在的真理"的。又如一般的人言即 Sprache 和凌驾于人之上的"道说"即 Sage 是海德格尔后期的一个重要的区分，③可见并非所有的语言都是揭示存在的，而逻辑的语言、判断和"陈述"（Aussage）甚至是海德格尔深恶痛绝的。更何况还有海德格尔没有提到的"圣言"、上帝的话。因此，笼

---

① 海德格尔：《路标》，孙周兴译，商务印书馆 2000 年，第 380 页，译文有改动。
② 同上。
③ 参看孙周兴：《说不可说之神秘》，上海三联书店 1994 年，第 310 页。

统地说"语言是存在之家",这本身是含糊不清的。再者,"形而上学",即"物理学之后",从一开始就没有规定不能区分存在者和存在,一定要只看存在者整体而"遗忘"存在本身,相反,亚里士多德倒是一直试图通过对存在者的讨论来规定存在本身。[①] 因此,海德格尔现在主张要区分清楚存在者和存在,没有理由说这就不是对形而上学本身的深化或改进,而一定就是对形而上学的"克服"。同样,也没有理由说建立在这种深化或改进了的形而上学基础上的人道主义就不再是人道主义。这样看来,海德格尔对"人道主义"的批评只不过是对改进人道主义的一种建议而已。与此相关联的,他对所谓"主体性哲学"的批判也并不具有根本性的意义,因为"主体主义"和工具主义、功利主义以及科学主义并不能画等号,他所推崇的谢林和尼采都不是科学主义者,但都被认为是主体主义者。总而言之,海德格尔的"反人道主义"并没有什么实质性的意义,有点类似于今天网络上的"标题党",可以显得他与主流意见不同,但充其量不过是提出了一种更"高阶"的人道主义而已。而这一点他后面实际上自己也承认了。

正因为上述这样一些问题,我们始终无法把海德格尔的表述和"反人道主义"(包括"反形而上学")联系起来。例如,他的表述方式仍然是传统式的:"人是什么的这个什么,用传统形而上学的语言来讲也就是人的本质,就基于他的绽出-生

[①] 参看拙文:《西方形而上学的命运——对海德格尔的亚里士多德批评的批评》,《中国社会科学》2002年6期。

存中";① 只不过这种绽出-生存（Ek-sistenz）并不同于传统的生存（existentia），后者只是现实性，前者则是可能性或本质（essentia）。但凭借这一点，是否就足以和人道主义划清界限呢？他举了很多例子，从中世纪哲学到康德、黑格尔直至尼采，认为他们所理解的形而上学的 existentia 都只是现实性，顶多是"生命-本质"（Leben-Wesen），而不同于绽出-生存，后者"始终区别于形而上学所思考的 existentia［生存］"。② 与这种现实的生存观比起来，"相反，可能看起来，神性的东西的本质似乎比生命-本质的令人惊奇的东西更贴近我们"。③ 的确，如果把所有现实的东西包括生命本质都当作"形而上学"的对象而排除在人的本质的考虑之外，那除了神性的本质之外还能有什么呢？由此我们可以发现海德格尔的存在论最终走向某种神学的必然性。更何况，并非除了海德格尔以外，所有其他人都是把 existentia 看作现实的东西。例如，主张"生存主义"（Existentialismus）的萨特就认为："当我认定自己领悟到有一种可能是我的可能时，我应该承认它在我的谋划的终点处存在，并且把它理解为就是我自己，它在将来那里等着我，并用虚无与我隔开。在这个意义下，我把自己看作是我的可能的原始起源，人们通常就把这称之为对自由的意识。"④ 在萨特的"存在（生存）先于本质"（existence precedes

---

① 海德格尔:《路标》，孙周兴译，商务印书馆2000年，第381页，译文有改动。
② 同上书，第382页。
③ 同上，译文有改动。
④ 萨特:《存在与虚无》，陈宣良等译，三联书店1987年，第75—76页。

essence）中，"存在"（生存）属于自由的可能性，本质倒成了现实性，这是与海德格尔对形而上学的鉴定标准完全相反的。但海德格尔仍然说，"萨特尔是在形而上学意义上看待 existentia 和 essentia 的"，①虽然传统形而上学是"本质先于存在（生存）"，而"萨特尔把这个形而上学命题颠倒过来了。但是，这种对一个形而上学命题的颠倒依然是一个形而上学命题"。②用这一标准来衡量海德格尔自己，他所提出的不也是一个"颠倒的形而上学命题"吗？可见，海德格尔区分是否形而上学的标准完全是不成立的。

海德格尔的另一划分标准是对语言的态度。在他看来，语言并非动物有机体的一种功能，也不是作为人的生物特征的符号特性（卡西尔），相反，"语言乃是存在本身的澄明着-遮蔽着的到达"，③就是说，和现实生存着的人完全无关，顶多把人作为自己的工具。这样的语言，在我们看来只能理解为上帝的圣言，它所体现的"绽出"并不是人的现实的绽出。"'人绽出地生存'（Der Mensch eksistiert），这句话并非对人是否现实地存在这个问题的回答，而是对人之'本质'的问题的回答。"④但海德格尔又不同意直接把这种"本质"理解为"神性的本质"（前面讲"神性东西的本质"更贴近我们，只是和生命本质相比较而言，而且用的是虚拟式），反而竭力想撇清与神学的关系（这是他在《路标》一开始

---

① 海德格尔：《路标》，孙周兴译，商务印书馆 2000 年，第 385 页。
② 同上书，第 386 页。
③ 同上书，第 383 页。
④ 同上。

就定下来的方向）。他说：

> 但是，假如人们想这样来解释有关人的本质的绽出的这句话，似乎这句话是把一种由基督教神学说出来的关于上帝的思想（Deus est ipsum esse[上帝是自己所是]）世俗化而转移到人身上，那么，这或许就是最糟糕的迷途了；因为，绽出-生存既不是一种本质（Essenz）的实现，绽出-生存自己也根本不产生出和建立起本质性的东西。①

的确，《旧约·出埃及记》中，耶和华对摩西说："我是我所是。"（I am who I am.）② 但上帝这样说是要以此名义打发摩西把以色列人"从埃及的困苦中领出来"，并"把埃及人的财物夺去"（《出埃及记》，3: 17 ; 3: 22）。而海德格尔则根本不是要实现什么、产生和建立什么。如果那样理解，就会把《存在与时间》中的"筹划"（Entwurf）看作是一种"主体性的成就"了，这就"没有如同只有在对'在-世界-中-存在'的'生存论分析'领域中才能被思的'存在领悟'那样，把它思为与存在之澄明的绽出的关联"。③ 他承认，这是由于《存在与时间》第一部第三篇"时间与存在"当时未能写出来而可能导致的误解。"因为思想在对这

---

① 海德格尔:《路标》，孙周兴译，商务印书馆2000年，第384页，译文有改动。
② 3: 14. 此句路德译作: Ich werde sein, der ich sein werde. 汉译本《圣经》作："我是自有永有的。"
③ 海德格尔:《路标》，孙周兴译，商务印书馆2000年，第384页，译文有改动。

一转向（Kehre）的充分道说方面失灵了，而借助于形而上学的语言亦行之不通。"只有到了1930年的《论真理的本质》中，他才实现了从《存在与时间》到"时间与存在"的转向，后者才不是把存在归结到时间（那将是主体性的），而是把时间归结到了存在（这才是"离弃了主体性的思想"）。① 对于这个转向后的存在之思，他既要避免像萨特那样的主体性，又要避免引向"上帝之思"，但一旦他要和萨特划清界限，他就和神学划不清界限了。他这样解释在《存在与时间》中那个未能"充分道说"的主题：

> 这个即便在今天也还有待道说的东西也许能够成为一种推动力，护送人的本质，使得这个本质通过思想而注意到存在之真理的这个通盘管辖着它的维度。但毕竟这也只能总是在有利于存在之尊严、有利于人通过绽出生存所承受的此-在时才会发生，但不是为了人而发生的，因而不可能是通过人的创造而对文明和文化产生效果的。②

海德格尔一直小心翼翼地避免让人将他的"存在"理解为上帝，但在这里还是失言了。如果说存在之真理"推动"、"护送"和"通盘管辖着"人的本质还可以说是一种修辞的隐喻，那么说这样做是"有利于存在之尊严（Würde）"就绝对是一种赤裸裸

---

① 参看海德格尔:《路标》，孙周兴译，商务印书馆2000年，第385页。
② 同上书，第387页，译文有改动。

的拟人主义了。不是为了人，也不是为了人所创造的文明和文化，仅仅是为了"存在之尊严"而"有待道说的东西"是什么？不就是传达上帝-存在的消息吗？他晚年的"只还有一个上帝能救渡我们"，不正是《出埃及记》中上帝对摩西的启示吗？不正是对存在之"澄明"的一种"再转向"[①]吗？上帝的本质就是人的本质，不是上帝按照自己的形象创造了人，而是人按照自己的形象创造了上帝，这正是一切宗教的神都具有拟人主义的属性的原因。因此，当海德格尔说，我们首先要搞清楚的是"存在如何关涉人，以及存在如何要求人"，[②]这时的"存在"如果被理解为上帝，大致不会错。由这种眼光，我们甚至可以破解亚里士多德以来的"实体"（οὐσία）这个形而上学名称的真正含义，也就是在场者的在场状态，即"人的'实体'乃是绽出之生存"，它意味着"人在其本己本质中向着存在而在场的方式"，[③]我们完全可以理解为"人在自己的本质中向着上帝而绽出之生存的方式"。这当然很"流俗"了，但是没有办法，西方两千年来只有这样才能将"人道主义"和"主体性"的强势苗头抑制住，并最终"升华"为一种更高的"神本主义"的主体性哲学，正如在黑格尔（以及费希特、谢林）那里所做的。

所以，毫不奇怪，这位反人道主义者并没有宣布人道主义是

---

① 因此，如果说海德格尔晚期真有所谓"第二次转向"（夏可君）的话，恐怕不是转向老庄，而是转向上帝。
② 海德格尔：《路标》，孙周兴译，商务印书馆2000年，第387页。
③ 同上书，第388页。

"错误的","这种思想反对人道主义,是因为人道主义把人之人道放得不够高","对人之本质的最高的人道主义规定尚未经验到人的本真的尊严"。如何才能把"人道"放得更高呢?"不如说,人是被存在本身'抛'入存在之真理中的,人在如此这般绽出地生存之际守护着存在之真理,以便存在者作为它所是的存在者在存在之光中显现出来",至于如何显现则"不是人决定的。存在者之到达乃基于存在之天命"。①人的本质由存在之天命(Geschick,命运)所决定,人的职责只是"守护"自己的这一天命,这不是对人的尊严的贬低,而恰好是把人提升到他的"本真的尊严"——这只有在一种情况下才是可能的,即这个天命来自至高无上的上帝。连海德格尔自己都觉得,这一推断是任何人都很容易做出来的,所以他连忙来澄清:"但存在——什么是存在呢?存在'是'存在本身。将来的思想必须学会去经验和道说存在。'存在'——它不是上帝,不是世界根据。存在本质上比一切存在者更远,但存在依然比任何一个存在者更切近于人。"②存在,它是它所是,但它"不是上帝",因为它"不是世界根据"。但谁说上帝一定得是"世界根据"呢?上帝创造世界是出于他的自由意志的"决心",他本来是完全可以不创造这个世界的,他不创造世界,或者说他在创造这个世界之前早就是上帝了。黑格尔就声称,自己的"逻辑学"就是"**表达了上帝在创造自然和有限的精神之前在他**

---

① 海德格尔:《路标》,孙周兴译,商务印书馆2000年,第388页。
② 同上书,第389页。

的永恒的本质中是怎样的"。① 所以，我们也完全可以把海德格尔的"存在"看作创造世界之前的上帝，成为"世界根据"之前的上帝。这样的上帝当然比一切存在者、比整个世界要追溯得"更远"，但对于真正虔诚的信徒来说则"更近"。我们不是因为上帝创造了身边的世界（存在者整体）而信上帝，而是因为上帝自身而信上帝，因为"上帝存在"而信上帝。新教徒相信"上帝在我心中"，这的确是对人的尊严的极大的提升。所以，海德格尔也承认，"基督教亦是一种人道主义，因为按其教义来看，一切都是为了灵魂得救"，②但他把这归结为基督教固定了某种存在者整体的解释（如创世说），这倒不一定。那只是初级入门所需要的，而对于像黑格尔这样的思辨哲学家则不需要。海德格尔这套理论和黑格尔极为相似。

由此看来，海德格尔一口气反了四个东西：人道主义、主体性、神学、形而上学。但仔细分析起来，他哪一个都没有真正反掉，而只是做出了一些反叛的姿态。这种叛逆姿态在这个追新赶"后"的时代给他带来了巨大的名声，也唬住了一些对哲学史不太熟悉的年轻人。加上他利用词源学刷新了传统哲学的几乎所有通行的概念和术语，给自己的论述涂上了似乎全新的理论色彩，他俨然成了继黑格尔以后西方世界最伟大的哲学巨星。但他的问题在于，他无法摆脱形而上学的语言。这就使他要么不得不用形

---

① 黑格尔：《逻辑学》上卷，杨一之译，商务印书馆1977年，第31页，译文有改动。
② 海德格尔：《路标》，孙周兴译，商务印书馆2000年，第376页。

而上学来反形而上学，眼看着自己落入传统形而上学的老套；要么自创一套语言，以彻底摆脱形而上学，这又使他无法建立起自己的具有起码确定形态的思想结构，而让自己的思想流失于诗性经验的意谓的（只可意会的）不确定性中。他绝不是心甘情愿地将自己置于这种"无定形"状态的，这从他死后出版的《哲学论稿》（号称与《存在与时间》比肩的第二部代表作）绞尽脑汁刻意经营的那套不成体系的体系可以看出来。虽然书中连一些句子都还没有完整成文，他自己也以"体系的时代已经过去了"为自己辩护，但还是明显地与维特根斯坦《哲学研究》中的那些随笔式的思绪片段不同，展示了一条具有明确步骤和阶段的"上升之路"。我们不妨把它看作一条"救赎之路"或"皈依之路"，它的六个"关节"（Fuge）依次可以和基督教的修行进阶一一对应，例如：1."回响（Anklang）"或"存有之回响"——启示；2."传送（Zuspiel）"——传道、福音；3."跳跃（Sprung）"——皈依（克尔凯郭尔）；4."建基（Grüdung）"——坚信，或因信称义；5."将来者（Zukünftigen）"——"新人"①；6."最后之神（Der letzte Gott）"——再临。② 这就是海德格尔的"非形而上学"的"道路"，

---

① 《新约·以弗所书》4: 24："又要将你们的心志改换一新，并且穿上新人，这新人是照着神的形象造的。"
② 彼得·特拉夫尼说："'最后的神'的思想有时候完全被描述为弥赛亚式（救世主式）思想，描述为某个民族的非-普遍主义的神。这种对神的理解听起来很像犹太教的理解（当然这只是完全临时的一个断言）。"（参看《海德格尔与犹太世界阴谋的神话》，靳希平译，谷裕校，商务印书馆2019年，第112页注④）并让读者参看《哲学论稿》(《海德格尔全集》第65卷，第399页)。

即通往基督教信仰之路。① 它的确比形而上学（物理学之后）更高，因为在亚里士多德的形而上学那里，"第一哲学"的终点就已经是"神学"了。但亚里士多德的神学仍然是形而上学的，② 海德格尔的隐秘的神学却想成为非形而上学的，或不如说超形而上学的。他能否如愿以偿呢？这要看他如何定义"形而上学"了。

但恰好这一点是海德格尔刻意回避的。我们在他那些哪怕是

---

① 在什么意义上海德格尔走的是一条基督教的信仰之路，这是一个带有根本性的问题。按照海德格尔自己的说法，他并不承认这一点。例如在《黑皮书》中他说："我不是基督徒，……是因为——用基督教的说法——我没有得到圣恩。只要思想仍然坚持在我自己的道路上，我就绝对不会受到恩典。"对此特拉夫尼评论道："确实在对海德格尔思想的解释中，几十年来一直有观点认为，海德格尔的诸多论述，比如'最后的神'（还有'众神'等），仍然可以作'基督教的'理解"，但他并不赞同这种解释，而认为海德格尔走的是一条"德国的特殊道路"，即从温克尔曼经过荷尔德林、谢林和尼采到他自己，"在这条路上，完全可以回到基督之前或超越基督教，渴慕着其他的众神"。（参看特拉夫尼：《海德格尔与犹太世界阴谋的神话》，靳希平译，谷裕校，商务印书馆2019年，第114页注①及正文）但卡尔·洛维特则认为，海德格尔的信徒们"在海德格尔关于'启示'和'解蔽'的形而上学谈话中意图寻找一种向着同样不存在着的上帝的基督教启示的通道（Zugang），并且作为信徒的确也没有要求以理智来洞见启示的上帝。他们相信上帝，听从上帝，而从来没有把他当作一个存在者来看待；他们思念上帝，感激上帝，并且经验到他的在场存用。'思念'似乎是应付了礼拜和祈祷"。（卡尔·洛维特：《海德格尔——贫困时代的思想家》，彭超译，西北大学出版社2015年，第186页）我觉得，海德格尔的自我定位往往是不可信的，他越是想掩盖的东西很可能越是他的真实想法，至少是他不自觉地在做的事情。

② 海德格尔自己说："形而上学是以双重方式来表象存在者的存在状态的：一方面是在其最普遍的特性意义上来表象存在者之为存在者整体；而另一方面也在最高的、因而神性的存在者意义上来表象存在者之为存在者整体。"（海德格尔：《路标》，孙周兴译，商务印书馆2000年，第447页）

直接以"形而上学"为标题的文章和书中,都找不到有关形而上学究竟是什么的定义,[①] 而到处只看到对形而上学缺点的批判,即形而上学没有做这个,没有做那个,以及"不是"什么,它不是这,不是那,所有的人都误解了,以为它"是这"或"是那"。当然,也有类似于定义的话,如在《形而上学是什么?》中说:"形而上学就是一种超出存在者之外的追问,以求回过头来获得对存在者之为存在者以及存在者整体的理解。"[②] 这句话前半段可以看作对形而上学的定义(种加最近的属差),它与亚里士多德的定义"作为存在的存在"是相容的,但加上后半段"以求……"则使这一"定义"降格为一种"描述"了。你问:"形而上学是什么?"他回答:"形而上学是为了……而追问……"这就是答非所问(有点像孔子对"问仁"的回答)。所以,在《形而上学是什么?》中,他一开篇就撇开了形而上学的定义,表明他不是要"谈论"形而上学,而只是要探讨一个形而上学"问题",以便"让自己直接投身到形而上学之中"。[③] 但他不说自己绕开了"形而上学究竟是什么(究竟如何定义)"的问题,而责怪传统形而上学绕开了(或遮蔽了)存在本身的问题。传统形而上学要么是如同柏拉图那样,对存在的澄明"仅仅把它认作对在'外观'(ιδέα[相])中

---

① 海德格尔后来说,他在《形而上学是什么?》一文中"并没有首先去追求一个关于学院哲学的一门学科的定义"。(《路标》,孙周兴译,商务印书馆2000年,第491页)
② 同上书,第137页。
③ 参看上书,第119页。

的在场者的观望"，要么是如同康德那样，"批判地把它认作从主体性方面进行的范畴表象之审视所视见的东西"。① 唯有亚里士多德才以某种方式表明了"澄明本身就是存在"，即"澄明在存在之天命之内才赋予形而上学以那种面貌，在场者就是出于这种面貌而触-及向着在场者在-场的人，从而人本身才能在察觉（νοεῖν）中触到存在（θιγεῖν[触到]，亚里士多德《形而上学》第九卷第10章)"。② 就是说，亚里士多德发现，除了一般的"符合真理论"以外，还有一种直接发现真理的方式，这就是通过接触、感知某个对象来证实它的存在。由此所看到的是："不接触就是不认识。……事物只是个别地存在，如果没有这样个别性，它就全不存在。真实就在认识这些事物；在这里，虚假是没有的，错误也不会有，所有的只是无知〈不认识〉。"③ 但海德格尔认为，亚里士多德也没有深究这种个别存在，而只是通过这种直接感知到的面貌把目光（Hin-sicht）吸引到自身那里，然后就把这种感知在思维的主体中确立为对象，而把面貌完全托付给这种目光了，这就仍然遮蔽了澄明着的存在本身。亚里士多德的"蜡块说"就是如此，他在《论灵魂》（第二卷第12章）中把认识比作一块蜡，感觉则是被动地接受金属印章印在上面的痕迹，所以我们在这种痕迹上只能察知印章的形式，而并不能了解金属的质料。这也是后来康德的"自在之物"的最早的理论来源。但海德格尔又认为，

---

① 海德格尔：《路标》，孙周兴译，商务印书馆2000年，第390页。
② 同上，译文有改动。
③ 亚里士多德：《形而上学》，吴寿彭译，商务印书馆1981年，第187页。

这种遮蔽并不是形而上学的缺陷，反而是它的"财富"，因为它至少把存在和存在者区分开来了，因而在把存在者整体都探讨完了以后，还留有对存在本身进行追问的余地。然而，难道我们不可以把这种对存在本身的追问也纳入"形而上学"中来吗？既然"形而上学就是一种超出存在者之外的追问，以求回过头来获得对存在者之为存在者以及存在者整体的理解"，那么我们为什么不可以反过来理解，即"形而上学就是要通过对存在者之为存在者以及存在者整体的理解，来达到一种超出存在者之外的（对存在本身的）追问"呢？后一种理解正是亚里士多德在创立"形而上学"时的原始理解，即他想要建立一门专门研究"作为存在的存在"的学问。① 但如果是这样，海德格尔自己肯定也属于"形而上学"的行列了，他顶多能够指责形而上学家们说，你们的形而上学都不彻底，我才是真正的形而上学家！

但这是海德格尔死也不能承认的，否则，他的大部分创新成果都将崩塌了。他哪怕说着与传统形而上学一样的话，但只要这道界限存在，他就可以说：我和他们不一样，他们是形而上学的，而我不是。但其实他还是传统的。例如，他刻意用 es gibt[有] 来取代 ist[存在]，"乃是为了暂时摆脱'存在存在'这种说法"，因为在这种说法中，"存在就太容易被表象为一个'存在者'"了。②

---

① 亚里士多德：《形而上学》，吴寿彭译，商务印书馆1981年，第56页，吴寿彭把"存在"译作"实是"。
② 海德格尔：《路标》，孙周兴译，商务印书馆2000年，第394页，译文有改动。

但这种替换过于勉强了。Sein 很容易被表象为 Seiende，这种名词化是任何一个动词的本性，而不是对什么含义的"遗忘"，你就是换成 es gibt，同样也容易被表象为 Gebende（给出者）甚至 Geber（施予者）。他自己也解释说，"这个'有'作为存在之天命而起着支配作用。……历史之发生是作为存在之真理的天命而从存在而来成其本质的"，① 这不是把这个"有"又名词化为"给予者"、一个最高的存在者即上帝了吗？在基督教的语境下，一谈到"给予"、"被给予"，有太多的东西让人想到上帝。② 至于他所念念不忘的关键词，即存在之真理的"绽出"（Ekstase），③ 也并非什么新鲜玩意儿。这个原来在柏拉图和新柏拉图主义那里颇为重要的关键词，在黑格尔这里也并没有被等闲视之。在《精神现象学》中黑格尔说，柏拉图的《巴门尼德篇》作为"**古代辩证法的最伟大的作品**"，在当时就"被认为是对**神圣生活的**真实揭露和**积极表达**，甚至不管**迷狂**（Extase）所产生出来的东西如何晦暗，这种被误解了的迷狂本身实际上应该说不是别的，正是**纯粹概**

---

① 海德格尔：《路标》，孙周兴译，商务印书馆 2000 年，第 395 页。海德格尔的确是公开把上帝看作诸多存在者之一的，参看该书，第 388 页。
② 在基督教中，上帝的恩典是"白白地给予"的，参看《罗马书》3: 24："蒙神的恩典，因基督耶稣的救赎，就白白地称义。"又见《使徒行传》17: 25：神"自己倒将生命、气息、万物，赐给（gibt，见路德译本）万人"。
③ "绽出"原为希腊文 ἔκστασις，德文 Ekstase，原意为"移位"、"出神"，在柏拉图那里常被译为"迷狂"，与 exsisto（存在、生存、出场等）这个拉丁文应该没有什么直接的关系。但海德格尔把它们强行组合成一个词 Ek-sistenz，意为"绽出-生存"。

念"。① 因为在黑格尔眼里,"概念是自由的",并且"当**原始的事情仅仅是它本身的原因**时,它就是**这样的东西**,而这样的东西就是**成了概念的、有了自由的实体**"。② 同样,在海德格尔看来,"绽出之生存(Ek-sistenz)植根于作为自由的真理,乃是那种进入存在者本身的被解蔽状态之中的展开",③ 并且,

> 人并不把自由"占有"为特性,情形恰恰相反:是自由,即绽出的、解蔽着的此之在占有人,如此源始地占有着人,以至于唯有**自由**才给人类提供那种首次建立起并标明着一切历史的对一个存在者整体本身的关联。唯有绽出的人才是历史性的人。"自然"不具有任何历史。④

这是前面《论真理的本质》中最重要的一段话,如果我们把这里的"绽出的自由"理解成黑格尔的"概念实体",在黑格尔的体系中也是完全可以容纳的。令人惊奇的是,正如黑格尔认为人们"误解了"迷狂本身,海德格尔也抱怨人们误解了"沉沦"(Verfallen)的意义,而没有看出它"意味着人之本质与存在之真理的'绽出的'关联"。⑤ 或者用《存在与时间》中的话来说,"它

---

① 黑格尔:《精神现象学》(句读本),邓晓芒译,人民出版社2017年,第45页。
② 黑格尔:《逻辑学》下卷,杨一之译,商务印书馆1981年,第245页。
③ 海德格尔:《路标》,孙周兴译,商务印书馆2000年,第218页。
④ 同上书,第219页,译文有改动。
⑤ 同上书,第391页。

具有一种非本真曾在状态的绽出意义"。① 也就是说，沉沦正是在闲谈、好奇、两可等非本真的在世状态中，"揭露着此在本身的一种**本质性的**存在论结构"。② 所以，沉沦表明了此在的一种绽出的关联，而这种关联更有深意，它"并非根据绽出-生存，反而绽出-生存的本质在生存论地-绽出时命定是出自存在之真理的本质的"。③ 在"绽出的人"并非自由的个人，而是"历史性的人"这方面，海德格尔对黑格尔抱有深切的同情。他认为，"黑格尔把历史规定为'精神'之发展，这种规定却并非不真。……它的这种真就如同形而上学是真那样，形而上学首次由黑格尔把它绝对被思的本质在体系中说出来了"。④ 在黑格尔的基础上，他认为马克思甚至更胜一筹，揭示了这种历史规定的异化的根源："马克思在某种根本的而且重要的意义上从黑格尔出发当作人的异化来认识的东西，与其根源一起又复归为现代人的无家可归状态了。"⑤ 为此，海德格尔对马克思做出了极高的评价，认为他"深入到历史的一个本质性维度中，所以，马克思主义的历史观就比其他历史学优越。……无论是现象学还是实存主义，都没有达到有可能与马克思主义进行一种创造性对话的那个维度"。⑥ 只是可惜，马克思的唯物主义仍然陷于一种"形而上学的规定"和技术性的本质

---

① 海德格尔:《存在与时间》,陈嘉映、王庆节译,三联书店1987年,第409页。
② 同上书,第218页。
③ 海德格尔:《路标》,孙周兴译,商务印书馆2000年,第391页,译文有改动。
④ 同上书,第396页。
⑤ 同上书,第400页。
⑥ 同上书,第401页。

中。所以,海德格尔即使意识到他的观点早已有人表述过,但他仍然可以争辩说:他们都是形而上学的,而我是克服了形而上学的。只要他不对形而上学做出严格的定义,这种区分就显出很大的随意性,我们就不知道他到底在什么意义上"克服"了形而上学,他对存在及其真理的论述凭什么就唯独不是"形而上学的"。

也正是由于这种"形而上学"概念的含混性,他在把自己的"思想"与"人道主义"相区分时同样也使人不得要领。他说:"这样一来,当人的人性被规定为绽出-生存时,关键的一点是,本质性的东西并非人,而是作为绽出-生存所绽出的东西的维度的存在",这就是思想所重视的一些"简单关联"。[①] 所以,哪怕思想为此而采用某种传统形而上学的语词,它也"不能被称为'人道主义',因为人道主义是形而上学地思维"(比如说萨特的生存主义就是如此)。[②] 然而,为什么不把人看作本质性的,而是把存在看作本质性的,这就不是形而上学,因而也不是人道主义,这一推论看来是有问题的。例如,黑格尔的哲学最受诟病的就在于它用逻辑理念使人的本质遭到了异化,本质性的东西在他那里已不是人,而是绝对精神的"存在",但海德格尔却恰好把他看作形而上学的代表。至于他以上帝的名义对人的主体能动性和历史主动性所做的提升,因其具有浓厚的人道主义色彩而影响了萨特、加缪以及法兰克福学派等一大批现代人道主义的代表人物,这更

---

① 海德格尔:《路标》,孙周兴译,商务印书馆2000年,第392—393页,译文有改动。
② 同上书,第393页,译文有改动。

是众所周知的事实。再者，说这种思想在"人道主义是形而上学地思维"的情况下就不能称为人道主义，那是否意味着，如果人道主义不是形而上学地思维，这种思想还有可能是某种人道主义呢？从后面的讨论可以看到，海德格尔确实是这样想的，或者说，他被逼到了不能不承认这一点。他自问自答：

> 这样一种思想所思考的难道不正好就是 Humanitas des homo humanus［人道的人之人性］吗？它所思考的不就是任何形而上学都不曾思考过并且向来都不能思考的某种如此有决定性的含义中的这种 Humanitas［人性］吗？这不就是终极意义上的"人道主义"吗？当然。它就是人道主义，是从与存在的切近处出发来思考人之人性的人道主义。不过，它同时也是这样的人道主义，在其中，首当其冲的并不是人，而是人的出自其存在之真理的渊源的历史性本质。但这样一来，在这场游戏中成败攸关的不同时就是人的绽出-生存么？的确如此。①

话说到这一步，其实一切都不用说了。海德格尔要反对的其实并不是一般的人道主义，而是特定的、他称之为建立在"形而上学"之上的"人道主义"；他要建立和恢复的是一种更"源始"的人道主义。但他仍然要强辩说，"人道主义"这个词失去了意

---

① 海德格尔：《路标》，孙周兴译，商务印书馆2000年，第404页，译文有改动。

义，因为我们"洞察到，人道主义的本质是形而上学的"。① 既然如此，他要恢复非形而上学的"人道主义"，岂不是违背"人道主义"的本质吗？岂不成了一种"伪人道主义"吗？于是他求助于对这个"词语"的意义的重新规定："恢复这个词的意义，这只可能意味着：重新规定这个词的意义"，"'人道主义'现在就意味着，……人之本质对存在之真理来说是本质性的，虽然存在并不恰好因此就取决于仅仅作为人的人"。② 对照他前面所讲的，"关键的一点是，本质性的东西并非人，而是作为绽出-生存所绽出的东西的维度的存在"，这个 180 度的弯也转得太猛了一点。即使他说自己所思的是一种"奇特的人道主义"，他也得承认，要么是他前面对"人道主义"的限定过窄（一定要是"形而上学的"，一定是"主体主义的"，一定是"遗忘了存在"的），要么他现在标榜的"人道主义"只是一种伪人道主义，或一种迫不得已的退让。他说："这种'人道主义'反对迄今为止的一切人道主义，却根本没有赞成非人道的东西，我们还应当把它称作'人道主义'吗？"③ 这就是海德格尔的逻辑，即一个词被"败坏"了，就发誓不用这个词，人道主义也好，形而上学也好，主体性也好，神学也好，都成了海德格尔批判的对象，但都只是字面上、称谓上的批判，并不改变事情的实质。下面的假设倒是他的夫子自道："或者，这种思想是要尝试通过一种对'人道主义'的公开反抗，大

---

① 参看海德格尔：《路标》，孙周兴译，商务印书馆 2000 年，第 406 页。
② 同上书，第 407 页，译文有改动。
③ 同上，译文有改动。

胆激起一种愤懑，从而就可能促使人们有朝一日对 homo humanus［人道的人］的人道及其论证都产生疑心。"① 原来如此！从中我们可以感受到他那急躁的心态。他不耐烦对这些传统话题进行提炼和深化，那样做太费时费力，最便捷的办法就是"扮酷"，即先对传统一揽子颠覆了再说，给所有的东西换上新装，如果这身衣装离开传统的话题没人能懂，那就达到了最佳效果。不能说海德格尔在这些传统话题中没有丝毫推进，也不能否认他在某些领域中（如对语言及其与存在的关系上）有独到的创见，但问题在于，他这一整套虚张声势、矫揉造作的手法给哲学界和思想界带来了人为的理解障碍，让无数年轻学子空耗了宝贵的时间和精力。

这封书信的后面花了很多篇幅来对自己那些惊世骇俗的观点做些缓和的工作。除了上面提到的对"人道主义"的提法加以修改，不再是笼统地反人道主义，而是提倡一种不叫人道主义的人道主义之外，他还列举了一系列对他的误读，并对之加以纠正。例如，他提出"反逻辑"，但并不是要"捍卫非逻辑"；要"反价值"，但并不是要"把一切都认作无价值"；主张人的存在的"世界性"（Weltlichkeit），但并不是"否认一切超越"；同意"上帝之死"，但并不是一个"没有上帝的人"；如此等等。接下来，他逐条进行了辩护。② 他抱怨说，人们运用这种"非此即彼"的逻辑，"以此来唤起一种印象，仿佛人们径直在从事思想，而实际上已经

---

① 海德格尔：《路标》，孙周兴译，商务印书馆2000年，第407—408页。
② 参看上书，第407—415页。

与思想绝缘了"。① 其中谈得最多的是最后这个"误解",即把他误认为是一个无神论者。他辩解道:

> 但在"在世界之中存在"这个名称中,"世界"绝不意味着与天国相区别的尘世存在者,也不是与"精神的东西"相区别的"世俗的东西"。"世界"在那个规定中根本就不意味一个存在者,不意味着任何一个存在者领域,而是意味着存在之敞开状态。……从绽出-生存来思考,"世界"以某种方式恰好是在绽出生存范围内并对绽出生存而言的彼岸的东西。②

但他也不承认自己是个有神论者,他宁可采取模棱两可、存而不论的态度。他说:"凭着对人之本质的生存论上的规定,还根本没有对'上帝存在'或者上帝'不存在'作出决定,同样也没有对诸神之可能性或者不可能性作出决定。"③ 但这种存而不论或者悬而不决,并不是漠不关心,并不是对宗教问题的虚无主义和怀疑主义。相反,在所有这些决定之前,他更关心的是想提示人们:"从对存在之真理的追问出发来思考的那种思想,比形而上学所能够追问的要问得更加原初。"④ 而从这个最原初的问题降下来,依次

---

① 海德格尔:《路标》,孙周兴译,商务印书馆2000年,第410页。
② 同上书,第412页,译文有改动。
③ 同上书,第413页。
④ 同上书,第414页,译文有改动。

才能思考"神圣者"（das Heilige）之本质——"神性"（Gottheit）之本质——"上帝"（Gott）所要命名的东西。所以，如果最原初的问题没有解决，下面的"神圣者"的维度就仍然是闭锁的。"也许这个世界时代的标志就在于拯救者（Heile）的维度的被闭锁状态。也许这就是唯一的无救（Unheil）。"① 人们看不到上帝的存在不要紧，最危险的是自己闭锁了寻求神圣者的道路，只有像尼采笔下一边宣称"上帝死了"一边寻找上帝的疯子，才是我们唯一可能的救赎之路。但这条路的起点应该是对存在之真理的追问，也就是对《哲学论稿》中的 Ereignis（我译作"成己"）的追问。所以，《哲学论稿》才会在副标题位置标明 vom Ereignis（从成己而来），并且说，Ereignis"乃是表示开端性思想之尝试的本质性标题"。② 但它能抵达何处？真有一个"最后的神"在道路尽头等着我们吗？不知道。而且这个问题也不重要，这种发问不过是一

---

① 海德格尔:《路标》，孙周兴译，商务印书馆2000年，第414页，译文有改动。
② 海德格尔:《哲学论稿》，孙周兴译，商务印书馆2012年，第88页。该书副标题孙周兴译作"从本有而来"。这里所谓的"开端性"是继希腊哲学的"第一次开端"之后德国人的"第二次开端"。据特拉夫尼说，这个论题直到1945年都"决定了《哲学论稿》这部手稿的内容"，只是在40年代"二战"开打，海德格尔已开始把这种开端"经验为没落"；他认为近代科技的"制造伎俩"将导致人类"存在-悲剧性地"自取灭亡，"地球自身将被炸成碎片，现在的人类将彻底消失"，这是"**存在**通过实存的霸权统治，对其最深度的损毁的第一次纯净化"。（参看彼得·特拉夫尼:《海德格尔与犹太世界阴谋的神话》，靳希平译，谷裕校，商务印书馆2019年，第14页注②、第16页）他这时所想到的也许就像《旧约·创世记》6: 13 中说的："凡有血气的人，他的尽头已经来到我面前，因为地上满了他们的强暴，我要把他们和地一并毁灭。"于是耶和华后悔造人而发大洪水。

种功利主义的"好奇"而已。我们所应该关注的是如何走上这六个阶段（或"关节"，Fuge）的救赎之路，准备着有朝一日，像荷尔德林那样的"将来者"将会"接过和保存那种由呼声所唤起的对于成己及其转向的归属状态，并且这样就有权来到**最后之神**的暗示面前"。① 这样一种态度所关注的是我们应该如何过好自己的人生，这就似乎已经是一种伦理学的人生态度了。可以说，这封信的最后 20 多页所集中讨论的主题就是海德格尔的存在论和伦理学的关系问题。

然而，对于人们质疑海德格尔的存在论是否还需要由伦理学来补充的问题，他的回答仍然是不确定的。首先他承认："当人之本质如此本质性地被思之际，亦即当人之本质唯从存在之真理问题而来被思而人却没有被提升为存在者的中心之际，就必然产生出对一种约束性的指导的要求，以及对那些说明那个从绽出之生存到存在而被经验的人应如何合乎天命地生活的规则的要求。"② 就是说，海德格尔所提倡的对存在之真理的思想必然会引出一种伦理学的"要求"，他认为这是可以理解的。但是，这很容易使人们躺在这种约束之上而放弃思考存在之真理。所以，我们必须预先思考一下什么是"伦理学"。海德格尔认为把伦理学和逻辑学、物理学划分为不同学科是柏拉图学园（尤其是柏拉图的弟子亚里士

---

① 海德格尔：《哲学论稿》，孙周兴译，商务印书馆 2012 年，第 90 页，译文依 Martin Heidegger: *Beiträge zur Philosophie (vom Ereignis)*. Gesamtausgabe, Band 65. Vittorio Klostermann GmbH, Frankfurt am Main, 1989，有改动。

② 海德格尔：《路标》，孙周兴译，商务印书馆 2000 年，第 416 页。

多德）所干的事，在此之前希腊人并没有这种划分，但那时他们的思想倒是更为深刻。何以见得？他举了一个赫拉克利特的例子。

> 赫拉克利特的箴言（残篇119）说：ἦθος ἀνθρώπῳ δαίμων。人们通常习惯于译作："人的特性就是他的守护神。"这种翻译是现代人的思维，而不是希腊人的思维。ἦθος 意味着逗留地、居住地。……人之逗留包含并保持着人在其本质中所从属的那个东西的到达。这个东西按照赫拉克利特的话来讲就是 δαίμων，即神。这句箴言说的是：人就其是人而言，就居住在神的近旁。①

这段解释极为别扭。首先，ἦθος 在古希腊语中本来就既有"居住地"的意思，也有"特性"的意思。② 当然，后一个意思是由前一个意思派生出来的，即一个人在一个地方住久了，就带有那个地方的特性和性格（所谓"风土人情"），由此也发展为"风俗"、"习惯"以至"伦常"的意思（因此 τό ἠθικόν 即 Ethik 就成了"伦理学"）。但绝不能说只有理解为"居住地"才是"希腊人的思维"，理解为"特性"就是"现代人的思维"。这正如前面已说过的，汉字的"美"和"善"分别来自"羊大"和"羊入口"，

---

① 海德格尔：《路标》，孙周兴译，商务印书馆2000年，第417—418页，译文有改动。
② 参看《古希腊语汉语词典》，罗念生、水建馥编，商务印书馆2004年，"ἦθος"条。

但我们绝不能不看场合,处处都用"羊大"和"羊入口"来解释古代典籍上的"美"字和"善"字一样。再者,δαίμων在古希腊固然有"神"的意思,但与θεός(神、天神)还不一样,它比较代表更具体的个别神灵或低级神灵,特别是个人的守护神或命运(幸运或厄运),例如苏格拉底的"灵异",就是他个人独有的守护神。这个词并不带有明显的褒义,常常还带有贬义,因为它可能带来厄运。① 所以到了《新约》中,δαίμων就代表"魔",θεός才是"神、上帝"。因此,人即使是"居住在神的近旁",这个"神"也不可能是Gott(神、上帝),顶多是Götter(诸神),甚至是Dämon(德语中的"鬼")②。更何况,海德格尔对这句话的解释也是说不通的,一个人的居住地怎么就表明他住在"神的近旁"?智慧超群的赫拉克利特会说出这种蠢话吗?海德格尔所引用的那个传说,即赫拉克利特告诉外邦人说,不论在什么地方"诸神(θεούς)也在场"(犹如庄子所说的,道"无处不在"),③ 也并不能用来为海德格尔的这种解释提供证据,因为这里说的是任何地方(如火炉边),而不是特指"居住地",并且他显然是把这两个希腊文的"神"字混为一谈了。其实,这个故事与赫拉克利特的箴言毫无关系。他由此传说而大加发挥,扯到自己的那一套对存

---

① 赫拉克利特这句箴言后来成了西方通行的一句谚语:"性格即命运。"苏格拉底的"灵异"(δαίμων)把他一步步引向了悲剧的命运,正是对这一谚语的最好的注脚。
② 如《约翰福音》8: 48及52,都用Dämon表示"鬼",见路德版《圣经》。
③ 参看海德格尔:《路标》,孙周兴译,商务印书馆2000年,第418—419页。

在之真理的高论:"(家常的)居留对于人来说就是对神(超常的东西)的在场的敞开",① 就更显得风马牛不相及了。他到处指责别人把古人现代化,却从来不提防自己把古人现代化,难道他以为他自己就是古人?

撇开海德格尔在这里对赫拉克利特箴言的牵强附会的解释不谈,他的主要意思还是清楚的,这就是:他的存在论当然已经具有伦理学的含义,即指导人生的含义,但不可称之为伦理"学"(即一门"科学"),这只是他的存在论附带出来的含义,而他的存在论也不可混同于一般形而上学的存在论。所以,他说:

> 如果说按照 ἦθος 一词的基本含义来看,伦理学 [Ethik] 这个名称说的是它深思人的居留,那么,那种把存在之真理思为一个绽出地生存着的人的原初要素的思想,本身就已经是源始的伦理学了。②

但他又做了很大的保留。除了开头那个条件句,即必须从"伦理学"的词源"居住"、"居家"来理解该词外,还不能把海德格尔的"存在之思"和传统形而上学的"存在论"混为一谈。因为海德格尔的存在论是"基础存在论",不同于康德等人的存在论,后面这些存在论"不思考存在之真理,从而看不到有一种比

---

① 海德格尔:《路标》,孙周兴译,商务印书馆 2000 年,第 419—420 页,译文有改动。
② 同上书,第 420 页。

概念性的思想更为严格的思想";基础存在论的语言则虽然达到了"现象学的看"这个层次,却仍然"未能成功地免除那种旨在从事'科学'和'研究'的不当意图"。①所以,即使把自己的存在之思说成是"伦理学",在海德格尔也只是一种权宜之计,是为了便于为人所理解。但他认为这肯定会引人误入歧途,而按照他自己本来的真正意思,"这种思想既非伦理学亦非存在论。因此之故,关于二者之间的相互关系的问题在此领域内不再有任何根基",②即使还不是毫无意义。同样,这也涉及一个更根本的问题,就是他的这套理论如果只是思存在之真理,那岂不是一种纯粹理论研究吗?哪里有伦理的含义呢?海德格尔的回答是:"这种思想既不是理论的也不是实践的。它发生在这种区别之前。这种思想之为思想,就是对存在的思念(das Andenken)。"③这个德文词的意思是"纪念"、"怀念",词根是 denken(思想),它的另一个形式 Andacht 则是"虔诚"、"默祷"。④思念还没有发展成理论,也还没有形诸行动,只是一种荷尔德林式的"乡愁",一种情绪或情

---

① 海德格尔:《路标》,孙周兴译,商务印书馆 2000 年,第 420 页,译文有改动。
② 同上书,第 421 页,译文有改动。
③ 同上。
④ "对存在的'思念'(Andenken)不是单纯的思某物(denken an [...]),而是一种思想者的虔诚(eine denkerische Andacht)。正因为海德格尔在基督教信仰中成长起来并'由于成长的来源'而经验到神学,如今他就更喜欢'在思的领域不谈上帝'。"(参看卡尔·洛维特:《狄尔泰和海德格尔对形而上学的态度》,载《海德格尔——贫困时代的思想家》,彭超译,西北大学出版社 2015 年,第 354—355 页)

感。"这样一种思想是没有任何结果的。它没有任何作用",^①所以既避免了成为"科学",又避免了用于实践,而只包含一种"道说"(Sage)。这种道说"让存在去存在",表达了"诗意地居住"(荷尔德林)并建造"存在之家"的意思,但"并不是对一种把自己从科学中解救到诗歌中来的思想的装饰",相反,它的有效性比"科学"更高,它的"约束性更为自由"。因为在这种道说中,"思想把历史性的绽出之生存……引入到拯救者之升起(aufgang)的领域中去"。^②这个领域也并不就是天堂,而是一条拯救之路,但在这条路上,"与拯救者一道在存在之澄明中显现出来的是恶(das Böse)。恶的本质并不在于人类行动的卑劣,而在于嗔怒之恶劣。然而,拯救与嗔怒两者都只能在存在中成其本质,就存在本身即是有争执的东西而言"。^③好人和恶人都可以得救,但并非在存在本身中没有"争执"。

什么样的争执呢?海德格尔在这里引入了他在《形而上学是什么?》中曾反复讨论的话题,即在"畏"中与"无"照面,这是对存在者整体的拒绝,或者说对存在者整体的"无化"。他在那里说,这种无化不是人为的"消灭和否定"(Vernichtung und Verneinung),

---

① 海德格尔:《路标》,孙周兴译,商务印书馆 2000 年,第 421 页。
② 同上书,第 422 页,译文有改动。
③ 同上,译文有改动。此处 das Böse 是中性,阳性的 der Böse 则是"恶魔"或"恶人"。参看《马太福音》5: 45:"因为他叫日头照好人,也照歹人"。路德版为:"Denn er lässt seine Sonne aufgehen über Böse und Gute"。直译为:"因为他让他的太阳升起在恶人和好人头上"。与前引句中的"升起"(aufgang)相呼应。

相反,"无本身就不着(Das Nichts selbst nichtet)"。① 同样,在这里他也重申了这个意思,他说:

> 在存在中隐蔽着不化(Nichten)之本质来源。不化着的东西自行澄明为不性的东西(Nichthafte)。这个不性的东西能够在"否"(Nein)中得到响应。这个"不"(Nicht)绝非产生于否定(Negation)的否认(Nein-sagen)。任何"否"都不可曲解为对主体性之设定力量的固执的坚持,而仍然是一种让绽出-生存存在起来的"否",它回答那被澄明了的不化的要求。②

就是说,"不化"源自存在,通俗地说,并非"有生于无"(老子),而是"无生于有",有本身就包含无化的本质,或者说,存在通过它的无化而存在。所以,"不化"实际上是存在本身的"不性"。这个"不性"在"否"中得到响应,"否"通常被理解为主体的一种否定性的力量,但它其实不过是对存在本身的"不性"的响应(angesprochen,反应、感应),如同他在《形而上学是什么?》中所说的,"无是否定的本源,而不是相反"。③ 这就与萨特那种"对主体性之设定力量的固执的坚持"划清了界限。所以,"否"或"否定"在海德格尔看来仍然是存在本身"让"人

---

① 海德格尔:《路标》,孙周兴译,商务印书馆2000年,第132页。
② 同上书,第423页,译文有改动。
③ 同上书,第135页。

的此在去"否",它是对存在本身的"不化"或"无化"要求的反映,人在自己的否定性力量中看到的不是主体性,而恰好是存在本身的"不化"的澄明。在这种意义上,"一切否(Nein)都只是对不(Nicht)的肯定。任何肯定(Bejahung)都基于承认。承认让它所承认的东西达到自身"。① 但人们在任何存在者身上既找不到无化或不化,也找不到存在,因为它们都是超越于存在者之外的。不过,由于不化在存在者本身中并通过我们否定存在者整体而"成其本质",我们就很容易把这种不化也当作某种存在者,甚至以为这种"不"就是源自我们的"否认"(Nein-sagen)。但这样一来,我们就又把无化的真正的本质来源即存在本身遮蔽了。因此,到底是我们的"否认"才把这个"不"设定为只是我们所思的东西,还是"不化"才要求把"否"当作必须在"让存在者存在"中道说出来的东西,这是不能像萨特那样仅仅根据我们的主观反思来裁决的,因为"就人的此在被当作 ego cogito〔我思〕的主体性来思考而言,不化就是在存在本身中而绝不是在人的此在中成其本质的。就作为主体的人实行着拒绝意义上的无化(Nichtung)而言,此在是绝不不化(nichtet)的;相反,此-在就其作为人绽出-生存于其中的本质而本身归属于存在的本质而言,它才不化着。存在——作为存在而不化"。② 就是说,不化并非思维的主体(此在)的功能,而是存在本身的要求;此在只能

---

① 海德格尔:《路标》,孙周兴译,商务印书馆2000年,第423页。
② 同上书,第424页,译文有改动。

实行拒绝意义上的无化即否定，却不可能凭自己而不化，而只能在归属于存在本质的意义上不化。黑格尔和谢林已经看到存在的本质中就具有否定之否定性，但由于他们的存在本身暗中被看作"求意志的意志"（尼采），因而实际上还是存在者，所以，"这个绝对主体的否定性是辩证的否定性"，而"这个不化虽然通过辩证法而显露出来，但同时在本质中却被掩盖起来了"。[1] 至于为什么会这样，他说不能在这里讨论。我们也只有留待后面他专门谈黑格尔的地方来展开分析了。

总之，海德格尔在这里如此不厌其烦地讨论"无"、"无化"与"否"、"否定"之间的区别，就是为了说明，按照萨特等人（也包括黑格尔和谢林）的主体性的否定哲学，必定会走上一条败坏伦理思想的"无救"之路，他们虽然看到了"无化"在此在的现实层面所表现出来的表象，即"否定"，却没有从中去思导致这种表象的那种存在的本质，以及从这种本质发源的"无化"。因此必须坚持，"在存在中的不化者（Nichtende）就是我称作无的东西的本质。所以，正由于思想思存在，所以思想才思无"。[2] 如果不达到这一境界，人在"为意志的意志"的否定性的冲撞中必定会生出"嗔怒"（Grimm），而没有任何获救的希望。于是我们在海德格尔这里听到了十分熟悉的基督教的道德说教："唯存在才保

---

[1] 海德格尔：《路标》，孙周兴译，商务印书馆2000年，第424页，译文有改动。注意，"辩证的"或"辩证法"在海德格尔这里正如在康德那里一样，是个贬义词。

[2] 同上，译文有改动。

证拯救在恩宠（Huld）中升起，并迫使嗔怒成为无救。"[1] 只需把"存在"换成"上帝"，这一切都顺理成章[2]：

> 唯当人在进入存在之真理中绽出地生存着之际归属于存在，从存在本身中才能够发出一种对那些必然成为人之法则和规则的指令的指派。……只有这种指派才能把人指定入存在中，只有这种安排才能承担和负责。此外一切法则都仍然只是人的理性的制作品而已。比一切制定规则的工作更重要的是，人在存在的真理中找到逗留之所。[3]

这就是超越于康德的道德命令和道德法则之上，也超越于一切人类道德规则之上的上帝的法则和神圣的义务。在这上面逗留（Aufenthalt）就能从存在之真理那里获得我们的一切行

---

[1] 海德格尔:《路标》，孙周兴译，商务印书馆2000年，第425页，译文有改动。孙周兴将 Heil 和 Unheil 译作"美妙"和"不妙"，似没有切中海德格尔这些话里面的宗教意识背景，未能把握这条伦理-宗教学上的救赎之路。

[2] 卡尔·洛维特早在海德格尔的就职论文《邓·司各脱的范畴和意义理论》中就看出了这一苗头，他说："如果人们把'真的现实'和'现实的真'翻译为'存在的真理'以及'真理的存在'，把延伸到超越之物的'灵魂生活'维度翻译为'绽出的生存'，把'上帝'翻译为'存在'，把当今人类在'感性世界的内容幅面'上的'丧失自我'翻译为在世上沉沦以及存在之遗弃，那么人们从他的教师资格论文中就已经能够认出后期的海德格尔。……海德格尔向着给出自身的存在的'转向'就会成为他的神学的开端。"（卡尔·洛维特:《海德格尔——贫困时代的思想家》，彭超译，西北大学出版社2015年，第187页注①）

[3] 海德格尔:《路标》，孙周兴译，商务印书馆2000年，第424页，译文有改动。

为（Verhalten）的支撑（Halt），而支撑（Halt）在德语中意味着"守护"（Hut）。所以，对于我们人来说，"存在就是守护，这种守护为了自己的真理而在人的绽出-生存着的本质中这样来看护人，以至于这个真理使绽出-生存在语言中安居"。① 这样一来，语言不但是存在之家，而且是人之本质的住所；并且正因此人才有可能变得无家可归，哪怕他们在语言中，也使得语言变得不再是自己的"家"（Haus），而是他们的"各种阴谋诡计的外壳（Gehäuse）"。② 这里的"阴谋诡计"（Machenschaft，孙周兴另译作"谋制"）也可以理解为耍手腕、玩花招，这个德文词早在海德格尔1938/1939年的笔记《黑格尔》中就出现了，他说："思考虚无不是虚无主义，虚无主义的本质在于，通过徒劳无益地对存在者实施阴谋诡计而遗忘虚无。……对存在者之阴谋诡计的统治最可靠地表现在，形而上学作为这些阴谋诡计的根据，通过其完成而将'存在'贬低为空洞的空虚性。"③ 由此可见，不论海德格尔如何标榜自己不偏不倚、价值中立，他在字里行间的价值取向早已暴露无遗，他的反形而上学立场由此获得了道德上的正当性。

---

① 海德格尔：《路标》，孙周兴译，商务印书馆2000年，第424页，译文有改动。
② 同上，译文有改动。
③ 海德格尔：《黑格尔》，赵卫国译，南京大学出版社2018年，第13页，原文见 Heidegger: *Hegel*. Gesamtausgabe, Band 68. Vittorio Klostermann GmbH, Frankfurt am Main, 1993. S. 15. 另外，在所谓《黑皮本》中，海德格尔也把该词作为一个关键词到处使用（彼得·特拉夫尼：《海德格尔与犹太世界阴谋的神话》，靳希平译，谷裕校，商务印书馆2019年），靳希平译为"制造伎俩"，其实，译作"计谋"似乎更简洁。

这种道德立场类似于古代的斯多葛派、教父（如奥古斯丁）和早期正统派的经院哲学家，只是比他们隐藏得更深。他声称："人不是存在者的主人。人是存在的看护者。……他获得了看护者的根本赤贫，而这种看护者的尊严就在于：他已经被存在本身召唤到对存在之真理的保藏中了。"① 所以，人作为"看护者"的尊严其实就源于"存的尊严"，即源于上帝的尊严，如他在前面讲过的，这种尊严并不是为了人而发生的，甚至人所创造的整个文明和文化在这种尊严面前都算不了什么。②

因此，纠缠于存在之思到底是理论上的还是实践上的，这个问题在他看来层次太低了。"存在之思超过一切考察，因为存在之思关心的是那光（Licht），只有在这种光里面，作为理论的看才能逗留和活动。"③ 只有在这种意义上，我们才能说思想是一种实践的"行为"，它超越一切理论和实践之上。一种什么行为呢？"就是说，思想在其道说中仅仅把存在之未被说出的话（Wort）带到语

---

① 海德格尔：《路标》，孙周兴译，商务印书馆 2000 年，第 403 页。
② 参看上书，第 387 页。又参看彼得·特拉夫尼的《海德格尔与犹太世界阴谋的神话》（靳希平译，谷裕校，商务印书馆 2019 年）："……对海德格尔的关于存在史的思想而言，'侉在史的奴隶'是其核心。所有发生的一切，都是必须发生的，就是因为它发生了。因此海德格尔也把他的思想称之为'非人的'，……他并不把'至今为止的人类之标准、目的和追求'当回事。这样人们就不难理解，为何谈到被迫害、被毁灭的犹太人时他的语气腔调是那么的冷酷。"（第 89 页注①）
③ 参看上书，第 426 页，译文有改动。这里的"光"，可参看《约翰福音》1: 9："那光是真光，照亮一切生在世上的人。"又见 8: 12："我是世界的光。跟从我的，就不在黑暗里走，必要得着生命的光。"

言上来",①也就是把圣言、上帝的"道"带出来。正如耶稣基督说的:"我是为自己作见证,还有差我来的父也是为我作见证","你们为什么不明白我的话(Rede)呢?无非是因为你们不能听我的道(Wort)"(《约翰福音》8: 18、43,路德版)。所以,"存在自行澄明着(lichtend)达乎语言。存在始终在通向语言的途中。这个到达者把绽出-生存着的思想在其道说中从他那方面带向语言。这样,语言本身就被提升到存在之澄明(Lichtung)中了"。②这就是海德格尔"通向语言的途中"的缘起,它其实就是通向圣言的途中,通向上帝之"真光"的途中。但这一旅途不再能够由形而上学来承担了,必须另辟蹊径。这是因为这种"完全被带入本质中的语言是历史性的,存在就被保存入思念中了",就语言本身而言,它已经成了一个装满"阴谋诡计"的空壳,所以,即使我们通过运思着的道说而居住在存在之家中,但看起来却好像"什么都没有发生似的"。③我们只有把"将来始终有待思的东西保持在道说之注意中",才能"把存在本身的某种本质因素带向语言",④稍不留意,就会把道说当作形而上学的空壳。因为这种思想虽然是"令人惊异"的,却是"简单的东西",这就妨碍我们去思想,我们总是按照世界历史中所形成的有威望的形而上学或哲学的方式来看待这种思想,并以这种方式所带来的科技上的实践成就来评价它,这就把简单的问题搞复杂了,反

---

① 海德格尔:《路标》,孙周兴译,商务印书馆2000年,第426页,译文有改动。
② 同上,译文有改动。
③ 同上,译文有改动。
④ 同上,第427页。

而无法把这种简单的思想识别出来。但如何发现这种简单的思想的异常之处呢？如果我们撇开了形而上学和哲学，那么，"这种思想是从哪里取得它的尺度的呢？它的行为的规律是何种规律呢？"它不会变成一种"任意的专断"吗？① 对于这种诗化的语言如何还能够有自己的"法则"，如何还能够有"合适性的规律"(das Gesetz)，海德格尔在《……人诗意地栖居……》中用荷尔德林的诗做了详细的注解。荷尔德林说："神本是人的尺度"，哪怕生活纯属劳累，人也要"以神性来度量自身"。② 什么意思？海德格尔解释说："人之为人，总是已经以某种天空之物来度量自身。就连魔鬼也来自天空……神性乃是人借以度量他在大地之上、天空之下的栖居的'尺度'。惟当人以此方式测度他的栖居，他才能够按其本质而**存在**。"所以，"作诗是度量……作诗乃是'采取尺度'(Maß-Nahme)"，"而且作为这种不可知的东西，神恰恰是诗人的尺度"。③ 一般人都不会很认真地对待海德格尔在这里借荷尔德林之口所提到的"神"。但我理解，这种尺度其实就是人在神面前的信仰的尺度，即要明确人在和神相遇时的高下、尊卑、有限与无限的地位等级，在神规定的命运面前的合适、得体的尺度。这种尺度在荷尔德林的诗中说得神神秘秘的，但是在《圣经·约伯记》中却讲得非常明白。耶和华"从旋风中"对约伯说："我立大地根基的时候，你在哪里呢？你若有聪明，只管说吧！你若晓得就说，是谁定地的尺度？是谁把准绳拉在

---

① 海德格尔：《路标》，孙周兴译，商务印书馆 2000 年，第 427 页。
② 海德格尔：《演讲与论文集》，孙周兴译，三联书店 2005 年，第 203 页。
③ 同上书，第 205—206 页。

其上？……"说了一大通。约伯回答耶和华道："我是卑贱的！我用什么回答你呢？只好用手捂口。"（见 38: 1-5；40: 3-4）但中国的读者和研究者没有海德格尔的这种神学背景，不太容易从他的话里面看出他的基督教的教养来。① 当然，即使是西方学者，也不一定能够看出这一点。海德格尔想要从诗中把一种新型的神学"聚集"起来，但他又不便于明说，只能让其穿上"诗学"的外衣。

这就涉及这封信的"第三个问题"了，这就是：通向语言之途离开传统形而上学就是一种拓荒性质的"冒险"，但"如何能保持一切探寻所包含的冒险因素，而又不至于使哲学成为一种简单的冒险呢？"② 海德格尔由此引出了他晚期最热衷于探讨的话题：诗的创作。通向语言之途只能是"作诗"，当然是包含"运思"的作诗。在思想的这一任务面前，形而上学的语言已经废掉了，只有尝试着去开辟诗的语言的天地。他引用亚里士多德《诗学》中"几乎未被深思过的一句话"，即"作诗比对存在者的探查更真"，来说明自己的观点。③ 但这一引证极不严肃。亚里士多德的原话是："诗是一种比历史更富哲学性、更严肃的艺术，因为诗倾向于表现带普遍性的事，而历史却倾向于记载具体事件。所谓'带普遍性的事'，指根据可然或必然的原则某一类人可能会说的话或会做的

---

① 参看王颖斌的《海德格尔和语言的新形象》（人民出版社 2015 年）："我们理解，这里海德格尔借用的荷尔德林的'神'并非宗教的人格化的'上帝'之类的彼岸之物，而是指'存在本身'。'神本是人的尺度'，实际上说的是'存在本身是人的尺度'。"（第 230 页）
② 同上。
③ 同上。

事。"① 显然，海德格尔不仅曲解了亚里士多德的话的原意，而且根本没有引全。也许他考虑到，如果把原文全部引出来，将会与他要表达的意思截然相反。因为所谓"更富哲学性"，是指带有"普遍性"，也就是某"一类人"根据"可然或必然的原则"的行动，这恰好是一种"形而上学"的观点，是不会为海德格尔所认同的。海德格尔估计对美学史没有什么研究，竟然把这位著名的模仿论美学的鼻祖误认作了自己的同道，还要说别人都没有对这句话做"深思"，太想当然了。

不过，海德格尔误读古人已是常态了，我们不必过于当真。值得关注的是，他在这封信的最后一页多中主要是为他后期的诗学之路奠定"存在之思"的基础，使得这种诗学之路成为一条救赎之路，使得通向语言之途直达上帝之"道"。"思想联系于作为到达者（l'avenant）的存在。……存在作为思想之天命而**存在**（ist）。但这种天命在自身是历史性的。天命之历史已然在思想家们的道说中达乎语言了。"② 何谓"到达者"（Ankommende）？这要联系到它的法语词"l'avenant"来理解。该词在法语中源于 avennir，意为"将来"、"未来"；它所派生的 avènement 则是"[救世主]降临"的意思。③ 基督再临是一个福音书中时常

---

① 亚里士多德：《诗学》，陈中梅译注，商务印书馆1996年，第81页。
② 海德格尔：《路标》，孙周兴译，商务印书馆2000年，第428页。
③ 参看卡尔·洛维特：《海德格尔——贫困时代的思想家》，彭超译，西北大学出版社2015年。关于"再临"，见第175、176页："这首先是一种划时代的末世论意识在宗教上的弦外之音，海德格尔思想的吸引力就以此为基础。"

提到并且历来被热烈讨论的话题,在福音书中,再临是一件不容置疑的事,是上帝定下来的"天命";问题只在于,没人知道具体在哪一天,以及到时候不要认错了人(参看《马太福音》第24章)。海德格尔在这个问题上偏向于新教观点,即再临不是在某一天,而是一个过程。"存在之到达持续着,并且在其持续中等待着人,而把这种到达随时带向语言,则是思想的唯一的事情。"因此,"从作为真理之天命(Schicksal)而来的道说的合适性(Schicklichkeit),乃是思想的第一法则",它不是逻辑法则,而是要从根源上关注"运思着的道说的适合的东西"。[①] 这种理解前无古人,直到海德格尔出来。"现在是时候了,人们要戒除高估哲学因而苛求哲学的做法。在当今的世界困局中急需的是:少一些哲学,多一些对思想的留意;少一些文学,但多一些对字眼的维护。"[②] 哲学消亡了,"思想"留存着;"文学"[③] 过时了,拆字法变成了时髦。所谓对字眼的维护(Pflege des Buchstabens),也就是维护一个字眼的原始含义(本义),排除它在历史中被赋予的含义不用,这就是他屡试不爽的"词源学"。他预言道:"未来的思想不再是哲学,因为它比形而上学思得更加本源,而形而上学之名说的是相同者。但未来的思想也不再能够像黑格尔所要求的那样,摆脱'爱智慧'之名,在绝对知识的形态中成为智慧本身。"[④] 形

---

① 海德格尔:《路标》,孙周兴译,商务印书馆2000年,第428页,译文有改动。
② 同上书,第429页,译文有改动。
③ Literatur,有"文学"和"文献"两义,海德格尔恐怕两种意思都有。
④ 同上书,第429页,译文有改动。

而上学这个名称说的都是"相同者"①，而不是更深层次的存在。未来的思想既不是哲学（或"爱智慧"），也不是智慧本身，那它是什么？它是一种"聚集语言"的"道说"。海德格尔为这种"存在的语言"打了两个比方：一个是"正如云是天上的云"，云正适合于在天上；另一个是比"农夫缓步犁在田野里的沟垄"还更不显眼的语言的法则。把语言法则比作"沟垄"，这种比方还第一次见到，它暗示着语言深埋于大地中的隐秘"尺度"（如耶和华对约伯所说的），只有诗意的思才能将其披露在阳光之下。一个要上天，一个要下地，总之是要逃离这个被科学理性污染了的人世间。

至于这种诗意的思如何通过对诗歌中的语言（如荷尔德林的语言）的分析而走上"通向语言之途"，这是海德格尔整个50年代所考虑的核心问题，已被辑入《在通向语言的途中》一书中了。

在《路标》中，《关于人道主义的书信》一文虽然不是最长的（《论 Φύσις 的本质和概念》更长），却是分量最重的，因为它不是零星地针对某个主题，而是囊括了海德格尔哲学的几乎一切重要的话题，如形而上学、人道主义、主体性、神学，再加上伦理学、语言观、诗和思等，并且展示了这些话题之间的联系。相

---

① "相同者"（das gleiche），孙周兴译作"哲学"（理解为前面"哲学"的代称），但"哲学"是阴性，这里却是中性，替代不了。我意应指前面两次提到的"相同者"（das Gleiche）："但同一者并不是：相同者。……逃遁入相同者中，是不危险的。"（海德格尔：《路标》，孙周兴译，商务印书馆2000年，第428页）海德格尔这里指的应是尼采的"相同者的永恒轮回"（die ewige Wiederkunft des Gleichen），它被看作形而上学的"最后的名称"（参看上书，第445页）。

比那些专题讨论,这封书信也更加通俗明白,因而引用率也是最高的。但也正因为如此,海德格尔思想中的薄弱环节甚至漏洞也就暴露得更为明显,这就是他对他所要"克服"的对象并没有一个明确的界定,反而向人们展示出他自己也逃不出他所攻击的观点和立场;于是为了避免太露骨的自相矛盾,他往往借助于词源学或重新命名,实际上流于诡辩。所以,虽然文章通篇都在试图为自己的观点定形,给人的印象却恰好是无定形,而且他越是想把自己的观点和对立方的观点区别开来(这可以说是这篇长文所做的主要工作),就越是暴露了他和他所反对的观点没有根本的区别,传统形而上学的这位最著名的反叛者最终不得不自己落入了这个传统的强大的引力圈中。该书最后的四篇文章则表明,海德格尔力图为自己的原理和方法确立起一个比较具有确定性的形式。其他具体的观点人们都可以见仁见智,本身有其"二义性"、"二重性"、"共属一体性",但他建立起这些观点的原理和方法却是不容含糊的,因此有必要专门来加以展示和说明。

第五节 原理和方法

一、《形而上学是什么?》"导言"

该"导言"是加在1949年的《形而上学是什么?》第五版前面的,后来居上。为什么已经补写了一个"后记",海德格尔又想起还需要在第五版再写一个"导言"?估计是觉得对《形而上学是什么？》的误解和误读太多了，止都止不住。他认为原因是人们的读法不对，根本没有按照他的思路来进入，因此有必要从头来清理一下自己的思路，顺应时人读哲学作品的习惯，把自己的"原理"先摆出来，让人们容易掌握读他的书应有的方法。所以，他一定要把这篇文章作为"导言"，而不是"补记"或"附录"什么的。

这个方法其实也很简单，就是"导言"的另一个标题（或副标题）所表达的："回到（或返回）形而上学的基础（或根据）"。一看这标题，人们就应当知道，这就是康德的思路，也可以表达为：要追问"形而上学何以可能"。这本质上也就是笛卡尔"沉思"的思路，即预先找到一个不可再怀疑的基点，然后由此来步步为营地推出一切其他的命题。海德格尔在同一年（1949）为《论根据的本质》的第三版所写的"前言"中，更是把这一思路追溯到亚里士多德的 ἀρχή（始基、本原、原因），即"全部本原的共同之点就是存在或生成或认识由之开始之点"；[①] 并且谈到了莱布尼茨的"充分根据律"和叔本华的"四重根"。那个"前言"和这里的"导言"的做法有些类似，也是为 1928 年的一篇文章在 20 年后补写的，都是要把文章中的原理或方法单独提出来加以强调。而不论是在《论根据的本质》中还是在《形而上学是什么？》中，讨论的重点都是一些具体的问题，即存在（有）和无的问题，以及如何理解此在存在论的问题。对由此所引起的一系列误解，海德格尔也只是就事论事地进行了澄清和反驳，还没有来得及从

[①] 海德格尔：《路标》，孙周兴译，商务印书馆 2000 年，第 143 页。

根本原理和思维方式上做出清理。现在的这篇"导言"则一开始就点明了，所有这些误解都出于未能"回到形而上学的基础（根据）"，而仅仅是在传统形而上学的既定樊篱中转悠。所以，必须首先将海德格尔的方法论原理摆出来，让人们改换角度来看待海德格尔的创新观点，才能保证不会走偏。

"导言"开宗明义，提出了笛卡尔在其《哲学原理》中所举的一个方法论的比喻，这就是有关树根（形而上学）、树干（物理学）和树枝（其他科学）的比喻。显然，在笛卡尔那里，作为树根的形而上学就是一切科学的"根据"了，这相当于中国哲学中讲的"本根论"，是最根本的作为学问的学问，或"作为科学的科学"。但海德格尔的解释又与笛卡尔有所不同，或者说，他把问题向更深处引申了一步，从"树根"引向了底下的"土壤"。

> 按照这个比喻，我们要问：哲学之树的根是在什么样的土壤中找到自己的立足之处的呢？树根以及凭借树根整棵树又是从何种基础中获得自己的养料和力量的呢？隐藏在基础和土壤中的何种元素在全盘支配着那些承担并营养着这棵树的树根的呢？形而上学的本质驻于何处，又在哪里活动？从其基础看，什么是形而上学？形而上学一般说来在基础上是什么？①

---

① 海德格尔：《路标》，孙周兴译，商务印书馆2000年，第430页，译文有改动。

仔细琢磨这段话，这实际上是对笛卡尔的原理的一个重大改变。笛卡尔的比喻只是着眼于一棵树的各部分关系，但在海德格尔看来，这只是各种不同的存在者之间的关系，而在这个存在者整体之外，使这整个存在者得以存在的那个基础、根据或土壤，却未被考虑在内。所以，即使笛卡尔按照根据律使树的各部分都依赖于那更根本的树根，树干和树枝都由此而生发出来，以此来比喻形而上学对于各门科学的本根地位；但"什么是"形而上学这个问题却被遗忘了，因为形而上学只看到存在者，而对于它为什么能够看到存在者，对于使它能够看到存在者的这个存在或"是"，却不再追问和思考。"形而上学之表象把这种视见归功于存在之光（Licht）。这种光，亦即被此种思考经验为光的那个东西，本身不再进入此种思考的视见之中。"① 形而上学感兴趣的只是这光的来源或创始者，那又是另一个存在者，但对"光本身"却不再追问，而认为它是已经被充分照明了并且照彻了一切存在者的。那个发光体可以是精神，也可以是物质，或者是生命、观念、意志、实体或主体等，"无论何处，当形而上学表象存在者时，存在都已经照亮自身了"。存在理所当然地被看作一种"无蔽状态"（Ἀλήθεια），"因此，存在之真理就可以说是基础，而作为哲学之树根的形而上学，就被保持在这个基础上，从中获取它的养料"，但"由于形而上学究问存在者之为存在者，故它停留在存在者那

---

① 海德格尔：《路标》，孙周兴译，商务印书馆2000年，第430页，译文有改动。

里而没有转向作为存在的存在"。^①这里其实已经包含对笛卡尔和后来的理性主义形而上学的批判了。

表面看来,海德格尔这一批判通俗易懂,合乎常识。的确,我们在考察一棵树时,不能不考察这棵树所生长的土壤。如果有天文学家出来抬杠说,不但要考察土壤,还要考察土壤形成的根据,即地球的形成以至于太阳系、银河系的起源,我们也无话可说。这种思路确实可以看作是对"充分根据律"的进一步贯彻,而笛卡尔则只限于追溯到"我思"这一根据,就自以为是充分的根据了。但想要真正贯彻到底,则必然陷入无穷追溯。只有康德比较谨慎,他的先验统觉也好,先验想象力也好,都为后面的"自在之物"留下了余地,即它们只是"据我所知"的最后根据,但没有说这就是绝对充分的根据了——而这也是海德格尔最欣赏康德的地方(见最后一篇文章《康德的存在论题》)。可以预料的是,任何人如果想把"充分根据律"切实地贯彻到底,提出任何一种说得出来的根据,都将会被海德格尔斥为"形而上学"的"存在者",而非真正的"存在",因为这种追溯在海德格尔看来最终只可能是一个"无底深渊"(Abgrund,直译为"无根据")。这正如他在《论根据的本质》中所说的:"**自由乃是根据之根据**(Grund des Grund)。……但作为**这种**根据,自由乃是此在之**深渊**(Abgrund)。"^② 这个道理,康德在他的第三个二律背反中其实

---

① 海德格尔:《路标》,孙周兴译,商务印书馆2000年,第431页。
② 同上书,第202页。

已经说得很清楚了,即自由是一个不再有其他根据的根据(原因)的理念,从经验现象的眼光看来它就是无根据的。更早,斯宾诺莎和莱布尼茨则把最后的充分根据留给了上帝("自因"),但道理是一样的,即充分根据是超经验的或超越性的。海德格尔要显示自己的眼光的彻底性,本来也可以按照康德的做法,把一切存在者归于现象的存在,而把存在本身归于自在的存在,后者要么理解为超验的自由,要么理解为上帝(或上帝的自由意志)。这其实是最平实的做法,康德只是说,自己克服了独断论,但并没有说自己这样一来就"克服"了形而上学,反而说这才是真正的形而上学,即自然形而上学和道德形而上学。但海德格尔如果这样做,人家就会说这只不过是康德哲学的翻版,这是他绝不会同意的。所以,他一定要标新立异,努力把自己打扮成全部形而上学的"战胜者"(Überwindende,即"克服者"),因而既超越了对自由的主体主义理解,也超越了对存在本身的神学理解。在这方面,他自认为是开天辟地第一人。但尽管他翻来覆去地讲,却到死也没有说清楚,他究竟在什么意义上"克服"了(或"战胜"了)形而上学。他所证明的顶多是,他或许把形而上学自以为解决了的存在问题推进到了一个更深的层次。但即便如此,这仍然属于形而上学的问题范围,而不像他不顾事实断言的"形而上学并不思及存在本身",更不像他所自诩的:"只要思想踏上一条经验形而上学之基础的道路,只要这种思想尝试去思及存在本身之真理,而不是仅仅把存在者表象为存在者,那么,这种思想就已经以某种方式离开了形而上学。这种思想——而且还是从形而上学的角度来看——回到了形而上学的基础之中。"① 形而上学从亚里士多德开始就是要"回到基础"、回到始基（ἀρχή）；现在海德格尔说，形而上学回到了自己的基础中，这难道不恰好表明，这才是正宗的形而上学？怎么反倒是"离开了形而上学"，甚至是"克服了形而上学"呢？

也许正由于这种说法太不能服人了，海德格尔有时也采取一种缓和的策略，但这种缓和也是十分勉强和别扭的。如他说：

> 诚然，一种思及存在之真理的思想不再满足于形而上学了；但它也并不反对形而上学而思。若用比喻说法，就可以说，这种思想并不拔掉哲学的根。它为了这个根挖地犁土。形而上学依然是哲学之首。但形而上学没有达到思想之首。在思及存在之真理的思想中，形而上学被克服了。②

这纯粹是在玩弄字眼。海德格尔刻意在形而上学、哲学、思想三个概念之间划出鸿沟。但众所周知，哲学本身就是"思想之首"，因而形而上学作为"哲学之首"，当然也就是"思想之首"。现在海德格尔出来说，另外有一种非哲学的"思想之首"，那他就必须：首先，说明这个"思想之首"的含义；其次，证明哲学不是"思想"或至少证明哲学是一种次级的思想；第三，厘

---

① 海德格尔：《路标》，孙周兴译，商务印书馆2000年，第432页。
② 同上书，第433页。

清"思想"的范围和等级。但他对这些都闭口不谈，这样说话不是他的风格，也显不出他的高超神秘来。他宁可打一个比方，什么"挖地犁土"。但这个比喻说明什么？不正说明"思想"并没有"克服"形而上学，而是在为形而上学的茁壮成长做贡献吗？看来海德格尔既没有挖过地（除了在前线挖过战壕以外），更没有犁过土，否则他就不会把这种田野劳动形容为对秧苗的"克服"了。至少这里是用词不当。或许是为了补救自己的口不择言，他接着说："然而，这种'对形而上学的克服'并不消除形而上学。……只要人还把自身理解为理性的动物，那么，按康德的话来讲，形而上学就属于人之本性。与此相反，如果思想得以成功地回到形而上学的基础，则这种思想或许就可能一道引发人之本质的一种转变，而随此转变，也就会出现一种形而上学的变化。"[①] 然而，所谓"人之本质的一种转变"（ein Wandel des Wesens des Menschen）究竟是指人的本质变成了另一种本质呢（比如说，形而上学不再是人的本性），还是指我们对人的本质有了新的看法呢？同样，"形而上学的变化"（eine Verwandlung der Metaphysik）究竟是指形而上学本身起了变化呢，还是指我们对形而上学的态度改变了呢？在这两个短语中，德语的主词二格和宾词二格均无法区分。但根据海德格尔从来都不认为人的本质就是"理性的动物"，我们可以断定这两种情况都是用的宾词二格，即海德格尔刷新了我们对于人的本质连带对于形而上学的看法。

---

① 海德格尔：《路标》，孙周兴译，商务印书馆2000年，第433页。

所以，这里的意思并不是形而上学因此提升了自己的档次，而是相反，形而上学正好是被我们"克服"了。但由于这话包含语法上的含糊性，所以显得语气要缓和一些，似乎并不反对传统对人的本质和形而上学的看法，只是有所"改变"而已。因为大概没人会反对"形而上学的变化"，从亚里士多德到今天，形而上学每个时代都有变化，但形而上学从未被"克服"，这是不能含糊的。

就是靠着这样一套似是而非、漏洞百出的方法，海德格尔从《存在与时间》开始，就"已经尝试"走上一条"如此这般被理解的对形而上学的克服"之路了。[①] 但海德格尔又认为，促使思想走上这条道路的并不仅仅是思想，而更应该是存在本身，因而不应该把这种思想仅仅看作是一种人为的处理方法，而是存在本身的由其"天命"所决定的必然进程。否则，人们就会陷入误区，以为这一进程的目的"仅仅是要以此方式，用一门更加源始的哲学学科来为以往一直作为根的那门哲学学科打地基，并且取而代之"；或者以为"是要通过回到形而上学的基础，以揭示哲学的一个迄今一直被忽视了的前提，并且向哲学指明：它还没有站立在一个无可动摇的基础上，因而还不能是绝对的科学"。[②] 这两种顺理成章的解释都被海德格尔当作误解而排除掉了，在他看来，它们都是由于把他一开始所做的比喻，即返回到树根底下的土壤，理解为一种方法论的原理所导致的。而海德格尔现在说，他讲的

---

① 海德格尔：《路标》，孙周兴译，商务印书馆2000年，第433页。
② 同上书，第434页。

不是方法论，而是存在论，是存在本身的进程。并不是海德格尔要返回到形而上学的基础，而是存在本身最初绕了一个大弯，即绕道形而上学或哲学，现在返回到存在近旁来了：

> 不论存在之真理是到达还是缺席，生死攸关的都是另一回事：不是哲学的机制，也不只是哲学本身，而是那个存在的近和远，从其中，哲学作为对存在者之为存在者的表象性思维而接受到了自己的本质和必然性。有待决断的是，存在本身能否从其自身固有的真理中使它与人的本质的关联成之为己（ereignen），或者形而上学是否在其离开自己的基础时持续地阻止存在，不让存在与人的关联出于这一关联的本质而成为一道光明，一道把人领向存在之归属的光明。①

换言之，海德格尔现在改换立场了，他不是要描述他是如何看待形而上学（根）与其他科学（枝干）及土壤的关系的，而是要描述存在本身是如何在最初离开自身远航，最终为的却是（借助于海德格尔的思）返回到开端之处、返回到自己近旁的。所以，关键不在于海德格尔如何操作——他本人不过是"存在本身"的工具，而在于如何把握存在之"天命"。这就可以解释，为什么形而上学虽然讨论的是存在者的问题，却"先于存在者而表象了

---

① 海德格尔：《路标》，孙周兴译，商务印书馆2000年，第434页，译文有改动。

存在",但它尽管"必然说出"存在,"可是,形而上学并没有把存在本身带到语言上来,因为它并没有在存在的真理中思考存在,也没有把真理思考为无蔽状态,没有在其本质中思考真理"。① 就是说,形而上学只关注认识论和方法论,而忽视了存在论(本体论),它道出的真理只是符合论的,而不是"解蔽的"真理,不是存在本身的真相。因此,它虽然"说出"了存在,却没有"说中"存在。"关键在于要注意到存在已经借以将自己宣示出来而尚未被道出的无蔽状态之本质的到达。"② 为了区别这两种情况(说出和说中),海德格尔在这里加了一个边注,其中出现了他后期哲学中对"存在"的一种反常的写法,即在"存在"(Sein)一词上打叉,意思是,"存在"一词虽然写出来、说出来了,但要在字面上划掉它、"克服"它才能说中它。还有一个办法是用已经废除掉的旧写法 Seyn 来取代 Sein,再就是干脆换一个词,这就是"成己"(Ereignis),它更能表达存在的真相,即"涌现"(Aufgehen)。另一方面,这种说出来、写出来或"宣示出来"虽然是一种遮蔽,但这种遮蔽也是不可少的,是"形而上学之本质命运"所包含的,没有这种遮蔽,无蔽状态也无法作为无蔽状态显现出来。所以,形而上学是为了完成这一历史使命而"脱离了它的固有基础",它"唤起并且加固了一个假象,仿佛它追问并且解答了存在问题似的。而事实上,形而上学绝没有回答存在之真理的问题,

---

① 海德格尔:《路标》,孙周兴译,商务印书馆2000年,第434—435页,译文有改动。
② 同上书,第435页,译文有改动。

因为它从未追问过这个问题。……形而上学命名存在，并且意指作为存在者的存在者"，因而造成了"对存在与存在者的普遍混淆"，实即用存在者"替换"（Wechsel）了存在。① 但这种混淆也是必要的，"然而这种混淆必须被思为成己（Ereignis），而不能思为一种错误。它绝不可能在思维的某种单纯的疏忽中或道说的某种仓促中有自己的根据"，② 因为只有首先"失己"（Enteignis），才能"成己"（Ereignis）。只有先阻挡住存在与人的本质的原初关联，遗忘这种关联，哪怕让这种遗忘"远远地规定着现代世界时代"，然后才能激发出一种努力，即"努力学会首次去关注这种存在遗忘，以便经验到这种存在遗忘，把这种遗忘考虑进存在与人的关联中并将它保存于其中"。③ 这也就是他经常强调的，只有遮蔽，才能去蔽。毫无遮蔽的"无蔽状态"（如古希腊）只是天真状态，还没有来得及激发起"思想"来，更不会提出"形而上学是什么？"的问题。而在今天，

> 一切都取决于思想在自己的时代成为更有思想性的。如果思想不是去设法把自己的努力提到一个更高的程度，而是被引向另一个渊源的话，就能做到这一点。这样一来，这种

---

① 海德格尔：《路标》，孙周兴译，商务印书馆 2000 年，第 436 页。德里达的"替补"（supplément）概念有点近似于这里的"替换"，但不是一次性的，而是层层深入的无限链条，存在者与存在的关系不是一刀两断的关系，而是不断接近关系，见所著《论文字学》。
② 同上，译文有改动。
③ 同上书，第 437 页，译文有改动。

由作为存在者的存在者所设置好的、因而表象性的并借此而照亮着的思想，就被一种由存在本身成己的并因而从属于存在的思想所接替。[1]

所以，以前的形而上学之思并没有白费，只是现在必须对已经思过的东西再思，"把思想带上一条道路，使思想通过此道路而进入存在之本质与人之本质的关联中，为思想开启一条小路，以便这种思想在存在之真理中专门思索存在本身"，这就是《存在与时间》在这条路上所尝试的思想。[2] 接下来，海德格尔频繁地引用《存在与时间》，[3] 对其中的一系列关键概念如"此在"、"生存"、"烦"（"操心"）、"绽出"、"存在"、"时间"、"在场"、"筹划"、"意义"等，都用他的上述原理进行了一番重新解释，说明他在《形而上学是什么？》之前两年写的《存在与时间》就已经在探讨"形而上学是什么？"的问题了（尽管那里面并没有直接讨论形而上学）。这些立足于形而上学批判的立场来重释《存在与时间》的文字似乎是要补充该书没有写完的部分，它们其实更适合于添加在《存在与时间》中成为其中的章节，而不适合叫作《形而上学是什么？》的"导言"。更何况其中的新意并不多，从我们讨论的主题来看，值得关注的只有如下几点。

---

[1] 海德格尔：《路标》，孙周兴译，商务印书馆2000年，第437—438页，译文有改动。
[2] 同上书，第438页。
[3] 在这篇不到22页的文章中，引证《存在与时间》达14处。

第一点是重申了亚里士多德存在论的"双重方式":一方面是作为πρώτη φιλοσοφία,即"第一哲学"的形而上学;另一方面是作为"神学"的形而上学。海德格尔认为,之所以如此,正是因为亚里士多德的形而上学是建立在对存在者之为存在者整体的探讨上的,这个整体因此获得了"最普遍"的存在者和"最高"的存在者这样的双重意义。他由此而把基督教神学的理论根源追溯到了希腊形而上学:"因此,存在论的神学特征并不是由于希腊形而上学后来被基督教的教会神学所接受并被它所改造过了。相反,这种特征倒是基于早先作为存在者的存在者使自己去蔽的方式。存在者的这种无蔽状态才提供了这种可能性,使基督教神学占据了希腊哲学。"① 至于这种占据的利弊,海德格尔引了《新约·哥林多前书》中保罗的话,即"上帝叫这世上的智慧变成愚拙",而"世上的智慧"就相当于亚里士多德的"第一哲学"。海德格尔的意思是,基督教从亚里士多德的形而上学中剔除了世俗的"第一哲学"的含义,而留下了(接过了)"神学"的含义。他设问道:"基督教神学是否会再下一次决心,把使徒保罗的话、并按照这话把哲学当作愚拙来认真对待呢?"② 这其实就是他给自己提出的任务,即返回到"另一个渊源",或者说"第二个开端"。③

---

① 海德格尔:《路标》,孙周兴译,商务印书馆2000年,第447页,译文有改动。
② 同上书,第448页,译文有改动。
③ 有时海德格尔也把"第一开端"追溯到柏拉图的理念(相),认为正是这种对ἀλήθεια[无蔽、真理]的解释在整个西方历史中成了对ἀλήθεια的遮蔽,"唯有从**另一种关于存在及其与此-在的关联的开端性追问**"才能把"第一开端"这种遮蔽作为问题提出来。(参看《哲学论稿》,孙周兴译,商务印书馆2012年,第218页)

但前提是，必须参透形而上学的这双重形态的根源，这种根源是对以往的形而上学完全遮蔽着的。而我们之所以对他的这一态度感兴趣，是因为从这里可以隐约看出，他的形而上学批判所要返回的那个"开端"，其实本质上就是早期基督教神学。只不过这个隐秘的意图一直都隐藏在"存在和存在者"这一套（实质上仍然是形而上学的）术语底下。他说："如果形而上学另外要把自己的表象用于ὄν ἦ ὄν[作为存在者的存在者]之上，那它就仍然是建基于这个在ὄν[存在者]中被遮蔽着的东西之上的。因此，从形而上学来看，回头追问这个被遮蔽着的东西就是为存在论寻求根基。"[①] 这就是《存在与时间》中所说的"基础存在论"。

但海德格尔此后也对自己的这一表达方式表示了不满，这在他那里是十分罕见的，也是我们这里要关注的第二点。他说，"基础存在论"这一名称"马上就表明自身如同任何在这种情况下的名称一样是糟糕的。从形而上学来考虑，该名称虽然道出了某种正确的东西；但恰好也因此而引入了歧途；因为要做的事情是达成从形而上学向对存在之真理的思想的过渡。只要这种思想还把自己称之为基础存在论，它就以自己的这一命名堵在了自己要走的路上，并使这一道路晦暗不明"。[②] 海德格尔终于发现，所谓克服形而上学之路自己堵塞了自己，它本身也成了一种形而上学，而没有完成从形而上学向存在之思的过渡。他发现，这种思想虽然想要去思存在之真

[①] 海德格尔：《路标》，孙周兴译，商务印书馆2000年，第448页，译文有改动。
[②] 同上书，第449页，译文有改动。

理而不只是存在者之真理,但它"作为基础存在论,本身也还是一种存在论。然而,对存在之真理的思想作为向形而上学的基础的返回,从第一步就已经离开了一切存在论的领域"。① 这说明基础存在论一开始就处在自相矛盾中,它停留于存在论中,却希望超越到远离这个存在论的形而上学基础中去。但它没有看出,"相反地,任何一种哲学,当它在对'超越'的间接或直接的表象中运动时,都必然在根本的意义上仍然是存在论,哪怕它能做为存在论奠基,或者哪怕它信誓旦旦地把存在论作为对体验的概念上的僵化来拒绝"。② 我们在这里首次发现,海德格尔已经开始意识到他要"克服"的不仅仅是形而上学,还包括形而上学的核心,即存在论本身;而只要他还在谈存在论,哪怕是"基础存在论",他就仍然未能跳出存在论,因而也未能跳出形而上学。而在《存在与时间》时期,也就是在《形而上学是什么?》的时期,他还没有意识到这是一个魔圈,而想用一种特殊的存在论(基础存在论)来超越这一魔圈,从而克服形而上学。所以,这里所显示出来的毋宁说是对《存在与时间》以及《形而上学是什么?》的一种自我批判,这也是他急于把这个"导言"置于《形而上学是什么?》初版20年后的第五版前面的缘故。然而,这并不妨碍他认为"形而上学是什么?"的问题仍然是当前最为迫切的问题。尽管他自己当初想到了要从"存在者之为存在者的表象习惯中走出来",却仍然"深深地陷于这种表象

---

① 海德格尔:《路标》,孙周兴译,商务印书馆2000年,第449页,译文有改动。
② 同上,译文有改动。

中"，但他把这种不成熟看作一种"最初的沉思"，和一种"为促成那种从表象性思维到思念性思想的过渡"而做的努力。① 而这种过渡也正是从"第一哲学"向"神学"的过渡。如果停留于基础存在论而不考虑未来的神，像《存在与时间》中那样从不正面讨论神学的问题，甚至连暗示一下都没有，那就免不了被人当作主体性形而上学的一种新花样，也摆脱不了与萨特生存主义的干系。

于是，文章的最后又再次提到了"形而上学的基本问题"：究竟为什么在者在而无反倒不在？对此有些不同于以往的表述，是我们在这里所关注的第三点。海德格尔在这里谈到一种可能的误解，不同于在《形而上学是什么？》中已经提到的对"畏"或"无"的那种误解，这种误解更为根本。这就是："一种尝试通过这条穿过无的道路来思及存在的沉思最终又重新返回到了一种对存在者的追问。只要这一追问根本还是以历来的形而上学方式凭借'为什么？'作引线而作因果性的发问，对存在之思就为了那种出自存在者的对存在者之表象性认识而完全被否认掉了。"② 这就是我们前面多次提到的，"是什么"也好，"为什么"也好，这种提问本身已经预设了包含某种存在者（实体，或者原因）的回答，这就仍然是一种形而上学的问法。如何能够绕开这一陷阱而直指"存在之思"呢？好像没有别的办法，而且提出这个问题的莱布尼茨本人就掉进了这个陷阱，他所提出的是一个"关于一切存

---

① 海德格尔：《路标》，孙周兴译，商务印书馆 2000 年，第 450 页。
② 同上，译文有改动。

在事物的最高原因的形而上学问题"。① 就是说，究竟为什么在者在而无反倒不在？因为有上帝！上帝就是一切存在者存在的最高原因。但海德格尔还是想避免莱布尼茨的这种回答，所以他提到形而上学的这一基本问题时，并没有"适当地提一下莱布尼茨的名字"。因为他自认为是"在一种完全不同的意义上"来追问的，即他并不想就存在者来追问，而是认为"必须从那个并非存在者的东西那里开始"，也就是从"无"开始。"无"就是《形而上学是什么？》这个讲座"当作其唯一的课题所思索过的东西"。② 不过，他这个说法似乎与他在1935年的《形而上学导论》中说得不一样，他在那里明明说过，"无就是无而已。在这里问题再没有什么可以寻求的了"，"谈论无的人不知道他在做什么。说无，就通过这种说的行为将无变为某物"，"谈论虚无不仅仅完全违背常理，而且摧毁了各种文化与一切信仰的根基。凡是既蔑视有其基本规律的思而又破坏创建意志与信仰的就是纯粹的虚无主义"，甚至主张"删去'而无反倒不在'那句多余的空话"。③ 这就已经把他自己在1929年的《形而上学是什么？》中是"从无开始"的这一说法彻底否定了，好像还是对原先的鲁莽的一种纠正和补救。但在1949年的这个为《形而上学是什么？》所写的"导言"中，他又回到了20年前的话题，还是主张要从"无"开始来回答这个形而上学的基本问题。不过，细加推敲的话，这里面并没有看起来那

---

① 海德格尔：《路标》，孙周兴译，商务印书馆2000年，第451页。
② 同上。
③ 海德格尔：《形而上学导论》，熊伟、王庆节译，商务印书馆1996年，第24页。

么自相矛盾。问题并不在于是否要从"无"出发，而在于如何从"无"出发。如果只是在存在者的层次上，把"无"也看成一个存在者，或者说看成一个否定性的存在者，那么这种对"无"的谈论的确就可能陷入虚无主义。然而，如果我们问的不是存在者，而是存在本身，那么我们倒是可以从"无"开始，而把问题的次序颠倒过来：

> 设若我们不再在形而上学范围内以习惯方式做形而上学的思考，而是从形而上学的本质和真理而来思及存在之真理，那么，我们在这里也可以如是发问：何以存在者处处具有优先地位，并且自为地要求每一个"存在"（ist），而那种并非某个存在者的东西，亦即如此这般被理解为存在本身的无，却始终被遗忘了呢？①

这里实际上已经改换了问题，并且也暗含着问题的回答了。问题现在是："无存在吗？"② 而回答则是："无就是存在本身"，或"存在本身就是无"。但海德格尔并没有如此干脆地表明这一回答，他宁可让问题和回答都处于扑朔迷离之中。也许他已经意识到了黑

---

① 海德格尔：《路标》，孙周兴译，商务印书馆2000年，第451—452页。
② 在《形而上学导论》中，他在形而上学基本问题中删除的是后半截"而无反倒不在"，而保留了前半截"究竟为什么在者在"。（海德格尔：《形而上学导论》，熊伟、王庆节译，商务印书馆1996年，第24—25页）那时他担心的是"存在遗忘"，所以要把"存在"问出来。而在这里他担心的是"被理解为存在本身的无"被人遗忘了，所以问题的提法改变了。

格尔当年发现的问题,即存在就是无。他在30年代末到40年代初曾"恶补"了一阵子黑格尔的《逻辑学》,这期间的讲课笔记中多处涉及存在与无的问题。例如在"存在与无"(Sein und Nichts)的小标题下,海德格尔写道:"存在'的'无——在主词第二格的意义上。存在本身就带有虚无性,它自身中就有无。"①而在另外两处的"存有与无"(Seyn und Nichts)的小标题之下,他的说法又有不同,一处说:"存有'是''无',——不是因为它们在未被规定和未被中介方面同样的少,而是因为它们'根本'不同地就是同一个东西!那是一个首次开启了'判-别'(Ent-scheidung)的东西。"另一处说:"无根据(Ab-grund)就是虚无性的根据,它并不支撑着-守护着存在者,因此具有存有的本质。"②请注意,在黑格尔《逻辑学》最初的版本中,"存在"一律按照旧的拼法写成Seyn,而在现代德语的版本中才全部改成了Sein(唯独在《全集》考证版中没有改)。这两种写法本来并没有含义上的区别,但海德格尔为了表达该词的两层不同的意思而把旧写法重新起用,却将两者区别开来使用。在这里,Sein还只是"本身就带有虚无性"或"自身中就有无",而 Seyn 则本身就"是"无,两者"'根本'不同地就是同一个东西",并由此开启了同一个东西的自我判别。这

---

① Martin Heidegger: *Hegel*. Gesamtausgabe, Band 68. Vittorio Klostermann GmbH, Frankfurt am Main, 1993. S. 29. 中译本参看海德格尔:《黑格尔》,赵卫国译,南京大学出版社2018年,第26页,译文有改动。

② Ebd. S. 47, 48. 中译本参看上书,第42、43页,译文有改动。为了与Sein相区别,赵卫国将Seyn译作楷体的"*存在*",孙周兴则将其改译作"存有",此处为了醒目,暂依孙周兴译。

里明显看得出黑格尔辩证法的影响,即同一个概念的自我判分、自我中介。用黑格尔的术语就会说,Sein 是知性意义上的"存在",Seyn 则是理性意义上的"存在"(或"存有")。只不过,海德格尔历来瞧不起辩证法,但他又还没有想好如何解释存在的这种辩证含义,即存在自行向非存在、向无转化的含义,只好用"神秘莫测"或"谜团"这样的字眼含糊过去。他说:

> 不论答案如何,或许时机已经在此间变得更为成熟一些了,可以从其终极处来对《形而上学是什么?》这个聚讼纷纭的讲座做一次透彻的思考,即从**它的**终极处(das Ende),而不是从被想象出来的终极处来思考。①

所以,即使在《形而上学是什么?》的这个最后的"导言"中,海德格尔关于存在和无的关系问题仍然是留待解决的问题。其实,稍懂一点辩证法的人都不会认为这是什么难题,但如果一个人固执于知性思维,他就会百思不得其解。即使他采取外在的手法,划分存在者层次和存在(或存在之真理)的层次也好,把 Sein 和 Seyn 区分开来也好,都将无济于事。② 因为正当你把 Seyn

---

① 海德格尔:《路标》,孙周兴译,商务印书馆2000年,第452页,译文有改动。
② 这种不断地区分正是知性思维的爱好,但它作为方法必然陷入无限退后,因此海德格尔在存在论上一退再退:先是存在和存在者相区分(所谓"存在论差异"),然后区分不开了,就从"存在"中区分出一个"打叉"的存在;当这个打叉的存在被标明为 Seyn 时,他又发现还是区分不了,连 Seyn 也有可能被误解为一个"存在者",于是又在 Seyn 上打叉;最后在无可奈何之下,才挖空心思提出一个 Ereignis(成己),从此一劳永逸地跌出了"存在论"。

放到形而上学的"终极处"（或"土壤"中）来思考，宣称存有"**是无**"（它回答了"存有是什么？"的问题）时，这个"无"马上又变成一个"存在者"了，"存有"随之也将变成一个"存在者"。① 无论你把这个存在者理解为上帝，还是"最高存在者"，它都不是"存在本身"。"无"的这种捉摸不定使得海德格尔倍感神秘，正是应了黑格尔早就提醒过的那段话：

> 关于思辨的东西的含义，在这里还可以提到的是，人们必须把它理解为从前尤其是在与宗教意识及其内容的关联中通常被说成是**神秘物**的那种东西。但在今天，一谈到神秘的东西，往往就被看作是与神秘莫测和不可把握的东西同样的意思，而这种神秘莫测和不可把握的东西，按照各人不同的教养和思维方式，就被一些人看作是本真的和真实的东西，但却被另一些人看作属于迷信和欺骗的东西。……但正如我们已看到的，抽象的知性思维并不是坚定不移、最终至极的东西，毋宁表明自己是自己对自己的不断扬弃并翻转成它自己的对立物，与此相反，理性的东西本身却恰好在于，把对立物作为观念上的诸环节而包含于自身。因此一切理性的东西同时都可以说成是神秘的，但借此所说出的只是：它是超

---

① 海德格尔在这里对"存在存在"（Sein ist）的说法都感到"神秘莫测"，为什么？他在后面说："存在不能**存在**（ist）。倘若存在存在，则它就不再是存在，而是一个存在者了。"（《路标》，孙周兴译，商务印书馆2000年，第560页）可见，连"存在"都是如此，则"无"更不可能存在，以免它自身变成"存在者"。

出知性之上的,而绝不是说,一般来说必须把它看作对思想不可达到和不可把握的。①

就"无"这个概念来说,它的神秘性自古以来就被宗教意识所依赖,由此也就形成了基督教中源远流长的"否定神学"传统,就是说,上帝你只能说祂"不是什么",但绝对不可能说祂"是什么"。一说"是什么",你就把上帝拟人化和有限化了,用海德格尔的话来说,上帝就成了"存在者"而不再是"存在本身"。这一传统其实从古希腊埃利亚派的创始人塞诺芬尼就开始了,他说神无形无象,至少绝不像人所想象的样子,如果马和狮子能够作画,它们就会画出马形和狮形的神像来,岂不可笑。海德格尔一谈存在问题就引巴门尼德,却不谈巴门尼德的老师塞诺芬尼。但黑格尔却指出,塞诺芬尼"否认了生灭、变化、运动等观念的真理性;这些规定只属于感性的表象。他的原则是:只有'一',只有'有'。'一'在这里是纯粹思想的直接产物;在它的直接性里就是'有'"。②当然,"有"(即"存在")在塞诺芬尼那里似乎还没有成为一个正式的哲学范畴,是黑格尔加给他的。但他毕竟从"一"(他称之为"神")那里把一切生灭、变化、运动等表象,也就是把一切"存在者"都清除掉了,后来巴门尼德才有可能崭露出纯粹的"存在"范畴来,海德格尔也才能说"巴门尼德首次揭示了

---

① 黑格尔:《小逻辑》,贺麟译,商务印书馆1981年,第184页,译文有改动。
② 黑格尔:《哲学史讲演录》第一卷,贺麟、王太庆等译,商务印书馆1981年,第256页。

存在者的存在"。①尽管如此，海德格尔实际上也正是按照塞诺芬尼和后来基督教的"否定神学"的路子来理解存在或无的神秘性的。他沿着这条路走到了尽头，连"否定神学"本身作为一种神学都否定了，当然只是口头上否定了：我们根本不能谈论"上帝"或"存在"，连"不能谈论"（无）都不能谈论。而这才是真正超越或"克服"了形而上学，也才是海德格尔自己的存在观或神学观，是他为自己的"思想"所制定的最终的原理或方法。

二、《面向存在问题》

该文是海德格尔为恩斯特·荣格尔纪念文集而写的一篇长篇评论，文集初版于1955年，因此文章代表的是海德格尔中晚期的思想，与上一篇文章即《形而上学是什么？》的"导言"大致属于同一个时期。这篇文章显然不仅仅是纪念性质的，而且带有借题发挥的意味。荣格尔在"二战"时期虽然反对过纳粹，但其思想深受尼采影响，带有"强力意志"和虚无主义色彩。海德格尔的评论则试图揭示出这种虚无主义的形而上学根源，并由此寻求一条走出虚无主义之路。他在发表时加上了"面向存在问题"的标题并写了一个简短的"前言"，大致提示了该文的主旨，即把荣格尔的虚无主义思想追溯到对"存在之为存在"的遗忘，并主张通过回归到形而上学的"基础"来克服虚无主义。他明确表示："我的《形而上学是什么？》之'导言'就是对这种回归的解

---

① 海德格尔：《存在与时间》，陈嘉映、王庆节译，三联书店1987年，第256页。

释"。① 可见，这两篇文章的主题是一脉相承的。在那个"导言"中海德格尔已经证明，在对"无"的探讨中，如果只是在存在者的层次上把"无"也看成一个存在者，就有可能陷入虚无主义；但如果我们问的不是存在者，而是要追问存在本身，我们倒是可以从"无"开始而又不至于陷入虚无主义，而是走进存在之思。我们前面提到，这种说法和基督教的"否定神学"有相通之处，否定神学不是虚无主义，而是坚定信仰的通道（正如《旧约·传道书》中所展示的）。尼采的"上帝死了"之后，如果他仍然坚持打着灯笼寻找上帝、思考上帝，这说明他对上帝的信仰还没有死，对上帝的思想还没死。而这正是尼采所暗示出来的一条克服虚无主义之路。

纪念文章原来的标题是《关于"线"》，其实是一语双关。因为荣格尔写了一本名为《关于线》（Über die Linie）的书，海德格尔的文章标题则是 Über "die Linie"，意为我不是专门评你这本书，而是评你书中所写的"线"的问题。文章一开始就点明了，当荣格尔把"线"称为"零度子午线"时，被置于这个线上的就是尼采的虚无主义。在这里，"虚无主义近乎完成"。而"完成了的虚无主义的区域构成两个时代之间的界限。标明这个区域的线是临界线。在这个临界线上要决定的是：虚无主义运动是葬身于毫无意义的无呢，还是向一个'全新的存在转向'的领域过渡"。② 接下来，海德格尔把荣格尔的书名借助于 Über 在德文中的双重含义

---

① 海德格尔:《路标》，孙周兴译，商务印书馆2000年，第453页。
② 同上书，第454页，译文有改动。

("关于",或"越过")而解释为"超越线"(或"越线"),也就是在上述两可的选择中选定了后者,实际上就是要走出虚无主义的零度线而抵达存在领域。而他自己的文章标题则是要探讨一番这条"线"的来历,所以是《关于"线"》。当然,这两者是"共属一体"的,"线"的来历搞清楚了,"决定"也就很容易做出了;反之,只有决心从虚无主义深入到背后的存在领域,才能对之做出恰当的规定,而不至于将它看作"一切来客中最可怕的来客"。"虚无主义之所以被称为'最可怕的',是因为它作为无条件的求意志的意志,所求的正是无家可归状态本身。"① 因此我们不能通过把虚无主义拒之于家门之外来解决问题,因为无家可归正是它想要的。它也不是什么疾病或邪恶,甚至也不是某种文化的病症,"虚无主义的本质既非可救的,亦非不可救的。它是无救的东西,但本身却是对拯救的独一无二的指引"。② 虚无主义是思想对理性主义的统治地位的一种反叛,这种反叛有可能堕入非理性主义,并卷入这两种主义的轮轴转(Wechselgeschäft)而不能自拔。"因此人们否认有任何可能性,能够达到那种出于保持在理性和非理性的非此即彼之外的指令(Geheiß)的思想。但是这样一种思想有可能通过尝试以历史性地诠释、沉思和讨论的方式迈出探索的步伐的思想来做准

---

① 海德格尔:《路标》,孙周兴译,商务印书馆2000年,第456页,译文有改动。
② 同上书,第457页,译文有改动。正如《圣经》中传道者讲完"虚空的虚空,凡事都是虚空"以后说的:"这些事都已听见了。总意就是敬畏神,谨守他的诫命,这是人所当尽的本分。因为人所作的事,连一切隐藏的事,无论是善是恶,神都必审问。"(《传道书》12:13-14)"虚空"正是对神、对终极价值的指引。

备。"① 我们即使受到指令,也不能摆脱理性和非理性的两难,但我们可以深入它们的成因,追问使它们产生出来和对立起来的虚无主义的展开过程,由此来探讨虚无主义的本质。

在海德格尔看来,荣格尔的两部代表作,1930 年的《总体动员》和 1932 年的《劳动者》,为以上的任务提供了可能的条件,因为这两部论著标志着欧洲虚无主义的"完成":《劳动者》显示了尼采所谓"积极虚无主义"的现实内涵,也就是求意志的意志激发人们拼命追求技术上的进步以控制自然;《总体动员》则使这种格局放大到了全社会,成为普遍性的常态。这就"根据劳动者形象揭示了一切现实事物的'总体劳动特征'"。② 第一次世界大战已经血淋淋地证实了这种虚无主义在欧洲现实生活中的完成。"二战"期间,海德格尔就《劳动者》开过一个小型的讲座,但最终被官方意识形态禁止。海德格尔在为此所做的笔记中写道:

> 恩斯特·荣格尔的书《劳动者》之所以有分量,是因为它以一种不同于斯宾格勒的方式,做到了迄今为止一切尼采研究文献未能做到的事,就是在尼采对于作为权力意志的存在者加以筹划的视角中促成了一种对存在者及其存在方式的经验。③

---

① 海德格尔:《路标》,孙周兴译,商务印书馆 2000 年,第 458 页,译文有改动。
② 同上书,第 459 页。由此我们可以联想到奥斯维辛大铁门上的口号:Arbeit macht Freiheit(劳动创造自由)。
③ 同上书,第 460 页,译文有改动。

第五章 海德格尔解构西方形而上学之路

换言之，荣格尔不是停留于斯宾格勒那种消极虚无主义的眼光，而是深入到了积极虚无主义的底线，即越过零度线而沉入到了对存在者的"存在方式"（直译为"存在者如何存在"）的经验中，从而达到了尼采虚无主义的完成。海德格尔承认，他自己的《技术的追问》（1953）也曾受益于《劳动者》。但他也表达了对荣格尔的不满，即在《劳动者》和其他著作中，虽然"能够重新点燃对虚无主义的**本质**的还远未完成的分析"，[①] 但毕竟没有着手来进行这种分析。荣格尔并"没有放弃《劳动者》一书从尼采的形而上学出发开启出来的那个视角的基本轮廓"，[②] 哪怕在对"线"的超越中，表面上似乎已经放弃了虚无主义的立场，但仍然和在超越之前一样，"说着相同的语言"。"虚无主义的语言"还被保持着，如《劳动者》的副标题"统治和格式塔"（Herrschaft und Gestalt）[③]，就是权力意志和"格式塔心理学"的技术模式的反映，未能摆脱柏拉图的理念论或"相论"的成见。海德格尔因此评论道："**您的著作始终在形而上学中安家。**按照形而上学，一切存在者，变化的和运动的、被动员和动员的存在者，都是从一个'静止的存在'出发而被表象的"，连黑格尔和尼采也不例外。[④]

但海德格尔又说，《劳动者》中的形而上学表象也不同于柏拉

---

① 海德格尔：《路标》，孙周兴译，商务印书馆2000年，第461页，译文有改动。
② 同上书，第462页。
③ 同上书，第464页，译文有改动。格式塔（Gestalt），又译作"形态"、"完形"，为格式塔心理学用语。
④ 同上书，第465页，译文有改动。

图的静止的表象，所谓"劳动者的格式塔"是"赋予意义的源泉、事先现存并因而给一切打上烙印的强力"，它就是"某种**人性**的格式塔（Gestalt eines *Menschentums*）"，它"基于某种人性的本质构架，这种构架作为主项（Subiectum）而为一切存在者奠定了基础"。^①就此而言，它更接近于尼采的强力意志。但它又不是个人的"自我性"的那种个别主体性（Subiektivität），"而是某一类人（某个类型）的预先赋形而带有格式塔的现存所构成的极端的主项性（Subjektität），它是在近代形而上学的完成中产生出来并由这种形而上学的思想所呈现出来的"。因此，在其中，"所看到的不再是人之本质的主观的主项性，更不用说人之本质的主观主义的主项性了。对劳动者格式塔的这种形而上学之看，符合于查拉图斯特拉在强力意志的形而上学内部对本质格式塔的筹划"。这种"主项（存在者之存在）的客观主项性"所显现出来的不是个别的人，而是人的格式塔。^②但把尼采的这种客观的"主项性"和个别人的"主体性"混为一谈是常见的误解，因而人们很难理解把人之本质的主项性看作任何一个主项（任何在场者）的客观性的基础。这说明人们还没有在形而上学的范围内把尼采提出的问题想透，以为尼采陷入了诗化哲学而放弃了运思的追问。海德格尔这

---

① 海德格尔：《路标》，孙周兴译，商务印书馆2000年，第466页，译文有改动。拉丁文 Subiectum 的基本意思是主项、主词，孙周兴译作"一般主体"，这就与通常译作主体的 Subjekt 难以区分了，也容易将 Subjektität（主项性）和 Subjektivität（主体性）相混。

② 同上，译文有改动。

里举了康德的范畴之先验演绎为例子，说明正如康德的"人为自然界立法"并没有让人取代上帝的位置一样，人的本质的主项性也不是人主观的主体性，而是人的存在的客观主项性，虽然人的本质也参与其中，但人的这种本质、这种"此在""不是什么人性的东西"，①相反，人性的东西是建立在这个"客观主项性"的基础上的。

所以，笛卡尔在理解存在时，就在有限的人的 ego cogito[我思]中发现了主项之主项性。把人的形而上学的格式塔显现为提供意义的源泉，这是把人的本质当作提供尺度的（maßgebend）主项这样一种做法的最后结果。于是，基于那种人们可称之为超越性（Transzendenz）的东西之上的形而上学的内在形式就起了变化。②

起了什么变化？就是与以往形而上学的超越性不同，这种超越性不是一般的超越性，而是"从存在者出发向存在过渡"。但它也有可能循着惯性被理解为从可变的存在者向静止的存在者过渡，或者从一般存在者向"至高无上的"存在者即上帝（它也被称为"存在"）的过渡，甚至把这几种含义混在一起。如此含混的"超越"很容易就"转身返回到相应的回越（Rückstieg）之中并消失

---

① 海德格尔：《路标》，孙周兴译，商务印书馆2000年，第467页。
② 同上，译文有改动。

于其中"，① 它实际上超越不出去，达不到存在本身，而只是在各种在场的存在者之间迂回。这就是荣格尔的"阿基里斯之踵"，他虽然通过一种新型的"强力意志"的形而上学表象超出了生物学-人类学的区域，并认为"技术就是劳动者格式塔动员世界的方式方法"，② 但并没有把握到"技术"的真实本质。他已经猜到了，"为了拥有一种与技术的现实关系，人们就必须是某种多于技术专家的东西"，即猜到了在技术之外还有种与技术的本质的关系，但他又把这种超越的暗示"倒转"和"回越"到作为强力意志的存在者中，认为"技术……就如同任何一种信仰的毁灭者，同样也是迄今为止出现过的最坚决的反基督的强力"。③ 海德格尔则认为，劳动的本质基于强力意志，强力意志规定着技术的本质，而"最后，如此这般被规定的技术之本质还指引着一个更为源始的领域"。④ 虽然他常常把自己正面的观点以反问句的方式表达出来，显得很不爽快（大概他在课堂上就是这样"循循善诱"他的学生的，模仿苏格拉底），但这里的意思还比较明白。自古希腊以来，"存在"就意味着"在场"，而"任何一种现存和呈现都来源于在场性之成己（Ereignis der Anwesenheit）。但'强力意志'作为现实东西之现实性，却是存在者之'存在'的一种显现方式。劳动者的格式塔从中获得自己意义的那个'劳动'与'存在'是同一

---

① 海德格尔：《路标》，孙周兴译，商务印书馆2000年，第468页，译文有改动。
② 同上书，第469页，译文有改动。
③ 同上。
④ 同上书，第470页。

的"。① 这就使劳动的本质和人（劳动者）的本质发生了关系，并因此使人的本质与存在的本质发生了关联。

但荣格尔的劳动者格式塔（Gestalt，完形）受限于源自柏拉图主义并在欧洲留下了"最后的阴影"②的那种形而上学思维方式，即为一切事物寻求它的形式、"爱多斯"或"相"，然后追溯到使它得以形成的"构-架"（Ge-stell，孙周兴译作"集置"），从中建立起一整套的概念体系。这套概念体系（如康德的范畴体系）虽然对于我们把握现实事物的对象具有技术上的方便性，却受到了现代自然科学的挑战，海德格尔举的例子是海森堡的"测不准原理"。③但海德格尔通常小心地避免介入现代自然科学的具体问题，这不是他有能力插嘴的，他只限于点到为止。更何况这将破坏他一直严守着的把自然科学划出他的存在追问之外的规矩。实际上，自爱因斯坦相对论以来，他所坚信不疑的有关自然科学建立于主客对立之上的教条本身受到了冲击，这对他那套僵硬的形而上学观是一个不祥之兆。于是他赶快转移话题，说问题不在于一门科学的概念，而在于那些形而上学的概念，特别是"在场"和"无"的概念。

> 这种无作为不在场（Absenz）而使现存中断（即"无化"），但从不毁灭现存。无"无化"（das Nichts "nichtet"），

---

① 海德格尔：《路标》，孙周兴译，商务印书馆2000年，第471页，译文有改动。
② 同上书，第472页。
③ 参看上书，第474页。

就此而言，无倒是证实自己是一种别具一格的现存，无把自己当作这种现存本身掩盖起来。①

这套形而上学的概念虽然不同于科学概念，它所把握的东西是一种先验的或源始的东西，它们属于"完成了的虚无主义的区域"，但这个区域恰好是我们应当走出去的。而荣格尔正是在这一点上，当他自以为已走到了"线的那一边"时，形而上学的东西也仍然保持着"这一边"的意义，也就是"合乎格式塔"（Gestaltmäßigen）的意义，他还停留在和自然科学共处的虚无主义区域中。这些形而上学的东西在他那里仍然还只是"对一个人类本质的格式塔的再现"，而不是"超越到一个并非人性的方式，而是神性的方式的超越性和卓越性"，也并没有像他在《关于线》中所说的那样，使"在一切形而上学中起支配作用的神学的东西显露出来"。②海德格尔在这里所主张的向"神性的方式"的超越，显然是一种"否定神学"的超越，这种超越必须抛弃一切现实在场的东西，对于凡人来说当然会带来"痛苦"。而荣格尔恰好也有一篇论文《论痛苦》谈劳动与痛苦的联系，但海德格尔认为要理清这种关联，最好是把黑格尔的《精神现象学》和《逻辑学》联系起来做一番考察。因为在他看来，"黑格尔形而上学的基本特征，是作为现实性即'生存着的概念'的'无限力量'的'绝对

---

① 海德格尔：《路标》，孙周兴译，商务印书馆2000年，第474页。
② 同上，译文有改动。注意这里都是用的反问句，但其实表达的是海德格尔正面的意思。

否定性'。在同一个（但并非同样的）对否定之否定的归属性中，劳动和痛苦展现了它们最内在的形而上学亲缘关系"。① 至于到底是什么样的亲缘关系，海德格尔并未做认真的分析，而是又祭出他那一套词源学来。他说，希腊文的"痛苦"ἄλγος 这个词"也许"（vermutlich）与另一个希腊词 ἀλέγω［关心、重视］同源，"而后者作为 λέγω［说、采集］的强化动词意味着亲密的聚集。这样的话，痛苦或许就是最亲密的聚集者了"。② 很难相信这是一位严肃的学者所做的分析：痛苦——关心——说、采集——亲密聚集——聚集者（劳动者？），很难看出这中间有什么联系，纯属胡乱的联想和猜测（以词源学的名义）。我们与其相信他做的这一套伪词源学的分析，不如就依他的上述提示，直接引用一段黑格尔关于主奴关系的话："但是在**实际上**奴隶性却拥有这种纯粹否定性和**自为存在**的真理**在自己身上**，因为它在自身**经验**到了这个本质。因为这种意识并不是对这一或那一本质、也不是在这一或那一瞬间感到了担忧，而是对于它的整个本质感到了担忧；因为它曾经感受过死的恐惧，对绝对主人的恐惧。这种意识已经被内在地消融在这种恐惧中，在自身中使自己受到了彻底的震撼，并且一切固定的东西都在它里面震动了。……在其中它通过一切**个别的**环

---

① 海德格尔：《路标》，孙周兴译，商务印书馆 2000 年，第 476 页，译文有改动。同样，在海德格尔的《黑格尔》（赵卫国译，南京大学出版社 2018 年）一书中，他也"断言"黑格尔哲学的"基本规定就是**否定性**"，并说："出自否定性的存在，虚无与之是同一回事。而在这种情况下，否定性之'本质'或许显露出来。"（第 6、15 页）

② 同上。

节而扬弃了它对于自然定在的依附性，而且在劳动中摆脱了自然定在。"①海德格尔关于此在的"烦"、"畏"和"死"的关联在黑格尔这里已经表达出来了，用不着任何词源学，无非是日常经验而已，因为在黑格尔眼里，所有海德格尔称为"常人"（Man）的都是死亡这个"绝对主人"的"奴隶"。

为了证明荣格尔并没有真正超越零度线，海德格尔还从他所使用的语言上找根据，认为既然穿越了临界线，就不应该还把"强力意志的形而上学语言、格式塔的和价值的语言"保存下来，认为这种形而上学的语言所表达的"无论是活的上帝的形而上学还是死的上帝的形而上学，**作为**形而上学都构成了那种界限，它阻碍着一种穿过线的过渡，也就是阻碍着对虚无主义的克服"；而这就要求一种"道说的转变"，一种"与语言的本质的变化了的关系"。②也就是说，不能纠缠于"关于语言本质的逻辑的和语法的观点之中"，不能像唯名论者一样，要求凡表达必有对象。他在这里为自己"以问题形式写下所有这一切"而辩护，即他之所以不用肯定句式而总是用反问句来表达自己的观点，是因为事情尚无定论，一切都在探索过程中（就像当年苏格拉底的提问一样），不能要求每个术语都有它对应的所指，必要时只能存疑。重要的不是现成的答案，而是追问和"思"的过程。

---

① 黑格尔:《精神现象学》（句读本），邓晓芒译，人民出版社2017年，第122页。
② 海德格尔:《路标》，孙周兴译，商务印书馆2000年，第476页，译文有改动。

第五章 海德格尔解构西方形而上学之路

也许有一天，虚无主义之本质会通过其他一些途径，在一道更为明亮的光线中更清晰地显示出来。在此一前，我只能满足于这样一种猜度：我们只有事先开辟一条通向对存在之本质的探讨的道路，以此方式来沉思虚无主义的本质。……不过，如果由于形而上学的表象阻止人们去思考存在之本质的问题，因而存在之本质的问题并不放弃形而上学的语言，那么，这个问题就将渐渐枯衰下去。①

这实际上是对荣格尔的正面批评了。主要意思是，不要想用形而上学的"科学"的语言来一劳永逸地解决存在和无的本质的问题，否则就只能是阻碍对这个问题的思考。当人们把这个问题当作一个技术问题来处理时，他自以为对于存在的遮蔽与否拥有决定权，但他会发现自己已经处于虚无主义的支配之下，存在并不是等在那里让他来揭示，反而"自行回避并且隐匿入不在场之中"。"结果，人就可能以为他所照面的只还不过是他自身而已。而实际上，人的自身无非只是一种在您所说的总体劳动特征的支配地位中对他的绽出之生存的消耗。"② 这就陷入了虚无主义，却撇开了虚无主义所带出的问题。人自身和存在本身两者在形而上学中是处于一种"主体-客体"关系中，但以这种模式来思考人和存在，只能是两败俱伤，表面上主体包含着客体而客体也包含着

---

① 海德格尔：《路标》，孙周兴译，商务印书馆2000年，第477页。
② 同上书，第478页。

主体，实际上两种情况都止步于虚无主义。"这个区分从此就被视为绝对的区分，并且把思想引入绝境"，[①] 因为我们已经把存在放在和人自身同一个水平上来看待，它已经不再是存在，而只是存在者了。因此，我们不可能再沿用形而上学的逻辑学和主客体辩证法来谈这个问题，而必须改变道说方式。我们必须如本文标题所言"面向存在问题"来看待无，即不再把无看作"虚幻的假象"，而是"与'存在'一度同源的无之本质"，[②] 并能在我们这些有死者那里得到安身之处，这样才能真正实现对虚无主义的克服。但这种克服不是通过"下定义"这种方式，因而不能用陈述句来表达。不过，意识到这一点毕竟也"是一个微小的收获，因为它只是一个否定性的收获"，因为指出了这种定义的对象是虚无主义的本质，就可以"把我们指引到一个要求另一种道说的区域之中"。[③] 在基督教中，"否定神学"的作用也正在于此。

因此，在我们到达所指引的那个区域之前，我们对这个领域的"有所运思的前瞻"就只能采取否定的方式来表达"存在"，这就是海德格尔别出心裁首创的在"存在"这个词上"打叉"的书写方式（这在口头上无法表达，只能在书写中呈现）。他解释道：

这种打叉涂划首先只是防御性的，也就是为了抵御那种

[①] 海德格尔：《路标》，孙周兴译，商务印书馆2000年，第480页。
[②] 参看上书，第481页。
[③] 同上书，第482页。

几乎根除不了的陋习:把"存在"表象为一个对立面,一个自为地持立着的、只是偶尔才走向人的对立面。根据这种表象,就有了这样一个假象:仿佛人已经被"存在"排除在外了。然而,实际上,人不仅没有被排除在外,也就是说,人不仅被包含在"存在"之中,而且"存在"需要人之本质,"存在"依赖于对自为假象的抛弃,因此它也就具有另一种本质……①

打叉的意图"首先"只是防御性、否定性的,就是说,"存在"已经出现了,但它一出现就被否定了,说明它不是一个既定的对象。但是谁否定了它、给它打上了叉呢?当然是人了。所以,在打了叉的"存在"中,人和存在是互相需要、互相依赖的,这就不仅仅是一种否定性的表达了,而且展示或指引到了一个超越的区域(类似于佛教中的"遮诠法")。这就是他在别的地方(如1951年的《筑·居·思》)所讨论过的"四重整体"(天、地、神、人)的境界。我们在读《筑·居·思》时可以看到,里面没有一个句子是陈述或定义。当他说"大地是服务性的承担者,是开花结果者,它在岩石和水域中延伸,涌现为植物和动物",或者说"天空是苍穹日运,望朔月行,星移璀璨,四季如轮"②等的时候,这不是陈述和定义,而是在作诗。他也是在宣教,所讲求的

---

① 海德格尔:《路标》,孙周兴译,商务印书馆2000年,第483页。
② 译文见拙文:《海德格尔〈筑·居·思〉句读》,载《西方哲学探赜——邓晓芒自选集》,上海文艺出版社2014年,第335页。

是"沉思之严格、道说之细心、词语之节约",[1] 其风格正如《圣经》中先知的风格,不要问是什么或为什么,你听着有所触动就好。他的本意,是想通过这种"道说"而促使人"转向",也就是由在场转向人之本质。"在场建基于转向,转向之为转向把人之本质利用到转向中,使得人之本质为转向而挥霍自身。"[2] 这也就是给"存在"打叉的意思,不仅给"存在"打叉,也要给"无"打上叉。因为虽然人"不仅仅是被虚无主义所关涉,而且还根本上参与了虚无主义",但"人之本质本身属于虚无主义的本质,并且因此属于虚无主义的完成阶段";而这样一来,人就处在了"线"的临界区中,不但如此,而且"人本身就是这个临界区"。[3] 这就使存在和无都"聚集"在人的本质中了,而对"线"的超越也就是必然的了。所以,人所处的位置"把存在和无聚集入它们的本质中,规定着虚无主义的本质,并因此使人们认识到那些道路——在这些道路上,一种可能的对虚无主义的克服的各种方式才得以显现出来"。[4] 这其实还是《存在与时间》中的"基础存在论"的思路,只不过现在中间插入了一个(我称之为)"基础虚无论",它就是那条有待于跨过的"零度线"。

尼采的"强力意志"就体现了这种零度线,荣格尔指出,这条线就是对强力意志进行现象学的"还原"(Reduktion)之后的

---

[1] 海德格尔:《路标》,孙周兴译,商务印书馆2000年,第429页。
[2] 同上书,第484页。
[3] 同上。
[4] 同上书,第485页。

现象学"剩余"(Überfluß)。"这里说的并不同于说:[①] 在存在者整体范围内,在丰富性和源始性上日趋减少的运动,不仅为强力意志的某种生长所伴随,而且被它所规定。"[②] 因为后面这种理解并没有超出尼采的虚无主义。应该进一步追问的是强力意志,"作为这种意志、并且在这种意志的秩序中显现出来的东西,就是从存在者出发被表象的那个东西,它早已先行形成,并且以多种方式起着支配作用;这个东西超逾存在者,并且在这种超逾范围内反过来作用于存在者,无论它是存在者的根据,还是存在者的起因"。[③] 换言之,应该追究强力意志这种"超逾"(Überstieg)之所以可能的(康德意义上的)先验条件,它是超出一切存在者之上而作用于一切存在者(人为自然立法)的。否则,强力意志就还没有真正超出存在者的范围之外,因而本身还是属于形而上学的。所以,"超逾"只是"向存在者返回",而只有那种"绝对超越"(transcendens schlechthin)才是"存在者之存在",[④]"超逾"和"超越"的这种区别有点像康德的"先验"和"超验"的区别。

---

① 这里原文为:Was sagt dies anderes als。孙周兴原译作"这无非是说",但若这样译,中间还应该有一个否定词 nicht,所以只能译作"这里说的并不同于说"。
② 海德格尔:《路标》,孙周兴译,商务印书馆 2000 年,第 485 页,译文有改动。
③ 同上。
④ 同上书,第 486 页。海德格尔让读者参看的《存在与时间》第七节中说:"存在与存在的结构超出一切存在者之外,超出存在者的一切可能的具有存在者方式的规定性之外。**存在地地道道是** trancendens[**超越**]。此在存在的超越性是一种与众不同的超越性。"(陈嘉映、王庆节译,三联书店 1987 年,第 47 页)

所以,"超逾"所显示出来的那种先验的必然性就是一种"形而上学之天命",虽然这种"天命"使得"人之表象本身也变成了一种形而上学的表象",但它毕竟向我们显示了,"'有'(es gibt)以及如何'有'存在者之存在"。① 因此,对虚无主义的"克服"(Überwindung)就基于对形而上学的"经受"(Verwindung);这样一来,"虚无主义的本质并不是什么虚无主义的东西,并且形而上学的古老尊严因此丝毫无损"。② 正如虚无主义的本质指出了一条克服虚无主义之路一样,形而上学的本质也指出了一条克服形而上学之路。

可是,这种说法也带来了另外一种误解的可能,就是把这样的原理也看作一条主体性形而上学的原理,一种康德式的认识论原理。康德在谈到现象中的经验对象与自在之物的关系时说:"我们正是对于也是作为自在之物本身的这同一些对象,哪怕不能**认识**,至少还必须能够**思维**。因为,否则的话,就会推导出荒谬的命题:没有某种显现着的东西却有现象。"③ 这里的"现象"或"经验对象"相当于海德格尔的"存在者",而"自在之物本身"则相当于海德格尔的"存在本身"。康德在纯粹理性的二律背反特别是第三、第四个二律背反的"正题"中运用"充分根据律"而架起了从此岸超越到彼岸的桥梁,这种做法与海德格尔从存在者

---

① 海德格尔:《路标》,孙周兴译,商务印书馆2000年,第486页。
② 同上书,第487页。
③ 康德:《纯粹理性批判》,BXXVI-XXVII,邓晓芒译,杨祖陶校,人民出版社2004年,"第二版序",第20页。

整体中通过"此在"而"思及"存在本身极为相似。但康德在这里所凭借的是逻辑中的分析命题：现象（Erscheinung）必有其显现者（Erscheinende），再就是人的认识能力（感性直观和知性）和限度，即一种受到限制的主体性。他设想原则上，如果人能够拥有"直观的知性"，他就可以认识自在之物。然而，海德格尔不可能沿用这种主体主义的认识论根据，他诉诸存在本身的"天命"（Geschick）的安排。两千年来人类之所以始终"遗忘"了存在，在他看来不是由于人类缺少什么认识能力，也不是由于人类所犯下的"错误"，而是由于时候未到，天命如此，是由于存在自行"遮蔽了自身"。而且反过来说，这种遮蔽在以往未尝不是一件好事。"说到底，也即从其本质之开端来看，这种被遗忘状态并不是什么否定性的东西，相反地，它作为遮蔽也许就是一种庇护，保存着尚未被解蔽的东西。"① 因此，存在遗忘也好，现在的存在追问也好，打叉也好，都与人的主体性无关，而是时来运转的事情。"被遗忘状态实际上属于存在之实事本身，是作为存在之本质的天命而运作的"，所以在今天，我们不必挖空心思发挥主体的创造力或"自发性"，而只需对以往形而上学中显示出来的"曾在者"加以关注和"思念"（Andenken），这种曾在者是我们必须"经受"的命运。

对形而上学的经受就是对存在之被遗忘状态的经受。这

---

① 海德格尔：《路标》，孙周兴译，商务印书馆2000年，第488页。

种经受朝向形而上学之本质。它用形而上学之本质本身所要求的东西来缠绕这种本质，因为这种本质呼唤着那个领域，即那个把它提升到其真理之旷野中的领域。……对形而上学的经受首先表现为一种克服，这种克服只是把唯一地形而上学的表象置于身后，以便把思想护送到形而上学的被经受了的本质之旷野中。①

形而上学的本质是"旷野"中的"呼唤"，这种比喻让人想起施洗约翰所传先知以赛亚的话（这话四福音书中都引了）："那时，有施洗的约翰出来，在犹太的旷野传道，说：'天国近了，你们应当悔改！'"这人就是先知以赛亚说的那个人，他说："在旷野里有人声喊着说：'预备主的道，修直他的路！'"②联系到前面一直都在提示的海德格尔对通往神学之路的沉迷，令人感到海德格尔这里的用词不太像是偶然的，他在呼唤存在之真理时的确有种以赛亚先知式的胸怀和气派。对于这一点，我们还可以用《哲学论稿》中在"回响"（der Anklang）的小标题下的一段话来做证：

因为要知道，在这里，在全部的荒凉和恐怖中，有某种存有的本质的声音在回响，而存在者的遭到存有离弃的状态（作为谋制和体验）正在破晓。这个完全无疑问的时代只能由

---

① 海德格尔：《路标》，孙周兴译，商务印书馆2000年，第489页。
② 《马太福音》3: 1-3。

一个单纯孤独的时代来顶住，在这一时代中对存有本身之真理的准备工作正在酝酿着。①

如果说，前一个"时代"（Zeitalter）可以一直追溯到柏拉图和亚里士多德对存有真理的遮蔽，那么后面这个"单纯孤独的时代"则是指海德格尔自己所处并试图开辟的时代。他深感自己正在孤军奋战，同时也有一种舍我其谁的历史使命感。"向另一开端的过渡必须为关于这种历史性规定的知晓做准备。这也包括与第一开端及其历史的争辩。这种历史屈从于柏拉图主义的统治地位。"②在40年代的《诗人何为？》中，他也表达了这种深重的时代使命感："在世界黑夜的时代里，人们必须经历并且承受世界之深渊。但为此就必须有入于深渊的人们。世界时代之转变的发生，并非由于什么时候有某个新上帝杀将出来，或者，有一个老上帝重新自埋伏处冲出来。如若人没有事先为它准备好一个居留之所，上帝重降之际又该何所往呢？如若神性之光辉没有事先在万物中开始闪耀，上帝又如何能有一种合乎神之方式的居留呢？"③

文章的后面十来页主要是再次对《形而上学是什么？》中颇遭误解的"无"的命题进行解释和辩护，尽管他已经在为这篇

---

① 海德格尔：《哲学论稿》，孙周兴译，商务印书馆2012年，第116—117页，译文有改动。
② 同上书，第206页。
③ 海德格尔：《林中路》（修订本），孙周兴译，上海译文出版社2008年，第243页。

文章所写的"后记"和"导言"中两次加以澄清,为此还另外写过《形而上学导论》(还不算收入《演讲与论文集》中的《形而上学的克服》)。可见,他对于这个问题多么纠结于怀。他说,早在《存在与时间》第六节提出"解构存在论历史的任务"时,普遍的"曲解"就产生了,"人们把我的思想尝试宣布为对形而上学的摧毁"。① 而在《形而上学是什么?》中人们同样没有看到,作者的本意是要"挽救形而上学的本质"。② 显然,正是通过这一问,才使人们看出"是什么?"这种问法必然把形而上学引入对某种"作为存在者的存在者"的探讨,而这种探讨的结果只能是"无"。但这种"超逾的"也就是先验的追溯,固然可以把"本质"与"实存"区分开来,但对"存在"的沉思之路还只走了一半,必须继续前进到绝对的"超越"(超验)。这就必须对存在者的"无"继续追问,思考它的本质,而不是停留在它作为一种"虚幻的无"之上。于是我们就会看到,"只是**因为**'形而上学是什么?'这个问题一开始就在思考超逾,思考 transcendens[超越],思考存在者**之存在**,所以它才能思考存在者的不,思考**那个**无,这无同样源始地与存在是自同的东西"。③ 所以,上述的曲解正说明"我们和全部持存物一道都还在虚无主义的区域内运动,当然,这里要假

---

① 海德格尔:《路标》,孙周兴译,商务印书馆 2000 年,第 490 页;又参看《存在与时间》,陈嘉映、王庆节译,三联书店 1987 年,第 25 页,"解构"(Destruktion,拆解、摧毁)原译作"解析"。
② 海德格尔:《路标》,孙周兴译,商务印书馆 2000 年,第 491 页。
③ 同上书,第 495—496 页,译文有改动。

定虚无主义的本质基于存在之被遗忘状态中"。① 而只要我们注意到这种存在的被遗忘状态,我们就会走出这一区域,"不是要克服虚无主义,而是必须首先尝试进入虚无主义的**本质**之中。进入它的本质之中,是我们借以甩掉虚无主义而迈出的第一步"。② 所以,海德格尔自认为他的工作根本说来是建设性的,是要以"运思和作诗"来为存在"筑造"(Bauen)一个"家"。然而,"这样一种筑造已经几乎不可以寻思去为上帝盖房子,或者为有死者建住所。它必须满足于在**道路**旁筑造,这道路回归到经受形而上学的那个地点,并让克服虚无主义的天命之旅从这一地点穿行而过"。③

但这种运思和作诗的道说是极其艰难的。"尽管如此,坚持学习的人必定会想到对思念着的思想的道说做更源始和更细心的检验。有一天他将会做到让这种道说作为最高的礼物和最大的危险,作为罕见的成功和经常的失败,而留在完全的神秘之中。"④ 当然,这是一场豪赌。由于结局的不确定性,"这些道说始终贯穿着语词及其用法的根本的多义性",而且"这种多义性基于一场赌博游戏(Spiel),这场赌博游戏越是丰富地展示出来,就越是严格地持守于某种隐秘的规则之中"。⑤ 这里显然是暗指维特根斯坦的"游戏规则"。维特根斯坦在《哲学研究》中说,一个词语的

---

① 海德格尔:《路标》,孙周兴译,商务印书馆 2000 年,第 496 页。
② 同上书,第 497 页,译文有改动。
③ 同上书,第 498 页,译文有改动。
④ 同上,译文有改动。
⑤ 同上,译文有改动。

含义在于它的用法,这些用法按照某种"家族相似"而遵守着一种无形的游戏规则,但并不存在形而上学家所要求的那种语词的严格定义,因而是随时可变的和多义的。但海德格尔这里的意思和维特根斯坦有所不同,他利用"游戏"(Spiel)这个德文词兼有"赌博"的双关含义,而把问题从单纯的语言学引向了人类不可预测的命运或"天命"的神秘法则。"因此道说始终被维系于最高法则,这个法则就是释放到那从不停歇的变局之豪赌结构(das allspielende Gefüge)中去的自由。"① 这是一场冒险,但超越功利地来看,它"就是思想本身,是思想的行进(Gang)和思想的歌唱(Sang)"。②

在这方面,海德格尔和荣格尔找到了共同的语言,也就是把"线"这个高度抽象的隐喻"提升到一种更高的多义性",从而"把思想召唤入一个更原初的指令之中",并在此指引下从事一种"练习全球性思想的努力",而这将不仅"适合于欧洲语言,同样也适合于东亚语言,首先是适合于这两种语言的可能的对话之领域"。③ 只不过荣格尔更关注的是现实的国际形势,就此而言他尚未摆脱尼采的影响;海德格尔更重视的则是发动一场对"打叉的"存在的"争辩",与此相比较,他认为世界大战拼的只是技术装备,是意志力和武力,因此是表面的。不过,如果对尼采的解释采取"不同于以往的方式"的话,倒是可以向我们暗示出一

---

① 海德格尔:《路标》,孙周兴译,商务印书馆2000年,第498页,译文有改动。
② 同上书,第499页。
③ 同上。

条走出虚无主义和形而上学的道路。只是这样做太麻烦也太沉重，我们不如返回到那些古老的令人敬畏的话语，去思念和寻求虚无主义及其本质的源头。如果撇开这一任务，"如果我们的思索始终仅仅去关注思想的语言用法，那么，这种思索就毫无用处"。① 这实际上是对维特根斯坦的隐晦的批评了，虽然他也承认，如果这种语言的用法能够帮助有待思的东西的运用，那就还不失为一种有效的方法。就像歌德所说的，我们不能把语词和表达看作流通的货币，② 否则就会导致某种错误的方向。而这封信（或这篇评论）想要培养的就是歌德所主张的那种沉思和探讨的方式。③ 所以，评论最后在这里所落实的仍然是海德格尔的原理和方法。

三、《黑格尔与希腊人》

关于黑格尔的话题，海德格尔一直都在聊，哪怕在《存在与时间》时代对黑格尔的著作还没怎么读，就已经开始信口开河了（见前面对黑格尔时间问题的分析）。但30年后，在1958年的这篇演讲中，他聊的水平已经大大提高了，不再像当年那个30多岁的讲师那么冒失，对黑格尔的评价也从不屑提升到了尊敬有加。就本书所关注的主题来说，"黑格尔与希腊人"这一标题具有特别的深意，它不是一个简单地拉上两个东西来加以比较，而是按照

---

① 海德格尔：《路标》，孙周兴译，商务印书馆2000年，第500页。
② 请注意，维特根斯坦正是用货币流通来比喻语词游戏的，见他的《哲学研究》，§120。
③ 参看海德格尔：《路标》，孙周兴译，商务印书馆2000年，第501页。

他的"两个开端"的模式对西方历史和哲学史做一个全景式地扫描所形成的结构。他在《哲学论稿》中曾把黑格尔哲学称为从西方哲学"第一开端"以来的"第一终结",由此展现的"哲学之历史的第一种可能性"就是"第二开端"。①而在这篇文章中,他更是明确表示了这样的意思,即"希腊人"和"黑格尔"是西方哲学史上的两个最显眼的"路标"。这一主题其实最初还是来自黑格尔本人,黑格尔曾在其《哲学史讲演录》"导言"中说:"所以整个来说我们有两个哲学,希腊哲学和日耳曼哲学。"相应地可以把哲学史分为三个时期:作为第一期的希腊哲学、作为过渡期的中古哲学以及第三期近代哲学。后者以他自己的哲学为结束,而整个过程符合黑格尔的《逻辑学》中存在论、本质论和概念论的三阶段进展。②海德格尔正是借助这一提示进入自己的问题的,他自己也承认这一点。

本次演讲的标题可以改换为一个问题。这个问题就是:黑格尔在其哲学视野中是如何描绘希腊人的哲学的?……可是,其中别有一种东西牵涉进来了。以"希腊人"这个名称,我们思及哲学的开端;而以"黑格尔"一名,我们思及哲学的完成。黑格尔本人即是在此规定下来理解他的哲学的。③

---

① 参看海德格尔:《哲学论稿》,孙周兴译,商务印书馆 2012 年,第 226 页。
② 参看黑格尔:《哲学史讲演录》第一卷,贺麟、王太庆等译,商务印书馆 1981 年,第 108 页。
③ 海德格尔:《路标》,孙周兴译,商务印书馆 2000 年,第 502 页。

这里就是两端：一个是希腊哲学的开端；一个是黑格尔对哲学的完成或终结，没有再说这个"完成"本身还要在尼采那里走一个"过程"。①而中间这两千多年都属于哲学即形而上学尚未"完成"的阶段，至于黑格尔以后的语言分析哲学、心理学和社会学则都被看作"哲学的崩溃"。但海德格尔又认为，"哲学"虽然完成了，继而走向了崩溃，但"思想"并未终结，反而出现了"一种使思想之实事变得可见的可能性"，对于这种可能性而言，两千年的哲学看似走了"弯路"，却成了"对思想之实事的基本指引"。②那么，在海德格尔看来，黑格尔在这种"指引"中所起的作用是什么呢？他从三个方面分析了这种作用，其中有赞扬也有批评。这三个方面就是：方法论（辩证法）、存在论（本体论）、真理论（认识论）。

1）方法论（辩证法）

海德格尔认为，与康德、莱布尼茨或任何其他人都不同，黑格尔对希腊哲学的态度的一个最明显的特点就在于一种历史主义的方法。"黑格尔首次把希腊人的哲学思考为整体，并且对这个整体作了哲学的思考"，"认为历史在其基本特征上必定是哲学的"。③他把整个哲学史看作精神达到自身同一性的进步过程，看作观念自我发现的历史。哲学史就是精神向着绝对认知或真理的自我发

---

① 海德格尔20年前的《形而上学的克服》中说："黑格尔形而上学只是形而上学之完成的开始，而不是这种完成本身"，而"随着尼采的形而上学，哲学就完成了"。（《演讲与论文集》，孙周兴译，三联书店2005年，第74、83页）
② 海德格尔:《路标》，孙周兴译，商务印书馆2000年，第503页。
③ 同上。

展，哲学与哲学史同一，或者说，哲学史就是哲学本身。"**在黑格尔之前**，没有一种哲学获得过这样一种对哲学的基本态度"，[①] 这里面其实已经"暗示"了近代以来的基本思维模式，即主体决定客体、思维与存在同一于观念，它最终引发了黑格尔的辩证法。"辩证法是绝对主体之主体性的生产过程，并且是作为绝对主体的'必然行为'的过程。"[②] 海德格尔虽然十分讨厌辩证法，也很少以一种概括的方式来展示他对辩证法的理解，但这里不可多得地表述了他心目中的辩证法到底是一种什么东西。所以，我们要仔细地检查一番。他将这一辩证法描述为意识发展的三个发展阶段：

"依据主体性的结构，这一生产过程具有三个阶段。首先，作为意识的主体直接联系于它的客体。这个直接而不确定地被表象的客体，黑格尔亦称之为'存在'，即普遍者、抽象者。"[③] 这是第一阶段，在这一阶段上，主客体是对立的。只有通过从客体上的"逆向"反思，才能把客体作为主体的对象表象出来，这就达到了第二阶段。"但只要我们只是把客体与主体、存在与反思相互区分开来，并且固执于这种区分，那么，从客体到主体的运动就还没有**为**主体性而把主体性整体突出出来。客体，即存在，虽然与主体一道，是以反思为中介的，但中介作用本身还没有**作为**主体的最内在的运动**为**主体而被表象出来。"[④] 所以，第三阶段就是："只有当客体之正题和主体之反题在它们的必然的综合中被发现时，

---

① 海德格尔：《路标》，孙周兴译，商务印书馆2000年，第504页。
② 同上书，第506页。
③ 同上，译文有改动。
④ 同上。

第五章 海德格尔解构西方形而上学之路

客体-主体-关系的主体性之运动才完全地在其进程中了。"① 于是这个进程就是"以正题为起点，进展到反题，再向综合过渡，并且从这个作为整体的综合而来，被设定的设定过程返回到自身那里。这一进程把主体整体聚集入它的展开了的统一性之中"。②

现在我们来看看，这一段对黑格尔辩证法完整的描述是真实的吗？大体上看来似乎没错，几乎所有的教科书上都是这样描述的。海德格尔通过30年的历练，终于能够达到教科书上对黑格尔辩证法的理解水平了。然而，如果要细究的话，这里面仍然隐藏着一些根本性的问题，是大多数哲学史教科书在谈到黑格尔辩证法时的通病，这些问题在一个像海德格尔那样始终坚持知性思维的人那里必然将他引入歧途。先看第一句："作为意识的主体直接联系于它的客体。"什么意思？就是说，意识主体在一边，客体在另一边，当意识联系与它相对立的客体时，就断言说：它存在。海德格尔这里所描述的实际上只是在《精神现象学》(意识经验的科学)中的"感性确定性"阶段的表现方式，它虽然可以反映出辩证法的逻辑规律，但它本身还不是纯粹的逻辑规律。例如，哪里来的意识和对象、主体和客体？在这里并没有交代，作为"意识经验的科学"也用不着交代，这是基本的设定；要到《逻辑学》中，我们才可能发现，"存在"作为"绝对认知"的客体不是"我们"("意识")设定的，而是自行生成的主体，它并不依赖于意识，意识反过来要依赖于它。同样，在第二阶段，也不是"我们"

---

① 海德格尔:《路标》，孙周兴译，商务印书馆2000年，第506页，译文有改动。
② 同上。

把主体和客体、存在与反思区别开来并"固执于这种区分",而是主体本身通过反思自身而从自身中外化出自身的对立物,但这个对立物因此就很可能是假象,从而迫使意识从"知觉"提升到"知性"去寻求更高的确定性。由此必然进入第三阶段,即理性的自我意识,这才如海德格尔所说,使得反思的中介作用本身"作为主体的最内在的运动为主体而被表象出来"。① 但在海德格尔的描述中,辩证法似乎只是"我们"对于现成的意识和对象、主体和客体的一种外在的操作方法,只是由采取这种方法的人在那里把这双方联系起来、区分开来,最后又把它们"作为整体综合起来",并把这个整体"聚集入它的展开了的统一性之中"。② 这本质上仍然属于一种"计算-算计思维",我们在其中看不到"事情本身"的主体能动性、时间性和历史性,③ 只有一种本源的"聚集"(versammlen);至于"谁"在聚集?是"我们"(人)还是上帝,还是事情本身?又为什么要聚集?这些都不问。这就使"辩证法"

---

① 参看拙文:《黑格尔〈精神现象学〉中的自我意识溯源》,《哲学研究》2011年第8期;收入《西方哲学探赜——邓晓芒自选集》,上海文艺出版社2014年。
② 这样理解的黑格尔辩证法,连费希特的"自我设定自我-自我设定非我与自我对立-自我设定自我与非我在对立中的统一"都不如,实际上反映的只是康德的一种二律背反式的"辩证法"。
③ 可对照黑格尔自己的表述:"有生命的实体,只有当它是自我建立的运动时,或者说,只有当它是自我形成与自己本身之间的中介时,它才是那个在真理中作为**主体**的存在,……实体作为主体是纯粹的**单纯的否定性**,正因为如此,它是单纯的东西分裂为二的过程或树立对立面的双重化过程,而这种过程又再次是对这种漠不相干的差异及其对立的否定;唯有这种**重新恢复**自身的同一性或在他在中的自身反思,才是那真实的东西。"(《精神现象学》[句读本],邓晓芒译,人民出版社2017年,第11页)

成了一种谁都可以采用、为了任何目的都能采用的、形式上"正-反-合"的技术性操作规范。①

海德格尔还把这种技术性规范说成是黑格尔的"思辨"（speculativ），并运用词源学把它追溯到拉丁词的speculari（观看）和speculum（镜子）。黑格尔也的确曾运用"镜子"的隐喻来说明自己的"反思"（Reflexion，反射、反映）和"思辨"的含义。②然而，这只是一种借用表象来形象地说明自己的哲学概念的修辞手法，怎么能把它还原为一种实地运用透镜进行科学实验的技术手段？但海德格尔恰好就是这样看的。他说："从这一自我反思着的显像即反映（Spiegeln）而来，speculari（speculum：镜子）获得了它的充分的规定。如此思来，思辨就是这里所说的'辩证法'的全部积极的意思：不是先验的、批判地限制着的甚或

---

① 我们从这里也可以看出，海德格尔把λόγος强行译作"聚集"是多么荒唐，与他所自诩的恰好相反，这种翻译使得这个最富哲学含义的希腊词中已有的"思想"丧失殆尽。倒是黑格尔首次将"逻各斯"的含义阐发为：认知的各环节"在这种元素里自组织（sich organisiert）为一个整体的运动，就是**逻辑学，或思辨哲学**"（参看《精神现象学》[句读本]，邓晓芒译，人民出版社2017年，第24页），使这一术语内在的有机生命复活了，它是一个自行生长起来的有机系统。

② 例如在《小逻辑》中，他把"反思"比作光线在镜子中的反射（参看§112"附释"）。而思辨则是"对反思的反思"，如R.布普纳（Rudiger Bubner）说："这种懂得对反思进行反思的哲学，黑格尔称之为**思辨的**。"（参看 Seminar: Dialektik in der Philosophie Hegels. Herausgegeben und eingeleitet von Rolf-Peter Horstmann, Suhrkamp Taschenbuch Verlag, Frankfurt am Main, 1978. S. 106；又参看拙著：《思辨的张力——黑格尔辩证法新探》，商务印书馆2008年，第356页）

论战性的思想方式，而是对作为精神本身之生产过程的对立面的反映和统一。"[1] 他在这里好不容易把黑格尔的辩证法和康德的消极的辩证法（"先验的、批判的"）区分开来，但又滑入了精神本身的"生产过程"（Prozeß der Produktion des Geistes，而不是生长过程）这一技术主义的泥坑。而与此同时，他又对这种技术主义加以质疑，认为黑格尔把这种思辨的辩证法称为"方法"是不合法的，因为"他既不是指一个表象工具，也不仅仅是指哲学探讨的一个特殊方式。'方法'乃是主体性的最内在的运动，是'存在之灵魂'，……这听来是虚幻的。人们认为，我们的时代已经离开了这种思辨的迷途。但实际上，我们就生活在其中，在这种假定的虚幻中"[2]。但尽管如此，他仍然认为黑格尔的方法和"现代物理学"的"可计算性的方法"（它来源于笛卡尔的《方法谈》）是一脉相承的，只不过黑格尔将其扩展到了历史领域，看作"一切现实的基本特征，因此，作为这样一种运动，方法决定着一切发生事件，亦即历史"[3]。看来，他对黑格尔"逻辑的和历史的一致"方法的赞赏，并不是因为黑格尔看出了在历史的发展中是"有规律的"（恩格斯语），而仅仅是因为黑格尔使历史呈现出"正-反-合"的三段论形式，恰好吻合了海德格尔要向古希腊的"第一开端"回归以完成"存在之天命"的主导思想。

无论如何，海德格尔正是从黑格尔"辩证法"的三段论形

---

[1] 海德格尔：《路标》，孙周兴译，商务印书馆2000年，第507页。
[2] 同上。
[3] 同上书，第507—508页。

式"正-反-合"上来理解黑格尔哲学对整个西方哲学的"完成"的。黑格尔在何种意义上"完成"了西方形而上学？连马克思和克尔凯郭尔都不由自主地成了"最伟大的黑格尔信徒"，这又是为什么？海德格尔认为，这是因为《黑格尔与希腊人》构成了西方哲学史从开端到完成的一个本质性的存在，即希腊哲学是"正题"，这是客体首次得到确立的时期；从笛卡尔开始的近代哲学是"反题"，这是主体作为主体而建立起来反抗客体的时期；黑格尔则是"合题"，也就是主体把自己作为客体建立起来因而在更高阶段上回复到起点的时期。这正好相当于海德格尔有关存在之真理的"无蔽-遮蔽-去蔽"这三个阶段。海德格尔唯一感到困惑的是，黑格尔为什么把希腊意识的抽象阶段称为"美的阶段"。他帮黑格尔所做的那种解释十分勉强，说了几句不靠谱的话（什么"抽象的东西乃是纯粹地停留在自身那里的第一次显现……这种显现就构成美的基本特征"之类）便立马打住了，说"在此不能赘述"。① 由此暴露出来的是，他对这套三段论的刻板公式的

---

① 海德格尔：《路标》，孙周兴译，商务印书馆2000年，第510页，译文有改动。在《艺术作品的本源》中，海德格尔把他对艺术的规定"真理之自行设置入作品"和黑格尔挂起钩来，盛赞黑格尔的艺术观是"西方历史上关于艺术之本质的最全面的沉思"，并为黑格尔的"艺术衰亡论"做辩护。（参看《林中路》[修订本]，孙周兴译，上海译文出版社2008年，第56、59页）但在该文的"附录"（1960年发表）中又说，这一真理设置入作品对于黑格尔来说是"不真实的，因为它还没有经过反题和合题这两个中介"，并让读者参看前两年发表的《黑格尔与希腊人》一文（见《林中路》[修订本]，第62页）。这岂不是说，黑格尔的艺术观和他的辩证法，二者必有一假？看来海德格尔还没有想好。

运用完全是形式主义的,正好陷入了黑格尔所批评的那种形式推理(Räsonnement)的错误。黑格尔指出,形式推理"是摆脱内容的自由和凌驾于内容之上的虚浮",①"形式主义固然也占取了三分法,并且保持了它的**空洞公式**,近代哲学所谓**构成**,无非是把那个没有概念和内在规定的公式到处悬挂,并用之于外在的次序安排,这种构成之肤浅无聊和空虚贫乏,使得这个形式很讨人厌烦,声名狼藉"。②这种套用公式的做法又怎么可能理解黑格尔对美的规定呢?

由此可见,海德格尔对黑格尔辩证方法的推崇,完全是"谬托知己";与此同时,他对这种辩证法的批评和厌恶,也同样是建立在误解之上的。这种误解的另一个典型文本是他的《黑格尔的经验概念》一文(收入《林中路》),我的《海德格尔在〈黑格尔的经验概念〉中对辩证法的扭曲》一文对于这种误解进行过详细的分析和批评。③我在那里指出,海德格尔对黑格尔辩证法的误读基于他用康德的眼光来读黑格尔;而在这里我所揭示的则是,海德格尔在理解黑格尔辩证法时所凭借的是纯粹知性的形式推理。这两种误读具有内在的一贯性,只不过在前一场合,他把尼采的"求意志的意志"强加于黑格尔,并因此表扬黑格尔,却摒弃了黑格尔辩证法的形式;而在后一场合,他抽取了辩证法的三段论形

---

① 黑格尔:《精神现象学》(句读本),邓晓芒译,人民出版社2017年,第37页。
② 黑格尔:《逻辑学》下卷,杨一之译,商务印书馆1981年,第545页。
③ 该文发表于《哲学研究》2007年第12期,收入《西方哲学探赜——邓晓芒自选集》,上海文艺出版社2014年。

式，因此赞扬黑格尔，却剔除了辩证法的"存在灵魂"，斥之为虚幻的"迷途"。显然，海德格尔对黑格尔辩证法的这样一种任意歪曲的理解并没有使黑格尔回到古代辩证法，更没有使之构成希腊哲学的"完成"或终结，反而使他显得远远低于古代辩证法，[①] 顶多相当于近代形而上学（如笛卡尔、沃尔夫和康德的形式主义），而这恰好是海德格尔自己的思维方法的写照。

2）存在论（本体论）

接下来，海德格尔讨论的是存在论问题，也就是通常译作"本体论"的问题。他认为，黑格尔对于希腊哲学的存在概念是用四个基本词语来言说的，这四个词语是：巴门尼德的 Ἕν，希腊文原意为"一"（或"太一"），海德格尔译作"大全"（All）；赫拉克利特的 Λόγος，海德格尔在这里译作"理性"（Vernunft）；柏拉图的 Ἰδέα，即"理念"或"相"，海德格尔译作"概念"（Begriff）；亚里士多德的 Ἐνέργεια，即"实现"，海德格尔译作"现实性"（Wirklichkeit）。[②] 当然，这些译法在此都是按照黑

---

① 我们可以看看黑格尔对古代辩证法的描述："但那另一种辩证法则是对于对象的内在的考察，这是就对象本身来考察，没有前提、理念、应当，不依照外在的关系、法则和理由。我们使自己完全钻进事实里面，即就对象本身而加以考察，即依它自己所具有的那些特性去了解它。在这样的考察里，于是对象自身便显示出其自身 ［的矛盾］：即自身便包含有正相反的规定，因而自己扬弃自己；这种辩证法我们主要地在古代哲学家那里见到。"（《哲学史讲演录》第一卷，贺麟、王太庆等译，商务印书馆1981年，第280页）这与海德格尔的意志论和三段论的形式主义都风马牛不相及。

② 参看海德格尔：《路标》，孙周兴译，商务印书馆2000年，第510页。

格尔的译法，唯独将 Ἕν 译作"大全"（All），在黑格尔那里似乎还未见到，黑格尔通常译作 das Eine 或者 Eins（"太一"或者"一"），①海德格尔下文中也是这样译的，不再提及 All 的译法，可视作一时笔误。此外，Ἕν 这个词也不能看作"巴门尼德的词语"，前面说过，它是由巴门尼德的老师塞诺芬尼提出来的，不是用来说"存在"，而是用来说至高无上的"神"的，巴门尼德不过是借来表示存在的至高无上而已。②但在这里更值得我们关注的是海德格尔提出的两条约法：第一，在解释这些哲学家时要注意抓住黑格尔所认为的"决定性的东西"；第二，要注意"黑格尔据以在'存在'这个主导词的视界中规定他对四个基本词语的解释的方式"。第一条没人会反对，关键是第二条，什么样的方式？

海德格尔引了《哲学史讲演录》"导言"（霍夫迈斯特版）中的一句话："最初的共相（Allgemeine）乃是直接的共相，即存在。因而内容即对象就是客观的观念（Gedanke）、存在着的观念。"他替黑格尔所做的解释是："存在就是直接被思的东西的纯

---

① 在《哲学史讲演录》中只有一个地方，黑格尔提到巴门尼德时用了 All 这个词："全体是结合体（Das All ist Zusammenhang）；因为存在者与存在者是合流的。"但这种通过存在者（Seiende）与存在者之间的"合流"（zusammenfließen）而结合起来的"全体"，与最高的"太一"（Ἕν）还是两码事。（参看黑格尔：《哲学史讲演录》第一卷，贺麟、王太庆等译，商务印书馆 1981 年，第 266 页，译文有改动）

② 所以，他说："πάντα ἕν, εἰ τὸ ὂν ἓν σημαίνει."（如果存在被称为"一"，则万物皆"一"。）（参看亚里士多德：《形而上学》，吴寿彭译，商务印书馆 1981 年，第 14 页注③，译文有改动）

粹被思状态，还没有顾及那种撇开审查过程来思考这个被思的东西的思想。纯粹被思的东西的规定乃是'无规定性'，它的审查过程则是直接性[1]。如此被理解的存在乃是直接未规定的一般被表象者，虽然这种最初被思的东西甚至还从来不打算让这一规定和中介缺席，相反好像还竭力反对这种缺席。由此就很清楚了：作为客体之最初的简单的客体性的存在，是从对有思维能力的主体的关系中通过对这主体的纯粹抽象而得到思考的。"[2] 就是说，在海德格尔看来，黑格尔的存在是和它的直接被思状态不可分的，因此还没有来得及撇开主体对它的审查过程，这种直接的审查在存在中看到的是无规定性和无中介性，却准备着使它得到规定或中介。所以，这个存在的客体性是由纯粹抽象的主体思考出来的。言下之意，只有海德格尔自己对存在的思考才是完全撇开了主体的干扰、悬置了主体审查过程而让存在无蔽地展现出来的。换言之，在考察黑格尔的存在概念时主要应该揭示其中的主体性及其对存在本身的遮蔽作用，这就是海德格尔提醒人们注意的一个要点。其实这种提醒无非是让人们退回到康德对现象的存在和自在之物的存在的区分：自在之物虽然能够被我们所"思维"，但这种思维绝对不可成为自在之物的客观规定性，我们能够"思考"它，但不能"认识"它。

这种早已被黑格尔"克服"了的划界在海德格尔这里重新被

---

[1] 这里"直接性"（Unmittelbarkeit）孙周兴译作"不可规定性"，显然是误看成 Unbestimmtbarkeit 了。
[2] 海德格尔：《路标》，孙周兴译，商务印书馆2000年，第511页，译文有改动。

抬出来,并不是什么了不得的新见。但黑格尔对康德的批评在这里仍然适用:我们只可能在水里学会游泳。当我们"思"一个存在时,我们就已经在"认识"这个存在了,因为我们知道"有"这个存在,哪怕这个存在什么都还"没有"(即"无"),我们也已经知道"有一个无"。这个问题可以溯源到苏格拉底提出的一个悖论,就是:当我对某个东西一无所知时,我怎么能够去认识那个东西呢?反之,如果我已经知道了那个东西,那我又不必认识那个东西了(参看柏拉图:《美诺篇》)。苏格拉底的"自知其无知"表明,就连"无知"也是"知"的一个对象,虽然是最抽象、最空洞的对象。海德格尔看来从未受过这种辩证法的训练,他一开始就站在康德的立场,竭力想在"存在者"("在场")的现象)和"存在本身"之间划出鸿沟。但他自己对"存在"本身的"追问"或"思"难道不已经是对存在者的一种认识了吗?他是怎么知道"有"(es gibt)一个存在的?一旦他知道这一点,则"存在"不又变成一个"存在者"了吗?他怎么可能完全撇开主体对存在者(被思的东西)的"审查"关系而"让"存在本身呈现出来呢?他对黑格尔的这一苛求实际上也把自己的活路堵死了,真正的"泰然任之"就是闭嘴,一个字也不要写。

现在来看看他对黑格尔的四个希腊词语的解释。"巴门尼德的基本词语是 Ἕv,即一(das Eine),是统一一切者,因而是共相(Allgemeine)。"① 这第一句就错了。黑格尔在《哲学史讲演录》

---

① 海德格尔:《路标》,孙周兴译,商务印书馆2000年,第511页,译文有改动。

中并没有把巴门尼德的"一"解释为"统一一切者"或"共相"。虽然在讨论麦里梭时，黑格尔引用了亚里士多德的观点，即认为巴门尼德和麦里梭在"太一"问题上，前者"似乎是把太一了解为概念，麦里梭则把太一了解为物质"，但这恰好是黑格尔不同意的，而认为"正是在纯本质、有、太一里，这个区别就消失了"，这种区别对于双方都是"不存在的"。① 更何况，在专门讨论巴门尼德的这一小节中，他甚至提都没有提到"一"（Ἕν），如果他真是把这个词看作巴门尼德的"基本词语"，这是不可想象的。接下来，"在黑格尔所熟悉的伟大的残篇第八中，巴门尼德探讨了 Ἕν [一] 借以显示自身的那个 σήματα [标记]，即 die Zeignisse。但又说，黑格尔并不是在 Ἕν 这个作为共相的存在中发现巴门尼德的这个'主要观念'的"。② 这种说法显然是在自打耳光，因为如果连巴门尼德的"主要观念"都不能在 Ἕν 这个"基本词语"中发现，那它怎么能叫作"基本词语"？其实，就在这个残篇第八中，巴门尼德倒是提到了存在"是个连续的一"，③ 但黑格尔却对这唯一的一次都不置一词，不奇怪吗？再看什么是所谓的"主要观念"。这个主要观念并不是"一"，而是"存在与思想是同一的"，因此海德格尔认为，在黑格尔那里，"存在作为'存在着的

---

① 黑格尔：《哲学史讲演录》第一卷，贺麟、王太庆等译，商务印书馆1981年，第271页。
② 海德格尔：《路标》，孙周兴译，商务印书馆2000年，第511页，译文有改动。
③ 参看北京大学哲学系外国哲学史教研室编译：《西方哲学原著选读》上卷，商务印书馆1981年，第32页。

观念'乃是思想的生产。黑格尔在巴门尼德的命题中看到了走向笛卡尔的预备阶段；而根据有意识地设定起来的主体来对存在加以规定，这是随着笛卡尔哲学才开始的"。①我不知道海德格尔从哪里看出了黑格尔的这个意思。在黑格尔讨论巴门尼德的所有这些文字中，笛卡尔的名字都没有出现过（只提到过斯宾诺莎的"一切规定都是否定"）。当然，既然黑格尔把巴门尼德看作"真正的哲学思考"的"发端"，则在他眼里，后来的一切哲学思考无疑都由巴门尼德做了准备，而不限于笛卡尔的主体哲学。海德格尔特意把笛卡尔提出来，显然是想把巴门尼德解释成一个潜在的主体主义者，以树立他自己的靶标。由此可见，海德格尔对黑格尔的巴门尼德解释所下的结论没有一个是靠谱的。

再看赫拉克利特。"赫拉克利特的基本词语说的是 Λόγος［逻各斯］，即聚集（Versammlung），让一切存在者整体作为存在者摆在跟前并显现出来。Λόγος 乃是赫拉克利特给予存在者之存在的名称。"②说赫拉克利特的 Λόγος 专指存在者之存在，这一断言毫无根据。相反，当赫拉克利特说"我们踏进又不踏进同一条河，我们存在又不存在"③时，他的意思显然不是说，我们有逻各斯同时又没有逻各斯，而是相反，即逻各斯本身就包含存在和非存在的关系。至于说逻各斯必须理解为"聚集"，则更是无稽之谈。若

---

① 海德格尔：《路标》，孙周兴译，商务印书馆2000年，第511—512页。
② 同上书，第512页，译文有改动。
③ 北京大学哲学系外国哲学史教研室编译：《西方哲学原著选读》上卷，商务印书馆1981年，第23页。

果真如此，我们不妨将海德格尔的这一解释代入古希腊谈逻各斯的各种场合，来检验一下它的适用性。例如赫拉克利特说："如果你们不是听了我的话，而是听了我的Λόγος，那么，承认'一切是一'就是智慧的。"① 在这里，如果改成"而是听了我的聚集"，将会不知所云（"聚集"如何"听到"？），而且接下来的"一切是一"也就莫名其妙了。② 其实赫拉克利特的 Λόγος 倒是有"一"（Ἕν）的普遍性或共相的意思（这是巴门尼德的"一"中所看不出来的），如说"一切都遵守着这个 Λόγος"，"可是 Λόγος 虽然是大家共有的，多数人却自以为是地活着"，还说"对那片刻不能离的 Λόγος，对那支配一切的主宰，他们格格不入"，等等。③ 但这种"一"并不是"聚集"起来的，尽管有了"一"，就会带来某种"聚集"功能，但也不一定，很可能多数人仍然会"格格不

---

① 北京大学哲学系外国哲学史教研室编译：《西方哲学原著选读》上卷，商务印书馆1981年，第22页。中译者将 Λόγος 译作"道"，其实不妥，我这里用希腊原文代替。

② 海德格尔还真的做过将"聚集"代入赫拉克利特这句话中的尝试（见《演讲与论文集》，孙周兴译，三联书店2005年，第219页以下）。但他把希腊文 ἀκούειν［听，聆听］解释为一种"不用耳朵"的听，一种"本真的听"（同上书，第228页），也就是内心的"听从"（第243页）；而接下来却又自己承认："希腊人从来没有思这种语言之本质——赫拉克利特亦然"，他们"从来没有特地把语言的本质思为采集着的置放"（第246页）。这只能说明他的代入失败。可见，他为了适应自己的解释，是多么随意地对待他的引文。又参看海德格尔：《形而上学导论》，熊伟、王庆节译，商务印书馆1996年，第129—130页。

③ 北京大学哲学系外国哲学史教研室编译：《西方哲学原著选读》上卷，商务印书馆1981年，第22页。此处，原译文中的"道"也用希腊原文 Λόγος 代替。

入"。反之，聚集起来却不一定能达到"一"，还要看如何聚集。我这里还没有举当时其他哲学家（如巴门尼德）用到 Λόγος 的例子，至于亚里士多德的"人是 Λόγος 的动物"，若读作"人是聚集（或采集）的动物"，岂不是让人笑掉大牙？人既不是蜜蜂，也不是蚂蚁。可惜这么容易的测试没有人去做，却有人盲目相信他的靠不住的"词源学"，真是咄咄怪事。①

正是由于海德格尔一意孤行地把 Λόγος 解读为"聚集"，所以他居然说出了"黑格尔对赫拉克利特哲学的解说恰恰并不以 Λόγος 为定向"这样的外行话，并对黑格尔宣称"没有一个赫拉克利特的命题，是我没有纳入我的逻辑学中的"感到"奇怪"。②不过，接下来海德格尔自己也说明了这一"奇怪"其实并没有什么好奇怪的，因为"对这种黑格尔'逻辑学'来说，Λόγος 乃是绝对主体性意义上的理性，而'逻辑学'本身乃是思辨辩证法，通过这种辩证法的运动，直接普遍者和抽象者，即存在，作为客观的东西进入与主体的矛盾之中而得到反思，……把握这种统一，

---

① 卡尔·洛维特对这一套词源学的把戏却不以为然，认为："假使从一个基础词或词根向其变形的转变不是随意的，那么海德格尔的辞藻就或者是依赖诗性暗示的可能性，或者是依赖语源词典，而且它们在科学上的正确性以及可证明性也是成问题的"，而且"不仅让语言说话而且要让它帮我们思考，这种越来越强烈地凸显出来的倾向，在海德格尔那里是与故意榨取德语构词可能性的倾向相一致的，因为他是没法翻译的"。(《海德格尔——贫困时代的思想家》，彭超译，西北大学出版社 2015 年，第 177—178、179 页）
② 海德格尔：《路标》，孙周兴译，商务印书馆 2000 年，第 512 页。

乃是作为辩证法而展开自身的思辨的本质"。① 就是说，黑格尔并不是没有以 Λόγος 为定向来解释赫拉克利特的哲学，而是因为他理解的 Λόγος 并不是海德格尔的"聚集"，而是对立统一的辩证法规律，也就是理性的思辨法则，所以被海德格尔判定为不是赫拉克利特的 Λόγος。"所以，黑格尔把他对赫拉克利特的解释的重点放在赫氏那些表达出辩证法要素即矛盾的统一和统一作用的句子上。"② 显然，海德格尔在这里并不是真的误解了黑格尔，而是揣着明白装糊涂。谁要是相信他对 Λόγος 的那种别出心裁的解释，谁就注定读不懂黑格尔的 Λόγος。

对柏拉图的 Ἰδέα 和亚里士多德的 Ἐνέργεια 在黑格尔那里的理解，海德格尔的说明略显简略，都比讲赫拉克利特的部分要少。其主旨在于强调，黑格尔把柏拉图看作"哲学科学作为科学"的创始者；而在亚里士多德那里，"Ἐνέργεια[实现]同样也在思辨辩证法的角度被思考为绝对主体的纯粹活动"。③ 但他还未来得及阐明，Ἰδέα 和 Ἐνέργεια 分别是如何言说"存在"的，就匆匆忙忙地对这四个词语的解释做结论了，说黑格尔是在"被他把握为抽象共相的存在的视野中"来理解这四个词语的，因此，"存在以及在基本词语中被表象的东西**尚未**得到规定，**尚未**通过并且进入绝对主体性的辩证运动而被中介化。希腊人的哲学乃是这一'尚未'的阶段。它尚不是完成，但仍然只有从这种完成的角度被把

---

① 海德格尔：《路标》，孙周兴译，商务印书馆2000年，第512页。
② 同上。
③ 同上书，第513页。

握；而这种完成已经把自己规定为思辨唯心主义体系了"。①一般来说，这一概括大致不错，但够粗糙的。海德格尔只看到这一时期的"存在"概念在黑格尔眼中的"抽象性"以及"尚未"得到具体化的规定，却忽视了黑格尔对其中一开始就蕴含着的"自己运动"的能动性的强调。他虽然也知道，"在黑格尔看来，精神到绝对主体性的具体之中去完成自己并因此向其本身解放自己，以此来摆脱抽象，这乃是精神最内在的'冲动'、'需要'。……在希腊世界里，精神虽然首次进入了与存在的自由对立。但精神尚未真正作为自知的主体达到其本身的绝对确定性。唯当后者发生之际，在思辨-辩证法的形而上学体系中，哲学才成其所是，才是'精神本身最神圣、最内在的东西'"，②但他没有看到，黑格尔的精神摆脱抽象的这种冲动或需要正好就潜在于这种抽象存在本身之中，而精神首次进入和存在的对立也恰好就是存在本身与自身的对立（自否定），正因此它才能叫作"自由对立"。这一过程并不是黑格尔的"思辨唯心主义体系"强加于希腊哲学的，而是由希腊哲学中自然而然地生长起来的。这一生长的内在必然性和不可抗拒性，我们从柏拉图的《巴门尼德篇》中对"存在"和"一"等范畴的自发的辩证运动中可以看得很清楚，③这正是黑格尔极其推崇柏拉图而海德格尔却对此无动于衷的观点。可以说，这一看似不起眼的区别正是海德格尔的存在论和黑格尔的存在论的最根

---

① 海德格尔：《路标》，孙周兴译，商务印书馆2000年，第514页。
② 同上，译文有改动。
③ 参看拙文：《论柏拉图精神哲学的构成》，《中州学刊》2001年第3期；收入《西方哲学探赜——邓晓芒自选集》，上海文艺出版社2014年，第79—82页。

本的区别。海德格尔企图去掉黑格尔的主体辩证法而还"存在本身"以本来面目,最终却把整个存在论都搞掉了。

3) 真理论

对传统把真理性和正确性捆在一起来谈的做法加以彻底颠覆是海德格尔颇为得意的一件杰作。严格说来,这一工作最初是由胡塞尔的现象学开创的,胡塞尔对历来人们将真理视为"观念和对象的符合"的这种"符合真理论"不以为然,而主张回到"现象学的直观",即"直观的被给予性"或"经验的明证性",却将"存在"本身置入"括号"内"存而不论"。所以,胡塞尔的真理论本质上是属于认识论的,而不是存在论(本体论)的(虽然他也把自己的认识逻辑称为"形式本体论")。[①] 与此不同,海德格尔的真理论已经不带传统的认识论色彩了,他甚至有意排斥任何认识论的理解,而几乎将真理看作存在本身,至少是将真理论融化在存在论中,达到了双方的某种"共属一体"。正是在这一点上,他与黑格尔倒有某种相通之处,或者说,黑格尔的逻辑学、认识论和本体论的"三统一"[②] 在某种意义上正好迎合了海德格尔真理论和本体论合一的倾向。但显然又还是完全不同的,不同在哪里?

最根本的不同就在于,黑格尔把真理视为一个自行生长起来的"过程",在这一过程中,真理是"全体";而海德格尔则老

---

① 参看胡塞尔:《经验与判断》,邓晓芒、张廷国译,三联书店1999年,第26、223页。胡塞尔自认为与旧的本体论相比,这是一种"无所不包的本体论"(见该书,第422页)。

② 可参看拙著:《思辨的张力——黑格尔辩证法新探》,商务印书馆2008年,第五章:"黑格尔辩证法作为逻辑学、认识论、本体论的统一"。

是要寻求在这一过程中的哪一段才是真正的、本来意义上的"真理",其他那些片段则被他看作要么是"尚未"达到真理,要么是对真理的"遮蔽"。而且他就是用这种眼光来看待黑格尔的真理观的。他说:"黑格尔作为哲学的'目标'来加以规定的就是:'真理'。这真理是在完成阶段才达到的。希腊哲学的阶段则停留在'尚未'之中。它作为美的阶段尚不是真理的阶段。"① 这完全是拍脑袋得出来的结论。黑格尔无数次地强调,关于绝对的科学"本质上是**体系**,因为真实的东西作为**具体的**东西,只是在自身中展示自身并且聚集和总括在统一体中的东西,也就是一个**全体**,而只有通过对其区别加以区分和规定,才可能有这个全体的必然性和整体的自由"。② 可见,从完整的全体的眼光来看,没有哪个精神阶段"尚不是真理的阶段",这正如我们不能说小孩子"尚不是人",一颗种子"尚不是植物"一样。真理在黑格尔看来是精神的成长历程,"而且只有作为这样一个自己反思自己的形成过程,精神才自在地在真理中是这个**精神**"。③ 因此,哪怕是绝对理念的最初阶段,即"感性显现"的"美"的阶段,在黑格尔那里也是真理本身形成过程的一个必不可少的阶段,怎么能说它"尚不是真理的阶段"呢?④

---

① 海德格尔:《路标》,孙周兴译,商务印书馆2000年,第515页,译文有改动。
② 黑格尔:《小逻辑》,贺麟译,商务印书馆1981年,第56页,译文有改动。
③ 黑格尔:《精神现象学》(句读本),邓晓芒译,人民出版社2017年,第486页。
④ 甚至在《精神现象学》的开端即"感性确定性"中,黑格尔也说:"实际上这**种确定性**所扮演的是最抽象最贫乏的**真理**。它对于它知道的仅仅说出来这么多,它**存在**;而它的真理性仅仅包含着事情的**存在**。"(同上书,第61页)

第五章 海德格尔解构西方形而上学之路

下面海德格尔对黑格尔《哲学史讲演录》的解读就更加不靠谱了。他说：

> 在这里，如果我们要洞察哲学史整体，"黑格尔与希腊人"，即这种历史的完成和开端，我们就要深思和追问：高踞于哲学之路的开端，在巴门尼德那里不是就有 Ἀλήθεια 即真理么？为什么黑格尔没有把**它**表达出来呢？莫非他所理解的"真理"不同于无蔽状态么？确实如此。①

说黑格尔没有把巴门尼德的"真理""表达出来"，这话不知从何说起。查黑格尔在《哲学史讲演录》的"巴门尼德"一节中，单是引巴门尼德的原话中就有五处"真理"（Wahrheit），引智者派由此所做的推论也有一处（"一切是真理，没有错误"）；黑格尔自己的评论则有：

> 真正的哲学思想从巴门尼德起始了，在这里面可以看见哲学被提高到思想的领域。一个人使得他自己从一切的表象和意见里解放出来，否认它们有任何真理（Wahrheit），并且宣称，只有必然性，只有"存在"才是真的东西（Wahre）。这个起始诚然还朦胧不明确；它里面所包含的尚不能加以进一步的说明；但把这点加以说明恰好就是哲学发展本身，这

---

① 海德格尔：《路标》，孙周兴译，商务印书馆 2000 年，第 515 页。

种发展在这里还没有出现。与这点相联结,就引起了这样的辩证法,即:变化的东西没有真理(Wahrheit);因为当人们把这些规定当作有效准时,他们就会遇着矛盾。①

这段话第一句海德格尔在前面也引了,说黑格尔声称"真正的哲学思考是从巴门尼德发端的……。但这一开端还是模糊的和不确定的"。②但在中间省略掉的部分中正好提到了"真理",还提到"存在才是真的东西"。虽然黑格尔这里用的是德文而非希腊文,但即使他所理解的"真理"不同于"无蔽状态"(Ἀλήθεια),凭这也不能认定黑格尔完全没有把巴门尼德的真理"表达出来"。何况黑格尔自己的真理概念也并没有排除"无蔽状态"的理解,他也是学过希腊文的。只不过他的重点没有放在"无蔽状态"上,而是放在与"意见"(即"变化的东西")的区别之上(因为"意见"正是对"真理"的遮蔽),而这是与巴门尼德的本意相吻合的。所以,黑格尔指出:"除了真理(Wahrheit)的学说外,巴门尼德还加上一个关于'人类意见'的学说,世界的虚幻系统。"③在黑格尔和巴门尼德看来,说意见"不是真理",这本身就是对"真理"的"表达"(即为真理"去蔽")了;相反,说"真理"就是

---

① 黑格尔:《哲学史讲演录》第一卷,贺麟、王太庆等译,商务印书馆1981年,第267页,译文有改动。
② 海德格尔:《路标》,孙周兴译,商务印书馆2000年,第512页。
③ 黑格尔:《哲学史讲演录》第一卷,贺麟、王太庆等译,商务印书馆1981年,第268页。

"无蔽状态",这倒不一定是"对真理的表达",而是(至少对于巴门尼德是)同义反复。当然,在巴门尼德以后,特别是亚里士多德以后,为了进一步规范对真理的表达,排除意见,西方哲学的"真理"概念离存在论(本体论)越来越远,成了一个纯粹认识论和方法论的概念(主客分离、对立然后相"符合",即"正确性"的概念),这就形成了海德格尔所说的对存在的真理的(更高层次的)遮蔽。直到黑格尔提出辩证法、认识论和本体论的"三统一",才重新将古希腊的本体论的 Ἀλήθεια 纳入对真理的认识论理解中来。但现在海德格尔要求一种完全排除了认识论的存在真理,认为只有这才还原到了古希腊"真理"的源始含义,这完全是一种历史虚无主义的想法,其结局注定是,不但客观上取消了西方形而上学,而且否定了整个西方哲学史(哪怕他不承认这一点),剩下的只有走向神学的神秘主义这一条路。

所以,海德格尔责怪黑格尔没有把真理(Ἀλήθεια)理解为"无蔽"是毫无道理的,黑格尔的"真理"作为一个"整体"的概念,当然包含最初的"无蔽"的意思,但不止步于这个意思,而是必然从中成长起来,最终成为"自知的绝对精神的绝对确定性"(真正的"无蔽")。凭借黑格尔眼中希腊人的"**主体尚未作为主体**显露出来",就断言"因此,Ἀλήθεια 不可能是对确定性意义上的真理的规定",① 这是武断且没有根据的。而且,海德格尔接下来自己就推翻了他自己的这一断言。他说,如果我们把

---

① 海德格尔:《路标》,孙周兴译,商务印书馆 2000 年,第 515 页。

Ἀλήθεια 定为希腊哲学的开端，那就要问："假如我们并非不确定地和任意地把 Ἀλήθεια 解说为确定性意义上的真理，而是把它思考为解蔽（Entbergung），那么，难道不正是确定性在其本质中依赖于 Ἀλήθεια 吗？……是否在这种出现和自行敞开中，就必定没有解蔽在运作。"① 这一问问得好。如果早有这一问，前面对黑格尔的武断就不会发生了。就是说，海德格尔也承认，黑格尔对 Ἀλήθεια 这样的真理的初级阶段虽然还不等于"确定性意义上的真理的规定"，但并非互不相干或截然对立，后来的这种确定性的真理规定"在其本质中"是"依赖于"它的，这正是因为"在这种出现和敞开中"已经"有解蔽在运作"了，例如希腊意识阶段的"美的纯粹显像"就已经是真理的感性显现了。所以，后来的确定性意义上的真理的"可能性"已经蕴含在 Ἀλήθεια 之中，它就是 Ἀλήθεια 本身所要求的。从希腊早期直接的无蔽的真理（Ἀλήθεια）到后来的确定性的（间接的）真理，不是哪个骗子或蠢材想出来附加上去的，而是一脉相承地必然发展出来的；现在要回到早期希腊的真理观，也绝不可能将后面的真理观一刀切掉；不说切不掉，就算切得掉也没用，它还会自然而然地生长出来。所以，"在绝对的自我知识及其确定性中，必定也**还有解蔽**在运作"，因而"解蔽在作为绝对主体的精神中有其位置"，它"指引着诸如一个表象性主体之类的东西首先能在其中'是'其所是"（这里用的都是反问句，其实表达的是正面的意思）。② 假如海德

---

① 海德格尔：《路标》，孙周兴译，商务印书馆 2000 年，第 515 页。
② 同上书，第 516 页。

格尔真的是这样理解黑格尔的真理观,那他们之间还有什么好"争辩"(Auseinandersetzung)的呢?

但这种情况是不能允许的。海德格尔总要在自己和黑格尔之间找出一些差别来。但问题是,他找出来的差别实在算不上什么差别,而真正的差别他又发现不了。例如,他说,真理所命名的就是"思想之实事"(die Sache des Denken),"它早就呼唤着我们并且通过整个哲学史传承下来了","每一种思想都必须以自己的方式逗留于这些先行之见中",但又"绝不能把自己弄成一个法庭模样",如此等等。① 这些带有现代解释学的说法其实都是黑格尔可以接受的,甚至就是黑格尔的思想。黑格尔正是把整个哲学史看作不是某些个人的创作,而是"绝对精神"这个最根本的"思想之实事"②借一系列的哲学家在实现自己的目的。所以,海德格尔认为,黑格尔对古代存在论的解释虽然"在历史学上看是不正确的",然而"先行于一切正确的或不正确的历史学上的陈述有这样一回事情,即,黑格尔已经根据绝对主体性意义上的存在之本质经验了历史的本质。直到此刻,从哲学上看,还没有一种对历史的经验能够与黑格尔的这种历史经验旗鼓相当"。这无疑是

---

① 海德格尔:《路标》,孙周兴译,商务印书馆2000年,第516页。
② 黑格尔的表述是"事情本身"(die Sache selbst),如他在《精神现象学》中所说的:"**事情本身**,只有当这些环节必须孤立地发生作用时,才是跟这些环节相对立的,但本质上它作为现实性与个体性的贯通,是这些环节的统一;……于是,**事情本身**就表现了**精神的**本质性,在这种精神的本质性中,这一切环节作为自为地发生作用的环节都被扬弃掉了,因而只有作为普遍的环节才发生作用。"(见该书,邓晓芒译,人民出版社2017年,第249页)

对黑格尔的高度赞扬。① 但是当海德格尔说，"不过，对历史的思辨辩证法的规定恰恰导致了这样一点，即：黑格尔始终受到阻碍，未能把 Ἀλήθεια 及其运作专门当作**思想之实事**来考察，而且这正是在那种把'纯粹真理王国'规定为哲学的'目标'的哲学中发生的事情"，② 这就是用自己对黑格尔的误解来制造一个假想敌了。如前所述，海德格尔对黑格尔辩证法的理解完全是形式主义和技术主义的，因而这里所谓的哲学"目标"也被理解成技术上的目的；他会以为黑格尔的历史观不过是把自己构想出来的一套解释工具套用于历史之上的结果，因而"阻碍"了黑格尔把 Ἀλήθεια 看作"思想之实事"。海德格尔解释道：

> 因为，当黑格尔把存在理解为无规定的直接的东西时，他就把存在经验为由规定着和理解着的主体所设定起来的东西了。因此，他就可能使希腊意义上的存在即 εἶναι **无法**从那种与主体的关联中脱身，并且可能把存在释放到主体的本己本质之中。③

海德格尔由于自身的局限性而未能看出，黑格尔的存在作为"无规定的直接的东西"只是一个开端性的暂时规定，它绝不可能由一个外在的"规定着和理解着的主体"来"设定"自己。相反，

---

① 海德格尔：《路标》，孙周兴译，商务印书馆 2000 年，第 517 页。
② 同上。
③ 同上。

正是由于这个最抽象的存在在其抽象性中的自相矛盾性（即＝虚无）而自己进入到"变"，继而孕育出"定在"（Dasein）和"自为存在"（Fürsichsein），才本身成了自身规定和自身理解着的主体。① 因此，最早的那个 Sein 作为开端的"无规定的直接的东西"同样也是最后的、具有最丰富的规定的东西，因为整个过程和它的各环节都是存在自身发展和展示出来的。就像是《小逻辑》中的最后一言说的："我们所借以开端的曾经是存在，抽象的存在；而从现在起我们拥有了作为存在的**理念**；但这存在着的理念就是**自然**。"② "自然"就是海德格尔所谓的"存在者整体"，但海德格尔从来没有给我们说明存在是怎么样使存在者成为存在者的，黑格尔则通过整部《逻辑学》的演进过程具体地说明了，存在就是这样"存在起来"成为存在者，这比简单地宣布存在不同于存在者（所谓"存在论差异"）要更有说服力。这就是黑格尔常常喜欢打的那个比方，即同一句格言从老人口里说出来，比从小孩子口里说出来要丰富得多。开端就是结尾，它们共属于同一个"圆圈"，但站在开头时说的和到达结尾时说的"同一句"话是完全不同的，这个道理是海德格尔的知性头脑所无法参透的。他替黑格尔担心的竟然是无法使希腊意义上的存在从主体性中"脱身"，担心把存在变成一种主观的东西。他一开始就致力于使存在摆脱主体性和认识论，却从来没有想到过存在本身就是主体，任何存在论不管愿意不愿意，都同时也是认识论，因而都已经默认了某种

---

① 参看黑格尔:《小逻辑》，贺麟译，商务印书馆 1981 年，"存在论"部分。
② 同上书，第 428 页，译文有改动。

主体性，就连海德格尔自己的"追问"和"思"也不例外。

海德格尔自己有时也似乎意识到了这一点，他把这种主观化叫作一种"危险"。就是说："如果 Ἀλήθεια[无蔽]必须从真理和存在的角度脱离开来并且被释放到它的本己之中，那么 Ἀλήθεια[无蔽]本身何所属呢？"①"危险"在于，很可能这个 Ἀλήθεια 本身会被"假设为一个虚幻的世界本质"，即脱离人的神秘本质。所以，"说到底人们也已经多次注意到，不可能有一种自在的无蔽状态，无蔽状态实际上始终是'对某人而言'的无蔽状态。这样一来，无蔽状态就不可避免地'被主观化'（subjektiviert）了，"②也就是被主体化了。那岂不是前功尽弃了吗？怎么办？他现在开始在对"人"的理解上做文章。尽管他从来都反对把人理解为"逻各斯的动物"，认为那是一个"动物学的定义"，③但现在为了救急，顾不得那么多了。他说："人依然是由 λόγος[逻各斯]规定的"，"人乃是这样一种生物，他道说之际让在场者在其在场状态中呈放并且觉知这个呈放出来的东西"。④我们可以不把人理解为一个"主体"，而是理解为一个"道说者"，而且"并非无蔽状态'依赖'于道说，而是一切道说都需要无蔽状态之领域"，⑤这样就可以化解掉人的主体性。就是说，人的道说归根到底要听命于那个神秘的"无蔽

---

① 海德格尔：《路标》，孙周兴译，商务印书馆 2000 年，第 518 页。
② 同上书，第 519 页。
③ 例如，参看《存在与时间》，陈嘉映、王庆节译，三联书店 1987 年，第 201 页；《形而上学导论》，熊伟、王庆节译，商务印书馆 1996 年，第 143 页。
④ 海德格尔：《路标》，孙周兴译，商务印书馆 2000 年，第 519 页。
⑤ 同上书，第 520 页。

第五章 海德格尔解构西方形而上学之路　　　　　　　　　　　　　　　*571*

状态","甚至语言的整个本质也植根于解蔽（Entbergung），植根于 Ἀλήθεια[无蔽]之运作"。① 这就连"语言是存在之家"恐怕都得改写了：语言的本质植根于无言的解蔽，而无言的解蔽是存在之真理，这样理解的"存在"岂不是成了"出家人"？②

　　文章在末尾总结了该文的几个观点之后，强调了希腊哲学作为开端虽然处于"尚未"完成之中，但"这乃是未曾被思的东西的'尚未'，不是使我们不能满足的'尚未'，而是**我们**不能符合和适应的'尚未'"。③ 就是说，不是希腊哲学的"尚未"，而是我们的"尚未"，不是它未完成，而只是我们未思、未理解。换言之，希腊哲学是万古不移的真理，绝不是黑格尔所谓的"尚未"，只是我们自己还没有去"思"它，而总是遮蔽它、误解它、歪曲它。虽然遮蔽是不可避免的"天命"，但毕竟是有待于纠正的。现在唯一要做的就是回到古希腊，还它以"本来面目"。两千年来"对希腊语言的解释"，不论是罗马的、中世纪的还是近代的（包括黑格尔的），都必须从这里"出局"（aus dem Spiel lassen），"并且在希腊世界中既不寻找人格性也不寻找意识"，那么希腊语言就会以不同的方式来言说了。④ 言下之意自然是，唯有海德格尔的德语能够"解释"希腊语言，唯有这种解释才是"另外的方

---

① 海德格尔：《路标》，孙周兴译，商务印书馆2000年，第520页。
② 海德格尔在与日本友人谈话时的确说过："早些时候我曾经十分笨拙地把语言称为存在之家"，因为他看出欧洲人也许和东亚人居住在"完全不同的一个家中"。（参看《在通向语言的途中》，孙周兴译，商务印书馆2004年，第90页）
③ 海德格尔：《路标》，孙周兴译，商务印书馆2000年，第521页。
④ 参看上书，第518页，译文有改动。

式",即不同于所有其他语言(拉丁语、近代英语法语和他以前的德语)的"海德格尔式"的希腊语。但问题是,谁来检验海德格尔式的希腊语?即使古希腊人(赫拉克利特、亚里士多德等)再世,也检验不了,因为他承认,那个时候的希腊人还根本没有这样一些"思想"。例如,他说,赫拉克利特和他以后的希腊人从来也没有"特地把语言之本质思为 λόγος,思为采集着的置放",并且"我们从哪里也找不到一丝痕迹,可以表明希腊人是直接从存在之本质而来思了语言之本质"。① 而现代人又由于不善于使用古希腊文(海德格尔自己除外),所以更不能检验海德格尔的解释是否"正确"。当然,海德格尔不在乎正不正确,他甚至还有意"不正确"。② 这样,海德格尔式的希腊语就不再是任何历史上的希腊语,而是他个人的"私人语言",但它同时又是"宇宙语言"。这就像狄德罗所说的那架"发了疯的钢琴",自以为全宇宙的和谐都发生在它的身上。③ 如果要说"遮蔽",这才是最大的遮蔽。④

---

① 参看海德格尔:《演讲与论文集》,孙周兴译,三联书店2005年,第246、247页。
② 当人家批评他对古代文本的阐释是"任意曲解"和"穿凿附会"时,他承认"这说得对",却又反问人家"哪一种阐释才是真阐释"。(参看海德格尔:《形而上学导论》,熊伟、王庆节译,商务印书馆1996年,第176页)
③ 参看王树人、李凤鸣编:《西方著名哲学家评传》第五卷,山东人民出版社1984年,第44页。
④ 海德格尔曾主张"更希腊地思希腊思想",亦即"更原始地追踪希腊思想,在其本质渊源中洞察希腊思想。这种洞察就其方式而言是希腊的,但就其洞察到的东西而言就不再是希腊的了,绝不是希腊的了"。当被问及:"那它是什么呢?"回答竟然是:"在我看来,对此不作任何回答倒是我们的职责。"(参看《在通向语言的途中》,孙周兴译,商务印书馆2004年,第128页)

总之,《黑格尔与希腊人》一文里面所讲的既不是黑格尔的思想,也不是希腊人的哲学,只不过是海德格尔凭自己的极端"主观性"(或"主体性")利用黑格尔和希腊哲学的名义所"谋制"出来的一场"游戏"(Spiel,赌博)而已。他绝对没有像他自以为的,从黑格尔对西方形而上学的"完成"之处走出一条"克服"形而上学而返回希腊"无蔽"真理的"另外"的路来,而是如德里达所说,"他最深刻和最有力地守护着我试图在'在场的思想'的标题下所要质疑的那种东西",即"在场的形而上学"。①

四、《康德的存在论题》

《路标》中最后这篇文章是 1961 年的一次讲演。为什么将这篇谈康德的文章放在最后,似乎并不是按照发表时间排序这么简单,至少这客观上表明,海德格尔在哲学方法上最终是从康德那里受到教益的。不论他谈希腊哲学,还是谈黑格尔,他的眼光都是康德式的,这导致他对亚里士多德的实体论和黑格尔的辩证法都缺乏同情的理解。显然,他的存在者和存在本身的区分,就来自康德的现象和自在之物(物自身)的划分。所以,

---

(接上页)他其实不如老老实实地回答:那是我自己的。例如,我也可以这样解释老子《道德经》第一句:行走是可以行走的,但不是永远的行走(道可道,非常道)。这种理解显然比老子更加"原始",洞察到了"本质渊源"("道"的词源即"行走"),是"更先秦地思先秦思想",却不是老子的思想。

① 参看朱刚:《本原与延异:德里达对本原形而上学的解构》,上海人民出版社 2006 年,第 328 页以下。

他才会在《康德书》中抱怨说:"在德国唯心论中开始的反对'物自身'的争斗,除去意味着对康德所为之奋争的事业的越来越多的遗忘之外,还能意味什么呢?"①当然,就康德而言,他的存在论(本体论)本身就既包括现象的存在,也包括自在之物的存在。他对自己的"整个形而上学系统"的设计的第一部分就是存在论(本体论),他称之为"先验哲学",其中"只考察在一切与一般对象相关的概念和原理的系统中的**知性**以及理性本身,而不假定客体**会被给予出来**"。②虽然不假定客体被给予出来,但无疑也囊括了客体被给予出来的情况,所谓"一般对象"既可以是自在之物,也可以是指被给予的经验对象。这就是使海德格尔不满的地方,即混淆了存在者和存在本身,或者说,一方面把存在者直接当作了一种存在,另一方面又把存在本身也看作了另外一种存在者。也正是为了澄清这一点,海德格尔提出了"康德的存在论题"来讨论。他是否澄清了这一问题,我们现在来看看。他说:

> 我们用"存在"(Sein)一词来命名那个东西。这个名称所命名的,是我们在说"是"(ist)以及"曾是"(ist gewesen)和"将是"(ist im Kommen)时所指的那个东西。

---

① 海德格尔:《康德与形而上学疑难》,王庆节译,商务印书馆2018年,第265页。
② 康德:《纯粹理性批判》,邓晓芒译,杨祖陶校,人民出版社2004年,第638页,语句有调整。

我们所获得和达到的一切,都贯穿着这个被说出的或者未被说出的"它是"(es ist)。……然而,一旦"存在"这个词传到我们的耳朵里,我们还是坚信:人们不能就此词设想什么,人们不能就此词想象什么。①

海德格尔对这种情况深感不满,即人们借口对此没有什么可说的,于是就"不去深思存在,不去回想一条通往存在的思想道路"。②但海德格尔认为,尽管人们在"存在"一词上不能思考什么,"那么,猜度一下思想家的实事,即对何谓'存在'做出答复,又会怎样呢?"③这就是海德格尔在这里对康德的发问了。他认为,康德在这方面"完成了一个具有深远意义的步骤",这使传统"进入一道全新的光亮之中"。④这就是康德在《纯粹理性批判》中所说的一段著名的"有关存在的论题":

"是"(Sein)显然不是什么实在的谓词,即不是有关可以加在一物的概念之上的某种东西的一个概念。它只不过是对一物或某些规定性本身的肯定(Position)。⑤

---

① 海德格尔:《路标》,孙周兴译,商务印书馆2000年,第522页。
② 同上书,第522—523页。
③ 同上书,第523页,译文有改动。
④ 同上。
⑤ 同上书,第523—524页,译文据拙译《纯粹理性批判》第476页,对孙周兴译文有改动。

这两句话接下来海德格尔没有引的一句是："用在逻辑上，它只是一个判断的系词。"但海德格尔这里强调的是 Sein 不是实在的谓词，它不能给某物的概念增添某种实在的内容，而仅仅肯定了这个东西"有"。康德这段话是在"上帝的存有（Dasein）之本体论证明的不可能性"这一小节中说的，康德认为不能因为我说到了上帝"是"或"有"，上帝就（像笛卡尔等人所认为的那样）现实地"存有"了，这是不能等同的。因为"存有"（Dasein）① 在康德的范畴表中属于模态范畴的第二项，它相当于"现实性"，而"存在"（Sein，或"是"）则是一个逻辑上的系词。前者不能脱离可能经验的范围而运用，否则就是"空的"；后者则属于"普遍逻辑"，到处都可以用，但本身没有经验的实在性。不过，海德格尔揪住这一点来做文章是别有用心的，他并不是为了守住 Sein 在形式逻辑上的用法（系词），而恰好是要追问和挖掘该词在超出经验世界的存在者之外的本体论含义（正因此他屏蔽了接下来的一句话）。他表面上好像责怪康德只是在反驳上帝存在的本体论证明时顺便提到这个论题，而没有加以认真对待，"没有以合乎其内容和意义的方式，把这个论题当作一个体系的原命题（Ursatz）提出来，并且没有把它展开为一个体系"，但又认为这"实际上却有其好处"，即表明这是一种"源始的沉思"，它"绝不误以为自己是最后封闭的沉思"。② 就是说，康德这种点到为止的做法倒是让

---

① 该词在海德格尔那里通常译作"此在"，在黑格尔那里译作"定在"，在康德这里我译作"存有"。
② 海德格尔：《路标》，孙周兴译，商务印书馆 2000 年，第 525 页。

这一论题得到了庇护,仿佛是有意要留给海德格尔这样的超越了形而上学思维方式的学者,来打开一片崭新的思想天地。

不过,在海德格尔看来,康德以顺带的方式提出的这一存在论题虽然在西方思想史中完成了一个"决定性的转折",①但康德并不是直接从对存在的追问进入这一论题的,而是由对上帝存有的证明中引出来的。这与西方从亚里士多德的形而上学开端的存在论所具有的"双重形态"有关,就是说,存在论既是"第一哲学",同时又是"神学"。所以,纵观西方哲学史,"我们可以把关于存在者之存在的问题的双重形态概括在'存在-神-逻辑学'这个名称之中"。它所追问的不但是"什么是存在者",而且是"什么是绝对的或最高的存在者"。前者追问的是"基地意义上的根据",后者追问的则是"使一切存在者进入存在而产生出来的那个东西意义上的根据"。②显然,只有后者才涉及了存在者如何存在的问题,前者则只涉及哪个存在者是其他一切存在者的根据的问题。所以,康德只有在对上帝存有的追问中才触及了对存在本身的追问,这是不难理解的,这已经展示了一种超出传统的、局限于用一个存在者的存有解释其他存在者的存有的做法的新的可能性。于是海德格尔说:

> 在本体神学的(ontotheologisch)追问的历史进程中,产生出这样一项任务:不仅要证明什么是最高存在者,而且要证

---

① 参看海德格尔:《路标》,孙周兴译,商务印书馆2000年,第526页。
② 参看上书,第527页。

明存在者的这个最在者（Seiendeste）存在，即证明上帝实存。实存（Existenz）、存有（Dasein）、现实性（Wirklichkeit）这些词都称之为某种存在方式。①

可以看出，从亚里士多德开始的这个"本体神学"的历史，在证明上帝的存在时，不论是本体论证明、宇宙论证明还是目的论证明，都将这一问题等同于证明上帝的实存、存有和现实性了。在这方面，康德有一点是与众不同的，就是他第一个看出来，追问上帝的"存有"和追问上帝的"存在"还不是一回事。不过，这是在《纯粹理性批判》中才达到的认识。而在此之前，在前批判时期的《证明上帝存有唯一可能的证据》中，他还和其他人一样，没有把"存有"（Dasein）和"存在（是）"（Sein）严格区分开来，甚至把两者看作一回事。康德在那里说："存有（Dasein）根本不是某一个事物的谓词或者规定性"，"存有是对一个事物的绝对肯定……肯定或设定的概念是非常简单的，与'是'（Sein）的概念完全是一回事"，而"是"（Sein）"不外乎就是一个判断中的联结的概念"。②奇怪的是，海德格尔在引证康德这篇早期著

---

① 海德格尔：《路标》，孙周兴译，商务印书馆2000年，第528页，译文有改动。孙周兴译Dasein为"定在"。
② 参看上书，并参看《康德著作全集》第2卷，李秋零译，中国人民大学出版社2010年，第76、80页。李译在这里把Dasein译作"存在"，把Sein译作"是"，两者似乎相安无事；但这就与后面《纯粹理性批判》中的译法混淆不清了，他在那里常常把Sein也译作"存在"，两个"存在"含义和性质都完全不同（见《康德著作全集》第3卷，第391—392页）。

作时，竟然没有指出其中的表述与《纯粹理性批判》中的表述的差异，反而说这两种表述是"一致的"。[1] 按照海德格尔自己的 Dasein（属于"存在者"，中译作"此在"）和 Sein（"存在"）的区分（所谓"存在论差异"），这两者也不可能是"一致的"。康德在前批判时期混淆了作为存在者的 Dasein 和作为存在的 Sein（"是"），而到了批判时期，他已经把 Dasein 列入了自己的范畴表，再说该词不是"某一个事物的谓词"（即"实在的谓词"）就说不过去了。所以，他把表述改成了："是"（而非"存有"）显然不是一个实在的谓词。当然，理由还只是因为"是"是一个逻辑上的系词，它并没有被列入范畴表中，这与海德格尔的理由还不是一回事。但至少我们可以看作康德从存在者向存在本身的一个过渡，也就是让"存在"或"是"首先摆脱一切有关存在者的谓词或规定，以便使存在本身作为一个"问题"呈现出来。海德格尔的转述却是："康德的论题说，实存、存有（Dasein），亦即存在（Sein），'显然不是一个实在的谓词'"，这个否定的陈述句的意思就是"存在（Sein）不是什么实在的东西"。[2] 这种转述没有把康德的"存在论题"中这种前、后期的差异展示出来，而是混在一起说了。一个极好的从康德的存在论题引出他自己的存在论题的机会被他错过了。但他也许是有意这样做的，因为他可能并不屑于从逻辑系词中引出他对存在本身的追问，他要的是撇开逻辑陈述而直接面对存在本身。

---

[1] 海德格尔：《路标》，孙周兴译，商务印书馆 2000 年，第 528 页。
[2] 同上书，第 529 页，译文有改动。

所以，他对上述康德的存在论题所引的最后一句："是"这个词"只不过是对一物或某些规定性的自在本身的肯定"也做了澄清，也就是把它和康德的"自在之物"的表述区别开来，表明这里说的只是对某些存在者本身的逻辑上的肯定（而非否定），还没有直指物自身。他说，"'自在的本身'这一表述并不是指：'自在的'某物，无关乎某种意识而实存的某物"，① 它也不能把我们直接引到自在之物，而是通过对存在者的自在本身的肯定这样一个"反面规定"，来表明"存在绝不能根据一个存在者当下所是的**东西**来说明"，从而依靠这种反弹指引存在到另外一个"它唯一才能从中得到纯粹标明的领域"，② 这才是作为自在之物的存在领域。因此，"是"作为系词的逻辑运用对于提示存在本身并没有积极的意义，而只有消极暗示的意义，康德说它"并非又是一个另外的谓词，而只是把谓词设定在与主词的**关系**中的东西"，③ 但这种逻辑的运用在海德格尔看来却"让人猜测还有另外一种对存在的运用。同时，我们在这个地方也已经经验到了有关存在的本质性的东西。它被'运用'是在被使用的意义上说的。由知性、思想来实行这种运用"。④ 就是说，所谓"逻辑的运用"意味着存在可以有各种运用，是我们的思想把"它"用到

---

① 海德格尔:《路标》，孙周兴译，商务印书馆2000年，第530页，译文有改动。
② 同上书，第531页，译文有改动。
③ 同上书，第532页；参看《纯粹理性批判》，邓晓芒译，杨祖陶校，人民出版社2004年，第476页，译文有改动。
④ 同上，译文有改动。

这里那里；而这也就暗示了，它的这种运用还不等于它本身，另有一种运用于它本身的用法，是可以把它本身揭示出来的。"在这里，有别于逻辑的用法，存在是着眼于存在者的客体而本身自在地被使用的。因此，我们就可以谈论存在的存在者状态上的（ontisch）用法，更好地讲，存在的客观的用法。"①这里几乎就要把康德的存在论引回到海德格尔自己的存在论了。但可惜，康德认为"是（存在）"除了逻辑系词的运用之外，剩下的就只有对存在者的肯定（或断言）了。海德格尔说："如果不仅仅是这种关系［亦即命题主词与谓词之关系］，而是实事（Sache）自在地且由自己本身设定起来而被考察，那么，这种存在就等于存有（Dasein）。"②存在一旦不用于逻辑系词，而用于实指，那就只能是作为存在者的存在，其实就是亚里士多德说的"实体"。康德所谓"存有乃是对于某个事物的绝对肯定"，有别于对该事物的相对肯定，这无非是说，实体是"既不述说一个主体，也不存在一个主体之中"的"这一个"。③相对肯定是例如说，一个东西A是白的（而不是黑的）；绝对肯定则是说，有A（而不是无A）。

然而，"'有上帝'这个命题是否、如何以及在何种界限中才可能作为绝对肯定，这个问题是一种隐秘的激励，它驱使着《纯

---

① 海德格尔：《路标》，孙周兴译，商务印书馆2000年，第533页。
② 同上，译文有改动。
③ 参看亚里士多德：《范畴篇》，载《工具论》上，秦典华译，中国人民大学出版社2003年，第6页。

粹理性批判》的全部思想,并且推动着康德此后的主要著作"。①当然,这是海德格尔对康德《纯粹理性批判》及其他主要著作的看法,他曾经认为,"《纯粹理性批判》与'认识论'毫无关系,……所建立的只有作为一般形而上学,即作为整个形而上学之主干的本体论,并且在这里,本体论才首次达到了自觉"。②换言之,是本体论的"存在",而不是逻辑学的"是"和认识论上的"肯定",才是康德哲学的"主干"。海德格尔就是要把逻辑学和认识论都从本体论上剥离掉,只盯着一个赤裸裸的"存在",以免它受到"遮蔽"。但他也发现,这种逻辑学和认识论的关系在康德这里是清除不干净的,"即使在这里,也有一种关系被设定起来,而且'是(存在)'(ist)因此获得了一个谓词的特性——尽管不是一个实在的谓词"。③这种关系既是逻辑上的主谓词关系,也是认识论上的主体-客体关系。早在前批判时期,康德就认为存有或存在(当时在他看来是一回事)虽然本身不可说,但"与我们的知性能力相关的对象的本性"已经达到了最高的清晰度。④所以,康德力图从"先验逻辑"也就是认识论和逻辑学一体的逻辑中来阐明这种主体-客体关系,并认为这种关系"不同

---

① 海德格尔:《路标》,孙周兴译,商务印书馆 2000 年,第 534 页,译文有改动。
② Martin Heidegger: *Kant und das Problem der Metaphysik*. Vittorio Klostermann GmbH, Frankfurt am Main, 1973. S. 17. 参看海德格尔:《康德与形而上学疑难》,王庆节译,商务印书馆 2018 年,第 25 页,译文有改动。
③ 海德格尔:《路标》,孙周兴译,商务印书馆 2000 年,第 534 页。
④ 参看上书,第 535 页。

于纯粹逻辑的意义,且比后者更为丰富"。① 最典型的就是他的范畴表中的三个模态范畴:可能性、存有、必然性。海德格尔表达为"可能是(Möglichsein)、现实是(Wirklichsein)、必然是(Notwendigsein)"。②

但主客体关系赋予"存在"概念的丰富性在康德那里是以经验性直观为条件的,因此这样理解的"存在"是一种认识论上的断言,它完全依赖于外界的自在之物对我们感官的"刺激"(Affektion)。③ 缺了这一要素,"存在"在康德看来就只是形式逻

---

① 海德格尔:《路标》,孙周兴译,商务印书馆2000年,第534页。但海德格尔接下来说,康德在《纯粹理性批判》第二版之前的第一版中还没有看到这一点(即"是"的逻辑系词意义不如认识论的客观意义丰富),这是不对的。他大概是指的第二版§19对逻辑系词的质疑。但这一节的第一句话(海德格尔在后面也引了)说的就是:"我从来都不能(niemals)对逻辑学家们关于一般判断所给予的解释感到满意。"这正说明这个意思是《纯粹理性批判》的基本前提,从他划分"普遍逻辑"和"先验逻辑"、逻辑判断表和知性范畴表时就不言而喻地包含着了,不可能只是第二版才出来的"洞识"。

② 这种表达虽然不是康德本人的术语,但也有一定的道理。因为康德的四类范畴按照判断的形式来看,量的范畴是着眼于主词,质的范畴着眼于宾词,关系范畴着眼于主词和宾词的关系,模态范畴则是着眼于系词"是"(ist);此外,"康德说模态判断的特点在于它对其内容'毫无贡献',而只涉及系词与主观思维的关系……因此,模态判断所包含的模态**范畴**也有这样的特点,它们不像量、质范畴那样规定经验对象,也不像关系范畴那样规定对象之间的关系,而只是规定经验对象和认识该对象的主体之间的关系,……模态范畴只是在其他范畴已对判断的内容作了客观的综合之后,再将它们与知性的认识能力作主观的综合"。(参看杨祖陶、邓晓芒:《康德〈纯粹理性批判〉指要》,湖南教育出版社1996年,第125—126页)

③ 孙周兴将该词译作"情感",未能把握康德这里的意图,应依拉丁文原意译作"刺激"或"激发"。

辑上的一个系词,其内容是"空的"。但如果把这一要素加入进来,则"作为系词的'是'(ist)就获得了一种新的意义",①既是认识论上的客观对象的意义,也是本体论上的存在的意义。"在这里,不仅系词'是'得到了不同的规定,而且'是'与联结(即聚集)之统一性的关联也得到了揭示。"②海德格尔抱怨说,虽然自从古希腊起"是"和"一"就被表明了"共属一体性",但直到今天,人们"既没有根据λόγος的这种聚集着-解蔽着的性质来思'统一性'和统一作用,也没有把'存在'思为自行解蔽着的在场,甚至根本没有思在希腊人那时已经放过不思的这两者的共属一体关系"。③但这种抱怨是毫无道理的。首先,希腊人的"一"(ἕν)从来都没有被理解为康德意义上的"统觉的综合统一",而是要么理解为"单一性"或"唯一性"(如巴门尼德),要么理解为"普遍性"(如赫拉克利特);康德的理解只有在近代主体性被意识到并被推到哲学的前台主角的位置上时才有可能,应该说是他的首创。其次,康德的"存在"或"是"要么被看作存在者、对象、"物"(Ding),要么被看作逻辑系词;至于"存在本身",除了被用在"本体论"(Ontologie)或"本体论的"(ontologisch)这样的字眼中外,并没有单独拿出来讨论。在§19中康德也只是说,判断中系词"是"的"目的"在于表达出由统觉建立起来的表象的客观统一性,它"标志着"各表象

---

① 海德格尔:《路标》,孙周兴译,商务印书馆2000年,第537—538页。
② 同上书,第538页。
③ 同上书,第539页,译文有改动。

的这种客观统一性的"关系"。① 这也正是海德格尔在此所引的这一节最后一段话的意思,即康德由此而把主观的知觉和客观的判断区别开来了。但这只是在讨论"是"的功能,而没有讨论"是本身"。

尽管如此,海德格尔还是尽可能地想把康德的这种认识论和他自己的(我称为"赤裸裸的")存在论挂起钩来。康德在§15中曾说过,统觉的本源的综合统一是何以可能的,"我们必须到更高的地方去寻求这种统一性……亦即在那本身就包含着判断中不同概念之统一性根据的东西中,因而在包含着知性的可能性根据、甚至知性在其逻辑运用中的可能性根据的东西里面,去寻求这种统一性"。② 这个东西在康德那里就是"我思",即先验的自我意识,或者说自我主体。海德格尔据此断言,这就是在根据存在论题与知性的关系来"规定存在及其方式",并且还"为一种变化了的、更丰富的存在解释提供了保证",而这样一来,"对存在者之存在的规定便得以进行了"。③ 这似乎是说,笛卡尔的"我思故我在"就已经通过"我思"在进行"存在解释"了,更不用说康德的先验自我本身暗中也已经是一种对存在的追问了。

因此,这个原理乃是一个统一作用的原理,而且,"统

---

① 参看康德:《纯粹理性批判》,B141-142,邓晓芒译,杨祖陶校,人民出版社2004年,第95页。
② 同上书,第88—89页。
③ 海德格尔:《路标》,孙周兴译,商务印书馆2000年,第540页。

一性"并不只是在一起（Beisammen），而是，它统一着-聚集着，它是原初意义上的 λόγος，但却被搬迁和转移到了自我-主体身上。这种 λόγος 掌握着"整个逻辑学"。①

据此，康德的先验哲学其实无非是"依照纯粹理性批判而变化了的存在论（或本体论），它把存在者之存在当作经验的对象之对象性来追思"。②当然，海德格尔也许自己都觉得这样说有点勉强。笛卡尔也好，康德也好，都只是在寻求"什么是存在"，却并未特意去探讨"存在是什么"，更没有追问"存在本身如何是"。所以，海德格尔接着便指出康德的两个局限：一个是让存在论植根于（先验的）逻辑；另一个是让它和经验对象捆在一起。两者都是让存在取决于它与知性使用的关系，其实只能被理解为"存在者"。即使康德把存在划分为现象中的客体的存在和自在之"物"（Ding an sich selbst）的存在，也都只是在谈存在者，而非存在本身。照理说，对于这种用存在者遮蔽和取代存在本身的陈旧的做法，海德格尔通常都会毫不留情地痛批一顿，更何况在这种做法中，人类学的主体性和科学主义的工具性都达到了前所未有的极致。然而，奇怪的是，海德格尔在康德这里倾注了在其他哲学家身上少见的温情。按照他的描述，康德的这些遮蔽存在本身的表述其实都是对存在之思的变体。他网开一面，说："只要在

---

① 海德格尔：《路标》，孙周兴译，商务印书馆2000年，第542页，译文有改动。
② 同上，译文有改动。

康德语言中的'对-象'和'客-体'等词语中回响着那种与思维着的自我-主体的关系，而从这种关系中作为肯定的存在获得了它的意义，那么，我们也就很好做到哪怕在字面上也理解这些词语了。"① 就是说，我们不必计较康德的主客体的对立以及主体主义的形而上学语言，而可以从这些词语中去揭示对存在的肯定，甚至就连从中发展出来的经过费希特、谢林到黑格尔的"逻辑科学"和"辩证法"的运动，其实也可以看作不过是"存在的绝对性"在那里运动。② 整个德国观念论都应该感谢康德，使他们逃脱了，至少是减轻了海德格尔攻击的火力。

至于如何从康德有关"存在者"的那些立法的原理中提取出有关"存在"的思想，海德格尔也打算做一些示范。但看来看去，他从康德的四大原理体系中也只挑中了模态原理，即"一般经验思维的公设"。"我们现在不得不局限于对第四组，即诸'公设'的描述，而且是带着唯一的意图，就是要让人们看到作为肯定的存在这个主导概念是如何显露出来的。"③ 为什么"不得不"局限于对公设（Postulate）的描述，海德格尔没有说。其实道理很简单，就是如前所述，只有在这三条原理即可能性、存有（现实性）和必然性的公设中，所针对的才是系词 ist 本身，其他的原理都没有。海德格尔顺便还扯到实践理性的 Postulate（在那里我译

---

① 海德格尔：《路标》，孙周兴译，商务印书馆 2000 年，第 544 页，译文有改动。
② 参看上书，第 544—545 页。
③ 同上书，第 545 页，译文有改动。

作"悬设"①),但只是为了证明该词包含"要求"的意思,并且属于"康德真正的形而上学的最高点",以增加其权威性;其他方面的意思则小心地避开了,因为他对于《实践理性批判》并没有研究。总之,"公设"就是"要求",但这里不是实践理性的要求,而是知性本质的要求。要求什么?要求这三个范畴与存在本身发生关系,所以它们实际上表达的是存在,海德格尔写成"可能存在(是)、现实存在(是)和必然存在(是)"。这就挑明了康德的"存在论题"(即**存在显然不是一个实在的谓词**")的更深层次的含义,就是这三种"存在"既然都"并非关于对象(客体)是什么的陈述,而是关于客体与主体的关系之**如何**(*Wie*)的陈述",所以它们都不是"实在的谓词",但也不像前批判时期所说的"根本不是一个谓词",而是一些"先验的(存在论上的)谓词"。②这就是海德格尔的解释。

但以这种方式把康德的范畴和"存在(是)本身"挂起钩来而与"实在的谓词"脱离关系,显得很不靠谱。实际上,康德说的是,"存在(是)不是一个实在的谓词",却没有说"诸范畴都不是实在的谓词"。相反,熟悉康德哲学的人都知道,范畴在康德那里不但具有"先验的观念性",而且具有"经验性的实在性",缺一不可。范畴只能运用于可能经验的范围,而不能用于作为自在之物的先验对象,即使是模态范畴也不例外。海德格尔自己所

---

① 参看我对该词译名的说明,见康德:《实践理性批判》,邓晓芒译,杨祖陶校,人民出版社2003年,第12页,脚注中插入的译者说明。
② 参看海德格尔:《路标》,孙周兴译,商务印书馆2000年,第546—547页。

引的康德三条"公设"的原文都说明,它们无一离得开经验的"形式条件"、"质料条件"和"普遍条件"。①尽管海德格尔利用三条公设与系词"是"的特殊关系而把它们称为"可能是、现实是和必然是",这也不足以让它们与存在(是)本身直接捆绑在一起,因而被"是"带离"实在的谓词"。在康德那里,所有的十二范畴都是"实在的谓词",而不是什么脱离经验的"先验的(存在论上的)谓词",即不具有"先验的实在性"。所谓"存在论上的"(本体论上的)谓词在康德看来只能是形式逻辑的逻辑谓词,所以他才提出对"上帝存有(Dasein)的本体论(ontologische)证明"的反驳,也就是对上帝现实存在的逻辑证明的反驳。康德不说对"上帝存在(Sein)的证明"的反驳,因为这用不着反驳,它只是一种纯逻辑的命题。如果现实中"没有上帝",则上帝是否"是"的问题根本就不存在,说什么都不会自相矛盾,所以要反驳的是上帝是否现实地存在,即"存有"(Dasein)。海德格尔连这一点都没有搞清楚,居然把前批判时期的命题"存有根本不是一个谓词"不假思索地改写成"存在'根本不是一个谓词'",②继而又把批判时期的命题"存在不是一个实在的谓词"等同于"存有不是一个实在的谓词",并把"存有"说成了一个"先验的(存在论上的)谓词",也就是一个有关"自在之物"的谓词。根据这样的糊涂观念,海德格尔重温康德的"存在论题"中有关"存

---

① 参看海德格尔:《路标》,孙周兴译,商务印书馆2000年,第546页。
② 参看上书,第547页。

在……只不过是对一物或某些规定性自在的本身的肯定"一语，恍然大悟道："按照《纯粹理性批判》的语言，'物'（Ding）现在是指客体或对象。客体作为认识的客体，它的'某些'规定是并非实在的规定，是存在的模态。"① 就是说，原来康德所说的"存在（是）"就是指的模态范畴，特别是其中的"现实存在"范畴，即"存有"（Dasein）！

但光这样说说是不够的，还必须把模态范畴形式化、抽象化或"非实在化"，以便把它们与赤裸裸的"存在本身"捆在一起。海德格尔采取的办法就是忽略掉这些范畴对经验条件的依赖，而单把这些依赖关系本身的形式提取出来。于是三个公设就成了："可能性是：与……相一致；现实性是：与……相联系；必然性是：与……相联结。"② 被省略掉的都是经验性的条件，这就使这些范畴不再像是"实在的谓词"，因而和"存在（是）"本身接近了。但这样理解的范畴还是康德的范畴吗？这只是一些形式逻辑的技术规则而已。康德在《逻辑学讲义》中曾对这些知性规则做了这样的定位：

> 既然知性是规则的源泉，它自己按照什么规则行事呢？
> 因为毫无疑问：除非按照某些规则，我们就不能思维，或者就不能使用我们的知性。但是，我们又能够单独地思维

---

① 海德格尔：《路标》，孙周兴译，商务印书馆2000年，第547页，译文有改动。
② 同上书，第548页。

这些规则,也就是说,我们能够离开它们的运用或者抽象地思维它们。……

但是,如果我们现在把我们必须仅仅从对象借来的一切知识放在一边,仅仅对一般而言的知性应用进行反思,那么,我们就发现了知性应用的这样一些规则,它们在所有方面并且不考虑一切特别的思维客体,绝对是必然的,因为没有它们,我们就根本不会思维。因此,这些规则也能够先天地,亦即不依赖于一切经验而被看出,因为它们不分对象,仅仅包含着知性应用的条件,不管这应用是纯粹的还是经验性的。①

海德格尔本应该从康德的这一定位中寻求自己的根据,这当然是顺理成章的,而且里面还谈到了必然性、偶然性(客体性)和可能性这些规则。可惜不行,因为这里谈的并不是海德格尔所希望谈的"本体论(存在论)",而是逻辑学,即形式逻辑。如果把这样一些规则看得比范畴更高,那将导致康德好不容易才从形式逻辑提升到先验逻辑的哲学变革全部白费了,形而上学将倒退到沃尔夫的逻辑主义的存在论,这正是海德格尔自己要避免的,他曾经把逻辑学形容为"把逻各斯配制成为工具"。②但他似乎并

---

① 康德:《逻辑学》,李秋零译,载《康德著作全集》第9卷,中国人民大学出版社2010年,第11页。
② 参看海德格尔:《形而上学导论》,熊伟、王庆节译,商务印书馆1996年,第188页。

没有意识到这一风险，他努力使模态范畴退回到纯粹知性本身的（也就是逻辑上的）法则，认为这些公设作为"要求"不但是"**从作为思想之源泉的知性中产生的**"，还是"**为了思想的**"；此外，他还力图扩大战果，说"公设在纯粹知性的原理表上虽然只是在第四位即最后一位才被提到的，但按照等级却是第一位的，因为每个关于经验对象的判断事先都必须满足这些公设"。由此，他列出的递进关系是："公设指称存在；存在归属于存在者的存有；存在者作为现象乃是对认识主体而言的客体。"① 就是说，公设指称的存在是"先验的（存在论的）谓词"（据前面的分析，应该是逻辑的谓词）；它属于每个存在者的存有（当然，因为每个存在者都含有逻辑形式）；而存在者则是"对认识主体而言的客体"（这是由逻辑谓词去建构现象的对象的结果，知性为自然立法，这时逻辑谓词才成为实在的谓词）；而再进一步就涉及主体本身了，即通过"客体之客体性与人类认识之主体性的纯粹关系"，最终追溯到了"先验统觉的纯粹综合"，因而模态范畴作为"存在谓词""必然在主体性中有其渊源"。海德格尔由此认定："在康德的存在论题中，未曾道破地回荡着一个指导词语：**存在与思想**。"② 显然，这完全是康德的思路，但方向是倒过来的。康德是用形式逻辑的判断分类作为"引线"而一步步引出范畴和先验统觉，越走越高；海德格尔却是从公设原理所指称的最高的"存在"（逻辑系词"是"）"下降"到现实的存有，再下降到主客体关系，最后降到了先验自

---

① 海德格尔：《路标》，孙周兴译，商务印书馆 2000 年，第 548 页，译文有改动。
② 同上书，第 549 页。

我的主体性渊源。所以,他说的"存在与思想"其实应该理解为"逻辑系词"与"我思"。①

海德格尔当然不会承认我这个结论。他在把存有范畴形式化为逻辑系词的同时,又把逻辑系词本身赋予了更加"丰富"的内涵,就是说,"是"(ist)本质上就是"聚集"(逻各斯),而聚集才是康德所说的本源的统觉的综合。换言之,康德的自我意识的先天综合通过对系词"是"的一种另类的解释,变身为"存在"本身的绽出方式,这相当于"此在"在绽出中对存在本身的去蔽。所以,在《存在与时间》中,海德格尔就指出:

> **系词**现象表明,存在论问题对λόγος的阐释产生了何等深入的影响,反过来,"判断"的概念又通过其引人注目的反冲对存在论问题产生了何等深入的影响。[系词]这一纽带摆明了:首先是综合结构被当作自明的,而且综合结构还担负了提供尺度的阐释职能。……只要陈述和存在的领悟是此在本身在存在论上的存在之可能性,那么,无论"是(在)"在语言上以其自身表达出来还是以动词词尾的形式表现出来,这个"是(在)"及其阐释终归要同存在论分析工作的问题联系起来。②

---

① 如海德格尔在《形而上学的克服》一文中说的:"惟在这种cogitare[思想]在其本质中被把捉为'先验统觉的原始综合的统一体'的地方,惟在'逻辑学'的极点被达到(在作为'我思'之确信的真理中),才有客体意义上的对象。"(《演讲与论文集》,孙周兴译,三联书店2005年,第85页)
② 海德格尔:《存在与时间》,陈嘉映、王庆节译,三联书店1987年,第195页。

而到了《形而上学导论》中,这个作为系词的Sein(ist)才真正脱胎换骨了。海德格尔说,"是"这个词通常被认为是"不确定的"或"空的",但其实,"这个'是'(ist)毋宁说规定着'存在'(sein)这个不定式的含义与内涵,而不是反过来。……陈述包含着'是'。但由于这个陈述,这个作为范畴的逻各斯,成为有关存在的法庭,因此陈述就由从属于它的那个'是'来规定存在(Sein)了"。① 他还从中区分出ist [是]的四种含义:与变化(Werden)对立的停留(Bleiben)、与假象(Schein)对立的常例(Immergleichheit)、与思想(Denken)对立的现成性(Vorhandenheit)、与应当(Sollen)对立的当前(Vorliegen),它们总的来说都属于"在场",即οὐσία [实体]。② 我们从这里可以隐约看出模仿康德的四类范畴即量、质、关系和模态的影子。而海德格尔认为它们都出自系词ist,但它们并不是康德所说的"知性运用的条件",而成了一切知性或自我主体的本质。

然而,海德格尔由此而使自己化险为夷了吗?他真的通过逻辑系词而过渡到他自己一直在追问的存在本身了吗?显然还没有。他的"是"的四种含义所揭示的还只是"在场"、"实体",即存在者本身,而且也看不出比康德的四范畴构架高明多少。如果他有兴趣的话,他所能做到的极致顶多也就是像黑格尔的《逻辑学》

---

① 海德格尔:《形而上学导论》,熊伟、王庆节译,商务印书馆1996年,第201页,译文有改动。
② 同上,译文有改动。

那样，推演出更加多得多的（存在着的）范畴。①但他写《形而上学导论》（1935）那个时候对黑格尔还不是很熟（他1938年才开始认真研读黑格尔的《逻辑学》和《精神现象学》），而且即使他能够做出一个范畴体系来，也仍然没有跳出"形而上学"的既定框架，即所谓用存在者遮蔽存在。所以，他必须另想办法。这样，在他看出康德的模态范畴仍然没有能够解决"可能是和现实是的区分的根据何在"的问题之后，受到谢林的提醒，他注意到了康德在《判断力批判》的§76中的一段话。②在这段话中，康德特别把"可能性"和"现实性"这对范畴归结于人的认识能力的本性，即知性概念提供了知识的可能性，感性直观则提供了知识的现实性；而由于人的认识能力不可能达到知性直观或直观的知性，所以才有必要把这两方面区分开来；但也正因此，这种区分完全是主观上有效的，而不适合自在之物。③海德格尔由此得出：

---

① 黑格尔早就说过："系词'是'出自概念的本性，即概念在其外化中是与自身同一的。"（参看《小逻辑》，贺麟译，商务印书馆1981年，第338页，译文有改动）他由此建立起来的四类判断也可以看作脱胎于康德的四类范畴，尤其"概念的判断"与康德的模态范畴有所吻合。
② 参看海德格尔：《路标》，孙周兴译，商务印书馆2000年，第549页。
③ 参看上书，第550页。在该页的那段对康德的关于可能之物和现实之物的区分的引文中，孙周兴的译文"后者（现实之物）则意味着对自在之物本身（在这一概念之外）的设定"易引起误解。虽然按照字面：die Setzung des Dinges an sich selbst，这样译也没错，但康德这里的意思并非指他的不可认识的自在之物，而是指在概念之外所经验到的现实事物本身，所以应按我的译法："后者却意味着对该物自在的本身（在这概念之外）所作的设定"。（参看康德：《判断力批判》，邓晓芒译，杨祖陶校，人民出版社2002年，第255页）

"在存在者之存在的本质中，在肯定中，起支配作用的是有关可能性和现实性的必要区分的构造。由于看出了存在构造的这一根据，就显得是达到了康德关于存在所可能道出的最极端的东西。"① 就是说，在这里，康德对存在的揭示看起来是到顶了。但海德格尔又指出，"但是，康德在存在规定方面还迈出了更远的步伐，而且这一步又只是预测性的，以至于它并没有达到对存在作为肯定（Position）的一种系统性的描述"。② 什么"更远的步伐"？答案是："就他把存在规定为'只是肯定'而言，他是从一个被限定的方位也就是从设定来理解存在的，这种设定作为人类主体性的行动，就是依赖于被给予者的那种人类知性的行动。"③ 现在，我们都被海德格尔耍了，他诱使我们跟着他去追溯康德的思路，说关于存在（"是"）还有更丰富、更顶尖、更远的风景在前面；到头来却发现，我们回到了出发点，就是"人类知性的主体性行动"——这不就是"我思"吗？他说："向这一方位（Ort）的返回我们叫作探讨（Erörterung）"，④ 他所谓的"探讨"就是领着我们转圈子。

不过，海德格尔还有最后一招，现在是到了亮出来的时候了。这就是他从康德《纯粹理性批判》的"先验分析论"结束，但还没有进入"先验辩证论"之前的"附录"，即"反思概念的歧义"中所看出的某种"玄机"。他说："这个'附录'包含着一种对已

---

① 海德格尔：《路标》，孙周兴译，商务印书馆2000年，第551页，译文有改动。
② 同上，译文有改动。
③ 同上，译文有改动。
④ 同上，译文有改动。

经实行的思想步骤和此间所经历的维度的回顾性沉思。这种回顾性沉思本身乃是一个新的步骤,是康德在存在解释方面实行的最后一步",而这一步是为了"牢靠地规定和确保知性的界限"。①他替康德解释说,对于"作为肯定的存在"也就是对于"作为系词"的"是"的解释既然涉及的是主客体的关系(如前所述),那么对象一定是在和认识能力的反向关系也就是在反思(Reflexion)中来解释的。比如说,"在对作为肯定的**可能是**的解说中,与经验之形式条件的关系、因而**形式**的概念起作用了。在对**现实是**的解说中,经验的质料条件、因而**质料**的概念被表达出来了。这样,着眼于质料和形式的区别,作为肯定的是的诸模态也就实现了解说",由此而为"是"的方位(Ort)编织出来了一个定位网(Ortsnetz)。②质料和形式这样一些概念(以及后面的同一与差异、一致和冲突、外部和内部)由于是通过与"是"相关的模态范畴对经验条件的反思而建立起来的,所以叫作"反思概念"。但海德格尔认为:"这些反思概念借以得到规定的方式方法本身又是一种反思。在康德看来,对作为肯定的是的终极规定是在一种关于反思的反思中——因而是在某种卓越的(ausgezeichnet)思维方式中实现出来的。"③他认为这使我们更有理由把康德对存在的思考提升到"存在与思"的层次,而不只是存在者的层次。这种更高层

---

① 海德格尔:《路标》,孙周兴译,商务印书馆2000年,第552页。
② 同上书,第553页,译文有改动。
③ 同上,译文有改动。"卓越的"意为更高层次的,而不是"别具一格的"(见孙周兴译)。

次的"对反思的反思"就是"先验的反思"。

然而，这套对康德"反思概念的歧义"的解释完全是不着边际的，是海德格尔囫囵吞枣地大致读了康德的这段文字以后自己想当然杜撰出来的。康德从来没有使用过"对反思的反思"这种说法，他的"先验反思"并不是由对一般反思再加反思而提升起来的，而是一种完全不同性质的反思，它区别于莱布尼茨的"逻辑的反思"和洛克的"经验的反思"。康德的意思是要像亚里士多德逻辑学的《正位论》一样，理清各种反思在人类认识能力中所处的先验的方位（der transzendentale Ort），建立起一种"先验的正位论"（die transzendentale Topik），以避免理性派依靠概念的逻辑比较和经验派依靠经验的反省（如洛克的"反省的经验"）来混淆不同的认识能力而对客观知识加以独断的断言。[1] 可见海德格尔对什么是康德的"反思概念的歧义"，以及为什么要区分和澄清反思概念的歧义，都完全没有弄懂，就在那里自说自话。[2] 海德格尔始终只字不提康德该注释所针对的对象（主要是莱布尼茨，顺带上洛克），不知道到底是指谁和谁的"歧义"（Amphibol）[3]，说明他根本没有搞清康德的"歧义"的意思，他的不厌其烦甚至东拉西扯（连"西班牙语"都扯进来了）的说明只能使这个词变

---

[1] 参看康德《纯粹理性批判》，邓晓芒译，杨祖陶校，人民出版社 2004 年，第 241—243 页。

[2] 这个问题在此无法展开，具体可参看杨祖陶、邓晓芒：《康德〈纯粹理性批判〉指要》，湖南教育出版社 1996 年，第 230—235 页。

[3] 该词孙周兴译作"模棱两可"，字面上没错，但未能表达出"混淆知性和感性"这层含义。

得更加神秘莫测。他所说的系词"是"的"方位"和"定位网"则不论是与亚里士多德的逻辑正位论还是康德的先验的正位论都没有关系。至于他引进来作为主导线索的"可能是"和"现实是"的"模态"范畴，在康德对这些反思概念的分析中也完全看不出起了什么样的主导作用。例如他所提到的康德的第四个反思概念"质料与形式"，虽然它们是"其他一切反思的基础"，但我们很难断定其中何者是可能性，何者是现实性。我们可以把质料看作可能性，而形式则是使它实现出来的现实性（如唯实论和理性派认为的），也可以把形式看作可能性，而质料则是用来填充形式使之成为现实的（如唯名论和经验派认为的）。康德则是用先验自我意识及其范畴形式能动把握感性质料的过程统一了双方，使它们无法分离。所以，我们不必把这些反思概念捆绑在可能性和现实性这对范畴身上，倒不如把它们视为某一类特殊的范畴，如黑格尔说的，康德自己认识到他的十二范畴"是怎样的**不完全**"，"所以他才对先验逻辑或知性学说再添上一个关于**反思-概念**的**研讨**作为附录"。① 换言之，所有这些概念其实都是范畴，它们都无一例外地被纳入了黑格尔《逻辑学》的范畴体系之中。

但这并不符合海德格尔的致思方向，他的目标是要跳出这种形而上学。他自以为从康德的反思概念中可以看到"进入主体性的通道"，并经过这种主体性所立足的"作为肯定的是"而窥探到存在本身的秘密。所以，"只要反思作为先验的反思并不直接指向

---

① 黑格尔:《逻辑学》下卷，杨一之译，商务印书馆1981年，第250页。

客体，而是指向客体之客体性与主体之主体性的关系，因此只要反思主题本身作为上述关系已经是一种与思想着的自我的逆向关系"，那么我们对这种"是"的反思就是"关于反思的反思"，① 它眼看就要突破逻辑学和认识论的束缚而让存在本身的本体论破茧而出了。但这已经完全脱离了康德哲学的语境，因为康德的先验反思与逻辑反思的区别正在于前者不是单纯的逻辑判断形式，而是"直接指向客体"的，否则怎么能叫作"先验逻辑"？离开对象性和可能经验的领域，这种反思就只能在形式逻辑的圈子里转来转去，怎么能够抵达本体论？但海德格尔仍然要借康德的名义来说事，他说，康德的存在阐释的主导词"存在与思想"，"现在更清晰地在其更丰富的内涵中说话了。然而这个主导名称在其决定性的意义中还是昏暗的。因为在它的公式化的措辞中隐含着一种必须得到考虑的模棱两可（Zweideutigkeit），**存在与思想**这个名称不应当只是标志着康德对存在的阐释，而应当命名构成全部哲学史进程的那个基本特征"。② 显然，他在这里把康德的"反思概念的歧义"理解为这样一种与康德已毫无关系的"模棱两可"了，即在整个哲学史中，"存在与思想"的命名从巴门尼德开始就是具有歧义的，但我们又不能采用技术性的态度来（从逻辑上）分析这些语词，而必须对这种歧义抱开放态度。"在必要的审慎和对道说之关联的洞见中倾听语言之道说，就能够给出对思想的事情的暗示。"③ 只有通过这

① 参看海德格尔：《路标》，孙周兴译，商务印书馆 2000 年，第 554—555 页。
② 同上书，第 555 页，译文有改动。
③ 同上书，第 556 页，译文有改动。

样一种对"暗示"(Winke)的倾听和领会,才能够打破语词的遮蔽,而问到后面一直隐藏着、直到康德也"没有进一步提出来的问题",这就是分四个层次来展开"究竟何谓存在"之问。这四个层次是:1.可以从表象来规定为设定和被设定性的存在,即通常讲的实在、存有或客观存在者;2.可以用形式和质料的结构来肯定的存在,即反思到系词"是"的模态;3."以双重主词形态出现"的存在,"一方面是作为与谓词相关联的命题-主词,另一方面是作为与客体相关联的自我-主体",即逻辑主词和认识主体的存在;4.拉丁文的 subiectum(主项)和希腊文的 ὑποκείμενον(基底)所规定的存在,也就是"在场状态"。① 据说康德的存在论题涉及了所有这四个方面,其中"起支配作用的乃是持续在场意义上的存在",② 但他始终没有问一个:"究竟何谓存在?"

这是因为据说康德在"存在与思想"这一"主导名称"中用"肯定"取代了"存在",用"反思之反思"取代了"思想",从而使这一主导名称变成了"系词与我思"。比起巴门尼德的"思维和存在是同一的"命题来,康德的进步在于,"作为肯定的存在是由对知性的经验性运用来规定的。主导名称中的'与'指的就是这种关系,在康德看来这种关系在思想中、也就是在人类主体的一个行动中有其立足点"。③ 巴门尼德的"思想"只是"反思"的思想,只建立起客观性;康德的"思想"则是对反思的反思,

① 海德格尔:《路标》,孙周兴译,商务印书馆2000年,第556页,译文有改动。
② 参看上书,第557页。
③ 同上,译文有改动。

它建立起了主体性。"作为反思的思想指的是视界（Horizont），而作为反思之反思的思想指的是存在者之存在的解释的方法（Organon）。在'存在与思想'这个主导名称中，思想在我们已经指明的根本意义上是模棱两可的，而且这一点贯穿着西方思想的整个历史。"① 但康德的不足之处似乎在于，他停留于思想的这种模棱两可之中，而不思更进一层了。于是海德格尔问道：

> 自古以来，关于思想的理论被叫作"逻辑学"。但如果思想在其与存在的关联中是有歧义的——既是视界之预先确定，又是方法，那么，所谓的"逻辑学"不也在上述角度上是模棱两可的么？这样，作为方法和作为存在之解释的视界的"逻辑学"，不就成为完全大可置疑的么？一种在此方向上咄咄逼人的沉思并不反对逻辑学，而是致力于一种对 λόγος 的充分规定，亦即致力于对那种道说（Sagen）的充分规定——在此道说中，存在作为思想的**这个值得思的东西**把自己带向语言。②

很好。但这不就是黑格尔的思想么？黑格尔的"逻辑学"既是方法，又是"存在之解释视界"，即"存在论（本体论）"。它就是对传统 λόγος 的充分规定，并把存在本身作为"这一个"值得思的东西带向了语言。它不再模棱两可、犹豫不决，而是果断地

---

① 海德格尔：《路标》，孙周兴译，商务印书馆2000年，第558页。
② 同上书，第559页，译文有改动。

第五章　海德格尔解构西方形而上学之路

投身于矛盾进展之中，杀出一条血路来。它以苏格拉底式的反讽（Ironie）和暗示，故意揶揄那些在概念的歧义面前莫衷一是的知性头脑，如海德格尔这样的。空谈无益，打擦边球也不是个办法，现在黑格尔已经把事情实实在在地做出来了，海德格尔敢面对么？

海德格尔这时只能靠玩弄字眼来掩盖自己的束手无策。他说：

> 这毫不显眼的"是"中隐含着存在的一切值得思的东西。但其中最值得思的东西仍然是我们所考虑的："存在"（Sein）是否能存在，"是"（ist）本身是否能存在，或者存在是否从来都不"是"，以及，尽管如此，"有存在"（Es gibt Sein）仍然是真的。[①]

这简直是陷入了魔咒。我们可以从存在者追溯到后面的存在，从系词的存在（"是"）追溯到名词（或动词）的存在，又从名词的存在追溯到 es gibt（"有"），但"'有'（Es gibt）中的赠予（Gabe）是从何而来的？从何者开始？以何种给出（Geben）方式？"[②] 试想，即使回答了这个问题，还可以再往后追问啊！这样的追溯又何时是个头呢？难道不需要一个上帝出来终止这种无穷追问吗？这里的那个 Es 除了指上帝，还能指谁呢？《使徒行传》（17：25）说：神"自己倒将生命、气息、万物，赐给（gibt，见德译本）万人"，说的不就是这回事吗？我们不能再追问上帝

[①] 海德格尔：《路标》，孙周兴译，商务印书馆2000年，第559页，译文有改动。
[②] 同上书，第559—560页。

是从何而来的，我们甚至不能说上帝"存在"，因为上帝就是存在本身，我们不能再用存在来描述祂。所以，"存在（Sein）不能**存在**（sein）。倘若存在存在，则它就不再是存在，而是一个存在者了"，①道理就在这里。巴门尼德还没有上帝概念，所以他能够说"存在就是存在"，但其中暗含着这样的意思：存在就是那"给出在场状态者"。所以，它看起来似乎是同义反复，其实"于自身中包含着未曾被道说的东西，未曾被思的东西，未曾被追问的东西。'在场在场着'"。②一个是名词，一个是动词；并不是动词"假装"成了名词，而是你只有从名词才能追溯后面的动词，才能追问那没有被道说出来的行动者，才能追问是"谁"使得存在者存在、让在场者在场。而这一"使"，这一"让"，中间有个时间差。"何谓存在"的问题最终就与时间的本质联系起来了，"存在与思想"的主导名称就变成了"存在与时间"。③海德格尔的新招已经用完了，他只好带我们从这个最后的"路标"又返回到了他的克服形而上学之路最初起步的"路标"处。

但康德的"存在论题"却早已被搁置在一边了。当海德格尔重新捡起这一论题时，发现一切都原封未动，毫无进展。"如若被设定状态、对象状态表明自身为在场状态的变种，则康德的存在论题就归属于那种在一切形而上学中始终都未曾被思的东西"，而"存在与思想"这一主导名称"不足以哪怕仅仅提出存在问题，

---

① 海德格尔：《路标》，孙周兴译，商务印书馆2000年，第560页。
② 同上。
③ 参看上书，第561页。

第五章　海德格尔解构西方形而上学之路

更遑论为之寻获一个答案了"。①但他仍然强辩道："不过，康德关于作为纯粹肯定的存在这一论题仍然是一个顶峰（Gipfel），从它发出的视线往后直达对作为 ὑποκεῖσθαι［基底］的存在的规定，往前则指向对作为绝对概念的存在所作的思辨辩证法的解释。"②海德格尔好歹知道，黑格尔的思辨辩证法已将康德的"存在论题""往前"推进了一大步。但既然如此，他又如何还能够把康德的论题称为"顶峰"呢？我们顶多能够说，康德是一个"蓄水池"（如安倍能成所说），前面的都流到他这里，后面的都从他这里流出。康德的确提出了问题，即存在作为逻辑系词与存在作为本体（基底）是何关系的问题，但他并没有哪怕尝试去解决这一问题。当然，提出问题也很重要，有时甚至比解决问题更重要，但任何问题的提出都不能靠自身成为"顶峰"，追问不等于回答。海德格尔在这个极有讨论价值的、"最值得思"的问题上戛然而止，不再展开。也许他这时已经看出，或者至少预感到，作为一个勤奋的思想家，他终其一生都未能超出黑格尔思想的樊篱。正如海德格尔自己也承认的，黑格尔是西方形而上学的完成者，因此，海德格尔只有当他真正成功地解构了传统形而上学，他才能超出黑格尔思想的边界。反过来，当他暴露出自己未能超出黑格尔的思想时，这正说明他的解构失败，他自己仍然处于西方形而上学之中。这也说明，只要还是从西方形而上学的源头出发，就已经注定了这样一种形而上学的局限性和衰亡的必然性。西方形而上学

---

① 海德格尔：《路标》，孙周兴译，商务印书馆2000年，第561页。
② 同上，译文有改动。

的困境不能靠返回到古希腊的源头来解除，而必须扩展自己的文化视野，打破"东方主义"（萨义德）的狭隘眼光，特别是全身心投入对中国哲学和汉语文化的真正的平等对话之中，才有脱身的希望。

第六节　余论

对海德格尔《路标》的这一番巡礼终于结束了。单从形而上学的解构的角度看，这一过程可以说大致展示了海德格尔整个思想历程的梗概，也由此而表明了西方形而上学在当代这个衰亡时期的挣扎最终归于无效的原因。然而，就形而上学的重建这一主题来说，还有几个不能忽视的话题需要再做阐明。

一、海德格尔与黑格尔的"争辩"

读者可能已经注意到，本书对整个西方形而上学史的这一场追溯和检讨，将最重的分量放在了黑格尔和海德格尔以及他们的对照和比较身上，这是有原因的。因为如前所述，黑格尔是西方形而上学的完成者，而海德格尔则代表着西方形而上学的解构者。[①] 西方形而上学的完成也许还可以加上尼采或者其他人，但黑格尔所做

---

① 当然，按道理说，亚里士多德作为西方形而上学的建立者也是应该大书特书的，但由于形而上学在它的创建初期毕竟还是比较单纯和简单的，没有后来那些复杂的关系，所以论述起来相对容易一些，本书也只着重于展示它为西方形而上学"定向"的作用，故在本书中所占的篇幅不是很大。

第五章　海德格尔解构西方形而上学之路

的贡献是最重要、最基本的，其他人都可以看作黑格尔的某个观点的延伸和扩展（如尼采的"强力意志"的因素本身就已经隐含在黑格尔强烈的主体性倾向中了）。形而上学的解构也可以而且必须考虑到其他哲学家如德里达、福柯这些人的助阵，但他们本质上都可以看作海德格尔思想的余波，并且也都如同海德格尔本人一样，并没有真正解构掉西方形而上学，反而使自己要么成了"最后一个"形而上学家，要么只不过使自己从形而上学中出局，而无损于形而上学的大厦本身。前面已经提到过，对于海德格尔来说，他的真正的理论对手其实就是黑格尔，他甚至把与黑格尔的争辩直接视为与整个西方形而上学的争辩。① 而他在与黑格尔展开"争辩"的过程中总的来说并没有占到上风，与其说他解构或"克服"了形而上学，不如说他逃离了形而上学，而遁入了"思想"（谁没有"思想"？）。这也是他越是熟悉黑格尔的哲学，就越是对黑格尔肃然起敬的原因。然而，终其一生，他也没有能够真正理解黑格尔的哲学，特别是理解其辩证法的学说。甚至有时候，明明他已经走到了辩证法的边缘，或者一只脚踏进了辩证法的怪圈，他自己却还麻木不知，② 反而一味地要和黑格尔及其辩证思维划清界限。他似乎隐约知道的仅仅是，一旦这个界限划不开，他的一系列自认为新颖的见解的独创性都将会成为问题。所以，他最恼火的就是人们把他的

---

① "尝试与黑格尔、与西方形而上学进行某种争辩。"（参看海德格尔：《黑格尔》，赵卫国译，南京大学出版社2018年，第31页）
② 正如《形而上学导论》的译者熊伟先生在"译者前言"中所说的："海德格尔是经常处于辩证思维中的。"（参看该书，商务印书馆1996年）

思想和黑格尔的观点联系起来,以至于等量齐观。①而事实上,他的确也不是从黑格尔的思路,而更多是从康德和胡塞尔的思路进入自己的问题域的。这导致哪怕是从辩证的命题出发,他所走的也是一个和黑格尔完全不同的方向,也就是一种还原、"去蔽"的方向,而不是把辩证命题当作原则来加以贯彻。

在这方面,一个最值得关注的典型例子就是他对于黑格尔哲学的"开端"(Anfang)的理解。应该说,海德格尔对黑格尔哲学的开端是极为重视的。早在1929年,他就在自己的关于"德国唯心主义"(费希特、谢林和黑格尔)的系列讲座中,② 对黑格尔《逻辑学》的开端进行了相当详细的剖析和探讨。这个讲座的第三部分讲黑格尔的两节是§19、§20,其中"§19. 绝对唯心主义奠基的理念"虽然也提到"黑格尔的开端[Anfänge,复数]"③,但

---

① 直到1962年关于《时间与存在》的讨论班上,参加者们还在大谈海德格尔和黑格尔之间的一种"亲近和惊人的类似性",甚至有人认为"海德格尔的思想是黑格尔哲学的一个翻版",认为"可以在海德格尔思想的所有方面和黑格尔哲学的所有方面之间找到清晰的对应",甚至"建立一张相似性对照表"。(参看海德格尔:《面向思的事情》,陈小文、孙周兴译,商务印书馆1996年,第50页)而海德格尔对于这种不一定是恶意的比附表现出的愤怒有时达到了失态的程度。(参看海德格尔:《黑格尔的精神现象学》,赵卫国译,南京大学出版社2018年,第177—178页)

② 这些讲座收入《海德格尔全集》第28卷,参看 Martin Heidegger: *Der Deutsche Idealismus (Fichte, Schelling, Hegel) und die Philosophische Problemlage der Gegenwart*. Herausgegeben von Claudius Strube, Gesamtausgabe, Band 28. Vittorio Klostermann GmbH, Frankfurt am Main, 1997. S. 195-232, 258-268, 338-344。

③ Ebd. S. 195.

那主要是追溯黑格尔哲学从费希特和谢林那里的发端，并不是指黑格尔自己的哲学体系的开端。只有在"§20.追问绝对的现实性"中，才在快结束的时候单列了一小节"d）开端问题"，继而在"e）哲学作为自己的时代的哲学"中把开端和时间问题联系起来谈。再就是后面的几处补充（Beilage）对开端问题进行了讨论。其实，海德格尔对黑格尔哲学的兴趣主要就集中在哲学开端的问题上，其他方面则大致忽略过去了，很可能都没怎么认真读过。这是毫不奇怪的，因为这个问题在黑格尔那里本来就是与海德格尔最为关注的存在问题直接相连的。但海德格尔在这里是如何与黑格尔进行"争辩"（Auseinandersetzung）的呢？

可以看出，在讲座中对黑格尔开端的描述基本上是沿着黑格尔《逻辑学》中"必须用什么作科学的开端？"一节的线索讲下来的，但里面其实已经埋伏了海德格尔自己的隐秘意图。例如黑格尔在这一标题下面的第一句话中说："意识到要找出哲学中的开端是一种困难，这是近代才发生的事，而且这种困难的理由和解决困难的可能，也已被多方讨论过了。"[①] 为什么会遇到"困难"？黑格尔说得很明确，就是哲学的开端要么是间接性的，要么是直接性的，但这两种情况都会遭到质疑；再就是，哲学的开端要么是指哲学所研究的对象即"本原"或"一切事物"的客观的开端，要么是指哲学研究本身从哪里着手的主观的开端。[②] 黑格尔随即

[①] 黑格尔：《逻辑学》上卷，杨一之译，商务印书馆1977年，第51页，译文有改动。
[②] 参看上书，第52页。

就提出了他自己的解决这一困难的办法，就是说，他这里讲的是"逻辑学的开端"，它本身"同时包含有直接性和间接性"，这两种规定"不曾分离过，也不可分离"；再者，

> **逻辑是纯科学**，即在其发展的整个范围中的纯知。但这个理念在那种结果中把自己规定成了已形成为真理的确定性，这种确定性一方面不再与对象相对立，而是使对象成为了它内在的东西，知道对象就是它自己，——另一方面，这种确定性放弃了关于自己就像关于一个与对象性的东西相对立和仅仅是这对象的毁灭的东西那样的知，它外化了这种主观性，并且是与自己这种外化的统一。①

可见，通过对直接性和间接性、客观性和主观性这两个层次的辩证统一，黑格尔已经完满地解决了上述"近代的困难"，即从笛卡尔到康德在寻求哲学开端时所遇到的困难。

现在来看看，海德格尔是如何解读黑格尔的这一所谓"困难"的。他认为，在黑格尔的绝对理念的哲学中，"开端的问题不由得再次产生而且日益尖锐化了。在绝对中从何开端？到处还是无处［开端］？终归必须是在绝对本身那里。但如果在绝对本身那里，那么既然已经在那里了，那也就没有什么开端了，那也就已经是终结了"。于是，"开端问题达到了最高的迫切性，同时又是最高

---

① 参看黑格尔:《逻辑学》上卷，杨一之译，商务印书馆1977年，第53页，译文有改动。

的困难性，如果这个确定性和体系同时本质上又是作为绝对的绝对知识而开始的话"。① 就是说，黑格尔的开端难题之所以"再次产生而且日益尖锐化"，是由于黑格尔要把自己的体系"作为绝对的绝对知识而开始"。在海德格尔看来，黑格尔不是要去解决近代哲学所面临的开端困难，而是自己面临着开端困难，即如果要从绝对开始，那就已经是终结了，哪里还会有开端呢？"恰好由于绝对知识是整体并且是作为整体而存在的，它就像没有绝对知识一样，要求开端问题。……黑格尔在这个考察的导语中指出，只是在'近代'才产生了这种意识，即找到哲学的开端是有困难的。黑格尔没有提到这方面的事实根据。"② 这话完全离开了黑格尔的文本，不但把黑格尔明确阐明的开端和终结、直接性和间接性的辩证关系撇在一边，而且黑格尔关于"近代哲学"的开端困难的分析也被无视了。明眼人一看就知道，黑格尔在这里所提到的"实体"、"单子"和"思维"、"自我"、"主观性"，以及"反对独断的哲学思考"、"理智直观"等，虽然没有直接点名，但无不是近代哲学在开端问题上遇到困难的"事实根据"，尤其在笛卡尔和康德的二元论上体现得最为明显。这种二元论的困境在黑格尔的辩证法中得到了解决。然而，在海德格尔的描述中，解决困难的人

---

① Martin Heidegger: *Der Deutsche Idealismus (Fichte, Schelling, Hegel) und die Philosophische Problemlage der Gegenwart*. Herausgegeben von Claudius Strube, Gesamtausgabe, Band 28. Vittorio Klostermann GmbH, Frankfurt am Main, 1997. S. 223.

② Ebd. S. 223-224.

成了困难本身，仅仅是因为他没有按照海德格尔预定的任务来处理形而上学的开端问题，即没有追问形而上学本身的开端。

> 尽管黑格尔如此狂热地冲入绝对里面，我们知道，绝对的理念本身其实只是某种从确定性中确定地开始的理念的某种确定地绝对化而已，这样一种开始是与主体的主体性的某种自身中无根基的规定相配合的。（而这是基于某种形而上学的疏忽：错过了存在追问；不去追问为形而上学的**可能性**所做的决断。）①

就是说，绝对理念本身其实只是黑格尔的主体性的某种"确定地绝对化"，但这种主体性自身却是"无根基的"，即没有从自身出发去追问自己之所以可能的前提，或者说追问此在之所以存在，没有像海德格尔那样建立起一种此在的"基础存在论"。而要做到这一点，必须抛弃黑格尔的"绝对"而回到有限性："作为永恒性的绝对现实性（绝对当下），其概念的根在决断性的方面如何返回到了时间性中。而且我们发觉，在围绕开端问题所作的努力中，反对有限性的斗争成了最为艰难的。"②据说黑格尔遇到的困难就是在开端问题上想要达到无限和永恒的绝对性，反对有限性。但只要抛开这个绝对，事情就变得简单了：

---

① Ebd. S. 231.
② Ebd.

针对前面所谈的那个问题所要说的是：哲学的开端——不是问题！因为开端按照有限性恰好就是有限的，这就是说，是"随意的"；人们事实上正是在他所站立的那个地方开端。

但我们站立在**何处**？而且我们应该从哪里开端？这是两个可以相继提出和回答的问题吗？或者它们共属一体？也就是这样，当我们理解到我们应该从何处开端，我们也已经、并且恰好就这样经验到了我们站立于何处？所以这也不是我们通过分析我们的生活而冥思苦想出来的。我们也不是通过公布所有可能的立场以便从中给自己分得一个可能的立场而理解到这一点的。

但是，从何处开端？从我们自身！我们摆脱了这个讨厌的被抛回我们自身了吗？实际上只有一个办法，就是我们在我们自身中抓住**此在本身**。①

在海德格尔看来，哲学的开端只能是有限的"此在"（Dasein，在黑格尔那里译作"定在"或"限有"）。但这样一来，任何人都可以任意地从他自身站立之处开始。我们看到，这实际上还是黑格尔所批判的主观唯心主义的立场，即从"自我"开始，通过对经验性的"我思"来反思到存在。这种由经验开始所建立起来的"存在论"肯定也是有限的、经验性的。但海德格尔自己却认为，他这种有限性的开端立场与那种主观唯心主义的有限反思的立场

---

① Ebd. S. 232.

(如笛卡尔和康德)有根本的不同:不是反思性的,而是现象学的直观;不是主客对立、互相反映的,而是超越于主客对立之上的追问。黑格尔虽然也批判了康德式的唯心主义的反思,主张"反思必须得到克服,其最本己的法则必须得到认识。这个法则就是:反思的根除。意识和自我意识在理性中扬弃。但借此来克服有限性:无-限性,保证绝对知识",但正因此他并没有前进一步,"还是反思立场"。① 所以,关键就在于:"要追问存在者的存在方式。对存在的追问优先于**对意识的追问**。但因此就有一种对于此在的完全不同的态度。(实际性——生存性的、实存性的——超越的发生。)"而黑格尔的绝对知识"对反思的克服"则只不过是"反思的一种更高的形式"而已。②

于是,现在海德格尔营垒分明地把自己和黑格尔的分歧摆到桌面上来了。"黑格尔努力所做的就是克服思想的**命题**特性,克服思想的有限性而思考无限性。绝对的显现就是被保持着的和持存着的矛盾",③ 即以这种矛盾为诱饵去追求绝对之思;"而这就是黑格尔哲学思考的最大的隐蔽性的秘密。他真正认识到了、承认了并被要求了否定性的积极的本源的功能,但——只是为了扬弃它并将其吸纳进绝对的内在生命中来"。④ 由此也暴露出海德格尔和黑格尔最大的分歧,海德格尔将它概括为:"通向与黑格尔的彻底

---

① Ebd. S. 258-259.
② Ebd. S. 259.
③ Ebd.
④ Ebd. S. 260.

的争辩。反对将理性直接作为在自身中旋转的（永恒的、当下的）无限性。作为此在的有限性的完全的超越就是时间性、被抛性。"并且指出，"如果黑格尔对这种唯心主义的疑难作了最彻底的奠基和规定（绝对唯心主义），那么在他对康德的态度中同时也就奠基和规定了对我们的最尖锐的反对态度"。① 换言之，黑格尔在使矛盾双方统一这方面对康德的批判就是对"我们"亦即对海德格尔的批判。海德格尔把黑格尔"对康德的态度"理解为：从统觉的综合统一中提升起来的"先验想象力"对于对立双方的统一作用，② 他断言："对黑格尔而言决定性的是：不停留在对立之中，向更高的综合返回。理性不是想象力本身[作为统一原则，也就是同一性。——海德格尔边注]，也不是它的本质，相反，在想象力中理性显露出来：综合，同一性。"③ 于是海德格尔以对比的方式把自己和黑格尔的区别开列清单如下：

---

① Ebd.
② 这完全是海德格尔的想当然而已，是他自己把康德的统觉归结为先验的想象力，主张"回溯到作为感性与知性之根的先验想象力"。（参看海德格尔：《康德与形而上学疑难》，王庆节译，商务印书馆2018年，第154页，译文有改动）现在，他不但把这种先验想象力的"根"的地位和作用强加给康德，还强加在了黑格尔头上。但实际上，黑格尔却几乎从来不提，也瞧不起想象力（只有在他的《美学讲演录》中谈艺术天才时附带提及想象力，但并不展开），他统一对立双方靠的不是想象力，而是"思辨"。
③ Martin Heidegger: *Der Deutsche Idealismus (Fichte, Schelling, Hegel) und die Philosophische Problemlage der Gegenwart.* Herausgegeben von Claudius Strube, Gesamtausgabe, Band 28. Vittorio Klostermann GmbH, Frankfurt am Main, 1997. S. 261. 对想象力的这种解释取自康德《纯粹理性批判》第一版演绎，但他转移到了黑格尔头上。

黑格尔看到并且赞赏先验想象力，因为绝对作为同一性而显现出来。综合，**无限性**。

我们发现和赞赏想象力，是因为开始揭示有限性。

黑格尔：在想象力中承载着形式的接受性和自发性，反题，综合。"辩证法的三一体"，参看第 1 卷第 309 页，三一式。(绝对——理性)

我们：在想象力中承载着双重性特征，这特征归结到一个本源的三一体，即时间性在使一个此在可能的意义上的本源的统一。

黑格尔对于康德的想象力有种眼光［此处三个词无法看清——德文编者］

我们对想象力的眼光出自时间性的疑难这一基础存在论的疑难区。

在那里，基础可能性在西方形而上学的开始轨道上终结了。

在这里，试图对这一进程出自基础疑难本身的彻底发挥的根基来加以［此处一词无法看清——德文编者］重复。

没有什么黑格尔的"扬弃"；这只可能是黑格尔式的。总体是另一种**历史性**——（但的确［？］——在面对更早的开端时［？］一个绝对的开端只是一种具有所谓不清晰性的证明）。具体的例证：对康德的阐释和对康德的表态。①

---

① Ebd. S. 262-263. 最后两个方括号内为海德格尔的边注。

第五章　海德格尔解构西方形而上学之路

除了有对黑格尔的多处严重误读之外，海德格尔这一套"非此即彼"的命题对比显得非常浮面，令人想起毕达哥拉斯的十对范畴，即有限与无限、奇与偶、一与多、右与左、阳与阴、静与动、直与曲、明与暗、善与恶、正方与长方，其中每一对范畴的前一项都优于后一项。当然，海德格尔的重点集中在强调"有限性"胜过黑格尔的"无限性"，但他并不想"扬弃"黑格尔，而只想另起炉灶。所谓与黑格尔"争辩"，也无非是说，你那一套不行，得看我的。但这种泾渭分明的划分其实是站不住脚的。或者说，海德格尔所强调的所谓"有限性"与黑格尔的"无限性"并不是截然对立的。黑格尔早就说过："只有缺乏意识才会看不出，正是在把某物标明为一个有限的或受限制的东西时，即已包含着对无限的、不受限制的东西的**现实当下的**证明，对边界的认知只有当无边界的东西**在此岸**存在于意识中时，才是可能的。"① 原文强调的"在此岸"一语暗讽康德，因为康德在他的第一个"二律背反"中曾把世界的有限性和无限性的冲突归因于错把感性的此岸世界当作了彼岸的"理知世界"。黑格尔的意思是，就在当下"此岸的"有限之物中就已经证明了它对自身的有限性的超越，就是说，已经把海德格尔的有限性扬弃在它自身揭示的无限性中了。海德格尔也看出，在黑格尔那里，"'知道'这种局限，这就是已经超出这种局限了。（有限性在黑格尔看来是'知性的最坚硬的范畴'）"，他仍然坚持说："但问题依然存在并且必须被彻底地提

---

① 黑格尔：《小逻辑》，贺麟译，商务印书馆1981年，第148页，译文有改动。

出。"① 如何彻底地提出？就是必须让有限性这个知性最坚硬的范畴坚不可摧，不能让它被无限性融合掉。其中最重要的依据，就是作为有限性之标志的时间性和历史。所以，海德格尔强调："此在的形而上学。它的使用和真理。恰好是由于有限性：开端是**历史性的**。每种哲学都有**它的时代**（Zeit，又译时间）。"② 的确，黑格尔的逻辑学是在一个超时间的形而上学层面上来讨论范畴的逻辑进展的，所以他必须基于无限性或永恒性来看待诸概念的存在，这些概念不会随着时代的过去而消逝。尽管如此，对历史性的强调以及历史和逻辑的一致性恰好是黑格尔哲学的独创和强项。黑格尔的概念并没有脱离现实历史和时间中的事物，它们在逻辑系统中所占的位置本身就是依赖于历史进程而得以展示出来的，只是现在采取了逻辑秩序的方式而已，只有这样才能摆脱历史的偶然性而显示某种"历史规律"。所以，黑格尔的逻辑学本身是"有巨大的历史感作基础"的（恩格斯语）。相反，海德格尔的"此在的形而上学"虽然口口声声要抓住时间性和历史性，却恰好和现实的历史毫无关系，只和个人偶然的生命体验有关。这种生命体验如果不想成为过眼烟云的话，其实完全可以被作为历史现实的微分商来看待（难怪它会引发萨特的个人主义和主体主义的超常发挥！），但我们在海德格尔的历史观中所看到的，反倒是除了

---

① Martin Heidegger: *Der Deutsche Idealismus (Fichte, Schelling, Hegel) und die Philosophische Problemlage der Gegenwart*. Herausgegeben von Claudius Strube, Gesamtausgabe, Band 28. Vittorio Klostermann GmbH, Frankfurt am Main, 1997. S. 264.

② Ebd. S. 267.

主体的义愤就是无奈。可见正是他自己,并没有现实地看待历史,包括哲学史和思想史。

在关于黑格尔的补充材料中,海德格尔把他的上述对照表又重新列了一遍,如下:①

《精神现象学》	和	"基础存在论"
		"此在的形而上学"
无限性		有限性
绝对认知		存在问题
真理——客观性		真理和生存
永恒性		历史性
绝对的东西		被抛性②
"永恒性"		这与"人"有什么关系?
"时间整体"		
"记忆"		"苦难"
		"在自身中""分析"
此在的形而上学		"哲学思维是有限的"
现象学		
"方法"		"真理"

---

① Ebd. S. 267-268. 在《康德和形而上学问题》中,海德格尔也大量谈及有限和无限的问题(参看§38—40),但都不如这里简练。

② 本行与下面一行中间原文隔了一行:"[Zu §22]"。此处有编者注表明这里看不出来上下文是否有关联。

这个表比前一个要纯粹一些，去掉了"想象力"和其他多余的东西，但同样强调是无限性和有限性的对立。要注意的是，"此在的形而上学"在左右栏各出现了一次，但含义是完全不同的，一个打引号，一个没打引号。再就是，与"永恒性"和"时间整体"相对应的是一句反问："这与'人'有什么关系？"这意思并不是说，海德格尔主张人本主义或人道主义，而只是要通过人来表达对有限性的执着。所以，黑格尔的"记忆"（即柏拉图的"回忆说"）对应的是海德格尔的个人"苦难"和"在自身中分析"，也就是此在分析。但该表的这样一种毕达哥拉斯式的划分是难不倒黑格尔的，只有在海德格尔这里才成为二律背反和选边站的选项。这只说明海德格尔的知性的僵化思维已经深入骨髓。

当然，海德格尔也看到，有限性和无限性的确也不能仅仅靠执着于一方就能够做到消灭另一方。他说："这两种立场（有限性和无限性）的争辩其实必须在同一个维度中运动，这个维度才是要找到的"，① 我们也不能通过宣称黑格尔是"泛神论"就轻易将他驳倒，② 而必须深入到他的有限-无限的辩证原理本身中去指出他的谬误。这一原理就是："我们根本不能谈论只是人的有限的理性，因为这时我们就已经超出了有限性并知道了一种无限的东西，否则我们就不可能对有限性说出有意义的话来。只要我们知道了这种局限，我们就已经超出了它。这就是整个黑格尔哲学暗中引

---

① Ebd. S. 338.
② Ebd. S. 339.

为根据的证明。"这一原理对不对呢？海德格尔的反驳是：

> 如果我们知道了我们的局限，那么这种有限性就成为了无限性。但是否我们就是在超出，这是另一个问题：是否这种对无限性的认知已经就意味着是超出了，是否这种认知本身是这样的：它作为认知就其存在方式而言离开了我们的生存并假定了无限东西的生存。我们是超出了被意识到的有限性，但在这种认知性的超越中我们并不是作为无限的东西而生存。而当我们这样说时，我们根本没有看到问题。①

海德格尔的反驳意味着：即使当我们知道有限性本身时就成了无限性，或者说认识到局限就已经超出了局限，但这也只是在我们的"意识"中的一种操作，因而仍然只是在有限性中的操作。"对认知有限的东西就**是**一种超-越的这种证明只是在这个命题的基础上才有意义，即自我的本质就**是**意识。对存在本身的基础性的追问还根本没有提出来。但对有限性的认知并不能担保，认知着的主体有理由并且通过这种认知而作为无限的东西生存，甚至也许这种对有限性的认知是对有限性的一种更加精准的索引。"② 康德就是这样认为的：就算我想到了无限性，这种无限性也只是我的主观理念；我必然会想到这一理念，但千万不能把它当真，

---

① Ebd. S. 339.
② Ebd. S. 340.

以为在现实中真有其事,而只能姑妄思之,姑妄言之,对它做一种"调节性的(regulativ)运用"。海德格尔认为黑格尔的"永恒性"概念也是如此,黑格尔把它理解为"绝对当下"(die absolute Gegenwart),以为可以一次性地完全占有它,因而不需要时间了。其实它本身是从"时间"中引申出来的,并且只有这样我们才能理解它的"存在"。所以,只要谈及永恒性是否"存在",就必然涉及时间。

如果形而上学的追问就是对存在的追问,那么我们就必须问,在德国唯心主义中绝对理性判给自己的是何种存在方式?这理性是永恒的,而永恒性是绝对的特征。但黑格尔离看出永恒性是对流逝的时间的扬弃还很远,相反,他要求永恒性必须实证地在自身中得到理解。他把永恒性定义为绝对的当下(Gegemwart),并借此接近了古希腊哲学,在后者看来永恒性是生命的某种规定,在其中生命占有了自身,"同时拥有着生命的整个存在"。这就是永恒的东西本身的特征。[①]

说黑格尔"把永恒性定义为绝对的当下",不知道这种说法有什么根据。但有一点是确凿无疑的,就是与海德格尔的猜想不同,黑格尔的永恒(Ewige)通常是在宗教的意义上的、对超感官的绝对精神的称谓。[②]"精神最初被表象为在纯粹思维元素中的

---

① Ebd. S. 341.
② 参看黑格尔:《精神现象学》(句读本),邓晓芒译,人民出版社2017年,第409页。

实体，因而它就直接是单纯的、自身等同的永恒本质……单纯的、永恒的本质如果老停留在单纯永恒的本质的表象和表达那里，它就只会是按照空洞的字眼来说才是精神"，但由于这种空洞性，它给自己赋予了自我否定的功能，这才使自己成为"对象性的"，而"这就说明，那永恒的本质为自己生出了一个他者"。① 并且，"但凡是作为**当下在场**（gegenwärtig）、作为**直接性**和**定在**（Dasein，即此在）的方面而进到意识中来的，却是那还有待于把自身神圣化的世界"。② 可见，黑格尔的永恒与当下在场、与希腊人的"永生"（永远在场）的概念毫无关系，它应该属于基督教意义上的"永恒的爱"，③ 因而本身是一个运动过程，即"那永恒的本质被呈现为在自己的他在中与自身相同一的运动"，④ 也就是"一种永恒外化和重建**主体**的运动"。⑤ 这种运动中的永恒性最纯粹地体现在他的"逻辑学"中，因为逻辑学的内容"就是**上帝的展示，展示出永恒本质中的上帝在创造自然和一个有限的精神以前是怎样的**"。⑥ 在黑格尔那里，永恒性与时间当然是直接关联着的，正如无限是从有限来的一样。但这种时间中的无限性并非那种流俗的理解中的"坏的无限性"，即直线式地一去不返、无止境地增添，

---

① 参看黑格尔：《精神现象学》（句读本），邓晓芒译，人民出版社2017年，第460页。
② 同上书，第474页。
③ 同上。
④ 同上书，第463页。
⑤ 同上书，第490页。
⑥ 黑格尔：《逻辑学》上卷，杨一之译，商务印书馆1977年，第31页。

而是"真的无限性",即一个自身返回的"圆圈",它既是对有限性的超越,又是向有限性的回复。① 所以黑格尔说:"理念就是辩证法,这种辩证法把那自身同一的东西与有差别的东西,把主体与客体,把有限与无限,把灵魂和肉体都永恒地分离和区别开来,只有这样,它才是永恒的创造、永恒的生命和永恒的精神。"② 但海德格尔在这里只字不提黑格尔的有限无限的辩证法,不提坏的无限和真的无限的区别,③ 不提永恒的创造和运动,只是一味地强调自己的观点:"存在理念在自己本身就已经是有限的。只要我们能够指出,存在的内在可能性一般来说建立于无之上,则存在的概念就是有限性的最本源的证明文件,而对世界的每一种把握都必须从有限性出发。"④ 至于开端问题,在他看来,"对于有限的立场而言本质性的是,这一立场在它所立足之地到处都可以而且必须开端。对它来说开端是随意的。……但这就可以说,开端问题在作为人的可能性和人的必然性的有限立场看来,比在黑格尔那里具有更大的尖锐性。对于我们来说,开端问题是一个生存问题"。⑤ 可见,开端的困难不仅从近代哲学转移到了黑格尔头上,

---

① 关于"坏的无限"和"真的无限"及其区别,可参看黑格尔:《逻辑学》上卷,杨一之译,商务印书馆1977年,第137、149页等处。
② 黑格尔:《小逻辑》,贺麟译,商务印书馆1981年,第401页,译文有改动。
③ 对"坏的无限"和"真的无限"的更系统的论述,可参看上书,第206—208页。
④ Martin Heidegger: *Der Deutsche Idealismus (Fichte, Schelling, Hegel) und die Philosophische Problemlage der Gegenwart*. Herausgegeben von Claudius Strube, Gesamtausgabe, Band 28. Vittorio Klostermann GmbH, Frankfurt am Main, 1997. S. 342.
⑤ Ebd. S. 343-344.

现在又从黑格尔那里以"更大的尖锐性"转移到海德格尔自己头上了。或者更准确地说，海德格尔把黑格尔好不容易解决了的近代哲学的开端问题重又推进了万劫不复的深渊。

我们从上面所说的已经可以看出，海德格尔和黑格尔的本质分歧无非是陈旧的（康德式的）知性思维和活泼有生气的辩证思维的分歧。这种分歧他一直保持到晚期。他以这样一种僵化的思维方式，排除辩证法和有机生命的观点，却想拯救现代科学主义、工具主义、技术主义和功利主义的时代病，岂不是缘木求鱼？对这一时代病的唯一可能的拯救之道，只能是借助于黑格尔（和马克思）的辩证法，而在人道主义和哲学人类学的基础上重建形而上学。但这条路从海德格尔的"路标"的开端之处就被切断了，他在"克服形而上学"的事业中，不但时刻警惕着辩证法的"把戏"，而且处处提防着人类学的"偷袭"。他秉承胡塞尔现象学的"悬搁法"，对一切陷入"存在者"中的学说如心理学、人类学、生物学和神学都置之不顾，而直接从人的"此在"来追问存在本身。①

这种状况直到海德格尔思想的中期，当他于 1938/1939 年认真研读了黑格尔的《逻辑学》（至少是开头的部分）并写下不少心得笔记时，才似乎有了一些改观。这些笔记由英格丽特·舒斯勒以"从否定性出发与黑格尔进行的争辩（1938/1939 年，1941

---

① 胡塞尔的悬搁（epochè）声称将"存在"放进"括号"，但在海德格尔看来，这只是将"存在者"放进了括号，虽然直接呈现了"此在"，却仍然遗忘了对"存在本身"的追问。

年)"为题编入《海德格尔全集》第 68 卷。与十年前相比,海德格尔在这里对黑格尔做出了一个令人吃惊的全新的评价,他引证尼采的话"我们德国人都是黑格尔的信徒,尽管没有一个人提黑格尔",并且说:

> 黑格尔哲学之所以独一无二,**首先**在于,不再有超过它的,**更高**的精神之自我意识的立足点。因此,与之相比,将来绝不可能再有某个立足点,还可能比黑格尔的体系的位次更高,之所以如此,是因为黑格尔哲学就其本身而言,肯定事先就已经在立足点上涵盖了所有先前的哲学。[①]

这种评价出自素来目空一切的海德格尔,在之前是闻所未闻的。但他仍然要和黑格尔做一番"争辩"。虽然这种争辩"**只能**通过一条途径达到,那就是,在他的体系的所有领域中遵循黑格尔思想的每一步",其目的却在于"对它的深思熟虑要回溯到一个更加原始的立足点,因为只有从这个立足点出发,那个基本规定才可能真正作为那样的规定被发现",而"这个基本规定就是'**否定性**'(Negativität)"。[②] 换言之,黑格尔的哲学体系虽然动摇不了,但可以想办法抄它的底,在这个体系"之所以可能的前提"上做文章,这肯定是黑格尔本人所不曾想到的。

---

① 海德格尔:《黑格尔》,赵卫国译,南京大学出版社 2018 年,第 4 页。
② 同上书,第 5—6 页。

显然，这还是康德的思路，即按照知性去追查一个对象后面的根据，只要能够找到这个根据，也就把握了这个对象。这实际上在方法论上比黑格尔的辩证法低了一个量级。以这样一种机械操作的方法来处理黑格尔的"基本规定"即"否定性"的辩证命题，注定只能是一种表面形式化的理解，而无法理解其中的精义。

不能不承认，海德格尔在这里首次将"否定性"视为黑格尔哲学的"更加原始的立足点"，这一眼光还是很准的。至少，它比海德格尔十年前专门盯着"有限性"和"无限性"的关系来做文章要更加靠谱。马克思也曾说过，黑格尔《精神现象学》作为黑格尔哲学的"真正诞生地和秘密"，其"最后成果"就是"作为推动原则和创造原则的否定的辩证法"，而其"伟大之处就在于，黑格尔把人的自我创造看作一个过程，把对象化看作非对象化，看作外化和这种外化的扬弃；因而，他抓住了劳动的本质，把对象性的人、真正的因而是现实的人理解为他*自己的劳动*的结果"。[①] 然而，海德格尔并没有从"推动原则和创造原则"这一方面来考察黑格尔的"否定性"，更不用说人的自我创造和劳动等了，这些在他看来都属于人类学和实证科学，终归是主体性的形而上学。他纠缠的是这个抽象概念如何定位的问题。他的基本定位是这三个概念：虚无（Nichts）——无根据（Abgrund）——存

[①] 参看马克思：《1844年经济学哲学手稿》，刘丕坤译，人民出版社1979年，第112、116页。

有（Seyn）。① 就是说，黑格尔的"否定性"后面是"虚无"；虚无不是什么都没有，而是"无根据"；而无根据后面的根据就是"存有"。存有是"叉"掉了的存在。只有当存有本身又再次被"叉"掉，才能到达"成己"（Ereignis），从而进入《哲学论稿（从成己而来）》的核心话题。② 但黑格尔缺的就是走完最后这一步。他的"存有"没有叉掉，而是将打上的叉又抹掉、撤销，回到了"存在"。"黑格尔的'存在'概念发源于绝对现实性的**撤销**（Ab-bau）——与这现实性极度区别开来的东西。极度的外化！但这种绝对现实性就是作为意志的现实性。"③ 就是说，"存在"概念就是由于把背后的绝对现实性即"意志"撤销了之后的空洞概念。上述三个层次的否定性到了"意志"这里就止步了，否定性由此而不再"成为问题"，即不再被继续追问了。的确，黑格尔在讨论"必须用什么作科学的开端？"时，最初确立的并非任何

---

① 参看海德格尔：《黑格尔》，赵卫国译，南京大学出版社 2018 年，第 3 页。此处"无根据"（Abgrund）在德文中意为"无底深渊"；"存有"（Seyn，依孙周兴译）是"存在"（Sein）被打"叉"之后虚无化了的存在。

② 所以，海德格尔在后面谈到，之所以"根本没有比黑格尔更高的立足点"，是因为在他那里"根本没有什么形而上学的立足点"，而是"存有之立足点"；当然它仍然是一种"最广义的同时是本来意义上的形而上学"，但已经不是一种一般的"立足点"了，"毋宁说是一种过渡，是作为（恢复）而迎向（成己）"。（参看海德格尔：《黑格尔》，赵卫国译，南京大学出版社 2018 年，第 50 页，译文据 Martin Heidegger: *Hegel*. Herausgegeben von Ingrid Schüßler, Gesamtausgabe, Band 68. Vittorio Klostermann GmbH, Frankfurt am Main, 1997, 有改动）

③ 海德格尔：《黑格尔》，赵卫国译，南京大学出版社 2018 年，第 12 页，译文有改动。

确定的概念。他说:"当前现有的只是决心(Entschluß),人们也可以把它看作一种任意(Willkür),就是要去考察一下思想本身。"① 至于这种"决心"的来源,虽然按照黑格尔的说法是来自《精神现象学》最后的结论"绝对认知",但在进入《逻辑学》开端的这一刻却必须把它忘掉,② "要做的事就只是去考察或不如说排除人们平时的一切反思、一切意见而只去接受那**当前现有的东西**"。③ 这种态度在海德格尔看来就是放弃了对决心的追问。更何况,即使追溯到"意识经验的科学"(《精神现象学》),也只是追问到了人的主观意识,不足以让逻辑学成为客观的"当前现有的东西"。

海德格尔则将黑格尔的"决心"换成了更具客观性的"决定"(Entscheidung,或译"裁定"),在他看来,"存有本身就是**决定**","存在作为成-己(Er-eignis),而在人和神去到人性和神性的本质之紧急关头成其为己(Er-eignung)时做出决定"。④ 只有到了这一步,黑格尔的"否定性"才算是找到了自己的根源。但现在,根据这一标准来衡量,"黑格尔的否定性什么都不是,因为他根本没有严肃地对待不(Nicht)和不化(Nichten),——不已

---

① 黑格尔:《逻辑学》上卷,杨一之译,商务印书馆1977年,第54页,译文有改动。
② "以纯知为自我的这种规定,本身便带来了对主观的自我不断的回忆,而这种主观自我的局限却是应该忘掉的。"(同上书,第63页)
③ 同上书,第54页,译文有改动。
④ 海德格尔:《黑格尔》,赵卫国译,南京大学出版社2018年,第38页,译文有改动。

经通过'是的'（Ja）而被扬弃了"。① 就是说，否定已经通过否定之否定的肯定而被扬弃了。反之，对于海德格尔来说，必须追问："否定性来自于何处？"追问："不（Nicht）源自思想吗？那什么是思想？或者，只有思想才理解'不'吗？"② 海德格尔的回答是：

> 虚无从来不是那种在单纯非现成的、不起作用的、无足轻重的、非存在着的意义上的"无意义的东西"（Nichtige），而是存有本身作为无根据的-深渊式的不化者（Nichtende）的本质化（Wesung）。但无根据（Ab-grund）本质上对于神性和人性的**决定关头**（Entscheidungsnot）——因而对于此-在、在-世界-中-存在、世界和大地、争执的决定关头，是作为在此期间（Inzwischen）［而存在的］。③

什么是"对于神性和人性的决定关头"？那就是"成己"；而虚无作为存有，作为无根据的"不化者"，则是向着成己的过渡，也就是所谓的"在此期间"。海德格尔对黑格尔哲学"抄底"的结果是堕入了"无底深渊"，是作为虚无的存在（存有）。但他还留有一手能够最后把自己拯救出来的妙着，就是"最后的神"的显现，即"成己"："上帝唯一地只显现于存有本身的无底深渊

---

① 海德格尔：《黑格尔》，赵卫国译，南京大学出版社2018年，第42页，译文有改动。
② 同上书，第20页，译文有改动。
③ 同上书，第42—43页，译文有改动，方括号及其中的内容是笔者补充的。

般的'空间'中。"① 由此海德格尔跳出了无穷后退的怪圈。但这样一来，他与黑格尔到底又有多大区别，就不大看得出来了。在《精神现象学》中，黑格尔的作为绝对精神的上帝也不是一开始就设定的，而是在意识经验的科学中"回溯到根据"时一步步引出来的。而一旦引出来，回顾以往，就会发现全体都是一个绝对精神自我产生和形成的过程，这不就是海德格尔"最后的神"的"成己"过程吗？据他看，黑格尔哲学的"立足点"就是理念至上的"绝对唯心主义"；其"原理"就是"实体即主体"，由此导致黑格尔的形而上学的开端："黑格尔的真正的哲学即《逻辑学》从何开端（anfangen）？从'变易'（Werden）开端——这就是'根据'；而绝不是'存在'，存在是**结果**（Ausgang）！"② 变易'存在着'是由于它在'变易'。"③ 黑格尔哲学的开端不应该是"存在"而应该是"变易"——这是公开和黑格尔叫板了。黑格尔的确曾把开端的概念和变易的概念联系在一起，以变易开端相当于以开端的表象本身开端，似乎更为合乎情理。他说："开端本身也是变

---

① 海德格尔：《哲学论稿》，孙周兴译，商务印书馆 2012 年，第 442 页，译文据 Martin Heidegger: *Beiträge zur Philosophie (vom Ereignis)*. Herausgegeben von Friedrich-Wilhelm von Herrmann, Gesamtausgabe, Band 65. Vittorio Klostermann GmbH, Frankfurt am Main, 1997, 有改动。
② 德文 Ausgang 本来是"终结"、"结果"的意思，但也派生出"起点"、"出路"的意思。这里应该用它的本义而不是派生义，且它描述的是"存在"而非"变易"。赵卫国译本在此有误。
③ 海德格尔：《黑格尔》，赵卫国译，南京大学出版社 2018 年，第 10 页，译文有改动。

易，只不过已经表达了对进一步前进的考虑。——我们可以为了适应各门科学的更为习惯的进程而使逻辑学从纯粹被思维到的开端表象、即作为开端的开端表象开始，并对这一表象进行分析。"①但黑格尔在《逻辑学》的"必须用什么作科学的开端？"中用了整整三个页码讨论为什么不能用"开端"这个概念作为开端，因为开端应该是最单纯的，而"开端"的概念本身已经包含了存在和虚无，因而是一个复杂的、可分析的概念；"造成开端的东西，因而开端本身，则应该被看作一个在其单纯的、未充实的直接性中不可分析的东西，因而应该被看作**存在**，看作那完全的空"。②这个道理同样适合于以变易开端的主张，因为变易也是一个可分析的并不单纯的概念。海德格尔之所以执意要以变易取代存在作为黑格尔哲学的开端，是因为他要用不断变易解构黑格尔的直接性的存在，形成对存在和无的不断追问。他没有看到，黑格尔的"存在"既不是什么"立足点"，也不是最后的"结果"，更不是来源于对"否定性"的否定，③而是一开始就是一个"自否定"的辩证过程，即我们只有用它的对立面"非存在"或"虚无"才能理解它本身。换言之，虽然海德格尔抓住了黑格尔哲学的一个核心概念"否定性"，但完全不理解这一概念的内涵，没有从"自否

---

① 黑格尔：《小逻辑》，贺麟译，商务印书馆1981年，第197页，译文有改动。
② 黑格尔：《逻辑学》上卷，杨一之译，商务印书馆1977年，第61页，译文有改动。
③ "存在同时发源于对绝对否定性的完全的否定和与一般存在者同样完全的差异。"（海德格尔：《黑格尔》，赵卫国译，南京大学出版社2018年，第21页，译文有改动）

定"来把握它,而是不断地去追问它的"来源"或"根据"。他不明白,像这样一些顶级的形而上学概念,其来源并不能通过向外追寻而获得,只能通过向内回溯来揭示;或者说,向外追寻本身就是向内回溯——这是黑格尔早就阐明过的道理。据王晓升说,就连阿多诺(Theodor W. Adorno,1903—1969)也看出,"海德格尔哲学关注到了这种否定性的东西,关注到了这种非同一的东西,或者说,海德格尔从同一性中看到了非同一性,到达了辩证法的边缘,他看到了存在概念中的矛盾,即用肯定性来表达否定性。但是海德格尔却竭力用肯定性来掩盖否定性,用同一性来掩盖非同一性"。[①]

综上所述,海德格尔和黑格尔的分歧根本在于方法上的分歧,即黑格尔的辩证法已经超越了凭知性到一个对象外面或后面去寻求它的来源、本质或根据的做法,而发展出了从这个对象本身的里面去展示它的内在矛盾性和"自己运动"的根据(或动力)的做法。但海德格尔则在当时盛行的新康德主义的影响下,从一开始就接受了康德那种通过"先验演绎"而找到一个对象的可能性条件并由此来解释该对象的思维惯性。他绝未料到,这实际上正是他自己所极力反对的近代科学主义、实证主义和技术主义的思维套路,这一思路的要害在于,它最终必将堕入以"无根据"作为根据的悖论,从当初的貌似讲理而变得绝对的不讲理。这就如

---

① 王晓升:《海德格尔"存在"概念中被遮蔽的语言维度——阿多诺的分析及其启示》,《华中科技大学学报》(社会科学版)2021年第1期,第5页。

同牛顿寻求"第一推动力",最后在上帝那里戛然而止一样,康德则是明智地在"可思而不可知"的自在之物跟前停住了脚步。海德格尔采取的策略看起来更加狡猾,这就是对"第一推动"(所谓"存在者之存在")只追问而不回答。他深知,只要一回答,不论回答的是什么,他就输了,因为别人就还可能"以其人之道还治其人之身",对他的答案再加追问,从而将他的理论作为"最后一个形而上学"加以推翻。但只要他守住自己的"提问者"的位置,他就可以战无不胜,因为对任何一种理论(如黑格尔哲学)的立足点,人们都可以再问:"如何可能?"也就是追问它的根据。只要我保持这种姿态,我就占着上风;而任何回答都会被人再追问,追问到最后都不得不把上帝搬出来,因为上帝就不能再追问了,只能信仰。海德格尔自己现身说法地印证了这种必然的归宿,最终在可思而不可知的上帝那里与康德殊途同归。这种本质上是知性式的方法论悖论只有在黑格尔辩证法这里才得到了破解,但这却恰好是海德格尔无法把握的。

二、海德格尔眼中的哲学人类学

海德格尔对哲学人类学和一般人类学的排斥,在学理上与前述有关开端和有限性的那种相对主义有直接的关联,这一点他并不讳言。在《康德与形而上学疑难》一书中,海德格尔把康德的人类学(以及马克斯·舍勒的哲学人类学)视为"形而上学奠基的一次复返"。但他认为,康德的四个形而上学的基本问题,即"我能够知道什么?""我应该做什么?""我可以希望什么?"和总括性的问题"人是什么?"并不因为它们是哲学人类学的问题,就已经给形而上学奠定了根基。① 这四个问题的"真正成果"并不在这方面,而在于它们恰好都揭示了人的本质的有限性。他颠倒了黑格尔从有限中见出无限的公式,要从康德这四个本质上是超越性的命题中见出有限性来,即认为每当提出无限性的问题时,本身就证明了提问者的有限性。根据他的逐条分析,"凡是在一种'能够'成之为问题,并且想要划定其可能性之范围的地方,它自身就已经处在某种'不能够'之中了。一种全能的存在者无需去问:我能怎样,亦即我不能怎样?";"凡是在一种'应该'成之为问题的地方,那个发问着的本然存在者就在'是'与'否'之间摇摆犹豫……它在根基上是有限的";"凡是在一种'可以'成之为问题的地方,那种提问者所认可或始终拒绝的东西就得到了凸显。……但一切期望都表明有一种匮乏……它就证明自己是一种本质上有限的需要","可是,在这样的发问中,人类理性不仅仅暴露出其有限性,而且其最内在的兴趣也关联到有限性自身。对于人类理性至关紧要的地方不在于要去排除有些像'能够''应当'和'可以'那样的东西,从而消灭有限性,而是相反,恰恰是要让这一有限性变成为确定的,从而可以在这一有限性中保持自己"。② 最后,关于"人是什么","只有当这第四个问题消除了它最初被赋予的普遍性和不确定性,并且达到了那种人们可以据

---

① 参看海德格尔:《康德与形而上学疑难》,王庆节译,商务印书馆2018年,第230页,译文有改动。
② 参看上书,第233—234页。

此而在其中对人的有限性进行发问的无歧义性时，这种关联才成为某种具有本质必然性的关联"。①海德格尔认为，只有这样来理解这四个问题，即显示出"人的有限性的疑难以及由此而先行标明的研究工作，在何种程度上必然地会受到存在问题的支配"，并"阐明存在本身（而非存在物）与人的有限性之间的本质关联"，它们才能向我们展示出形而上学的真正的根基。②而这也就等于说，"理性中的开端就这样破碎了。……它要求对作为人的自然天性的形而上学之可能性的根基进行一次彻底的重新揭示，这也就是说，它要求一种指向形而上学本身之可能性的此在的形而上学，这种此在的形而上学，必须以一种先于一切哲学人类学或文化哲学的方式，提出人之本质的问题"。③显然，开端问题，有限性问题，存在问题，形而上学的克服问题，现在都聚焦到哲学人类学问题上来了。

但海德格尔的这番论证是完全片面的和偏执的。表面上看，黑格尔从有限中看出无限，和海德格尔从无限中看出有限，似乎是半斤八两，视角不同而已，但实际上，黑格尔从有限看出无限之后，并没有抛弃有限，而是在"真的无限"中达到了双方的辩证的统一，相反，海德格尔从无限中推出有限的前提之后，却把无限抛得远远的，视之为黑格尔"事先设定"的一种独断之

---

① 海德格尔：《康德与形而上学疑难》，王庆节译，商务印书馆2018年，第235页。
② 参看上书，第239—240页。
③ 同上书，第296—297页，译文有改动。

见，顶多能够作为一种触发人们思考有限存在（此在）的"疑难"（Problem），本质上则是对存在论的遮蔽或拒斥。[①] 然而，即使沿着海德格尔的思路，我们也无法完全排除人的无限性，就凭人能够提出康德的四个证明人的有限性的问题，也已经证明了人对这种有限性的超越，证明了人是有限性和无限性的统一、动物性和神性的统一，这体现了人和一般动物的根本性的区别。动物提不出这四个问题，正说明它们不具备无限性。海德格尔对"有限性"和"此在"的这种强调，果真是对人的本质问题作为形而上学根基的揭示吗？回答是否定的。因为海德格尔从这样一种固然是人所具有的有限性中排除了一切属于人性的东西，就是说，只有当人的本质问题不再被看作"人的"问题，它才被当作形而上学的根源。也正是在《德国唯心主义（费希特、谢林和黑格尔）和当代哲学问题》一书的"导言"的"§2.对人类学趋势的澄清"中，海德格尔把一切有关人的内容，包括体质人类学、人种学和文化人类学，以至于心理学和社会学，统统都排除出了对人类学"趋势"的考察范围，而引向了存在论：

> 人类学现在不再是一种科学科目（其中心理学是最高的）的标题，而是超越其上而标志着某种核心的、广泛的和

[①] 参看海德格尔：《康德与形而上学疑难》，王庆节译，商务印书馆2018年，第267页。德文Problem和Frage都可以翻译为"问题"，但前者不是有一个具体答案的问题，而是指不断困扰的以至于悬而未决的问题，所以常被译作"疑难"，以与后者相区别。

本质的认识。它并不［研究］"人"这样一种特殊的生命存在物的各种属性，而是研究我们自己所是的这种存在者的存在和时间。（从对这样一种认识的渴望中才生发出比心理学和比较性的人类学科更高的努力来。）这种认识在这种人类学趋势中被寻求。而由此就到了这一步，这种被寻求的认识比我们迄今所强调过的东西还要求更多的东西。

但即使这样，我们也还没有把包含在人类学趋势中的以及将之描述为一种哲学基本趋势所必要的本真的东西突出出来。因为从过往来看，这将只是一种要**在存在者整体之内部**恰好把人变成认识和启蒙的一个卓越对象的努力和一种可理解的［行为］。①

然而，在他看来，人类学的"趋势"即使超越一切实证的科学领域之上去探求存在者的存在和时间问题，也仍然是层次不够的，甚至是"一种令人恐惧的趋势"，因为"人类学趋势最终的意图在于，一般地判定什么是现实存在的而什么不是，什么称之为现实性和存在；但因此也就判定什么说出了真理"。②这样一种存在论，毋宁说是对存在本身的遮蔽。虽然哲学人类学的趋势由于

---

① Martin Heidegger: *Der Deutsche Idealismus (Fichte, Schelling, Hegel) und die Philosophische Problemlage der Gegenwart*. Herausgegeben von Claudius Strube, Gesamtausgabe, Band 28. Vittorio Klostermann GmbH, Frankfurt am Main, 1997. S. 14.

② Ebd. S. 16.

康德主义的影响在今天已成了哲学中的主流,"但毕竟没有任何时代比今天对于人是什么知道得更少。没有任何时代像我们时代这样,人成了如此值得追问的。因为这种值得追问并不仅仅是也并不首先是因为我们对于什么是人的问题没有本质性和现实性的答案,而是因为对人的值得追问有其非同寻常性,然而又有未被认识的尖锐性,因为我们从来都不知道应该**如何**对人加以追问"。①那么,什么是人类学中所包含的"一种哲学基本趋势所必要的本真的东西"呢?海德格尔认为:"仅仅以这种趋势为基础把人置于中心并让所有的事情都以人为主导,这是不够的,恰恰相反:人必须深入这个事件本身的本质,也就是说,人必须得到掌控。"②这意味着,必须从一个更高的立场来看待哲学人类学的趋势。

> 因此,如果这种基本趋势在这上面应当给我们提供某种指示,如果我们在其中未言明地和不知不觉地发现了问题,那么我们就不能通过某种哲学人类学来选择道路。但如果从这种基本趋势本身中汲取本质的东西呢?为此有必要做的是,我们把这种基本趋势和它在自身中已经联系着的第二种基本趋势置于关联中来看待;而这两者在自己本己的却模糊的关联性中才会对我们明显地构成一个基本问题,它的拟定应该给我们打开一个这样的视野,我们在这范围内将会看到德国唯心主义哲学。③

---

① Ebd. S. 16-17.
② Ebd. S. 21.
③ Ebd.

虽然在海德格尔看来，德国唯心主义（从费希特、谢林到黑格尔）也是从康德的人类学中成长起来的，但也已经形成了比人类学这种基本趋势更高一个层次的"第二种基本趋势"，这就是专门针对"存在"问题的"形而上学趋势"。如他所说："这个基本趋势的目标并不只是对一切人类的东西做特殊的价值评估，相反，它要求判定的是，现实性、存在和真理一般来说应该意味着什么。借此就说明，它在自身中就已经要判定那些形而上学的问题了。……这第二个基本趋势——形而上学趋势——在今天一般说来重点显示在人类学趋势的内部。因此人类学趋势是被有意地放在前面来谈的。"[①] 先谈哲学人类学，再从中引出形而上学，这倒是符合我所主张的"重建形而上学"的程序。但问题是，海德格尔先谈哲学人类学是为了否定哲学人类学，他从中引出形而上学是一种反弹。虽然形而上学由此而与哲学人类学脱离了关系，后者在这里只是充当了反面教材，但形而上学也正因此而失去了自己的根，并与哲学人类学同归于尽。这正如他对有限性和无限性的关系的设想一样，我们从无限性当然可以看到它本身的有限性，而一旦看到这一点，无限性就被否定了，我们就知道这两者是水火不容了。所以，形而上学的这一趋势"不只是穿上了人类学趋势的衣装，而且一般说来很难被看作和被理解为人类学的趋势。这是由形而上学本身的本质所决定的；正是当形而上学是某种属于'人的本性'的东西时，人却离他自己的本质最远，而这个本

---

① Ebd.

质在今天仍然是最值得探问的"。① 形而上学也谈人的本性的问题，但不能从哲学人类学的角度来谈，而应该是对人的此在之所以存在的讨论。这才是海德格尔的"有根的本体论"，或"此在的形而上学"。在这方面，海德格尔认为康德也处于犹疑和动摇之中。他说：

> 康德在自己的著作中的分裂！恰好不是"人类学"，但也不是实证的：划定**什么**边界以及**哪条**边界。——"有限性"——但毕竟是为了免于人类学主义：不是人的理性！——"对形而上学的形而上学"。它论及了人，但不是作为物种的人。而是［人的］如何？有限性——生存——此在。此在的形而上学。②

所谓"对形而上学的形而上学"是康德自己的说法，即前面提到，康德在1781年5月11日后致马库斯·赫茨的信中说，在他刚刚出版的《纯粹理性批判》中"**包含了形而上学的形而上学**"。康德的有限性并不只是人的有限性，而是一般意识的有限性；康德的理性也不限于人的理性，而是一般可能的理性，客观的理性。但后来发展出来的德国唯心主义则把形而上学引向了另一个方向，这是"违背康德自己的意愿"的。康德虽然有人类学的局限性，但他还没有堵死从中引出此在的形而上学这条路，还留下了一个超越的自在之物的领域；而他的后继者们则抛弃了自

---

① Ebd. S. 21-22.
② Ebd. S. 32.

在之物,将一切归于认知主体,完全陷入了存在遗忘之中。"众所周知的是,在黑格尔以后,形而上学和一般哲学如何失去了这种追问的力量和保障,几乎就像是在这种超强的筋疲力尽之后,耗尽了人的形而上学追求",因而直到现在,"当今的形而上学趋势表现在这样一些被描述为要达到整个世界图景的企图中,这些企图把一切都搞得混乱不堪了,尤其是使每个内在的疑问都丢失了,这些疑问也许只是略微有点和德国唯心主义及一般绝对形而上学的那种疑问可以相比"。于是,"形而上学并不是在自身中成了问题,而是人们已经把问题当成了回答,而问题只在于,人们应当为何种形而上学做出决断"。① 这就叫作每况愈下,人们失去了在康德那里还保留着的对形而上学本身的反省能力。

接下来,海德格尔再次重复了他在两年前的讲座《康德与形而上学疑难》中有关康德那四个问题的评论,得出的结论也是同样的:"基本问题是:什么是人?人类学。康德本人就有这样一种人类学。他返回到了他的人类学即返回到了他为形而上学的奠基了吗?少得很,以至于他恰好没有看到,通过他的奠基,这种人类学从根本上被动摇了,因而表明了他毫无认知的事,即人类学恰好不足以胜任——原则上不足以胜任。""绝不要返回到人类学!——但毕竟要问的正好是:什么是人?"② 甚至,对于形而上学来说,"对人的这样一种追问是一种完全本质性的追问,是最重要的

---

① Ebd. S. 33.
② Ebd. S. 39.

追问"。① 这里表现了海德格尔在一切关键时刻所陷入的那种自相矛盾性，即当你追问"什么是人？"时，无论如何，只要你是认真的，你其实就已经涉足人类学甚至哲学人类学了。② 这正如前面提到的，当海德格尔反对人道主义时，他已经是从人道主义来反人道主义了；当他反对主体性时，他这种行为本身就是一种强烈的主体性的行为；当他否定无限性时，他已经是从无限性来限定有限性了；而当他想要"克服"形而上学时，他已经在重建一种陈旧的形而上学了——如此等等。他这种一贯的自相矛盾正是他参不透辩证法的奥秘所致，而恰好由于不懂辩证法，他也就与知性、与形式逻辑本身（不矛盾律）处于格格不入之中。他在陷入逻辑困境时索性倚疯作邪、破罐子破摔，觉得自己竟然连逻辑法则都敢于蔑视，让所有的人哑口无言，也许正表现出了自己的某种优势。

然而，用不着这样虚张声势，对于一个具备日常判断力而又"不信邪"的人来说，海德格尔的"此在的存在论"本身就是一种哲学人类学甚至心理学的存在论，他的那些没有答案也不打算给出答案的"追问"除了具有神学和宗教信仰的意义之外，③ 对于哲

---

① Ebd. S. 41.
② "在完成了的形而上学时代里，哲学就是人类学……不论人们是否特地言说了'哲学的'人类学，都是同样的情形。……既已成为人类学，哲学本身也就毁于形而上学了。"（参看海德格尔：《演讲与论文集》，孙周兴译，三联书店2005年，第88页）但海德格尔也许没有想到，这话也适用于他自己。
③ 海德格尔自述，"倘若没有这一神学来源，我就绝不会踏上思想的道路"。（参看《从一次关于语言的对话而来》，载《在通向语言的途中》，孙周兴译，商务印书馆2004年，第95页）

学本身毫无意义；此外，任何一种形而上学，不论是"物理学之后"还是"伦理学之后"，乃至于"语言学之后"，离开了哲学人类学的奠基，都将是无源之水、无本之木。这就是海德格尔的存在论陷入无穷后退、最终连"存在论"和"存在"这些术语都守不住、都被抛弃的原因。①没有哲学人类学的后援，他在存在之路上只有一路丢盔卸甲，落荒而逃，最后遁入诗化的语言哲学之中。

三、海德格尔诗化的语言哲学

平心而论，海德格尔后期走向语言哲学，其实是他在发现西方形而上学在完成后走投无路之时唯一可选择的出路。他暗示出来的是，如果我们既不想再束缚于物理学和物理学之后，又不满足于伦理学和伦理学之后（他甚至否认自己的哲学有伦理学意义），我们面前所剩下的就只有一条路，这就是语言学或语言学之后。但"语言学之后"已经被语言分析哲学败坏了，造成了语

---

① 在1935年，海德格尔就已经预见到自己"将来最好是放弃'存在论'、'存在论的'这样的名称"。（《形而上学导论》，熊伟、王庆节译，商务印书馆1996年，第42页，"存在论"［Ontologie］原译作"本体论"，为与此处语境统一而改之）到了1951年，海德格尔甚至说："'存在'始终只是一个暂时的词语。我们要留神，我们的思想不能盲目地一味跟在这个词语后面跑。"（参看《演讲与论文集》，孙周兴译，三联书店2005年，第248页）但是，当日本学者手冢富雄质问他："为什么您没有立即果断地把'存在'一词彻底出让给形而上学的语言呢？"海德格尔的回答是："一个人如何能够命名他还在寻找的东西呢？"就是说，是为了"命名"，因为没有了"是"，连他自己要寻找的东西都无法命名了。（参看《在通向语言的途中》，孙周兴译，商务印书馆2004年，第107页）

言的逻辑功能一家独大的局面，所以只有语言的诗化功能（非逻辑功能）还是一片未开垦的处女地，这就是海德格尔晚期全身心投入的家园。海德格尔对语言哲学的看法标志着20世纪西方哲学"语言学转向"中除分析哲学之外的另一个主要分支，即向诗化的语言哲学突进。换言之，这场语言学转向是沿着语言的逻辑功能和非逻辑功能的两股轨道并驾齐驱的，而海德格尔遵循的是后一条轨道。

但现在关键的问题是，什么是语言？

按照海德格尔的语法（或反语法），这个问题是不能问的，一问你就被拉回到形而上学去了。凡是问"什么是"的都是形而上学，都是用存在者取代了存在（是）本身。而语言问题之所以被关注，在这里就是为了逃离形而上学。因此，海德格尔采取的策略是绕开这个问题，即使在触及这个问题时也尽可能地将它引开去，引向诗的体验和不可言说的方向。这一点充分体现在他于50年代初所做的题为"语言"的演讲中，他开篇说的几乎都是大白话：

> 人说话。我们在清醒时说话，在睡梦中说话。我们总在说话；哪怕我们不吐一字，而只是倾听或阅读，甚至我们既不特意倾听也不阅读，而是从事一项工作或在闲适中放松，我们也总在说话。我们总在以某种方式说话。我们说话是因为说话是我们的天性。说话并非只是出自某种特殊的愿望。有人说，人天生就有语言。这一信条所涉及的是，和植物动

物不同，人是有语言能力的生物。……作为说话者，人才是：人。这是威廉·冯·洪堡说的。然而，有待思考的仍然是：何谓人？……语言属于人的最切近的本质。①

尽管是大白话，这番说辞也还是预设了它的前提，就是说，这里说的语言（Sprache）、说话（sprechen）并非音位学（Phonemics）和语音学（Phonetics）意义上的语言，而是语义学（semantics）特别是语用学（pragmatics）意义上的语言。只有这样，它才和"人的本质"的问题扯得上关系。而这里所表达的观点暗指的正是亚里士多德的对人的本质定义：人是说话的动物。而这里的"说话"，即 Logos，并不一定要用嘴说出来，不需要发声，也可以是内心的语言，因此历来都被理解为"理性"，所以"人是理性的动物"。当然，这一开场白在海德格尔那里只是提供一个引子，他的真正意图并不是要重复这个两千年来的老生常谈，而是要借此为跳板，跳到他自己所意指的"语言"上去。但问题仍然是：什么是他所意指的语言？对这一问题，他却仍然避而不答。他的理由是："我们并不想侵袭语言，借此将它强行纳入既定表象的把握中。我们不想把语言的本质塞入某个概念，以便这个概念提供出有关语言的某种到处可用的、让一切表象活动安心的

---

① 海德格尔：《在通向语言的途中》，孙周兴译，商务印书馆2004年，第1页，译文有改动。顺便说，海德格尔这里根本用不着引用洪堡，亚里士多德早已说过，"人是说话的动物"。

观点。"① 换言之，在一篇以"语言"为题的讲演中，他并不想用任何概念或表象来解释语言，而只想"沉思"语言。

> 语言本身，并且只有语言本身，才是我们想要沉思（nachdenken）的。语言本身就是：语言，而非任何其他东西。语言本身就是语言。受过逻辑训练、对一切都诉诸精算因而最盛气凌人的知性（Verstand），将这种句子称作言之无物的同义反复。仅仅把同一回事说上两遍：语言就是语言，这叫我们如何进行下去呢？但我们并不想进行下去。我们只想首次特意抵达我们已经停留的那个地方。②

就是说，我们千万不要以为海德格尔要在这里谈语言学，或给语言下定义。他要沉思或思虑（bedenken）的只是语言的"如何"，即"语言作为语言如何成其本质？"而回答也仍然是一个同义反复："**语言言说**（*Die Sprache spricht*）"。③这正像当初对"存在"的追问一样，后者也是问不出答案的。稍有不同的是，对存在的追问就连回答"存在存在"（巴门尼德）也不行，那将会把（第一个）"存在"降格为了"存在者"；而"语言言说"虽然不是答案，但不存在降格的问题，主语和谓语是同格的。因此，我

---

① 海德格尔：《在通向语言的途中》，孙周兴译，商务印书馆2004年，第2页，译文有改动。
② 同上，译文有改动。
③ 同上，译文有改动。

们可以在言说中直接看出语言本身的"如何",就是说,我们可以诉诸言说的经验,特别是那种可以"为人之本质找到居留之所"[①]的诗的言说经验。这也就是他所谓"人诗意地栖居在大地上"的意思。因此,海德格尔在考虑语言"如何"言说时,强烈地排斥"受过逻辑训练、将一切都诉诸精算"的"知性",这种知性把语言归结为人的一种活动、一种功能就完事了。但海德格尔并没有就此提升到黑格尔那种思辨的"理性"(Vernunft),甚至也许连想都没有想到辩证的理性(这超出了他的想象力)。他倒是更欣赏对语言的本源的神学解释,如《约翰福音》开篇说的,"太初有道(Wort),道与神同在,道就是神";再就是强调"语言的形象特征和符号特征"的诗学解释。据此他排列出了为"更广泛地描述和说明语言现象"而投入的学科门类:"生物学和哲学人类学,社会学和精神病理学,神学和诗学"。最后两项显然处于最高层次。[②] 但毕竟,在他看来,所有这些学科都不能令人满意,因为它们都是"强化了语言的整个本质的已经固化了的方面",并且正因此,"二千五百年来,尽管关于语言的认识已经不断地增长和变化了,而对语言的语法逻辑的、语言哲学的和语言科学的表象却始终如一"。[③] 这些学科对语言的描述虽然堪称"正确",但毕竟"全然忽视了语言最古老的本质特性"。[④]

---

① 海德格尔:《在通向语言的途中》,孙周兴译,商务印书馆2004年,第4页,译文有改动。
② 参看上书,第5页。
③ 同上书,第6页,译文有改动。
④ 同上。

第五章　海德格尔解构西方形而上学之路

那么，到底什么样的语言描述才符合海德格尔的要求，才能体现"语言最古老的本质特性"呢？海德格尔采取的策略是，不用任何自己的语言来直接描述，而是"去寻找一种纯粹被言说者（ein rein Gesprochenes）。纯粹被言说者是那种东西，在其中，被说出来的东西所特有的那种言说完整（die Vollendung des Sprechens）就自身而言是一种开端性的完整。纯粹被言说者就是诗歌（Gedicht）"。①就是说，让诗歌自己去呈现语言最古老的本质特性。但是，让谁的诗歌、哪一首诗歌来呈现呢？有没有什么选择的标准呢？难道选择是任意的吗？海德格尔给出的又是一个只可意会的标准。他说："凭什么呢？凭的就是，当我们沉思**语言**之言说时就已经被作为语言的本质化（Wesende）而赠予（zugedacht）我们的东西。"②这里的关键术语是含糊的，整个句子则是循环论证的。何谓"沉思"？什么是语言的"本质化"？连语言本身的含义都没有搞清楚，又如何理解它的本质化？但我们一开始不正是为了弄清语言本身的"如何"才引入了诗歌这种"纯粹被言说者"的吗？现在当我们要寻找如何挑选诗歌的标准时，却又引入了对语言的"沉思"和语言的"本质化"，我们把正好要探讨的东西当作了探讨的根据。难道这也是一种"解释学循环"？海德格尔不管这些，总之他是凭着自己的感受而冒险跳进了这一旋涡之中。他说："依照这一联系，我们选择了一首诗作为

---

① 海德格尔：《在通向语言的途中》，孙周兴译，商务印书馆2004年，第7页，译文有改动。
② 同上，译文有改动。

纯粹被言说者，它比其他诗歌更能帮助我们迈出第一步，去经验这种联系的确凿性。"①虽然实际上看不出有任何"联系"，海德格尔却选中了格奥尔格·特拉克尔的一首诗《冬夜》。

然而，他毕竟不能把诗摆在那里就算了事，还是得由自己去解释。他先是按照通行的文学评论程序，从作品的形式和内容两方面来解读这首诗，描述了它所"表达"出来的东西。但他随即就否定了这种解读，认为把语言从本质上看作表达，这是与他自己的命题"语言言说"相违背的，并且这种流传甚广的看法"并不足以成为有关语言本质的探讨的基础"。②他强调，"语言言说"的意思是语言本身在言说，虽然也借助于人在言说，"但我们还要问：人在何种范围内言说？我们要问：什么是言说？"③言说不是表达，而是"命名"（Nennen）。显然，命名涉及了语言的根，一切语言都从命名开始，都源于命名。按理说，从这里我们可以进入语言的发生学和语言的起源的探讨，但海德格尔不是这样想的，他对命名有自己独特的理解。他说："命名并不分发标签，运用词语，而是召唤到词语中。命名召唤着。这召唤把被召唤者带到近旁④。……向何处召唤？向远处，在那里被召唤者作为尚

---

① 海德格尔：《在通向语言的途中》，孙周兴译，商务印书馆2004年，第7页，译文有改动。
② 参看上书，第10—11页，译文有改动。
③ 同上书，第11页，译文有改动。
④ "带到近旁"，德文为näherbringen，兼有"阐明"、"使了解"之义，此处一语双关。

未在场者而逗留。"① 的确，用语言发生学的话来说，命名就是用一个语词使某物即使不在眼前也如同在跟前一样被言说，让它到哪里（哪怕远在天边）都戴着这个语词或名称。由此我们可以用它来"讲述"某个不在场的事物，将它"告诉"和传达给某个当时不在场的人，这就有了人类的语言。但海德格尔绝不是从语言的发生学上来说的，而只是利用命名的这种在场-不在场（即近-远）的统一功能来表象他自己的"天、地、人、神"四者的共属一体。

> 诗的第一节召唤什么？它召唤物，令物到来。……这些被命名的物，因而被召唤的物，在自身中聚集了天和地，有死者和诸神。这四者是一种原始-统一的相互并存。这些物让这四者的四方逗留于自身。这种聚集着的让逗留就是物之物化。我们把在物之物化中逗留的天和地、有死者和诸神相统一的四方（Geviert）命名为：世界。在命名中，得到命名的物被召唤入它们的物化中了。②

特拉克尔的"诗的第一节"有四个意象：雪花、晚祷、屋子、众人的餐桌。在海德格尔看来，它们分别对应着天、神、地、人（有死者）。我们在这里总算明白了，原来他用来选择诗的"联系"

---

① 海德格尔：《在通向语言的途中》，孙周兴译，商务印书馆2004年，第12页，译文有改动。
② 同上书，第13页，译文有改动。

的标准，就是看它是否能够联系到他自己的那套"四者统一"的理论。因此，不奇怪，我们在海德格尔对诗的解读中随处都能看到这四者的"圆舞"①，大地和天空，物和世界，生和死，诸神和上帝，等等。他不在乎诗是谁写的②（其实很在乎，他不会引用不知名的诗人），只要涉及这些话题，就是"伟大的诗"。但是，这一切不都是海德格尔自己联系起来的吗？不还是用诗在"表达"它们吗？就这四者而言，它们本身和语言有什么关系呢？唯一有可能的联系就是联系到神和人，即把语言看作神的本质和人的本质。而只要把语言看作神的本质，一切都好解释了：天地或者说"世界"是上帝通过语言（"道"）在七天之内"创造"出来的，而人则是上帝之"道"的"守护者"。这正是海德格尔不好意思说出来却时时透露出来的秘密：语言的本质就是上帝之道。由此我们就可以理解，为什么说"探讨语言意味着：恰恰不是把语言，而是把我们，带到语言之本质的位置那里"；为什么说思考语言就是"为人之本质找到居留之所"；为什么说命名就是召唤，把不在场者召唤到在场；为什么说"语言作为寂静之钟声而言说"，而"寂静之钟声并非什么人性的东西，倒是相反，人性的东西在其本质中是语言性的。现在所提到的'语言性的'一词在这里说的是：

---

① "四者化"（Vierung）之圆舞，见海德格尔：《物》，载《演讲与论文集》，孙周兴译，三联书店2005年，第189页。
② "谁是作者并不重要，其他任何一首伟大的诗篇都是这样。甚至可以说，一首诗的伟大正在于：它能够掩盖诗人这个人和诗人的名字。"（海德格尔：《在通向语言的途中》，孙周兴译，商务印书馆2004年，第8页）

从语言的言说中成其己。这样成其己者,即人的本质,通过语言而被带进了它的本己之中,以至于它仍然被转让给了语言的本质,转让给了寂静的钟声";① 最后,为什么说"人言说,是因为人应合于语言。这种应合乃是倾听。应合倾听,是因为这应合属于寂静之指令"。② 所有这一切,都只有把本质的语言、把原始的"命名"、把"寂静的钟声"③ 理解为上帝的"道"或"话语",才能说得通。

但这样一来,海德格尔对诗歌的解释就没有什么稀奇的了,那不过是基督教牧师借诗歌来传道的老套罢了。所以,在谈到格奥尔格·特拉克尔的诗时,海德格尔说:"在道说的这种悦耳之声中,诗人把上帝得以在其中向癫狂的追逐隐蔽自身的那种闪光景象显露出来。……只有当写诗的人追随着那个癫狂者,他才成为诗人。"④ 显然,这里是在暗示尼采的《上帝死了》中的那个追寻上帝的疯子。他接下来说:"特拉克尔的诗作是否以基督教方式说话",这是一些"根本性的问题",只不过"对于这种沉思来

---

① 参看海德格尔:《在通向语言的途中》,孙周兴译,商务印书馆2004年,第24页,译文有改动。
② 同上书,第27页,译文有改动。
③ 寂静的钟声(das Geläut der Stille),又译"寂静的排钟",取自教堂晚祷的连续不断的排钟声,但又说是"寂静的",有类于老子的"大音希声",更类似于庄子所谓"无听之以耳而听之以心,无听之以心而听之以气"的"天籁"。海德格尔则用它来形容上帝的"道"(Logos)。
④ 海德格尔:《诗歌中的语言》,载《在通向语言的途中》,孙周兴译,商务印书馆2004年,第74页。

说，无论是形而上学神学的概念，还是教会神学的概念，都是不够的了"。于是他给自己撇清关系："这被基督教式地思索了吗？这连基督教式的绝望都不是。"①的确，这是借尼采这个"反基督者"在传道。这是他的传道与一般牧师传道的不同之处，是新时代的"否定神学"。只不过这种否定神学也不彻底，还留有一条"小径"，这就是"通向语言之途"，实际上就是通向上帝之道；而这种语言也不是我们通常所说的语言（Sprache），而是"道说"（Sage，该词有神话传说之意）。

> 言说从自身而来就是一种听。它就是听从我们所言说的语言。所以，言说并非同时也是一种听，而是**首先**就是一种听。这种听从语言的听也先行于一切平时以最不起眼的方式发生的听。我们不仅仅是言说**这种**语言，我们是从这种语言**中**言说。仅仅只是由于我们向来已经听从了语言，我们才能言说。我们在此听到什么？我们听到语言言说。……无论我们平常以何种方式听，也无论我们在哪里听到什么，听都已经是把一切耳闻和表象扣留下来而让自身道说。在这种作为听从语言的言说中，我们跟随被听从的道说而道说。我们让道说的无声之调音到来，在那里我们要求着那已经向我们张开的声音，充分地向着这声音对它发出召唤。②

---

① 海德格尔:《诗歌中的语言》，载《在通向语言的途中》，孙周兴译，商务印书馆2004年，第77页，译文有改动。
② 海德格尔:《走向语言之途》，同上书，第254页，译文有改动。

听！"如是我闻"：这不是活脱一位神父在传道吗？上帝的道（Logos）不同于我们一切日常的言说，它先于我们的一切言说并把我们的一切言说都扣留下来，让我们无言而默祷；我们从内心听从圣言，等待并呼唤上帝给我们启示的道说，并相信那"无声的调音"已向我们打开，我们的一切有声的言说都将由它来调正，而成为道说。同时，我们也并不只是消极等待，"我们听见道说，只是由于我们需要它。只不过道说允许对它的这种需要去听从语言、因而听从言说。在道说中延续着这样一种允许，它让我们抵达言说的能力。语言的本质活动就基于这样允许着的道说中"，因此，"语言需要人类的言说，然而语言并非只是我们的言说能力的制品"。① 这意味着，不是人说语言，而是语言说人，或者语言"用"人来说自己。也许我们在冒这样一个"危险"，即"如果我们试图从道说来思语言的本质，我们就把语言提升为某种幻想中的、自在持存着的本质了，而只要我们清晰地沉思语言，我们就在哪里都找不到这一本质"。② 的确，如果没有上帝，这种上不着天、下不着地的"语言"究竟是个什么东西，甚至是否纯属捏造，都很值得一问。但同样，只要我们把上帝之道引进来，这一切都不成问题了，因为"语言的本质"就是"本质的语言"，即上帝的语言（道）。当然，最后这一点海德格尔小心避免着不要说出来，以免跌落到他历来瞧不起的有关上帝这个"存在者"的"实证科学"中去。他宁可让它悬

---

① 海德格尔：《走向语言之途》，载《在通向语言的途中》，孙周兴译，商务印书馆2004年，第255页，译文有改动。
② 同上，译文有改动。

在迷雾之中,然后去寻求我们通达彼处的道路,他称之为"走向语言之途"。"在作为道说的语言中成为本质的就是如同这样的一条道路。"① 而这条道路不是别的,就是诗。

我们人、诗人就是凭借着诗而道说、而"成其己"(ereignen)的,因为"为了成为我们之所是,我们人一直都被嵌入到语言之本质中","作为显示,基于成己(Ereignis)的道说是成其己(Ereignen)的最为本己的方式"。上帝就是在道说中成其己的,所以人要成己,就必须用诗来道说,"语言是存在之家,因为作为道说的语言乃是成己之方式。……我们与语言的关系是按照我们作为被使用者需要成己的那种方式而规定自身的"。② 这与任何诗学都无关,而只与人自身的本质或存在相关,③ 而且归根结底与上帝相关。柏拉图曾把诗和神的关系描述为:诗人创作是基于"由诗神凭附而来的"迷狂,由此可以创造出"最美的抒情诗",因为他是在"代神说话";而"他的神智清醒的诗遇到迷狂的诗就黯然无光了"。④ 这条思路如今在海德格尔这里被接上了,但是反过

---

① 海德格尔:《走向语言之途》,载《在通向语言的途中》,孙周兴译,商务印书馆2004年,第256页,译文有改动。
② 同上书,第269页,译文有改动。
③ 所以,我们决不能认真对待海德格尔的诗歌评论,他只不过是有选择地断章取义、借题发挥,抓住个别词语来附会他自己的哲学罢了,这正如他对凡·高的画《农鞋》的评论一样。(参看拙文:《凡·高的"农鞋"》,载《视觉的思想——"现象学与艺术"国际学术研讨会论文集》,中国美术学院出版社2003年)
④ 参看《柏拉图文艺对话集》,朱光潜译,人民文学出版社1983年,第9、118页。

来被接上了：不是由神灵附体来解释诗的灵感（海德格尔从不提灵感），而是由诗人的创作来印证上帝"成己"之道说。在《语言的本质》一文中，海德格尔把语言归结为"诗意的思"。他说："何谓言说（sprechen）。这乃是我们关于语言之本质的沉思的关键所在。但我们的沉思已经行进在一条特定的道路中了，即是说，已经行进在诗与思之近邻关系中了。"①虽然海德格尔也担心这样的"危险"，即"我们把这样一首诗弄得过于沉重了，也就是说，我们对这首诗做了太多的深思，使自己对于由诗意带来的感受关上了大门"，但他宁可牺牲这一点，因为，

> 更大的——但却是今天人们所不肯承认的——危险在于，我们思得太少，并且拒绝这样一种观念：对语言的本真经验只可能是运思的经验，而这首先是因为一切伟大的诗的崇高作诗（das hohen Dichten aller großen Dichtung）总是在一种思想（Denken）中游动。……诗与思，在趋于极端的情况下，两者各以自己的方式在其近邻中相互为用。②

海德格尔所谓的思、运思、思想（均为 Denken）并不是理性和计算的事情，因而不是什么"认识的工具"。虽然我们可以把它用作工具来"表达"，例如，"自从早期西方思想直到格奥尔格

---

① 海德格尔：《语言的本质》，载《在通向语言的途中》，孙周兴译，商务印书馆 2004 年，第 195 页，译文有改动。
② 同上书，第 163 页，译文有改动。

的后期诗作，思对语言思到了深处，而诗化地表达了语言中令人激动的东西"，但这远远不足以把握语言的本质。相反，"语言之本质恰好拒绝表达于语言，即表达于我们在其中对语言做出陈述的那种语言。如果语言到处都拒绝它的上述意义上的本质，那么这种拒绝（Verweigerung）就属于语言之本质"。① 语言的本质为什么拒绝表达于陈述的语言？因为上帝的道是不可陈述、只能信仰的，它只适合于虔诚默祷（Andacht）。正如海德格尔所说的："思想的追问始终是对第一性的和终极的根据的寻求"，而"追问乃是思之虔诚"。② 因而，对语言本质的思并不是以任何符号为根据的，相反，一切符号都出自某种指示，因为"**语言的本质活动乃是作为指示（Zeige）的道说**。……甚至就在这种指示通过我们的道说而得到实现的地方，一种让显示（Sichzeigenlassen）就在这种作为指引的指示之前先行了"。③ 道说指示我们去思语言的本质，让我们怀有思之虔诚，我们不能把语言当作符号或工具，而只能无条件地向它敞开。这就像"摩西十诫"第三条说的，"不可妄称耶和华你神的名"（《出埃及记》20: 7），甚至不能见耶和华的面，凡见到者必死。摩西曾想在荆棘火中一窥耶和华之真容，却被耶和华制止，只让"耶和华的使者"（天使）向他显现，于是"摩西蒙上脸，因为怕看神"（3: 2-6）。显然，通向语言之途就是

---

① 海德格尔:《语言的本质》，载《在通向语言的途中》，孙周兴译，商务印书馆2004年，第177页，译文有改动。
② 同上书，165—166页。
③ 海德格尔:《走向语言之途》，同上书，第253页，译文有改动。

通向上帝之途，而因为语言的本质和上帝的本质（即上帝之道）都是不可到达的，所以这只能是一条永无止境的朝圣之路。

国内的"海学"研究者们大都把海德格尔的诗化的语言哲学和中国传统的诗化哲学相比拟，认为在其中可以看到中西哲学的交通和融汇的最有希望的契机。就海德格尔在这方面强调语言的非逻辑功能、排斥占统治地位的逻辑功能而言，这种看法不无道理。但我们在此要关注的是，为什么海德格尔终于没有能够向东方哲学转过来？在他与日本友人的谈话中可以看出，他与东方思想之间的隔阂实际上还是很深的，甚至是原则性的。那么，这种界限应该划在哪里？又是如何形成的？

根据我们以上的讨论可以看出来，海德格尔作为西方哲学中反传统的英雄，实际上并未从西方哲学传统中走出多远，在貌似激进的外衣之下隐藏着历代哲人所追求的诸多梦想。表现在他的语言哲学中，有两大门槛阻隔着他向东方哲学靠拢。第一大门槛就是对"存在"（包括作为系词的"是"）本身的毫不放松的追问。尽管所追问的"存在"（Sein）到后期语言哲学中经过 Seyn（孙周兴译作"存有"）而变异为 Ereignis（孙周兴译作"大道"，我译作"成己"），但思维模式是一贯的，这就是要在系词"是"中穷究语言本身的形而上的根。前引海德格尔的话"语言是存在之家，因为作为道说的语言乃是成己之方式"，这是在《在通向语言的途中》的最后一篇文章《走向语言之途》中讲的，时间是1959年，可以代表海德格尔晚期所固守的一道"存在论"的门槛。另一道门槛就是，对存在的这种追问最后成了对神的信仰，以至于通向语言之途成了仰望上帝的默祷,在基督教"否定神学"的笼罩下,一切有声的语言都被"扣留"了,只剩下对得救的期备和希望。此谓之"神学"门槛。这两大门槛最早可溯源于亚里士多德形而上学的两个层次,即"第一哲学"和"神学";而在海德格尔的诗歌理论中则使诗歌一方面成了人(诗人和一般人类)在天地人神四者一体中的成己之道说(实际上仍然是前期的"此在"之"在世界中存在"的升级版),另一方面成了上帝在人身上成己之"用",或者说,上帝用人的诗歌的道说来成其己。

这两大跨不过去的门槛严重阻碍了海德格尔对中国诗学和诗化哲学的认同。在中国的诗化哲学中,尤其是在所谓的"玄言诗"理论中,哲人们虽然一般推崇"意在言外"和"言不尽意",但这不尽之意应是诗人、哲人和用心的读者"当下即得"之意,"不尽"是指的"言"之不尽,但绝不是指"意"在彼岸,因此这里面丝毫没有通向神学和信仰的可能。你甚至找不到一条通达彼岸的"道路",也无法寻求任何"路标",一切要靠诗人的灵气和"慧根"。这也就决定了,中国的诗人和哲人们从来不把自己对诗和语言的领会看作在通向什么目标的"途中",也不把语言看作自己的"存在之家"。毋宁说,他们对语词加以提炼("炼字")、推敲,所谓"两句三年得,一吟双泪流"(贾岛),并不是诗人走了三年才达到路途终点,而是对同一个内心体验(它本来就在诗人心中)反复咀嚼、玩味、涵咏、吟哦,一旦偶然贯通,天地为之变色。这是一种自满自足的心态,用不着"追问"什么、"思"什么,不是通过"运思"来"成己",而是本己自现,天人互证,存

第五章　海德格尔解构西方形而上学之路

在者即存在本身。所以,《中庸》说:"诚者,自成也,而道,自道也。诚者物之终始,不诚无物。是故君子诚之为贵。诚者,非自成己而已也。所以成物也。成己仁也。成物知也。性之德也,合外内之道也。故时措之宜也。"(第二十五章)这里的"诚"不是基督教的"虔诚",而是中土的"赤诚",即不仅"成己",而且"自成成物",行知合一,随时付诸行动而"措之宜"。至于海德格尔的潜心默祷,倾听无声的调音,以便召唤万物,在道说中聚集天地人神四方,这在东方哲人看来未免多此一举。老子的"大音希声"(《道德经》第四十一章)听起来很像海德格尔的"寂静的钟声",但它不必调音,也不用聚集和召唤。老子讲域中"四大"为人-地-天-道,四者"寂兮寥兮,独立而不改,周行而不殆",但终归是"道法自然"(《道德经》第二十五章),无须人去"守护"。佛家讲"言语道断,心行处灭"(《菩萨璎珞经》),只需了断一切,即可悟得四大皆空。但这在海德格尔那里将被看作本质的虚无主义,它的本质不须到别处揭示,而就在自身呈现出来。海德格尔所设计的直线式的无穷追溯在东方的圆周运动甚至是放弃运动沉入寂灭中被真正彻底地"解构"了。不论是从亚里士多德所开创的西方传统形而上学的既定方向上,还是从他本人不求甚解的学术性格上,这对于他都是绝对不可能真正理解,更不可能接受的。

因此,海德格尔诗化的语言哲学的许多说法虽然听起来与东方的儒、道、禅极其相近,实际上却是格格不入,甚至背道而驰的。但即使如此,就海德格尔对西方传统形而上学的(不成功的）解构而言，这种向诗和语言的转向却给我们今天重建形而上学提供了宝贵的思想资源。首先，海德格尔的语言探索给我们指明了西方形而上学真正的软肋何在，即当他想要逃离或者"克服"西方形而上学（物理学之后）的科学主义和工具主义宿命时，他发现这座看似坚不可摧的理论大厦的脆弱之处恰好在于对语言的非逻辑功能的忽视。但由于他自己对语言的逻辑功能的矫枉过正的排斥，他未能甚至也没有想到在语言的全面功能的基础上建立起真正的"语言学之后"，而只好使自己对语言本质的追溯流失于西方传统形而上学的神学化和神秘化的惯性中，仍然只是西方形而上学在现代的余绪。其次，海德格尔对诗的感悟（他叫作"经验"）向我们揭示了语言的诗性本质，包括"命名"的创造性和暗示性，都大大超出了语言"表达"这一单纯工具主义的理解，这将在我们对"语言学之后"进行总体设计时成为极其重要的（虽然不是唯一的）考虑要素。但海德格尔没有能够从语言的发生学上来认真看待这个问题，由于他的极端的反人类学倾向，他对人类语言是如何在进化中产生的过程不感兴趣。虽然他已经在很多地方触及这一问题，但都是点到即止，不做深究。他顶多是从近现代伟大的思想家、语言哲学家威廉·冯·洪堡的《论人类语言结构的差异及其对人类精神发展的影响》中汲取一些现成的结论，来借题发挥自己的哲学，却隐去了其中大量的文化人类学的实证分析。这导致他的一些标志性的语言哲学命题，如"不是人说语言，而是语言说人"，如"语言是存在之家"，如"语言的本质就是本质的语言"，如"人诗意地栖居在大地上"等，都显得凌空蹈虚、没有根柢，只是一些看似深刻的意见而已。① 当我们用"语言学之后"来重建形而上学时，在以哲学人类学特别是人类起源和语言起源的研究作为"导言"的前提下，我相信这些问题都将得到合理的解释。

最后，虽然海德格尔对中国哲学并不真正具有深刻的感受和认知，但他对中国传统形而上学的关注和赞赏毕竟促使我们中国学者意识到，中国哲学自身的特点在未来形而上学的重建中具有不可替代的重要价值，特别是中国传统对语言的哲学考量以及其中所隐含的更深层次的意义必将成为"语言学之后"的内在基石。只不过，如果我们不能从中揭示出中国语言（汉语）自发地萌生出语言的逻辑功能的必然性，并且在**现代**汉语中借助西方语言成熟甚至过熟了的逻辑功能，使这种必然性成为其非逻辑功能超越自身而上升到语言学之后的强劲的推动力，则汉语中的非逻辑功能也只好成为只可意会不可言传的幻影，最终无可奈何地流失于无形。而海德格尔之所以无法使语言的逻辑功能和非逻辑功能成为内在协调的统一体，关键在于他对逻辑功能的过于偏激的敌视态度，他未能掌握黑格尔所揭示出来的概念的辩证法，未能从黑

---

① 因此，海德格尔哪怕在频繁地大谈其"语言"，却并不是从语言学的维度来谈，毋宁说，语言的维度在他那里其实是被"遮蔽"了的。尤其是当他试图用一种源始的"存在语言"而将世俗语言所无法表达的东西"直接呈现出来"，而无视字词和对象（语词的含义和"真值函项"）之间永远消除不了的差别时，他陷入了一种对语词的神秘的"拜物教"（阿多诺语）。（参看王晓升：《海德格尔"存在"概念中被遮蔽的语言维度——阿多诺的分析及其启示》，《华中科技大学学报》[社会科学版] 2021 年第 1 期）

格尔以其"辩证逻辑"的示范所发挥出来的语言本质的辩证性①中获取理论资源，而是将这两种语言功能对立起来，视为水火不容，从而使自己偏执于一隅，走进了死胡同。这也是海德格尔在诗化的语言哲学中突围失败留给我们的深刻教训。

---

① 当然，黑格尔自己并未意识到语言本身的辩证性，反而有意屏蔽语言的非逻辑功能，但其辩证法离开体验是寸步难行的，参看拙著《思辨的张力——黑格尔辩证法新探》，商务印书馆2008年，第五章第一节二："辩证逻辑与体验"。

第一卷 总结

本卷无意于写一部严格意义上的"西方形而上学史",我之所以将大部分篇幅放在黑格尔和海德格尔这两位哲学家的形而上学观上,以至于显得对西方形而上学史的这一追溯有某种倚重倚轻的不平衡,正是因为这两人一个代表西方形而上学的完成者,另一个代表这个形而上学的解构者,从他们的这种相互关系中,最能够暴露出西方形而上学的深层次矛盾,从而为重建形而上学提供最有效的参考。

所以,我们在第一卷中的主要理论任务,是通过对西方形而上学的发展历程的检讨来展示其作为"物理学之后"的文化特色,以及这一文化特色在与中国形而上学的比较中所具有的优势与软肋。由于这一优势,西方形而上学自产生以来就以其严密的逻辑体系和理性的论证方式而高踞于一切世俗学问之上,以层层推进的节奏引领着西方科学精神从简单到复杂、从现象到本质、从经验世界到超验世界不断上升,至今还是西方文化中不可缺少的支配性的精神力量。但由于它固有的软肋,它借助于逻辑和科学理性的单边突进固然在对外部世界的有效统治上取得了无可比拟的成就,但在人性内涵的丰富性和深邃性上却被日渐抽空了,直到黑格尔的形而上学的完成,已将这一形而上学的缺陷暴露无遗,引发了以海德格尔为代表的一波又一波的"解构"狂潮。然而,海德格尔的解构失败却表明,维系西方形而上学不至于因内部缺陷而彻底倒塌的终极法宝是它本身带有的神学背景。从亚里士多德起,形而上学作为"第一哲学"就必定通往神学,这其实是对西方形而上学内在矛盾的最终补救,向上帝的超越总是能够使它化险为夷;黑格尔的"理性神学"不过是揭示了西方形而上学的这一最终避难所。而海德格尔虽然力图解构形而上学,但只要他坚持追问"存在"问题,他就以一种隐秘的方式暗示了一种现代版的"否定神学",否则他就失去了和传统形而上学进行"争辩"的资格。

也正是借助于上帝之"圣言",海德格尔后期走向了诗化的语言哲学,以便摆脱传统形而上学的逻辑理性对语言的霸权,这也是本卷所关注的另一个要点。自从亚里士多德以来,逻辑理性("逻各斯中心主义")不仅是打造形而上学体系的行之有效的万能工具,而且是形而上学问题域的制定者和设计师。而这种逻辑理性所依赖的母体则是语言本身的逻辑功能,对此亚里士多德虽然也有朦胧的意识并且在形而上学中加以利用、有恃无恐,但基本上是当作一种不言而喻乃至天经地义的思维前提来接受的。直到黑格尔，哲学家们都从来没有想到过形而上学可以跳出语言的逻辑功能而到语言的"意谓"里面去寻求新的发展空间。真正打开这一眼界的是海德格尔，虽然他并不认为这是形而上学本身的另一种可能的维度，而只是摆脱、战胜或"克服"形而上学的一种叛逆的"思想"姿态，但客观上，他的确为西方形而上学突破自己的狭隘边界而走向"语言学之后"打开了一个缺口。尽管他对"存在（是）"的不断追问并没有得到任何肯定的答案，但他的确把问题引向了对语言的丰富意味和非逻辑功能的探讨。当德里达把海德格尔也归于"最后一个形而上学者"的行列时，[①]他绝对想不到，这样一个被打开了缺口的形而上学恰好以"自否定"的方式提供了使形而上学本身有可能自我超越、升级到一个更高版本的契机（详后，见第三卷）。只不过这种升级要真能够实现，还缺乏一个海德格尔和德里达[②]都无法接受和认同的参照系，这就是中国传统形而上学。我们将在下一卷追溯中国两千多年的"思想"史中所积淀下来的另一种完全不同的形而上学

[①] 德里达"不断地在海德格尔的文本中寻找'属于形而上学，或者说，属于他所说的本体论神学的迹象'"，并认为海德格尔"仍然处于形而上学的控制之下"。（参看恩斯特·贝勒尔：《尼采、海德格尔与德里达》，李朝晖译，社会科学文献出版社2001年，第45页）

[②] 德里达正如海德格尔一样，虽然对中国文化心怀憧憬，却无法真正进入。（参看拙文：《德里达：从语言学转向到文字学转向？》，《中国图书商报·书评周刊》2000年9月12日；收入拙著：《世纪之风——中国当代文化批判与人文建构》，湖北人民出版社2014年，第398—403页）

形态，以及它所遭遇到的另一种完全不同的形而上学困境。我认为，凭借中西形而上学各自奋力突围的合力，我们也许终于能够找到一条超越双方的语言学理解而在更高层次上重建形而上学的道路。

参考文献

一、本卷中引用过的文献

1. 马恩著作

《马克思恩格斯文集》第一卷，人民出版社 2009 年
《马克思恩格斯文集》第二卷，人民出版社 2009 年
《马克思恩格斯文集》第十卷，人民出版社 2009 年
《马克思恩格斯全集》第一卷，人民出版社 1956 年
《马克思恩格斯全集》第二卷，人民出版社 1957 年
《马克思恩格斯全集》第四十二卷，人民出版社 1979 年，译文据柏林狄兹出版社 1955 年版《马列主义丛书》第 42 卷（Kleine Ökonomische Schriften. In: Bücherei des Marxismus-Leninismus, Band 42. Dietz Verlag GmbH, 1. Auflage, 1955）
《马克思恩格斯选集》第二卷，人民出版社 1995 年
《马克思恩格斯选集》第四卷，人民出版社 1995 年

2. 西方哲学及其他文献

黑格尔：《小逻辑》，贺麟译，商务印书馆 1981 年，译文对照德文本 G. W. F. Hegel: *Enzyklopädie der Philosophischen Wissenschaft I*, Werke 8. Suhrkamp Verlag, Frankfurt am Main, 1970

黑格尔：《逻辑学》上卷，杨一之译，商务印书馆 1977 年，译文据 G. W. F. Hegel: *Wissenschaft der Logik*. Philosophische Bibliothek, Band 56. Felix Meiner Verlag, Hamburg, 1975

黑格尔：《逻辑学》下卷，杨一之译，商务印书馆 1981 年，译文据 G. W. F. Hegel: *Wissenschaft der Logik*. Philosophische Bibliothek, Band 57. Felix Meiner Verlag, Hamburg, 1975

黑格尔:《精神现象学》(句读本),邓晓芒译,人民出版社 2017 年
黑格尔:《哲学史讲演录》第一卷,贺麟、王太庆等译,商务印书馆 1981 年
黑格尔:《哲学史讲演录》第四卷,贺麟、王太庆等译,商务印书馆 1978 年
黑格尔:《自然哲学》,梁志学等译,商务印书馆 1986 年
黑格尔:《历史哲学》,王造时译,上海书店出版社 1999 年
查尔斯·泰勒:《黑格尔》,张国清、朱进东译,译林出版社 2002 年
W. T. 司退斯:《黑格尔哲学》,康惠和、宋祖良译,中国社会科学出版社 1989 年
科耶夫:《黑格尔导读》,姜志辉译,译林出版社 2005 年
宋祖良:《青年黑格尔的哲学思想》,湖南教育出版社 1989 年
王树人:《历史的哲学反思——关于〈精神现象学〉的研究》,中国社会科学出版社 1988 年
罗伯特·皮平:《黑格尔的观念论——自意识的满足》,陈虎平译,华夏出版社 2006 年
Hans Friedrich Fulda: Unzulängliche Bemerkungen zur Dialektik. In: *Seminar: Dialektik in der Philosophie Hegels*. Herausgegeben und eingeleitet von Rolf-Peter Horstmann, Suhrkamp Taschenbuch Wissenschaft 234. Suhrkamp Taschenbuch Verlag, Frankfurt am Main, 1978
Rudiger Bubner: *Seminar: Dialektik in der Philosophie Hegels*. Herausgegeben und eingeleitet von Rolf-Peter Horstmann, Suhrkamp Taschenbuch Verlag, Frankfurt am Main, 1978

康德:《纯粹理性批判》,邓晓芒译,杨祖陶校,人民出版社 2004 年
康德:《实践理性批判》,邓晓芒译,杨祖陶校,人民出版社 2003 年
康德:《判断力批判》,邓晓芒译,杨祖陶校,人民出版社 2002 年
康德:《未来形而上学导论》,庞景仁译,商务印书馆 1978 年
康德:《道德形而上学奠基》,杨云飞译,邓晓芒校,人民出版社 2013 年
《康德著作全集》第 2 卷,李秋零译,中国人民大学出版社 2004 年
《康德著作全集》第 3 卷,李秋零译,中国人民大学出版社 2004 年
《康德著作全集》第 9 卷,李秋零译,中国人民大学出版社 2010 年

康德:《纯然理性界限内的宗教》,李秋零译,载《康德著作全集》第 6 卷,中国人民大学出版社 2007 年

康德:《道德形而上学》,张荣、李秋零译,载《康德著作全集》第 6 卷,中国人民大学出版社 2007 年

康德:《道德底形上学》,李明辉译,台湾联经出版公司 2016 年

康德:《实用人类学》,邓晓芒译,上海人民出版社 2002 年

《康德书信百封》,李秋零,上海人民出版社 1992 年

康德:《逻辑学讲义》,许景行译,杨一之校,商务印书馆 1991 年

康德:《历史理性批判文集》,何兆武译,商务印书馆 2005 年

《康德美学文集》,曹俊峰,北京师范大学出版社 2003 年

福尔克尔·格哈特:《伊曼努尔·康德:理性与生命》,舒远招译,邓晓芒校,中国社会科学出版社 2015 年

Reinhard Brandt: *Kritischer Kommentar zur Kants Anthropologie in pragmatischer Hinsicht* (1798). Felix Meiner Verlag, Hamburg, 1999 (莱因哈特·布兰特:《对康德〈实用人类学〉的考证性评注》)

袁建新:《康德的〈遗著〉研究》,人民出版社 2015 年

古留加:《康德传》,贾泽林、侯鸿勋、王炳文译,商务印书馆 1981 年

北京大学哲学系编:《"康德哲学与人类未来"国际学术研讨会论文集》电子版,2019 年 6 月

《海德格尔选集》上、下,孙周兴选编,上海三联书店 1996 年

海德格尔:《康德与形而上学疑难》,王庆节译,商务印书馆 2018 年

Martin Heidegger: *Kant und das Problem der Metaphysik*. Vierte Erweiterte Aufgabe, Vittorio Klostermann GmbH, Frankfurt am Main, 1973

海德格尔:《在通向语言的途中》,孙周兴译,商务印书馆 2004 年

Martin Heidegger: *Unterwegs zur Sprache*. Verlag Günther Neske, Stuttgart, 10. Aufl, 1993

海德格尔:《路标》,孙周兴译,商务印书馆 2000 年

Martin Heidegger: *Wegmarken*. Vittorio Klostermann GmbH, Frankfurt am Main, 1976

海德格尔:《存在与时间》,陈嘉映、王庆节译,三联书店 1987 年

海德格尔:《林中路》(修订本),孙周兴译,上海译文出版社 2008 年

Martin Heidegger: *Holzwege*. Vittorio Klostermann GmbH, Frankfurt am Main, 1950

海德格尔:《形而上学导论》,熊伟、王庆节译,商务印书馆 1996 年

Martin Heidegger: *Einführung in die Metaphysik*. Fünfte Durchsehene Auflage

海德格尔:《面向思的事情》,陈小文、孙周兴译,商务印书馆 1996 年

海德格尔:《根据律》,张柯译,商务印书馆 2016 年

海德格尔:《哲学论稿(从本有而来)》,孙周兴译,商务印书馆 2012 年

Martin Heidegger: *Beiträge zur Philosophie (vom Ereignis)*. Gesamtausgabe, Band 65. Vittorio Klostermann GmbH, Frankfurt am Main, 1989

海德格尔:《演讲与论文集》,孙周兴译,三联书店 2005 年

海德格尔:《黑格尔》,赵卫国译,南京大学出版社 2018 年

Martin Heidegger: *Hegel*. Herausgegeben von Ingrid Schüßler, Gesamtausgabe, Band 68. Vittorio Klostermann GmbH, Frankfurt am Main, 1997

海德格尔:《黑格尔的精神现象学》,赵卫国译,南京大学出版社 2018 年

Martin Heidegger: *Der Deutsche Idealismus (Fichte, Schelling, Hegel) und die philosophische Problemlage der Gegenwart*. Freiburger Vorlesung Sommersemester 1929. Herausgegeben von Claudius Strube, Gesamtausgabe, Band 28. Vittorio Klostermann GmbH, Frankfurt am Main, 1997

卡尔·洛维特:《海德格尔——贫困时代的思想家》,彭超译,西北大学出版社 2015 年

靳希平:《海德格尔早期思想研究》,上海人民出版社 1995 年

孙周兴:《说不可说之神秘》,上海三联书店 1994 年

彭富春:《无之无化——论海德格尔思想道路的核心问题》,上海三联书店 2000 年

夏可君:《一个等待无用的民族——庄子与海德格思想的第二次转向》,北京大学出版社 2017 年

夏可君:《无用的神学——班雅明、海德格与庄子》,台湾五南出版社 2019 年

王颖斌:《海德格尔和语言的新形象》,人民出版社 2015 年

特拉夫尼:《海德格尔与犹太世界阴谋的神话》,靳希平译,谷裕校,商务印书馆 2019 年

哈贝马斯:《后形而上学思想》,曹卫东等译,译林出版社 2001 年
福柯:《词与物》,莫伟民译,上海三联书店 2001 年
德里达:《马克思的幽灵》,何一译,中国人民大学出版社 1999 年
德里达:《论文字学》,汪堂家译,上海译文出版社 1999 年
朱刚:《本原与延异:德里达对本原形而上学的解构》,上海人民出版社 2006 年
恩斯特·贝勒尔:《尼采、海德格尔与德里达》,李朝晖译,社会科学文献出版社 2001 年
倪梁康:《胡塞尔现象学概念通释》,三联书店 1999 年
胡塞尔:《经验与判断》,邓晓芒、张廷国译,三联书店 1999 年
胡塞尔:《欧洲科学的危机与超越论的现象学》,王炳文译,商务印书馆 2001 年
萨特:《存在与虚无》,陈宣良等译,三联书店 1987 年
萨特:《存在主义是一种人道主义》,周煦良译,上海译文出版社 1988 年
万俊人:《于无深处——重读萨特》,四川人民出版社 1996 年
维特根斯坦:《哲学研究》,汤潮、范光棣译,三联书店 1992 年版
M. K. 穆尼茨:《当代分析哲学》,吴牟人等译,复旦大学出版社 1986 年
刘小枫选编:《舍勒选集》上、下,上海三联书店 1999 年

《柏拉图全集》第 1—4 卷,王晓朝译,人民出版社 2002—2003 年
《柏拉图文艺对话集》,朱光潜译,人民文学出版社 1983 年
柏拉图:《巴曼尼得斯篇》,陈康译注,商务印书馆 1982 年
范明生:《柏拉图哲学述评》,上海人民出版社 1984 年
亚里士多德:《形而上学》,吴寿彭译,商务印书馆 1981 年
亚里士多德:《工具论》,余纪元等译,中国人民大学出版社 2003 年
亚里士多德:《尼各马可伦理学》,载苗力田主编:《亚里士多德全集》第八卷,中国人民大学出版社 1994 年
亚里士多德:《诗学》,陈中梅译注,商务印书馆 1996 年

亚里士多德:《物理学》,张竹明译,商务印书馆1982年
圣多玛斯:《亚里斯多德形而上学注》上、下册,孙振青译,台湾明文书局1991、1994年
阿赫曼诺夫:《亚里士多德逻辑学说》,马兵译,上海译文出版社1980年
汪子嵩、王太庆编:《陈康:论希腊哲学》,商务印书馆1990年
笛卡尔:《第一哲学沉思集》,庞景仁译,商务印书馆1986年
斯宾诺莎:《知性改进论》,贺麟译,商务印书馆1986年
斯宾诺莎:《伦理学》,贺麟译,商务印书馆1981年
莱布尼茨:《新系统及其说明》,陈修斋译,商务印书馆1999年

北京大学哲学系外国哲学史教研室编译:《西方哲学原著选读》上卷,商务印书馆1981年
北京大学哲学系外国哲学史教研室编译:《古希腊罗马哲学》,商务印书馆1982年
汪子嵩等:《希腊哲学史》第一卷,人民出版社1988年
汪子嵩等:《希腊哲学史》第三卷,人民出版社2003年
赵敦华:《西方哲学简史》,北京大学出版社2000年
宋继杰主编:《BEING与西方哲学传统》上、下,河北大学出版社2002年
叶秀山:《前苏格拉底哲学研究》,三联书店1982年
罗素:《西方哲学史》下卷,马元德译,商务印书馆1981年
邓晓芒、赵林:《西方哲学史》(修订版),高等教育出版社2014年
王树人、李凤鸣编:《西方著名哲学家评传》第五卷,山东人民出版社1984年
陈真:《当代西方规范伦理学》,南京师范大学出版社2006年
欧阳光伟:《现代哲学人类学》,辽宁人民出版社1986年

陈鼓应注译:《庄子今注今译》,中华书局1985年
陈鼓应注译:《老子今注今译》,台湾商务印书馆2002年
陈鼓应、赵建伟注译:《周易今注今译》,商务印书馆2007年
吴澄:《道德真经注》,华东师范大学出版社2010年

《古希腊语汉语词典》，罗念生、水建馥编，商务印书馆 2004 年
《圣经》，三自爱国运动委员会、中国基督教协会，2017 年
《圣经》中英对照新标点和合本，中国基督教协会，1995 年；德译本，马丁·路德译
歌德：《浮士德》，郭沫若译，人民文学出版社 1983 年
《文心雕龙选译》，周振甫译注，中华书局 1980 年
佐藤信夫：《修辞认识》，肖书文译，重庆大学出版社 2013 年
霍金：《时间简史》，许明贤、吴忠超译，上海三联书店 1993 年

3. 作者的其他著作

邓晓芒：《西方哲学探赜——邓晓芒自选集》，上海文艺出版社 2014 年
邓晓芒：《思辨的张力——黑格尔辩证法新探》，商务印书馆 2008 年
杨祖陶、邓晓芒：《康德〈纯粹理性批判〉指要》，湖南教育出版社 1996 年
邓晓芒：《批判与启蒙》，崇文书局 2019 年
邓晓芒：《世纪之风——中国当代文化批判与人文建构》，湖北人民出版社 2014 年
邓晓芒：《新批判主义》，北京大学出版社 2008 年
邓晓芒：《实践唯物论新解：开出现象学之维》，武汉大学出版社 2007 年
邓晓芒：《康德哲学诸问题》，三联书店 2006 年；增订本，文津出版社 2019 年
邓晓芒：《冥河的摆渡者——康德的〈判断力批判〉》，武汉大学出版社 2007 年
邓晓芒：《康德〈判断力批判〉释义》，三联书店 2018 年
邓晓芒：《康德哲学讲演录》，商务印书馆 2020 年
邓晓芒：《儒家伦理新批判》，重庆大学出版社 2010 年；增订本，文津出版社 2020 年
邓晓芒：《哲学起步》，商务印书馆 2017 年
邓晓芒：《中西哲学三棱镜》，天津人民出版社 2020 年
邓晓芒、易中天：《黄与蓝的交响——中西美学比较论》，武汉大学出版社 2007 年

邓晓芒:《中西文化心理比较讲演录》,人民出版社 2013 年

4. 本卷引用的单篇论文

王树人:《西方形而上学的当代命运》,《学术月刊》2002 年第 10 期

张都爱:《德里达与逻各斯中心主义》,《北京行政学院学报》2012 年第 2 期

李小海:《人的诞生与死亡——福柯的主体批判理论研究》,《河南师范大学学报》2012 年第 4 期

陈嘉映:《语言转向之后》,《江苏社会科学》2009 年第 5 期

舍勒:《基督教的爱理念与当今世界》,载刘小枫主编:《20 世纪西方宗教哲学文选》下,上海三联书店 1991 年

赫费(Otfried Höffe):《德国哲学在中国:不仅仅有马克思》(Deutsche Philosophie in China: Marx ist nicht Einzige),翟欣译,《德国哲学》2017 年上半年卷,社会科学文献出版社 2018 年

邓晓芒:《西方形而上学的命运——对海德格尔的亚里士多德批评的批评》,《中国社会科学》2002 年第 6 期

邓晓芒:《哲学启蒙》,载《邓晓芒讲演录》,长春出版社 2012 年

邓晓芒:《批判哲学的归宿》,《德国哲学》第二辑,北京大学出版社 1986 年

郭欢:《形而上学译名考》,《世界哲学》2019 年第 2 期

向玉乔:《西方元伦理学解析》,《南昌大学学报》(人文社会科学版)2005 年第 4 期

弗朗西斯科·冈萨雷斯:《是超越善恶还是够不着善恶?——海德格尔对亚里士多德伦理学的简化》,刘明峰译,《德国哲学》2019 年上半年卷,社会科学文献出版社 2020 年

朱建平:《塔斯基的真定义、语义学与逻辑后承》,《华侨大学学报》2014 年第 2 期

惠永照:《情感在康德道德哲学中的角色和作用》,《德国哲学》2018 年上半年卷,社会科学文献出版社 2019 年

韩水法:《胡塞尔现象学中的"先验性"与"超验性"——兼论"transzendental"和"transzendent"的汉译》,《学术月刊》2021 年第 1 期

郑家栋:《"只有一个上帝能救渡我们"——读〈海德格尔与东亚思想〉》,《读书》2003 年第 6 期

O. 波格勒:《再论海德格尔与老子》,张祥龙译,《世界哲学》2004 年第 2 期

张祥龙:《海德格尔与中国哲学:事实、评估和可能》,《哲学研究》2009 年第 8 期

邓晓芒:《凡·高的"农鞋"》,载《视觉的思想——"现象学与艺术"国际学术研讨会论文集》,中国美术学院出版社 2003 年

李佩纹:《直言真实的美学生存》,华中科技大学 2019 年博士论文

二、本书的准备性文献[①]

蔡林波:《先秦"或使说"辨义——以〈恒先〉为中心》,《学术研究》2013 年第 5 期

刘军宁:《作为物的"有"与作为道的"无":中国思想文化传统中的"有无"观念》,《中国文化》第三十六期

张曙光:《自由之维与自由之累》,《学习与探索》2012 年第 11 期

张任之:《舍勒与卡西尔对"人是什么?"的回答》,《同济大学学报》2016 年第 5 期

尚杰:《时间路径的通畅与障碍——重读德里达的〈"几何学起源"导论〉》,《江苏行政学报》2016 年第 3 期

黄玉顺:《"时间"观念何以可能——从"无间性"到"有间性"》,《河北学刊》2014 年第 4 期

方向红:《胡塞尔和海德格尔时间现象学的导入性问题与顶层概念》,《江苏行政学院学报》2013 年第 6 期

郑厚尧:《从汉语中的时间名词看汉民族对时间范畴的认知》,《云梦学刊》2012 年第 6 期

孙承叔:《否定的辩证法与非同一性的哲学地位——阿多诺〈否定的辩证法〉研究》,《河北学刊》2012 年第 6 期

高新民、李艳鸽:《科学对"无"的"思入"及其本体论意义》,《学习与

---

① 只列主要专题论文,不包括著作。

探索》2012年第5期

鲁路:《伽达默尔的瞬间概念》,《江苏行政学院学报》2012年第3期

阎睿颖:《〈易传〉之"时"——兼论"时"所反映的〈易传〉基本思维特点》,《学园》2001年第2期

张祥龙:《从"不可说"到"诗意之说"——海德格尔与孔子论诗的纯思想性》,《河北学刊》2006年第3期

马琳:《海德格尔东西方对话观探微》,《求是学刊》2006年第5期

张唯:《通往"共同"语言之路——海德格尔与一个日本探访者的对话》,高秉江译,《求是学刊》2006年第5期

谢永康、何海涛:《形而上学的问题与历史》,《中国高校社会科学》2016年第1期

翟锦程:《近代中国逻辑思想研究源论》,《中国高校社会科学》2016年第1期

刘家和:《论古代的人类精神觉醒》,《孔学堂》2015年第2期

王新水:《从中西比较视野看中国哲学研究中存在的问题——以丁耘〈哲学在中国思想中重新开始的可能性〉一文为个案》,《学术研究》2015年第10期

吴晓云:《身体的辩证法——梅洛-庞蒂现象学的马克思主义起源》,《马克思主义与现实》2015年第5期

朱清华:《海德格尔对亚里士多德实践智慧(Phronesis)的存在论诠释》,《现代哲学》2009年第6期

刘清平:《杂新、杂乱与杂合:李泽厚〈历史本体论〉读后》,《博览群书》2002年第8期

张尧均:《时间性与主体的命运——从时间维度看主体性的嬗变》,《江苏社会科学》2004年第1期

王庆节:《老子的自然观念:自我的自己而然与他者的自己而然》,《求是学刊》2004年第6期

樊志辉:《存有与实践:马克思的存有学洞见及其与儒家存有学的比较》,《江海学刊》2003年第2期

孙周兴:《形而上学问题》,《江苏社会科学》2003年第5期

吴炫:《"否定"何以成为"本体"》,《河北学刊》2004年第3期

思竹：《"存在"存在吗？——回应何光沪先生的"全球宗教哲学的本体论"》，《浙江学刊》2004年第1期
潘立勇：《西学"存在论"与中学"本体论"》，《江苏社会科学》2004年第3期
关子尹：《海德格论"别人的独裁"与"存活的独我"——从现象学观点看世界》，《鹅湖学志》1991年第6期
张详龙：《数学与形而上学的起源》，《云南大学学报》2002年第一卷第二期
孙向晨：《一种伦理形而上学的可能性》，《云南大学学报》2002年第一卷第二期
周国平：《尼采论语言形而上学》，《云南大学学报》2002年第一卷第二期
陈村富：《关于希腊语动词（eimi）研究的若干方法论问题》，《复旦学报》2002年第3期
张立文：《吴廷翰"气为万物之祖"思想探析》，《河北学刊》2012年第3期
邱洪瑞：《"死"字的文化说解》，《博览群书》2012年第2期
王文军：《"无"的发显：王弼〈周易注〉政治哲学探微》，《理论月刊》2018年第1期
黄裕生：《哲学是什么？》，《江苏行政学院学报》2012年第1期
方向红：《静止的流动，间断的同一——基于胡塞尔时间手稿对意识之谜的辨析》，《江苏行政学院学报》2011年第6期
赵广明：《尼采论"自己"》，《江苏行政学院学报》2011年第6期
江晓原、刘兵：《无限进步与无限发展》，《中国图书评论》2011年第11期
张世明：《德国法学何以纵横天下？》，《中国图书评论》2011年第11期
陈波：《Being，是，存有，存在？——对"一'是'到底"的诠释、翻译策略的批评》，《广东社会科学》2011年第1期
张耀南：《简论晚明"中西哲学对决"之主要格式》，《北京行政学院学报》2011年第4期
张祥龙：《海德格尔的形式显示方法和〈存在与时间〉》，《中国高校社会科学》2014年第1期
伊林·切费尔：《卡尔·马克思论人的本性》，金寿铁译，《江海学刊》2014年第4期
王凤才：《再思批判理论与马克思主义的关系》，《求是学刊》2015年第1期

杨丽:《哈贝马斯视域中的〈启蒙辩证法〉》,《求是学刊》2015年第1期
郑也夫:《文字的起源》,《北京社会科学》2014年第10期
倪梁康:《人类意识与人工意识——哲学还能说些什么?》,《河北学刊》2018年第4期
邱峰:《系词"是"字判断句的形成机制》,《湖北社会科学》2014年第10期
陈常燊:《"哲学病"的诊治——维特根斯坦的"奥古斯丁图画"和"苏格拉底图画"批判》,《哲学分析》2016年第5期
曹顺庆、韩周琨:《海德格尔与老子:事实联系、交点与共同的关切》,《安徽大学学报》2017年第3期
马万东:《实践与逻各斯之关系探源》,《马克思主义与现实》2017年第2期
王建辉:《胡塞尔现象学中的身体和表达——从〈逻辑研究〉到〈观念Ⅲ〉》,《安徽大学学报》2016年第6期
王金林:《论海德格尔对马克思的存在历史定位》,《现代哲学》2016年第5期
毛竹:《"我思"的双重面相——笛卡尔论"意志在判断之中"》,《云南大学学报》2014年第十三卷第二期
魏屹东:《科学表征:问题、争论与解决途径》,《哲学分析》2016年第5期
吴疆:《如何接着新理学讲?——冯友兰与中国哲学的语言学转折》,《中州学刊》1994年第4期
郑文彬:《再论笛卡尔哲学的革命意义》,《学术研究》2004年第10期
陈家琪:《介乎真假分歧之间——兼论时代与人生之心境情调》,《浙江学刊》2004年第2期
陈静:《"吾丧我"——〈庄子·齐物论〉解读》,《哲学研究》2001年第5期
黄展骥:《西方"自涉悖论"的大误区——"怪圈"之风不可长!》,《中州学刊》2001年第2期
张一兵:《哲学:一种非体制化的异质性经验——解读〈否定的辩证法〉导言》,《人文杂志》2000年第6期
张一兵:《对象性本体论之解构——海德格尔〈存在论:实际性的解释学〉引言解读》,《学术界》2011年第7期

章启群:《〈老子〉的"自然"与"无为"义考辨》,《云南大学学报》2009年第八卷第五期

张法:《从比较哲学角度考察 on(Being,有/在/是)问题》(上),《河北学刊》2010年第6期

张法:《从比较哲学角度考察 on(Being,有/在/是)问题》(中),《河北学刊》2011年第1期

张法:《从比较哲学角度考察 on(Being,有/在/是)问题》(下),《河北学刊》2011年第2期

方维规:《语言与思辨——西方思想家和汉学家对汉语结构的早期思考》,《学术研究》2011年第4期

汪文圣:《海德格 Dasein 概念里希腊与犹太-基督宗教的背景——兼论一种东西方哲学可能的交会点》,《中山大学学报》2011年第3期

刘森林:《〈启蒙辩证法〉与中国虚无主义》,《现代哲学》2009年第1期

喻中:《关于法律哲学与法律科学的随想》,《博览群书》2008年第2期

史习:《量子计算的哲学之维》,《博览群书》2008年第2期

吴宏政、李仕涛:《先验思辨逻辑的批判哲学意义》,《学术交流》2011年第1期

许建良:《道家道德的普世情怀》,《哲学动态》2008年第5期

唐钰明:《近代汉语的判断动词"系"及其流变》,《中山大学学报》2009年第3期

蒋玉智:《论早期中国化佛学"空"论对道家"有无"观的扬弃与超越》,《华南农业大学学报》2009年第1期

詹冬华:《中国古代三种基本的观时方式——切入古代时间意识的一个维度》,《文史哲》2008年第1期

肖建原:《王夫之"有"境界思想的辨析》,《哲学动态》2009年第11期

张世英:《我们-自我-他人》,《河南社会科学》2010年第1期

陈洁:《从"野狐禅"看禅宗的自由意志》,《文史哲》2004年第2期

高政:《自我为什么是深渊?》,《社会科学家茶座》2011年第2期

梁中和:《语言的问题还是人的问题——"语言"在康德学说中的位置初探》,《北京行政学院学报》2009年第2期

吴先伍:《"我为他人负责"——勒维纳斯的伦理学形而上学研究》,《哲

学动态》2008年第2期

李孟国:《海德格尔对自由问题的四种论述》,《江苏社会科学》2008年第5期

黄裕生:《从概念思维到本源思维》;张再林、燕连福:《从"知性伦理"到"家本伦理"——关于中西传统伦理学的一个比较》,《杭州师范大学学报》2009年第5期

王文元:《评索绪尔〈普通语言学教程〉》,《学术界》2007年第5期

高小康、蒲蓁华:《"文化霸权"与中国式误读》,《江苏行政学院学报》2008年第6期

张世英:《自我的自由本质和创造性》,《江苏社会科学》2009年第2期

樊浩:《"伦理"—"道德"的历史哲学形态》,《学习与探索》2011年第1期

黄裕生:《人权的普遍性根据与实现人权的文化前提》,《江苏行政学院学报》2011年第1期

钱满素:《一个奴隶主对资本主义的抨击》,《社会科学论坛》2003年第7期

刘小枫:《寓意叙事中的宗教之战》,《中国图书评论》2008年第5期

舒畅:《否定之否定规律断想》,《国内哲学动态》1984年第7期

柳树滋:《"物质论"研究中的若干难点》,《国内哲学动态》1983年第9期

倪梁康:《现象学与逻辑学》,《现代哲学》2004年第4期

方向红:《矛盾律与时间性——试论海德格尔对康德真理与时间观的批判》,《德意志思想评论》第二卷,同济大学出版社2004年

孙利天、赵磊:《一切科学都是应用逻辑》,《辽宁大学学报》2012年第1期